中卫年鉴

2017

中卫市地方志办公室 编

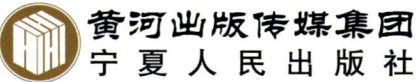

图书在版编目(CIP)数据

中卫年鉴.2017 / 中卫市地方志办公室编. -- 银川：宁夏人民出版社，2018.4
　ISBN 978-7-227-06905-8

　Ⅰ.①中… Ⅱ.①中… Ⅲ.①中卫市—2017—年鉴
Ⅳ.①Z524.34

中国版本图书馆 CIP 数据核字(2018)第 097999 号

中卫年鉴 2017　　　　　　　　　中卫市地方志办公室　编

责任编辑　周淑芸
责任校对　姚小云
封面设计　邵士雷
责任印制　肖　艳

 出版发行

地　　址	宁夏银川市北京东路 139 号出版大厦　(750001)
网　　址	http://www.yrpubm.com
网上书店	http://www.hh-book.com
电子信箱	nxrmcbs@126.com
邮购电话	0951-5052104　0951-5052106
经　　销	全国新华书店
印刷装订	宁夏银川轻工印刷包装厂
印刷委托书号	(宁)0009919

开　本	787mm×1092mm　　1/16
印　张	26　　　　字　数　700 千字
版　次	2018 年 7 月第 1 版
印　次	2018 年 7 月第 1 次印刷
书　号	ISBN 978-7-227-06905-8
定　价	218.00 元

版权所有　侵权必究

《中卫年鉴》(2017)编辑委员会

主　　　任	万新恒
副　主　任	杨照明　韩秉文　郭爱迪　巫　磊
委　　　员	巩中升　童　刚　陈　宏　许正清　孙志刚　姜守清　张建兵
	王自强　陈贵贞　吴永锋　杨宏伟　盛建宁　杨树春　孙尚金
	张学文　杨　和　唐兴武　董立军　李学明　景兆珍　张振红
	范家宏　田应福　田风才　魏列忠　冯建军　陈桂凤　刘宏阳
	严玉忠　张冠华　赵吉文　王占仁　张江涛　魏旭东　李福祥
	王德全　张　熙　赵小平　孙振夏　陆生学　张照辉　徐光惠
	李宝庆　郭　威　张　鹏　李俊国　刘俊江

《中卫年鉴》(2017)编审人员

总 编 审	何　健　万新恒　罗成虎　邹玉忠
编　　审	杨照明　韩秉文　郭爱迪　巫　磊
主　　编	王　伟
副 主 编	郭爱迪　巩中升　李福祥
执行主编	李福祥
编　　辑	李福祥　刘卫东　马　娟　杨莉丽
摄　　影	李旭竹　曾国福　曾　斌　雷新民　王杰林　刘龙泉　陈建德
	马　德

编辑说明

一、《中卫年鉴》(2017)是中卫市地方志编审委员会办公室编辑出版的大型综合性资料文献。主要记载2016年度中卫市政治、经济、文化、社会概貌和发展情况,旨在为各级党政机关、社会各界了解、研究中卫提供较全面、系统的信息资料。

二、《中卫年鉴》(2017)以习近平新时代中国特色社会主义思想为指导,坚持辩证唯物主义和历史唯物主义的科学观点与方法,遵循地方志、年鉴编纂的有关规定,广征博采,深度挖掘,存真求实,服务现实,垂鉴后世。

三、《中卫年鉴》(2017)是地级中卫市设立以来的第12部综合年鉴。所刊载的资料由各县,市直各部门(单位),中央、自治区驻中卫的单位及企业、集团公司等提供,并经本部门(单位)领导审核。部分资料来源于《中卫日报》等媒体。宏观数据以《中卫统计年鉴》为准,行业数据以各有关单位提供的数据为依据。

四、《中卫年鉴》(2017)采取分类编辑法,以类目、分目、条目组成框架结构的主体部分,个别分目中增设子分目层次。全书条目标题统一用黑体字加【】表示。

五、《中卫年鉴》(2017)设专文、大事记、组织机构和领导人、中卫综览、党派群团、政权政协、法治、军事、经济管理、工业与园区建设、农业和农村经济、城市建设、交通能源邮电、环境保护、商贸流通、旅游业、财政税务、金融保险、教育、科学技术、文化体育、卫生与计划生育、社会民生、人物、先进名录、文献共26个部类。全书共列分目131个,子分目31个,条目1243个,彩插40页。

六、《中卫年鉴》(2017)条目撰稿人附于条目后,条目下未署名者为年鉴编辑部根据有关资料编写。

七、《中卫年鉴》(2017)收录人物为辖区时限范围内新任副厅级以上行政职务的市领导、年度新闻人物。先进名录所收录的先进集体和先进个人名单依据市委、市政府表彰决定录入,获市级以上表彰奖励者的名单由各部门(单位)提供,部分来自《宁夏日报》等公开媒体。

八、《中卫年鉴》(2017)除专文、文献内容保留原文表述方式外,其他篇目采用第三人称记述。

九、《中卫年鉴》(2017)所入编的文字资料、图片资料,截至时间为2016年12月31日,个别内容为反映其发生、发展的全过程做适当的上溯或下延。

《中卫年鉴》编辑部
2017年10月

领导视察

● 8月18日，由市委书记张柱（右四）、市长万新恒（右五）、市政协主席罗成虎（右三）率领的全市产业发展和重点工作现场交流会与会人员现场观摩交通建设项目进展情况

● 8月21日，中国共产党中卫市第三届委员会第七次全体会议召开

● 11月8日，中国共产党中卫市第三届委员会第八次全体会议召开

●重要会议

● 11月28~30日,中国共产党中卫市第四次代表大会在红宝宾馆会议中心举行

● 6月10~12日,中国共产党中卫市沙坡头区第一次代表大会在红宝宾馆召开

● 12月28~30日，中卫市第四届人民代表大会第一次会议在红宝宾馆会议中心举行

● 12月26~29日，中国人民政治协商会议中卫市第四届委员会第一次会议在红宝宾馆举行

● 重要会议

● 8月19日,中卫市沙坡头区正式挂牌成立,沙坡头区正式以市辖区行政建制模式独立运行

● 9月10日,第二届全国全域旅游推进会在中卫市召开

● 寺口子云台栈道

● 旅游新镇

● 全域旅游

● 金沙岛花海

● 天都山景区

● 极速飞跃黄河

水镇全景

水镇一角

元宵美食花灯展

水镇夜色

● 全域旅游

● 沙坡头水镇

● 古寺庙建筑经典——中卫高庙

● 高庙一角（一）

● 高庙一角（二）

● 高庙一角（三）

全域旅游

● 高庙一角（四）

● 高庙公园

● 高庙全景

● 黄河黑山峡谷

● 大麦地岩画——群羊图

● "麦草方格"治沙

● 秦长城遗址

● 石空大寺

● 北长滩黄河水车

7月28日~8月1日，2016中国宁夏（沙坡头）第七届丝绸之路大漠黄河国际旅游节在中卫市多个景区举办

7月28日~8月1日，"黑与白"的对弈——中国西部八省区围棋联赛在中卫举行

全域旅游

- 9月6~8日，2016年"沙坡头杯"第三届全国大漠健身运动大赛在沙坡头旅游景区举行

- 9月9~11日，"一带一路"2016国际女子沙滩排球精英赛在中卫举行

- 7月29日，第十九届"青海农信杯"环青海湖国际公路自行车赛第十二赛段——中卫赛段比赛，在沙坡头旅游景区东大门开幕

● 云天产业园（一）

● 云天产业园（二）

● 云天产业园（三）

● 云天产业园（四）

● 美利云数据中心

● 云天中卫

● 亚马逊 AWS 合作数据中心

● 中关村中卫园 B 座

● 中宁陆路口岸——中亚国际班列(中阿号)首发仪式

● 1月28日,第一列中阿号国际货运班列开行,拉开中卫向西开放的序幕

● 高速公路

● 5月,吴忠至中卫城际铁路开工建设,标志着中卫进入高铁时代

交通物流

- 12月30日，中宁县农村淘宝运营中心正式开业揭牌

- 6月16日，黑城至海原高速公路开通，结束了海原没有高速的历史

● 硒砂瓜外销

● 马铃薯基地

● 枸杞园

● 枸杞

● 塞上中卫似江南

● 特色农业

● 清水河幼龄苹果早果丰产

空中中卫（一）

美丽中卫

● 空中中卫(二)

● 空中中卫(三)

美丽中卫

● 空中中卫（四）

● 空中中卫（五）

● 空中中卫(六)

● 空中中卫(七)

美丽中卫

● 空中中卫（八）

● 空中中卫（九）

● 水绿中卫

● 休闲乡山湖

● 应理湖畔

● 府前广场

● 美丽中卫

● 水城赛事

● 水上休闲

● 景观水系

● 水岸人家

● 老鼓楼巷

● 鼓楼商贸区一隅（一）

● 鼓　楼

● 美丽中卫

● 商业北街

● 人民商场

● 逸兴酒店

● 鼓楼商贸区一隅（二）

● 传　承

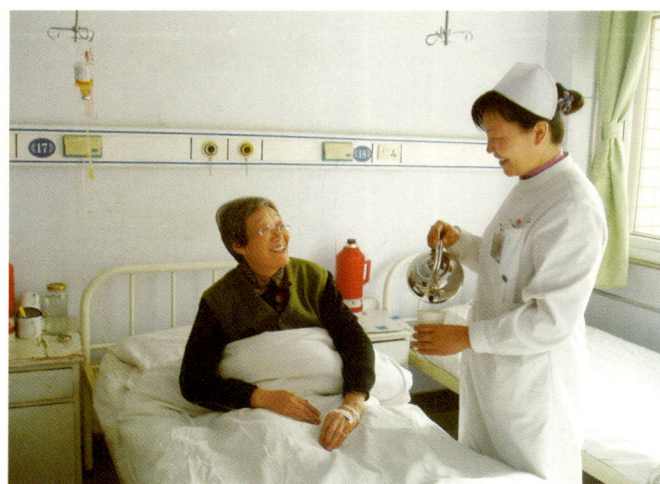

● 从心做起，真诚相待

● 晨　练

● 闲情逸致

目 录

专 文

转型追赶　弯道超车

加快建设开放富裕和谐美丽中卫　为全面建成小康社会努力奋斗

 ——在中国共产党中卫市第四次代表大会上的报告 …………………………………………… 1

中卫市人大常委会工作报告

 ——2016年12月29日在中卫市第四届人民代表大会第一次会议上 ………………………… 12

政府工作报告

 ——2016年12月28日在中卫市第四届人民代表大会第一次会议上 ………………………… 17

中国人民政治协商会议中卫市第三届委员会常务委员会工作报告

 ——2016年12月27日在政协中卫市第四届委员会第一次会议上 …………………………… 26

中卫市2016年国民经济和社会发展统计公报 …………………………………………………………… 31

大事记

大事记 ……………………………………………… 36

组织机构和领导人

中国共产党中卫市委员会 ………………………… 49
中卫市人民代表大会常务委员会 ………………… 49
中卫市人民政府 …………………………………… 50
中国人民政治协商会议中卫市委员会 …………… 50
中国共产党中卫市纪律检查委员会 ……………… 51
中卫市法检两院 …………………………………… 51
中卫市党委工作部门 ……………………………… 51
中卫市党委部门管理机构 ………………………… 52
中卫市党委及部门直属事业单位 ………………… 52
中卫市政府工作部门 ……………………………… 52
中卫市政府及其部门直属事业单位 ……………… 55
中卫市直属国有企业 ……………………………… 56
中卫市群众团体 …………………………………… 56
沙坡头区四套班子及法检两院 …………………… 57
中宁县四套班子及法检两院 ……………………… 57
海原县四套班子及法检两院 ……………………… 58
市委、政府管理、派出机构 ……………………… 59
中央、自治区驻卫单位 …………………………… 59

中卫综览

综述 ………………………………………………… 63
概况 ………………………………………………… 63
行政区划 …………………………………………… 63
人口发展与变化 …………………………………… 63
城乡建设 …………………………………………… 63
全域旅游 …………………………………………… 63
信息产业 …………………………………………… 63
交通物流 …………………………………………… 64
供给侧结构性改革 ………………………………… 64
特色农业 …………………………………………… 64
工业发展 …………………………………………… 64
新能源发电产业 …………………………………… 64
生态环境 …………………………………………… 64

精准扶贫	64
民生实事	64
政府效能	65
城乡居民生活	65
城镇居民消费	65
全国驰名商标	65
农产品地理标志登记保护	65
创建市级国家全域旅游示范区城市	65
全国"最美家庭"暨全国"五好文明家庭"	65
互联网+人才学院宁夏分院授牌仪式	66
吴忠至中卫城际铁路开工建设	66
全国全域旅游推进会在中卫市举行	66
荣获2016中国年度十大活力休闲城市	66
硒砂瓜入选"全国名优果品区域公用品牌"	66
蒿子面入选"中国金牌旅游小吃"	66
全国美丽宜居小镇村庄示范	66

沙坡头区 66
概况	66
人口与计划生育	66
项目建设	67
重点改革	67
农业和农村经济	67
农田水利建设	67
城市建设	67
美丽乡村建设	67
农村环境整治	67
脱贫攻坚	67
社会事业	68
平安建设	68
行政组织筹备组建工作	68
党的建设	68

中宁县 68
概况	68
人口发展与变化	69
工业经济	69
现代农业	69
枸杞产业	69
商贸流通	70
城乡建设	70
环境保护	70
财政税务	70
社会民生	70
教育卫生	71

科技文化	71
依法治理	71
效能建设	71

海原县 72
概况	72
行政区划	72
自然资源	72
人口发展与变化	72
农业与农村经济	72
工业经济	73
第三产业	73
城乡建设	73
交通路网建设	73
生态建设	73
社会事业	73
脱贫攻坚	74
改革创新工作	74

海兴开发区 74
概况	74
公共服务	75
商贸服务	75
城市绿化	75
工业经济	75
社会事业	75

党派群团

中国共产党中卫市委员会 76
·综述·	76
概况	76
体制机制改革	76
重点领域改革	76
招商引资	76
发展环境营造	76
新型工业化	76
全域旅游示范市建设	77
信息产业发展	77
现代物流业	77
现代农业	78
精准脱贫	78
保障和改善民生	78
集中整治成果巩固	78
生态环境建设	79

美丽城乡建设 …………………………………… 79	市委第十一次常委会会议 …………………… 82
"两学一做"专题教育 …………………………… 79	市委第十二次常委会会议 …………………… 83
干部作风转变 …………………………………… 79	市委第十三次常委会会议 …………………… 83
换届工作 ………………………………………… 79	市委第十四次常委会会议 …………………… 83
市委发文 ………………………………………… 79	市委第十五次常委会会议 …………………… 83
·重要会议· ……………………………………… 79	市委第十六次常委会会议 …………………… 83
市委三届六次全体会议 ………………………… 79	市委第十七次常委会会议 …………………… 83
中国共产党中卫市第四次代表大会 …………… 79	市委第十八次常委会会议 …………………… 83
全市脱贫攻坚誓师大会 ………………………… 80	市委第十九次常委会会议 …………………… 84
市纪委三届六次全体会议 ……………………… 80	市委第二十次常委会会议 …………………… 84
全市领导干部学习班 …………………………… 80	市委第二十一次常委会会议 ………………… 84
全市统战民族工作会议 ………………………… 80	市委第二十二次常委会会议 ………………… 84
全市"两学一做"学习教育座谈会和全市市县乡领导班子换届工作会议 ……………………… 80	市委第二十三次常委会会议 ………………… 85
	市委第二十四次常委会会议 ………………… 85
中卫市2016年群众评议机关作风活动启动电视电话会议 ……………………………………… 80	市委第二十五次常委会会议 ………………… 85
	市委第二十六次常委会会议 ………………… 85
全市农业特色产业暨农村改革推进会 ………… 80	市委第二十七次常委会会议 ………………… 85
全市庆祝中国共产党成立95周年大会 ………… 80	市委第二十八次常委会会议 ………………… 86
2016年"民营企业中卫行"活动主体会议 ……… 80	市委第二十九次常委会会议 ………………… 86
全市产业发展和重点工作现场交流会 ………… 80	市委第三十次常委会会议 …………………… 86
中国共产党中卫市第三届委员会第七次全体会议 …………………………………………… 80	市委第三十一次常委会会议 ………………… 86
	市委第三十二次常委会会议 ………………… 86
全市庆祝第32个教师节暨表彰大会 …………… 80	市委第三十三次常委会会议 ………………… 87
全市"六五"普法总结表彰暨"七五"普法动员大会 …………………………………………… 80	市委第三十四次常委会会议 ………………… 87
	市委第三十五次常委会会议 ………………… 87
中国共产党中卫市第三届委员会第八次全体会议 …………………………………………… 80	市委第三十六次常委会会议 ………………… 87
	·组织工作· …………………………………… 88
学习贯彻党的十八届六中全会精神专题辅导报告会 …………………………………………… 80	"两学一做"学习教育 ………………………… 88
	基层组织建设 ………………………………… 88
中国共产党中卫市第四届委员会第一次全体会议 …………………………………………… 80	干部队伍建设 ………………………………… 88
	人才发展体制机制改革 ……………………… 88
全市领导干部全面从严治党主体责任专题培训班 …………………………………………… 81	**·宣传工作·** …………………………………… 89
	概况 …………………………………………… 89
市委第一次常委会会议 ………………………… 81	理论武装 ……………………………………… 89
市委第二次常委会会议 ………………………… 81	意识形态工作 ………………………………… 89
市委第三次常委会会议 ………………………… 81	舆论引导 ……………………………………… 89
市委第四次常委会会议 ………………………… 81	网信工作 ……………………………………… 89
市委第五次常委会会议 ………………………… 81	公共文化服务 ………………………………… 89
市委第六次常委会会议 ………………………… 81	文艺精品创作 ………………………………… 90
市委第七次常委会会议 ………………………… 81	社会主义核心价值观建设 …………………… 90
市委第八次常委会会议 ………………………… 82	精神文明创建 ………………………………… 90
市委第九次常委会会议 ………………………… 82	队伍建设 ……………………………………… 90
市委第十次常委会会议 ………………………… 82	**·统战工作·** …………………………………… 90

目录	页码	目录	页码
概况	90	加强执纪审查	101
多党合作和政治协商制度	90	提升履职能力	101
非公有制经济工作	91	**民主党派和工商联**	101
·民族宗教·	91	·民革中卫市委会·	101
概况	91	概况	101
民族工作	92	思想教育	101
宗教工作	92	组织建设	101
自身建设	93	参政议政	101
·政策研究·	93	社会服务	102
概况	93	·民进中卫市委会·	102
政研工作	93	思想建设	102
改革工作	94	组织建设	102
农办工作	94	参政议政	102
·机构编制·	94	社会服务	102
概况	94	岗位奉献	103
机构设置及管理体制	94	·民盟中卫市委会·	103
行政审批制度改革	94	参政议政	103
行政管理体制改革	95	组织建设	103
机构编制管理	95	社会活动	103
机构编制监督检查	95	报道宣传	103
事业单位登记管理	96	自身建设	103
·市直机关工委工作·	96	·民主建国会中卫市总支委员会·	104
概况	96	概况	104
学习机关建设	96	参政议政	104
服务机关建设	96	学习培训	104
效能机关建设	97	组织建设	104
清廉机关建设	97	社会服务	104
文明机关建设	97	理论宣传	105
和谐机关建设	97	岗位贡献	105
工委自身建设	98	·农工党中卫市总支委员会·	105
·老干部工作·	98	概况	105
概况	98	参政议政	105
加强离退休干部党工委建设	98	社会服务	106
落实老干部"两项待遇"	98	·九三学社中卫市总支社委员会·	106
丰富离退休干部精神文化生活	99	概况	106
关心下一代工作	99	自身建设	106
老干部局机关干部自身建设	99	参政议政	106
中共中卫市纪律检查委员会	100	组织建设	106
概况	100	社会服务	106
压实"两个责任"	100	·中卫市工商业联合会·	106
持续纠治"四风"	100	概况	106
强化纪律教育	100	"两学一做"学习教育	106
完善监督机制	100	理想信念教育实践活动	107

教育培训	107	公益活动	114
选树非公人士典型	107	青年创业就业服务	114
参政议政	107	精准扶贫工作	114
调查研究	107	青少年维权工作	115
发展环境	107	新媒体运用	115
精准扶贫	108	青年志愿服务工作	115
"民企中卫行"活动	108	青少年关爱服务	115
发展举措	108	自身建设	115
商会建设	108	外围组织建设	115
会员队伍发展	109	团干部素质建设	115
组织功能	109	"两学一做"学习教育	116
换届选举	109	**·中卫市红十字会·**	116
基层党建	109	概况	116
提升干部素质	110	"三救"核心业务	116
工作作风转变	110	推广普及应急救护知识	116
群众团体	110	"三献"重点工作	116
·中卫市总工会·	110	项目争取	116

政权政协

创新性工作及荣誉	110		
建功立业活动	110		
"劳模关爱"行动	110		
协调劳动关系	110	**中卫市人大常委会**	117
职工维权	111	**·综述·**	117
职工帮扶	111	概况	117
创业带动就业	111	立法工作	117
职工文化建设	111	听取和审查"一府两院"工作报告	117
依法建会	111	决定重大事项	117
女工工作	111	人事任免	118
经审财务工作	112	代表工作	118
干部队伍建设	112	视察、检查、调查	118
·中卫市妇女联合会·	112	**·重要会议·**	118
概况	112	市第三届人民代表大会第五次会议	118
妇女创业发展	112	市第四届人民代表大会第一次会议	118
妇女儿童合法权益保护	112	市三届人大常委会第二十次会议	119
和谐家庭创建	112	市三届人大常委会第二十一次会议	119
妇女儿童身心健康发展	113	市三届人大常委会第二十二次会议	119
组织建设	113	市三届人大常委会第二十三次会议	119
·共青团中卫市委员会·	113	市三届人大常委会第二十四次会议	119
概况	113	市三届人大常委会第二十五次会议	120
中卫市第四届"岳氏杯"青年才艺大赛	113	市三届人大常委会第二十六次会议	120
纪念五四运动97周年暨表彰大会	113	**中卫市人民政府**	120
庆六一优秀少儿节目展演暨表彰大会	113	**·重要会议·**	120
弘扬传统文化	114	市政府第一次常务会议	120
希望工程	114	市政府第二次常务会议	120

市政府第三次常务会议	121	协调联动化解群众信访事项	127
市政府第四次常务会议	121	信访矛盾纠纷排查化解	127
市政府第五次常务会议	121	提升信访干部业务素质	127
市政府第六次常务会议	121	重大政事活动期间信访维稳工作	127
市政府第七次常务会议	121	政协中卫市委员会	128
市政府第八次常务会议	122	·重要会议·	128
市政府第九次常务会议	122	四届一次委员会	128
市政府第十次常务会议	122	三届二十三次常委会议	128
市政府第十一次常务会议	122	三届二十四次常委会议	128
市政府第十二次常务会议	122	三届二十五次常委会议	128
市政府第十三次常务会议	122	三届二十六次常委会议	128
市政府第十四次常务会议	123	三届二十七次常委会议	128
市政府第十五次常务会议	123	三届二十八次常委会议	128
市政府第十六次常务会议	123	三届二十九次常委会议	128
市政府第十七次常务会议	123	三届三十次常委会议	128
市政府第十八次常务会议	123	三届三十一次常委会议	128
市政府第十九次常务会议	124	三届三十二次常委会议	129
·政府法制·	124	·视察调研·	129
加快建设法治政府	124	国有企业及国有参股企业经营情况调研	129
立法工作	124	精准扶贫、精准脱贫工作情况调研	129
规范性文件管理	124	全市被征地农民再就业和社会养老保障情况调研	129
权责清单制度建设	124		
法律顾问室工作	124	物流业发展情况调研	129
行政复议委员会试点工作	124	草畜产业发展情况调研	129
行政应诉	125	金融服务经济发展情况调研	129
组建中卫仲裁委员会	125	职业教育发展情况调研	130
法制宣传	125	全市群团部门工作开展情况视察	130
·政务服务中心·	125	全市贯彻落实《食品安全法》情况视察	130
概况	125	全市农村公共文化基础设施建设情况视察	130
集中行政许可权改革	125	"全域旅游示范市"创建工作视察	130
"政务云"项目建设	125	和谐社区建设工作视察	130
行政审批改革试点	125	中卫国家农业科技园区建设视察	130
商事登记制度改革	125	推进协商民主建设	130
部门行政权力运行流程图	125	·专门委员会工作·	131
便民服务	126	政协办公室	131
健全机制	126	提案委员会	131
队伍建设	126	经济委员会	131
经济社会服务	126	教科文卫体委员会	131
·信访工作·	126	社会和法制委员会	131
概况	126	民族宗教和港澳台侨	132
重点工作	126	学习和文史委员会	132
健全信访工作制度	126	·重要活动·	132
信访第一责任人责任	127	开展"送温暖"活动	132

举行青年创业就业技能学习卡发放仪式 ……… 132	检察 …………………………………………… 140
召开全市政协委员基层联系点工作推进会 …… 132	概况 …………………………………………… 140
参加自治区政协举办的法制教育培训班 ……… 132	服务经济发展 ………………………………… 140
"沙坡头大讲堂"活动 …………………………… 132	参与平安中卫建设 …………………………… 140
"关爱妇女健康 情暖环卫女工"活动 ………… 133	社会综合治理 ………………………………… 140
开展"脱贫攻坚"捐赠活动 ……………………… 133	办案机制 ……………………………………… 140
民主评议市水务局和文体新广电局效能及行风建设	案件查办 ……………………………………… 140
工作 ………………………………………… 133	创新职务犯罪预防 …………………………… 141
开展帮扶慰问活动 ……………………………… 133	诉讼监督 ……………………………………… 141
全区散居少数民族和宗教界政协委员学习培训	案件管理 ……………………………………… 141
………………………………………………… 133	司法整治 ……………………………………… 141
民主评议市公安局、卫生和计划生育局提案办理质量	检务公开 ……………………………………… 141
及提案者提案质量工作 …………………… 133	从严治党 ……………………………………… 141
民主评议市水务局效能及行风建设整改评议会议	队伍建设 ……………………………………… 141
………………………………………………… 133	基层院建设 …………………………………… 142
自治区政协副主席刘小河来卫调研 …………… 133	纪律作风建设 ………………………………… 142
开展捐赠助学活动 ……………………………… 134	**司法行政** ……………………………………… 142
政协对外接待 …………………………………… 134	概况 …………………………………………… 142
	法制宣传 ……………………………………… 142
法　治	人民调解 ……………………………………… 142
综述 …………………………………………… 135	法律服务 ……………………………………… 143
概况 …………………………………………… 135	法律援助 ……………………………………… 143
政法服务 ……………………………………… 135	安置帮教与社区矫正 ………………………… 143
司法体制改革 ………………………………… 135	司法鉴定 ……………………………………… 144
平安中卫建设 ………………………………… 136	司法体制改革 ………………………………… 144
政法队伍建设 ………………………………… 137	队伍建设 ……………………………………… 144
政法重点工作 ………………………………… 137	党的建设 ……………………………………… 144
审判 …………………………………………… 137	**公安** …………………………………………… 144
概况 …………………………………………… 137	概况 …………………………………………… 144
刑事审判 ……………………………………… 137	严厉打击犯罪 ………………………………… 144
民商事审判 …………………………………… 137	社会治安管理 ………………………………… 145
行政审判 ……………………………………… 138	公共安全管理 ………………………………… 145
案件执行 ……………………………………… 138	公正文明执法 ………………………………… 145
审判监督和涉诉信访 ………………………… 138	公安改革 ……………………………………… 146
司法改革 ……………………………………… 138	队伍作风建设 ………………………………… 146
队伍建设 ……………………………………… 138	**公安消防** ……………………………………… 146
廉洁建设 ……………………………………… 139	概况 …………………………………………… 146
服务中心工作 ………………………………… 139	消防工作责任 ………………………………… 146
落实便民服务 ………………………………… 139	消防安全管理 ………………………………… 146
开展精准扶贫 ………………………………… 139	消防执法服务 ………………………………… 147
深化司法公开 ………………………………… 139	消防基础设施 ………………………………… 147
全面接受监督 ………………………………… 140	消防宣传培训 ………………………………… 147
	警务实战化建设 ……………………………… 147

政治建警文化育警 …………………………… 147
基层基础设施建设 …………………………… 147

军　事

综述 ………………………………………… 148
装备业务集训 ………………………………… 148
团营职干部军事训练补考 …………………… 148
"学、训、整"活动 …………………………… 148
民兵组织整顿 ………………………………… 148
应知应会理论考核 …………………………… 148
参谋业务集训 ………………………………… 148
军分区基层武装部部长集训 ………………… 148
半年军事训练考核 …………………………… 148
国防动员潜力调查 …………………………… 149
八一军事日 …………………………………… 149
2016 国防动员演练 …………………………… 149
新兵入伍 ……………………………………… 149
年终军事训练考核 …………………………… 149
效能目标管理考核 …………………………… 149
基层建设 ……………………………………… 149
年终工作总结 ………………………………… 149
官兵理论学习 ………………………………… 149
改革强军主题教育 …………………………… 150
"军歌嘹亮献给党　强军兴军听指挥"歌咏比赛
　………………………………………………… 150
"贺兰杯"篮球比赛 …………………………… 150
纪念建党 95 周年、红军长征胜利 80 周年系列活动
　………………………………………………… 150
国防教育 ……………………………………… 150
党内监督制度 ………………………………… 150
法制教育 ……………………………………… 150
精准扶贫 ……………………………………… 150
军民同庆建军 89 周年活动 ………………… 151
"1+1"捐资助学活动 ………………………… 151
战备训练 ……………………………………… 151
经费管理 ……………………………………… 151
集中采购 ……………………………………… 151
营区建设 ……………………………………… 151
供应保障 ……………………………………… 151
医疗卫生 ……………………………………… 151
营房管理 ……………………………………… 152
后勤整改 ……………………………………… 152

武警 ………………………………………… 152
概况 …………………………………………… 152
思想政治建设 ………………………………… 152
提高履职能力 ………………………………… 152
依法治警 ……………………………………… 153
基层建设 ……………………………………… 153
后勤建设 ……………………………………… 153
"两学一做"学习教育 ………………………… 153
支队党委扩大会议 …………………………… 154
上级领导莅临指导 …………………………… 154
地方领导来队检查指导 ……………………… 154
教育特色 ……………………………………… 154
军事特色 ……………………………………… 154
后勤特色 ……………………………………… 154
民族团结创建 ………………………………… 154
建设成果 ……………………………………… 155
人民防空 …………………………………… 155
概况 …………………………………………… 155
工程建设 ……………………………………… 155
信息化建设 …………………………………… 155
指挥工程建设 ………………………………… 155
宣传教育工作 ………………………………… 155
"准军事化"建设 ……………………………… 155

经济管理

发展和改革 ………………………………… 156
概况 …………………………………………… 156
经济运行 ……………………………………… 156
固定资产投资管理 …………………………… 156
重点建设项目推进 …………………………… 156
产业结构调整 ………………………………… 156
重大项目 ……………………………………… 157
综合改革 ……………………………………… 157
物价调控 ……………………………………… 157
资源性价格改革 ……………………………… 157
收费管理 ……………………………………… 157
价格监督检查 ………………………………… 157
党建和精神文明建设 ………………………… 157
统计管理 …………………………………… 158
概况 …………………………………………… 158
自身建设 ……………………………………… 158
统计调查 ……………………………………… 158

统计基础	158
统计改革	158
统计监测	158
第三次全国农业普查	158
统计服务	158
统计法制	159

国土资源管理 …… 159
概况 …… 159
耕地保护 …… 159
土地规划 …… 159
土地利用 …… 159
土地整理 …… 159
土地征收 …… 159
地籍管理 …… 160
不动产登记发证 …… 160
矿产资源管理 …… 160
地质灾害防治 …… 160
执法监察 …… 160
脱贫攻坚 …… 160
党风廉政建设 …… 160

市场监督管理 …… 160
机构设置 …… 160
概况 …… 160
党风廉政建设 …… 160
食品安全监管 …… 161
注册登记工作 …… 161
药品与医疗器械监管 …… 162
特种设备安全监察 …… 162
质量与商标广告监管 …… 162
标准与计量管理 …… 162
市场秩序规范 …… 162
行政执法 …… 163
脱贫攻坚 …… 163

审计监督 …… 163
机构设置 …… 163
政策落实 …… 163
财政预算执行审计 …… 163
领导干部经济责任审计 …… 163
固定资产投资审计 …… 163
专项资金审计和审计调查 …… 163
国有及国有参股企业资产负债损益审计 …… 164
党建、党风廉政建设和精神文明工作 …… 164

安全生产监督管理 …… 164
概况 …… 164
安全责任落实 …… 164
安全监管体制机制 …… 165
应急救援体系建设 …… 165
各类专项大检查大整治 …… 165
安全生产责任保险 …… 165
查处生产安全事故 …… 165
监管人员教育培训 …… 165
企业人员教育培训 …… 165
"安全生产月"活动 …… 165
安全生产约谈机制 …… 165
客运驾驶员适宜性检测长效机制 …… 165
安全生产领域突出问题整治 …… 166
安全生产第三方帮扶服务 …… 166
"专家会诊"服务企业活动 …… 166
科技兴安工程 …… 166
微型消防站建设工程 …… 166
农村公路责任保险工程 …… 166
农村公路安全生命防护工程 …… 166
电梯安全物联网综合管理平台建设工程 …… 166
安全生产应急预案演练专题活动 …… 166
成立中卫市化学品安全协会 …… 166
安全风险控制和隐患治理信息系统建设 …… 166
安全生产标准化达标创建 …… 166
企业"六化"达标创建 …… 166
转变职能强化安全生产服务 …… 167
开通安全监管的"第三眼" …… 167
建筑施工现场无线视频传输系统 …… 167

工业与园区建设

综述 …… 168
概况 …… 168
项目建设 …… 168
转型升级 …… 168
惠企服务 …… 168
节能降耗 …… 168
信息化工作 …… 168
促进中小微企业发展 …… 169
深化改革 …… 169

重点产业 …… 169
云计算产业 …… 169
新能源及配套制造产业 …… 169

冶金(新材料)产业	169	水产良种繁育体系建设	175
化工产业	169	休闲渔业发展	175
中卫工业园区	169	水域环境生态修复	175
概况	169	渔政执法	175
主要经济指标	169	技术服务体系	175
产业结构	170	**农业产业化**	176
招商引资	170	概况	176
园区服务管理	170	农产品加工业	176
重点项目建设	170	新型农业经营和主体培育	176
基础设施	170	**农业机械化**	177
环保与安全整治	170	概况	177
环境面貌	170	农机购置补贴	177
国家电投宁夏中卫热电联产项目	170	农机社会化服务体系建设	177
		农机安全管理	177

农业和农村经济

		农机市场监管	178
		农机化技术培训	178
综述	171	**农业行政执法与农产品质量安全监管**	178
概况	171	概况	178
瓜菜、草畜产业优化	171	落实农业执法责任	178
农业产业化经营	172	法规宣传	178
农村产权制度改革	172	农业执法	178
提升种植技术	172	农业执法监督检查	179
畜牧业	172	**水利水保**	179
概况	172	水利项目战略实施	179
标准化养殖场建设	172	重点水利工程建设	179
畜牧品种改良	173	灌区节水改造	179
惠农政策及养殖业保险	173	农田水利基本建设	179
草畜产业	173	农村饮水安全	179
草原建设	173	农业灌溉	179
禁牧封育	173	防汛抗旱	180
动物疫病防治	173	节水型社会建设	180
人畜共患病防治	173	水土保持	180
动物疫情预测预报	173	水政与水资源管理	180
动物检疫监督	174	党建与精神文明建设	180
兽药市场监管	174		
生鲜乳质量监管	174		
病死畜禽无害化处理	174		

住房和城乡建设

项目建设	174		
兽医科技示范推广	174	**综述**	182
动物检疫及监督体系建设	174	概况	182
兽医队伍能力建设	175	机构人员	182
水产业	175	城市建设融资	182
概况	175	**重点工程建设**	182
		棚户区改造项目	182

市政设施建设项目	182
道路建设及改造工程	182
保障性住房工程	183
老旧小区改造提升工程	183
行业管理	**183**
行政审批	183
建筑市场管理	183
建筑工程质量安全监督管理	183
房地产市场管理	184
房屋产权交易管理	184
物业管理	184
公共设施管理	185
人民防空	185
规划管理	**185**
概况	185
规划编制	185
规划管理	186
规划监察	186
空间规划改革试点	186
城市重点项目建设	186
美丽乡村建设	186
监测预报	187
震害防御	187
扶贫攻坚	187
党建和精神文明建设	187
住房公积金管理	**188**
概况	188
政策宣传	188
建制扩面	188
政策落实	188
资金安全	189
简化流程	189
改革创新	189
精准扶贫	189
自身建设	189
城市管理	**190**
概况	190
机构人员	190
中卫市城市公用事业管理所	190
中卫市城市建设监察支队	190
以克论净·深度清洁	190
垃圾收运管理	190
城市照明管理	190
广场公园公厕管理	191
市政设施维护	191
市容秩序管理	191
运输车辆"三防"管理	191
查处违法建设	191
景观水域监管	191
智慧城市建设	191

交通能源邮电

交通	**192**
概况	192
交通运输重点项目建设	192
现代物流发展	193
农村公路管养	193
水上运输监管	193
交通运输安全监管	193
作风效能建设	193
公路管理	**194**
公路养护	194
路政管理	194
科学规划布局	194
专业化作业队	194
场站建设	194
"一路一案"	194
项目管理	194
"三提四转"行动	194
"治超治洒"行动	195
美丽宁夏路创建	195
"三个练兵"行动	195
日常养管	195
收费管理	196
机制活化	196
党的建设	196
基础管理	197
沙坡头水利枢纽	**197**
概况	197
主要经济指标	197
项目开发建设	197
内部管理	198
安全生产	198
基层建设	198
电力供应	**198**

概况 ………………………………………… 198	党建工作 ………………………………………… 206
电力供需 …………………………………… 198	党风廉政建设 …………………………………… 207
中卫电网负荷特性 ………………………… 202	精神文明建设 …………………………………… 207
安全生产管理 ……………………………… 202	**移动通信** …………………………………… 207
电网规划及建设 …………………………… 202	概况 ……………………………………………… 207
供电服务 …………………………………… 203	网络强国 ………………………………………… 207
依法治企及廉政建设 ……………………… 203	信息化发展 ……………………………………… 207
党建及精神文明建设 ……………………… 203	提速降费 ………………………………………… 208
经营管理 …………………………………… 203	社会责任 ………………………………………… 208
荣誉及成果 ………………………………… 203	**联合通信** …………………………………… 208
公司售电量首次位居国网宁夏电力公司第一	概况 ……………………………………………… 208
…………………………………………… 203	营销模式创新 …………………………………… 208
宁夏南部区域2016年电网应急救援联动实战演练	业务创新 ………………………………………… 208
…………………………………………… 204	服务形象建设 …………………………………… 208
支援南华山火灾救援 ……………………… 204	网络建设 ………………………………………… 208
南华110千伏输变电工程竣工投产 ………… 204	党建工作 ………………………………………… 208
丹阳110千伏输变电工程竣工投产 ………… 204	体制机制优化 …………………………………… 208
金梁110千伏输变电工程竣工投产 ………… 204	
庙山110千伏输变电工程竣工投产 ………… 204	

环境保护

文昌110kV变电站增容改造工程开工建设 … 204	综述 ……………………………………………… 209
甘塘至武威南等牵引站110kV外部供电工程开工	概况 ……………………………………………… 209
建设 ……………………………………… 204	环境保护目标任务 ……………………………… 209
邮政管理 ………………………………… 205	项目环境管理 …………………………………… 209
概况 ………………………………………… 205	污染物排放总量控制和排污许可制度 ………… 209
行业政策 …………………………………… 205	污染减排 ………………………………………… 210
精准扶贫 …………………………………… 205	水污染防治 ……………………………………… 210
邮政普遍服务监管 ………………………… 205	大气污染防治 …………………………………… 210
快递市场监管 ……………………………… 205	固体废物治理 …………………………………… 210
安全监管 …………………………………… 205	农村环境综合整治 ……………………………… 210
联合执法 …………………………………… 205	城乡饮用水源地保护 …………………………… 211
法律宣传 …………………………………… 205	环境监测 ………………………………………… 211
标准化建设 ………………………………… 205	环境执法监督管理 ……………………………… 211
行政许可审批 ……………………………… 205	环境保护宣传教育 ……………………………… 211
快递与电商融合成果 ……………………… 205	改革创新 ………………………………………… 212
党的建设 …………………………………… 206	党风廉政建设 …………………………………… 212
党风廉政建设 ……………………………… 206	**沙坡头国家级自然保护区** ………………… 212
行业精神文明建设 ………………………… 206	概况 ……………………………………………… 212
先进荣誉 …………………………………… 206	执法管理 ………………………………………… 212
电信 ……………………………………… 206	保护区科研 ……………………………………… 213
概况 ………………………………………… 206	科普宣传 ………………………………………… 213
经营服务 …………………………………… 206	
信息化应用 ………………………………… 206	
网络建设 …………………………………… 206	

商贸流通

商务与经济合作 …………………………… 214
  概况 ………………………………………… 214
  招商引资活动 ……………………………… 214
  重点招商项目 ……………………………… 214
  民营企业招商引资 ………………………… 214
  重点项目和民生工程建设 ………………… 215
  流通主体发展资金扶持 …………………… 215
  促消费活动 ………………………………… 215
  电子商务发展 ……………………………… 215
  保供稳价工作 ……………………………… 215
供销合作 …………………………………… 215
  概况 ………………………………………… 215
  推进改革 …………………………………… 216
  基层服务体系建设 ………………………… 216
  创新服务体系 ……………………………… 216
  提升服务水平 ……………………………… 216
  社有资产运营管理 ………………………… 216
  项目资金 …………………………………… 216
  机关建设 …………………………………… 216
粮食流通管理 ……………………………… 216
  概况 ………………………………………… 216
  粮食购销工作 ……………………………… 217
  应急体系建设 ……………………………… 217
  产业经济发展 ……………………………… 217
  依法管粮 …………………………………… 217
  质检能力提升 ……………………………… 218
  重点项目建设 ……………………………… 218
  节粮宣传 …………………………………… 218
烟草管理 …………………………………… 218
  概况 ………………………………………… 218
  经济运行 …………………………………… 219
  卷烟销售 …………………………………… 219
  专卖管理 …………………………………… 219
  企业管理 …………………………………… 219
  规范管理 …………………………………… 219
  文化建设 …………………………………… 219
  公益活动 …………………………………… 219
  成绩荣誉 …………………………………… 219
盐业营销管理 ……………………………… 220
  概况 ………………………………………… 220
  食盐专营 …………………………………… 220
  食盐销售 …………………………………… 220
  提质增效工作 ……………………………… 220
  "两学一做"专题教育 ……………………… 220
  开展"5·15"防治消除碘缺乏病日宣传活动 …… 221

旅游业

综述 ………………………………………… 222
  概况 ………………………………………… 222
  旅游接待收入 ……………………………… 222
  旅游规划编制 ……………………………… 222
  旅游项目建设 ……………………………… 222
  旅游招商工作 ……………………………… 222
  旅游宣传促销 ……………………………… 222
  旅游环境治理 ……………………………… 223
  全域旅游开展情况 ………………………… 223
  旅游节事活动 ……………………………… 223
  五一黄金周旅游 …………………………… 223
  十一黄金周旅游 …………………………… 223
景区景点 …………………………………… 223
  沙坡头旅游区 ……………………………… 223
  腾格里沙漠湿地·金沙岛旅游区 ………… 223
  寺口风景区 ………………………………… 224
  腾格里·金沙海景区 ……………………… 224
  沙坡头水镇 ………………………………… 224
  长山头天湖 ………………………………… 224
  南华山景区 ………………………………… 224
  大漠边关景区 ……………………………… 225
  车门沟旅游区 ……………………………… 225
  高庙保安寺 ………………………………… 225
  大河之舞主题公园——黄河宫 …………… 225
  千年党项民俗村——南长滩 ……………… 225
  世外桃源——北长滩 ……………………… 225
  双龙山石窟 ………………………………… 225
  枸杞基地——中宁枸杞博物馆 …………… 226
  老君台 ……………………………………… 226
  鼓楼 ………………………………………… 226
  皇家石窟风景旅游区——天都山 ………… 226
星级酒店 …………………………………… 226
  红宝宾馆 …………………………………… 226
  逸兴大酒店 ………………………………… 226
  沙坡头假日酒店 …………………………… 226

隆城酒店	227
黄河金岸花园大酒店	227
沙都大酒店	227
新华国际饭店	227
中卫东方酒店	227
旅行社	228
宁夏美景国际旅行社	228
沙坡头旅行社	228
世纪长河旅行社	228
盟约国际旅行社	228
金色沙漠旅行社	228
青年假日旅行社	228
中卫中青旅有限公司	228
红宝旅行社	228
宁夏香山旅行社	228
中宁阳光旅行社	229

财政税务

财政	230
概况	230
增收措施	230
民生保障	230
规范管理	230
改革创新	231
作风建设	231
国家税收	231
概况	231
管户情况	231
组织收入	231
依法治税	231
征管改革	232
纳税服务	232
队伍建设	232
党风廉政	232
地方税收	232
概况	232
组织收入	232
税收征管	232
纳税服务	232
队伍建设	232
党的建设	233

金融保险

人民银行中卫支行	234
概况	234
创新发展	234
金融扶贫和农村金融改革	234
金融稳定	234
金融服务	235
银监分局	235
概况	235
服务实体经济	235
银行业风险防控	235
银行业改革发展	235
银行业监管	235
党建工作	235
农业发展银行中卫支行	236
概况	236
业务经营	236
粮油购销储信贷业务	236
市政民生工程支持	236
重点建设基金项目	236
金融扶贫职责履行	236
会计核算质量图提升	236
基础管理	237
党建	237
工商银行中卫支行	237
概况	237
经营效益	237
内控及风险管控能力	238
党建工作和队伍建设	238
农业银行中卫支行	238
概况	238
党风廉政建设	238
市场份额提升	238
信贷资金投放及经营结构调整	238
服务"三农"	238
中国银行中卫支行	239
概况	239
业务指标	239
业务发展	239
内控风险控制与管理	239
建设银行中卫分行	239

概况 …… 239
重点项目建设 …… 239
信贷服务 …… 239
宁夏银行中卫分行 …… 240
概况 …… 240
经营思路 …… 240
金融扶贫 …… 240
服务小微企业 …… 240
网点布局 …… 240
优质文明服务 …… 240
农村商业银行 …… 240
概况 …… 240
服务地方经济 …… 240
春耕备耕工作 …… 241
金融扶贫工作 …… 241
特色产业基地建设 …… 241
小微客户群体拓展 …… 241
"三信"评定 …… 241
"随薪贷" …… 241
妇女创业贷款 …… 241
农权抵押贷款试点办理 …… 241
信贷结构调整 …… 242
电子银行业务发展迅速 …… 242
重视合规管理 …… 242
履行社会责任 …… 243
强化廉政建设 …… 243
人保财险 …… 243
概况 …… 243
文化发展 …… 243
服务"三农" …… 244
保障医疗 …… 244
规范化经营管理 …… 244
服务创新 …… 244
服务大中型企业 …… 244
人寿保险 …… 244
概况 …… 244
保险业务 …… 245
公司服务 …… 245
服务民生 …… 245
依法合规经营 …… 245
企业文化建设 …… 245

教 育

综述 …… 246
概况 …… 246
基础设施建设 …… 246
教育信息化建设 …… 246
设施设备配备 …… 246
校园文化建设 …… 246
学前教育 …… 246
义务教育均衡发展 …… 246
高考 …… 246
职业教育 …… 247
高等教育 …… 247
师资水平提升 …… 247
"小班化"课堂教学模式 …… 247
教育发展集团 …… 247
宁夏中卫区域打造高效课堂暨塞上名师工作室教育
　　成果展示研讨会 …… 247
"高效课堂"达标评估机制健全 …… 247
育人环境 …… 247
素质教育 …… 247
惠民政策落实 …… 248
办学行为规范 …… 248
"两学一做"学习教育 …… 248
"清廉中卫"建设 …… 248
党校教育 …… 248
概况 …… 248
业务拓展 …… 248
干部培训 …… 248
教学科研 …… 249
理论成果 …… 249
理论宣讲工作 …… 249
干部函授学历教育 …… 249
社会公益事业 …… 249
政风行风建设 …… 249
新党校建设 …… 249
机关党的建设 …… 249
精神文明创建 …… 249

科学技术

综述 …… 250

概况	250
科技创新项目	250
科技园区建设	250
科技创新平台	250
科技成果转化	250
科技特派员	251
知识产权工作	251
对外科技合作	251
科技政策和科普工作	251
党的建设	251
科学普及	251
概况	251
科学普及活动	252
基层科协组织建设	252
科技助力行动	252
青少年科技教育	252
科普信息化	252
优秀科技人才培养举荐表彰	252
自身建设	253
气象	253
概况	253
天气概况	253
单位组织机构	253
气象服务	253
气象"十三五"规划	253
人工影响天气	253
精神文明建设	253

文化体育

综述	254
概况	254
文化惠民	254
群众文化	254
精品创作	254
公共图书	254
文化遗产保护与传承	254
文化市场监管	256
文化体制改革	256
文化产业	256
公共文化阵地建设	256
公共文化服务体系建设	257
新闻出版	257
出版物市场	257
正版化软件	257
体育	257
体育赛事	257
群众体育	257
广播影视	257
广播电视	257
农村数字电影放映	257
广电网络	257
概况	257
网络规划建设	257
业务发展	258
安全保障	258
社会公益	258
文学艺术	258
市文联一届十一次全委(扩大)会议召开	258
文艺志愿活动	258
潘志骞书法作品应邀参展	258
市民间文艺家协会采风活动	258
领导调研	258
马鱼"回归·故乡"画展	259
陕宁两省书画联展	259
毛体书法展	259
全区扇面书画作品巡展	259
"中卫新十景"系列采风写生活动	259
首届宁夏书画文化节	259
中国曲协专题研讨班	259
曲艺专场惠民演出	259
职工书画摄影联展	260
文学创作培训暨采风活动	260
书法培训	260
全国书画大赛作品展	260
书画诗歌交流活动	260
精神文明建设	260
参观中卫市重点产业发展	260
文艺人才	260
文艺成果	260
新闻传媒	261
概况	261
媒体融合	261
新闻宣传	261
单位建设	262
党的建设	262

党风廉政建设	263
档案	263
概况	263
服务中心	263
依法治档	263
资源建设	263
利用服务	263
安全管理	263
宣传教育	264
党史研究	264
概况	264
党史资料编撰	264
党史研究	264
党史宣传教育	264
史志编纂	264
概况	264
年鉴出版	264
方志宣传	265
《古今中卫大事录》出版发行	265
《中卫史话连环画》成稿	265
开展赠书活动	265
地情信息服务	265

卫生和计划生育

综述	266
概况	266
民生实事落实	266
爱国卫生	267
疾病预防控制	267
妇幼保健	267
"卫生云"免疫规划信息系统	267
药事管理与监管	267
中医药	267
临床重点专科中医项目建设	268
社区(农村)卫生	268
概况	268
社区卫生中心	268
市民健康教育	268
医疗服务与监管	268
概况	268
医疗管理	268
医院管理	268
卫生计生人员管理	268
医疗改革发展	268
卫生监督	269
概况	269
公共场所卫生管理	269
职业病防治	269
人口与计划生育	269
概况	269
人口发展变化	269
计划生育	269

社会民生

经济社会调查	271
概况	271
整体调查工作	271
统计调查队伍建设	271
统计调查服务	271
统计调查环境	271
城镇居民可支配收入	272
农村居民可支配收入	272
粮食面积产量	272
主要畜禽监测	272
居民消费价格	273
工业生产者价格	273
人力资源和社会保障	273
就业创业	273
社会保险	274
人力资源服务	274
劳动维权	274
自身建设	275
获得荣誉	275
民政	275
养老服务体系建设	275
精准扶贫	275
社会救助	275
社会化服务	276
双拥优抚	276
扶贫开发	276
概况	276
贫困人口现状	276
脱贫销号	276
"有土"脱贫	276

"离土"脱贫	276
社会帮扶	277
金融扶贫	277
易地搬迁	277
培训宣传	277
残疾人事业	
概况	277
社会保障	277
康复	277
"助残日"活动	277
教育就业	278
残疾人维权工作	278
扶贫攻坚	278
创新工作	278

人物

政界领导	279
袁诗鸣	279
徐海宁	279
杨文生	279
叶宪静	280
邹玉忠	280
李树茂	280
郭亮	281
黄华	281
何晓勇	281
张隽华	282
朱囟囟	282
王学军	282
吕玉兰	283
王谦	283
张国顺	283
新闻人物	283
勤劳简朴一家人——王泽功家庭	283
对梦的追求永不言弃——李成元家庭	284
履行个人责任,促进家庭和谐,展示人生风采 ——魏啸吟家庭	284
浇筑"民族团结之花"——邓金义家庭	284
率先垂范,带头致富——吴汉东家庭	284
自强不息,创业致富——崔希先家庭	285
田彦花	285
刘在环	285
李文军	285
蒋建明	285
杨国兰	285
田方	286
张翠红	286
郭红卫	286
王军	286

先进名录

市级先进	287
2016年度全市效能目标管理考核先进单位	287
先进基层党组织	287
优秀共产党员	288
优秀党务工作者	289
民族团结进步创建活动模范集体	289
民族团结进步创建活动模范个人	290
教育工作先进集体	290
高考工作先进集体	290
教育工作先进个人	291
优秀班主任	292
高考成绩先进个人	293
记个人二等功	294
"六五"普法先进集体	294
"六五"普法先进个人	294
守法好公民	295
依法治理示范单位	295
民主法治示范村(社区)	296
区级以上先进	296
中卫市2016年度获得自治区(厅)局以上先进集体	296
中卫市2016年度获得自治区(厅)局以上先进个人	298

重要文献

重要文存	299
中共中卫市委关于加快推进开放中卫建设的实施意见(卫党发〔2016〕4号)	299
中卫市委"三重一大"事项集体决策实施细则(试行)(卫党发〔2016〕9号)	302

中共中卫市委 市人民政府关于创建全域旅游示范
市的实施意见（卫党发〔2016〕15号）……… 305
"中卫英才"奖评选奖励办法（试行）
（卫党发〔2016〕17号）……………… 308
中共中卫市委关于落实绿色发展理念 加快美丽中卫
建设的实施意见（卫党发〔2016〕29号）…… 310
中共中卫市委 市人民政府关于深化人才发展体制
机制改革 促进人才与经济社会协调发展的若干意见
（卫党发〔2016〕39号）……………… 315
中卫市委巡察工作办法（试行）
（卫党发〔2016〕41号）……………… 320
中卫市法治政府建设实施方案（2016—2020年）
（卫党发〔2016〕56号）……………… 323

规范性文件 ……………………………… 334
中卫市一般工业固体废物管理办法
（卫政发〔2016〕13号）……………… 334
中卫市公共资源交易管理办法（试行）
（卫政发〔2016〕67号）……………… 336
中卫市招商引资扶持激励政策
（卫政发〔2016〕85号）……………… 338
中卫市本级行政事业单位国有资产使用管理暂行办法
（卫政办发〔2016〕93号）……………… 343
中卫市本级行政事业单位国有资产处置管理暂行办法
（卫政办发〔2016〕93号）……………… 347
中卫市属国有资本收益收取管理暂行办法
（卫政发〔2016〕104号）……………… 351
中卫市政府投资项目审计分类管理暂行办法（试行）
（卫政发〔2016〕105号）……………… 353
中卫市航空货运补贴管理办法
（卫政发〔2016〕144号）……………… 355
中卫工业园区排水管理办法
（卫政办发〔2016〕26号）……………… 355

中卫市城市管理相对集中行政处罚权工作实施方案
（卫政办发〔2016〕43号）……………… 358
中卫市应急粮油供应管理办法
（卫政办发〔2016〕46号）……………… 361
中卫市粮食安全省长责任制考核办法
（卫政办发〔2016〕47号）……………… 362
沙坡头区困难残疾人生活补贴实施办法
（卫政办发〔2016〕62号）……………… 365
中卫市民生事项公示办法（暂行）
（卫政办发〔2016〕86号）……………… 365
中卫市乡村教师支持计划（2015—2020年）实施细则
（卫政办发〔2016〕87号）……………… 366
中卫市加快发展农业特色优势产业贷款担保基金管
理办法（试行）（卫政办发〔2016〕106号）…… 369
中卫市加快发展农业特色优势产业贷款风险补偿基
金管理办法（试行）（卫政办发〔2016〕106号）
……………………………………… 370
中卫市加快发展农业特色优势产业贷款贴息资金管
理办法（试行）（卫政办发〔2016〕106号）… 371
中卫市农民工工资管理办法
（卫政办发〔2016〕112号）……………… 372
中卫市事业单位特设专业技术岗位管理办法（试行）
（卫政办发〔2016〕135号）……………… 374
中卫市扶贫产业贷款担保基金管理办法（试行）
（卫政办发〔2016〕160号）……………… 376
中卫市网上商事登记办法（试行）
（卫政办发〔2016〕194号）……………… 377

文献名录 ……………………………………… 379
2016年中共中卫市委发文名录 …………… 379
2016年中共中卫市委办公室发文名录 …… 380
2016年中卫市人民政府发文名录 ………… 383
2016年中卫市人民政府办公室发文名录 …… 388

专 文

转型追赶 弯道超车
加快建设开放富裕和谐美丽中卫 为全面建成小康社会努力奋斗
——在中国共产党中卫市第四次代表大会上的报告
（2016年11月28日）

中共中卫市委书记 张 柱

同志们：

现在，我代表中共中卫市第三届委员会向大会作报告。

中国共产党中卫市第四次代表大会，是在全市上下深入学习贯彻党的十八届六中全会精神和习近平总书记来宁视察重要讲话精神、决战决胜全面建成小康的关键时期召开的一次十分重要的会议。大会的主题是：高举中国特色社会主义伟大旗帜，以邓小平理论、"三个代表"重要思想和科学发展观为指导，深入学习贯彻习近平总书记系列重要讲话精神，解放思想、鼓足干劲，转型追赶、弯道超车，加快建设开放富裕和谐美丽中卫，为全面建成小康社会努力奋斗。

一、回顾总结过去五年的工作，坚定转型追赶、弯道超车的信心决心

肩负着党和人民的重托，伴随时代前进的步伐，我们走过了不平凡的五年。五年来，在中央和自治区党委、政府的坚强领导下，市委团结带领全市各级党组织、广大党员和各族干部群众，主动适应把握新常态，积极应对经济下行等不利影响，全力以赴稳增长、调结构、惠民生、抓改革、促和谐，大力加强生态文明建设，全面推进党的建设新的伟大工程，较好完成了市第三次党代会确定的目标任务，开放富裕和谐美丽中卫建设迈出了坚实步伐，正在朝着全面建成小康社会的宏伟目标奋勇前进。

五年来，我们始终坚持发展第一要务，全市综合实力显著提升。地区生产总值再增百亿元，预计今年达到340亿元，年均增长8.3%；全社会固定资产投资累计完成1630亿元，是前五年的2.6倍，年均增长14.3%；地方公共财政预算收入年均增长13.1%，预计今年达到23亿元。培育形成了"四主一化"产业体系，转方式、调结构取得重大进展。新型工业化加速推进，紫光天化蛋氨酸、今飞轮毂、华创风机制造等一批项目建成投产，天元锰业完成战略重组，美利纸业成功转型，中宁工业园区获评"国家级新型工业化产业示范基地"。现代农业稳步发展，粮食产量"十二连增"，枸杞、硒砂瓜、草畜、马铃薯等特色产业不断壮大，建成一批农产品加工园区，万齐等3家企业在"新三板"挂牌。旅游业步入全域时代，建成旅游新镇、沙坡头水镇、高庙历史文化街区等景区景点，全国全域旅游推进会在我市召开，中卫被列入国家首批全域旅游示范市创建单位。云计算和大数据产业从无到有、逐步壮大，信息"高速公路"和数据中心技术水平国际领先，亚马逊AWS等140余家企业"云"集中卫。现代物流业破题发展，建设了一批物流通道和园区，中阿国际货运班列常态化运营，全市公路通车里程新增1500公里，物流货运量年均增长3%。批发零售、电商微商、餐饮住宿、金融保险、电信邮政、进出口贸易等服务业繁荣发展。

五年来，我们有序推进民主政治建设，依法治市水平显著提升。充分发挥市委总揽全局、协调各方的领导核心作用，加强对人大、政府、政协的领导，加强对市县（区）工作的统筹，形成了全市上下同心协力、同频共振、加快发展的生动局面。认真做好民族宗教和民主党派、工商联、侨务等统一战线工作，充分发挥工会、共青团、妇联等人民团体的桥梁纽带作用，调动了各方面的积极性。推进党务、政务公开，基层民主不断扩大。市人大启动立法工作，法治政府建设成效显著，司法体制和工作机制改革不断深化，"六五"普法通过验收，依法行政、公正司法水平进一步提高，全社会尊法学法守法用法意识明显增强。加强党管武装工作，军民融合深度发展，中卫被评为全国"双拥模范城"。

五年来，我们着力推动文化繁荣发展，文化软实力显著提升。社会主义核心价值观深入人心，"不到长城非好汉"的宁夏精神发扬光大，"沙漠水城、花儿杞乡、休闲中卫"的城市风貌日益彰显。大力开展群众性精神文明创建活动，一大批行业先进典型和道德模范引领社会风尚，中卫荣膺"自治区文明城市"。深入推进文化惠民，建成"五馆一中心"、杞乡黄河体育中心、海原体育馆等群众性文化体育场馆和一批特色文化产业基地，全市标准化乡镇综合文化站、村文化站、数字农家书屋达到893个，文化下基层和群众性文体活动广泛开展。文化体制改革深入推进，组建中卫新闻传媒中心，传统媒体与新兴媒体融合发展。全社会文化自觉、文化自信不断增强。

五年来，我们大力加强以保障和改善民生为重点的社会建设，群众生活质量显著提升。城镇常住居民人均可支配收入达到23330元，提高了8577元，年均增长9.6%；农村常住居民人均可支配收入达到8270元，提高了3010元，年均增长10.6%。创新"有土""离土"两条脱贫路径，51个贫困村脱贫销号，10.6万贫困人口精准脱贫。"十二五"移民搬迁安置任务全面完成。华润集团"基础母牛银行"等精准扶贫模式得到中央肯定。脱贫攻坚水源工程顺利推进，中南部城乡饮水安全海原县连通工程全线通水，全市农村饮水安全问题基本解决。新建各类保障性住房540万平方米，改造老旧小区143个、棚户区3.7万套。一次性解决了近5年来形成的1.2万套、3421户群众的逾期安置问题。建市以来形成的4.5万名被征地农民全部纳入养老保险。在全区率先将市本级1万余名事业单位人员全部纳入医疗补助范围。建成宁夏大学中卫校区，填补了中卫高等教育空白。沙坡头区、中宁县义务教育均衡发展通过国家评估认定。建成市人民医院医疗中心、自治区人民医院宁南分院，完成海原县人民医院迁建，开工建设宁医大总院中宁分院。计划生育"三项制度"全面落实。成功创建"自治区卫生城市"。养老服务和残疾人康复基础设施不断完善。实施"1+3"就业创业促进行动，大众创业、万众创新活力迸发，城镇登记失业率控制在4.5%以内。社会治理不断创新，平安建设持续深化，社会大局和谐稳定。

五年来，我们积极推进生态文明建设，可持续发展能力显著提升。大力实施腾格里沙漠东南缘防沙治沙、黄河卫宁城市过境段综合治理及生态保护、城区绿化提升等项目，加大退耕还林和移民迁出区生态修复力度，着力构筑绿色生态屏障。全力推进节能减排，空气质量优良天数比率达80%以上。积极应对腾格里沙漠环境污染问题，环保部挂牌督办的问题全部摘牌。建立"8+2"环保治理长效机制，实行网格化对标管理，环保基础设施不断完善，环境治理能力明显提升，得到中央第八环境保护督察组的肯定。坚持建管并重，市区建成区面积增加12平方公里，"以克论净"城市保洁机制在全国推广，海原大县城建设、中宁旧城改造成效明显，建成美丽小城镇15个、美丽村庄115个，全市城市绿地率、绿化覆盖率分别达到32.7%和38.5%。中卫跻身"国家园林城市"。

五年来，我们不断深化改革扩大开放，经济社会发展活力显著提升。创新设立海兴开发区，沙坡头区以市辖区正式运转。实施市属国有企业"1+X"归并重组，增强了企业实力和市场竞争力。推进工业园区直供电改革、重点用能企业天然气直供改革，为降成本、促生产、稳增长发挥了重要作用。创新金融服务机制，设立产业发展、扶贫担保等各类基金50亿元，吸引社会资本组建金融助贷、担保公司、小额贷款公司，有效解决了发展资金短缺问题。沙坡头区、中宁县农村产权流转服务中心启动运行，农村产权制度改革、村集体经济组织股份制改革试点顺利推进。建立"51311"行政审批制度体系，在中卫工业园区试点推行行政审批告知承诺制。与31个毗邻城市建立旅游协同发展机制。区外招商引资累计到位资金920亿元。

五年来，我们全面加强党的建设，党组织创造力、凝聚力、战斗力显著提升。党的群众路线教育实践活动、"三严三实"专题教育和"两学一做"学习教育取得显著成效，党风、政风、民风呈现新气象。组织开展以掌握"三基本"为主要内容的"二次创业"大讨论活动，深化了市情认识，推进了思想解放。扎实开展星级基层服务型党组织创建，创新建立"四化一满意"服务群众工作机制，组织机关干部下基层、开展"三同"锻炼，党员、干部服务群众的意识和能力明显增强。坚持用"好干部"标准选人用人，一批忠诚干净担当、为民务实清廉、奋发有为、锐意改革、实绩突出的干部得到褒奖和重用。大力培养选拔优秀年轻干部、党外干部、女干部和少数民族干部。圆满完成了县乡换届任务。全面从严治党"两个责任"深入落实，"四风"问题得到有效遏制，严肃查处了一批违纪违法案件和损害群众切身利益问题，反腐倡廉建设取得新成效，形成了风清气正的政治生态。

过去五年，全市各级党组织和广大干部群众积极进取、不懈奋斗，统筹推进"五位一体"总体布局，协调推进"四个全面"战略布局，加快推进"四个中卫"建设，全市经济社会发展迈上新台阶。这些成绩的取得，是以习近平同志为核心的党中央坚强领导的结果，是自治区党委、政府正确领导、亲切关怀的结果，是全市各级党组织团结带领广大干部群众务实苦干的结果，是历届班子打下良好基础以及离退休老同志关心支持的结果，是各民主党派、工商联、无党派人士、人民团体、驻卫部队、武警官兵、中央及区属驻卫单位和社会各界共同努力的结果。在此，我代表中共中卫市第三届委员会，向奋战在全市各条战线上的广大共产党员和各族干部群众，向所有关心、支持、参与中卫建设发展的同志们，朋友们，表示衷心感谢和崇高敬意！

成绩来之不易，经验弥足珍贵。五年来的实践告诉我们，始终坚持正确政治方向，坚定中国特色社会主义道路自信、理论自信、制度自信、文化自信，不断增强政治意识、大局意识、核心意识、看齐意识，始终在思想上政治上行动上与以习近平同志为核心的党中央保持高度一致，我们的事业就一定能够兴旺发达。始终坚持发展第一要务，抢抓一切有利机遇，创造一切有利条件，聚集一切资源要素，在发展中加快转型，在转型中加快发展，就一定能够实现后发赶超、加快崛起。始终坚持深化改革开放，主动融入国家对外开放和区域发展战略新格局，以改革的思路、统筹的办法，发挥"两个作用"，开拓"两个市场"，用好"两种资源"，就一定能够厚植发展新优势，激发发展新活力。始终坚持以人民为中心，把发展好、实现好、维护好广大人民的根本利益作为一切工作的出发点和落脚点，不断提高人民群众的获得感、幸福感，就一定能够调动全市人民的积极性和创造性，形成加快发展的强大合力。始终坚持全面从严治党，不断提高党的领导水平和执政能力，充分发挥各级党组织的战斗堡垒作用和广大党员的先锋模范作用，率先垂范、以上率下，不忘初心、继续前进，就一定能够战胜前进道路上一切风险挑战，不断开创中卫各项事业发展新局面。

在肯定成绩、总结经验的同时，我们也清醒认识到，发展不足、发展不快、发展活力不强仍然是中卫面临的首要问题，前进道路上还有许多矛盾和困难，工作中也有不少缺点和不足。主要表现在：经济总量小，产业层次低，新动能比较弱，资源优势还没有很好地转化为经济优势。山川、城乡、区域发展不平衡问题突出，城市化水平低，脱贫攻坚任务艰巨。教育、科技、文化、卫生等社会事业发展相对滞后，与人民群众的期望还有差距。少数基层党组织凝聚力、战斗力不强，一些干部思想不够解放，尤其是少数干部不作为、慢作为、不担当问题有待进一步解决等等。对这些困难和问题，我们要高度重视，采取切实措施，认真加以解决。

二、主动把握新理念新常态，肩负起转型追赶、弯道超车的历史使命

转型追赶、弯道超车，是习近平总书记对宁夏发展的殷切期望，是自治区党委对全区工作的总要求，是中卫立足现实、面向未来的发展路径和使命担当。当前，我国经济正处于增速换挡、新旧动能转换的"弯道"上，产业重新布局，企业重新洗牌，新机遇不断涌现，只要我们咬定青山不放松、苦干实干加巧干，把牢方向、选准路径，给足能量、全力冲刺，就一定能够在转型追赶中加快发展、超越前进。

未来五年，是中卫全面建成小康社会的攻坚期、加快转变发展方式的关键期，也是我们实现弯道超车、后发赶超的机遇期。中央"五位一体"总体布局、"四个全面"战略布局和"五大发展理念"，为我们谋划和推动发展提供了根本遵循。国家深入实施"一带一路"、脱贫攻坚、西部大开发等重大战略，推进供给侧结构性改革和大众创业、万众创新，特别是给了宁夏"内陆开放型经济试验区""全域旅游示范区"这样的"金字招牌"，必将使我们的发展获得更大空间。中央和自治区支持的许多领域，正是中卫下一步发展的方向和重点。我们一定要把握新常态、抢抓新机遇、寻找新动能，稳中求进、好中求快，推动中卫经济社会大发展、快发展，努力走出一条西部欠发达地区转型追赶、弯道超车的新路子。

今后五年，全市工作的总体要求是：高举中国特色社会主义伟大旗帜，以邓小平理论、"三个代表"重要思想、科学发展观为指导，全面贯彻党的十八大和十八届三中、四中、五中、六中全会精神及自治区党委决策部署，深入贯彻习近平总书记系列重要讲话精神和治国理政新理念新思想新战略，牢牢把握"转型追赶、弯道超车"这条主线，大力实施山川协同发展、经济转型发展"两大战略"，更加注重开放引领，更加注重创新驱动，更加注重生态优先，更加注重富民共享，全面推进经济建设、政治建设、文化建设、社会建设、生态文明建设和党的建设，坚决打赢脱贫攻坚战，努力实现经济繁荣、民族团结、环境优美、人民富裕，奋力开创开放富裕和谐美丽中卫新局面，确保与全区全国同步建成全面小康社会。

今后五年的奋斗目标是：经济保持中高速增长，地区生产总值年均增长8%左右，地方公共财政预算收入与经济增长同步，城镇、农村常住居民人均可支配收入年均分别增长9%和10%左右，力争实现"一个提前翻番、两个重大突破、三个明显缩小、五个全面提升"目标。

"一个提前翻番"，即对照2020年全面建成小康社会目标，地区生产总值提前两年在2010年基础上实现翻番，到2021年突破550亿元大关。

"两个重大突破"，即西线扶贫引水、城际高铁等重大基础设施项目全面建成，卫宁相向发展和海原大县城建设加快推进，带动山川协同发展取得重大突破；云计算和大数据、全域旅游、现代物流等特色产业发展壮大，带动经济转型取得重大突破。

"三个明显缩小"，即城镇、农村常住居民人均可支配收入和城镇化率三项指标与全区平均水平的差距明显缩小。

"五个全面提升"，即全民思想道德素质全面提升，基本公共服务均等化水平全面提升，社会治理能力全面提升，生态环境质量全面提升，党领导经济社会发展的能力全面提升。

实现上述目标，必须以"五大发展理念"为统领，崇尚创新、注重协调、倡导绿色、厚植开放、推进共享，牢固树立"川区争上游、山区争先进"的"双争"意识，切实担负起转型追赶、弯道超车的历史使命，奋力谱写开放富裕和谐美丽中卫新篇章。

坚持把创新作为转型追赶、弯道超车的第一动力。中卫欠发达，表面上是经济发展的差距，实质上是改革创新不足。我们要牢固树立创新发展理念，坚定不移实施创新驱动发展战略，大力推进科技、管理、体制、人才等各方面创新，充分激发创新创造创业活力。紧盯经济转型发展核心任务，大力推进供给侧结构性改革，推动经济发展的动力结构、产业结构、要素结构和增长方式优化升级，培育产业新体系，打造发展新引擎，构建发展新模式，不断提升经济发展质量和效益。

坚持把开放作为转型追赶、弯道超车的必由之路。中卫发展不足，很大程度上是开放不足；中卫经济落后，很大程度上是思想观念落后。随着国家"一带一路"战略加快实施，中卫由封闭内陆地区转为向西开放前沿，与全国经济融合发展、与丝绸之路沿线国家和地区深化合作交流前景广阔。我们要牢固树立开放发展理念，把中卫发展纳入国际国内两个市场，主动融入国家丝绸之路经济带建设，充分利用中阿博览会、内陆开放型经济试验区等战略平台，构建全方位、多领域、深层次对内对外开放新格局。

坚持把协调作为转型追赶、弯道超车的内在要求。山川发展不足、不协调，城乡发展不平衡，是中卫现阶段存在的突出问题。我们要牢固树立协调发展理念，充分发挥川区引黄灌溉、区位交通、发展基础等比较优势，打造新的经济增长极；加快培育山区发展新动能，大力发展劳动密集型产业和特色优势产业，形成山川协同、竞相发展新格局。加快城乡一体化发展，统筹推进特色城镇建设和美丽乡村建设，引导人口、产业、资本向城镇集聚，推动基本公共服务向农村覆盖。

坚持把绿色作为转型追赶、弯道超车的必要条件。中卫在国家西部生态安全屏障中地位特殊，"草方格"治沙闻名世界，良好的生态是中卫的靓丽名片。我们要牢固树立绿色发展理念，科学统筹生产生活生态布局，严守资源消耗上限、环境质量底线、生态保护红线，切实做到开发与保护并重、建设与修复并举，推动产业发展生态化、生态建设产业化，促进资源节约和环境友好，使绿色发展成为转型升级"主旋律"，努力打造天蓝、水清、地绿、气净的美丽中卫。

坚持把共享作为转型追赶、弯道超车的根本目标。人民对美好生活的向往是我们的奋斗目标，保障和改善民生是发展的根本目的，只有民生持续改善，经济增长才有持久动力，社会才能长治久安。我们要牢固树立共享发展理念，在加快经济发展的基础上，更加重视改善民生和发展社会事业，更加重视提高城乡居民收入，更加重视维护社会公平正义，努力使发展成果更好地惠及全市人民，不断提升群众幸福指数，确保社会和谐稳定、人民安居乐业。

三、加快经济转型升级，着力提升发展质量和效益

实现转型追赶、弯道超车，必须把发展经济作为重中之重，着力深化供给侧结构性改革，以"四新"要求推进经济转型升级，全力打造中卫经济"升级版"。

发展新型工业和现代农业，焕发转型发展新动能。工业和农业是中卫发展的根基。实现转型发展，必须坚持优化存量与扩大增量并重、调优结构与提升效益并举，不断焕发新动能。做大做强新型工业。坚持集群发展"三新"产业与改造提升传统产业"两手并重"、先进制造业与现代服务业"双轮驱动"、新型工业化与信息化"两化融合"，推进工业结构由重变轻、产业链条由短到长、关联企业由散到聚、经济效益由低到高，使新型工业成为转型追赶的最强动力。大力发展"三新"产业，扩大总量，优化结构，推进新材料产业集群化、新能源产业高端化、新经济产业规模化发展，培育形成铝镁新材料、硅基新材料、电子信息材料等支柱产业，打造"一个千亿元、四个百亿元"产业集群。改造提升传统产业，引导企业增加科技投入，加快技术改造；通过兼并、重组、转产等方式，对传统产业进行流程再造。坚决淘汰落后产能，认真落实"去产能"政策措施，对列入国家淘汰类和限制类目录的项目，一律不再引进；限制水泥等过剩产能，不再扩大规模；逐步淘汰化解小冶金、平板玻璃等落后产能，促进新型工业"轻装上阵"、快速发展。做优做特现代农业。坚持"一特三高"发展方向，加快构建现代农业产业体系、生产体系和经营体系，推动传统农业向现代农业转变，促进农业基础稳固、农村和谐稳定、农民安居乐业。优化"四区七带"产业布局，紧盯"1+5"优势特色产业，综合运用标准化生产、原产地保护等手段，擦亮"枸杞之乡""硒砂瓜之乡""马铃薯之乡""供港蔬菜"等"金字招牌"，使优势更优、特色更特。加强农业基础设施建设，突出抓好西线引水工程建设，持续开展高标准农田建设，深入实施土地整治、中低产田改造和引黄灌区盐碱地改良等项目，大力发展高效节水农业，进一步提高土地产出率、资源利用率、劳动生产率。积极发展农产品加工流通，培育壮大中宁新水农产品加工园，规划建设沙坡头、海原农产品加工园，扶持万齐、早康、夏华等农业龙头企业做大做强，走产加销一体化路子，推动一、二、三产业融合发展，提高农业综合效益。大力发展职业农民，培育壮大专业大户、家庭农场、农民合作社等新型经营主体，积极发展适度规模经营，健全完善社会化服务体系，提高农业经营集约化、规模化、组织化水平。

壮大云计算、旅游和现代物流业，打造转型发展新引擎。云计算、旅游和现代物流业是中卫转型追赶的潜力和希望所在。要发挥优势、壮大规模、提升效益，培育形成经济发展新的增长极。围绕打造国家大数据综合试验区，以建设一体化国家大数据中心为契机，加快亚马逊AWS、云创二期等数据中心建设和服务器布局，配套完善服务中心等基础设施，积极引进商业、政府数据集聚中卫，建成西部云基地。争取工信部、中国气象局等数据中心落户中卫，打造国家战略数据安全灾备基地。大力推动卫星遥感、天地一体化信息系统等军民融合产业发展，建设军民融合产业基地。深化大数据开发应用，构建"一带一路"区域数据中心和云计算平台，打造网上丝绸之路云计算数据枢纽港。进一步深化与浪潮、华为、美国ZT等云制造企业的战略合作，拉长延伸产业链条，促进高新技术产业落地，形成云计算全产业链生态体系。中卫云计算和大数据产业是自治区"三号工程"，我们一定要坚定信心、全力推进，尽快做大做强，使之成为我市乃至全区转型追赶的战略支点。围绕打造国家级全域旅游示范市，把中卫作为一个大景区统筹规划布局，坚持沙坡头做片、中宁做线、海原和海兴开发区做点，构建"一核、两翼、三带、四区、六线、多节点"全域旅游新格局。提质扩容建设更美景区，加快重点景区优化提升、一般景区创A升级，有序开发新景区，让中卫处处是风景、处处可旅游。互动融合发展更大产业，实施"旅游+"行动计划，推动旅游融入城市、走进乡村，与新型工业、特色农业、文化体育、信息技术等产业融合发展，放大"一加一大于二"的倍增效应。规范管理提供更优服务，创新体制机制，争取沙坡头文化旅游产业示范区实体运作，完善提升"1+4+N"全域旅游管理模式，打造"快旅慢游"交通体系，加强旅游服务标准化、旅游市场规范化建设，为游客提供各环节、全方位的服务。使旅游产业真正成为中卫转方式、调结构、促增长的重要力量。围绕打造丝绸之路经济带交通物流枢纽节点，坚持内引外联、企业带动、重点突破、统筹推进，培育形成以铁路运输为主导，公路运输为支撑，管道和民航运输共同发展的现代物流格局，切实把中卫的区位优势和枢纽功能发挥出来。盘活用好物流通道，加强与新疆陆港公司、汉新欧、渝新欧合作，建成中卫铁路口岸，推动货物通关、商检一体化运作，打造承东启西的货物集散地;争取设立西气东输公司天然气灾备中心,积极推进上海石油天然气中卫交易中心建设;加快完善高速公路、国省干道等物流网络,打造亚欧大陆桥物流中转基地;扩建沙坡头机场,加强与各支线机场的航线联结,大力发展航空物流。不断丰富物流业态,加快发展生产生活资料等专业物流,积极发展电商物流,稳步发展冷链物流,引进龙头企业发展第三方物流。加快建设物流平台,积极推进镇罗公铁物流园等物流园区建设,加快构建覆盖国内重点企业、联通各大物流平台的信息网络,夯实物流基础平台,推动现代物流业快速发展。

加快新型城镇化进程,拓宽转型发展新路径。新型城镇化是扩大有效需求、改善供给结构、促进产业转型的重要抓手,是推动山川、城乡、区域协调发展的有力支撑。必须坚持区域统筹、城乡一体、产城互动,着力提升以人为核心的新型城镇化水平。高标准规划建设城市,扎实推进"三权多规融合"改革试点,做到"一本规划、一张蓝图"管全局。坚持"产业连城、生态连城、水系连城、交通连城",推进沙坡头区和中宁县城相向发展。加快中宁旧城改造、海原大县城建设,推进海原县城和海兴开发区一体化发展,构建"一核两带三轴四区"城镇发展格局。深化户籍、养老等制度改革,配套解决住房、就医、上学等具体问题,推进农村居民向城镇集中,不断提高新型城镇化水平。高水平管理城市,准确把握城市生产、生活、生态空间的内在联系,注重城市功能布局,打响"滨河沙坡头、杞乡中宁、生态海原"品牌,弘扬城市文化,塑造城市特色,提升城市品位,打造宜居宜业宜游城市。持续推进美丽城市"九大工程",提升"以克论净"深度保洁、亮化美化水平,规范城市秩序,努力把城市建设成为人与自然和谐共处的美丽家园。高质量打造美丽乡村,按照"城市郊区村落向市区集中、城镇周边村落向集镇集中、分散村落向中心村集中"的思路,优化村庄规划布局,配套完善供水、供热、通信、道路、垃圾处理等设施,推动"5个3"保洁机制全覆盖,切实改善农村生活环境,提高居民生活质量。

深化改革创新,增强转型发展新活力。坚持以重点领域和关键环节改革为重点,着力解决影响经济社会发展的突出问题,激发转型发展的内在活力。坚持市场之手与政府之手共同用力,全面落实"三去一降一补"各项任务。深化行政审批制度改革,进一步转变政府职能,简政放权,推动行政审批制度改革从减少审批向放权、监督、服务并重转变。实施"互联网+政务服务"行动计划,实现网上审批、网上注册、网上办事全覆盖。加快农业农村改革,完成供销社、国有林场改革,积极推进土地所有权、承包权、经营权分置管理,开展土地承包经营权质押贷款,探索林权、宅基地、房屋等不动产质(抵)押贷款模式,分类推进农村集体资产确权到户和股份合作制改革,扩大覆盖面,活化农村产权要素。推进水权制度改革,加快建设节水型社会。突出投融资改革,进一步完善金融服务体系,做强市建设投资公司等国有投融资公司,形成多元化投融资机制,发挥产业基金引导作用和融资担保作用,提升投资质量和效益。积极争取和落实国家、自治区财税优惠政策,推进国地税联合办税,服务下沉,减少环节,减轻企业税负。综合推进电力、天然气等能源要素市场改革,打造低成本工业园区。加快推动科技创新,加强重点领域、重点行业科研攻关和科技成果转化应用,争创国家高新技术产业开发区,使科技创新成为转型发展的重要力量。

四、着力保障和改善民生,让改革发展成果更多更公平惠及人民群众

适应当前民生工作新变化,按照坚守底线、突出重点、完善制度、引导预期的工作思路,从人民群众最关心最直接最现实的利益问题入手,集中力量做好基础性、兜底性民生建设,统筹做好脱贫攻坚、教育卫生、社会保障、创业就业等方面的工作,让人民群众有更多获得感、幸福感。

坚决打赢脱贫攻坚战。把脱贫攻坚作为民生工作的重中之重,紧盯"三年集中攻坚,两年巩固提高,力争提前脱贫"的目标任务,立下愚公志,誓拔贫穷根,真扶贫、扶真贫、真脱贫,确保全市158个贫困村提前销号、12.6万贫困群众提前脱贫,海原成为中南部地区扶贫开发示范县。坚持综合施策,全面落实"六个精准""五个一批"脱贫要求,实施"产业发展、劳务输出、易地搬迁、教育脱贫、社会兜底"五项脱贫行动计划,切实提高工作的精准度和有效性。因地制宜推进"有土"脱贫,大力发展枸杞、硒砂瓜、草畜、马铃薯等特色产业,扩规模提效益、创品牌促增收。因人制宜推进"离土"脱贫,全面落实"离土脱贫23条"政策,以劳务输出、汽车运输、清真餐饮、剪纸刺绣等为重点,加大技能培训,鼓励自主创业、进城务工,让贫困群众依靠知识技能增收致富。加大金融扶贫力度,搭建金融扶贫信贷平台,全面开展精准扶贫"脱贫保"保险业务,探索财政扶贫资金资产收益分配机制,健全完善扶贫贷款发放回收机制,从根本上解决贫困群众贷款难问题。配套完善水、电、路、通信等基础设施，补齐贫困地区发展短板。启动实施城乡一体化供水工程，进一步提高农村饮用水安全保障水平。提前完成"十三五"易地搬迁安置任务。全面落实国家教育扶贫各项政策，市财政对建档立卡贫困户大学生、研究生每人每学年再资助5000元，确保每一名贫困学生都能完成学业，切断贫困代际传递。将贫困人口全部纳入社会保障范围，"贫困线"和"低保线"两线合一，实行基本养老、医疗保险补贴，提高贫困人口医疗救助和报销比例，切实解决因病返贫等问题。注重扶志扶智，出台贫困群众提前脱贫激励政策，引导贫困群众自力更生、艰苦奋斗，依靠辛勤劳动主动脱贫。深化闽宁对口扶贫协作，创新社会帮扶机制。全面落实脱贫攻坚责任制，充分发挥"第一书记"和机关、干部帮扶作用，形成全社会共同参与的大扶贫格局，决不让一个贫困群众在小康路上掉队。

办好人民满意的教育。坚持教育优先发展，加大经费投入和保障力度，优化教育资源配置，推进各级各类教育优质公平、协调均衡发展。普及发展学前教育，实现行政村幼儿园全覆盖。均衡发展义务教育，加大标准化学校和教育信息化建设力度，缩小区域、城乡、校际差距，海原通过国家义务教育均衡发展评估认定，中卫迈入全国义务教育均衡发展先进市（县）行列。扎实推进"名师名校名校长建设工程"，优质发展高中教育，再创中卫教育新辉煌。大力发展职业教育，建设国家级现代职业技能公共实训中心，加快构建产教融合、校企合作的现代职业教育体系。支持办好宁夏大学中卫校区，推进产学研融合，逐步扩大办学规模。支持和规范民办教育健康发展。加大教育基础设施建设力度，高标准新建、改建中小学校、幼儿园140所。加强师资队伍建设，稳步提高教师待遇，提高教育质量和教学水平。深入推进教育惠民工程，实行贫困家庭学生学前两年全免费、普通高中家庭困难学生全免费、中等职业学校学生全免费、贫困大学生生源地信用助学贷款全覆盖、家庭经济困难学生资助全覆盖，决不让一个孩子输在人生起跑线上。

加快发展卫生与健康事业。树立大卫生、大健康的理念，把健康融入所有政策，实现人民共建共享。倡导健康文明的生活方式，把以治病为中心转变为以人民健康为中心，关注生命全周期、健康全过程，推动全民健身和全民健康深度融合。坚持硬件、软件两手抓，大力实施医疗设施保障、医护人员能力"两项提升计划"，迁建市中医院，实现标准化村卫生室和社区卫生服务中心全覆盖。积极探索医疗设备多元投资机制，进一步改善医疗条件。深化与北京、上海等区内外知名医院的合作，"走出去"与"请进来"相结合，加强骨干力量培训交流，不断提升诊疗水平。全面深化医药卫生体制改革，基本建成覆盖城乡的基层医疗卫生服务体系，建设市级远程医疗会诊平台并连通所有基层医疗卫生机构。落实分级诊疗制度，引导医疗卫生工作重心下移、资源下沉。持续推进城市公立医院综合改革，市县二级以上医院全部实行药品零差率销售。加快推进异地就医结算，实现医疗、医保、医药"三医"联动。坚持计划生育基本国策，促进人口素质提高和长期均衡发展。深入开展爱国卫生运动，争创国家卫生城市。

提高社会保障能力和水平。实施社会保障扩面提标工程，织密织牢民生保障网，形成全覆盖、多层次、可持续的社会保障体系。扩大社会保险覆盖面，稳步提高城乡居民基本养老金标准，确保高于全区平均水平；完善机关事业单位养老保险制度，全面落实职业年金制度。加大社会救助力度，健全城乡低保、农村五保、灾害救助、医疗救助等救助体系，实现从制度覆盖转向人群覆盖。强化住房保障，全面完成城镇棚户区和农村危房改造任务；加强公租房动态管理，公开公平公正分配；启动实施干部职工住房补贴制度，并从2015年开始计发。完善社会福利体系，加强困境儿童保障和农村留守儿童、留守妇女、留守老人关爱保护，提高残疾人福利补贴标准，将全市65岁以上困难失能失智老人全部纳入政府补贴购买服务范围，让每一个弱势群体都能感受到社会主义大家庭的温暖。

着力扩大就业创业。就业是民生之本，创业是就业之源。实施更加积极的就业政策，落实就业援助、技能培训、贴息贷款、援企稳岗等措施，加强对灵活就业、新就业形态的扶持，鼓励多渠道就业。统筹做好高校毕业生、城镇就业困难人员、退役军人、进城务工人员、零就业家庭等就业工作。健全劳动合同和劳动争议仲裁制度，保护劳动者合法权益，构建和谐劳动关系。深入推进大众创业、万众创新，出台创业扶持政策，优化创业环境，丰富创业载体，鼓励返乡创业、自主创业，激发各类人群想创业、敢创业、会创业的热情。以就业促创业，以创业带就业，让每一个有劳动意愿的人有活干、有钱赚。

五、坚定文化自信，建设全市人民美好精神家园

坚持中国特色社会主义文化发展道路，切实增强文化自觉和文化自信，充分发掘中卫丰厚独特的文化资源,为全市经济社会发展提供思想保证、精神力量、道德滋养、文化条件。

加强社会主义核心价值体系建设。严格落实各级党组织的意识形态工作主体责任,加强对意识形态工作的领导和思想舆论阵地建设、监管,牢牢把握工作主动权和话语权。坚持把培育践行社会主义核心价值体系融入国民教育、精神文明建设和党的思想政治建设全过程,强化理想信念教育,大力弘扬民族精神和时代精神,用社会主义核心价值观引领风尚,巩固全市人民团结奋斗的共同思想基础。深入宣传党治国理政新理念新思想新战略和全市党员干部群众创新创业的好做法好典型,弘扬主旋律,传播正能量。以弘扬传统美德和培育优良民风为目的,深入开展"最美中卫"系列评选活动,以典型引领公民道德素质提升。深入开展文明单位、文明村镇、文明校园、文明家庭等群众性精神文明创建活动,争创全国文明城市。

构建现代公共文化服务体系。完善政府购买社会文化产品机制,加大对重点文艺项目和文艺作品的奖励扶持力度,推出更多体现中卫特色、深受人们喜爱的优秀文艺作品。实施文化惠民工程,深入开展文化"六进"活动,引导各类文化资源向基层倾斜。办好"美丽中卫"主题广场文艺演出、"一县一品牌"体育赛事等,组织开展群众性文体活动,丰富群众精神文化生活。完善公共文化服务设施,全面推行乡镇文化站"公建民营公助"模式,实现文体设施社区全覆盖、村级综合文化服务中心行政村全覆盖、标准化乡镇综合文化站全覆盖,促进基本公共文化服务标准化、均等化。

加快发展文化产业。推动传统文化产业转型升级,依托中卫云天产业园,发挥云计算和大数据产业优势,加快培育文化创意、数字动漫、影视创作等新型文化业态。鼓励扶持大麦地阳光文化产业园、中宁枸杞文化产业园、海原回族民俗文化创意产业园等文化产业示范基地,推进文化、旅游、城市建设融合发展。加强文化遗产保护和利用,推动中卫传统文化与现代文明融合创新。积极开展对外文化交流,讲好中卫故事,传播中卫声音,展示中卫形象。

六、切实加强生态文明建设,不断增强可持续发展能力

坚持建设和保护两手抓、两手都要硬,持之以恒抓好生态建设、节能减排和环境保护工作,不断提高资源集约节约利用水平,让蓝天常驻、碧水长流、空气常新。

着力构筑生态屏障。坚持在生态建设上做"加法",实施"增绿植绿"行动,持续推进大六盘生态林、水源涵养林、生态经济林、北部防护林和农田林网建设。严格落实禁牧封育、退耕还林各项政策,加大沙区综合治理、移民迁出区生态修复力度。实施城市绿化美化工程,建设市民休闲森林公园,扩大城市绿地面积。切实保护生态资源,坚守"生态红线",落实生态补偿机制和责任追究制度,加强林地资源管理和征地占用、林木限额采伐、木材加工流通监管,严厉查处涉林违法行为,让绿色成为美丽中卫的"底色"。

全力抓好节能减排。坚持在能耗排放上做"减法",切实加强源头控制和能耗管理,坚决把能耗降下去,把效益提上来。注重源头控制,落实能源资源消耗、建设用地等总量与强度双控行动,提高节能准入标准,限制高耗能、高排放行业发展。强化科技支撑,引进先进实用技术和节能环保技术,对现有高耗能产业进行循环化改造,不断降低能耗水平。加大监控力度,全面推行合同能源管理,落实能效提升计划,着力加强重点用能和重点排放企业节能减排监测、监察。积极发展节能低碳和清洁生产可再生能源产业。

大力加强环境保护。坚持依法治污、铁腕治污、预防为主、综合治理,强化水、大气、土壤等污染防治,着力解决损害群众健康的突出环境问题。突出抓好工业污染整治,提高项目环评准入门槛,严格落实国家区域限批、行业限批等规定,坚决对污染项目说"不"。全面落实重点企业在线监测、IC卡管理等措施,加大"三废"治理力度,严厉查处偷排、不达标排放等违法行为,从源头上防止污染现象发生。深入实施蓝天、绿水、净土行动计划,开展保护母亲河行动,加强饮用水源地、湿地保护和土壤污染综合治理。加快推进集中供热,坚决淘汰市区燃煤锅炉,切实改善环境质量,精心呵护美丽家园。

七、加强民主政治建设,凝聚全面建成小康社会的强大力量

坚持党的领导、人民当家做主和依法治国有机统一,不断推进社会主义民主政治制度化、规范化、程序化,进一步形成生动活泼、安定团结的政治局面。

积极发展社会主义民主。依法实行民主选举、民主决策、民主管理、民主监督,保障人民享有广泛的民主权利。坚持和完善人民代表大会制度,支持人大及其常委会依法履行职能,推动人大工作与时俱进。坚持和完善中国共产党领导的多党合作和政治协商制度,充分发挥人民政协作为协商民主重要渠道作用,完善党委、政府、政协共同制定年度重点协商计划机制,推进协商民主广泛多层制度化发展。巩固和发展最广泛的爱国统一战线,最大限度发挥各民主党派、工商联和无党派人士在发展经济、保障民生、促进和谐等方面的积极作用。加强和改进党对工会、共青团、妇联等人民团体的领导,推进群团组织改革,形成推动发展的强大合力。落实党管武装制度,重视国防教育、民兵预备役建设和军民融合事业发展,提高"双拥"共建水平。

有效扩大基层民主。强化基层民主管理,完善基层群众自治制度,充分发挥社区、村委会及社会组织在扩大群众参与、反映群众诉求方面的积极作用。推进基层协商制度化,建立健全居民、村民监督机制,促进群众在城乡社区治理、基层公共事务和公益事业中依法自我管理、自我服务、自我教育、自我监督。坚持和完善党务公开、政务公开、村务公开及公用事业单位办事公开制度,有效保障人民群众的知情权、参与权、表达权和监督权。积极培育群众参与社会治理的民主意识,严格落实农村党员大会、村民代表会议制度,进一步健全管理机制,形成社会治理人人参与、和谐社会人人共享的良好局面。

全面推进依法治市。推进科学立法、严格执法、公正司法、全民守法,支持市人大立法,加快特定领域立法步伐。加快法治政府建设,深入推进依法行政,提升政府决策法治化水平,严格规范公正文明执法,强化对行政权力的制约和监督。深化司法体制改革,保证审判机关、检察机关依法独立公正行使审判权、检察权,进一步提升司法公信力。加强政法队伍建设,促进公正廉洁执法,营造公平正义氛围。积极推动全社会参与法治实践,全面提升基层依法治理水平。扎实开展"七五"普法,大力弘扬社会主义法治精神。党政机关普遍建立法律顾问制度,党组织和党员、干部带头厉行法治、依法办事,做到办事依法、遇事找法、解决问题用法、化解矛盾靠法。健全覆盖城乡的公共法律服务体系,完善法律援助和司法救助制度,努力让人民群众在每一个司法案件中都感受到公平正义。

加强和创新社会治理。深入推进社会治理创新,提高社会治理社会化、法治化、智能化、专业化水平。继续加强和创新社会治安综合治理,加快建设立体化、信息化社会治安防控体系,依法惩治各类违法犯罪,努力建设更高水平的平安中卫。完善突发公共事件应急管理体系,加强安全生产工作,提高重点行业领域安全治理能力,坚决防止重特大安全生产事故发生。推进食品药品安全治理体系建设。建立健全有机衔接、协调联动、高效便捷的矛盾纠纷多元化解机制,全面落实信访工作责任制,依法分类处理信访诉求,维护群众合法权益。全面落实党的民族政策,深入开展民族团结进步创建活动,争创全国民族团结进步示范市。坚持宗教中国化方向,依法管理宗教事务,严格清真标识的审批、使用和管理,严禁公共场所和世俗生活宗教化。积极引导宗教与社会主义社会相适应,巩固民族和睦、宗教和顺、社会和谐的良好局面。

八、全面从严管党治党,为转型追赶、弯道超车提供坚强保证

深入贯彻党的十八届六中全会精神,坚决执行《关于新形势下党内政治生活若干准则》和《中国共产党党内监督条例》,把加强和规范党内政治生活、加强党内监督各项任务落到实处,推进全面从严治党不断取得新成效。

进一步加强思想政治建设。坚持用中国特色社会主义理论体系、党的十八大以来中央各项方针政策、习近平总书记系列重要讲话精神和治国理政新理念新思想新战略武装党员、干部头脑,教育引导党员、干部坚定理想信念、增强党性修养,思想上政治上行动上始终与以习近平同志为核心的党中央保持高度一致。广泛开展"走好新的长征路"等主题教育活动,引导广大党员、干部坚定方向、牢记使命、不忘初心、继续前进,在中卫转型追赶、弯道超车的伟大实践中无私奉献、建功立业。坚持理论联系实际,进一步摸清基本底数、掌握基本政策、把握基本规律,进一步开阔眼界、开阔思路、开阔胸襟,不断提高广大党员、干部深化改革、创新发展的能力。持续推进学习型党组织建设,完善党委(党组)中心组学习、领导干部领题调研、党员干部自学等制度,充分发挥党校、远程教育培训、"理论大讲堂"等资源和平台作用,推动学习教育经常化、规范化。

进一步加强领导班子和干部人才队伍建设。严格执行《干部任用条例》,树立注重品德、注重才学、注重实绩、注重基层的选人用人导向,真正将那些信念坚定、为民服务、勤政务实、敢于担当、清正廉洁的好干部选拔到领导岗位上来。拓宽选人视野,完善干部考核评价体系,提高选人用人公信度。实施"年轻干部成长工程",合理使用各年龄段干部,统筹做好优秀少数民族干部、女干部、党外干部的培养使用工作。打通党政机关与国有企事业单位之间干部流动"壁垒",推进干部能上能下,增强干部队伍整体活力。大力实施"干部能力提升行动",通过集中培训、挂职锻炼、轮岗交流等措施,全面提高各级领导干部适应新常态、把握新常态、引领新常态的能力和水平。认真做好老干部工作,使他们老有所依、老有所学、老有所为、老有所乐。坚持党管人才原则,全面落实"中卫人才工作24条"任务,创新完善人才引进、培养、评价、激励机制,大力实施"宁夏非公企业人才发展服务试验区""中卫智库""行业精英人才培养"等人才工程,统筹抓好各类人才队伍建设,不断强化人才第一资源对经济社会发展的支撑作用。

进一步加强党的基层组织建设。大力实施"基层党组织全面过硬工程",以补齐短板、治软治弱为核心,通过综合考评、动态管理、持续整顿,推进基层党建规范化建设,努力使全市基层党组织在政治功能、组织体系、服务能力、队伍素质、保障体系各方面全面过硬。突出抓好星级基层服务型党组织创建,建好用好"四化一满意"服务群众工作平台,分行业分领域开展"先锋引领行动"。大力实施农村党员"双培双带"工程。统筹抓好社区、机关、学校、国有企事业单位、非公有制经济组织和社会组织等领域基层党建工作,创新基层党组织设置形式,实现党的组织和党的工作全覆盖。加强对党员的教育、管理、服务,严把党员入口关,及时处置不合格党员。在全市范围实行党员"亮牌上岗",总结推广"评星定格十项否决""政治生日"等好经验好做法,唤醒党员意识,发挥先锋模范作用。积极推行党组织书记抓基层党建工作项目化管理。坚持民主集中制,坚持"三会一课"等党内组织生活制度,坚持用好批评和自我批评武器,着力解决组织生活不经常、不认真、不严肃等问题,不断增强党的基层组织活力。

进一步加强干部作风建设。巩固拓展党的群众路线教育、"三严三实"和"两学一做"等集中性教育成果,认真落实调查研究、定点联系、结对帮扶等制度,组织广大党员、干部深入实际、深入基层、深入群众,察实情、出实招、办实事、求实效,进一步密切党群干群关系。落实容错纠错机制,宽容干部在工作中特别是改革创新中的失误,激励干部干事创业。实施严格的限时办结制、严肃的服务承诺制、严厉的行政问责制,坚决向庸懒散慢作风顽疾"亮剑",坚决向不愿为、不敢为、不会为"亮牌",坚决向拖沓推诿、吃拿卡要等损坏形象、阻碍发展的行为"开刀",让讲规矩、讲实干、讲担当、讲奉献在中卫蔚然成风。全市广大党员、干部都要对党尽忠、对民尽责、对事尽力,说了算、定了干、马上办,把中央、自治区和市委的各项决策部署不折不扣落实到位。

进一步加强党风廉洁建设。严格落实党风廉洁建设"1+3"工作机制,层层传导压力,确保"两个责任"有效落实。始终坚持挺纪在前,正确把握运用监督执纪"四种形态",坚持"五谈二会一报告"工作机制,努力做到抓早抓小、抓常抓长。持续发力纠治"四风",推动中央八项规定精神落地生根。充分发挥"五大廉洁教育基地"作用,不断丰富载体和内容,开展经常性的纪律教育,引导党员、干部敬畏人民、敬畏组织、敬畏法纪,筑牢拒腐防变的思想防线。加强党内监督,坚持有责必问、问责必严。继续深化纪律检查体制改革,稳步推进监察体制改革。完善市委巡察工作。加强纪检派驻机构建设,实现机构派驻全覆盖。坚持"零容忍"惩治腐败,切实加强纪律审查工作,紧盯关键少数和发生在群众身边的腐败问题等重点,做到有案必查、有腐必惩,形成不敢腐、不能腐、不想腐的机制,实现干部清正、政府清廉、政治清明。

同志们,伟大时代赋予我们光荣使命,伟大事业召唤我们开拓奋进。让我们更加紧密地团结在以习近平同志为核心的党中央周围,在自治区党委、政府坚强领导下,大力弘扬"不到长城非好汉"的宁夏精神,强化"双争"意识,坚定赶超信心,脚踏实地,奋发进取,努力走出一条欠发达地区转型追赶、弯道超车的新路子,努力实现经济繁荣、民族团结、环境优美、人民富裕,加快建设开放富裕和谐美丽中卫,为全面建成小康社会努力奋斗!

名词解释:

1. "8+2"环保治理长效机制:"8"即八个体系:政府领导责任体系、产业规划引导体系、企业主体责任体系、部门依法监管体系、人大依法监督和政协民主监督体系、第三方环保技术支撑体系、工业园区环保协同体系、媒体和社会舆论监督体系。"2"即两项机制:对企业违法违规行为严厉查处、严厉惩治的依法责任追究机制;对各部门、单位和国家公职人员不依法履职、不作为,甚至失职渎职行为严肃责任追究机制。

2. "以克论净"城市保洁机制:城市道路每平方米浮尘不超过5克,地面垃圾滞留时间不超过5分钟。

3. "1+X":"1"即中卫市建设投资有限公司。"X"即中卫市国有资本运营公司、中卫市应理产业集团、宁夏沙坡头旅游产业集团、中卫市交通物流发展投资有限公司、宁夏中关村产业园科技投资公司等若干公司。

4. "51311"行政审批制度体系:公布权力、责任、公共服务、中介服务、收费目录"五个清单",制作一张权力运行流程图,搭建投资项目网上在线审批监管、信息共享、市民呼叫"三个平台",实现政务云"一张网"全覆盖,建立起一套事中事后监管制度。

5. "三基本":摸清基本底数、掌握基本政策、把握基本规律。

6. "四化一满意"服务群众工作机制:以信息化服务平台为基础,全域化服务体系为支撑,网格化服务管理为手段,常态化服务机制为保障,群众满意为目标的工作机制。

7. "三去一降一补":去产能、去库存、去杠杆、降成本、补短板。

8. "一个千亿元、四个百亿元"产业集群:打造新材料千亿元产业集群和云制造、新能源、精细化工、冶金4个百亿元产业集群。

9. "一特三高":特色产业、高品质、高端市场、高效益。

10. "四区七带":在引黄灌区打造120万亩优质粮食产业带、50万亩"原产地"枸杞产业带、40万亩蔬菜产业带,在扬黄灌区打造70万亩优质经果林产业带,在中部干旱带区巩固提升100万亩硒砂瓜产业带,在南部山区打造60万亩马铃薯产业带、100万亩牧草+200万"羊单位"(肉牛、肉羊)草畜产业带。

11. "1+5"优势特色产业:粮食+"枸杞、硒砂瓜、草畜、马铃薯、果蔬"。

12. "一核、两翼、三带、四区、六线、多节点":"一核"即沙坡头区。"两翼"即中宁县、海原县。"三带"即连接沙坡头黄河大峡谷至中宁牛首山的黄河观光休闲发展带、中宁至海原的多元文化体验发展带、沙坡头区香山至海原的生态发展带。"四区"即沙漠湿地休闲度假区、沙坡头产城旅融合区、中宁枸杞文化体验区、海原回乡风情展示区。"六线"即大漠探险游、黄河漂流游、民俗文化游、丝路寻踪休闲游、工业科考研学游、农业观光体验游特色线路。"多节点"即沙坡头沙陀国、腾格里沙漠湿地金沙岛、旅游新镇、沙坡头水镇、寺口子、光伏科技生态园、双龙山石窟、中宁枸杞产业园、天都山等多个发展节点。

13. "1+4+N"全域旅游管理模式:"1"即成立市旅游发展委员会。"4"即设立公安旅游警察分局、市场监督管理旅游分局、旅游行业综合法律服务中心、旅游速裁法庭。"N"即若干个旅游管理部门。

14. "三权多规融合"改革:放权规委办、赋权审批局、扩权城管局,抓实抓好空间规划编制、管理、执法等工作,在国民经济和社会发展规划、土地利用总体规划、城乡总体规划"三规合一"的基础上,整合产业、生态、环保等39个专项规划,科学编制中卫市空间规划。

15. "一核两带三轴四区":"一核"即以中卫城区、中卫工业园区、旅游新镇、中宁城区、中宁工业园区等功能区组合一体化发展的市域城镇组合发展核心。"两带"即推动发展"沿黄城市带""清水河城镇产业带"。"三轴"即沿G109、G341、S205三条要素流通廊道构建城镇发展轴。"四区"即中卫城区、中宁城区、海原城区、海兴开发区。

16. 美丽城市"九大工程":城市深度保洁、交通秩序管理、绿化改造提升、城市亮化美化、街区改造、占道经营整治、乱写乱贴治理、广告牌匾整治、噪音污染治理。

17. "5个3"农村保洁机制:农村卫生实行每天三清扫、三保洁,地表垃圾不超过3处/百米,停留时间不超过30分钟,路面尘土不超过30克/平方米。

18. 困境儿童:因家庭贫困导致生活、就医、就学等困难的儿童,因自身残疾导致康复、照料、护理和社会融入等困难的儿童,以及因家庭监护缺失或监护不当遭受虐待、遗弃、意外伤害、不法侵害等导致人身安全受到威胁或侵害的儿童。

19. 文化"六进":进机关、进企业、进学校、进社区、进农村、进协会。

20. "双培双带"工程:把党员培养成致富带头人,把致富带头人中的先进分子培养成党员。党员带领群众共同发展,党组织带领致富带头人不断进步。

21. 党风廉洁建设"1+3"工作机制:"1"即《中卫市落实党风廉洁建设党委主体责任和纪委监督责任实施意见》。"3"即《中卫市县(区)和市直部门党政及纪检组织主要负责人"三述三评"活动实施办法(试行)》《中卫市落实党风廉洁建设党委主体责任和纪委监督责任考核办法(试行)》《中卫市落实党风廉洁建设党委主体责任和纪委监督责任追究办法(试行)》。

22. "五谈二会一报告"工作机制:"五谈"即谈心谈话、提醒谈话、责任约谈、诫勉谈话、函询谈话。"二会"即对被谈话人的整改情况在民主生活会或组织生活会上进行评议。"一报告"即报告谈话情况。

23. "五大廉洁教育基地":廉洁文化、廉洁研究、廉洁法治、廉洁道德、廉洁警示五大教育基地。

(原文载于2016年12月2日《中卫日报》第一、四、五、六、七版)

中卫市人大常委会工作报告

——2016年12月29日在中卫市第四届人民代表大会第一次会议上

市人大常委会党组副书记 邹玉忠

各位代表：

受中卫市第三届人民代表大会常务委员会的委托，我向大会报告过去四年主要工作，对今后五年工作提出建议，请予审议，并请列席会议的同志提出意见。

过去四年工作回顾

中卫市三届人大常委会任期的四年，是全市综合经济实力显著增强、依法治市水平不断提升、群众生活质量明显改善的四年，也是全市人大工作创新发展、与时俱进的四年。四年来，市人大常委会全面贯彻党的十八大和十八届三中、四中、五中、六中全会精神，深入贯彻落实习近平总书记系列重要讲话精神，在市委的坚强领导下，围绕中心，服务大局，依法履职，较好地完成了市三届人大历次会议确定的目标任务，为推进开放富裕和谐美丽中卫建设做出了积极贡献。

一、紧扣第一要务，助推经济平稳较快发展

常委会始终围绕市委中心工作，积极作为，主动担当，全力保障和促进全市经济社会稳步向好发展。本届任期内，共听取和审议"一府两院"专项工作报告125项，做出决议、决定25个，组织开展集中视察、执法检查、专题调研63次。

依法决定重大事项。常委会遵循"抓重点、议大事、求实效"的原则，把事关发展全局的重大问题列入议题，积极行使重大事项决定权。四年来，先后审查批准了"十三五"规划纲要、经济发展战略规划、城市总体规划、扶贫攻坚战略规划等8件中卫经济社会发展的长远规划；依法决定了企业债券发行、地方政府债务限额、财政预算调整等重大事项；审议批准了中卫市与沙坡头区财政管理体制、财政超收收入使用方案等，有效地将市委决策通过法定程序变成了全市各级国家机关的自觉行动和全市人民的共同意志。

着力助推产业转型发展。面对宏观经济下行压力加大的复杂形势，常委会把监督的着力点放在促进工业转型升级、农业提质增效、旅游业扩容增量等全市重点经济工作上。先后听取和审议了工业经济运行、精准扶贫和年度减贫计划落实、全域旅游推进等专项报告，组织开展了工业园区基础设施建设、云计算产业、农村改革、新型农业经营主体培育、旅游产业发展等方面的视察和专题调研。监督政府及经济主管部门主动适应新常态，全力实施创新驱动发展战略，不断加快产业结构调整步伐，积极培育新的经济增长点。

积极参与重点工作督察。常委会在依法履行职责的同时，积极参与全市中心工作。常委会领导牵头督导重点项目建设、环境问题排查、县区经济社会发展、民生信访、专题教育等工作，带队深入基层和建设现场，盯工期、促落实，先后提出意见建议300余条，向市委提交督察报告160余份，有力推动了市委重大决策部署和全市重点工作的落实。

切实强化计划预算执行监督。坚持每年年底提前介入下年度国民经济和社会发展计划、财政预算的编制工作，强化初步审查，有效提升了计划和预算草案编制的科学性、规范性。每年听取和审议市人民政府关于年度财政决算和半年财政预算执行情况的报告，严格按照预算法规定，对政府财政预算进行了两次调整，督促政府强化收支管理，规范预算执行，维护了预算的严肃性。坚持问题导向，听取和审议国民经济发展计划执行和财政预算执行情况的审计工作报告，推动了融资使用效益不高、非税收入管理不规范等问题的整改，促进了年度经济社会发展目标的较好实现。

二、聚焦民生改善，围绕社会事业履职尽责

常委会始终坚持从人民群众最关心、最直接、最现实的利益问题着手，创新监督方式，增强监督实效，让发展成果更多更公平惠及人民群众。

促进教育事业健康发展。常委会以促进教育公平、办好人民满意教育为目的，开展了学前教育三年行动计划、义务教育均衡发展、中等职业教育发展、宁夏大学中卫校区建设等情况的调研和残疾人教育条例实施情况的执法检查，监督政府及教育主管部门加大投入力度，改善办学条件，优化师资结构，全市教育水平明显提升。

促进医疗卫生条件改善。针对医改资金投入不足、医务人员结构不合理、医保报销比例低和群众"看病难、看病贵"等问题，组织开展了深化医药卫生体制改革专题调研和医疗卫生工作专题询问，监督政府及卫生主管部门进一步优化医疗卫生资源配置，更新医疗设备，改善基层医疗设施，加强服务网络建设，落实基本药物制度，全市医疗卫生工作迈上了新台阶。

促进平安中卫创建。常委会高度关注侵害群众利益案件的侦办工作，组织开展了禁毒法贯彻实施情况的执法检查和社区矫正专题调研，提出了加强重点人员监控、注重就业帮扶、强化心理疏导等建议。坚持把信访工作作为联系群众、倾听意见、改进工作的重要途径，认真落实领导干部信访接待日制度和包抓信访积案责任制，及时转办督办群众来信来访200余件，进一步畅通了群众诉求表达渠道，有效化解矛盾纠纷，促进了社会和谐稳定。

促进美丽中卫建设。认真组织开展节水型社会建设规划实施情况的视察，听取和审议专项工作报告，督促政府健全完善节水型社会建设机制。组织部分人大代表约见环保部门主要负责人，监督环保等部门及时查处个别企业超标排放、非法偷排等问题。积极参与环境污染举报案件的督办查办工作，先后提出整改措施140多条。坚持每年开展"中华环保世纪行——宁夏中卫行"活动，及时曝光工业企业和农村环境综合整治的盲点、死角，全力推进城乡人居环境改善。

促进民生实事落实。坚持每年听取和审议关于民生实事落实情况的专项报告，强化民生实事的跟踪督办，采取随机抽查和综合督察相结合等方式，查进度，促效果，推进了市三届人大四年来确定的52件民生实事顺利办结。开展了市区公共事业规划建设专题调研和城乡建设工作专题询问，监督政府及住建、规划、人社等部门全面实施棚户区改造、保障性住房建设、老旧小区改造、养老服务体系建设等一批民生工程，进一步增进了民生福祉。

三、深化依法治市，大力加强民主法治建设

常委会始终坚持以推进民主法治建设为己任，积极推进依法治市进程，促进法治中卫建设。

深入推进法治宣传。组织开展"六五"普法实施情况专项检查，多次听取和审议"六五"普法情况报告，作出了关于深入开展第七个五年法治宣传教育的决议，着力推动普法工作深入开展。组织开展国家宪法日系列宣传活动和公职人员及"一府两院"新任职人员向宪法宣誓活动，弘扬了宪法精神，增强了法治意识。

积极推进依法行政。始终把执法检查作为依法履职的重要途径，配合全国人大和自治区人大常委会对《义务教育法》《道路交通安全法》《自治区扶贫开发条例》等法律法规在本行政区域内的贯彻实施情况进行了检查。组织常委会组成人员、人大代表，邀请法律专家对《环保法》《治安处罚法》等14部法律法规及人大常委会做出的决议决定贯彻实施情况进行了检查，监督政府执法部门尊法学法，守法用法，依法行政，公正执法，有效推动了法治政府建设。

切实推进司法公正。每年听取和审议法检两院半年工作报告，针对有碍司法体制改革和公正司法中存在的执行难和行政领导不出庭、出庭不发声等突出问题，先后听取审议了法检"两院"司法体制改革、法院量刑规范化和检察院集中整治扶贫开发领域职务犯罪工作等专项报告。开展了法院执行工作、行政审判工作、检察院诉讼监督情况的调研，监督执法部门和法检"两院"及时整改案件办理工作中存在的突出问题，努力让人民群众在每一个司法案件中感受到公平正义。

适时启动立法工作。认真贯彻落实《中共中央关于全面推进依法治国若干重大问题的决定》和自治区、市党委实施意见，积极做好行使地方立法权各项准备工作，顺利通过自治区人大常委会立法评估验收。拟定了《中卫市人民代表大会及其常务委员会立法程序规定（草案）》，为开展地方立法工作奠定了基础。通过电视、报纸、网络等新闻媒体向社会各界广泛征集立法项目，开展了城乡居民饮用水安全管理立法前期调研。先后对市人民政府制定的环境违法行为举报奖励办法、促进股权投资企业发展暂行办法等30多项规范性文件进行了备案审查。

严格规范干部任免程序。始终坚持党管干部和人大依法任免干部相统一，认真做好任前初审、法律考试、供职承诺、向宪法宣誓等工作，严格规范任免程序，依法加强被任命干部任前、任中、任后监督，有效增强了被任命干部的法律意识、责任意识、公仆意识。四年来，依法任免国家机关工作人员332人次，为全市经济社会发展提供了强有力的组织保障。

四、突出主体地位，积极发挥代表作用

常委会始终坚持代表主体地位，不断加强和改进代表工作，提升代表工作水平，切实发挥代表作用。

扎实开展"双联"活动。建立以常委会组成人员联系人大代表、人大代表联系人民群众为内容的"双联"活动机制。及时向代表通报常委会和"一府两院"重要工作和重大活动情况。邀请代表列席常委会会议，组织代表参加视察、检查、调研等活动。广泛征询代表意见建议，引导代表积极发挥示范带头作用，激发代表服务经济社会发展的积极性。

积极完善代表工作机制。修订完善代表小组活动制度，建立"人大代表之家"和"人大代表活动室"，为代表履职搭建服务平台。指导基层人大代表开展"代表活动日"、代表接待选民等活动，丰富了代表活动内容。开设人大代表意见建议电子信箱，畅通代表建言献策渠道。采取集中培训、专题讲座、法律知识测试等方式加强对代表的培训，有效提升了代表履职能力。

认真督办代表意见建议。积极探索代表建议督办新途径，坚持每年确定重点督办建议。健全完善"一府两院"分管领导领办、常委会领导领衔督办、常委会工作机构对口督办工作机制。通过现场检查督办、征求代表意见、常委会专题审议测评等方式，有效提升了代表建议办理质量。四年来，共督办代表建议172件，其中扬黄灌区经果林产业发展、宣和小城镇改造等23件重点建议的办理，得到了群众的广泛好评。

精心指导县乡人大换届选举。按照市委的决策部署，常委会精心组织、周密安排、严格把关。建立联席会议制度，明确了换届选举工作的基本原则、方法步骤和具体要求。紧盯选民登记、选区划分、候选人提名等关键环节，加大协调力度，加强检查指导，将严肃换届纪律、严格依法办事贯穿于换届选举的全过程，确保选举工作有序推进，全市县乡人大换届选举如期完成，选出中卫市第四届人民代表大会代表284名。

五、加强自身建设，努力提升履职能力

常委会主动适应形势发展和工作需要，全面加强思想、作风和制度建设，依法履职能力和水平不断提高。

切实加强思想建设。始终把党的领导放在思想政治建设首位，牢固树立政治意识、大局意识、核心意识、看齐意识，自觉在思想上、政治上、行动上同党中央和区、市党委保持高度一致，确保了政治上的清醒与坚定。坚持理论联系实际，组织开展了以掌握"三基本"为主要内容的"二次创业大讨论"活动，常委会组成人员的思想进一步解放。围绕学习型、务实型机关建设，坚持和完善党组中心组学习制度和机关干部政治理论学习制度，提高了研究新情况、解决新问题的能力。

切实加强作风建设。认真落实党风廉政建设责任制，守纪律、讲规矩的意识明显增强。深入开展党的群众路线教育实践活动、"三严三实"专题教育、"两学一做"学习教育。严格落实中央八项规定，盯住精简会议文件、改进新闻报道、规范因公出访、厉行勤俭节约等方面查摆出的问题，持之以恒抓好整改落实。深入脱贫攻坚联系点和结对帮扶一线，认真开展调查研究，走访农户，慰问群众，帮助农村基层和有关企业解决了道路硬化、农渠砌护、村庄改造、产业发展、企业脱困等方面的困难。

切实加强制度建设。总结多年的探索和实践，修订完善常委会议事规则、规范性文件备案审查办法、审议意见办理办法等15项工作制度，常委会和机关工作的法治化、规范化水平明显提升。重视机关干部的培养、交流和使用，开展了"学法规、学业务、强素质"活动，干部队伍履职能力进一步提高。强化机关事务管理，改善机关工作环境和条件，机关服务意识进一步增强，后勤保障水平明显提高。

各位代表，过去的四年，市人大常委会认真履行宪法法律赋予的职责，圆满完成了本届人民代表大会确定的目标任务。这是市委正确领导的结果，也是三届人大代表和常委会组成人员积极努力、"一府两院"密切配合、人民群众关心支持的结果。在此，我代表市三届人大常委会向你们表示衷心的感谢！

各位代表，回顾过去四年的工作实践，我们深深体会到，做好人大工作必须始终坚持以下几点：

第一，坚持党的领导是做好人大工作的根本保证。只有在思想上、政治上、行动上与以习近平同志为核心的党中央保持高度一致、与自治区党委和市委保持高度一致，自觉服从市委领导，坚持重大事项、重要活动、重点工作向市委请示报告制度，才能确保人大工作始终沿着正确方向前进。

第二，坚持人民至上是做好人大工作的根本宗旨。人大作为国家权力机关和人民群众的代表机关，由人民选举产生，受人民委托行使国家权力，实现好维护好发展好人民群众的根本利益是人大的政治责任和光荣使命，也是人大一切工作的根本出发点和落脚点。人大常委会必须自觉从人民群众最关心最直接最现实的利益问题出发，谋划推动工作，才能赢得人民群众的信任和支持。

第三，坚持依法履职是做好人大工作的基本准则。立法权、监督权、决定权、任免权是宪法和法律赋予人大及其常委会的重要职权。人大常委会只有牢固树立代表人民履职行权的理念，严格依法办事，按程

序办事，才能履行好宪法和法律赋予的各项职权。

第四，坚持发挥代表作用是做好人大工作的活力源泉。人大代表是人民代表大会的主体，担负着参与管理国家事务、行使国家权力的重大职责和使命。人大代表履行职务的实践，是密切联系群众、为人民服务的过程。只有更好地搭建代表履职平台，不断提高代表履职能力，在工作上、法律上为代表依法履职提供保障，让人大代表充分发挥作用，才能保持人大工作的永久活力。

回顾过去四年的工作，对照宪法和法律赋予的职责，对照市委要求和人民期望，市人大常委会的工作还存在一些不足之处。主要是：依法监督的实效性还不强，刚性监督手段运用不足；审议意见的转办督办力度还不大，效果不明显；服务代表、保障代表依法履职的水平还不高等。这些问题我们将在今后的工作中采取有力措施认真加以改进。

今后五年工作建议

各位代表，刚刚闭幕的市第四次党代会，为我市全面建成小康社会描绘出了宏伟蓝图，吹响了转型追赶、弯道超车的集结号。新一届人大常委会将高举中国特色社会主义伟大旗帜，以邓小平理论、"三个代表"重要思想、科学发展观为指导，全面贯彻党的十八大，十八届三中、四中、五中、六中全会精神，深入贯彻落实习近平总书记系列重要讲话精神，按照"五位一体"总体布局和"四个全面"战略布局要求，牢固树立创新、协调、绿色、开放、共享的发展理念，坚持党的领导、人民当家做主与依法治国有机统一，紧紧围绕市委决策部署和全市发展大局，忠实履行宪法和法律赋予的职责，充分发挥地方国家权力机关作用，不断开创人大工作新局面！

一、坚持党的领导，凝聚转型追赶强大合力

党的领导是人民当家做主和依法治国的根本保证。人大工作作为党的工作的重要组成部分，必须站在正确政治立场上，自觉维护市委总揽全局、协调各方的领导核心作用，坚持把党的领导贯穿于依法履职全过程，落实到自身建设和日常工作各方面。坚持重大问题和重要事项向市委请示报告制度。依法正确用好重大事项决定权，依法正确行使人事任免权，确保市委决策通过法定程序变为全市人民共同意志。

坚决贯彻落实市委决策部署。市第四次党代会报告对未来五年的战略规划科学、发展定位准确、奋斗目标具体，是指导今后五年全市经济社会发展和民主法治建设的纲领性文件。常委会组成人员要切实把思想统一到"转型追赶、弯道超车"的发展主线上来。紧紧围绕贯彻落实会议精神，紧扣焕发新动能、打造新引擎、拓宽新路径、增强新活力和保障改善民生、推进文化和生态建设、加强法治建设的具体要求，扎实开展各项工作，努力促进全市经济社会平稳较快发展。

依法行使重大事项决定权。紧紧围绕全市经济社会发展重大事项，充分发挥民主，广泛征求意见，科学研究决策，依法讨论决定。紧扣国民经济和社会发展计划实施、政府预算调整、生态环境保护、城乡社会治理、民主法治建设、重点项目投资等重大事项，依法行使职权，把市委的决策经过法定程序转化为全市机关干部的自觉行动。

依法行使人事任免权。坚持党管干部和依法任免相统一，确保市委推荐的人选经过法定程序成为国家政权机关的领导人员。实行任前法律知识考试、任职表态、颁发任命书和向宪法宣誓等制度，切实增强被任命人员的法律意识和公仆意识。结合部门工作评议，加强任后监督，督促被任命人员履行工作职责、兑现任前承诺。

二、强化法治保障，依法推进民主法治建设

常委会要切实肩负起维护宪法尊严、保障宪法和法律实施的职责，推动宪法和法律法规的全面贯彻实施。

强化宪法及法律法规学习。坚持把学习宣传宪法摆在首要位置，教育和引导市、县、乡机关干部牢固树立宪法至上、依宪治国、依宪执政的理念，自觉维护宪法权威。实行宪法宣誓制度，组织开展国家宪法日宣传活动，推动全社会形成学习宪法、尊崇宪法、贯彻实施宪法的常态。加强代表法、监督法等法律法规的学习宣传。听取和审议"七五"普法情况报告，着力推动普法工作深入开展。

切实加强地方立法工作。坚持科学立法、民主立法、开门立法，拓宽公众参与地方立法的途径和方式。成立立法专家咨询委员会，探索建立立法联系点制度，通过召开论证会、听证会、座谈会等形式，广泛征集立法项目建议，科学编制五年立法规划。加强立法队伍建设，采取外出考察培训、到自治区人大跟班学习等形式，提高立法工作人员的素质和能力。全面启动《中卫市城乡居民饮用水安全管理办法》制定工作，充分发挥地方立法对经济社会发展和依法治市的引领推动作用。加强规范性文件备案审查，坚持有件必备、有备必查，维护国家法治统一。

着力推进依法治市进程。坚持党的领导,依法加强对"一府两院"的法律监督和工作监督。加强调查研究,综合运用听取和审议专项工作报告、调研视察、执法检查、专题询问等形式,依法开展对法律法规实施情况的检查,及时发现、督促整改法律法规实施中存在的具体问题,确保法律法规全面正确有效实施。认真组织开展对政府组成部门和法院、检察院的工作评议,切实推进法治政府、法治社会建设。

三、增强监督实效,全力促进经济社会发展

健全完善监督工作机制,加强对常委会审议意见的跟踪问效,扎实开展"三查(察)"活动,切实增强监督实效。

围绕"一个提前翻番"开展监督。切实加大对国民经济和社会发展年度计划执行、财政预决算落实、"十三五"规划实施的审查监督力度,力促地区生产总值提前两年在2010年基础上实现翻番。

围绕"两个重大突破"开展监督。切实加大对山川协同发展、西线扶贫引水、城际高铁、海原大县城建设、云计算和大数据产业发展、全域旅游、现代物流等重大项目建设的督促推进力度,着力促进经济发展方式转变和经济结构优化。

围绕"三个明显缩小"开展监督。切实加大对城乡居民收入增加、城镇化进程、贫困地区产业发展、文化产业发展、教育均衡发展、医疗卫生改革、社会保障体系完善等工作的督促推进力度,着力促进民生改善。

围绕五个全面提升开展监督。切实加大对全民道德素质、公共服务水平、社会治理能力、生态环境保护和科技人才创新体系建设提升的督促推进力度,力促社会和谐稳定,人民安居乐业。

四、提升服务意识,切实保障代表依法履职

尊重代表主体地位,丰富代表活动内容,提高代表履职能力,切实发挥代表作用。

密切同人大代表的联系。深入开展以常委会组成人员联系人大代表、人大代表联系人民群众为内容的"双联"活动,创新活动载体,健全活动机制,建立密切联系人大代表和人民群众的新常态。加强代表小组和代表之家建设,坚持重大事项、重要活动及时向代表通报,不断扩大代表对立法、监督工作的参与度。

提高代表建议办理质量。完善代表建议办理机制,建立考核评价体系和承办单位与代表沟通机制,通过听取汇报、视察调研、征求民意、满意度测评等形式,加强督促检查,促进代表建议办理质量的提升。

提高代表履职保障水平。健全工作机制,强化保障措施,为代表参与执法检查、集中视察、专题调研、列席常委会会议等履职活动提供优质服务,切实保障代表依法行使职权。健全代表学习制度,制订年度培训计划,采取集中学习培训和外出考察培训相结合的方式,不断提高代表素质,切实提升代表履职意识和能力。

五、突出履职效能,不断加强自身建设

围绕建设学习型、服务型、创新型机关,切实加强人大常委会及机关建设。坚持用中国特色社会主义理论体系、党的十八大以来各项方针政策、习近平总书记系列重要讲话精神和治国理政新理念新思想新战略,武装党员领导干部头脑、坚定理想信念、增强党性修养。巩固"两学一做"学习教育成果,认真落实定点联系、结对帮扶等制度,加强同人大代表和人民群众的联系。改进工作作风,深入实际、调查研究,多出善谋良策,多办好事实事。进一步建立健全、修订完善常委会议事制度、工作程序和机关各项工作制度。大力实施干部能力提升行动,积极推动人大机关与党政机关的干部交流,优化人大干部人才队伍结构,加强干部队伍建设,不断提升履职能力。

2017年是新一届人大常委会履职的第一年,常委会将紧紧围绕市委重大决策部署和全市中心工作,以推进改革发展和民生改善为目的,围绕事关改革发展稳定的重大问题和关系群众切身利益的热点难点问题,听取和审议"一府两院""三去一降一补"、司法体制改革、民生实事办理、环境保护工作、国民经济和社会发展计划、财政预算落实等方面的专项工作报告;开展科学技术进步法、食品安全法、律师法等法律法规实施情况的执法检查;开展全域旅游推进、现代农业发展情况的视察;开展城市管理"六创"、现代物流、教育均衡发展、医疗卫生条件改善等工作的调研,努力助推经济社会稳步向好发展和民生福祉改善。

各位代表:责任重于泰山,使命催人奋进。让我们在中共中卫市委的坚强领导下,与时俱进,开拓创新,扎实工作,为全面完成市第四次党代会和本次会议确定的各项目标任务,加快建设开放富裕和谐美丽中卫,实现经济繁荣、民族团结、环境优美、人民富裕,与全国全区同步建成全面小康社会做出新的贡献!

(原文载于2017年1月11日《中卫日报》第一、三版)

政府工作报告

——2016年12月28日在中卫市第四届人民代表大会第一次会议上

中卫市市长　万新恒

各位代表：

现在，我代表市第三届人民政府，向大会作工作报告，请予审议，并请政协委员和列席人员提出意见。

本届政府工作回顾

2013年以来，在自治区党委、政府和市委的坚强领导下，在市人大、政协的监督支持下，市第三届人民政府认真学习贯彻习近平总书记系列重要讲话精神，主动适应经济发展新常态，积极应对经济下行压力和各种困难挑战，统筹推进稳增长、促改革、调结构、惠民生等各项工作，较好完成了任期目标任务，为全面建成小康社会打下了坚实基础。

经济总量稳步提升。2016年，全市预计完成地区生产总值340亿元，是2012年的1.4倍，年均增长7.3%，人均生产总值达29620元，净增6841元；固定资产投资370亿元，累计达到1372亿元，年均增长10.6%；规模以上工业增加值95亿元，是2012年的1.4倍，年均增长7.4%；地方公共财政预算收入23.1亿元，是2012年的1.6倍，年均增长11.8%；社会消费品零售总额65.8亿元，是2012年的1.5倍，年均增长10.6%；城镇、农村常住居民人均可支配收入分别达到23290元和8640元，比2012年增加6677元和2619元，年均增长8.8%和9.5%。

结构调整取得突破。紫光天化蛋氨酸、今飞轮毂、华创风机制造等一批项目建成投产，天元锰业完成战略重组，美利纸业成功转型。新能源装机容量3.6GW，占全区的30.4%，电解铝达到31万吨。建成亚马逊AWS、云创公司两个新一代绿色数据中心和4×100G云计算信息高速公路，使中卫乃至宁夏成为国家网络骨干节点，数据中心服务器达到3.5万台，吸引奇虎360、浪潮等140家互联网知名企业落户中卫。中卫云创数据中心被确定为首批国家绿色数据中心试点。中关村中卫园建成投用，近期吸引6100余名各界人士参观考察。初步形成了以金属锰、铝基复合材料等为代表的新材料，以光伏风电为代表的新能源，以云计算、云制造、云应用为代表的新经济产业发展布局。坚持"一特三高"，打造硒砂瓜品牌核心保护区40万亩，"中宁枸杞"品牌价值达23.4亿元。建成一批农产品加工园，万齐等4家企业在"新三板"挂牌。粮食产量实现"十二连增"。新培育市级以上农业龙头企业150家，农业合作社1360家，宁夏红、夏华、天瑞等品牌享誉全国。加快发展现代服务业，建成旅游新镇、沙坡头水镇等一批景区景点，全国全域旅游推进会在中卫召开，中卫被列入国家首批全域旅游示范市创建单位。2016年，预计旅游人次、旅游收入分别达到550万人次和42.3亿元，均比2012年实现翻番。充分发挥中卫交通区位优势，建成甘武铁路增建二线工程，扩建沙坡头机场停机坪，建设中国物流中卫物流园等一批现代物流园区，中阿国际货运班列常态化运营。黑海高速正式通车，吴忠至中卫城际铁路开工建设。四季鲜、全民创业城等商贸综合体建成运营。改造提升农贸市场28家，建设农家店800余家。全市进出口贸易额由2012年的9.3亿元增加到2016年的19.2亿元，增长1.1倍。

城乡面貌显著变化。积极开展空间规划"多规合一"改革试点工作。建成"大河之舞"等一批市民休闲公园，完成高庙历史文化街区改造，新改建城市道路94公里，新建各类保障性住房540万平方米，改造老旧小区143个、棚户区3.7万套。市区建成区面积增加到32平方公里，城镇化率41%，市辖区达56%。海原大县城建设和沙坡头区、中宁县旧城改造取得明显成效。建成美丽小城镇15个、美丽村庄115个，改造农村危房4.2万户。改扩建中卫、中宁黄河大桥。建成农村客运站349个，全市行政村覆盖率达76%。全国城市环卫保洁工作现场会在中卫召开，"以克论净"城市保洁模式全国推广，先后有387批5322人次到中卫考察学习。中卫跻身"国家园林城市"。

生态环境明显改善。出台《关于落实绿色发展理念，加快美丽中卫建设的实施意见》，实施腾格里沙漠东南缘防沙治沙、黄河卫宁城市过境段生态综合治理及城区、美丽村庄绿化提升项目，加大退耕还林、移民迁出区生态修复力度，完成造林封育32.5万亩、生态防护林资源达218.8万亩。严守耕地红线，全市实际耕地保有量达393万亩。城市绿地率和绿化覆盖率分别达32.7%和38.5%。大力推进节能减排，空气质量优良天数比率达80%以上,主要污染物排放量低于自治区控制指标。环保部挂牌督办问题摘牌,得到中央第八环境保护督察组及全国人大执法检查组、全国政协调研组的肯定。

改革开放深入推进。创新设立海兴开发区,沙坡头区以市辖区正式运转。成立市金融工作局,市属国有企业"1+X"归并重组,设立产业发展、扶贫担保等各类基金50亿元,吸引社会资本组建助贷公司、担保公司、小贷公司,有效缓解了发展资金短缺问题。深化行政审批改革,推行商事登记制度,公布责任、权力和公共便民服务事项3个清单,建立"51311"行政审批体系,在中卫工业园区试点推行行政审批告知承诺制,取消所有市本级行政收费。推进中卫、中宁工业园区直供电改革,重点用能企业天然气直供改革,天然气交易8550万立方米。农村土地承包经营权确权登记颁证工作通过自治区评估验收。沙坡头区、中宁县农村产权流转服务中心运营。完成党政机关公务用车改革。出台《加快推进开放中卫建设的实施意见》。与31个毗邻城市建立旅游协同发展机制,同甘肃白银、内蒙古阿盟等周边地区建立全面战略合作关系,宁夏大学亚马逊云计算学院列入第六轮中美人文交流成果。举办"民营企业中卫行"活动,签约项目29个,金额288.8亿元。累计实施招商引资项目251个,到位资金920亿元,是2012年的1.4倍。

社会事业快速发展。实施市级以上科技项目685个,申请专利1075件,授权440件。新建高新技术园区2个,中国人民大学西部人才培训基地、兰州大学中卫高新技术研究院挂牌成立。新建中卫九小等31所学校(幼儿园),新建、改扩建校舍64万平方米,沙坡头区、中宁县义务教育基本均衡发展县(区)创建工作通过国家评估认定。建成宁夏大学中卫校区,填补了中卫高等教育空白。建成中卫体育休闲公园等一批公共文化设施,乡镇文化综合站"公建民营公助"模式全面推开。举办全国大漠健身运动大赛等自治区级以上体育赛事20场次。大力开展群众性精神文明创建活动,中卫市先后荣获"全国未成年人思想道德建设工作先进城市"和"自治区文明城市"。建成市人民医院医疗中心、自治区人民医院宁南分院,完成海原县人民医院迁建,新建标准化村卫生室304所。成功创建自治区卫生城市。计划生育政策全面落实。推进"平安中卫"建设,建立城市大巡防体系,命案和八类主要刑事案件发案率分别下降45.4%、12.2%。完善"1+X"信访工作机制,化解疑难案件263件。率先在全区推行安全生产第三方监管服务。加强食品药品监管。启动实施民族团结进步、"一争三创五推进"活动,依法加强宗教事务管理。加强国防动员和后备力量建设,积极拓展军民融合领域。中卫被评为全国"双拥模范城"。

办结一批民生实事。承诺并办结民生实事52件。财政投入民生16.2亿元,是2012年的5.4倍。创新"有土""离土"两条脱贫路径,51个贫困村脱贫销号,10.6万贫困人口精准脱贫。新建、续建生态移民住房9218套,搬迁安置移民3.9万人,全面完成"十二五"移民搬迁安置任务。华润集团"基础母牛银行"等精准扶贫模式得到中央肯定。中卫市第二水厂建成投运。脱贫攻坚水源工程顺利推进,中南部城乡饮水安全海原县连通工程全线通水,全市农村饮水安全问题基本解决。创新建立"四化一满意"服务群众工作机制。财政贴息3858万元,为6342名创业者提供小额担保贷款6.4亿元,创业带动就业2.2万人。建成幸福院156个、敬老院14个、"老饭桌"62个,投入运营养老床位2235张,"五保"集中供养率达24%。建成公共租赁住房1.5万套,1.2万户贫困家庭圆了"安居梦"。累计为51.9万名城乡低保对象发放保障金13.4亿元。一次性解决了1.2万套3421户群众的逾期安置问题,4.5万名被征地农民全部纳入养老保险,在全区率先将市本级1万余名事业单位人员全部纳入医疗补助范围。中卫市被人社部确定为社会保障卡综合应用全国首批示范基地。

政府效能不断提升。深入开展党的群众路线教育实践活动、"三严三实"专题教育和"两学一做"学习教育。组织开展了以掌握"三基本"为主要内容的"二次创业"大讨论活动,深化了市情认识,推进了思想解放。圆满完成"六五"普法任务,启动"七五"普法工作,扎实推进法治政府建设。累计办理区、市人大代表建议208件,政协委员提案801件,办理答复率均为100%。出台《中卫市重大行政决策规则》,召开市政府常务会议90次,决定重大事项840个。组建中卫仲裁委员会,成立行政复议委员会。推行网上办公,全面公开政务信息,实行市长信箱、政务微博、媒体问政综合联动,市长信箱受理群众来信来电1.3万件,办结答复率100%。严格执行中央八项规定和区、市相关规定,清退办公用房5.4万平方米,大幅精简会议文件,"三公"经费年均下降17.3%。出台《公共资源交易管理办法》,政府投资项目全部采用合理造价区间随机抽取方式确定中介服务机构,节约资金12.2亿元。全面落实从严治党"两个责任",严肃查处一批违法违纪案件,形成了风清气正的政治生态。

统计、粮食、供销、档案、地方志、妇女儿童、外事侨务、消防、气象、防震减灾等各项工作均取得新成绩。

各位代表,回顾本届政府工作,我们经受了前所未有的经济下行压力,办成了一批增进人民福祉和事关中卫长远发展的大事、难事,一个年轻而富有魅力、开放而彰显活力、靓丽而充满实力的中卫屹立在祖国西部！成绩归功于自治区党委、政府和市委的正确领导,人大、政协和社会各界的鼎力支持,历届政府打下的良好基础和全市人民的务实苦干。在此,我代表市第三届人民政府,向辛勤耕耘在各条战线的广大干部群众,向给予政府工作大力支持的人大代表、政协委员、各民主党派、工商联和各界人士,向中央、区属驻卫单位,驻卫部队,武警官兵致以崇高的敬意！向所有关心支持中卫发展的各界朋友表示衷心的感谢！

百舸争流,奋楫者先;千帆竞渡,勇进者胜。各位代表,回顾本届政府工作,我们的前进征程步履坚实,我们的发展成果来之不易,我们的创业体会弥足珍贵。在看到成绩的同时,我们也清醒地认识到,中卫建市晚、底子薄、经济总量小、人均水平低、贫困程度深仍是我市最基本的市情,从"量的积累"转向"质的跃升"还有差距。主要表现在:经济下行压力持续加大,新产业新模式还在成长,新的发展动能还在孕育,新旧动力转换"青黄不接";山川、城乡、区域发展不平衡,城市化水平低,脱贫攻坚任务艰巨;财政收入总量小与公共服务、民生保障等刚性支出增加的矛盾依然突出;一些干部思想不够解放,尤其是少数干部庸政、懒政、急政等问题有待进一步解决。

今后五年的目标任务

今后五年,是中卫加快转型升级、决胜脱贫攻坚、全面建成小康社会的关键时期。市第四次党代会提出了"一个提前翻番、两个重大突破、三个明显缩小、五个全面提升"的目标,绘就了发展蓝图,指明了前进方向。当前,中卫正处于新旧动能转换的"弯道"上,我们要紧紧抓住国家"一带一路"、脱贫攻坚、西部开发等重大战略,推进供给侧结构性改革和大众创业、万众创新,用足用活宁夏"内陆开放型经济试验区""全域旅游示范区"等"金字招牌",准确把握新常态下中卫发展的坐标定位和阶段特征,有效应对改革发展中的各种困难和挑战,牢固树立"川区争上游、山区争先进"的"双争"意识,以新动能、新引擎、新路径、新活力"四新"要求推进经济转型升级,实现增速换挡、弯道超车,在新的历史征程中赢得主动、赢得优势、赢得未来。

今后五年政府工作的总体要求是:高举中国特色社会主义伟大旗帜,以邓小平理论、"三个代表"重要思想,科学发展观为指导,全面贯彻党的十八大和十八届历次全会精神及自治区党委、政府和市委决策部署,深入贯彻习近平总书记系列重要讲话精神和治国理政新理念新思想新战略,按照市第四次党代会的部署要求,牢牢把握"转型追赶、弯道超车"这条主线,大力实施山川协同发展、经济转型发展"两大战略",更加注重开放引领,更加注重创新驱动,更加注重生态优先,更加注重富民共享,全面推进经济建设、政治建设、文化建设、社会建设、生态文明建设和党的建设,坚决打赢脱贫攻坚战,努力实现经济繁荣、民族团结、环境优美、人民富裕,奋力开创开放富裕和谐美丽中卫新局面,确保与全区全国同步建成全面小康社会。

今后五年的发展目标是:经济保持中高速增长,地区生产总值年均增长8%左右,地方公共财政预算收入与经济增长同步,城镇、农村常住居民人均可支配收入年均分别增长9%和10%左右,确保实现"一个提前翻番、两个重大突破、三个明显缩小、五个全面提升"目标。

"一个提前翻番",即对照2020年全面建成小康社会目标,地区生产总值提前两年在2010年基础上实现翻番,到2021年突破550亿元大关。

"两个重大突破",即西线扶贫引水、城际高铁等重大基础设施项目全面建成,卫宁相向发展和海原大县城建设加快推进,带动山川协同发展取得重大突破;云计算和大数据、全域旅游、现代物流等特色产业发展壮大,带动经济转型取得重大突破。

"三个明显缩小",即城镇、农村常住居民人均可支配收入和城镇化率三项指标与全区平均水平的差距明显缩小。

"五个全面提升",即全民思想道德素质全面提升,基本公共服务均等化水平全面提升,社会治理能力全面提升,生态环境质量全面提升,政府推动经济社会发展的能力全面提升。

重点抓好以下五个方面工作:

一、以改革创新为动力,加快建设开放中卫

向改革要动能。深化"放管服"改革,设立统一的行政审批机构,全面实行告知承诺制,将分散在部门的所有审批职责集中,实行一个部门管审批,推动行政审批全面迈入"单点单部门"方式,实现网上审批、网上注册、网上办事全覆盖。建成"政务云",大力推行"互联网+政务服务",实现市直所有审批部门业务数据联通,与国家部门、区级系统对接,推动政府信息共享。深化农村综合改革,完成供销社、国有林场改革,推进土地所有权、承包权、经营权分置管理,推进农村集体资产确权到户和股份合作制改革,激发农村活力。深化投融资改革,积极吸引全国性股份制商业银行、证券公司、保险公司设立分支机构,进一步完善金融服务体系。做强"1+N"国有投融资平台,不断提升投资质量和效益。培育"新三板"挂牌企业10家、后备上市企业10家。深化要素保障改革,争取企业气价优惠、电价下降,实现水资源合理配置。

向开放要活力。深化区域合作,加强与银川、兰州、西安等周边区域中心城市对接合作,促进产业协作配套、基础设施共建共享,构建"中卫1小时经济圈"。密切与北上广深等沿江沿海地区交流合作,高起点承接产业转移。打造开放平台,主动融入国家"一带一路"发展战略,依托宁夏内陆开放型经济试验区和中阿博览会,办好中阿博览会中国枸杞论坛暨中宁枸杞文化节,将云计算设立为中阿博览会常设分论坛。加强与迪拜多种商品交易中心(DMCC)、印度国家信息学院(NIIT)等合作,促进贸易流通。发挥"中阿号"国际货运班列作用,推进陆路口岸保税点建设,建成迎水桥铁路编组站海关监管场所,争取设立镇罗公铁物流中心保税仓库。加强与汉新欧、天津港等合作,实现中宁陆路口岸封关运营,建成银川保税区的配套区。办好环湖自行车、沙排、轮滑等国际赛事,促进对外合作交流。提升开放实效,紧盯世界500强、中国500强企业,突出以商招商、专业招商、委托招商,在主导产业链延伸和耦合发展上谋划引进项目,推动招商引资工作由"招商"向"选商"转变,由引资金向"引特色产业链"转变,打造优质、高效、便捷的开放环境。2021年,培育引进投资百亿元龙头企业4家,招商引资到位资金突破1600亿元,进出口总额年均增长8%以上。

向创新要效益。深入实施创新驱动发展战略,加强重点领域、重点行业科研攻关和科技成果转化应用,争创国家高新技术产业开发区。围绕产业转型升级,强化科技创新体系和基地建设,构建"1+2+3"科技创新体系。高标准建设中卫国家农业科技园区、沙坡头区国家现代农业示范园区、中宁枸杞科技产业园,推进科技研发与应用。实施企业技术中心建设工程,推动天元锰业、锦宁铝镁等企业创建国家级技术创新中心和工程技术研发中心,提高企业核心竞争力。紧扣产业链和创新链,创新人才政策,完善人才服务机制,加强海外人才合作,大力引进培养高层次人才。2021年,全社会研究与试验发展经费支出占地区生产总值比例达2%左右,高新技术企业达10家以上,科技进步对经济增长的贡献率达55%。

二、以转型升级为突破,加快建设富裕中卫

做大做强新型工业。实施中国制造2025宁夏行动纲要,推动支柱产业倍增计划,建设自治区新型工业化示范基地。推动产业集聚发展,大力发展"三新"产业,重点发展铝板带箔、钒钛合金、镍钛合金等产业,壮大原铝—型材—铝板带箔—轮毂制造链条,推进新材料产业集群化;重点发展协鑫高效单晶硅、协佳电池组件、隆基硅多晶硅等产业,推进新能源产业高端化;重点发展云计算配套电器设备制造、机架生产等电子信息产业,推进新经济规模化,打造"一个千亿元、四个百亿元"产业集群。实施工业强基工程,提升传统产业装备水平,抓好天元锰业、宁夏钢铁等企业扩规改造,推进钢铁、铁合金、电石企业循环改造,推广余热余气利用,促进生产、流通、消费过程减量化、资源化、再利用。完善精细化工产业链,构建"上下游密切关联、资源能源互供互享"循环经济产业体系。引导产能过剩企业实施兼并重组,处置"僵尸企业",化解过剩产能,淘汰落后产能。打造低成本工业园区,积极发展分布式新能源,建设园区微电网,开展直供电交易,探索园区节电模式。实施园区供水、供电、供气、供热和集污管网改造,加快建设园区集中供热站和工业管廊,降低企业生产要素成本,实现园区基础设施共建共享,提升园区公共服务能力,增强园区承载力。推动中卫、中宁工业园区一体化发展,加快中卫、中宁工业园区铁路专用线建设,推进国铁、地方铁路融合直通,构筑量价联动的物流体系,切实降低物流成本。2021年,全市工业增加值达165亿元,工业对经济增长贡献率达38%。

做精做特现代农业。优化"四区七带"产业布局,紧盯"1+5"优势特色产业,重点打造120万亩优质粮食产业带、50万亩"原产地"枸杞产业带、40万亩蔬菜产业带、70万亩优质经果林产业带、60万亩马铃薯产业带、100万亩牧草+200万"羊单位"草畜产业带和100万亩硒砂瓜产业带,特色产业占比达87%。推进枸杞产业提质增效,提高特色化、品牌化、精品化发展水平,依托电子商务孵化中心、枸杞电子交易中心等平台,在各大中城市实施"百城千店"计划,拓展营销网络,让全国人民都能吃上中宁枸杞、硒砂瓜、马铃薯、供港蔬菜等特色农产品走出国门。以枸杞精深加工、优质粮食和清真牛羊肉加工、乳制品生产为重点,培育壮大中宁新水农产品加工园,规划建设沙坡头、海原农产品加工园,扶持万齐、早康、夏华等农业龙头企业做大做强。深化义乌、中卫两地战略合作,搭建农产品产销平台。严把农产品品质和安全关口,创建无公害农产品、绿色食品地理标志380个,加强农产品检测和追溯体系建设。2021年,全市农产品加工企业达1300家,农产品加工转化率达70%以上。强化农业经营主体和服务支撑体系培育,提高土地规模化经营水平,新型农业经营主体达1.5万家以上,农业社会化服务机构达30家,农村土地流转率和土地规模经营率均达40%以上。

做活做靓现代服务业。围绕打造全域旅游城,全面落实《中卫市全域旅游发展行动规划(2016—2018年)》,加快实施城市综合提质、基础设施完善、品牌战略营销等八大工程,构建"一核、两翼、三带、四区、六线、多节点"全域旅游新格局。坚持重点景区提质扩容,一般景区"创A升级",实施沙坡头"东扩、西延、南跨、北拓"工程,增强沙坡头景区的聚合力。深化与港中旅合作,力争港中旅"十三五"期间在中卫投资20亿元左右,使沙坡头旅游景区成为集观光体验、休闲度假为一体的复合型景区。加快推进腾格里湿地、沙坡头水镇、海原非物质文化遗产传承基地等景点景区建设,完善中宁、海原旅游吸引物系统。实施黄河卫宁城市段治理工程,深度开发黄河资源,打造旅游新业态。推动沙坡头景区和腾格里湿地跻身国家级度假区行列。大力推进"旅游+"和"互联网+",促进旅游与新型工业、特色农业、文化体育等融合发展,实现倍增效应。争取沙坡头文化旅游产业示范区实体运作,完善"1+4+N"全域旅游管理模式,打造"快旅慢游"交通体系,为游客提供各环节、全方位的服务。推动星级景区、酒店和乡村旅游示范点免费WIFI覆盖,支持景区、酒店、旅行社等旅游企业发展网上预订、在线支付等电子商务,推动品牌景区和品牌线路率先实现旅游服务智能化。全面创建全域旅游示范市。2021年,全市力争5A级景区达到2家,4A级景区达到3家,3A级景区达到5家,接待游客1240万人次,旅游收入达到136亿元。围绕打造国际云天城,加快亚马逊AWS、云创二期、中国移动等数据中心建设,引进美国ZT、浪潮等企业在中卫建设云计算配套生产基地,引进集成电路板制作等电子工业产业落地中卫,逐步形成云存储设备、桌面云终端等制造特色产业集群。依托中卫西部云基地,构建"一带一路"区域数据中心和云计算平台,促进与阿拉伯国家空间信息产业合作。争取国家工信部、安全部、中国气象局等部门数据中心落户中卫,建设国家战略安全数据灾备中心,实现多级数据融合和大数据共享。贯彻大数据军民融合发展战略,以云天产业园为载体,建设天地一体化信息网络系统地基信息港,积极推进军民两用飞艇基地、火星探测科普体验基地、北斗导航卫星数据应用产业基地、国防教育及武器装备科研试验基地建设。推进智慧中卫建设,深化政务、社保等"8+N"覆盖广度和应用深度,为公众提供跨部门、一站式便捷信息服务。建立统一的大数据服务平台,推进政府信息公开、资源共享和数据开放。对标美国凤凰城,抢抓大云西移机遇,盯紧"一个枢纽、三个基地"发展目标,创新"前店后厂"区域合作模式,着力在中卫建设国家大数据综合试验区,先行先试"一体化国家大数据中心"示范区建设。围绕打造交通枢纽城,抓住国家实施"一带一路"和向西开放机遇,加强与新丝路、汉新欧合作,加强与天津、青岛、连云港、满洲里、阿拉山口、霍尔果斯等沿海港口、沿边口岸、铁路枢纽和航空港的贸易对接,实现国内东进西出的货物在中卫集结,推动货物通关、商检一体化运作,打造承东启西的宁夏国际陆港货物集散地。积极发展公铁物流、公海物流、多式联运等物流形式,建成乌玛高速中卫段等高速公路、吴忠至中卫城际铁路、中卫至兰州客运专线、中卫高铁站跨黄河大桥。推进宝中铁路平凉至中卫段扩能改造等项目建设。争取开行中欧班列,扩建沙坡头机场,加密中卫至北京、上海、西安航班,使公路、铁路、航空立体交通网络更加完善、更加便捷,打造亚欧大陆物流中转基地。2021年,建成五横两纵高速公路网、通往国内外连接欧亚大陆桥的"米"字形铁路网。加快镇罗公铁物流园、海原物流园等物流园区建设,争取设立上海石油天然气中卫交易中心和宁东物流园区中卫仓储区,让更多的人流、物流、信息流汇聚中卫。引进龙头企业发展第三方物流,稳步发展冷链物流,积极发展电商物流,整合快递营业点、农村电商村级服务站等资源,推进"快递+互联网""快递+电商"协同发展。

三、以民生改善为目的,加快建设和谐中卫

坚决打赢脱贫攻坚战。因地制宜推进"有土"脱贫,全面落实"离土脱贫23条"政策,实施"产业发展、劳务输出、易地搬迁、教育脱贫、社会兜底"五项脱贫行动计划,按照宜农则农、宜林则林、宜牧则牧、宜商则商的原则,培育发展枸杞、草畜、马铃薯、硒砂瓜等特色产业和休闲农业、光伏产业、农村电商、乡村旅游等新业态,确保有劳动能力的贫困户每户有1~2个稳定增收的产业项目,实现产业脱贫4.17万人。依托劳务移民、插花移民、县内移民等,实现易地搬迁脱贫1.55万人。全面落实国家教育扶贫各项政策,对建档立卡贫困户大学生、研究生每人每学年再资助5000元,支持贫困家庭子女更多地依靠教育走出去,实现教育脱贫1.6万人。以汽车运输、清真餐饮、剪纸刺绣等为重点,加大技能培训,未升学初高中毕业生全部接受职业教育,鼓励自主创业、进城务工,引导劳务输出脱贫2.29万人。完善农村最低生活保障制度,实现农村扶贫线和低保线"两线合一",将所有符合条件的贫困群众纳入低保范围,推进大病医疗保险全覆盖,实现政策性保障兜底脱贫2.99万人。加大金融扶贫力度,全面开展精准扶贫"脱贫保"保险业务,探索建立财政扶贫资金资产收益分配机制,从根本上解决贫困群众贷款难问题。配套完善水、电、路、通信等基础设施,重点抓好宁夏中部干旱带西线引水工程,建设沙坡头区至海原、海原至平川快速通道。启动实施城乡一体化供水工程,进一步提高农村饮用水安全保障水平。提前完成"十三五"易地搬迁安置任务。实行基本养老、医疗保险补贴,提高贫困人口医疗救助和报销比例,切实解决因病返贫等问题。出台贫困群众提前脱贫激励政策,引导贫困群众自力更生、艰苦奋斗,主动脱贫。深化闽宁对口扶贫协作,创新社会帮扶机制。落实脱贫攻坚责任制,充分发挥机关、干部帮扶作用,形成全社会共同参与的大扶贫格局。

全面发展社会事业。加大教育基础设施建设力度,新建、改建中小学校(幼儿园)140所。实施学前教育办学能力提升工程,加大政府购买学前教育服务力度,鼓励引导普惠性民办幼儿园发展,实现有需求行政村幼儿园全覆盖。实施义务教育均衡发展攻坚计划,缩小区域、城乡、校际差距,海原通过国家义务教育均衡发展评估认定,中卫迈入全国义务教育均衡发展先进市(县)行列。2021年,学前3年毛入园率达88%以上,小学6年巩固率达97.5%,初中3年巩固率达98%,高中阶段毛入学率达98.5%。加快发展现代职业教育,建设国家级现代职业技能公共实训中心,打造西部领先、机制一流的职业教育高地。支持办好宁夏大学中卫校区。支持和规范民办教育健康发展。扎实推进"名师名校名校长建设工程",稳步提高教师待遇。深入推进教育惠民工程,实行贫困家庭学生学前两年全免费、普通高中家庭困难学生全免费、中等职业学校学生全免费、贫困大学生生源地信用助学贷款全覆盖、家庭经济困难学生资助全覆盖。大力实施医疗设施保障、医护人员能力"两项提升计划"。迁建市中医医院,实现标准化村卫生室和社区卫生服务中心全覆盖。深化与北京、上海等区内外知名医院合作,加强远程医疗会诊,推动医护人员培训交流,提升医疗卫生服务能力。2021年,全市常住人口每千人医疗卫生机构床位数达到4.8张,县域内就诊率达85%左右,基本建成覆盖城乡的基层医疗卫生服务体系。建设市级远程医疗会诊平台并连通所有基层医疗卫生机构。持续推进城市公立医院综合改革,市县二级以上医院全部实行药品零差率销售。加快推进异地就医结算,实现医疗、医保、医药"三医"联动。坚持计划生育基本国策,促进人口素质提高和长期均衡发展。推进健康城市健康村镇建设,深入开展爱国卫生运动,争创国家卫生城市。进一步完善市、县、乡、村四级公共文化服务设施,建设3个县级青少年文化宫,实现文体设施社区全覆盖、村级综合文化服务中心行政村全覆盖、标准化乡镇综合文化站全覆盖。实施文化惠民工程,深入开展文化"六进"活动,引导各类文化资源向基层倾斜。建立文化消费补贴机制,向低收入群众发放文化消费卡,为城乡居民提供"普惠式"文化消费。依托中卫云天产业园,加快培育文化创意、数字动漫、影视创作等新型文化业态。扶持大麦地阳光文化产业园、中宁枸杞文化产业园、海原回族文化创意产业园等文化产业示范基地,推进文化、旅游、城市建设融合发展。深入开展群众性精神文明创建活动,争创全国文明城市。

做好就业创业和社会保障工作。统筹做好高校毕业生、城镇就业困难人员、退役军人、进城务工人员、零就业家庭等就业工作。健全劳动合同和劳动争议仲裁制度,保护劳动者合法权益,构建和谐劳动关系。推动大众创业、万众创新,加快发展"互联网+"创业网络体系,搭建开放式的众创、众包、众扶、众筹平台。2021年,力争实现城镇新增就业4.2万人,城镇登记失业率控制在4.5%以内。实施全民参保计划,稳步提高城乡居民基本养老金标准,稳妥实施被征地农民参加养老保险工作,完善机关事业单位养老保险制度,整合社会保险经办资源,实现"五险合一"经办管理,构建城乡一体社会保险体系。实施社会保障扩面提标工程,织好基本民生安全保障网。健全社会保障待遇标准与物价、收入相协调的联动机制,完善住房保障制度,启动实施干部职工住房补贴制度,稳步提高社会保障水平。建设医养结合养老产业园区。建立健全居家养老和社区养老服务网络,做好困境儿童、农村留守儿童、妇女老人等关爱保护工作,提高残疾人福利补贴标准,完善城乡社会救助和社会福利体系。2021年,全市法定人口基本社会保险、困难群众救助兜底、困难失能失智老人救助补贴、养老服务实现全覆盖。

加强和创新社会治理。推进社会组织、社会工作和社区单位"三社联动",努力建设更高水平的平安中卫。创新社会治安综合治理,加快建设立体化、信息化社会治安防控体系。完善突发公共事件应急管理体系,加强安全生产工作,提高重点行业领域安全治理能力,坚决防止重特大安全生产事故发生。推进食品药品安全治理体系建设。建立健全有机衔接、协调联动、高效便捷的矛盾纠纷多元化解机制,全面落实信访工作责任制,依法分类处理信访诉求,维护群众合法权益。全面落实党的民族政策,深入开展民族团结进步创建活动,争创全国民族团结进步示范市。依法管理宗教事务,严格清真标识的审批、使用和管理,严禁公共场所和世俗生活宗教化,巩固民族和睦、宗教和顺、社会和谐的良好局面。

四、以统筹协调为关键,加快建设美丽中卫

落实空间规划。扎实做好"多规合一"试点改革,科学界定主体功能区,严控建设用地规模,严守基本农田红线,确保生态功能不降低、面积不减少、性质不改变。按照"产业连城、生态连城、水系连城、交通连城"思路,规划建设沙坡头区至中宁快速通道,推进沙坡头区和中宁县城相向发展。准确把握城市生产、生活、生态空间的内在联系,注重城市功能布局,打响"滨河沙坡头、杞乡中宁、生态海原"品牌,打造宜居、宜业、宜游新中卫。

打造美丽城市。坚持新城、老城联动发展,持续推进美丽城市"九大工程",争取实施城市地下综合管廊工程。完善沙坡头水镇、旅游新镇、高铁站核心区配套,加快推动产业项目集聚,全面提升综合承载能力。实施市区道路畅通工程,新建市政道路89公里。继续推进既有建筑节能改造,基本完成城中村、城边村、重点集镇棚户区和农村危房改造。扎实推进绿地公园、立体停车场、城市充电桩等项目建设,完善供水、供热、供气等老旧管网改造,有效解决交通拥堵、停车难等城市病。推进农民工市民化,继续深化户籍、养老等制度改革,促进有能力在城镇就业和生活的农业转移人口举家进城落户,并与城镇居民享有同等权利和义务,实现基本公共服务常住人口全覆盖。2021年,全市城镇化率达52%。

建设美丽乡村。建设美丽村庄72个,改造危房1.4万户,农村砖房率达91%。配套完善供水、供热、通信、道路、垃圾处理等设施。巩固"5个3"乡村环境卫生长效机制。统筹生态移民迁入地村庄建设,实施农村电网改造升级工程,鼓励发展农村清洁能源。完善农村公路网络,实现所有行政村通客车。实施新农村现代物流网络工程。推进农村生态示范区建设。2021年,全市所有乡镇、村庄达到美丽宜居乡村标准。

保护美丽环境。强化北部沙区林草建设管护,建设市民休闲森林公园,提升中卫、中宁等工业园区绿化层次,推进移民迁出区生态修复,巩固扩大生态经济林面积。切实保护生态资源,坚守"生态红线",落实生态补偿机制和责任追究制度,加强林地、林木资源管理,严厉查处涉林违法行为。2021年,全市规划新增造林面积120万亩,森林覆盖率达14%。深入实施蓝天、绿水、净土、工业污染治理等行动计划,精心呵护好中卫的绿水青山。突出整治工业污染,加大"三废"治理力度,严格落实国家区域限批、行业限批等规定,全面落实重点企业在线监测、IC卡管理等措施,严惩偷排超排,坚决关紧污染"排放口"。加大燃煤锅炉、工业烟粉尘、机动车尾气、城市扬尘治理力度,加快推进城市集中供热,完成沙坡头区、中宁县城市燃煤供热锅炉替代工作,海原县天然气实现联通。全部淘汰黄标车。依法保护饮用水源地,加强地下水污染防控,确保百姓用上放心水。加强城市污水处理厂技术改造,推进城镇污水集中处理。强化农业面源污染治理,提高农作物秸秆、农用残膜利用率。2021年,全市污水处理率达95%以上。

五、以职能转变为抓手,切实加强政府自身建设

建设法治政府。坚决服从市委领导,自觉接受市人大及其常委会、市政协和社会各界的监督,认真落实市人大及其常委会的决议决定,认真吸收市政协及社会各界的意见建议,改进人大代表建议和政协提案办理方式。全面贯彻《法治政府建设实施纲要》,深入开展"七五"普法,全面推进依法治市,推动全社会尊法、学法、守法、用法。完善依法行政制度体系,坚持公众参与、专家论证、风险评估、合法性审查和集体讨论决定,推进政府决策民主化、科学化和法治化。2020

年,基本建成职能科学、权责法定、执法严明、阳光透明、廉洁高效、守法诚信的法治政府。

建设责任政府。全面推行政府绩效管理,坚决整治不作为、慢作为、怕担当、不负责等庸政懒政怠政问题。说了算、定了干、马上办,加强督促检查,切实解决重安排、轻落实,有令不行、有禁不止,推诿扯皮、敷衍塞责等问题。坚持抓严抓紧抓细抓实,走在前列、干在实处,恪尽职责、善做善成。

建设服务政府。坚持问政于民、问需于民、问计于民,努力使政府做出的决策部署、出台的政策措施更加符合人民群众期待,政府工作更加切合人民群众需求,公共资源更多向民生倾斜。脚踏实地为群众办实事、解难事,给予困难群众更多关心和帮助。

建设阳光政府。突出抓好财政预决算、公共资源配置、重大项目建设等信息公开,做到行政决策公开、执行公开、管理公开、服务公开和结果公开,主动接受社会和舆论监督。推进政务信息服务平台建设,完善例行发布、应急发布、政策解读等机制,着力提高政务运行质量和水平。加强政府门户网站建设,不断提升传播能力,打造互联网时代政府信息公开平台、便民服务平台、政民互动平台。建立健全政务舆情收集、研判和处置机制,及时回应社会关切。

建设廉洁政府。严格执行《关于新形势下党内政治生活的若干准则》和《中国共产党党内监督条例》,切实加强政府系统党风廉洁建设,完善权力运行制约和监督机制。加强行政监察和审计监督,坚持把纪律和规矩挺在前面,把握运用监督执纪"四种形态"。加强执纪审查,严肃查处腐败案件,增强拒腐防变和抵御风险能力,构建不敢腐、不能腐、不想腐的有效机制,推进干部清正、政府清廉、政治清明。

2017年重点工作

2017年,是中卫实现转型追赶、弯道超车的关键一年。全市经济社会发展的主要预期目标是:地区生产总值增长8%左右,地方公共财政预算收入增长8%,全社会固定资产投资增长10%左右,社会消费品零售总额增长8%,城镇、农村常住居民人均可支配收入分别增长8%和9%左右。

实现上述目标,重点抓好九个方面的工作:

一、扩大有效投资,增强经济发展后劲。 深入开展"项目建设年"活动,严格落实工作责任,用大项目、好项目促投资、保增长、惠民生,全年计划实施项目374个,总投资1675亿元,完成投资499亿元。开工建设工业、旅游、云计算、交通物流、农业及生态水利、城市基础设施、社会事业等重点项目60个。紧扣国家政策走向,谋划争取一批符合产业政策、支撑长远发展的重大项目,重点围绕自治区成立60大庆,使我市更多项目进入自治区和国家盘子,争取更多项目列入国家"十三五"规划,提前推进。大力实施"招商引资年"活动,创新招商引资方式,抢抓中阿博览会、全国工商联常委会暨民营企业助推宁夏创新发展大会在宁召开机遇,加强对接,主动沟通,通过"走出去、引进来",确保招商引资签约资金1000亿元。

二、优化结构布局,力促工业转型升级。 培育壮大"三新"产业,推动传统产业改造升级。加大协调服务,确保天元锰业四期30万吨金属锰、今飞公司500万件汽车轮毂等10个项目达产达效;加快工程进度,确保宁钢60万吨高速线材、利安隆高分子助剂等12个项目建成投产;加强项目前期,力促中化国际锂电池正极材料、协鑫晶体二期2GW高效单晶硅等10个项目开工建设。全面落实各项惠企政策,实行"一企一策""保姆式"服务,及时协调解决企业发展中出现的困难和问题,帮助企业渡过难关。加快园区供电、供水、道路、污水处理、管网等基础设施建设,提升园区综合服务能力。严格落实工业节能降耗,着力化解过剩产能,淘汰低端落后工艺。加快科技合作和成果转化应用,培育认定国家级高新技术企业累计达10家,高技术产业增加值占规模以上工业增加值比重达10%。推进"宽带中国"示范城市建设,实现所有行政村光纤全覆盖。全市工业增加值达100亿元,同比增长5%以上。

三、转变发展方式,培育壮大特色农业。 加快发展现代农业,抓好粮食、枸杞、蔬菜、苹果、硒砂瓜、草畜、马铃薯等优势特色产业。创建粮食产业攻关示范区5000亩、优质水稻示范区1万亩、玉米水肥一体化示范基地2万亩。实施经果林低产园改造1.5万亩。加快枸杞、苹果扩规提质,新增枸杞2.2万亩、苹果9500亩。开工建设江苏绿港设施标准化示范基地,新建永久性蔬菜基地1万亩。推行硒砂瓜"小产区"管理,培育万亩以上小产区5个。打造香岩集团等2个自治区级草畜示范点,加快推进中地乳业集团等万头奶牛场建设,全市肉牛、肉羊饲养量分别达33万头和260万只,存栏奶牛6.5万头。完善脱毒种薯三级繁育体系,建设2个万亩种薯繁育基地,示范推广一级种薯20万亩。引导扶持家庭农场、合作社等新型农业经营主体,新建社会化综合服务站10个。建成中卫市农产品质量安全检验检测中心。加快休闲农业发展,创建示范点3个。全市农业增加值达59亿元,同比增长5%。

四、围绕提质扩容,加快全域旅游进程。投资34亿元,重点实施沙坡头景区提质扩容、沙坡头南岸半岛、腾格里湖高墩湖酒店、中宁胜金关至黄河大桥以东沿河景观廊道、海原非物质文化遗产传承基地等项目,不断提升和完善旅游基础设施。建成智慧旅游一期项目。打造以童家园子、桂王花园等为重点的一批乡村旅游,新增乡村旅游示范点10家。完善旅游交通组织体系和旅游吸引物系统。做大做强旅游融资平台。加大与港中旅合作,督促落实投资7亿元。开发"冬日威胁"网景游戏,实现线上虚拟景区与线下美景互动。推进"十百千万"工程,完善"1+4+N"的全域旅游管理模式,重拳整治"黑导游""黑出租"等违法行为。全市接待游客680万人次,实现旅游总收入53亿元,分别增长23.6%和23.5%。

五、抢抓战略机遇,加快壮大信息产业。实施好自治区"三号工程",加快推进西部云基地建设,争创国家大数据综合试验区。集中力量推进亚马逊AWS、奇虎360数据中心服务器安装运营。加快中国移动、云创二期、中国联通、可信云等数据中心项目建设,率先建设全国一体化的国家大数据中心先导示范区。统筹建设云计算展示馆及配套服务中心,加快建设中卫市中小客户孵化数据中心项目,完善运营模式,促进中小企业集聚孵化。紧盯北上广深等重点区域和华为、京东、美团、IBM等重点企业,千方百计对接,力促落地。引进服务器组装、钢构生产、机房运维等云设施产业,深度挖掘数据应用,促进政务云、医疗云、环保云等云应用项目建设,打造云计算上下游全产业链。积极与中央军委和国家相关部委对接,力争将国家级卫星遥感、导航数据云平台(灾备中心)、天地一体化信息网络系统地基信息港落户西部云基地,建设军民两用飞艇基地一期工程、国防教育和武器装备科研试验基地。

六、发挥区位优势,构建现代物流体系。完善交通物流网络,开工建设沙坡头区至海原、海原至平川快速通道,扩建平凉至中卫铁路、太中银铁路,加快建设吴忠至中卫城际、中卫至兰州客运专线等铁路,疏浚中卫经中宁至青铜峡水上旅游航道。加快建设中国物流中卫物流园等6个物流园区,建设迎水桥铁路口岸,推进中宁陆路口岸封关运行。稳定开行中卫—中亚(中阿号)国际班列,吸引汉新欧等欧洲国际班列在中卫铁路口岸集结货物。加快与新疆国际陆港公司合作,争取将迎水桥编组站作为乌西编组站的前沿。加快市场培育,发展钢铁、金属锰、精细化工、建筑材料等配套物流产业,打造区域性生产资料转运中心。依托城乡物流配送、邮政配送、连锁经营等现代经营方式,构建覆盖城乡的生活性物流服务网络。加强与阿里巴巴、京东等企业对接,进一步扩大中宁电商孵化中心等规模,推动全市电子商务快速发展。

七、强化统筹协调,推进城乡一体建设。坚持新城开发与老城改造并举,改造各类管网128公里,换热站11座,新建市政道路27公里,开工建设城市停车场,提升城市亮化水平。实施棚户区改造9000套,完成安置住房1650户5000套,改造老旧小区31个。加快海原大县城及沙坡头区、中宁县旧城改造建设,建成美丽小城镇4个、美丽村庄15个。实行最严格的环境保护制度,实施大气、水、土壤污染防治行动计划,加快城区集中供热、燃煤锅炉改造,市区实现热电联产集中供热,沙坡头区、中宁县淘汰20蒸吨以下供暖和工业燃煤锅炉。严管严查扬尘污染,抓好建筑施工扬尘、渣土车、黄标车淘汰管控等工作。建成运营中卫工业园区中水厂。在所有国控、省控、市控重点企业,安装在线监测设施和智能IC卡排污监控系统,重拳打击企业偷排,实现全方位、全覆盖、无缝隙监管。实施"退耕还林、防沙治沙、兴林富民、湿地保护、绿化美化"五大生态工程,完成造林23.6万亩,治理荒漠化土地6.5万亩,补播改良天然草原95万亩。

八、推动重点改革,释放创新发展活力。继续简政放权,加快相对集中行政许可权改革。权力清单涉及的209项行政审批事项全部进驻市政务服务大厅。抓好空间规划"多规合一"并联审批,推行工业项目行政审批告知承诺制。完善投融资机制,对市属国有企业进行整合,新建市金融投资有限公司,做实政府融资平台。推进农村"4+2"改革,在沙坡头区开展城乡建设用地增减挂钩改革试点。深化农村集体经济股份制改革和农村承包土地股份合作制改革。培育土地股份制合作社20个,发展土地托管型服务合作社10个。推进城市管理执法体制改革,完善综合执法法律制度。加快事业单位公车改革。推进工业园区电力体制改革,成立中卫、中宁工业园区售电公司,力促重点企业天然气直供。

九、保障改善民生,增进人民群众福祉。办好12件民生实事。突出"有土""离土"扶贫两篇文章,集中精力抓好产业培育、易地搬迁、整村推进、金融扶持、闽宁协作等重点工作,年内减贫4.6万人,58个重点贫困村脱贫销号。认真落实就业扶持政策,加强就业技能培训,新建创新创业基地(创客空间)5个,确保高校毕业生登记就业率达85%以上。开工建设中卫市慈爱康复中心,推进民办养老机构建设,全市养老服务床位达4285张。持续推进义务教育均衡发展,突出抓好学前教育,新建、改扩建中小学(幼儿园)27所3.3万平方米,改造学校运动场12.3万平方米,海原县义务教育均衡发展通过国家评估认定。完善教育资助体系,保障进城务工人员随迁子女、农村留守儿童等特殊群体受到良好教育。开工建设市人民医院医技楼、市中医医院迁建等项目,建成市疾病预防控制中心业务楼,翻(扩)建镇罗等4个乡镇卫生院门诊楼。深化第四批公立医院国家联系试点城市工作,二级以上医疗机构取消药品加成。狠抓山区、生态移民及流动人口治理,依法打击"两非"行为。建成3个全民健身中心。组织开展品牌文化体育活动,全年演出800场次以上。创排一批优秀文艺精品,培育具有中卫特色的文化品牌。积极申报国家级文化产业示范基地和示范户,加快文化产业发展。办好丝绸之路国际汽车拉力赛等重大赛事。着力化解矛盾纠纷,依法依规解决群众合理诉求。开展公共安全隐患治理,严惩各种违法犯罪活动,营造更加安全、和谐、稳定的发展环境。

各位代表!蓝图催人奋进,圆梦需要实干。让我们更加紧密地团结在以习近平同志为核心的党中央周围,在自治区党委、政府和市委的坚强领导下,紧紧依靠全市人民,大力弘扬"不到长城非好汉"的宁夏精神,强化"双争"意识,解放思想、务实苦干,转型追赶、弯道超车,为加快建设开放富裕和谐美丽中卫、全面建成小康社会而努力奋斗!

中国人民政治协商会议中卫市第三届委员会常务委员会工作报告

——2016年12月27日在政协中卫市第四届委员会第一次会议上

市政协党组书记　罗成虎

各位委员,同志们:

我代表政协中卫市第三届委员会常务委员会,向大会报告工作,请予审议,并请列席会议的同志提出意见。

过去四年工作回顾

过去的四年,第三届市政协常委会在自治区政协的悉心指导和市委的正确领导下,牢牢把握团结和民主两大主题,充分发挥政协作为协商民主重要渠道和专门机构作用,认真履行政治协商、民主监督、参政议政职能,为加快建设开放富裕和谐美丽中卫做出了积极贡献。

四年来,常委会坚持在继承中发展,在发展中创新,工作有特色、有亮点,突出表现在三个方面:

第一,主动作为,赢得党委、政府支持。紧紧围绕市委、市政府中心工作履职尽责,积极完成市委安排的工作任务,在服务大局中赢得了市委、政府对政协工作的高度重视和大力支持。先后出台《中共中卫市委员会关于进一步加强人民政协工作的意见》《重大问题协商及政协提案意见建议办理落实制度》等制度规定,明确提出政协重大问题必商、政协委员提案必办、政协调研报告必阅、政协意见建议必批的"四必"要求。市委常委会从全市发展大局谋划、部署政协工作,专题研究政协协商工作计划和常委会工作报告,张柱书记、万新恒市长经常听取政协工作汇报,督办政协提案,对政协调研报告、重点提案及社情民意等给予充分肯定,并做出重要批示,为政协工作创新发展注入了动力、增添了活力。

第二,政协协商民主重要渠道作用发挥明显。认真贯彻落实中央和区、市党委关于加强协商民主建设系列部署和要求,积极探索政协协商民主工作实践,做到政协牵头与部门配合相结合、调研与考察相结合、集中协商与分组调研相结合,形成以全体会议为重点,以专题协商、对口协商为常态的协商议政新格局,政协协商民主建设逐步迈入制度化、规范化、科学化轨道。四年来,召开全委会议4次、常委会议32次、专题协商座谈会34次,开展调研视察71次、协商活动93次,提交调研视察报告71篇,提出意见建议260余条,报告大多数得到自治区政协和市委、政府领导批示,不仅为市委、政府科学决策提供了重要参考,同时也促进了一批事关发展和民生问题有效解决。《关于中卫市工业园区管理和服务功能情况的调研报告》《关于沙坡头区旅游资源开发与保护情况的调研报告》在全市范围内印发学习,关于协商民主的理论文章先后在《人民政协报》《共产党人》等刊物发表，协商民主的工作经验相继在全区政协理论与实践研讨会、全国26城市政协横向联席会等进行交流。

第三，政协委员基层联系点工作接地气、出成果。积极培育具有政协特色的活动品牌，自2014年起在全市39个乡镇、32个社区创新开展政协委员基层联系点工作，得到自治区政协充分肯定并在全区推广。两年多来，通过任务牵引、领导带头、全员参与、典型引路等一系列举措，推动了政协委员基层联系点工作深入发展。共召开联系点座谈会120余场次，走访群众6500余户，慰问贫困家庭381户，累计募集资金1600余万元，协调解决就学、看病、饮水、居住、出行等民生难题120余件。自治区政协主席齐同生充分肯定我市政协委员基层联系点工作，批示全区政协向中卫市政协学习，市委常委会议听取市政协委员基层联系点工作情况汇报，并研究贯彻落实齐同生批示意见。

四年来，常委会主要做了以下工作：

一、聚焦中心任务，积极主动议政建言

常委会主动适应经济发展新常态，聚焦全市经济社会转型发展重大问题，建诤言，谋良策，努力为改革发展汇聚正能量。

围绕重大战略部署协商咨政。紧紧围绕市委、政府"四主一化"战略部署和重大规划制定开展协商议政。围绕"十三五"规划编制，先后3次组织专题座谈协商活动，提出具有前瞻性、战略性的意见建议26条，被全部吸纳。立足助推全域旅游城市建设，连续3年开展调研视察和专题协商，向市委、政府报送建议案3件，均被采纳，促成了沙坡头区旅游新镇、腾格里金沙岛等一批重大项目落地生根、建成投用，催生了"沙坡头景区对本市居民除国家法定假日外全免门票，只收取10元保险费"的优惠政策，成立了市旅游发展委员会，设立了公安旅游警察分局，整治了"黑导游"等违法行为。对《市委"三重一大"事项决策实施细则（试行）》执行情况进行调研，提出的3条建议和20条补充意见，被吸收到实施细则之中，促成市财经工作领导小组的成立。

围绕全面深化改革建言献策。紧贴全市全面深化改革的重大问题，从宏观上献策，在关键处建言。针对城市管理、工业园区管理、国有企业管理等体制建设中存在的问题，分别对创新城市管理体制、完善中卫工业园区管理服务功能、国有和国有参股企业经营管理、中小微企业创新等课题，开展了调研协商，提出了一批有分量、有价值的意见建议，促使一些问题有效解决。关于组建城市管理局的建议，在新一轮政府机构改革中组建运行；相关部门积极采纳"关于完善中卫工业园区管理服务功能的建议"，修订了园区整体规划，收回了4000余亩企业闲置土地，依法处理了长期圈而不建的6家企业，重新规划调整了园区公交线路，增加6名定额补助事业编制，设立了园区卫生所；市委、政府采纳关于加强国有和国有参股企业经营管理的建议，成立了市金融工作局和第三产业服务中心，对市属国有企业进行了"1+X"归并重组，扶持企业做大做强。

围绕经济转型升级竭智尽力。坚持把服务经济转型升级作为履职重点，共谋新思路，齐开新良方。先后对我市新能源产业、信息产业、现代物流业、高效节水农业、枸杞产业、硒砂瓜产业、草畜产业等发展情况进行了深入调研，就全市中小微企业发展和中卫国家农业科技园区建设情况进行了专题视察，提出意见建议96条。市委、政府吸纳"关于加大中小微企业扶持力度的建议"，研究出台了《关于鼓励支持中小微企业繁荣发展的20条政策》《中卫市人民政府关于促进工业经济平稳运行的实施办法》，制定了电价补贴、销售补贴、贷款贴息、税收返还、规费减免等扶企惠企措施；采纳"关于加快西部云基地建设"和"关于加快全市新能源产业发展"的建议，将"尽快出台全市新能源产业发展规划、提高项目准入门槛、重视生态环境影响评价、理顺管理体制"等5条意见纳入全市加速发展信息化产业、新能源产业规划之中。此外，积极为招商引资牵线搭桥，召开招商引资线索征集协商座谈会，提供有价值招商引资线索20余条，成功引进宁垦电子商务公司落户海原，创立了电商扶贫产业孵化园。

二、创新工作方法，切实深化民主监督

常委会寓民主监督于委员视察、提案督办、民主评议等经常性工作之中，创新民主监督形式，拓展民主监督渠道，增强民主监督实效，为优化发展环境、促进民主决策发挥了重要作用。

创新开展监督性视察。紧盯民生实事落实情况、宁夏大学中卫校区建设、保障性住房建设分配使用等重大项目建设情况开展了监督性视察活动，组织委员对腾格里沙漠环境治理、全市工业企业环保问题排查整治等情况开展了调研视察和跟踪督察，围绕我市卫生城市创建和全市旧城改造、棚户区改造、乡村环境综合整治以及农村公共文化设施建设等民生热点问题进行了专项视察,如实反映情况,提出建设性意见建议,促使新建自来水厂投入运行、城中村改造、美丽小城镇和村庄建设等一批重点民生项目顺利推进。

扎实推动提案办理。突出提案在政协民主监督工作中的重要作用,扎实开展了"提案质量提高年""提办互评"等活动,在《中卫日报》开辟了《提案专栏》,创办了《重要提案摘报》,加大市级领导领衔督办重点提案力度,推动提案办理纳入全市效能考核,进一步放大了提案效应。四年来,委员提交提案1490件,审查立案682件,办复率100%;编报社情民意138件,其中114件得到自治区政协和市领导批示并办理落实。"关于加快发展我市养老服务业的建议""关于事业单位工作人员参照公务员享受医疗补助的建议""关于发放全市行政事业单位职工住房补贴的建议"等重点提案都得到落实;关于改造二干渠的建议被列入2014年度城市建设重点项目,二干渠市区段得以全面改造,成为市民休闲运动的"十里水街";协调政府投资3800余万元为沙坡头区宣和镇敬农生态移民区新建农田水利设施,一批民生实事推进有力、成效显著。

深入开展民主评议。探索建立了民主评议员、监督员统一选派和常委会听取部门工作汇报制度,先后选派128名委员担任部门特约监督员、行风评议员,对全市16个职能部门和窗口单位开展了明察暗访、调查走访、民主测评、整改回访等工作;将党风廉洁建设作为民主评议重要内容,每年通过市政协常委会听取并评议市纪委工作开展情况;结合全市阶段性工作任务,定期听取市政府、法检两院工作通报和市委办、政府办关于提案办理情况的通报,为促进政风行风转变、提高部门效能发挥了积极作用。

三、坚持服务基层,努力推动民生改善

常委会坚持以服务民生为履职之本,始终关注百姓疾苦,真心为民谋利,推动改革发展成果惠及全市人民。

竭力助推脱贫攻坚。主动顺应党和国家脱贫攻坚战略部署,围绕脱贫攻坚深入调研建言,积极参与全市精准扶贫精准脱贫工作,认真做好定点帮扶工作,发动委员努力为贫困群众做好事、办实事、解难事。连续2年对全市精准扶贫精准脱贫工作进行调研,组织委员深入沙坡头区兴仁镇团结村、宣和镇海和村、兴海村和海原县高崖乡红岸村等贫困村,开展政策宣讲40余场次,协调有关部门举办致富技能培训38场次,协助引入2家龙头企业流转沙坡头区宣和镇兴海、海和两个生态移民村土地3800亩,为兴仁镇3个村引进2家上市企业开展肉牛羊养殖,协调中宁县政府投资近2000万元为宽口井生态移民区群众新建了农贸市场,为当地1900户贫困户募集30余万元的生活物资,争取自治区水利厅拨款108万元解决了沙坡头区宣和镇马滩村长期无饮用自来水问题,协调市县有关部门为沙坡头区兴仁镇移民村解决了回族公墓用地、水电路等难题,为海原县高崖乡红岸村协调增加灌溉用水指标70余万立方米,争取民建中央在沙坡头区兴仁中学、海原四中等4所学校设立了6个"思源佑华·教育移民班"和"温暖工程·教育移民班"。市政协对口帮扶工作在2015年度考核中名列全市第一。

努力为群众办实事、办好事。始终以百姓之心为心,紧盯基层群众实际困难和焦点问题,倾情增进民生福祉。针对海原县教师职称评审难、队伍不稳定、办学经费不足等突出问题,市政协组织委员和市、县相关部门负责同志开展专题调研和对口协商,使这一老大难问题在较短时间内得到有效解决。海原县对在岗教师实行"限额低职高聘""地方粮票式"等优惠政策,市财政3年内安排300万元补贴办学经费和教师职称津贴,2014年一次性解决职称聘任400名。针对农民工工资保障和被征地农民生产生活状况问题,市政协将其纳入年度调研协商计划,深入全市部分企业调查了解情况,广泛听取和征求企业及农民工意见建议,促使相关部门对27家企业农民工工资预付情况进行了审核,将建市以来4.5万名被征地农民全部纳入了养老保险体系,建立了农民工工资保证金和用人单位"黑名单"制度,监督相关企业为1216名农民工现场发放工资4855万元。此外,针对老旧小区基础设施改造及物业管理情况进行专题调研,促使有关部门对143个老旧小区实施了改造。就中宁、海原农村"两委"班子部分妇女干部无待遇问题,深入基层调研协商,积极推进落实,中宁县、海原县分别为32名和168名农村妇女干部每人每月发放补贴600元和300元,政协服务民生实效显著,深受基层群众好评。

大力弘扬慈善美德。坚持以扶危济困为己任,以打造"首善中卫"为目标,努力推进公益慈善事业新发展。四年来,募集善款4294.78万元,累计支出680余万元,先后实施了"大学新生圆梦助学""农村'两癌'

妇女救助""关爱孤寡老人、留守儿童、尿毒症患者"等9个项目,对692名困难家庭大学新生、527名农村"两癌"妇女、75名尿毒症患者进行了资助;争取中国爱佑基金和中华思源工程扶贫基金,联合清华大学第一附属医院,组织24名先天性心脏病儿童到北京进行了手术治疗,为促进社会和谐发挥了积极作用。中卫市公益慈善基金会荣获中华慈善突出贡献组织奖,并助力中卫市荣膺全国七星级慈善城市、跻身中国城市公益慈善百强榜第29位。

四、牢牢把握主题,不断增进团结和谐

常委会进一步发扬大团结、大联合的优良传统,不断深化各党派团体和各族各界人士团结协作,为全市经济社会发展营造团结稳定的社会环境。

夯实合作共事坚实基础。建立健全了界别小组召集人、专委会联系界别等机制,联合市民盟等党派举办了两届"沙坡头水镇杯"文化艺术节和新年音乐会,组织界别委员专题调研了全市民主党派建设和群团部门工作开展情况,组织驻两县市政协委员及"三胞"眷属观摩了全市经济社会发展情况,协调解决了沙坡头区、中宁县民主党派无办公场所、工作经费不足等问题,联合界别开展科技、文化、卫生下基层等活动43场次,增进了感情,凝聚了共识。

巩固民族团结、宗教和顺。认真贯彻落实党的民族政策和宗教政策,坚持重大节日走访看望民族宗教界知名人士,积极参加民族宗教界重大活动,密切关注少数民族群众的生产生活状况,选取加强民族文化保护、完善生态移民区宗教场所规划建设、加快民族教育事业发展等课题进行了调研,就海原县九彩乡群众反映强烈的加快小流域治理问题进行了对口协商和现场指导,对全市宗教活动场所管理情况进行了专题视察,促使影响和制约民族地区发展的一些突出问题得到妥善解决。"全区宗教界暨散居少数民族政协委员培训班"在中卫举办,充分体现了自治区对我市民族宗教工作的肯定。

积极维护社会和谐稳定。把维护社会和谐稳定作为政协义不容辞的责任,围绕社会管理与创新、贯彻落实食品安全法以及"六五"普法等情况开展调研视察、献计建言,为市委、政府完善社会管理工作措施提供了重要参考。着眼有力推进"法律六进",创新开展了"企业法律大讲堂"活动,组织法律讲师团深入各企业,开展法律讲座56场,举办法律培训4期,编印法律知识手册5000余份。同时,认真做好来信来访工作,及时反映群众利益诉求。

五、努力强基固本,大力加强自身建设

常委会始终把加强自身建设作为一项重要工作来抓,主动适应新常态下对政协工作提出的新要求,不断提升政协工作的科学化水平。

注重机关作风建设。严格贯彻落实中央和自治区、市党委的统一部署,深入开展党的群众路线教育实践活动和"守纪律、讲规矩""三严三实"专题教育及"两学一做"学习教育,扎实开展"二次创业"大讨论,着力强化机关干部下基层"三同"锻炼,认真开展政协机关"制度执行年"活动;坚持问题导向、立改立行,突出以贯彻落实"八项规定"和查纠"四风"为主线,修订完善各项制度43项,广大委员和政协机关干部的作风明显好转,勤政廉洁氛围更加浓厚。

注重委员服务管理。积极搭建委员知情明政平台,切实加强委员学习培训和动态管理,建立健全委员履职档案,逐步完善综合考核评价体系,适时邀请基层委员参加在当地进行的调研视察,加大优秀政协委员、优秀提案及先进单位表彰力度,努力促进委员尽好职责,干好工作。四年来,举办委员理论培训班16期,表彰提案、社情民意先进集体26个,优秀政协委员80人,委员履职水平不断提高,工作的创造性和实效性不断增强。

注重政协宣传工作。立足于宣传中卫好声音、传播社会正能量,改版升级了《中卫政协》期刊和中卫市政协网,在《中卫日报》、中卫电视台开设了《政协时空》专栏,每月宣传报道1名优秀政协委员先进事迹,编辑出版了《中卫文史资料》第三辑,编发《中卫政协简报》318期。此外,充分借助区内外200余家政协单位来卫考察等时机,全面介绍中卫发展情况,为提升中卫知名度和影响力发挥了应有的作用。

各位委员,同志们:

四年来,我们努力跟进中卫经济社会发展的脚步,始终与全市人民的奋斗紧密联系在一起,风雨同舟,荣辱与共。取得的所有成绩,是市委坚强领导、重视关怀的结果,是各级党委、政府和社会各界热情帮助、大力支持的结果,也是政协各参加单位、各级组织和广大委员团结协作、共同奋斗的结果。在此,我代表市政协三届常委会向大家致以崇高的敬意和衷心的感谢!

总结四年来的工作,我们深刻体会到:在新的历史条件下,人民政协事业要跟上发展步伐,符合时代需要、满足人民期待,就必须坚持党的领导,确保政协事业正确的政治方向。切实找准政协新定位,到位不越位,把广大政协委员和所联系的群众紧密团结在党的周围,做到思想上同心同德、目标上同心同向、行动上同心同行。必须牢牢把握团结、民主两大主题,大力继承和发扬荣辱与共、肝胆相照的优良传统。坚持求同存异、兼容并蓄,充分调动一切积极因素,团结一切可以团结的力量,广泛凝聚推进全市改革发展的强大合力。必须紧扣发展第一要务。深入调研,务实献策,帮忙不添乱,出实招不空谈,始终做到与党委、政府方向一致、目标一致、工作一致,为促进经济转型升级贡献力量。必须牢记履职为民宗旨。坚持服务至上、重心下移,深入基层和群众,虚心倾听民声民愿,尽职尽责为民生建诤言,真心实意为百姓办好事,切实发挥好桥梁纽带作用。必须坚持与时俱进。自觉立足时代前沿和新的实践,不断解放思想、更新观念,大胆改革创新、破浪前行,努力把创新精神内化为政协文化基因,不断推动政协事业与时代主旋律合拍同步、生机勃发。

在肯定成绩的同时,我们也清醒地认识到,面对新常态,我们的工作仍存在一些亟待解决的问题和不足,特别是履行职能的制度体系还不够完善,建言献策的质量有待进一步提高,协商民主的成果转化有待进一步加强,等等。这些都需要我们高度重视、认真研究,并在今后工作中切实加以解决。真诚欢迎各位委员提出批评和建议,促进工作不断改善。

今后五年的工作建议

今后五年,是我市全面建成小康社会的攻坚期、加快转变发展方式的关键期,也是实现弯道超车、后发赶超的机遇期。面对新的历史机遇,市政协工作的总体要求是:深入贯彻中共十八大和十八届三中、四中、五中、六中全会及中卫市第四次党代会精神,认真学习习近平总书记系列重要讲话,高举中国特色社会主义伟大旗帜,紧扣中央、自治区、市重大决策部署和目标任务,牢牢把握"转型追赶、弯道超车"主线和山川协同发展、经济转型发展"两大战略",增强川区争上游、山区争先进的"双争"意识,解放思想,勇于创新,奋发有为,积极发挥政协协调关系、汇聚力量、建言献策、服务大局的重要作用,为加快实现经济繁荣、民族团结、环境优美、人民富裕,开创开放富裕和谐美丽中卫新局面,确保与全区、全国同步建成全面小康社会出实招、干实事、显实绩。

一、服务大局,着力在推动科学发展上有新贡献

中卫市第四次党代会对做好全市今后五年的工作进行了全面部署,我们要切实把思想和行动统一到全市经济社会发展新的部署上来,把智慧和力量凝聚到大力实施山川协调发展、经济转型发展"两大战略"、力争实现"一个提前翻番、两个重大突破、三个明显缩小、五个全面提升"的目标上来。着眼焕发转型发展新动能,着重围绕新材料、新能源、新产业及现代特色农业等新课题,认真开展协商议政,积极推动增长动力的转换。聚焦创新驱动,加强对构建"一带一路"区域数据中心和云计算平台、打造全域旅游示范市、丝绸之路经济带交通物流枢纽节点等关键问题的调查研究,努力形成务实管用的对策建议。关注生态优先,围绕构建"一核两带三轴四区"城镇发展格局、打造宜居宜业宜游城市,重点对推进美丽城市"九大工程"开展深度调研,建有用之言,献务实之策,为把中卫建设成为人与自然和谐共处的美好家园再添新华彩。针对重点领域改革举措执行和落实情况,围绕行政审批制度改革、简政放权、水权制度改革、农业农村改革、落实国家和自治区财税优惠政策等方面开展专题视察,坦诚提出意见建议,努力为深化改革营造良好环境。坚持开放引领,积极融入大开放进程,着力发挥政协优势资源,借助外力和智库,积极做好招商引资工作,为增强转型升级发展新活力做出新的贡献。

二、抓住关键,着力在增强监督实效上有新突破

积极探索政协民主监督新途径,扩大监督范围,深化监督实效。切实加强民主监督与法律监督、党纪监督、行政监督、舆论监督和社会监督的协作配合。进一步完善政协民主监督的组织领导、权益保障、知情反馈、沟通协商机制,提高监督工作制度化水平。针对"十三五"规划重要约束性指标和重大民生实事落实情况开展监督性视察,如实反映情况,提出意见建议,并选择其中一些课题召开以监督为特色的专题协商座谈会,促进相关工作的改进和加强;持续关注生态文明建设,重点就生态屏障、节能减排、环境保护等工作开展监督活动,切实优化生态环境。坚持市级领导领衔督办重点提案、"提办互评"、常委会定期听取有关部门工作通报制度,加强对营造"两优"投资发展环境、党风廉洁建设、政风行风及效能建设、执纪执法等方面的民主评议工作,不断提高民主监督的实效。

三、关切期盼,着力在助推民生改善上有新作为

坚持把促进民生改善作为政协工作的出发点和落脚点。把精准扶贫精准脱贫工作摆在政协工作的突出位置,按照市委确立的"三年集中攻坚,两年巩固提高,力争提前脱贫"的任务要求,因地制宜,着力在扶持特色产业、助力劳务输出、完善基础设施、扶志强智、提质增收等方面积极作为,协同打赢脱贫攻坚战。把委员联系点工作与精准扶贫精准脱贫、调研协商、专题视察等活动结合起来,进一步加强联系点建设,完善委员联系点工作制度,拓展活动内容,创新工作方式,不断调动和激发委员参与活动的积极性和主动性,努力实现委员全参与,促进服务群众常态化。着眼于强民、富民、惠民,切实立足基层需求、群众期盼,重点围绕涉及群众切身利益的教育卫生、社会保障、就业创业等民生问题,广纳群言,广集群智,广聚群力。更加关爱弱势群体,放大慈善助民作用,加大对困境儿童保障、农村"三留守"人员和残疾人等困难群众的帮扶援助,努力使改革发展成果更多更公平惠及每一位老百姓。

四、凝心聚力,着力在促进社会和谐上有新成效

坚持把促进社会和谐稳定作为政协的重要责任,发挥大团结、大联合优势,不断发出政协好声音,传递社会正能量。坚持和完善中国共产党领导的多党合作和政治协商制度,进一步巩固和发展最广泛的爱国统一战线,加强与各民主党派、工商联、无党派人士的密切合作,不断扩大有序政治参与,努力营造体谅包容、宽松和谐的合作共事氛围。坚持"两个共同"主题,认真贯彻落实中央、区市民族宗教政策,大力开展民族团结宣传教育,健全与民族宗教界代表人士沟通联系机制,积极引导宗教与社会主义社会相适应,巩固民族和睦、宗教和顺、社会和谐的良好局面。进一步加强与港澳台侨委员的联系,更好地发挥他们在促进港澳繁荣稳定和我市经济社会发展中的积极作用。

五、开拓创新,着力在加强自身建设上有新进展

坚持用创新的理念、务实的举措,大力推进政协履职能力现代化建设,努力开创政协工作新局面。持续巩固拓展党的群众路线教育、"三严三实""两学一做"等集中性教育成果,扎实开展"走好新的长征路"主题教育活动,不断强化作风建设。切实健全完善委员联系制度,尊重和保障委员民主权利,加强委员履职考评考核与服务,充分发挥委员主体作用。进一步加大政协宣传工作,拓展延伸政协宣传阵地,不断提升政协工作的影响力、传播力。不断加强机关干部队伍建设,着力提高机关干部政治素质、全局观念、服务意识和服务水平,为政协有效履行职能、顺利开展工作提供强有力的保障。各位委员、同志们,伟大的目标需要我们团结奋斗,艰巨的使命召唤我们开拓前进。让我们更加紧密地团结在以习近平同志为核心的党中央周围,在市委坚强领导下,牢记使命,坚定信心,不忘初心,团结拼搏,奋力开创人民政协工作的新局面,为加快建设开放富裕和谐美丽中卫、全面建成小康社会而努力奋斗!

(原文载于2017年1月12日《中卫日报》第一、三版)

中卫市2016年国民经济和社会发展统计公报

中卫市统计局

(2017年4月28日)

2016年,在市委、市政府的坚强领导下,全市上下深入贯彻落实党的十八大,十八届三中、四中、五中、六中全会精神和习近平总书记系列重要讲话精神,主动适应经济发展新常态,积极应对经济下行压力和各种困难挑战,统筹推进稳增长、促改革、调结构、惠民生等各项工作,全市经济运行稳中向好,人民生活不断改善,各项事业全面进步。

一、综合

初步核算,全年全市实现生产总值339.01亿元,比上年增长6.8%。其中,第一产业增加值52.47亿元,增长4.4%;第二产业增加值149.14亿元,增长4.9%;第三产业增加值137.39亿元,增长10.0%。三次产业结构由上年的16.7:44.5:38.8调整为15.5:44.0:40.5,第一、第二产业增加值比重分别下降1.2个百分比和0.5个百分点,第三产业增加值比重上升1.7个百分点。全市人均生产总值29538元,比上年增长5.9%。

年末全市总户数39.20万户,户籍总人口121.42万人,其中:男性62.20万人,女性59.22万人。据人口抽样调查,全市常住人口115.38万人,比上年末增加

1.21万人,其中城镇常住人口46.0万人,占常住人口比重(常住人口城镇化率)39.9%,比上年末提高0.8个百分点。回族人口40.38万人,占常住人口比重35.0%。全年出生人口1.68万人,出生率14.56‰;死亡人口0.54万人,死亡率4.72‰;自然增长率9.84‰。

全年全市地方财政收入32.31亿元,比上年下降0.3%。其中,公共财政预算收入23.15亿元,增长8.7%,其中税收收入16.49亿元,增长1.0%。主体税种中,营业税4.06亿元,下降49.6%;增值税4.93亿元,增长101.4%;企业所得税1.25亿元,增长21.0%;个人所得税0.31亿元,增长15.6%。全年财政支出152.31亿元,比上年增长13.6%,公共财政预算支出142.96亿元,增长20.4%。其中,一般公共服务支出6.13亿元,增长23.0%;教育支出21.54亿元,增长6.9%;社会保障和就业支出17.35亿元,增长20.2%;城乡社区事务支出25.57亿元,增长41.8%。

全年居民消费价格总水平比上年上涨1.7%,其中食品类价格上涨2.4%,衣着类价格上涨1.7%,居住类下降0.3%,生活用品及服务类上涨0.6%,交通和通信类下降1.5%,教育文化和娱乐类上涨6.3%,医疗保健类上涨1.5%。商品零售价格比上年上涨0.7%。

二、农业

全年全市完成农林牧渔业总产值101.99亿元,比上年增长4.2%。其中农业产值73.57亿元,增长4.0%;林业产值1.42亿元,下降4.6%;牧业产值21.38亿元,增长5.6%;渔业产值2.52亿元,增长5.4%;农林牧渔服务业产值3.10亿元,增长3.3%。

全市粮食播种面积226.83万亩,比上年减少1.29万亩,下降0.6%;油料播种面积22.4万亩,下降4.0%;蔬菜种植面积34.7万亩,下降0.3%;园林水果55.5万亩,下降11.8%;瓜果96.3万亩,下降0.9%。粮食总产量66.77万吨,比上年下降2.8%,其中,小麦4万吨,下降0.7%;水稻5.44万亩,下降3.4%;玉米48.52万吨,下降0.8%;油料3.36万吨,下降0.6%;蔬菜产量62.16万吨,增长1%;园林水果25.69万吨,下降2.7%;瓜果117.15万吨,下降0.7%。

年末全市生猪存栏19.32万头,比上年增长2.3%,出栏30.53万头,增长4.6%;牛存栏12.44万头,增长9.1%,出栏7.13万头,增长2.4%;羊存栏116.06万只,下降9.6%,出栏108.71万只,增长4.5%;家禽存栏307.99万只,增长8.4%,出栏246.33万只,增长3.9%。全年肉类总产量5.85万吨,比上年增长4.3%;禽蛋产量3.54万吨,增长1.7%;奶类产量12.58万吨,增长13.9%。

全年全市渔业养殖面积8.65万亩,水产品产量1.98万吨,分别比上年增长0.9%和5.8%。

2016年造林面积2.27万公顷,比上年增长37.6%。

三、工业和建筑业

全年全市全部工业增加值105.32亿元,比上年增长4.5%,对经济增长的贡献率为20.9%。规模以上工业增加值96.77亿元,增长4.5%。

在规模以上工业中,轻工业增加值17.28亿元,比上年增长22.7%;重工业增加值79.49亿元,增长1.4%。分经济类型看,国有控股企业增加值41.05亿元,增长4.2%;股份制企业增加值78.65亿元,增长4.8%;私营企业增加值50.06亿元,增长5.9%;外商及港澳台商投资企业增加值0.63亿元,增长76.7%。分行业看,电力、热力生产和水的供应业增加值29.08亿元,增长6.6%;有色金属冶炼及压延加工业增加值18.46亿元,增长6.4%;黑色金属冶炼及压延加工业增加值6.52亿元,下降23.0%;化学原料及化学制品制造业增加值11.42亿元,增长29.9%;酒、饮料和精制茶制造业增加值8.85亿元,增长12.6%;电气机械和器材制造业增加值7.33亿元,下降21.0%;非金属矿物制品业增加值5.37亿元,增长0.2%;食品制造业增加值6.39亿元,增长54.6%;农副食品加工业增加值1.07亿元,增长5.0%;造纸和纸制品业增加值0.59亿元,下降2.8%;燃气生产和供应业增加值0.47亿元,增长24.2%。战略性新兴产业增加值24.56亿元,增长40.3%;高耗能行业增加值71.27亿元,增长5.1%。

全年规模以上工业企业经济效益综合指数为231.33%,比上年提高9.7个点。规模以上工业企业实现销售产值460.80亿元,增长4.4%,工业产品销售率为91.6%;工业企业主营业务收入395.28亿元,增长0.8%;利润总额23.83亿元,增长225.6%。亏损企业亏损6.90亿元,企业亏损面35.8%,资产负债率68.3%。

全年全社会建筑业增加值43.94亿元,比上年增长6.1%。全市具有资质等级建筑企业53家,实现建筑业总产值39.51亿元,增长2.7%;其中国有及国有控股企业实现产值6.51亿元,增长16.5%,建筑装修、装饰业实现产值2.63亿元,增长28.3%。具有资质等级的建筑企业实现利润总额4.8亿元，增长21.8%；实现税金总额3.23亿元，增长14.1%。按建筑业总产值计算的劳动生产率为23.37万元/人，下降17.6%。

四、固定资产投资

全年全市全社会固定资产投资362.24亿元，比上年增长3%。其中，县属固定资产投资278.10亿元，下降9.6%；区属和农村农户投资84.14亿元，增长91.2%。

在县属固定资产投资（不含区属和农村农户）中，第一产业投资20.91亿元，比上年增长151.3%。第二产业投资117.59亿元，下降33.7%，其中：工业投资117.59亿元，下降33.6%；新能源投资20.81亿元，下降78.5%；高耗能投资59.92亿元，下降10.7%；改建和技术改造投资3.07亿元，下降34.0%。第三产业投资139.6亿元，增长14.4%，其中：基础设施投资91.01亿元，下降30.3%；信息传输、软件和信息技术服务业投资12.92亿元，增长137.5%。

全年全社会民间投资193.88亿元，比上年下降8.8%。

全年房地产开发投资59.61亿元，比上年增长3.4%；房地产开发企业房屋施工面积798.36万平方米，下降1.9%；竣工面积161.25万平方米，下降14.1%。商品房销售面积76.85万平方米，下降0.8%；待售面积100.03万平方米，下降5.7%。

五、国内外贸易

全年全市社会消费品零售总额65.85亿元，比上年增长8.7%。按城乡市场分，城镇消费品零售额55.61亿元，增长8.7%；乡村消费品零售额10.24亿元，增长8.4%。按行业分，批发零售业56.72亿元，增长10.2%；住宿餐饮业9.13亿元，增长0.2%。

从限额以上销售类别看，粮油、食品、饮料、烟酒类零售额比上年增长36.0%，服装、鞋帽、针纺织品类增长1.4%，化妆品类增长1.8%，金银珠宝类下降8.9%，日用品类增长43.2%，家用电器和音像器材类增长37.3%，中西药品类增长13.5%，文化办公用品类下降33.3%，家具类增长0.7%，通信器材类增长82.4%，汽车类增长14.6%，石油及制品类增长13.3%。

全年实现进出口总额24.07万元（海关口径），比上年增长49.4%。其中出口总额14.10万元，增长83.4%；进口总额9.97万元，增长18.4%。

六、交通和邮电

年末全市公路通车里程达到7657公里，比上年末增加463公里，其中高速公路通车里程达407公里。年末全市民用汽车保有量达到11.14万辆，比上年末增长10.6%，其中私人汽车保有量10.06万辆，增长12.7%。全市轿车保有量5.02万辆，增长21.8%，其中私人轿车4.85万辆，增长28.8%。

全年全市完成邮电业务总量21.94亿元，比上年增长109.9%。其中，邮政业务总量0.38亿元，增长26.2%；电信业务总量21.56亿元，增长112.4%。邮政业全年完成邮政函件业务5.7万件，包裹业务29.16万件，快递业务量248.57万件；快递业务收入0.32亿元。年末电话用户106.94万户，增长5.3%。其中，固定电话用户11.46万户，增长0.2%；移动电话用户95.48万户，增长6.0%。计算机互联网用户11.97万户，比上年增加2.18万户，增长22.2%。

七、金融和保险

年末全市金融机构人民币各项存款余额473.72亿元，比上年末增长14.7%。其中，住户存款余额231.07亿元，增长5.4%。人民币各项贷款余额403.34亿元，比上年末增长8.4%，其中，住户贷款181.79亿元，增长12.6%；非金融企业及机关团体贷款221.55亿元，增长5.2%。

全年实现保费收入9.87亿元，比上年增长14.5%。其中，财产险保费收入4.42亿元，增长7.3%；人身险保费收入5.45亿元，增长21.1%。全年各项赔付支出3.3亿元，增长20.8%。其中，财产险赔付支出2.52亿元，增长28.7%，人身险赔付支出0.78亿元，增长0.8%。

八、人民生活和社会保障

全年全市城镇居民人均可支配收入23277元，比上年增长7.7%。其中，人均工资性收入17372元，占74.6%，增长9.5%；人均经营净收入1954元，占8.4%，与上年持平；人均财产净收入1151元，占5.0%，增长8.3%；人均转移净收入2799元，占12.0%，增长2.6%。城镇居民人均消费性支出18299元，增长9.3%。其中，食品烟酒类4209元，占23.0%；衣着类1763元，占9.6%；居住类3718元，占20.3%；生活用品及服务类1296元，占7.1%；交通通信2602元，占14.2%；教育文化娱乐类2541元，占13.9%；医疗保健类1641元，占9.0%；其他用品和服务类529元，占2.9%。城镇居民恩格尔系数23.0%。城镇居民人均住房建筑面积30.61平方米。

全年农村居民人均可支配收入8626元，比上年增加624元，增长7.8%。其中，人均工资性收入3738

元,占43.3%,增长10.5%;人均经营净收入3424元,占39.7%,增长2.8%;人均财产净收入169元,占2.0%,增长20.7%;人均转移净收入1296元,占15.0%,增长12.8%。农村居民人均生活消费支出8272元,增长7.8%。其中,食品支出2350元,农村居民恩格尔系数为28.4%。农村居民人均住房建筑面积29.54平方米。

年末全市参加城镇职工基本养老保险人数15.43万人,比上年末增加1.21万人。参加城乡居民养老保险人数40.75万人,减少0.23万人。参加基本医疗保险人数107.25万人,增加0.71万人。其中,参加城镇职工医疗保险人数9.02万人,增加0.28万人;参加城乡居民统筹医疗保险人数98.23万人,增加0.42万人。参加失业保险人数6.19万人,增加39人。参加工伤保险人数9.19万人,增加0.78万人。参加生育保险人数6.26万人,增加0.24万人。

年末全市拥有中心敬老院、养老院、社会福利院、儿童福利院12个,共有床位1687张,入住老人753人、儿童48人;收养性社会福利单位5个,其中,老年公寓2个,托养中心2个,农村幸福院1个,床位数681张。全市享受城市低保2.75万人,发放保障金1.11亿元;农村低保8.72万人,发放保障金2.33亿元;资助参加基本医疗保险12.97万人,发放资金648.5万元;住院医疗救助4.97万人次,发放救助金5672万元。城镇建立各种社区服务设施67个,其中市民服务中心40个。全年销售社会福利彩票19905万元,筹集公益资金6302万元。

按照每人每年2952元的农村贫困标准计算,2016年农村贫困人口9.08万人。

九、教育和科学技术

全市共有中等职业学校3所,全年招生0.29万人,在校学生0.82万人,毕业生0.29万人。

全市共有小学291所,招生1.65万人,在校学生10.27万人,毕业生1.71万人,小学学龄人口净入学率100%。普通中学64所,其中高中6所;招生2.32万人,其中高中0.69万人;在校学生7.07万人,其中高中2.37万人;毕业生2.40万人,其中高中0.94万人。初中阶段毛入学率114.5%。

全市共有幼儿园106所,在园幼儿(包括学前班)3.24万人。有特殊教育学校3所,招生51人,在校学生369人,毕业生14人。

全年共争取上级科技项目179个,其中自治区级科技项目119个,争取项目资金1591万元。安排市(县)级科技创新项目60项。年内全市专利申请量583件,专利授权量184件。

十、文化、卫生和体育

年末全市拥有专业艺术表演团体3个,业余文艺院团90个,文化馆3个,公共图书馆3个,博物馆4个,文物管理所3个,全市已建成大型公共文化服务场所10个,村级文化室442个,社区文化室26个,农家书屋452个。全年举行文艺演出1072场次,广场文艺演出156次。全年放映数字电影7225场。全市电视综合覆盖率99.0%,广播综合覆盖率91.6%。其中,农村电视综合覆盖率98.7%,农村广播综合覆盖率90.0%。

全年全市举办大型职工群众运动会24次,培训社会体育指导员100人。

年末全市有卫生机构(含村卫生室)732个,其中医院23个,基层医疗卫生机构698个。卫生机构床位4325张,其中医院床位3579张。卫生技术人员4970人,其中执业医师及执业助理医师1737人,注册护士1902人。全市有疾病预防控制中心3个,卫生技术人员106人;妇幼保健机构3个,卫生技术人员223人;村卫生室540个,卫生技术人员52人,乡村医生667人。每千人口医院床位数为3.10张,每千人口执业(助理)医师为1.51个。

十一、资源、环境和安全生产

全年全市城镇村建设用地1.40万亩,工矿仓储用地0.78万亩,住宅用地0.35万亩,公共管理和公共服务用地0.05万亩,交通运输用地0.05万亩。

全市全年平均降水量295.0毫米。

初步核算,全年全市能源消费量923.13万吨标准煤(等价值),比上年下降3.4%,万元GDP能耗下降9.6%。其中,规模以上工业能源消费总量827.61万吨标准煤,下降2.0%,占全社会能源消费量的89.7%;万元工业增加值能耗下降6.4%。

全年市区环境空气质量优良天数289天,比上年增加21天,城市环境空气质量综合指数为4.72。

全市集中供热面积达1079万平方米,比上年增长11.2%。全市供气管道总长度570.35公里,天然气用户6.05万户,其中家庭用户6.04万户。燃气普及率达75%。全市全社会供水管道长度313.53公里,售水量为1724.82万立方米,其中生产运营用水191.88万立方米,公共服务用水342.81万立方米,居民家庭用水1111.19万立方米。全年城市污水处理率达到96%,城市生活垃圾无害化处理率达到90%以上。

全年全市共发生各类安全生产事故211起,减少258起,下降55%;事故死亡人数57人,增长10.5%。未发生1次死亡10人以上重大事故。其中,道路交通事故死亡38人,下降9.5%;工矿商贸建筑施工事故死亡人数19人,增长111.1%。全年亿元地区生产总值生产安全事故死亡人数0.17人,比上年增长6.3%;道路交通万车死亡人数1.90人,下降1.0%。

注释:

1. 本公报中2016年数据均为初步统计数。正式数据以《中卫统计年鉴-2017》为准。部分数据因四舍五入的原因,存在着与分项合计不等的情况。

2. 地区生产总值和各产业、各行业增加值,农林牧渔业总产值及其分组,工业增加值及其分组指标绝对数均按当年价格计算,增长速度按不变价格计算;其他指标除特殊说明外,按现价计算。

3. 规模以上工业企业是指年主营业务收入2000万元及以上的全部法人工业企业;限额以上批发零售企业是指年主营业务收入2000万元及以上的批发企业和年主营业务收入500万元及以上的零售企业。

4. 公路交通运输货运、客运数据按2013年交通运输统计专项调查之后口径核算。

5. 公报中户籍人口数据来源于市公安局,物价和居民收入数据来源于国家统计局中卫调查队,财政数据来源于市财政局,就业数据来源于市就业创业和人才服务局,对外贸易数据来源于市商务和经济合作局,交通运输数据来源于自治区交通厅和宁夏机场有限公司中卫分公司,邮政数据来源于市邮政管理局,电信数据来源于电信、移动、联通、铁通四家电信公司,金融数据来源于中国人民银行中卫市中心支行,保险数据来源于中卫市各保险公司,教育、科技、文化、卫生、体育、社会保障、社会福利、扶贫、环境保护和安全生产等数据来源于相关部门。

(原文载于2017年5月9日《中卫日报》第5版)

大 事 记

1月

4日 刘成孝任中共中卫市委委员、常委,市委组织部部长。

△ 市长万新恒主持召开市政府2016年第1次常务会议,审定《中卫市公务用车制度改革总体方案》及相关事宜。这次改革取消一般公务用车,按人员编制保留应急公务用车,人员编制50人以下的,核定应急公务用车1辆;50(含)人至100人的,核定应急公务用车2辆;100(含)人以上的,核定应急公务用车3辆。改革后保留的车辆,除必须配备到各部门的特种专业技术等车辆外,其余纳入公务用车服务平台集中管理使用,各参改单位不再保留车辆。

上旬 自治区规划的"八朵云"中的"政务云"在中卫市政务服务中心正式启用。

△ 中宁县金鑫公共交通公司建设的18台汽车充电柜正式带电工作,72辆充电公交车开上充电柜台开始充电。这种电动公交车每辆有3组电池,每次每辆充电55千瓦时,耗时约为4小时,设计运营里程为120公里。每辆公交车全年用电1.98万千瓦时,72辆全年用电量约142.56万千瓦时,正常行驶每100公里比燃油、燃气节约36元钱。全年可减少排放二氧化碳1862吨、二氧化硫1.2吨、氮氧化物12.8吨。中宁县成为宁夏第一个实现全县运行充电公交车的县级城市。

△ 中卫市启动编制《中卫市生态城市规划》。《规划》以建设"一带一路"内陆开放经济区为契机,以转变发展方式、改善环境质量、创新体制机制、健全生态文明制度为重点,加快建设资源节约型、环境友好型社会,形成中卫市生态城市发展新格局。

7~8日 中国共产党中卫市第三届委员会第六次全体会议召开。会议审议通过了《中共中卫市委关于制定中卫市国民经济和社会发展第十三个五年规划的建议》《中共中卫市委关于加快推进"开放中卫"建设的实施意见》等,会议还表决通过了《中共中卫市委关于免去市委委员、候补委员的决定》和《中共中卫市委关于递补市委委员的决定》。会议由市委常委会主持。市委书记张柱作重要讲话。会议确定中卫市"第十三个五年规划",按照"五位一体"总体布局和"四个全面"战略布局,以"创新、协调、绿色、开放、共享"发展理念统领开放富裕和谐美丽中卫建设,以开放创新、转型追赶为主线,以提高发展质量和效益为中心,坚持市域统筹、县区协同、产城融合、城乡一体、山川共济,大力实施"开放引领、创新驱动、富民共享、生态优先"战略,全力打造全域旅游城市、国际云端城市、特色产业城市、物流枢纽城市、生态宜居城市,坚决打赢脱贫攻坚战,与全国全区同步全面建成小康社会。

10日 中卫火车站部分列车运行进行调整。此次调整,银川开往西宁方向的K915次列车变为K9679,终点站改为兰州西;西宁开往银川方向的K916次列车变为K9680,始发站改为兰州西;呼和浩特东开往成都方向的1717次列车和由成都开往呼和浩特东的1718次列车,改变线路,不再经过中卫。另外,1月21日~2月9日,重庆开往乌鲁木齐的K1583次列车停运;1月23日~2月11日,乌鲁木齐开往重庆方向的K1584次列车停运。

12日 中卫市"文明网站"评选结果公布,中卫新闻网、中卫政府网、中卫天天网、中卫市网上公安局、中卫市中级人民法院网站、中卫纪委监察局网站、中卫党建网、海原县政府网站、中国中宁网、中卫市财政局网站、中卫普法网、中卫市政协网站12家网站被评为2015年度中卫市"文明网站"。

13日 市政府移交宁夏大学中卫校区签约仪式在宁夏大学举行，中卫市正式将宁夏大学中卫校区整体移交宁夏大学独立办学。自治区教育厅厅长郭虎、市委书记张柱、宁夏大学党委书记金能明参加签约仪式并致辞，市长万新恒与宁夏大学校长何建国签订宁夏大学中卫校区移交协议。市领导马世军、蔡菊、施润云参加签约仪式。

是月中旬 中宁县天元文化产业发展有限公司被农业部授予"全国休闲渔业示范基地"称号。

△ 中卫市申报的国家农业科技园区，被国家农业科技园区协同创新战略联盟认定为第七批国家农业科技园区。

15日 中卫市签发首张食品经营许可证。该证将原有的食品流通与餐饮服务的许可整合为食品经营许可，对食品经营许可申请进行分类审查，并且增加了二维码，证件有效期也由3年改为5年，并开通了网上办证系统。

17日 首届马云乡村教师奖颁奖典礼在海南省三亚市香格里拉度假酒店举行。中宁县喊叫水乡新庄子完全小学马玲花、海原县史店中心学校李玉兰名列包括宁夏在内的西部六省区100名获奖老师之中，他们分别获得10万元的资金奖励。

19日 中华全国总工会书记处书记、党组成员赵世洪率领全国总工会慰问团来中卫，看望中卫市部分全国劳动模范、困难企业职工，为他们送上新春的祝福。

△ 自治区党委常委、纪委书记陈绪国一行来到中宁县，看望慰问优抚对象、劳动模范、困难群众、困难老党员等，为他们送去党和政府的关怀。

中旬 中卫首个膳食纤维生产项目落地宁夏美源生物纤维材料科技有限公司。该公司"创新开发林木及秸秆资源生物纤维系列产品项目"，主要生产以膳食纤维、纺织纤维、低聚木糖、木质素、新型碳纤维为主的系列生物新材料。是中卫市第一个生产膳食纤维、木糖醇、金属硫蛋白的项目。该项目总投资5亿元左右。

22日 国家国防科技工业局总工程师田玉龙率队来中卫考察并举行座谈会，就中卫市军民融合产业发展探讨交流、建言献策。

26日 自治区党委常委、副主席张超超带领慰问组到沙坡头区开展春节慰问活动。

△ 中卫市召开脱贫攻坚誓师大会。会议贯彻落实中央扶贫开发工作会议和自治区脱贫攻坚誓师大会精神，分析中卫脱贫攻坚面临的形势和任务，对全市脱贫攻坚工作进行全面动员部署。会上，市政府与各县区党政一把手及相关部门负责人签订脱贫攻坚责任书，市扶贫办、海原县、中宁县徐套乡负责人和海原县史店乡苍湾村党支部书记、沙坡头区兴仁镇团结村党支部第一书记做表态发言。

26~27日 政协中卫市第三届委员会第四次会议在中卫红宝宾馆召开。大会审议通过《中卫市政协2016年协商工作计划》《中卫市政协提案委员会关于三届四次会议提案审查情况的报告》《政协中卫市第三届四次会议决议》。会议增选付成林为政协中卫市第三届委员会副主席，巫磊为秘书长。

27日 自治区党委常委、自治区副主席李锐督察中卫市农民工工资清欠工作。市委副书记、副市长马世军陪同督察。

27~29日 中卫市第三届人民代表大会第五次会议在中卫红宝宾馆召开。会议听取和审议通过了《市政府工作报告》《中卫市国民经济和社会发展第十三个五年规划纲要》《中卫市人大常委会工作报告》《中卫市中级人民法院工作报告》《中卫市2016年国民经济和社会发展计划》。会议选举金生平、李树茂为中卫市第三届人民代表大会常务委员会副主任，韩秉文为中卫市第三届人民代表大会常务委员会秘书长。

28日 自治区主席刘慧带领自治区相关部门负责人看望慰问海原县困难群众，市领导张柱、马世军、金生平陪同慰问。

2月

1日 自治区副主席马力带领自治区相关部门，深入中卫市重点行业领域和人员密集场所进行安全生产检查。

△ 全市宣传思想文化工作会议召开，会议传达学习贯彻全区宣传部长会议精神，总结2015年工作，安排部署2016年宣传思想文化工作。

△ 国家旅游局发文公布了国家全域旅游示范区创建单位名单，全国262个示范区，中卫市名列其中。

2日 中共中卫市第三届纪律检查委员会第六次全体会议召开，市委书记张柱出席会议并讲话，市长万新恒主持会议。会议传达学习自治区纪委十一届七次全体会议精神，总结2015年全市党风廉政建设和反腐败工作，研究部署2016年工作任务。

是月上旬　由市委宣传部、市文明办、中卫新闻传媒中心举办的首届"我们的价值观"微电影作品大赛结果揭晓，《抉择》等10部微电影作品获奖。

△　农业部公布2015年国家第三批农产品地理标志登记保护产品，中卫市"南长滩大枣"和"南长滩软梨子"被列入国家农产品地理标志登记保护之中。这是继"中宁枸杞""香山硒砂瓜"之后，中卫市特色农产品再次获得"国家地理标志保护"殊荣。

13日　13时55分许，沙坡头区永康镇艾湾村一废弃烟花爆竹厂发生意外爆燃事故，造成3人死亡1人受伤。

是月中旬　中国科协青少年科技中心公布了参加2016年中国科协青少年国际科技竞赛和交流活动项目名单，中卫四中学生赵强的《手动、电动组合式家用玉米脱粒机》入选，将代表中国青少年参加第28届丹麦青少年科学家竞赛，这是全区青少年首次取得国际科技竞赛和交流活动资格。

△　自治区国教办命名银川黄河军事文化博览园等16家单位为第三批自治区国防教育基地，中卫三中孟长有烈士纪念广场、68211部队团史馆、美利纸业治沙工程、中宁县烈士陵园、中宁县南河子烈士纪念公园入选，至此，全市自治区级爱国主义教育基地总数达到6个。

19日　全市环保工作会议召开，会议回顾总结2015年环保工作，安排部署2016年全市环境保护重点工作。

△　中卫市举办市直机关干部联系帮扶贫困户培训班，来自市直各部门（单位）、各人民团体副处级以上干部及办公室主任180人参加培训。

22日　中卫市2016年春节大型社火展演举行，上午10时整，来自沙坡头区9个乡镇和市司法局法制宣传方阵在内的107支表演队伍参加展演，参演人数达到16000余人。社火展演队有彩旗方队、锣鼓队、太平鼓队、腰鼓队、秧歌队、长龙队、舞狮队等。

△　中卫公共频道开通仪式在中卫新闻传媒中心举行，这标志着中卫公共频道正式开通上线。

23日　全市工业经济工作会议召开，总结2015年全市工业工作，安排部署2016年工业工作。

29日　全市安全生产工作会议召开。会议总结"十二五"期间全市安全生产工作，对2016年的安全生产工作进行安排部署。

是月下旬　中卫市区高庙历史文化街区改造项目项目建议书、可行性研究报告、初步设计的报批工作完成。

3月

2日　台湾地区观光旅游总会理事长、嘉义县观光协会总干事苏佳男一行来中卫，开展为期7天的以"共建、共享、共赢"为主题的旅游资源考察活动。市长万新恒出席中卫旅游推介会并讲话。市领导刘林森、蔡菊参加会议。

3日　中卫市政府举行与上海澄美信息服务有限公司呼叫中心项目签约仪式，这标志着该项目正式落户中卫。

△　中卫市老科技工作者协会成立暨第一次会员代表大会召开。刘金柱当选为市老科技工作者协会会长。

7日　中卫市妇女儿童活动中心挂牌成立。

8日　全市2016年重点建设项目集中推进行动启动仪式在中卫工业园区举行。沙坡头区、中宁县、海原县、海兴开发区项目推进行动同步启动。启动仪式当天，协鑫公司续建项目、移动公司数据中心、污水处理厂中水回用、天元锰业三期等22个重点项目集中开工复工。

△　全区工商、市场监管工作会议在卫召开。

△　沙坡头区滨河镇中山社区、文昌镇华西社区，中宁县宁安镇南苑社区被中卫市社区建设工作领导小组命名为中卫市第一批"五星级和谐社区"。

10日　中卫市旅游局、宁夏沙坡头旅游产业集团与同程网2016年战略合作签约仪式在中卫秀水岛大酒店举行。

12日　江南百工首届长三角博览会宁夏海原非物质文化遗产开放日在上海朵云轩美术馆举行。市委书记张柱，市政协主席罗成虎，上海市委统战部副部长虞丽娟，上海牡丹缘非遗文化有限公司、上海朵云轩集团和自治区文化厅、海原县相关负责人等参加启动仪式。

14日　在上海交通大学医学院附属瑞金医院举行的帮扶签约仪式上，瑞金医院与中卫市人民医院建立帮扶合作关系，双方将在医疗培训、远程教育、合作交流等方面进行帮扶合作。市委书记张柱致辞，市政协主席罗成虎，市领导霍健明、茹小侠，市直相关部门负责人等参加签约仪式。

是月中旬　国家旅游局发布首批创建国家全域

旅游示范区262个市县名单,中卫市成为宁夏回族自治区唯一一个创建市级国家全域旅游示范区的城市。

16日　中宁县国家级文物保护单位余丁乡境内明长城抢险加固工程勘测设计工作启动。

16~17日　国家行政学院党委委员、副院长马建堂一行到中卫考察云计算产业发展情况。先后实地考察了宁夏电信电子政务公共云平台中卫中心、宁夏中关村科技产业园互联网+云中心、西部云基地亚马逊AWS数据中心等地。自治区党委常委、副主席李锐,市长万新恒及市领导黄河、刘成孝、左新波陪同考察。

18日　中卫新闻传媒中心"云端中卫"客户端开通上线暨"中央厨房"建设项目启动仪式举行。

△　由中卫市委、市人民政府主办的"颂清廉、促发展"廉政专场文艺演出在自治区廉政警示教育中心上演。

△　中卫市首家融资性担保机构——中卫市众和顺担保有限公司成立。

24日　自治区政协副主席田成江带领调研组来中卫,调研宗教事务管理工作。市政协主席罗成虎,市委常委、组织部部长刘成孝陪同调研。

23~24日　自治区党委副书记崔波一行先后来到宁夏南山阳光果业有限公司苹果基地、万齐果业和弘兴达果业苹果矮化密植示范基地、中宁县小盐池滩枸杞基地、宁夏大学中宁枸杞鲜果保鲜实训基地、中宁电商孵化中心等,对中卫市农业产业发展情况进行调研。

25日　中国移动宁夏公司中卫数据中心项目开工仪式在西部云基地举行。市委书记张柱,市长万新恒,市政协主席罗成虎,中国移动宁夏公司董事长、总经理彭晓川,以及市领导马世军、金生平、陶雨芳出席开工仪式,并为项目奠基。

26~27日　第31届宁夏青少年科技创新大赛暨第16届中国青少年机器人(宁夏赛区)竞赛在中卫体育馆举行。本届大赛以"创新·体验·成长"为主题,共有来自全区五市的250所中小学校的师生参加比赛。

28日　自治区教育厅厅长郭虎一行来中卫,调研全市教育系统2015年重点续建项目和2016年新建项目情况及农村教师支持计划实施情况。市委书记张柱、副市长蔡菊陪同调研。

△　自治区副主席刘可为一行对全市经济社会发展情况进行调研。调研组一行先后到中宁县杞泰恩和万亩标准化枸杞基地、宁夏天元锰业有限公司电解金属锰三期项目、中国物流中卫物流园、亚马逊AWS云数据中心、沙漠光伏产业园、沙坡头旅游新镇实地查看项目建设发展情况。

31日　中卫市正式启动"12345"市长信箱与"110"联动平台,实现警务与非警情分流处置。

是月　"2016中国十大古道"初选名单揭晓,宁夏"海原古道"入围。

△　宁夏十大金牌旅游小吃揭晓,中卫蒿子面名列其中。

4月

1日　袁诗鸣挂职任中共中卫市委委员、常委,提名为中卫市副市长人选,挂职期为2年。

△　中宁枸杞产业协会成立。

5~10日　市委书记张柱率领中宁县及市发改委、市工信局、市商经局负责人,一同赴江苏、山东、重庆三地开展招商引资活动,实地考察协鑫集团、景津集团、力诺集团、重庆化医、重庆紫光等企业。

7日　"民营企业中卫行"活动领导小组第一次会议在中卫市召开。

12日　以"旅黄河古道、看花海山村"为主题的宁夏中卫第十届梨花节在北长滩开幕。

13日　由团市委、市青联联合开展的中卫市首届"美丽中卫"新媒体宣传活动启动仪式在市区红太阳广场举行。

14日　国家林业局湿地保护管理中心主任马广仁,巡视员程良,自治区林业厅副厅长徐庆林等一行组成调研组深入中卫市香山湖国家湿地公园、腾格里自治区湿地公园,实地考察调研全市湿地产权确权试点工作。

15日　由中宁县政府和企业共同投资的全国首座"中宁枸杞馆"在南京市秦淮区开馆。

16日　由市文化体育新闻出版广电局主办、市钓鱼协会承办的"莫楼古渡杯"钓鱼大赛正式开赛,来自全市以及周边省市的130余名垂钓爱好者参加比赛。

20日　市三届人大常委会第二十二次会议审议通过《中卫市人民代表大会及其常务委员会立法程序规定》;关于沙坡头区各乡镇人民代表大会代表名额的决定;关于沙坡头区选举委员会和沙坡头区各乡镇选举委员会及组成人员的决定;关于沙坡头区及乡镇人民代表大会选举时间的决定;批准市人民政府提出

的2015年地方政府债务限额方案和关于中卫市和沙坡头区财政管理体制方案。

△ 自治区政协副主席田成江一行,对海原县精准扶贫精准脱贫工作进行调研。

22日 2016年"悦读中卫"活动暨中卫读客书苑开馆仪式举行,市委书记张柱与黄河出版传媒集团党委书记、总经理王杨宝共同为中卫读客书苑开馆揭幕。

23日 由水利部副部长周学文带领的水利部调研组抵中卫,对中卫市水利基础设施建设及规划情况进行调研。市委书记张柱,市委常委、副市长黄河及自治区水利厅负责人陪同调研。

25日 经自治区公务用车改革领导小组批复,《中卫市公务用车制度改革总体方案》正式实施。

26日 由银川开往敦煌的"丝路驿站·沙坡头号"环形旅游列车和银川开往宁东的城际直通铁路"丝路驿站·宁东号"列车开行。

28日 市总工会在市区红太阳广场举行环卫工人、交通警察、出租车驾驶员"爱心驿站"启动仪式。

30日 中卫市沙坡头旅游公寓(红宝宾馆示范点)正式挂牌。

是月 中卫市启动实施"一社区一村一警"警务机制。

△ 中卫市被人社部确定为全国首批社保卡应用示范基地。

△ 中卫新闻传媒中心副总编辑拓兆农、中宁县高中教师陆斌和海原县苍湾村农民李成林3个家庭分别荣获第二届全国"书香之家"称号。

5月

1日 中卫市"营改增"试点工作全面推开。

5日 自治区政协副主席张乐琴带领部分自治区政协委员和机关干部,深入中卫市基层联系点调研。市委书记张柱,市政协副主席茹小侠、付成林陪同调研。

11日 由市旅游局牵头,宁夏沙坡头旅游产业集团有限责任公司、中卫市鑫阳商贸有限公司具体执行的"云景无限中卫旅游惠民一本通"旅游护照正式发行。

△ 自治区人大常委会副主任孙贵宝带领2016年"中华环保世纪行——宁夏行动"检查组,对中卫市环保工作进行检查。市人大常委会副主任金生平、副市长蔡菊、中卫工业园区管委会负责人陪同检查。

13日 全市无纸化办公系统推广应用动员暨培训会召开。

△ 国家发改委高技术司副司长伍浩、中央网信办信息化发展局副局长钟世龙率调研组来卫,调研中卫市云计算产业发展情况。市领导万新恒、陶雨芳、黄河、袁诗鸣及自治区发改委相关负责人陪同调研,并参加座谈。

△ 首届"万步有约"职业人群健走激励大奖赛沙坡头区赛区竞赛正式启动。

14日 中共中央委员、中国作家协会主席铁凝一行来中卫,调研基层作协工作及相关情况。市长万新恒,市委常委、宣传部部长陶雨芳,自治区党委宣传部副部长毛录,自治区文联党组书记、主席、宁夏书协主席郑歌平等相关人员陪同调研。

是月上旬 市委、市政府印发《"中卫英才"奖评选奖励办法(试行)》和《中卫市享受政府特殊津贴人员选拔管理办法》,以表彰奖励为中卫市经济社会发展做出突出贡献的各类优秀人才。

△ 沙坡头区滨河镇官桥村第一次妇女代表大会召开。沙坡头区滨河镇官桥村、中宁县鸣沙镇薛营村、海原县七营镇张堡村成为全市首批村妇代会改建妇联的试点。

15日 全国"最美家庭"揭晓暨全国"五好文明家庭"表彰大会在北京人民大会堂举行,中卫市中宁县石空镇王泽功、海原县郑旗乡李成元、沙坡头区滨河镇魏啸吟家庭获全国"五好文明家庭"荣誉称号,中宁县新堡镇邓金义、海原县高崖乡吴汉东、沙坡头区东园镇崔希先家庭获全国"最美家庭"荣誉称号。

△ 凌晨5时,中卫市部分地区最低温度降至-1℃到3℃,出现霜冻天气。沙坡头区和中宁县部分乡镇的农作物遭受霜冻灾害。此次霜冻灾害主要涉及硒砂瓜、玉米、油葵等农作物,受灾面积44880亩,涉及群众1543户。

18日 "宁夏中宁陆路口岸——中亚国际班列(中阿号)"正式发车。这标志着宁夏又一陆路口岸正式开通运营,中宁也告别没有国际班列的历史。

△ 中卫市镇罗铁路物流中心项目建议书评审会在北京召开,国家铁路总公司审定通过中卫市镇罗铁路物流中心项目建议书。宁夏中卫镇罗铁路物流中心总占地面积2931亩,项目总投资约14亿元,物流基地包括铁路整车区、集装箱区、散堆装包装区、加工配送区和保税区;园内铁路线路总长19.93公里,并

预留中电投热电厂和宁钢集团等大企业及腾格里工业园区接轨专用线。园区将有针对性地为中卫工业园区、内蒙古阿盟腾格里经济开发区企业服务，解决企业"最后一公里"物流问题。该物流园建成后，将进一步凸显中卫交通物流枢纽地位，对促进区域经济社会发展有重要意义。

△ "宁夏妇女创业第一街"揭牌仪式在沙坡头水镇举行。

△ 市疾控中心配备T淋巴细胞计数仪，正式开展艾滋病CD4+T淋巴细胞计数检测工作，成为全区唯一获得CD4+T淋巴细胞计数艾滋病(HIV)检测方法的地级城市。

19日 沙坡头区滨河镇南关村举行股份经济合作社揭牌仪式，标志着中卫市农村经济产权制度改革步入规范化轨道。

22日 宁夏枸杞电子交易所开业暨"中宁枸杞"甄品溯源监管服务系统启动仪式在中宁国际枸杞交易中心举行，这是全国首个枸杞电子交易所。自治区副主席王和山、市委书记张柱出席开业仪式并为交易所揭牌。

23日 黄河水利委员会主任岳中明带领国家最严格水资源管理制度考核工作组来卫，以听取汇报、质询和实地检查的方式，对中卫市国家最严格水资源管理及节水型社会建设工作进行考核。自治区副主席曾一春，市委书记张柱，市长万新恒，自治区水利厅厅长吴洪相，市委常委、副市长黄河陪同考核。

25日 沙坡头至南长滩段黄河航运开始运营，游客可乘船从沙坡头景区直达南、北长滩，在黄河上欣赏沿途风景。

△ 自治区住房和城乡建设厅厅长杨玉经一行来卫，对中卫市棚户区改造工作进行实地调研。

△ 中卫市出台《中卫市党员干部改革创新干事创业容错免责实施办法(试行)》，对容错免责制定了严格的条件。

26日 中卫市中小微企业协会成立，并召开第一届会员代表大会。会议审议通过了《中卫市中小微企业协会章程》，选举产生了中卫市中小微企业协会第一届理事会理事及理事会会长、常务副会长、副会长、秘书长。

27日 市委书记张柱、市长万新恒会见人民网副总编辑、人民在线总经理董盟君，人民日报社宁夏分社社长李增辉一行。

△ 宁夏国地税合作现场推进会在中宁召开，市委书记张柱参加推进会并现场观摩。

是月下旬 财政部下达2015年PPP项目前期工作经费中央基建投资预算，中宁县第三污水处理厂项目和中宁县城市运营管理服务中心项目各获得100万元补助资金。

6月

1日 2016年中国"微笑行动"走进宁夏中卫唇腭裂救助公益活动启动仪式在市人民医院举行。全国政协社会和法制委员会副主任、中国妇女发展基金会副理事长甄砚，市委书记张柱参加启动仪式。

5月31日~6月1日 自治区人大常委会副主任王儒贵带领检查组，就中卫市《中华人民共和国水法》贯彻实施情况进行执法检查。

6日 迎闫公路跨包兰铁路立交大桥建成通车。该桥位于沙坡头旅游景区东大门以北800米处，大桥全长568.1米，桥宽24.5米，从北向南依次跨越包兰铁路上行线、下行线、站场线和规划中的包兰铁路复线。公路建设等级为一级，设计速度每小时80公里，设计荷载为公路一级，工程总造价7100万元。

10~12日 中国共产党中卫市沙坡头区第一次代表大会在红宝宾馆召开。大会审议通过了沙坡头区党工委、纪工委工作报告，党费收缴使用管理情况报告和"十三五"规划建议，选举产生了中共沙坡头区第一届委员会和中共沙坡头区纪律检查委员会。

12日 中卫市旅游宣传营销中心成立大会在沙坡头区迎水桥镇举行。

13日 张鹏峰、刘启敏夫妇向希望工程捐款暨兴仁中学"鹏峰图书馆"奠基仪式在沙坡头区兴仁镇兴仁中学举行。张鹏峰、刘启敏夫妇向宁夏希望工程捐款330万元，其中，300万元援建母校兴仁中学建造图书馆，30万元资助海原一中设立共青团班。同时，市政府配套200万元，用于援建兴仁中学1500平方米的"鹏峰图书馆"。

14日 2016年文化部"春雨工程"陕西文化志愿者宁夏行——"塞上江南写丹青"陕宁两省书画联展活动启动仪式在市文化馆举行。

△ 由自治区党委宣传部、自治区关工委主办，宁夏儿童安全教育促进会承办的"美好梦想，安全起步"儿童安全教育公益活动捐赠仪式在中卫九小举行。宁夏儿童安全教育促进会向中卫市捐赠50套《儿童安全常识指南》光盘资料和800块儿童通话定

位手表。

是月中旬　昌吉至古泉±1100千伏特高压直流输电线路工程宁夏段在沙坡头区兴仁镇举行首例铁塔基础浇筑仪式。昌吉至古泉±1100千伏特高压直流输电工程途经的中卫市、固原市段，全长185.533千米，需新建铁塔340基。

16日　全长59.04公里的黑海高速公路正式通车。

△　由市精神文明建设指导委员会办公室、中国人民银行中卫市中心支行、市发改委、市教育局、团市委、中卫市职业技术学校主办的中卫市诚信教育基地启动仪式在中卫市职业技术学校报告厅举行。

△　由国家体育总局篮球运动管理中心、中国篮球协会主办，自治区体育局、中宁县人民政府、宁夏篮球联合会承办的"中宁枸杞杯"2016年贺龙中国业余篮球公开赛男子俱乐部联赛第一阶段决赛在中宁开赛。

17日　华润集团有限公司董事长傅育宁一行深入海原县调研考察工作，自治区党委常委、副主席李锐，市委书记张柱一同考察。

21日　宁夏首届"互联网+"政企交流高峰论坛暨中关村互联网+人才学院宁夏分院授牌仪式在宁夏大学中卫校区云中心举行。中关村互联网+人才学院宁夏分院院长姚芳接受了"中卫市电子商务人才流通合作基地""中关村互联网+人才学院宁夏分院""电子商务协会流通促进委员会常务理事单位"的授牌。

△　自治区党委常委、宣传部部长，自治区政协副主席蔡国英来卫，调研全市公共文化服务体系建设工作，市领导张柱、罗成虎等陪同调研。

22日　中卫市政府与DMCC战略合作签约协议在市行政中心举行。

△　天士力控股集团董事局主席闫希军、总裁吴逎峰一行来卫考察天士力控股集团有机枸杞项目。市委书记张柱、市长万新恒会见考察组，副市长刘学智陪同考察。

22日　全国人大常委会副委员长、民建中央主席陈昌智率全国人大环境保护执法检查组在中卫市调研。

23日　中国气象局副局长矫梅燕一行调研中卫市气象工作发展情况，考察云计算产业发展现状。

△　自治区人民政府及中卫市人民政府分别与浪潮集团签订战略合作协议。自治区党委常委、自治区副主席张超超参加会见并主持签约仪式，市委书记张柱、市长万新恒参加会见和签约仪式。

△　由市委党史研究室、市直机关工委联合主办的市直机关"党在我心中"主题演讲比赛在市司法局举行。来自市直属机关各基层党组织的50名选手参加比赛。

26日　江西省副省长殷美根一行来中卫考察，市长万新恒、副市长蔡菊陪同考察。

27日　自治区副主席马力带领自治区统战工作领导小组第七调研检查组来中卫，就中卫市落实中央、自治区党委关于统一战线一系列重大决策部署情况共36个方面检查情况和存在问题进行反馈。市委书记张柱等市领导参加会议。

△　宁夏云计算大数据综合试验区专家论证会在中卫市举行。中科院计算所研究员、中国工程院院士倪光南等国内知名专家参加论证会，并对宁夏建设国家云计算大数据综合试验区总体方案进行论证。市领导张柱、万新恒、陶雨芳以及区、市相关部门负责人、云计算企业代表等参加论证会。

△　自治区党委副书记崔波，自治区党委常委、统战部部长马廷礼，自治区党委常委、纪委书记许传智，深入中卫市沙坡头区，走访慰问部分老党员和生活困难党员。市委书记张柱，市委常委、组织部部长刘成孝及沙坡头区负责人陪同慰问。

△　中卫市政府与北京千方科技股份有限公司智慧城市及智慧交通建设战略合作框架协议签订仪式在中卫云中心举行。市委书记张柱出席签约仪式，市长万新恒与北京千方科技股份有限公司董事长夏曙东签订合作框架协议。

29日　中卫市庆祝中国共产党成立95周年大会在行政中心召开，市委书记张柱出席会议并讲话，市长万新恒主持会议。

30日　在中国水权交易所揭牌仪式上，中宁县与京能集团的代表通过协议转让的方式签约，将农业节余的219万立方米黄河水使用权转向工业，成为全国首批水权交易。

7月

3日　由宁夏回族自治区农牧厅、中宁县政府联手阿里巴巴集团和顺风速运有限公司共同举办的宁夏首届枸杞采摘节在中宁县拉开帷幕，标志着全区2016年的枸杞生产全面进入采摘期。

4日　电信普遍服务试点工作启动会在中卫市

召开,这标志着全区电信普遍服务试点项目建设工作正式拉开序幕,中卫市成为全区首个开展电信普遍服务试点项目的城市。

5日　北京能源集团有限责任公司党委书记、董事长朱炎一行来中卫考察。市长万新恒,副市长左新波陪同。

4~10日　由市政府组织,市农牧局及沙坡头区、中宁县、海原县农牧部门和主产区乡镇硒砂瓜营销人员、经纪人、流通合作社共41人组成的5个营销组,开展了一次大规模外出推介营销硒砂瓜活动。到7月11日,推介营销活动共签订硒砂瓜销售订单40.5万吨。

6日　自治区党委常委、统战部部长马廷礼和自治区副主席马力到沙坡头区东关清真寺和回族群众家中,看望慰问中卫市穆斯林群众,祝大家节日快乐、幸福安康。市委书记张柱,市长万新恒,市委副书记、统战部部长马世军陪同慰问。

9日　新华社"一带一路全球行"采访车队走进中卫。市委书记张柱,市委常委、组织部部长刘成孝,副市长蔡菊陪同采访团一行参观景区。

是月上旬　宁夏云计算大数据综合试验区考察论证会在中卫市举行,中科院计算所研究员、中国工程院院士倪光南等10多位国内知名专家学者聚首中卫,对宁夏建设国家云计算大数据综合试验区总体方案进行论证。

11日　国土资源部正式批准宁夏新建吴忠至中卫铁路等四项工程建设用地,吴忠至中卫铁路工程全线开工建设。

△　中卫市公益慈善基金会"互联网众筹"公益项目正式签约,开启中卫市"互联网+慈善"新模式。

12日　自治区人大常委会副主任袁进琳带领视察组,深入中卫市"大河之舞"主题文化公园黄河宫、腾格里沙漠湿地·金沙岛旅游区、沙坡头旅游新镇等景区,对全市旅游产业发展情况专题视察。

△　中影集团投资2000余万元建设的中卫市中影巨幕国际影城开幕。

13~14日　中国人民政治协商会议中卫市沙坡头区第一届委员会第一次会议在中卫红宝宾馆召开。刘希宁当选政协中卫市沙坡头区第一届委员会主席。

14日　国防科工局重大专项工程中心副主任赵文波、国防科工局新闻宣传中心副主任孟华一行与人民日报、新华社、中央电视台等12家媒体记者组成考察团来中卫,就中卫市西部云基地为自治区高分辨率对地观测系统宁夏数据与应用中心提供数据储备等进行深入了解和采访。

14~15日　沙坡头区第一届人民代表大会第一次会议在中卫红宝宾馆举行。大会选举产生了沙坡头区第一届人大常委会委员、副主任、主任,沙坡头区人民政府区长、副区长,沙坡头区人民法院院长、沙坡头区人民检察院检察长。焦清春当选为沙坡头区人大常委会主任,童刚当选为沙坡头区人民政府区长。

是月中旬　由财政部、住建部批准建设的太阳能光电建筑应用示范项目——中宁县宽口井屋顶分布式光伏电站——正式并网发电。

18日　福建省委常委、厦门市委书记王蒙徽带领考察组来卫考察,市委书记张柱、市长万新恒陪同考察。

19日　由中卫新闻传媒中心出品、宁夏凡客杰瑞影视文化艺术传媒有限公司拍摄的微电影《廉政风云》在沙坡头旅游景区开机。

21日　自治区人大常委会调研组对中卫市两县一区人大换届选举工作进行调研。

△　中国铁路第三研究院在测探作业过程中,将常乐镇腰岘沟西气东输二线C502+300米处的1219毫米天然气管道钻破,造成天然气泄漏,未造成人员伤亡。

22~23日　"百名闽商宁夏行"考察团到中卫,先后到云计算产业基地、宁夏中关村科技产业园中卫云中心、乌玛农业基地等地,实地考察中卫市科技、农业等发展成果。

23日　由市政府和宁夏农牧厅、宁夏科技厅、宁夏农科院、宁夏大学联合承办的中卫市硒砂瓜品质品牌保护及可持续发展研讨会召开。

25日　2016年"民营企业中卫行"活动在中卫市举行。自治区党委常委、统战部部长马廷礼出席会议并讲话。活动期间,中卫市政府与29个招商企业举行签约仪式,签约投资额达288.8亿元。

26日　自治区工商业联合会第九届常务委员会第五次全体会议在中卫召开。自治区党委常委、统战部部长马廷礼出席会议。

29日　中卫市首次被全国"双拥"工作领导小组、民政部、中央军委政治工作部授予"全国双拥模范城"称号。

△　第十五届"青海农信杯"环青海湖国际公路自行车赛第十二赛段——中卫赛段比赛在沙坡头旅游景区东大门开幕。最终来自乌克兰克尔斯队的瓦西

里克·安德烈获得第一名，来自阿塞拜疆队的马泰和乌克兰克尔斯队的拉格库迪·谢尔盖分获第二、三名。

△ "感动宁夏·2015年度人物"颁奖典礼在银川市举行，中卫市"爱心饭馆"发起人刘在环、"最美农妇"田彦花获此殊荣，"爱心小院"负责人李文军获得提名奖。

7月28日~8月1日 2016中国宁夏（沙坡头）·第七届丝绸之路大漠黄河国际旅游节在中卫市举行。本届旅游节包含"黄河弄筏"——中卫沙坡头黄河漂流、"野奢金沙海"——沙漠火车、帐篷主题酒店精彩亮相、"走进沙漠水城"——千家旅行社专列论坛、"丝路挑战"——环青海湖国际公路自行车赛、"狂欢沙坡头"——沙坡头沙漠嘉年华音乐周、"竞技运动"——旅游与体育融合的时尚体验、沙坡头旅游新镇文化活动七大主题活动及"党项探秘"——拓氏登陆南长滩实景穿越、"情系母亲河"——黄河沙坡头大峡谷漂流活动、"动感黄河"——皮筏对唱唱响家乡情、"黑与白"的对弈——中国西部八省区围棋联赛、"蛟龙争霸"——腾格里湖龙舟赛、"赏花徒步游"——万人腾格里沙漠湿地徒步行、"攀岩达人秀"——寺口登山攀岩大赛等10余项小活动。

8月

3日 由自治区司法厅、中卫市依法治市领导小组办公室、市司法局等多家单位联合举办的"弘扬司法精神 唱响和谐旋律"法治文艺巡演在银川市光明广场首演。

△ 中卫市硒砂瓜科学种植与品质鉴定现场会在沙坡头区香山乡景庄村举行。

4日 中卫市现代物流协会成立。

5日 自治区代主席咸辉调研中卫市经济社会发展情况，市委书记张柱、市长万新恒陪同调研。

△ 为期3天的2016年民进宁夏区委会参政议政能力建设培训班在中卫市开班。民进中央副主席、自治区副主席、民进宁夏区委会主委姚爱兴出席开班仪式，并作题为《从民进优良传统看会员个人修养》的专题报告。

8日 中国人寿保险（集团）公司总裁缪建民带领中国人寿保险股份有限公司总裁林岱仁、中国人寿保险股份有限公司宁夏分公司经理刘霞一行来卫，调研全市政策性保险业务工作开展情况。

9日 市委书记张柱主持召开市委常委会，宣布自治区党委干部任职决定：任命王伟、徐海宁为中共中卫市委委员、常委；霍健明不再担任中卫市副市长职务，交流任自治区住房和城乡建设厅巡视员；何晓勇提名为中卫市副市长，不再担任自治区住房和城乡建设厅副厅长职务；马世军不再兼任中卫市副市长职务。

12日 甘肃省酒泉市市长都伟率考察组对中卫市云计算产业发展、工业发展、城市建设与管理等工作进行实地考察。

12~13日 由陕西省委常委、延安市委书记徐新荣带领的延安市考察团来卫，考察中卫市旅游业、云计算产业发展及城市管理等工作。

16~21日 全市产业发展和重点工作现场交流会召开，在为期6天的时间里，参会人员对全市42个观摩点逐一观摩，对重点产业发展和重点工作进行现场交流。张柱、罗成虎等市四套班子在家领导，各县区、市直各相关部门负责人等参加交流会。

18日 "美丽宁夏·文明旅游"系列宣传活动启动仪式暨文明旅游巡回宣传进景区首场演出在沙坡头旅游景区开幕。自治区党委常委、宣传部部长、自治区副主席蔡国英，市委常委、宣传部部长陶雨芳，副市长蔡菊出席启动仪式。

19日 中卫市沙坡头区正式挂牌成立，沙坡头区正式以市辖区行政建制模式独立运行。新成立的沙坡头区管辖总面积6199平方公里，总人口42万人。全区辖11个乡镇、167个行政村、15个城镇社区，设置机关事业单位共26个，主要承担农村政策执行、组织建设、农业和农村经济发展、农村公共基础设施建设、扶贫开发、民族宗教、民政和社会保障、计划生育、文化体育、平安建设、信访维稳、村镇规划建设、环境保护与治理、安全生产等方面的职责。市委书记张柱作重要讲话，万新恒、罗成虎、马世军等市领导出席挂牌仪式。

△ 自治区政协副主席张守志带领自治区政协视察组，深入中卫市香山湖湿地公园、腾格里湿地公园，实地视察全市湿地产权确权试点工作。

21日 中国共产党中卫市第三届委员会第七次全体会议召开。会议审议通过了《关于深入贯彻落实习近平总书记来宁视察重要讲话精神的决定》《关于落实绿色发展理念，加快美丽中卫建设的实施意见》《关于召开中国共产党中卫市第四次代表大会的决议》。

22日 自治区副主席王和山一行来中卫调研全国全域旅游推进大会暨全域旅游示范区验收标准研

讨班筹备工作。

△ 自治区副主席马力带领督察组就全区滨河大道交通安全隐患治理和安全生产百日专项整治工作进行督察，并在中卫市召开全区安全生产百日专项整治工作督察座谈会。

△ 全区渔业转方式调结构促增收现场推进会首站来到中卫，对中卫市天阔渔业农民专业合作社名优新水产品湖泊生态养殖基地和晟跃生态渔业专业合作社低碳循环水养殖技术示范基地进行观摩考察。

24日 农业部副部长屈冬玉一行到中卫对现代农业发展情况进行调研。

△ 宁夏化解煤炭过剩产能第一批煤矿关闭退出行动启动仪式在中卫市北山天卫煤矿举行。

30日 中卫市政府与江苏瑞盛新材料科技有限公司举行中化国际锂电池产业园项目签约仪式。

31日 宁夏万齐农业股份有限公司在北京举行全国中小企业股份转让系统挂牌仪式，这是沙坡头区首家、中卫市第三家"新三板"上市企业，率先开辟了沙坡头区民营企业资本运作的先河。

9月

6日 全区道路交通安全和铁路护路工作会议在中卫市召开。自治区党委常委、自治区副主席李锐出席会议并讲话。

△ 中卫市举行中卫市旅游发展委员会、中卫市公安局旅游警察分局、中卫市市场监督管理局沙坡头文化旅游产业示范区分局、中卫市旅游行业综合法律服务中心、中卫市沙坡头区人民法院迎水桥法庭旅游速裁庭揭牌仪式。

6~8日 2016年"沙坡头杯"第三届全国大漠健身运动大赛在沙坡头旅游景区举行。自治区党委常委、自治区副主席李锐宣布开幕，自治区人大常委会副主任刘慧芳，国家体育总局群体司巡视员、副司长范广升出席开幕式。期间，来自全国25个代表团的1000多名运动员就沙漠足球、沙漠拔河、拉沙舟等6个集体项目和沙漠穿越、铁人三项等4个个人项目展开角逐。

10日 第二届全国全域旅游推进会在中卫市召开，会议贯彻落实中央领导关于全域旅游发展的重要指示精神，就全国全域旅游推进工作进行再动员、再部署，扎实推进全域旅游向广度和深度发展。自治区党委书记、人大常委会主任李建华和国家旅游局局长李金早出席并讲话。河北省委副书记赵勇、浙江省副省长梁黎明、四川省副省长杨洪波、贵州省副省长黄家培、中国旅游集团董事长张学武及自治区领导王儒贵、王和山出席会议。

20日 宁夏中部干旱带脱贫攻坚水源工程海原县三塘水库开工仪式举行。该项目总投资2亿元，新建库容20万立方米的水库1座，输水管线总长19.5公里。

21日 由中央电视台财经频道与英翼传媒联合制作的大型科技创新类节目《极客出发》在沙坡头旅游景区举行开机发布会。

22日 中国中药协会枸杞专业委员会在中宁县挂牌成立。

22~23日 自治区党委常委、统战部部长马廷礼一行来卫，就全市非公经济发展、宗教场所管理、全域旅游、云计算产业、统一战线助力脱贫攻坚等工作进行调研。

23日 国务院第十九督查组第二督查小组深入中卫市，就中卫市在保持经济平稳发展、推进供给侧结构性改革、促进创新驱动发展、保障和改善民生等方面的相关情况进行实地督察。

△ 中卫市新媒体行业协会正式成立，这是中卫市成立的全区首家新媒体行业协会，标志着全市新媒体发展进入一个新的阶段。

27日 宁夏枸杞产业国家级专家服务基地在中宁县早康枸杞股份有限公司正式授牌。

28日 中卫市举行不动产统一登记首证颁发仪式。

10月

8日 由中国工程院院士曹福亮牵头组织的专家团队经过实地检测和考察，认定宁夏中卫的"质数大米"为国内顶级大米。

9日 中华见义勇为基金会常务副理事长李顺桃一行来中卫，实地考察中卫市见义勇为人员权益保护工作开展情况，并看望慰问部分见义勇为英雄和家属。

△ 由阿里健康联合天猫医药在杭州举办的"滋补中国"品牌战略发布会上，中宁作为阿里健康全国唯一道地枸杞战略合作产区，正式与其签署道地滋补品战略合作协议。

10日 全区产业发展和重点工作现场交流会在

中卫开幕,自治区主席咸辉带领与会代表采取集中观摩和分团观摩的方式,进企业、入园区,检阅中卫市经济社会发展情况。观摩团一行先后参观了沙坡头区宁夏协鑫晶体发展公司、宁夏誉成云创公司云数据中心项目、宁夏紫光天化蛋氨酸公司、高庙历史文化街区改造项目、宁夏中关村科技产业园·云天产业园及中宁县中宁枸杞交易所、天元锰业四期30万吨电解金属锰及配套项目、今飞集团年产500万件汽车轮毂项目,实地观摩了解其发展及生产情况。

12日　中卫市首届"花儿杞乡"枸杞美食创意暨劳动技能大赛在红宝宾馆启动。

14日　由杭州市政府和《小康》杂志社联合主办的"2016中国(国际)休闲发展论坛"在杭州举行。中卫市荣获"2016中国年度十大活力休闲城市"之一。

17日　市委书记张柱主持召开市级领导干部会议。会议宣布自治区党委干部任免决定,金生平不再担任中卫市人大常委会副主任,交流任宁夏农垦集团有限公司党委委员、副书记,提名为总经理人选;邹玉忠提名为中卫市人大常委会副主任(正厅级)候选人;杨文生任中卫市委委员、常委。

是月中旬　海峡两岸本科院校转型发展研讨会在中卫市举行。自治区政府、教育部港澳台事务办公室、自治区教育厅负责人以及来自海峡两岸高校相关领域的专家学者、区内高校代表,共同探讨本科院校如何转型以适应经济社会发展和产业结构调整新需求。

△　中卫市"五证合一、一证一码"登记制度改革全面启动。"五证"系营业执照、税务登记证、组织机构代码证、社会保险登记证、统计登记证于一体,由市场监督管理部门核发加载统一代码的营业执照。

△　中卫市《关于深化人才发展体制机制　改革促进人才与经济社会协调发展的若干意见》印行。《意见》从人才引进聚集、培养开发、评价激励、流动配置机制和人才管理体制等方面进行完善。

18日　由银川、石嘴山、吴忠、中卫、固原五市总工会联合举办的"展职工风采、绘多彩宁夏"职工书画摄影艺术作品联展在中卫市展出。

21日　第十四届中国国际农产品交易会发布2016年全国名优果品区域公用品牌评选结果,中卫市中宁县鸣沙镇文兴硒砂瓜购销专业合作社推荐的中卫硒砂瓜成功入选,成为全国100个名优果品区域公用品牌之一。

25日　中卫市反电信网络诈骗犯罪中心在市公安局挂牌启运。

26日　广西壮族自治区钦州市市委书记、市人大常委会主任肖莺子带领的党政代表团考察中卫。市委书记、市人大常委会主任张柱等市领导一同考察。

28日　中卫市与武汉新港建设投资开发集团有限公司合作洽谈会召开。会上,双方签订合作框架协议。

30日　中卫市医学会脑心同治专业委员会成立,35名相关专业的医务工作者当选专业委员会委员。

10月下旬　市委办、市政府办印发《中卫市市级领导牵头推进重大项目工作方案》,在全市重点建设项目中选择73个加快建设和谋划推进的重大项目,由市级领导牵头负责,采取1个重大项目对应1个以上责任领导、1个以上责任单位、1套推进方案、1张时间节点表的项目工作责任制,形成上下联动、左右互动、全面推动的重大项目建设推进机制,确保重大项目建设按进度推进。

11月

3~4日　自治区主席咸辉,自治区党委常委、副主席李锐,带领自治区发改委、财政厅、农牧厅、扶贫办等厅局负责人,调研海原县经济社会发展情况。

4日　中卫市沙坡头区香山乡香山硒砂瓜被网络评选为"百万网友心中的全国'一村一品'十大知名品牌"之一。

上旬　国家知识产权局公布第十八届中国专利奖评选结果,宁夏紫光天化蛋氨酸有限责任公司专利"蛋氨酸结晶分离系统及结晶分离蛋氨酸的工艺"获优秀奖。

7日　市委书记张柱主持召开市级领导干部会议。会议宣布自治区党委干部任免决定,陶雨芳交流任宁夏旅游投资集团公司党委委员、副书记,提名为总经理人选;叶宪静任中卫市委委员、常委;田桦交流任自治区政协副秘书长,提名为民盟宁夏区委会副主委人选。

9日　中国银行中卫支行首个外币代兑机构在腾格里金沙岛旅游景区揭牌成立。

10日　国家发展改革委审议批准了新建宁夏中卫至甘肃兰州客运专线项目可行性研究报告。该条高速铁路北起宁夏中卫市,经甘肃省白银市靖远县、平川区、白银区,至兰州新区后,接中川机场至兰州铁路,终点为兰州西客站。项目建设标准为双线,行车速度250公里/小时，正线全长218公里，估算总投资295亿元，其中宁夏境内46公里，投资42亿元。

中旬 《中卫市城乡居民饮用水安全保护办法》被列为中卫市首部立法项目。

16日 华兴时报社中卫市记者站正式挂牌。

△ 北京麒麟影业总裁庞洪一行来中卫，就今后双方合资合作事宜与中卫市政府进行磋商洽谈。

18日 由中国旅游协会、中国旅游饭店业协会在北京共同举办的首届中国金牌旅游小吃评选结果揭晓并颁奖，200道中国金牌旅游小吃摘得"金牌"。流行于宁夏中卫平原民间的佳美面食中卫红宝蒿子面名列其中。

△ 新疆新丝路快铁有限公司董事长徐永新带领考察组一行来卫考察并座谈。市委书记、市人大常委会主任张柱出席框架协议签约仪式。

△ 由市委宣传部、宁夏书法家协会、宁夏美术家协会主办，中卫市文联、宁夏华城实业集团有限公司承办的"华城杯""丝路明珠·中卫"全国书画大赛作品展在市文化馆举办。

20日 海原县政府与宁夏水务投资集团签订水务一体化合作协议，宁夏新海水务有限公司海原分公司揭牌成立。

21日 中卫市大河之舞主题文化公园黄河宫荣获2016年"全国优秀社会科学普及基地"称号。

22日 自治区党委办公厅巡视员李自德带领督察组督察宁夏中关村科技产业园西部云基地建设情况，并召开座谈会。市委书记、市人大常委会主任张柱，中卫工业园区管委会主任、沙坡头区及市直相关部门负责人参加座谈会。

28~30日 中国共产党中卫市第四次代表大会在中卫红宝宾馆会议中心举行。大会听取和审议通过了《中共中卫市第三届委员会报告》《中共中卫市纪律检查委员会工作报告》《全市党费收缴、使用和管理情况报告》。选举产生了中国共产党中卫市第四届委员会委员48人，候补委员10人，中国共产党中卫市纪律检查委员会委员29人，中卫市出席自治区第十二次党代会代表49人。张柱、万新恒、马世军、刘明生、陈加先、刘成孝、王伟、徐海宁、杨文生、叶宪静10名同志当选为中国共产党中卫市第四届委员会常务委员会委员。张柱当选为中国共产党中卫市第四届委员会书记；万新恒、马世军当选为中国共产党中卫市第四届委员会副书记。刘明生当选纪律检查委员会书记。

30日 中卫市人民医院荣获"2016年全国健康促进医院"称号。

12月

1日 在北京举行的中国农产品地理标志申报会上，"中宁枸杞""灵武长枣"成功申报中国农产品地理标志。

△ 中卫市城市公立医院综合改革工作会议召开，改革的主要任务是深化公立医院管理体制改革、建立公立医院运行新机制、建立符合医疗行业特点的人事薪酬制度等7个方面。

8日 中国邮政储蓄银行副行长姚红一行来中卫考察。市长万新恒，市委常委、副市长袁诗鸣，副市长刘学智一同考察并参加座谈会。

△ 中卫市化学品专业应急救援大队及应急物资储备库成立大会在市公安消防支队沙坡头中队举行。

9日 第二届全区非公企业党组织书记论坛在中卫市召开，来自全区非公经济组织和社会组织工委的成员单位及部分企业党组织负责人等共150余人参加论坛并观摩。

是月上旬 由承担国家能源局多项软科学课题研究的中国能源经济研究院等权威机构共同推出的全球新能源企业排行榜——2016"全球新能源企业500强"榜单正式发布，协鑫集团位列全球第二，成为前10名中唯一入榜的中国企业。同时，协鑫集团董事长朱共山摘得"全球新能源风云人物"奖。

12日 第一届全国文明家庭表彰大会在北京举行，中卫市海原县的倪岩、王敏家庭被评选为2016年"全国文明家庭"。

△ 中卫腾格里金沙岛旅游度假区有限公司获全国旅游系统先进集体荣誉称号。

19日 由市委组织部、市人力资源和社会保障局、市扶贫办举办的2016年中卫市公务员精准扶贫专题培训班在市委党校开班，来自各县(区)、乡镇分管或从事扶贫工作的科级以下150名公务员参加培训学习。

21日 海原县与长江证券结对帮扶项目签约暨金融助推脱贫攻坚上市挂牌企业育成中心揭牌仪式在银川市国际交流中心举行。自治区党委常委、副主席张超超与长江证券党委书记、董事长尤习贵出席签约和揭牌仪式，并为海原县金融助推脱贫攻坚上市挂牌企业育成中心揭牌。

26~29日 中国人民政治协商会议中卫市第四届委员会第一次会议在中卫红宝宾馆举行。会议审议通过了政协中卫市第三届委员会常务委员会工作报告和提案工作报告，审议通过了《中卫市政协2017年协商工作计划》和《政协中卫市四届一次会议提案审查委员会关于提案审查情况的报告》，听取并讨论了《政府工作报告》和其他报告。会议选举罗成虎为市政协第四届委员会主席，选举施润云、茹小侠、穆凤梧、秦发成、付成林、吕玉兰、王谦、张国顺为市政协第四届委员会副主席，选举巫磊为市政协第四届委员会秘书长，选举马丽、王毅等27名委员为市政协第四届委员会常务委员。

27日 公安部副部长孟庆丰和自治区副主席、政法委副书记、公安厅厅长许尔锋，走访慰问中卫市公安交管部门及因公殉职民警遗属。市委书记、市人大常委会主任张柱，市长万新恒，市委常委、政法委书记、市公安局局长陈加先一同慰问。

28~30日 中卫市第四届人民代表大会第一次全体会议在中卫红宝宾馆会议中心举行。会议听取和审议通过了《政府工作报告》《中卫市2017年国民经济和社会发展计划》等工作报告。张柱当选为中卫市第四届人民代表大会常务委员会主任；邹玉忠、李铁路（回族）、蔡波、马桂岚（女、回族）、刘林森、李树茂、郭亮、黄华（女）当选为中卫市第四届人民代表大会常务委员会副主任；韩秉文当选为中卫市第四届人民代表大会常务委员会秘书长。万新恒当选为中卫市市长；王伟、何晓勇（回族）、刘学智、蔡菊（女）、张隽华（回族）、王学军当选为中卫市副市长。尹效恩当选为中卫市中级人民法院院长；许金军为中卫市人民检察院检察长，报自治区人民检察院检察长提请自治区人民代表大会常务委员会批准。

组织机构和领导人

（2016年1月1日~12月31日）

中国共产党中卫市委员会

书　记	张　柱
副书记	万新恒
	马世军（回族）
常　委	陶雨芳
	（女,蒙古族,任至2016.10）
	刘明生
	陈加先
	赵国武（任至2016.11）
	黄　河
	刘成孝
	袁诗鸣（回族,2016.03挂职）
	王　伟（2016.08任职）
	徐海宁（2016.08任职）
	杨文生（回族,2016.09任职）
	叶宪静（女,2016.10任职）
秘书长	郭　亮（2016.01任职）
副秘书长	郭　亮（任至2016.01）
	魏建广（任至2016.02）
	田海福（回族,2016.03任职）
	纪鹏飞
	杨照明（回族,2016.03任职）
	张　龙（2016.02任职）
	赵得坤

中卫市人民代表大会常务委员会

主任、党组书记	张　柱
副主任、党组副书记	潘景林（正厅级,任至2016.01）
	金生平
	（回族,2016.01~2016.10任职）
	邹玉忠（正厅级,2016.12当选）
副主任	孙占财（不驻会,任至2016.12）
	刘锦平（任至2016.12）
	李铁路（回族）
	蔡　波
	马桂岚（女,回族）
	刘林森
	李树茂（2016.01当选）
	郭　亮（2016.12当选）
	黄　华（女,2016.12当选）
秘书长	李树茂（任至2016.01）
	韩秉文（2016.01任职）
副秘书长	任自勇
	周　红
	（女,回族,2016.04任职）
办公室主任	任自勇
办公室副主任	汪贵新（任至2016.07）

法制工作委员会

主　任	陆宝明
副主任	刘建亚
	孙玉祥（任至2016.10）

财政经济工作委员会

主　任	徐保山
副主任	朱振凌

农业与环境资源保护工作委员会

主　任	雍　生

副主任　　　　　　魏建雄

教育科学文化卫生民族宗教工作委员会
主　任　　　　　　高国通
副主任　　　　　　叶建成(2016.07 任职)

人事代表联络与选举工作委员会
主　任　　　　　　郭玉林
副主任　　　　　　彭浩平(任至 2016.03)
　　　　　　　　　孙玉祥(2016.10 任职)

内务司法工作委员会
主　任　　　　　　汪贵新(2016.07 任职)

中卫市人民政府

市长、党组书记　　万新恒
副市长、党组副书记 马世军(回族,任至 2016.08)
副市长　　　　　　黄　河(挂职)
　　　　　　　　　袁诗鸣(回族,2016.04 挂职)
　　　　　　　　　霍健明(任至 2016.08)
　　　　　　　　　王　伟
　　　　　　　　　何晓勇(回族,2016.08 任职)
　　　　　　　　　刘学智
　　　　　　　　　祝增坤(挂职)
　　　　　　　　　蔡　菊(女)
　　　　　　　　　张隽华(回族,2016.12 任职)
　　　　　　　　　朱凼凼(2016.12 挂职)
　　　　　　　　　王学军(2016.12 任职)
秘书长　　　　　　郭爱迪
副秘书长　　　　　张廷聪(2016.01 任职)
　　　　　　　　　杨　和(回族,任至 2016.02)
　　　　　　　　　陈自强(任至 2016.03)
　　　　　　　　　俞　斌
　　　　　　　　　黄泽宁(2016.05 任职)
　　　　　　　　　张冠华
　　　　　　　　　黄玉华
　　　　　　　　　张振宇(任至 2016.03)
　　　　　　　　　俞军平(2016.05 任职)
　　　　　　　　　李　斌(2016.05 任职)

中国人民政治协商会议中卫市委员会

主席、党组书记　　罗成虎(回族)
副主席、党组副书记 张　武(任至 2016.12)
副主席　　　　　　张金山(不驻会,任至 2016.12)
　　　　　　　　　田　桦(女,任至 2016.10)
　　　　　　　　　施润云
　　　　　　　　　茹小侠(女)
　　　　　　　　　穆风梧(回族,不驻会)
　　　　　　　　　秦发成
　　　　　　　　　付成林(2016.01 当选)
　　　　　　　　　吕玉兰(女,2016.12 当选)
　　　　　　　　　王　谦(2016.12 当选)
　　　　　　　　　张国顺(2016.12 当选)
秘书长　　　　　　付成林(任至 2016.01)
　　　　　　　　　巫　磊(2016.01 任职)
副秘书长　　　　　范家宏(任至 2016.02)
　　　　　　　　　王朝升(2016.07 任职)
　　　　　　　　　刘淑梅(女)
办公室主任　　　　范家宏(任至 2016.02)
　　　　　　　　　王朝升(2016.07 任职)
办公室副主任　　　潘志华

提案委员会
主　任　　　　　　李　诚
副主任　　　　　　姚其平

经济委员会
主　任　　　　　　黄积银(任至 2016.01)
副主任　　　　　　陈建华

教科文卫体委员会
主　任　　　　　　范金祥
副主任　　　　　　张广军

社会和法制委员会
主　任　　　　　　陈永生(女)
副主任　　　　　　梁清江(任至 2016.03)

民族宗教和港澳台侨委员会
主　任　　　　　　马卫民(回族,任至 2016.08)
副主任　　　　　　马明祥(回族)

学习和文史委员会

主　任	徐存斌（任至 2016.08）
副主任	麦振江（2016.08 任职）

中国共产党中卫市纪律检查委员会

书　记	刘明生
副书记	韩秉文（任至 2016.01）
	吴永锋（2016.07 任职）
	李增祥（回族,任至 2016.09）
	刘希宁（任至 2016.02）
	金　忱（2016.07 任职）
	张春枫（2016.09 任职）
常　委	马晓霞（女,任至 2016.08）
	张江涛（任至 2016.03）
	李学智（任至 2016.09）
	陈玉茂
	李正甫（回族,任至 2016.07）
	严　静（女,2016.09 任职）
	马星河（回族,2016.09 任职）
	张晓华（2016.09 任职）
	周自军（2016.09 任职）

派驻纪检组组长

第一派驻纪检组	黄宗浩
第二派驻纪检组	肖爱玲（女）
第三派驻纪检组	马彦祥（回族,任至 2016.09）
	詹伟斌（2016.09 任职）
第四派驻纪检组	严　静（女,任至 2016.09）
	王宁博（2016.09 任职）
第五派驻纪检组	赵文胜
第六派驻纪检组	张　文
第七派驻纪检组	贾廷虎
第八派驻纪检组	禹淑贤（女）
第九派驻纪检组	万维超

中卫市法检两院

市中级人民法院

院长、党组书记	尹效恩
副院长、党组副书记	高立柱
副院长	毛玉德（回族,任至 2016.07）
	曾宪斌
	郝正智
纪检组长	肖爱玲（女）
政治处主任	高永生（任至 2016.07）
	李万刚（回族,2016.08 任职）
审委会专职委员	彭吉文
	李　斌

市人民检察院

检察长、党组书记	许金军
副检察长、党组副书记	张克勤
副检察长	顾海峰（2016.07 去世）
	薛正俭（任至 2016.08）
	史天忠
	马　丽（女,回族,2016.08 任职）
纪检组长	马彦祥（回族,任至 2016.09）
	詹伟斌（2016.09 任职）
政治处主任	王宁博（任至 2016.09）
	赵雪兰（女,2016.09 任职）
检委会专职委员	赵雪兰（女,任至 2016.09）
	詹伟斌（任至 2016.09）
	杨　莉（女,2016.09 任职）

中卫市党委工作部门

市委办公室

主　任	郭　亮
副主任	陈学森（任至 2016.03）
	陈智勇
市委督查室主任	魏建广（任至 2016.02）
市委督查室副主任	张春山

市委组织部

部　长	刘成孝（2016.01 任职）
副部长	焦清春（任至 2016.02）
	王永录（2016.03 任职）
	马宏伟（回族）
	冯忠铁
部务委员	刘淑芳（女）
	李伟善（任至 2016.03）

市非公有制经济组织党工委
 书　记　　　　　马宏伟(回族)
 专职副书记　　　钱建平

市委宣传部
 部　长　　　　　陶雨芳
 　　　　　　　　(女,蒙古族,任至 2016.11)
 　　　　　　　　叶宪静(女,2016.11 任职)
 副部长　　　　　袁海清
 　　　　　　　　王越宏
 　　　　　　　　肖　博

市委统战部
 部　长　　　　　马世军(回族,任至 2016.10)
 　　　　　　　　杨文生(回族,2016.10 任职)
 副部长　　　　　冯玉森
 　　　　　　　　马如虎(回族,兼)
 　　　　　　　　王永生(2016.10 任职,兼)

市委政法委(含市"610"办公室)
 书　记　　　　　陈加先
 副书记　　　　　柯义虎(回族)
 　　　　　　　　曹晓源
 综治办主任　　　田仲锋(回族,任至 2016.03)
 "610"办主任　　　王永杰(任至 2016.08)

市委政策研究室
 主　任　　　　　陈自强(2016.03 任职)
 副主任　　　　　宋兆璠(2016.03 任职)
 　　　　　　　　李金星

市机构编制委员会办公室
 主　任　　　　　孙尚金(任至 2016.02)
 　　　　　　　　魏建广(2016.02 任职)
 副主任　　　　　白　杨(女,任至 2016.03)
 　　　　　　　　焦海珍(2016.03 任职)

市直机关工委
 书　记　　　　　刘向阳(任至 2016.02)
 　　　　　　　　芮国庆(2016.02 任职)
 副书记　　　　　张志军(任至 2016.03)

中卫市党委部门管理机构

市委老干部局
 局　长　　　　　常力军(任至 2016.07)
 　　　　　　　　张汉强(回族,2016.07 任职)
 副局长　　　　　孙学宁(任至 2016.01)

中卫市党委及部门直属事业单位

市委党校
 校　长　　　　　马世军(回族)
 常务副校长　　　范学灵
 副校长　　　　　宋兆璠(任至 2016.03)
 　　　　　　　　高明文

中卫新闻传媒中心
 党委书记、主任　　　段鹏举
 党委副书记、总编辑　田应福(回族)
 纪委书记　　　　　　赵爱民
 副主任兼副总编辑　　王　勇
 　　　　　　　　　　拓兆农
 　　　　　　　　　　廉　刚

市网络安全与信息化办公室(市信息化建设办公室)
 主　任　　　　　王朝升(任至 2016.03)
 　　　　　　　　马文君(2016.03 任职)
 副主任　　　　　蔡国龙
 　　　　　　　　施永贵

市档案局
 局　长　　　　　杨成忠(回族)
 副局长　　　　　魏海玲(女)

市党史研究室
 主　任　　　　　冯中海

中卫市政府工作部门

市政府办公室(挂市政府法制办公室、市信访督办局、市外事侨务办公室牌子)
 主　任　　　　　郭爱迪

副主任　　　　　　　　李　斌（任至 2016.05）
　　　　　　　　　　　黄飞虎（2016.07 任职）
市法制办公室主任　　　李　斌（兼）
市信访督办局局长　　　林　湛
　　　副局长　　　　　赵艳芳（女）
　　　　　　　　　　　李　文
市外事侨务办公室副主任　陆向上

市发展和改革委员会
主　任　　　　　　　　姜守清
副主任　　　　　　　　王泽生
　　　　　　　　　　　韩志荣（2016.03 任职）
　　　　　　　　　　　秦发龙
　　　　　　　　　　　俞军平（任至 2016.03）
市经济动员办公室副主任
　　　　　　　　　　　张　龙（任至 2016.02）
　　　　　　　　　　　张志刚（2016.07 任职）

市工业和信息化局
党委书记、局长　　　　马如兴
副局长　　　　　　　　雍平华
　　　　　　　　　　　马建才

市教育局
党委书记、局长　　　　王自强
副局长　　　　　　　　巩中升
　　　　　　　　　　　赵炳东
　　　　　　　　　　　潘　霞（女）
教育督导室主任　　　　李春锁（任至 2016.08）

市科学技术局（挂市知识产权局牌子）
局　长　　　　　　　　陈贵贞（女）
副局长　　　　　　　　魏志军
　　　　　　　　　　　叶建成（任至 2016.07）
　　　　　　　　　　　倪祝新（2016.07 任职）

市民族宗教事务局
局　长　　　　　　　　马如虎（回族）
副局长　　　　　　　　张　斌

市公安局
党委书记、局长　　　　陈加先

督察长　　　　　　　　陈加先
政　委　　　　　　　　戎尽寒
副局长　　　　　　　　柳继谦
　　　　　　　　　　　龚学义
　　　　　　　　　　　田玉宝（回族）
　　　　　　　　　　　王永杰（任至 2016.08）
　　　　　　　　　　　肖军军（任至 2016.08）
纪委书记　　　　　　　张　力（2016.01 任职）
政治部主任　　　　　　徐生旌
指挥部主任　　　　　　潘玉平
刑事侦查局局长　　　　张赞军
　　　政　委　　　　　李学勤
交通警察局局长　　　　胡学智
　　　政　委　　　　　田小平（回族，2016.03 任职）
特警支队支队长　　　　王靖强
　　　政　委　　　　　赵志栋

沙坡头区公安分局
局　长　　　　　　　　肖军军

市监察局
局　长　　　　　　　　韩秉文（任至 2016.01）
　　　　　　　　　　　吴永锋（2016.07 任职）
副局长　　　　　　　　吕玉兰（女）
　　　　　　　　　　　张江涛（任至 2016.03）
　　　　　　　　　　　陈玉茂（2016.10 任职）

市民政局
局　长　　　　　　　　巫　磊（任至 2016.01）
　　　　　　　　　　　杨宏伟（2016.03 任职）
副局长　　　　　　　　李新忠
　　　　　　　　　　　张希俭
双拥办副主任　　　　　张希俭
老龄办专职副主任　　　常力群

市社会组织工委
书　记　　　　　　　　巫　磊（任至 2016.01）
　　　　　　　　　　　杨宏伟（2016.02 任职）
副书记　　　　　　　　林致华

市司法局
局　长　　　　　　　　盛建宁

副局长	张金兰(女)	地震局专职副局长	高春花(女)
	刘树飞	副局长	韩志荣(任至 2016.02)

市财政局（挂市政府国有资产监督管理委员会、市金融工作局牌子）

局　长	王　谦
副局长	刘金保
	张海涛
	詹树楷(2016.07 任职)
市政府国有资产监督管理委员会专职副主任	
	李红瑛(女)

市人力资源和社会保障局

局　长	孙尚金(2016.03 任职)
副局长	田海福(回族,任至 2016.03)
	李俊义(回族)
	李崇新(2016.07 任职)
	耿永杰

市国土资源局

局　长	张学文
副局长	高怀麒
	李学武
	周金明(回族)

市环境保护局

局　长	
副局长	周新业
	赵凤山

市住房和城乡建设局（挂市人民防空办公室牌子）

党委书记、局长	杨宏伟(任至 2016.02)
	杨树春(回族,2016.03 任职)
市人防办专职副主任	李　军(回族)
副局长	葛建国(任至 2016.09)
	冯进强
市人民防空办公室副主任	
	李明善

市规划管理局（挂市地震局牌子）

局　长	张国顺

地震局专职副局长　高春花(女)
副局长　韩志荣(任至 2016.02)
　　　　高全军
　　　　穆怀中(回族,2016.02 任职)
市地震局副局长　高建国

市交通运输局

党委书记、局长	董立军
副局长	杨永庆
	郭永超
	陈正刚(任至 2016.03)
	张照辉(兼)
市交战办副主任	罗清明

市水务局

局　长	陈　宏(任至 2016.01)
	李学明(2016.04 任职)
党委书记	韩建业(任至 2016.03)
	李学明(2016.03 任职)
副局长	韩建业(任职 2016.03)
	李学明(任至 2016.03)
	张彦龙
	常　军(2016.07 任职)

市农牧局

局　长	吴永锋(任至 2016.03)
	景兆珍(2016.04 任职)
党委书记	孙尚云(任至 2016.07)
	景兆珍(2016.07 任职)
副局长	妥大君(回族)
	马立明(2016.07 任职)

市商务和经济合作技术局（挂市政府口岸办公室牌子）

局　长	马振林(回族,任至 2016.02)
	张振红(2016.07 任职)
副局长	刘正平(任至 2016.07)
	张振红(任至 2016.07)
	邵立新

市旅游局（2016.08 更名为市旅游发展委员会）

局长(主任)	黄　华(女)

党组书记　　　　　　　范家宏（2016.02 任职）
副局长（副主任）　　　张俊华（任至 2016.09）

市文化体育新闻出版广电局
党委书记、局长　　　　王福生
副局长　　　　　　　　孙艳琳（女，任至 2016.03）
　　　　　　　　　　　谭河清
　　　　　　　　　　　王世东

市卫生和计划生育局
局　　长　　　　　　　张吉奎（任至 2016.12）
党委书记、副局长　　　柏国华（回族）
副局长　　　　　　　　孙素香（女）
　　　　　　　　　　　马全中
　　　　　　　　　　　尹鹏睿（女）
　　　　　　　　　　　丁学东

市审计局
局　　长　　　　　　　魏列忠
副局长　　　　　　　　鲍成文
　　　　　　　　　　　张　军
　　　　　　　　　　　李书东（任至 2016.07）
　　　　　　　　　　　吴金柱（2016.10 任职）

市安全生产监督管理局
局　　长　　　　　　　冯建军
副局长　　　　　　　　李学灵（任至 2016.07）
　　　　　　　　　　　严玉华（任至 2016.07）
　　　　　　　　　　　鲁擎飞（2016.10 任职）
　　　　　　　　　　　雍正嘉（2016.10 任职）

市统计局
党组书记　　　　　　　孙尚云（2016.07 任职）
局　　长　　　　　　　马成宝（回族，任至 2016.03）
　　　　　　　　　　　陈桂凤（女，2016.04 任职）
副局长　　　　　　　　陈桂凤（女，任至 2016.04）
　　　　　　　　　　　张秀兰（女，2016.07 任职）

市林业生态建设局
党委书记、局长　　　　孙发宁
副局长　　　　　　　　汪万文（任至 2016.07）
　　　　　　　　　　　李伏荣（任至 2016.03）

　　　　　　　　　　　李宏然（2016.05 任职）

市市场监督管理局（挂市工商行政管理局、质量技术监督局、食品药品监督管理局、食品安全委员会办公室牌子）
党委副书记、局长　　　俞正荣
党委书记　　　　　　　王永生（任至 2016.10）
　　　　　　　　　　　马良俊（回族，2016.10 任职）
副局长　　　　　　　　马宏全
　　　　　　　　　　　余仲发（回族）
　　　　　　　　　　　刘建斌
纪委书记　　　　　　　谭政平

市扶贫开发办公室
主　　任　　　　　　　严玉忠
副主任　　　　　　　　童　颢（任至 2016.07）
　　　　　　　　　　　杨正权（回族，2016.07 任职）

市城市管理局
局　　长　　　　　　　赵吉文（2016.04 任职）
副局长　　　　　　　　赵吉文（任至 2016.04）
　　　　　　　　　　　万振林
　　　　　　　　　　　宋大千

中卫市政府及其部门直属事业单位

市住房公积金管理中心
主　　任　　　　　　　王占仁
副主任　　　　　　　　陶建平
　　　　　　　　　　　黄炳文

市接待办公室（机关事务管理局）
主任（局长）　　　　　龙海生
副主任（副局长）　　　吕永军
　　　　　　　　　　　黑付仓（回族，2016.07 任职）

市公共资源交易中心
主　　任　　　　　　　乔吉海
副主任　　　　　　　　李再能
　　　　　　　　　　　赵炳学

市政务服务中心
主　任　　　　　　杨　和(回族,任至2016.02)
　　　　　　　　　黄泽宁(2016.07任职)
副主任　　　　　　李长荣

海原甘盐池种羊场
场　长　　　　　　田风才(回族)
副场长　　　　　　丁成贵(回族,任至2016.07)
　　　　　　　　　糟会杰(回族)

市职业技术学校
校　长　　　　　　王富强
党委书记　　　　　韩建业(2016.03任职)
副校长　　　　　　闫新宁
　　　　　　　　　江红霞(女,任至2016.03)
　　　　　　　　　訾双宏(2016.07任职)
党委副书记　　　　牛生文

中卫中学
校　长　　　　　　王建国
副校长　　　　　　吴庭文
　　　　　　　　　施彦恒
　　　　　　　　　沈红菊(女,2016.07任职)

中卫一中
校　长　　　　　　陈少峰

市就业创业和人才服务局
局　长　　　　　　田海福(回族,任至2016.03)

市社会保险事业管理局
局　长　　　　　　张淑芬(女)

市医疗保险事务管理中心
主　任　　　　　　黄建平

市文化市场综合执法队
队　长　　　　　　田玉宝(回族)

市供销合作社
主　任　　　　　　魏旭东(副处级)
副主任　　　　　　黄学功(副处级)

市卫生监督所
所　长　　　　　　徐国文

市人民医院
院　长　　　　　　贺国强
副院长　　　　　　肖延欣
党委副书记、副院长　沈海滨(副处级)

市中医医院
党委书记、院长　　雍春华(副处级)

中卫市直属国有企业

市建设投资有限责任公司
副总经理　　　　　罗清华(2016.09任职)

市国有资本运营有限公司
副总经理　　　　　罗清华(2016.09任职)

市应理城乡市政产业(集团)有限公司
党委书记、董事长　葛建国(2016.09任职)
总经理　　　　　　蒋建明(2016.09任职)

宁夏沙坡头旅游产业集团有限责任公司
党委书记、董事长　王福中(2016.09任职)
总经理　　　　　　张俊华(2016.09任职)

宁夏中关村产业园科技投资有限公司
总经理　　　　　　蒋建明(2016.09任职)

中卫市群众团体

市总工会
主　席　　　　　　张　武
常务副主席　　　　芮国庆(任至2016.02)
　　　　　　　　　刘向阳(2016.02任职)
副主席　　　　　　田建华
经费审查委员会主任　祝海荣

共青团中卫市委员会
书　记　　　　　　冯　旭(回族,任至2016.03)

市妇女联合会
主　席　　　　　潘　莉（女）
副主席　　　　　王燕玲（女）

　　　　　　　　白　杨（女,2016.03 任职）
副书记　　　　　于　宙（2016.01 任职）

市科学技术协会
主　席　　　　　周宗杰
副主席　　　　　高秀英（女）

市文学艺术界联合会
主　席
副主席　　　　　谈　柱
　　　　　　　　麦振江（任至 2016.08）

市伊斯兰教协会
会　长　　　　　穆风梧（回族）
副会长　　　　　马全有（回族,任至 2016.07）
　　　　　　　　马学忠（回族）

市残疾人联合会
理事长　　　　　蒋生军
副理事长　　　　朱万龙

市工商业联合会
主　席　　　　　何晓勇（回族,2016.10 任职）
　　　　　　　　马良俊（回族,任至 2016.10）
党委书记　　　　毛凤萍（女,回族,任至2016.10）
　　　　　　　　王永生（2016.10 任职）
副主席　　　　　王永生（2016.12 任职）
　　　　　　　　韩智勇

市红十字会
秘书长　　　　　韩长寿（任至 2016.07）

沙坡头区四套班子及法检两院

沙坡头区委（2016.06 选举成立）
书　记　　　　　王学军
副书记　　　　　童　刚
　　　　　　　　杨　和（回族）
常　委　　　　　唐永铎
　　　　　　　　肖军军
　　　　　　　　唐兴武
　　　　　　　　邹建萍（女）
　　　　　　　　唐　亮（挂职）
　　　　　　　　张江涛
　　　　　　　　张志军
　　　　　　　　李伏荣
　　　　　　　　姜鹏飞
纪委书记　　　　张江涛

沙坡头区人大常委会（2016.07 选举成立）
主　任　　　　　焦清春
副主任　　　　　田仲锋（回族）
　　　　　　　　彭浩平
　　　　　　　　张永华（女）
　　　　　　　　刘德祥

沙坡头区政府（2016.07 选举成立）
区　长　　　　　童　刚
副区长　　　　　唐兴武
　　　　　　　　李伏荣
　　　　　　　　张振宇
　　　　　　　　金　芳（女,回族）
　　　　　　　　刘宏阳

沙坡头区政协（2016.07 选举成立）
主　席　　　　　刘希宁
副主席　　　　　梁清江
　　　　　　　　江红霞（女）
　　　　　　　　张巨才

沙坡头区人民法院
院　长　　　　　金　勇（回族）

沙坡头区人民检察院
检察长　　　　　强吉鸿（回族）

中宁县四套班子及法检两院

中宁县委
书　记　　　　　赵建新
副书记　　　　　陈　宏（2016.01 任职）

常　委	张建兵
	金　忱(任至 2016.07)
	冯　旭(回族,2016.03 任职)
	刘辛彧(任至 2016.08)
	马文君(任至 2016.03)
	李满洲
	何太成
	夏运城
	杨照明(回族,任至 2016.03)
	马　金(回族,挂职)
	孙艳琳(女,2016.03 任职)
	李正甫(回族,2016.07 任职)
	王金栋(2016.08 任职)
	邱　斌(2016.03 任职)
纪委书记	金　忱(任至 2016.07)
	冯　旭(回族,2016.07 任职)

中宁县人大常委会

主　任	马彦军(回族)
副主任	王月琴(女)
	张立信(2016.10 当选)
	张海涛
	李存银(任至 2016.07)
	张银强(任至 2016.10)
	李书东(2016.10 当选)

中宁县政府

县　长	赵建新(任至 2016.01)
	陈　宏(2016.02 当选)
副县长	张建兵(任至 2016.02)
	刘辛彧
	(2016.02~2016.08 任职)
	杨照明(回族,任至 2016.03)
	马　金(回族,挂职)
	王金栋(2016.08 任职)
	张立信(任至 2016.03)
	刘宏阳(任至 2016.07)
	周　红
	(女,回族,任至 2016.03)
	陈正刚(2016.04 任职)
	任　勤(女,2016.04 任职)
	强　斌(回族,2016.04 任职)
	范永伟(2016.07 任职)

中宁县政协

主　席	李　毅(任至 2016.10)
	叶进宝(2016.10 当选)
副主席	田伯川
	张玉芬(女)
	徐　辉(任至 2016.10)
	严玉华(2016.10 当选)

中宁县人民法院

院　长	雍振海(任至 2016.07)
	高永生(2016.10 当选)

中宁县人民检察院

检察长	孙凤玲(女)

中宁县工业(物流)园区管委会

主　任	叶进宝(任至 2016.08)
	刘辛彧(2016.08 任职)
副主任	张海燕(女)
	张春源

海原县四套班子及法检两院

海原县委

书　记	徐海宁
副书记	许正清(回族,2016.01 任职)
	王兴文(任至 2016.02)
	孙志刚
	(2016.03~2016.08 任职)
	汪万文(2016.07 任职)
	隋　峰
	(俄罗斯族,2016.12 挂职)
	濮　实(2016.03 挂职)
常　委	孙志刚(任至 2016.03)
	杨树春(回族,任至 2016.03)
	马　斌(女,回族)
	黄泽宁(任至 2016.03)
	林绍栋(挂职,任至 2016.11)
	杨智龙(回族)
	王　波
	赵建云

	张　鹏(2016.02 任职)
	郭文坤(2016.02 挂职)
	陈学森(2016.03 任职)
	李伟善(2016.03 任职)
	丁志爱(2016.03 任职)
	韩玉江(回族,2016.11 挂职)
	杨艺明(2016.11 挂职)
纪委书记	黄泽宁(任至 2016.03)
	陈学森(2016.03 任职)

海原县人大常委会

主　任	马云春(回族,任至 2016.10)
	罗成玉(回族,2016.10 当选)
副主任	但　升
	田凤梅(女,回族)
	段成宝
	金　芳(女,回族,任至 2016.03)
	杨正福(回族,2016.10 当选)

海原县政府

县　长	徐海宁(任至 2016.01)
	许正清(回族,2016.01 当选)
副县长	杨树春(回族,任至 2016.03)
	林绍栋(挂职,任至 2016.11)
	张　鹏(2016.03 任职)
	郭文坤(2016.03 挂职)
	韩玉江(回族,2016.11 挂职)
	杨艺明(2016.11 挂职)
	李崇新(任至 2016.07)
	穆怀中(回族,任至 2016.02)
	任进文
	白　旭(回族)
	童　颢(2016.07 任职)
	丁　芳(女,回族)
	金钟河(回族,2016.04 任职)

海原县政协

主　席	罗成玉(回族,任至 2016.10)
	郭吉武(2016.10 当选)
副主席	杨常林(回族)
	米力芳(女)
	柳　璞

海原县人民法院

院　长	李万刚(回族,任至 2016.08)
	王意宏(2016.10 当选)

海原县人民检察院

检察长	马　骁(任至 2016.08)
	李彤宇(2016.10 当选)

市委、政府管理、派出机构

中卫工业园区党工委、管委会

党工委书记	张隽华(回族)
主　任	张隽华(回族)
常务副主任	杜全忠(任至 2016.12)
副主任	韩国平
	莫岩峰
	马　震(回族)

海兴开发区党工委、管委会

党工委书记	金生平(回族,任至 2016.01)
	徐海宁(2016.01 任职)
党工委副书记、管委会主任	
	郭吉武(任至 2016.07)
	孙志刚(2016.08 任职)
管委会副主任	雍　军
	李万和(回族)
	杨正福(回族,任至 2016.03)
	周保昱(2016.03 任职)

宁夏沙坡头旅游经济开发试验区党工委、管委会

党工委书记、管委会主任	
	刘林森
管委会副主任	黄　华(女)
	张俊华(任至 2016.09)

中央、自治区驻卫单位

中卫市国家税务局

局　长	王德全
副局长	黄宗平
	韦永山

纪检组长	马耀武(回族)	**中卫市粮食局**	
总经济师	郑国强	局　　长	徐光惠
总会计师	郑建华	副局长	彭大成
稽查局局长	马　勇(回族)	副调研员	刘建国

中卫市地方税务局
党组书记、局长　　张　熙
党组副书记、调研员　李勇华
　　　　　　　　　　张勇华
党组成员、副局长　　徐发强

宁夏电力公司中卫供电公司
总经理、党委副书记　赵小平
党委书记、副总经理　陈春明(任至 2016.06)
　　　　　　　　　　吕洪波(2016.06 任职)
副总经理、党委委员　胡建军
　　　　　　　　　　张　涛(任至 2016.07)
　　　　　　　　　　欧阳怀(2016.12 任职)
　　　　　　　　　　王　庆(2016.07 任职)
　　　　　　　　　　何　锐
副总经理、党委委员、中卫农村电力服务有限公司总经理　　　郭　斌
党委委员、纪委书记、工会代主席
　　　　　　　　　　丁良金

中卫市气象局
党组书记、局长　　孙振夏
党组成员、副局长　王卫东
党组成员、纪检组长　郝学琴(女)
副调研员　　　　　张燕林

国家统计局中卫调查队
党组书记、队长　　陆生学
调研员　　　　　　季耀辉
党组成员、副队长　王有杰
　　　　　　　　　张永录
党组成员、纪检组长　胡国愈

中卫市邮政管理局
局　　长　　　　　张照辉
副局长　　　　　　李凤明

中国人民银行中卫市中心支行
党委书记、行长　　李宝庆
调研员　　　　　　任宁生
党委委员、副行长　王　斌
　　　　　　　　　孙万林
　　　　　　　　　李成林

中国银行业监督管理委员会中卫监管分局
局　　长　　　　　温海龙
副局长　　　　　　张学义
　　　　　　　　　刘雪花(女)
纪委书记　　　　　何叙东

中国农业发展银行股份公司
党支部书记、行长　李宗育(任至 2016.04)
　　　　　　　　　牛金祥(2016.04 任职)
副行长　　　　　　宋学军

中国工商银行股份有限公司中卫支行
行　　长　　　　　张　嘉
副行长　　　　　　田　兴
　　　　　　　　　潘多泉
纪检员　　　　　　周锦瑜

中国农业银行股份有限公司中卫支行
行　　长　　　　　高凤军
副行长　　　　　　龚　斌(任至 2016.03)
　　　　　　　　　白向华(2016.11 任职)
　　　　　　　　　詹登科(2016.11 任职)

中国银行股份有限公司中卫支行
行　　长　　　　　梁　森
副行长　　　　　　朱生臣
　　　　　　　　　庚淑艳(女)

中国建设银行股份有限公司中卫支行
党委书记、行长　　魏冠亚

副行长	杨映奎		姚　华(2016.05 任职)
	李共华	副总经理	刘卫宁
	桓凤玉(女)		孙永辉
行长助理	蔺远路		殷　涛

中国邮政储蓄银行中卫支行

行　长	王晓斌
副行长	冯　立
	李　冰
副行长兼总审计师	江爱梅(女)

宁夏银行中卫分行

行　长	王　剑
纪委书记	周鸣华
风险总监	魏晋悌
副行长	陈　瀚

中卫农村商业银行股份有限公司

董事长	张存瑞
行　长	顾义军(回族)
监事长	刘贵璞
副行长	朱桥年
	安玉红(女,任至 2016.04)
	张　丛
	王锦程
董事会秘书	李学勇
行长助理	张　军

中国电信股份有限公司中卫分公司

总经理	郭　威
副总经理	王永华
	刘秀兰(女)
	王自涛

中国移动通信集团宁夏有限公司中卫分公司

党委书记、总经理	张　鹏(2014.03 任职)
党委副书记、纪委书记、工会主席	
	朱志军
副总经理	王　飞
	殷　刚

中国联合网络通信有限公司中卫分公司

总经理	顾建国(任至 2016.05)

中国人民财产保险股份有限公司中卫分公司

总经理	周曙林
副总经理	张文平
	宋铁华

中国人寿保险股份有限公司中卫分公司

总经理	孙学涛(任至 2016.10)
	沈　驰(2016.10 任职)
副总经理	刘　杰
	汪文平

宁夏回族自治区盐业公司中卫分公司
宁夏回族自治区盐业管理局中卫市分局

经　理	张自平(任至 2016.08)
	王志顺(2016.08 任职)

中卫市烟草专卖局
宁夏回族自治区烟草公司中卫市公司

党组书记、局长、经理	李俊国
党组成员、纪检组长、副经理	
	马福明
党组成员、副局长	马国智

宁夏回族自治区中卫沙坡头国家级自然保护区管理局

局　长	吴洪斌(任至 2016.11)
	刘俊江(2016.11 任职)
副局长	刘荣国

中国科学院寒区旱区环境与工程研究所沙坡头沙漠研究试验站

站　长	李新荣
副站长	樊恒文
	张志山

宁夏广播电视网络有限公司中卫分公司

总经理	王自鹏

副总经理	陶占海	第一政治委员	陈加先
	曹 明	政治委员	侯 林
		副支队长	芮 安

宁夏公路管理局中卫分局

局　长	许明明（任至2016.04）
副局长	陈　亮（2016.04任职）
	杨忠荣（任至2016.04）
	李文涛
局长助理	金　君（回族）
纪委书记	刘永海

副政治委员　　　　张　伟
参谋长　　　　　　袁建锋
政治处主任　　　　金　虎（任至2016.08）
　　　　　　　　　靳尚志（2016.08任职）
后勤处处长　　　　李海俊

中卫军分区

司令员	赵国武
政治委员	李含军
参谋长	邹军利
后勤部部长	张晓宁

中国人民武装警察部队中卫市消防支队中卫市公安局消防中队

党委书记、政治委员	韩晓友
党委副书记、支队长	杨忠诚（回族）
党委常委、副支队长	叶　军
党委常委、司令部参谋长	
	李文奇
党委常委、政治处主任	王维民
党委常委、后勤处处长	郝忠礼
党委常委、防火监督处处长	
	白亚东

中国人民武装警察部队宁夏回族自治区总队中卫市支队

支队长	马金平

中卫综览

综　述

【概况】　中卫市地处宁夏回族自治区中西部、黄河前套之首，"东阻大河、西接沙山"，是宁夏、内蒙古、甘肃三省区的交界点，也是黄河自流灌溉第一地。年末总人口1214187人(户籍人口)，总面积17448平方公里，全市人口密度为66人/平方公里，境内分布汉族、回族、满族、蒙古族、东乡族等21个民族。2016年，全市完成地区生产总值339.01亿元，比上年增长6.8%。其中，第一产业实现增加值52.47亿元，比上年增长4.4%；第二产业实现增加值149.15亿元，比上年增长4.9%；第三产业实现增加值137.39亿元，比上年增长10.0%。人均生产总值达29620元；固定资产投资362.24亿元，比上年增长3.0%；规模以上工业增加值96.8亿元，比上年增长4.5%；地方公共财政预算收入23.15亿元，比上年增长8.7%；社会消费品零售总额65.85亿元，比上年增长8.7%；城镇、农村常住居民人均可支配收入分别达到23277元和8626元，比上年增长7.7%和7.8%。　　　　　　　　　(李福祥)

【行政区划】　中卫市辖沙坡头区、中宁县、海原县。共辖镇20个，乡20个，村民委员会459个，居民委员会32个。其中，沙坡头区辖10镇、1乡、167个村民委员会和17个居民委员会；中宁县辖5镇、7乡、124个村民委员会和12个居民委员会；海原县辖5镇12乡、168个村民委员会和8个居民委员会。
　　　　　　　　　　　　　　　(李福祥)

【人口发展与变化】　年末全市总户数39.20万户，户籍总人口121.42万人，其中：男性62.20万人，女性59.22万人。据人口抽样调查，全市常住人口115.38万人，比上年末增加1.21万人，其中城镇常住人口46.0万人，占常住人口比重（常住人口城镇化率）39.9%，比上年末提高0.8个百分点。回族人口40.38万人，占常住人口比重35.0%。全年出生人口1.68万人，人口出生率14.56‰；死亡人口0.54万人，人口死亡率4.72‰；人口自然增长率9.84‰。(李福祥)

【城乡建设】　积极开展空间规划"多规合一"改革试点工作。建成大河之舞等一批市民休闲公园，完成高庙历史文化街区改造，新改建城市道路94公里，全市房屋竣工面积798.36万平方米，比上年下降1.9%，新建各类保障性住房540万平方米，改造老旧小区143个、棚户区3.7万套。市区建成区面积增加到32平方公里，城镇化率41%，市辖区达56%。海原大县城建设和沙坡头区、中宁县旧城改造取得明显成效。建成美丽小城镇15个、美丽村庄115个，改造农村危房4.2万户。全国城市环卫保洁工作现场会在中卫召开，"以克论净"城市保洁模式全国推广，先后有387批5322人次到中卫考察学习。中卫跻身"国家园林城市"。　　　　　　　　　(李福祥)

【全域旅游】　加快发展现代服务业，建成旅游新镇、沙坡头水镇等一批景区景点，全国全域旅游推进会在中卫召开，中卫被列入国家首批全域旅游示范市创建单位。2016年，旅游人次、旅游收入分别达到550万人次和42.3亿元，均比2012年实现翻番。
　　　　　　　　　　　　　　　(李福祥)

【信息产业】　建成亚马逊AWS、云创公司2个新一代绿色数据中心和4×100G云计算信息高速公路，使中卫乃至宁夏成为国家网络骨干节点，数据中心服务器达到3.5万台，吸引奇虎360、浪潮等140家互联网知名企业落户中卫。中卫云创数据中心被确定为首批国家绿色数据中心试点。中关村中卫园建成投用，吸引6100余名各界人士参观考察。　　(李福祥)

【交通物流】　截至年底，全市公路通车里程达7657.01公里，比上年末增加463公里，其中高速公路通车里程达407公里。全市公路密度为44公里/百平方公里。年末汽车保有量达到11.14万辆，比上年增长10.6%，其中私人汽车保有量10.06万辆，比上年增长12.7%。全市轿车保有量5.02万辆，增长21.8%，其中私人轿车4.85万辆，增长28.8%。境内既有铁路包兰线、宝中线、太中银线、干武线4条铁路总长427.5公里，有干塘、迎水桥、中卫、中宁、枣园堡、中宁南、新市沟7个车站。沙坡头机场执飞航线北京—中卫—乌鲁木齐（每周一、三、五、七执飞）、中卫—西安—上海（每周一、三、五、七执飞）、北京—中卫—重庆（每周二、四、六执飞）。辖区内水上通航里程197公里，营运船舶121艘，在册登记船员214人，渡口、浮桥8处。全市班线客车719辆，公交汽车562辆，出租1940辆；货运车辆15456辆，有物流企业137家。2016年改扩建中卫、中宁黄河大桥。建成农村客运站349个，全市行政村覆盖率达76%。建成干武铁路增建二线工程，扩建沙坡头机场停机坪，建设中国物流中卫物流园等一批现代物流园区，中阿国际货运班列常态化运营。黑海高速正式通车，吴忠至中卫城际铁路开工建设。全市进出口贸易额由2012年的9.3亿元增加到2016年的19.2亿元，增长1.1倍。

（李福祥）

【供给侧结构性改革】　2016年，中卫市供给侧结构性改革不断推进，工业去产能力度加大，全市关闭退出6家煤矿，完成去产能任务32万吨，关停82千安电解铝槽62台5万吨、铁合金矿热炉5台6.4万吨、陶瓷生产线1000万平方米。部分产能过剩行业产品产量下降，生铁、钢材、铁合金、原铝、瓷质砖产品产量分别下降21.5%、21.4%、18.6%、15.2%和10.5%。降成本政策红利开始初步显现，规上工业企业每百元主营业务收入中的成本由上年同期91.46元下降为88.13元，下降3.36%；工业企业利润总额由上年的3.88亿元增长到14.19亿元，增盈10.31亿元；主营业务收入利润率由上年的1.08%提高到4.07%，提高2.99个百分点；亏损企业亏损总额同比下降44.8%。

（李福祥）

【特色农业】　坚持"一特三高"，打造硒砂瓜品牌核心保护区40万亩，"中宁枸杞"品牌价值达23.4亿元。建成一批农产品加工园，万齐等4家企业在"新三板"挂牌。粮食产量实现"十二连增"。新培育市级以上农业龙头企业150家，农业合作社1360家，宁夏红、夏华、天瑞等品牌享誉全国。

（李福祥）

【工业发展】　紫光天化蛋氨酸、今飞轮毂、华创风机制造等一批项目建成投产，天元锰业完成战略重组，美利纸业成功转型。新能源装机容量3.6GW，占全区的30.4%，电解铝达到31万吨。初步形成了以金属锰、铝基复合材料等为代表的新材料，以光伏风电为代表的新能源，以云计算、云制造、云应用为代表的新经济产业发展布局。

（李福祥）

【新能源发电产业】　2016年，中卫市新能源企业达27家，比上年增加6家。其中：太阳能发电企业21家，比上年增加4家；风力发电企业6家，比上年增加1家；宁夏首家生物质发电企业宁夏源林生物发电有限公司投入生产。全市风力发电23.6亿千瓦时，占宁夏全区风力发电量的18.8%；太阳能发电量13.9亿千瓦时，占全区太阳能发电量的27.2%；生物质发电量1.46亿千瓦时。全市新能源产业发电量38.96亿千瓦时，占全市全部发电量的47.5%，拉动全市发电业持续增长。全市新能源发电产业实现工业增加值11.34亿元，占全市规模以上工业增加值的11.7%，比上年增长33.2%，对全市规模以上工业经济增长的贡献率达54%。

（李福祥）

【生态环境】　出台《关于落实绿色发展理念，加快美丽中卫建设的实施意见》，实施腾格里沙漠东南缘防沙治沙、黄河卫宁城市过境段生态综合治理及城区、美丽村庄绿化提升项目，加大退耕还林、移民迁出区生态修复力度，完成造林封育32.5万亩、生态防护林资源达218.8万亩。严守耕地红线，全市实际耕地保有量达393万亩。城市绿地率和绿化覆盖率分别达32.7%和38.5%。大力推进节能减排，空气质量优良天数比率达80%以上，主要污染物排放量低于自治区控制指标。环保部挂牌督办问题摘牌，得到中央第八环境保护督察组及全国人大执法检查组、全国政协调研组的肯定。

（李福祥）

【精准扶贫】　创新"有土""离土"两条脱贫路径，51个贫困村脱贫销号，10.6万贫困人口精准脱贫。新建、续建生态移民住房9218套，搬迁安置移民3.9万人，全面完成"十二五"移民搬迁安置任务。华润集团"基础母牛银行"等精准扶贫模式得到中央肯定。中卫市第二水厂建成投运。脱贫攻坚水源工程顺利推进，中南部城乡饮水安全海原县连通工程全线通水，全市农村饮水安全问题基本解决。

（李福祥）

【民生实事】　承诺并办结民生实事52件。财政投入民生16.2亿元，是2012年的5.4倍。创新建立"四化一满意"服务群众工作机制。财政贴息3858万元，为6342名创业者提供小额担保贷款6.4亿元，创业带动就业2.2万人。建成幸福院156个、敬老院14个、"老饭桌"62个，投入运营养老床位2235张，"五保"集中供养率达24%。建成公共租赁住房1.5万套，1.2万户贫困家庭圆了"安居梦"。累计为51.9万名城乡低保对象发放保障金13.4亿元。一次性解决了1.2万套3421户群众的逾期安置问题，4.5万名被征地农民全部纳入养老保险，在全区率先将市本级1万余名事业单位人员全部纳入医疗补助范围。中卫市被人社部确定为社会保障卡综合应用全国首批示范基地。

(李福祥)

【政府效能】 深入开展党的群众路线教育实践活动、"三严三实"专题教育和"两学一做"学习教育。组织开展了以掌握"三基本"为主要内容的"二次创业"大讨论活动，深化了市情认识，推进了思想解放。完成"六五"普法任务，启动"七五"普法工作，扎实推进法治政府建设。累计办理区、市人大代表建议208件，政协委员提案801件，办理答复率均为100%。出台《中卫市重大行政决策规则》，召开市政府常务会议90次，决定重大事项840个。组建中卫仲裁委员会，成立行政复议委员会。推行网上办公，全面公开政务信息，实行市长信箱、政务微博、媒体问政联动，市长信箱受理群众来信来电1.3万件，办结答复率100%。严格执行中央八项规定和区、市相关规定，清退办公用房5.4万平方米，大幅精简会议文件，"三公"经费年均下降17.3%。出台《公共资源交易管理办法》，政府投资项目全部采用合理造价区间随机抽取方式确定中介服务机构，节约资金12.2亿元。全面落实从严治党"两个责任"，严肃查处一批违法违纪案件，形成了风清气正的政治生态。

(李福祥)

【城乡居民生活】 2016年，中卫市城镇居民人均可支配收入达到23276.7元，比上年增加1672.5元，增长7.7%；收入比全区平均水平低3876.3元，位居全区五市第四位；增速由上年的8.4%回落0.7个百分点，位居全区五市第三位。从构成可支配收入的四大项收入增速看，工资性收入增长最快，增长9.6%，财产性净收入增长8.3%，转移性净收入增长2.6%，经营性净收入和上年持平。2016年，全市农村居民人均可支配收入达8626.4元，比上年增加624.2元，增长7.8%；收入比全区平均水平低1225.6元，位居全区五市第四位；增速比上年的8.1%回落0.3个百分点，位居全区五市第四位。从构成可支配收入的四大项收入来源看，财产性净收入增速最快，增长20.7%；转移性净收入和工资性收入分别增长12.8%和10.5%，经营性净收入增长2.8%。

(李福祥)

【城镇居民消费】 2016年中卫市城镇居民人均生活消费支出18298.6元，比上年增加1551.7元，增长9.3%。八大类消费支出呈"六增两降"态势。其中食品烟酒支出人均4208.6元，下降0.5%；衣着支出人均1762.7元，下降3.3%；居住支出人均3718.2元，增长18.5%；生活和用品支出人均1296.4元，增长21.7%；交通通信支出人均2602.3元，增长19.3%；教育文化娱乐支出人均2541.2元，增长8.4%；医疗保健支出人均1640.5元，增长13.2%；其他用品和服务人均528.7元，增长2.4%。从八大类支出占消费支出的比重看，呈现生存性消费比重下降、发展性消费比重上升的特点。2016年，中卫市城镇居民用于食品、衣着、居住的生存性消费占生活消费的比重由上年的54.9%下降到53.0%，生存性消费拉动城镇居民消费支出增长3.0个百分点；用于医疗保健、交通通信、文教娱乐等发展性消费支出占生活消费的比重由上年的35.7%上升到37.1%，拉动城镇居民消费支出增长4.8个百分点。

(李福祥)

【全国驰名商标】 截至年底，中卫市共培育出4个中国驰名商标，分别是宁夏香山酒业(集团)有限公司"宁夏红"商标、"中宁枸杞"、宁夏瀛海集团拥有的"瀛海及图"商标和宁夏中卫香山硒砂瓜业有限责任公司注册的"香山硒砂"商标。

(李福祥)

【农产品地理标志登记保护】 2月上旬，农业部公布2015年国家第三批农产品地理标志登记保护产品，中卫市"南长滩大枣"和"南长滩软梨子"被列入国家农产品地理标志登记保护名单之中。这是继"中宁枸杞""香山硒砂瓜"之后，中卫市特色农产品再次获得国家地理标志保护殊荣。

(李福祥)

【创建市级国家全域旅游示范区城市】 3月中旬，国家旅游局发布的首批创建国家全域旅游示范区262个市县名单，中卫市成为宁夏回族自治区唯一一个创建市级国家全域旅游示范区的城市。

(李福祥)

【全国"最美家庭"暨全国"五好文明家庭"】 5月15日，全国"最美家庭"揭晓暨全国"五好文明家庭"表彰大会在北京人民大会堂举行，中卫市中宁县石空镇王泽功、海原县郑旗乡李成元、沙坡头区滨河镇魏啸吟家庭获全国"五好文明家庭"荣誉称号，中宁县新堡镇邓金义、海原县高崖乡吴汉东、沙坡头区东园镇崔希

先家庭获全国"最美家庭"荣誉称号。　（李福祥）

【互联网+人才学院宁夏分院授牌仪式】　6月21日,宁夏首届"互联网+"政企交流高峰论坛暨中关村互联网+人才学院宁夏分院授牌仪式在宁夏大学中卫校区云中心举行。中关村互联网+人才学院宁夏分院院长姚芳接受了"中卫市电子商务人才流通合作基地""中关村互联网+人才学院宁夏分院""电子商务协会流通促进委员会常务理事单位"的授牌。
　（李福祥）

【吴忠至中卫城际铁路开工建设】　8月10日,吴忠至中卫城际铁路中卫段项目开始施工。吴忠至中卫城际铁路全长134.8公里,其中中卫市境内81公里,为客运专线双线,速度目标值250公里/小时,由中国铁路建设集团公司承建,项目总投资136.15亿元。全线桥梁占49.16%,由中铁建设十六局、十九局、二十局所属的7个分公司,采取分段包干的形式同时建设,工程于2018年8月31日建成后,将把石嘴山、吴忠、中卫、固原连接在一起,形成以银川为中心的1小时经济圈。同时,该线路向北可延伸至包头、呼和浩特,向南可延伸至白银、兰州,连接呼包鄂榆、兰州和西宁、宁夏沿黄三大城市群,在路网中具有重要战略意义,也在加强包兰线运输能力、提高运输质量上起到积极作用。　（李福祥）

【全国全域旅游推进会在中卫市举行】　9月10日,第二届全国全域旅游推进会在宁夏中卫市举行。国家旅游局局长李金早、宁夏回族自治区党委书记李建华出席会议并讲话。河北省委副书记、省旅游工作领导小组组长赵勇,浙江省副省长梁黎明,四川省副省长杨洪波,贵州省副省长黄家培,中国旅游集团董事长张学武等介绍经验,国家旅游局副局长李世宏主持会议。会议贯彻落实习近平总书记提出的"创新、协调、绿色、开放、共享"五大发展理念,推进全域旅游"九大转变"目标,集中打造"全景、全业、全时、全民"的全域旅游发展的新格局。推进会上,李世宏宣读《国家旅游局关于同意宁夏回族自治区创建"国家全域旅游示范区"的复函》。宁夏成为我国第二个省级全域旅游示范区创建单位。与会代表就推进全域旅游的相关话题进行交流发言。国家发展改革委、国土资源部、环境保护部、住房和城乡建设部、交通运输部、国务院扶贫办等部门相关负责人和来自全国31个省、自治区、直辖市和新疆生产建设兵团的旅游发展委员会、旅游局主要负责人参加推进会。　（李福祥）

【荣获2016中国年度十大活力休闲城市】　10月14日,由杭州市人民政府和《小康》杂志社联合主办的"2016中国(国际)休闲发展论坛"在杭州开幕。在颁奖盛典上,"2016中国年度十大活力休闲城市"新鲜出炉,中卫市荣获"2016中国年度十大活力休闲城市"称号。　（李福祥）

【硒砂瓜入选"全国名优果品区域公用品牌"】　10月21日,第十四届中国国际农产品交易会发布2016年全国名优果品区域公用品牌评选结果,中卫市中宁县鸣沙镇文兴硒砂瓜购销专业合作社推荐的中卫硒砂瓜成功入选,成为全国100个名优果品区域公用品牌之一。　（李福祥）

【蒿子面入选"中国金牌旅游小吃"】　11月18日,由中国旅游协会、中国旅游饭店业协会在北京共同举办的首届中国金牌旅游小吃评选结果揭晓并颁奖,200道中国金牌旅游小吃摘得"金牌"。流行于宁夏中卫平原民间的佳美面食中卫红宝蒿子面名列其中。
　（李福祥）

【全国美丽宜居小镇村庄示范】　12月28日,住房和城乡建设部第四批公布,中卫市沙坡头区迎水桥镇列入全国美丽宜居小镇示范名单;中卫市沙坡头区迎水桥镇沙坡头村、中卫市中宁县余丁乡金沙村、中卫市中宁县余丁乡黄羊村列入全国美丽宜居村庄示范名单。　（李福祥）

沙坡头区

【概况】　沙坡头区位于宁夏中西部,地处宁、甘、内蒙古三省交界,总面积6199平方公里,辖11个乡镇167个行政村、15个城镇社区,常住人口42万。曾是古丝绸之路的重要驿站,也是祖国西北重要的生态屏障,被誉为"塞上江南""鱼米之乡"。2016年,实现地区生产总值155.6亿元,增长7%,其中一、二、三产分别增长5%、5%、9.3%;全社会固定资产投资156.7亿元,增长10%;社会消费品零售总额达36.2亿元,增长8.6%;城镇、农村常住居民人均可支配收入达24338.8元和10375.3元,分别增长7.27%和7.3%。
　（王　梅）

【人口与计划生育】　常住人口42.37万,人口出生率10.77‰,出生人口政策符合率97.09%,出生缺陷发生率93‰,群众对计划生育惠民政策知晓率达92.37%;完成普惠性免费健康检查6208人,实现目标人群全覆盖;完成眼健康系统筛查9684人,占目标任务323%;完成"少生快富"项目工程36户,占目标任务120%；开展免费孕前优生健康检查3201对。年内5058户独生子女家庭以"一卡通"形式按新标准发放独生子女保健费260.6万元，178人享受"计生养老补贴"12.33万元，7714户享受"计生缴费补贴"162.6942万元，人口和计划生育各项目标任务均超额完成；年内，兑现计划生育"奖、优、免、补、扶"等各项惠民政策21193人1062.68万元；办理独生子女父母光荣证1930本；完成一孩、二孩生育服务登记4787对，三孩再生育审批116对；办理全面两孩生育服务登记1070对；已婚育龄妇女术后随访率为98.3%，综合节育率为87.26%。开展流动人口集中免费服务7场次，服务群众2900人次。　　　　　　　　（王　梅）

【项目建设】 始终牢牢牵住项目建设这个发展的"牛鼻子"，凝聚各方力量千方百计抓项目，为经济社会发展提供了有力支撑。积极做好西气东输三线、吴忠至中卫城际铁路等工程的土地房屋征收工作，配合实施中国物流中卫物流园、高庙历史文化街区改造等全市重要项目，累计征地3276亩，确保了重大工程顺利实施；紧紧围绕特色农业、城乡建设、扶贫开发等重点领域，建立处级领导包抓机制，实施镇罗永久性蔬菜基地、双桥棚户区改造、香山峡门水库等项目89个，完成投资39亿元，建成了一批打基础、利长远、惠民生的大项目、好项目；依托"民营企业中卫行"活动，加大招商引资力度，先后引进宁夏西域金枸万亩黑枸杞、阜民丰万头奶牛养殖、都阳新能源单晶硅等31个项目，到位资金24.46亿元。　　　　（王　梅）

【重点改革】 完成行政单位公务用车管理制度改革，有效节约了行政成本。农村产权流转服务中心投入运营，全面完成南关村集体经济组织产权制度改革，实现了"资产变股权、村民变股民"的历史性变革，成为全市"股改第一村"，黄湾、官桥村集体经济组织产权制度改革扎实推进。完成6.8万户农村土地确权登记颁证工作，发放农村"两权"抵押贷款1500万元、特色优势产业担保贷款1.64亿元。凯歌村农村土地股份合作社改革试点全面完成。水权确权登记完成了以乡镇、机关单位、个体用水户为主体的初始水权分配。农村小型水利工程管理体制改革管护主体和责任得到落实。　　　　　　　　　　　　（王　梅）

【农业和农村经济】 建设硒砂瓜品质品牌保护区30万亩，先后赴珠三角等地区，开展市场推介、维权8次，产量达59.8万吨，实现产值7.9亿元。推广秸秆生物反应堆、水肥一体化、病虫害绿色防控新技术，新增永久性蔬菜基地1.1万亩，设施蔬菜面积达12.3万亩。新建有机枸杞、精品苹果展示、苹果矮化密植3个科技示范基地0.7万亩，新植枸杞1.8万亩，完成苹果低产园树体改造1万亩，经果林总面积达41.8万亩。大力推动规模化养殖，重点实施海弘10万头生猪育肥、仔猪保育和沐沙三期规模化养殖场等项目，奶牛存栏和肉牛、肉羊、生猪饲养量分别达3.1万头和5.1万头、70.1万只、34.2万头；大力引进、培育新型农业经营主体，推广"公司+基地+农户""村委会+合作社+农户"、产业互助风险共担联盟等多种经营模式，加快农业产业化发展步伐。引进培育韭康等专业合作社652个，扶持壮大乌玛枸杞等农产品加工企业61家，培育专业种养大户3344户，万齐集团、荣盛商业连锁公司"新三板"挂牌上市，"香山硒砂瓜"被农业部评为全国"一村一品"十大知名品牌。实施"互联网+农业"行动计划，建成万齐、大麦地农村电商B2B农产品电商平台，建立村淘服务站173个。（王　梅）

【农田水利建设】 实施兴仁、香山应急抗旱水源工程，解决了4.6万名群众的饮水安全问题。新增高效节水农业3.3万亩，总面积达16万亩。扎实开展农田水利基本建设，投资4.1亿元，实施盐碱地改良、高效节水灌溉等重点工程27项，巩固改造农田8.1万亩，沟、渠、田、林、路实现综合治理，再次获得全区"黄河杯"特等奖。　　　　　　　　（王　梅）

【城市建设】 实施江元隆府、兴南财富广场等房地产开发项目14个80.7万平方米。新建新墩东区，双桥一、二期，史湖等棚户区改造安置房1.1万套105万平方米，安置应理新社区、文博苑、宣和等棚户区改造项目被征收群众2161户，征收新墩、大板一期等14个棚户区改造项目房屋2787户。（王　梅）

【美丽乡村建设】 高标准建成常乐、永康等4个美丽小城镇和沈桥、沙渠等7个美丽村庄，改造农村危房725户，卫生改厕310户，安装太阳能热水器1.27万台，新修农村公路107公里，硬化巷道52公里，铺设排水管网34公里，新植树木3.72万株，群众生活条件不断改善，荣获全区美丽乡村建设一等奖。
　　　　　　　　　　　　　　　　（王　梅）

【农村环境整治】 按照"12625"工作思路，推进农村环境卫生综合整治示范区建设，配备环卫车153辆、垃圾箱(桶)3045个。严格执行"5个3""9个无"环卫保洁新标准，落实"三检三考""181"严管重罚机制，清运"三堆"6.7万立方米，扎实开展国土专项整治行动，农村生活环境得到改善。　　　　（王　梅）

【脱贫攻坚】 围绕做好"有土""离土"两篇文章，启动实施"七大脱贫工程",近三年脱贫成效顺利通过第三方评估验收,团结、泰和两个重点贫困村脱贫摘帽,1546户5660人率先脱贫销号。整合各类政府项目资金4000余万元,改善贫困村农业生产条件和基础设施,建立产业发展担保基金1200万元,撬动金融机构放贷7437万元,逐步培育形成硒砂瓜、枸杞、牛羊养殖等主导产业。通过整理土地、流转经营、企业运作等形式,引进夏华集团、和旺公司,积极探索"企业+农户"托管代养、建立产业互助联盟、"企业供犊、农户育肥、一体销售"等扶贫模式。完成各类技能培训4500余人次,依托工业园区和硒砂瓜、供港蔬菜、枸杞产业基地,就地转移劳力1.5万余人次,移民人均增收3100元。落实退耕还林、草原生态奖补资金4723万元,政府投资为5160户贫困户购买"脱贫保",建档立卡贫困户新纳入低保967人,完成337套移民安置房建设的选址和前期报批手续,扶贫工作取得阶段性成果。
（王 梅）

【社会事业】 完善民生保障和社会救助体系,发放城乡低保、医疗救助等资金1.3亿元,2.52万名被征地农民全部纳入养老保险。为1.05万名老年人办理意外伤害险,建成沙坡头区第三敬老院、日间照料中心、农村"老饭桌"等一批养老服务机构。建成"智慧社区"试点2个、社区服务站3个。开展文化惠民演出460场次,标准化乡镇综合文化站、村文化站、数字农家书屋达到328个,荣获自治区"迎新春全民健身季"活动二等奖。人口计生工作水平不断提高,荣获全区计生考核一等奖。新增城镇就业岗位1241个,转移农村劳动力16.9万人,城镇登记失业率控制在3.9%以内。第三次全国农业普查工作全面启动,全国第二次地名普查工作扎实推进。全面落实民族宗教政策,巩固了民族和睦、宗教和顺、社会和谐的良好局面。
（王 梅）

【平安建设】 完善区、镇、村、组四级治安防控体系,社区戒毒(康复)执行率达96%,命案、刑事案件、八类案件全面下降,人民群众的安全感不断提升。建成群众来信来访接待大厅,排查化解矛盾纠纷1980件,重点信访积案29件,矛盾纠纷调处率达98%以上,柔远"大调解"工作机制经验在全市推广。推进安全生产责任、风险防控、应急救援三大体系建设,安全生产指标控制在自治区下达范围以内。加强环境保护,中央第八环保督察组20件督察转办件全部办结。
（王 梅）

【行政组织筹备组建工作】 坚持"一手抓发展,一手抓筹建",6月10~12日,成功召开沙坡头区第一次党代表大会,选举产生了沙坡头区第一届区委和纪委领导班子;7月12~15日,召开沙坡头区人民代表大会、政协中卫市一届一次会议,依法选举产生了沙坡头区第一届人民政府、人大常委会和政协常委会班子;8月19日,沙坡头区正式挂牌成立,设置机关事业单位共26个,新增单位16个,主要承担农村政策执行、组织建设、农业和农村经济发展、农村公共基础设施建设、扶贫开发、民族宗教、民政和社会保障、计划生育、文化体育、平安建设、信访维稳、村镇规划建设、环境保护与治理、安全生产等方面的职责。
（王 梅）

【党的建设】 扎实推进"两学一做"学习教育,累计查找梳理问题2047条,制定整改措施3952项,问题整改率达100%;全面推行"四化一满意"服务群众工作机制,开展"双培养一加强""机关作风上线"、网络评议等活动,努力打造干事创业、奋发进取、团结和谐的政治生态环境;强化党员队伍管理,查找到失联党员255名、查找率98.8%,处置不合格党员48名;开展机关干部联系帮扶贫困乡镇村户工作,年内22个机关417名党员共帮助协调解决各类问题862件,帮扶解决项目36个,帮扶解决资金1509万元;开展"廉洁家风建设"、征集"好家规、好家训"、评选"最美家庭"等系列活动,营造廉洁自律良好氛围;积极推进"四个一"品牌创建活动,新打造清廉村(居)13个,创建廉政文化示范点14个,建设廉政文化长廊30余处,廉政文化广场15个;抓作风建设,年内组织明察暗访13次,排查公务用车1100辆次;开展惠农政策、脱贫攻坚"精准监督"、整治和查处侵害群众利益不正之风和腐败问题专项行动,营造了风清气正的良好发展环境。
（王 梅）

中宁县

【概况】 中国枸杞之乡——中宁县,行政区总面积4165.89平方公里。辖6镇5乡,120个行政村,12个城镇社区。2016年,全县实现地区生产总值134.5亿元,增长7.1%;完成地方财政收入15.1亿元,其中完成地方一般公共预算收入10.2亿元,增长8.1%;完成固定资产投资135.9亿元,同比增长2%;社会消费品零售总额达20.2亿元,增长8.9%;金融机构各项人民币存款余额152.8亿元,贷款余额179.9亿元。城镇居民和农民人均可支配收入达23141.3元、10356.4

元,分别增长7.7%和8.1%。2016年,中宁县荣获"全国双拥模范县""全国生态文明示范县""中国十佳最具有投资竞争力县（市）""国家级农村产业融合发展试点示范县"等荣誉称号,入列全国首批产城融合示范区。 （朱宁霞）

【人口发展与变化】 2016年年末,全县常住人口34.51万人,出生4514人,死亡1865人,出生率13.9‰,自然增长率9.08‰;计划内出生4302人,出生人口政策符合率94.57%；出生人口性别比为104.72；迁入3047人,迁出3943人。 （朱宁霞）

【工业经济】 2016年,全县47家规上企业完成工业总产值211.9亿元,同比增长4.1%；实现工业增加值37.1亿元,同比增长5.1%；实现利润（盈亏相抵）6.48亿元,同比增长66.2%；上缴税金3.08亿元,同比增长1.27%；完成销售产值186亿元,同比增长0.1%；实现销售收入158.8亿元,同比下降13.7%。年内新上、技改、续建重点工业项目112个（投资2000万元以上25个）,完成工业项目投资43.8亿元。其中30万吨电解金属锰四期5条生产线、今飞500万套汽车轮毂一期8台设备、天元公司年产30万吨重熔金属锰一期（10万吨）、早康公司5000吨GMP枸杞干果精加工等12个项目建成试生产；天元公司利用金属锰废渣年产2×50万吨硫酸锰联产脱硫锰渣项目、兴尔泰公司120万吨/年硝基复合肥循环经济产业链供热中心项目等4个项目进行安装设备；天元锰业2×350MW自备热电厂、隆基硅1000MW单晶硅棒等项目正在建设中。隆基硅、赛马水泥两家企业被评为环境友好型企业,恒达、红宝等8家企业获评全国守合同重信用企业,中宁发电、锦宁铝镁等5家企业进入宁夏100强,天元锰业集团成功引入港资港股进行重组上市,位列"2016中国企业500强"第349位。累计投入34.5亿元,提升工业园区配套服务功能,助推工业转型升级,中宁工业园区规模、产值跻身全区三甲,荣获中国最佳产业转移示范园区、国家级循环化改造示范试点园区、国家新型工业化产业示范基地等荣誉。 （朱宁霞）

【现代农业】 2016年,全县落实粮食播种面积72.8万亩,总产达2.9亿公斤,比上年增加0.6%；硒砂瓜成为山区群众增收致富的支柱产业,供港蔬菜基地被评为国家级供港蔬菜质量安全示范区。新建宁夏伟华、温新国2家标准化生猪规模养殖场,更新改建天利、盛源等10家生猪养殖场,调运原种母猪320头；改建5个奶牛养殖场；新建源海肉羊、宜旺源肉驴等2000平方米以上肉牛羊标准化规模养殖场8个,建设150平方米肉羊标准化规模养殖场1500余座,组织实施兴旺肉牛、李有春肉羊等节本增效科技示范场34个。生猪、肉牛、奶牛、肉羊、家禽饲养量分别达到73.5万头、11.5万头、2.3万头、69万只和172万只,比上年同期分别增长1.95%、15%、2.2%、5.6%和1.2%。落实各项强农惠农政策,累计发放农牧业补贴资金3.4亿元。完成柳青渠、南北渠节水改造,滨河路以南低洼盐碱地改造等大中型灌区续建配套项目建设,春秋两季共计完成各级渠道清淤8804条6916千米；渠道砌护838条316千米；完成各级沟道清淤1810条1211千米；新建和维修建筑物9527座；整修机耕路和生产路3223条1511千米；新增节水灌溉面积6.4585万亩,其中高效节水灌溉面积2.045万亩、渠道防渗面积4.4135万亩；改善灌溉面积45万亩,测土施肥45万亩；完成畦田建设12万亩,机翻25.6万亩,秋施肥8万亩,秸秆还田8万亩。农田水利基本建设连续三年荣获"黄河杯"竞赛一等奖。 （朱宁霞）

【枸杞产业】 2016年,建成自治区级枸杞良种采穗圃2个,自治区级良种苗木繁育基地2个（中杞、杞鑫）,全县枸杞育苗1.28万亩。推进小产区精细化管理,鼓励扶持21家企业、合作社等新型农业经营主体在6个小产区新植枸杞1.1万亩,成活率达86%以上。推广宁杞5号、7号等枸杞新品种1万亩。全县建成各类枸杞烘干设施652座（其中清洁能源19台套）,日烘干鲜果能力达2058吨,枸杞鲜果机械制干率达69%。启动国内有机枸杞认证试点工作,在首批符合条件的8家企业进行试点。"中宁玺赞枸杞"获准中国生态原产地产品保护,"杞之龍"枸杞基地被认定为国家级"优质果园"。开启中宁枸杞直营直销新模式,鼓励企业在大中城市建立直销体验店。全国首个枸杞电子交易所——宁夏枸杞电子交易所落户中宁。推进枸杞文化宣传"九个一"工程[1],实施《枸杞密码》动漫游项目。举办首届中宁枸杞采摘节,为舟塔、源乡、杞泰、早康、大地、中杞、百瑞源7家枸杞基地颁发"中国重要农业文化遗产——中宁枸杞种植系统示范区"匾牌,启动申报全球重要农业文化遗产。启动"中宁枸杞"国外商标注册,首批拟在马来西亚、巴西、澳门等5个国家地区进行。组织企业参加国内外推介活动10余次,召开中宁枸杞推介会5次,召开枸杞鲜果长季节栽培成果发布会。利用中国枸杞网、微信公众平台等新媒体,加大中宁枸杞对外宣传力度。

（朱宁霞）

【商贸流通】 2016年,全县实施招商引资项目26个,项目计划外方总投资485.66亿元,当年计划投资170亿元,实际到位资金区外69.23亿元、区内13.25亿元(区内实施项目32个),共82.48亿元。全县实现社会消费品总额20.16亿元,同比增长8.9%。支持外贸企业申报2016年中小企业国际市场开拓资金项目,帮助企业通过商务部外经贸发展专项资金网络国力系统进行网络申报项目。兑现企业国际市场开拓资金、外贸区域协调发展资金、进口补贴资金。全县外贸进出口总额达18.87亿元,同比增长26.94%,其中进口总额9.51亿元,同比增长13.06%;出口总额9.36亿元,同比增长45.03%。落实商贸流通"十三五"发展规划、电子商务、农产品质量追溯体系、物流、菜篮子连锁超市、标准化菜市场6类8个项目规划;成功申报国家级电商示范县;宁夏枸杞电子交易中心建成运营;引进阿里巴巴村淘项目落户中宁,建成80个电子商务村级服务站;电商孵化园被中卫市授予创业孵化园区。举办房车节、啤酒节、网上博览会等各类活动。建设瀛海新天地、鑫华商贸中心、为民城市商业广场等城市综合体项目,建立连锁店、专卖店、购物中心、商品展销、商业广场等新型零售批发网点,爱家、春天、震道、荣盛等连锁超市发展到40余家。

(朱宁霞)

【城乡建设】 2016年,组织实施城镇重点建设项目196个,打通、改造南二环等29条市政道路,杞乡黄河体育中心、市民服务中心等25个公共建筑项目投入运营,观园壹号、富康花园等23个大型商住小区陆续入住。完成25个老旧小区和35万平方米既有建筑节能改造,城镇化率达43.7%。城市集中供热、自来水入户、污水处理和生活垃圾处理率分别达88%、92%、92%和93%,县城建成区绿地率达30.6%,中宁县被评为自治区卫生县城、园林县城和文明县城。建成大战场等中心集镇4个,刘庙等美丽村庄13个,完成黄庄、李滩等旧庄点整治94个,改造农村危窑危房8703户。实施城乡环境综合整治行动,组建城市管理综合执法队伍,城市网格化管理体系逐步完善,机械化深度洗扫和人工保洁有效融合,生产生活垃圾日产日清、密闭清运。不断完善产业园区和主干道路、主要街道及乡镇庄点绿化,建成中央大道、亲水街和109国道沿线等景观绿化工程,创建国家级生态乡镇3个、自治区级生态乡镇5个、生态村7个。

(朱宁霞)

【环境保护】 2016年,县城地区有效监测天数365天,优良天数285天,优良率78.1%。城市功能区、文教居民区、商住混合区交通噪声基本符合各功能区标准。全县化学需氧量、氨氮、二氧化硫、氮氧化物静态削减量分别为2264.38吨、664.22吨、624.53吨、1268.95吨,完成年度减排目标任务的100.8%、109.1%、123.9%、120.6%。依法严查企业环境违法行为。全年完成污染源现场检查260余次,立案查处违规企事业单位17家,办结行政处罚案件14起,收缴罚款592275元。开展贺兰山东麓葡萄种植基地周边环境大检查,督促区域内6家企业完成环境突出问题整改。开展北河子专项执法行动、建设项目环评审批专项整治行动、木炭窑集中整治行动、金岸家园油烟污染整治行动等,依法断电关停木炭窑、塑料加工厂4家。加强大气污染综合防治。重点实施瀛海、赛马和天元建材等4个脱硝项目技术改造,实施黄河乳品厂、天元发电厂和水暖公司等16个脱硫除尘项目建设。督促水暖公司下属的亲水、聚元、育财、石空、新堡5个供热站20吨以上锅炉完成双碱法脱硫设施及除尘设施改造建设。强化农村环境卫生保洁考核,保洁人员由上年的151名增加到2016年的365名。开展水污染治理、大气污染防治等专项行动,严厉打击环境违法行为,查处环境违法案件40余件,县城空气质量优良天数占有效监测天数的84.3%,位居全区前列。

(朱宁霞)

【财政税务】 2016年,全县地方财政收入完成150634万元,完成预算的114.4%,同比增长1.3%,其中:地方一般公共预算收入完成101718万元,完成年度预算的100%,同比增长8.1%。其中税收收入完成74315万元,完成预算数的94.1%,同比增长11.3%;非税收入完成27403万元,完成预算数的120.7%,同比增长0.2%。税收收入中国税收入29469万元,同比增长83.6%;地税收入44846万元,同比下降11.6%。政府性基金收入完成48916万元,完成年度预算的163.1%,同比下降10.4%;国有资本经营没有形成有效收入。财政总支出完成495988万元,同比增长31.97%,其中:一般公共预算支出完成378495万元,同比增长18.42%;政府性基金支出45501万元,同比下降19.05%。

(朱宁霞)

【社会民生】 2016年,建成保障性住房17102套,提高低保、五保、高龄、孤儿、残疾等保障津贴,城市低保由原来的平均275元/月提高至平均310元/月,农村低保由原来的平均145元/月提至平均185元/月;五保集中供养每人每月生活费由400元提高到640

元，分散供养每人每月生活费由245元提高到480元。全年发放城市低保金2565万元，农村低保金3828万元，发放五保金284万元，发放孤儿津贴178万元，下拨救灾救助资金2590万元。加快完善养老服务体系，建成老年活动中心、第三（回民）、第四敬老院、64个城乡社区服务站、60个农村幸福院和22个农村"老饭桌"，引导社会力量新建县级养老服务中心和红宝养老服务中心，"五保"对象集中供养率39.1%。全县城乡居民医疗保险参保31.2万人，养老保险参保14.7万人，城乡居民医疗保险报销比例年均提高5%，养老保险待遇标准年均提高10%。坚持以创业带动就业，新增就业1.68万人，完成农村劳动力转移就业15.96万人。全力推进脱贫攻坚，全县5086名山区群众实现脱贫。 （朱宁霞）

【教育卫生】 优先发展教育，加快薄弱学校建设，实现办学条件标准化。2016年，新建、改扩建中小学126所，建成公办幼儿园17所，义务教育均衡发展通过国家级评估验收，宁夏大学枸杞职业技术继续教育学院挂牌成立。高考一次性二本上线人数连续五年突破千人，全县高考二本以上上线人数1273人，比2015年净增41人，上线率41.03%，高于全区平均上线率10.03个百分点。中考高考成绩连续五年快速提升。完成全民健身"四个一"工程②，在全区率先实现体育基础设施"三个全覆盖"③，先后举办中国（中宁）国际轮滑公开赛暨AIC全轮滑世界杯、中阿四国男子篮球邀请赛、全国篮球俱乐部青年锦标赛等8项国际国内大型赛事，成功创建全国首批基本公共体育服务体系示范县和全国社会体育组织服务全民健身试点县。加快推进三级医疗网络建设，完成西促会医疗设备帮扶合作项目，新建、改建卫生院7个，85个村级标准化卫生室投入使用，各类医疗卫生机构达220所。计生服务逐步优化，人口均衡发展，落实"少生快富"项目42户，免费孕前优生健康检查夫妇2702对。实现全国计划生育优质服务先进单位创建目标，石空镇、白马乡创建为自治区"五星级"计划生育乡镇。
（朱宁霞）

【科技文化】 2016年，申报专利55件，授权32件，培养企业专利专员11人。申报自治区级科技项目56项，获批22项。御萃坊、杞泰、昌大机械3家公司获批自治区科技型中小企业。全县有高新技术企业2家，自治区科技型中小企业9家，工程技术研究中心2家，技术创新中心5家。推进科技扶贫工作，争取自治区科技扶贫指导员"百人团"项目资金46万元，在喊叫水乡实施"优质肉羊新品种繁育与示范推广""压砂西瓜种植技术集成示范推广""草畜、马铃薯、红葱综合产业项目""压砂地硒甜瓜产业提升技术示范推广项目""旱作黑果枸杞节水高效栽培技术集成示范项目"科技扶贫项目5个。围绕枸杞、硒砂瓜种植、畜牧养殖引进推广适用农业新技术13个、引进新品种11个，举办科技培训班20场次、培训农民790人次。新建乡镇综合文化站4个、乡村文化广场30个、农家书屋89个，双龙山石窟文物陈列馆开馆运行，农村广播应急平台"村村响"建成投运，基层文化服务功能明显增强。
（朱宁霞）

【依法治理】 组织开展"六大战役"专项行动，"平安中宁"建设成效显著，中宁县连续两年被自治区命名为"平安县"。公安机关全年各类刑事立案1774起，抓获犯罪嫌疑人290人，逮捕111人，移送起诉245人，抓获各类逃犯51人。为群众挽回经济损失504万元。受理治安案件1968起，查处1204起，处理违法人员1403人，其中治安拘留350人。检察机关全年受理贪污贿赂犯罪案件线索18件，初查21件，立案侦查13件15人，收到生效判决11件11人。受理渎职侵权犯罪线索2件，摸排线索4件。受理提请批准逮捕案件85件100人，批准逮捕55件64人；受理移送审查起诉案件156件176人，提起公诉151件182人；检察长列席审委会3件9人，出庭支持公诉4件；办理轻微刑事案件27件（均在十日内提起公诉）。法院全年受理刑事案件205件251人，审结197件241人，结案率96.09%；受理民商事案件3024件，审结2852件，结案率94.31%；受理行政案件28件，审结26件；受理各类执行案件1619件，执结1304件，执行到位标的2699.17万元。司法机关圆满完成"六五"普法任务。全县各级人民调解组织受理纠纷1525件，调解成功1519件，成功率99.6%，化解疑难复杂、重特大矛盾纠纷349件，排查纠纷635次，预防纠纷437件，涉及当事人4527人，协议涉及金额3918.26万元，完成自治区下达的全年260件民生实事任务的134%，防止群体性上访46件，837人次。中宁县被评为2016年度全国法治教育先进县。 （朱宁霞）

【效能建设】 加快推进政府职能转变，在全区率先公布乡镇、部门权力和责任清单，50个单位347项审批服务事项进驻新市民服务大厅，真正实现进一扇门、办成一揽子事的目标。建立中宁网上办事大厅、掌上政务APP、微信关注和政务大厅服务窗口"四位一体"行政审批模式，办理时限压缩60%，中宁县被列入自治区"政务云"建设试点县。严格效能目标管理责任制考核,开展"守纪律讲规矩""三严三实"等专题教育活动和"两学一做"学习教育,落实党风廉政"一岗双责",严格执行中央八项规定,加强行政监察和审计监督,查处违法违纪案件169起,行政处罚149人。举办"中宁问政"9期,问责部门、单位54个79人次,建立督办销号台账,解决群众反映强烈的突出问题116个。 （朱宁霞）

名词解释:

①"九个一"工程:"一节",举办2015年中阿博览会中国枸杞论坛暨中宁枸杞文化节;"一网",优化"中国枸杞网";"一宴",开发一套枸杞宴;"一剧",筹拍电视剧《黄河黄大地红》;"一祭",创意开展枸杞公祭活动;"一技",挖掘中宁枸杞传统种植技术;"一乐",提升红枸杞音乐会水平;"一广告",在中央电视台播出中宁枸杞品牌形象广告;"一动漫",出版发行漫画《枸杞密码》,加快实施《枸杞密码》动漫游项目。

②全民健身"四个一"工程:建成一个体育场、一个体育馆、一个全民健身中心（游泳馆）、一个体育公园（健身广场）。

③体育基础设施"三个全覆盖":全县118个行政村硬化篮球场地全覆盖,11个乡镇农民健身工程和灯光球场全覆盖,全县群众集中活动场地、文化体育中心等场所健身路径全覆盖。

海原县

【概况】 海原县位于宁夏回族自治区中南部,地处宁夏中部干旱带,地理坐标为东经105°09′~106°10′,北纬36°06′~37°04′。南北长95公里,东西宽80公里,总面积6463平方公里。县境东与固原市原州区相连,南与西吉县接壤,西临甘肃靖远县、会宁县,北濒中卫市沙坡头区、吴忠市同心县,是集干旱山区、革命老区、回族聚居区为一体的农业人口大县。境内有南华山、灵光寺等旅游景点。2016年,海原县地区生产总值49.19亿元,增长10.3%;地方公共财政预算收入1.97亿元,增长24.8%;固定资产投资69.67亿元,增长27.9%;城镇居民人均可支配收入20760元,增长9.4%;农民人均可支配收入6884元,增长10%;社会消费品零售总额9.45亿元,增长8.5%。
 （李瑞东）

【行政区划】 海原县辖1区（海兴开发区）、5镇（海城镇、李旺镇、西安镇、三河镇、七营镇）、12个乡（史店乡、贾塘乡、红羊乡、关桥乡、李俊乡、树台乡、高崖乡、郑旗乡、九彩乡、关庄乡、曹洼乡、甘城乡）、2个管委会（甘盐池、老城区）。 （李瑞东）

【自然资源】 海原县地处黄土高原西北部,属黄河中游黄土丘陵沟壑区。境内丘陵起伏,沟壑纵横,六盘山余脉（南华山、西华山、月亮山等）由南向北深入境内,形成西南高、东北低的特殊地形,南部以南华山主峰马万山为最高,海拔2955米,是宁夏南部最高峰。这一地区地势高寒,雨量较多,有少量天然次生林零星分布。东部以清水河防地兴隆乡李家湾最低,海拔1366米,地势平坦、土层深厚、土质较好。中部为墚峁残塬地带,其间丘陵起伏,沟壑纵横交错,植被稀疏,水土流失严重。总土地面积中,黄土丘陵占66%,土石山区占1.6%,塬地占4.4%,河谷川地占20.9%,山地占7.1%;天然林地4.36万亩,天然草地260万亩。境内探明矿产资源有石膏、白云岩、陶土、金、铜、硫铁、砖瓦黏土、砂砾石、池盐等18个矿种,矿点六十余处。其中石膏占绝对优势,地质储量达24亿吨,主要分布于县境内西安、李旺等乡镇。品种齐全,有纤维石、雪花石、青石膏等,硫酸钙含量均在80%以上,石膏矿大都是露天矿,矿带规模大,易开采。石膏属一种非金属矿种,其具有质轻、防火、防潮、节能等优点和特点,被广泛用于建筑、化工（农药、肥料、医药）、轻工（造纸、食品、工艺美术）等行业。冶镁白云岩地质储量达5900万吨,氧化镁品位21%以上,是冶炼金属镁的优质原料,主要分布在曹洼乱堆子、史店油坊院、海城镇野狐坡等地。 （李瑞东）

【人口发展与变化】 2016年年末,海原县总人口为45.66万人,其中回族32.49万人,占总人口的71.17%;汉族13.05万人,占总人口的28.59%;其他民族0.11万人,占总人口的0.24%。农业人口36.85万人,占总人口的80.70%;非农业人口8.81万人,占总人口的19.30%。当年人口出生率控制在16.29‰,自然增长率控制在12.13‰。 （李瑞东）

【农业与农村经济】 全县完成农作物种植面积203.55万亩,其中:夏粮完成20.6万亩（小麦14.6万亩,豆类6.0万亩）,秋粮完成132.5万亩（玉米32.6万亩,马铃薯61.4万亩,糜谷荞38.5万亩）;经济作物完成50.44万亩（胡麻16.7万亩,蔬菜12.24万亩,硒砂瓜5.5万亩,小茴香2万亩,中药材4.1万亩,禾草10万亩）。全县牛、羊、猪、鸡饲养量分别为20.1万头、152.97万只、15.24万头、161.5万只。全年实现肉类总产量93966吨,同比增长4.8%;禽蛋产量5400吨,同比增长8.8%。2016年实现农牧业总产值38.73亿元，收入15.46亿元，其中种植业总产值21.93亿元，收入12.1亿元，畜牧业总产值16.8亿元，收入3.36亿元，实现农民人均农牧业纯收入3865元。（李瑞东）

【工业经济】 重点围绕轻纺、农副产品加工、装备制造、新能源、中药材加工五大产业，落实各项优惠政策，优化投资环境，中原塑业、华创风机、华润风电、振发光伏、布哈拉等项目落户投产，落地招商项目48个，到位资金80.8亿元。培育形成规上工业企业4家，工业总产值达到15.98亿元，同比增长13.8%。
（李瑞东）

【第三产业】 落实"三证合一""一照一码"，推进商事制度改革，鼓励大众创业、万众创新，引导商贸、服务业发展。建成四季鲜农产品综合批发市场、花儿商贸综合体、泰丰宾馆等商贸服务项目，开工建设仓储加工园等物流加工项目。培育大型货运企业5家，货运车辆发展到1.2万辆，从业人员达3.8万人，实现年均产值9亿元。建成各类市场12个、大型商场3家，新建改造农家店155家，发展餐饮住宿、商贸流通企业及个体户4635家，引进宁夏银行，新增小额信贷公司4家，培育小企业414个、小老板849个，新增城镇就业4188人，全县小微企业、个体工商户突破1.2万户。第三产业总产值达到21.05亿元，同比增长9.2%。
（李瑞东）

【城乡建设】 修编县城总体规划，规划区面积扩展到14.5平方公里。实施大县城（棚户区）改造，完成房屋征收4978户、土地征收9100亩。新建华山路等市政道路21条51公里，建成育才等安置小区63万平方米、文昌等保障性住房41万平方米、海盛国际等商住小区52万平方米，完成老旧小区节能改造16.7万平方米，实施西区供热站、文体广场等一批市政设施和公共服务项目，城市功能更趋完善。建成七营等8个美丽集镇、关桥麻春等24个美丽村庄和史店徐坪等6个环境整治示范村，改造危窑危房2.2万户，安装太阳能热水器2万台。完善海兴开发区基础设施。开展主干道路大整治大绿化专项行动，建立健全卫生保洁机制，加强城市管理，城乡面貌明显改善。全县常住人口城镇化率达到21.9%。 （李瑞东）

【交通路网建设】 黑海高速公路建成通车，海同高速公路正在建设中。改造潘西、盘甘等公路，新改建干线公路243公里、农村公路977公里，全县公路通车里程达到2799公里。实施客运一体化项目，完成县城公交枢纽中心主体工程，开通城市公交线路10条，投放公交车24辆，新建城市公交候车亭32处，更新农村客运招呼站132个。 （李瑞东）

【生态建设】 实施天然林保护、退耕还林、三北防护林等工程，完成城乡及主干道路绿化3.9万亩，封山育林15万亩、退耕补植补造26万亩、生态修复造林20.7万亩，建成史店田拐等经济林基地6.3万亩，启动实施新一轮退耕还林6.1万亩，南华山晋升国家级自然保护区，全县森林覆盖率提高到9.2%。实施红羊术川、关庄庙湾等坡改梯23万亩，治理水土流失面积1986平方公里，建设节水灌溉工程23处13万亩，完成中小型病险水库除险加固27座。中南部饮水连通工程海原受水区项目全线通水，宁夏中部干旱带脱贫攻坚水源工程海原县三塘水库项目开工，新建甘城等人饮工程13处，解决了17.3万群众饮水安全问题。 （李瑞东）

【社会事业】 优先发展教育事业。新建回中等中小学10所、幼儿园25所，改造农村薄弱学校300所，新招录教师1441名，学前教育、义务教育、高中教育和职业教育质量稳步提高。建立了从学前教育到高中教育全覆盖的资助体系，累计资助贫困学生3.7万人次4380万元，协助办理大学生生源地助学贷款3.4万人，贷款金额2.1亿元。实施营养改善计划和县城中学加餐工程，年均惠及学生5.7万人。全县中考600分以上考生574人，约占全县考生总数的12.75%。626人被六盘山高级中学、育才中学等区内优质高中录取。高考实考人数3473人，本科上线人数2243人，上线率64.6%，其中二本以上上线人数847人，上线率24.4%，名列南部山区七县第二名。稳步提升医疗服务水平。县人民医院建成投入使用，新改扩建高崖等乡镇卫生院12个，标准化村卫生室121所。率先在全区推行县级住院包干预算制、宁南医院海原医疗服务共同体诊疗模式。坚持计划生育国策不动摇，倡导优生优育，全面落实两孩政策。繁荣发展文化事业。新建县图书馆投入使用，建成乡镇文化站16个、村级综合文化服务中心18个、农家书屋185个，发展文艺团队、文化户224个。开工建设非物质文化遗产传承基地，组建宁夏牡丹缘文化有限公司，促进剪纸、刺绣等文化产业发展。挖掘旅游文化资源，完善灵光寺等景点基础设施，启动全域旅游创建工作。扎实推进社会保障工作。落实全民参保登记计划，实施大病保险，城乡居民养老、医疗保险参保率分别达到90%和95%以上，累计报销医疗费474.6万人次6.8亿元。启动实施被征地农民养老保险，向1572人发放养老金820

万元。争取民政资金5.3亿元,保障低保户、五保户、孤儿等困难群体的生活。提供法律咨询和援助2138件,处理拖欠农民工工资投诉780余起,为1.6万余名农民工追回工资1.13亿元。全面提升社会治理水平。开展"平安海原"建设,建成城乡视频监控网络,完善社会治安防控体系。贯彻落实党的民族宗教政策,规范化管理宗教事务。开展食品药品、道路交通、非煤矿山、建筑工程等领域专项整治,安全生产形势总体平稳,社会大局和谐稳定。 (李瑞东)

【脱贫攻坚】 通过"五比五看""四优先"和"六不评"等方式,精准识别贫困户23565户、贫困人口88499人。完成树台二百户等45个整村推进村建设,实施县外移民6808户31004人,建成海城山门等县内移民安置点13个、安置房2949套,安置县内移民2918户12015人。引导、扶持贫困户发展草畜、马铃薯等"有土"产业和交通运输、清真餐饮、剪纸刺绣等"离土"产业,拓宽群众增收渠道。完成技能培训6.5万人次,实现劳动力转移就业37.7万人次,创收39.4亿元。创新帮扶模式,建立华润"基础母牛银行",为1737户贫困户赊销基础母牛5125头。设立风险担保基金,实施普惠金融,发放小额担保贷款3.5亿元,解决贫困户产业发展资金问题。实施闽宁帮扶和社会、部门定点帮扶项目273个,到位资金9200万元,受益群众达39.7万人。自治区"三厅一院"32名厅级领导定向帮扶21个贫困村发展产业,区、市、县选派141名第一书记驻村扶贫。组织全县5450名干部职工结对帮扶所有贫困户。完成贫困村销号45个,减少贫困人口8.3万人,贫困面由36%下降到19%。

(李瑞东)

【改革创新工作】 金融体制改革。创新投融资体制机制,成立金融工作局和融资担保公司,设立6000万元风险兜底基金,引进宁夏惠民小贷公司为群众提供小额贷款服务。引进宁夏银行在本县设立分支机构。与宁夏农业综合投资有限责任公司共同出资2000万元组建成立海原县农业产业化发展融资担保引导基金,撬动合作银行贷款800万元。财税体制改革。强化部门预算管理,推行财政国库集中支付扩面增量。对政府采购项目全部进场交易。启用行政事业单位资产管理信息系统。加强公务卡强制结算、"三公"经费预决算公开、出国经费预算先行审批等工作,严格执行预算法,压缩"三公"经费支出659万元。农业农村体制改革。完成农村土地经营权确权登记工作,建立农村集体土地"三权"分置有效实现形式,筹建农村土地产权交易中心,引导农民依法以多种形式流转承包地,实施统一耕作和规模化生产。改革国有林场和集体林权制度,完成集体林地确权218.8万亩。县级公立医院综合改革。制定出台公立医院经费补偿意见,实施住院包干预算制,探索建立公立医院与乡镇卫生院、村卫生室医疗服务联合体机制,创新医养结合一体化服务模式。文化体制改革。落实了文工团、影剧院转企改制工作,建立现代企业制度和法人治理结构。推广乡镇综合文化站"公建民营公助"运行模式,出台《海原县乡镇综合文化站"公建民营公助"实施方案》,完成高崖乡、西安镇、三河镇等4个示范点建设,并在全县进行推广。行政审批制度改革。清理规范县级行政审批事项212项,精简29项。制定了《海原县权力清单管理办法》,取消县级所有行政收费。优化审批流程,推行"一号一窗一网"模式。推进"四化一满意"平台综合应用,促进便民服务向基层延伸。公务用车制度改革。制订出台了《海原县公务用车制度改革实施方案》及相关配套文件,对全县75个党政机关、参公事业单位的240辆公务用车进行了改革,共封存车辆69辆,保留一般应急公务用车171辆。加强对保留车辆的管理,成立了海原县应急车辆管理服务中心,对所保留的一般应急用车实行集中管理。商事制度改革。放宽了注册资本登记条件,取消了公司最低注册资本限额等规定。将注册资本实缴登记制改为认缴登记制。推行"三证合一"登记制度改革。"三证合一"办理时限从原来的25天减少到5天以内。推动落实简化住所登记要求,放宽住所(经营场所)登记条件。新增企业248户。 (李瑞东)

海兴开发区

【概况】 海兴开发区在原海原县新区、工业物流园区基础上,经自治区党委、政府批准,于2013年12月设立,同时代管海原县三河镇。辖区总面积253.6平方公里,其中城区规划总面积30.6平方公里,建成区面积16平方公里,分为行政办公、商贸物流、生活服务和工业园区4个功能区。总人口4.4万人,其中农业人口、回族人口分别占86%和34%,城区常住人口1万人,是宁南山区扶贫开发试验区、自治区九大物流园区和6个重点慈善产业园区之一。海兴开发区属中卫市直管,党工委、管委会为正处级单位,实行一个机构两块牌子的管理体制,内设综合办公室、经济发展局、财政局、规划国土建设局和社会事务局5个正科级机构。核拨行政编制44名,其中从海原县划拨34名,2016年实际到位行政工作人员31名。无独立财政及国库,采取自治区专项补助和中卫市、海原县、海兴开发区沟通协商的资金拨付方式保持运行。

(马世雄)

【公共服务】 实现水、电、路、气、热、电信、电视"七通一平",建成行政办公楼35栋11.6万平方米。农行、联社、国税、供电等单位入驻办公,红宝宾馆、宁南医院、职教中心、兴海中学、敬老院等社会公用设施建成启用。开发红宝、凤凰园、天洁上上城等5个住宅小区住房1800套16万平方米,待售837套8.4万平方米;开工建设保障性住房4423套24万平方米,建成使用近1000套。

(马世雄)

【商贸服务】 规划小微企业孵化园一、二、三期标准化厂房25栋,占地面积230亩,已建成使用17栋。引进各类企业61家,其中工业30家、商贸26家、房地产5家,规模以上企业2家(华创风能和振原光伏发电),初步形成装备制造、轻纺和农副产品加工三大工业产业。建设中合市场、李旺农贸市场、物流中心和汽车站4个商业片区,各类宾馆、餐厅、文化娱乐场所124家,个体经营户845家,闲置营业房324套。闲置土地33宗3934亩,其中已征未出让3713亩。

(马世雄)

【城市绿化】 完成道路、凤凰山、大小转盘等绿化3.4万亩,植树231万株,城市绿化覆盖率达到48%。

(马世雄)

【工业经济】 2016年,实现工业总产值17亿元,其中规模以上工业产值16.8亿元,工业增加值5.4亿元,完成税收7618万元,商贸交易额2.2亿元,完成固定资产投资5.2亿元。招商引资到位资金2.7亿元。

(马世雄)

【社会事业】 深化兴海中学与六盘山高中联合办学,争取办成六盘山高中分校,创办宁南示范高中。支持职业中学加强校企合作、扩大办学规模,建设海兴一中、二小及幼儿园。扩大宁南医院办院规模,建设中医院等专科医院,建设体育场馆、图书馆,满足群众医疗卫生服务和基本文化需求。持续推进厚德慈善产业园区建设,积极兴办慈善公益和养老服务事业,逐步建成区域性教育卫生养老中心。

(马世雄)

党派群团

中国共产党中卫市委员会

·综述·

【概况】 2016年，中卫市以转型追赶、换道超车的信心和勇气，突出抓好"四主一化"主导产业，统筹做好稳增长、促改革、调结构、惠民生、防风险的各项工作，全市经济运行总体平稳，城乡居民收入持续增长，社会大局保持和谐稳定。全市实现地区生产总值339.01亿元，增长6.8%；全社会固定资产投资完成362.2亿元；地方公共财政预算收入完成23.15亿元，增长8.7%；社会消费品零售总额达到65.9亿元，增长8.7%；城镇、农村常住居民人均可支配收入分别达到23277元和8626元，增长7.7%和7.8%。

（李松龄）

【体制机制改革】 理顺沙坡头区管理体制，实现以市辖区模式独立运转。在中宁探索国税地税联合共建实体办税服务厅，"进一家门办两家事"做法在全区推广。成立市金融工作局、第三产业服务中心。对市属国有企业实施"1+X"归并重组，建立现代企业制度，扶持企业做大做强。完成市县机关事业单位公车改革，取消封存车辆398辆。深化医药卫生体制改革，中卫被确定为全国第四批公立医院改革国家联系试点城市。

（李松龄）

【重点领域改革】 在中卫、中宁工业园区组建2个能源服务公司，推进直供电改革，完成交易量71亿千瓦时，占全区的37.4%。推进重点用能企业天然气直供改革，协调解决低成本天然气5000万方。上海石油天然气中卫交易中心筹备建设。吸引社会资本3.2亿元，组建金融助贷、担保公司、乐农小额贷款公司，设立民间借贷登记中心，为实体企业提供融资服务15亿元。设立"四主一化"、扶贫担保等各类基金5亿元，落实担保贷款25亿元。积极与农业银行合作，设立产业发展基金45亿元。与华夏银行合作，采取PPP模式建设城市基础设施，首期融资7.5亿元。农村土地承包经营权确权登记颁证工作通过自治区评估验收。沙坡头区、中宁县农村产权流转服务中心启动运营，发放"两权"抵押贷款800多万元。积极推进村集体经济组织股份制改革试点，沙坡头区南关村"资产变股权、村民变股民"发展模式在全区交流。（李松龄）

【招商引资】 抢抓全国工商联常委会明年在宁召开机遇，成立5个产业招商组、3个县区招商组和1个线索征集及项目推进组，把任务分解到县区、部门、人头，积极对接落实，确保完成800亿元的签约任务。在自治区党委统战部、自治区工商联支持下，先期举办"民营企业中卫行"活动，签约项目29个，协议投资288.8亿元。2016年，全市争取国家专项建设基金项目60个，基金额度30.4亿元；实施区外招商引资项目80个，到位资金233.1亿元。（李松龄）

【发展环境营造】 建立"51311"行政审批制度体系，公布权力、责任、公共服务、中介服务、收费目录"五个清单"，制作一张权力运行流程图，搭建投资项目网上在线审批监管、信息共享、市民呼叫"三个平台"，实现"政务云""一张网"全覆盖，建立起一套事中事后监管制度。完成行政审批23项改革任务，取消所有市本级行政收费，行政审批事项由229项缩减到80项。（李松龄）

【新型工业化】 坚持保增长、调结构"两手抓"，认真落实自治区工业稳增长"10条"政策，研究制订"3+4"工作方案，出台12项具体措施，加快工业转型升级。发展壮大"三新"产业。确立以金属锰、铝基复合材料等为代表的新材料，以光伏风电为代表的新能源，以云计算、云制造、云应用为代表的新经济产业发展布局。天元锰业四期30万吨电解金属锰、保利协鑫高效单晶硅一期、紫光天化蛋氨酸二期等一批项目建成投产，今飞集团年产500万件汽车轮毂项目实现当年开工、当年投产，锦江集团高端航空铝材、都阳新能源2GW光伏组件等项目加快推进，全市新能源装机容量3.6GW。2016年，全市战略性新兴产业产值增长37.2%。改造提升传统产业。积极引导钢铁、冶金、电解铝等传统产业兼并、重组、转产。宁钢集团实施凤凰城智能化成型钢加工配送等项目，拉长产业链条。天元锰业与香港百灵达等企业实现战略重组，步入健康发展"快车道"，锰产业发展基金正在积极筹备之中。美利纸业增资扩股30亿元建设数据中心，由"僵尸企业"成功转型为"电子纸"企业，市值超150亿元。化解淘汰落后产能。关闭退出煤矿6家，完成自治区下达中卫市的煤炭去产能任务32万吨。关停82千安电解铝槽62台5万吨、铁合金矿热炉5台6.4万吨、陶瓷生产线1000万平方米。　　　　　　　（李松龄）

【全域旅游示范市建设】　　按照"全市统筹、突出特色、梯次推进"的思路，坚持规划先行、社会多元投资，把中卫旅游融入全区全国大格局，全力推进实施，全国全域旅游推进会在中卫召开，国家旅游局把中卫列入全国首批全域旅游示范市创建单位。提质扩容抓项目。实施全域旅游重点项目27个，总投资161亿元，年内完成48亿元。旅游新镇建成投用，腾格里金沙岛被誉为"中国醉美沙漠花园"。高庙历史文化街区改造、海原非遗传承基地等项目加快推进。深化与港中旅务实合作，以项目为牵引，推动全域旅游资源对外开放。丰富业态促融合。打造以高庙、沙坡头水镇、黄河宫为核心的三大城市文化旅游板块。建成中卫旅游展示馆、网上旅游特色馆和"旅游云"平台。推出沙漠光伏游、枸杞采摘体验游等一批精品特色项目。成功举办丝绸之路大漠黄河国际旅游节等节会赛事活动，加大旅游宣传营销力度。补齐短板优服务。新改建国省道干线和城市道路500公里，疏通黄河航道56公里，"沙坡头号"旅游专列常态化运营，城市公共自行车服务系统建成投运。创新开发旅游公寓150套，走出"优服务、去库存、促增收"共赢之路。建成游客集散中心1个，新改建厕所65个，旅游导视标识和星级酒店、景区免费WIFI实现全覆盖，旅游市场服务功能进一步完善。中卫被评为"全国旅游标准化示范城市"。创新机制强管理。设立沙坡头文化旅游产业示范区，对沙坡头旅游核心资源聚集区实施统一管理。成立市旅游联盟（协会），制定旅游行规行约并监督执行。成立市旅游发展委员会，设立公安旅游警察分局、市场监督管理旅游分局、旅游行业综合法律服务中心和旅游速裁法庭，形成"1+4+N"旅游管理体制，全市涉旅违法案件和游客投诉分别下降98%和86.7%。2016年，全市接待游客550万人次，旅游收入42.3亿元，分别增长27.9%和28.2%。十一黄金周期间，全市游客总数43.5万人次，旅游收入3.4亿元，均创历史最高。　　　　　　　　　　　（李松龄）

【信息产业发展】　　抢抓"一带一路"战略机遇，对接国家"信息丝路"计划，成立云计算产业发展领导小组办公室，按照李建华书记"两个最快"要求，全力推进西部云基地建设。以最快的速度推动服务器安装启运。亚马逊AWS完成10.5万台服务器布局，一期1.2万台已完成安装测试。奇虎360完成2万台服务器布局，首期3000台上线运营。预计至年底，有望实现3.5万台服务器入驻规模。以最快的速度推动项目落地。建成符合国际网络标准的云计算信息高速公路，实行P95流量计费和宽带阶梯价格，完善园区基础设施配套，落实优惠电价，着力打造成本最低、环境最优、服务最便捷的云产业基地，吸引140余家云计算及配套企业落户中卫。中国移动数据中心正在建设，工信部信息中心、中国联通等数据中心即将开工。浪潮、美团、中国电子科技集团等企业完成公司注册，IBM、中国气象局、中国电信、京东、华为等一批企业正在对接洽谈。国家高分辨率对地观测系统宁夏数据应用中心已批复，军民融合飞艇基地开工建设。中卫云中心建成投运，"环保云""医疗云等""互联网+"云应用项目进展顺利。　　　　　　　　　　（李松龄）

【现代物流业】　　以打造丝绸之路经济带交通物流枢纽城市为目标，积极培育壮大市场主体，大力发展新兴服务业态，着力解决好物"从哪里来""在哪里存""到哪里去"等关键性问题，努力推动交通物流业破题发展。加大内引外联力度。抢抓"一带一路"战略机遇，积极推进与新疆陆港公司、汉新欧、渝新欧的合作，中阿国际货运班列实现常态化运营，已开出15列，争取东部地区陆路向西出口产品在中卫集结，进口东运产品在中卫集疏，形成承东启西的货物集散地。加强物流基础建设。中宁陆路口岸投入运营，中国物流中卫物流园、中宁星火物流园加快建设。计划总投资14.7亿元的中卫铁路口岸和综合货场工程进展顺利，项目预可研已经自治区发改委批复。甘武二线、黑海高速正式通车，吴忠至中卫城际铁路、海同高速加紧建设，

338国道改建、乌玛高速等项目前期工作进展顺利，宝中铁路复线、太中银铁路复线等项目正在积极推进。加快培育新兴业态。建成全国首个枸杞电子交易所和枸杞电商孵化中心，依托淘宝、赶街等网站建立枸杞全网营销平台8个，直销店、体验店、专卖店等实体网点覆盖全国230多个大中城市，出口量是2015年同期的3倍，枸杞"营销高地"位置进一步巩固。习近平总书记提出的"全国人民都能吃上枸杞"的目标正在变为现实。阿里巴巴"村淘"项目正式启动，新增村级电商服务站80个。　　　　　(李松龄)

【现代农业】　坚定不移走"一特三高"发展路子，着力构建现代农业产业、生产、经营三大体系，打造中卫农业升级版。产业体系方面，围绕"四区七带"农业产业布局，做优做精粮食+"枸杞、硒砂瓜、草畜、马铃薯、果蔬""1+5"优势特色产业，粮食总产量达到69.3万吨，增长0.8%；新增枸杞4万亩、优质苹果1.2万亩，种植优质蔬菜41万亩，打造硒砂瓜品质品牌核心保护区40万亩。全市奶牛存栏量和肉牛、肉羊饲养量分别增长10%和8%、3%。中宁供港蔬菜基地被国家质检总局评为国家级供港蔬菜质量安全示范区。生产体系方面，新增高效节水灌溉8.4万亩，总面积达到43万亩。新建沙坡头、海原农产品加工园，改造提升中宁新水农产品加工园，宁夏红、夏华、天瑞等品牌享誉全国。全市农产品加工业产值增长10.1%。经营体系方面，积极引导农村土地经营权流转，发展适度规模经营，全市流转土地达51.6万亩，占承包地总面积的23.1%。新培育市级以上农业龙头企业15家，总数达到140家，农村专业技术协会、农民专业合作社、家庭农场、种养大户蓬勃发展。早康、全通、万齐3家企业在"新三板"挂牌。创新农业社会化服务模式，柔远、镇罗等6个现代农业综合服务中心建成投运。

　　　　　　　　　　　　　　(李松龄)

【精准脱贫】　紧盯"三年集中攻坚、两年巩固提高、力争提前脱贫"目标任务，认真落实中央"六个精准""五个一批"等措施和李建华书记"五个走在前"要求，将行政公用经费压缩5%用于脱贫攻坚，创新路径办法，因地制宜做好"有土""离土"两篇文章，确保全市12.6万贫困人口全部提前脱贫，海原贫困县和158个贫困村全部提前摘帽，力争把海原打造成宁夏中南部地区扶贫开发示范县。做好"有土"文章。以建档立卡贫困户为重点，按照"每个贫困村至少有一个支柱产业、每个贫困户制定一个脱贫计划"的要求，引导贫困群众因地制宜发展硒砂瓜、马铃薯、中药材等特色种植业104万亩，3.54万贫困户实现稳定增收。推行"企业+基地+农户"精准扶贫模式，华润"基础母牛银行"投放基础母牛4959头，1650户贫困户受益。自治区重点项目中部干旱带脱贫攻坚水源工程顺利推进，海原三塘水库项目开工建设，宁夏汇霖集团投资6.5亿元建设的峡门水库投入运行，项目建成后近40万亩耕地生产用水得到有效解决。做好"离土"文章。制定出台"离土脱贫扶持政策"，重点培育劳务输出、交通运输、剪纸刺绣、清真餐饮"四大特色品牌"。市县财政每年拿出6800万元为劳务培训买单，培育形成新疆、内蒙古、广东、义乌、宁东5个务工基地，提高务工人员的组织化程度。在李旺、七营等车辆集中乡镇成立3家物流公司，培育5个运输专业村，对1020名贫困对象进行B照培训。引进上海非遗文化产业公司，以"前店后厂"模式在海原建设孵化基地和专业合作社，扶持培育专业村12个，带动800多名农村妇女创业就业。在市区打造海原清真特色美食一条街，入住商户42家；在区内外建立海原清真餐饮联盟，1406户贫困户加盟联营，创业增收。全市共发放各类"离土"创业贴息贷款5.4亿元，培训农民3652人，输出劳动力15.8万人，工资性收入占农民收入的47.5%。2016年全市36个贫困村销号、3.53万人脱贫。

　　　　　　　　　　　　　　(李松龄)

【保障和改善民生】　坚持将新增财力的70%用于改善民生，年初确定的15件民生实事顺利推进。新建、改扩建中小学校18所7.1万平方米。新建各类保障性住房150万平方米，改造老旧小区53个、农村危房3309户，改造棚户区1.48万套。中南部饮水连通海原总管工程及三大片区供水项目建成通水，21.9万山区群众喝上黄河水。政府年度补贴2.74亿元，将建市以来形成的45214名被征地农民全部纳入养老保险。补助1680万元，在全区率先将市本级10969名事业单位人员全部纳入医疗补助范围。拿出1.82亿元，一次性解决近5年来形成的1.2万套、3421户群众的逾期安置问题，全市信访量下降45%。(李松龄)

【集中整治成果巩固】　加大工业"三废"为重点的环保集中整治，环保部挂牌督办的29个问题全部摘牌。投资2.3亿元对中卫工业园区污水处理厂进行提标改造，建成固废填埋场；引入社会资本2亿元实施中水回用项目，督促企业投资6.1亿元对环保治污设施进行配套完善，基本实现废气即时监测、固废妥善处理、污水达标排放和水资源循环利用，环保整治工作得到全国人大环境执法检查组、全国政协调研组的充分肯定。建立以"8个体系"和"2个机制"为主要内容的环保治理长效机制,对环保工作实行网格化对标管理,防止各类污染问题发生,得到中央第八环境保护督察组的充分肯定。 （李松龄）

【生态环境建设】 坚持发展与生态并重,完善生态补偿和修复机制,实施新老城区绿化提升、中卫工业园区环境综合整治、黄河卫宁城市过境段综合治理及生态保护等项目,加大沙区治理、退耕还林和移民迁出区生态修复力度,加强湿地保护与修复,着力构筑绿色生态屏障。城市绿地率和绿化覆盖率分别达35.14%和37.04%。2016年,空气质量优良天数289天,优良率79%。 （李松龄）

【美丽城乡建设】 实施城乡环境综合治理工程,新建续建美丽小城镇5个、美丽村庄23个,海原大县城建设和沙坡头区、中宁县旧城改造项目顺利推进。推动"以克论净"向乡村延伸,在40个集镇、65个村庄推行"5个3"农村保洁机制,城乡面貌明显改观。
（李松龄）

【"两学一做"专题教育】 创新提出"四查四树""六查六看"等载体,引导广大党员对照"四讲四有"标准,带着问题学、针对问题改,确保学习教育出特色、有实效。市委常委会发挥带学促学作用,采取中心组学习、辅导讲座、专题研讨交流等多种形式,努力做到先学一步、学深一层,全市各级党支部书记讲党课1968场次,开展专题研讨1884场次。坚持问题导向,建立机关党支部结对帮扶贫困村、机关干部包扶贫困户制度,安排9298名机关干部下沉到152个贫困村,与31297户贫困户结成帮扶对子,深入开展"三帮一促"活动,推动基层党建和精准扶贫深度融合。大力推行农村党员结对帮带群众制度,为1500户农村党员提供"双带"发展资金600万元,引导有能力的党员开展精准帮扶。 （李松龄）

【干部作风转变】 建立"四化一满意"(以信息化服务平台为基础、全域化服务体系为支撑、网格化服务管理为手段、常态化服务机制为保障、群众满意为目标)服务群众工作机制,网上办公基本实现全覆盖,网上审批、网上办事试点运行。强化追责问责,从严查处工作落实不力、作风散漫等突出问题,对47名责任人给予停职免职、行政警告、调整岗位、诚勉谈话等处理。在全区率先建立干部容错免责机制,鼓励干部干事创业、积极作为,推动市委、政府重大决策部署的有效落实。 （李松龄）

【换届工作】 坚持"严"字当头,精心组织,扎实有序推进换届工作。坚持把纪律和规矩挺在前面,全体市级领导按照"三带头、五决不"的纪律要求做出公开承诺。坚持精准识别身份、精准考察工作业绩和精准研判政治表现的原则,严把代表、委员人选提名关。坚持统筹协调,统筹换届时间安排、人事安排和工作安排,乡镇换届、沙坡头区成立和两县党委换届全部结束,两县人大、政府、政协换届10月底前完成,市委和市人大、政府、政协换届分别于11月、12月进行。年内,中卫市改革发展取得一定成绩,但主要指标与全年预期差距较大;工业品市场持续低迷,部分企业生产经营困难;固定资产投资乏力,缺少大项目支撑,发展后劲不足;脱贫攻坚任务艰巨,部分生态移民生产生活还存在一些后续问题等等。对于这些问题,中卫市将高度重视,在今后的工作中采取有力措施,认真加以解决。 （李松龄）

【市委发文】 全年,市委单独发文32件,与市人民政府联合发文25件。 （李松龄）

·重要会议·

【市委三届六次全体会议】 1月7~8日召开,期间套开全市经济工作会议。市委常委会向全委会报告工作;审议《关于制定中卫市经济社会发展第十三个五年规划的建议》《关于加快推进"开放中卫"建设的实施意见》《中共中卫市委2016年工作要点》;递补市委委员;市委、市人大、市政府、市政协领导班子作述职述责报告、领导干部作述职述德述廉报告,并进行民主测评;报告党风廉政建设主体责任和监督责任落实情况,并进行民主测评;报告市委2015年干部选拔任用工作情况,并对市委2015年干部选拔任用工作和新选拔任用干部进行民主评议;报告市委书记抓基层党建工作情况,并进行民主测评;对2015年度县(区)、市直部门效能目标管理考核工作进行满意度测评;传达贯彻自治区党委十一届七次全体会议精神,总结2015年经济工作,部署2016年经济工作。
（李松龄）

【中国共产党中卫市第四次代表大会】 11月28~30日,中国共产党中卫市第四次代表大会在中卫红宝宾馆会议中心举行。大会听取和审议通过了《中共中卫市第三届委员会报告》《中共中卫市纪律检查委员会工作报告》《全市党费收缴、使用和管理情况报告》。选举产生了中国共产党中卫市第四届委员会委员48人、候补委员10人,中国共产党中卫市纪律检查委员会委员29人,中卫市出席自治区第十二次党代会代表49人。张柱、万新恒、马世军、刘明生、陈加先、刘成孝、王伟、徐海宁、杨文生、叶宪静10名同志当选为中国共产党中卫市第四届委员会常务委员会委员。张柱当选为中国共产党中卫市第四届委员会书记；万新恒、马世军当选为中国共产党中卫市第四届委员会副书记。刘明生当选为纪律检查委员会书记。　　　　　　（李福祥）

【全市脱贫攻坚誓师大会】　1月26日召开，会议传达中央扶贫开发工作会议和自治区脱贫攻坚誓师大会精神，安排部署中卫市脱贫攻坚工作。
　　　　　　　　　　　　　　　　　　（李松龄）

【市纪委三届六次全体会议】　2月2日召开，会议学习贯彻十八届中央纪委六次全会和自治区纪委十一届七次全会精神，总结中卫市2015年党风廉政建设和反腐败工作，安排部署2016年工作；签订2016年度党风廉政建设责任书；组织"三述三评"对象进行述职、现场质询、测评和点评。　　　（李松龄）

【全市领导干部学习班】　2月14~15日召开。会议深入学习党的十八届五中全会、自治区党委十一次全会和自治区"两会"、市委三届六次全体会议、市"两会"及区、市脱贫攻坚誓师大会等会议精神，深入学习中央1号等文件精神，并针对"机关干部如何做好脱贫帮扶工作"进行专题辅导。　　（李松龄）

【全市统战民族工作会议】　3月25日召开。会议传达自治区党委统战工作会议精神；总结近年来全市统战民族工作，安排部署今后的统战民族工作暨民族团结进步创建工作；表彰全市民族团结进步创建活动模范单位、模范个人。　　　　　（李松龄）

【全市"两学一做"学习教育座谈会和全市市县乡领导班子换届工作会议】　4月27日召开。会议认真落实中央和自治区党委的有关要求，安排部署全市"两学一做"学习教育和全市市县乡领导班子换届工作。
　　　　　　　　　　　　　　　　　　（李松龄）

【中卫市2016年群众评议机关作风活动启动电视电话会议】　6月2日召开。会议传达自治区2016年群众评议机关作风活动启动会议精神；安排部署中卫市2016年群众评议机关作风活动。（李松龄）

【全市农业特色产业暨农村改革推进会】　6月23~24日召开。会议观摩全市农业特色产业及农村改革亮点工作，安排部署下一步全市农业特色产业发展及农村改革工作。　　　　　　　　　（李松龄）

【全市庆祝中国共产党成立95周年大会】　6月29日召开。会议回顾党的光辉历程，庆祝中国共产党成立95周年，表彰全市各条战线上涌现出的先进基层党组织、优秀共产党员和优秀党务工作者。
　　　　　　　　　　　　　　　　　　（李松龄）

【2016年"民营企业中卫行"活动主体会议】　7月25日召开。会议召开"民营企业中卫行"活动主体会议，举行签约仪式。　　　　　　　　　（李松龄）

【全市产业发展和重点工作现场交流会】　8月15~21日召开。会议观摩全市产业发展和重点亮点工作，比学赶超，推动发展，力促全年各项目标任务顺利推进，取得实效。　　　　　　　　　（李松龄）

【中国共产党中卫市第三届委员会第七次全体会议】　8月21日召开。会议传达学习习近平总书记来宁视察重要讲话精神、自治区党委十一届八次全体会议精神和自治区上半年经济形势分析会议精神；审议通过《关于深入学习贯彻落实习近平总书记来宁视察重要讲话精神的决定》《关于落实绿色发展理念，加快美丽中卫建设的实施意见》《关于召开中国共产党中卫市第四次代表大会的决议》；对全市产业发展和重点工作现场交流会进行总结，分析研判上半年经济形势，安排部署下半年经济工作。　（李松龄）

【全市庆祝第32个教师节暨表彰大会】　9月8日召开。会议总结2015~2016学年全市教育工作，表彰奖励教育工作先进集体、先进个人；安排部署今后全市教育工作。　　　　　　　　　　　（李松龄）

【全市"六五"普法总结表彰暨"七五"普法动员大会】　11月1日召开。会议总结全市"六五"普法工作，表彰奖励"六五"普法工作先进集体和先进个人；安排部署第七个五年法治宣传教育工作。　　　　（李松龄）

【中国共产党中卫市第三届委员会第八次全体会议】　11月18日召开。会议审议通过市委、市纪委向中卫市第四次党代会的报告；确定中卫市第四次党代会召开日期；审议通过中共中卫市第四届委员会委员、候补委员和纪律检查委员会委员候选人预备人选名单；圈选产生中卫市出席自治区第十二次党代会代表候选人预备人选。　　　　　　　（李松龄）

【学习贯彻党的十八届六中全会精神专题辅导报告会】　11月24日在中卫行政中心二楼会议室举行。自治区党委常委、自治区纪委书记许传智作专题辅导报告。市委书记张柱主持报告会并讲话，罗成虎、邹玉忠等市四套班子在家领导，市中级人民法院院长，市人民检察院检察长，两县两区及市直各部门负责人等参加报告会。　　　　　　　（李松龄）

【中国共产党中卫市第四届委员会第一次全体会议】　11月30日召开。会议选举产生第四届市委

常委和书记、副书记；通过市纪委四届一次全体会议选举结果的报告。 （李松龄）

【全市领导干部全面从严治党主体责任专题培训班】 12月30日召开。会议邀请自治区纪委有关领导就"贯彻落实十八届六中全会精神，切实履行全面从严治党主体责任"做专题辅导。 （李松龄）

【市委第一次常委会会议】 1月6日，市委书记张柱主持召开。会议审定中国共产党中卫市第三届委员会第六次全体会议相关材料；研究市委办公室《关于召开中国共产党中卫市第三届委员会第六次会议的请示》、市委组织部《关于递补中国共产党中卫市第三届委员会委员的请示》；研究干部事宜。马世军、陶雨芳、刘明生、陈建华、陈加先、赵国武、黄河、刘成孝出席会议，罗成虎、潘景林及市直有关部门负责人列席会议。 （李松龄）

【市委第二次常委会会议】 1月7日晚上，市委书记张柱主持召开。会议听取各组召集人关于市委三届六次全体会议分组审议情况的报告；传达自治区开展矛盾纠纷排查化解专项工作电视电话会议精神；研究市人大常委会党组《关于中卫市第三届人民代表大会法制委员会组成人员的请示》和《关于召开中卫市第三届人民代表大会第五次会议的请示》、市政协党组《关于提请审定〈中卫市政协2016年协商工作计划(草案)〉的请示》和《关于召开政协中卫市第三届委员会第四次会议的请示》、市委组织部《关于补选市第三届人大代表的请示》。万新恒、马世军、陶雨芳、金生平、刘明生、陈建华、陈加先、赵国武、黄河、刘成孝出席会议，罗成虎、潘景林、刘锦平、李铁路、蔡波、马桂岚、刘学智、张武、施润云、秦发成及市直有关部门负责人列席会议。 （李松龄）

【市委第三次常委会会议】 1月19日，市委书记张柱主持召开。传达学习十八届中央纪律检查委员会第六次全体会议精神和自治区"两会"精神；听取全市2015年度效能目标管理考核情况的汇报；审定《中卫市委领导班子"三严三实"专题民主生活会梳理意见建议整改清单》《中卫市委"三重一大"事项集体决策实施细则(试行)》《中卫市2016年慰问活动方案》《市委领导班子成员工作分工方案》；研究市人民政府党组《关于提请审定〈中卫市三年打赢脱贫攻坚战实施方案(送审稿)〉〈中卫市贫困群众"离土"脱贫若干扶持政策(送审稿)〉的请示》、中卫市第三届人民代表大会第五次会议和政协中卫市第三届委员会第四次会议相关事宜、市处理信访突出问题及群体性事件联席会议办公室《关于提请研究〈关于完善中卫市领导干部接访工作方法的意见〉的请示》；研究干部事宜。万新恒、马世军、金生平、刘明生、陈加先、赵国武、黄河、刘成孝出席会议，罗成虎、潘景林、刘锦平、李铁路、蔡波、刘林森、霍健明、祝增坤、尹效恩、许金军、施润云、秦发成、张隽华、朱凼凼及两县一区和市直有关部门负责人列席会议。 （李松龄）

【市委第四次常委会会议】 2月1日上午，市委书记张柱主持召开。会议传达学习自治区纪委十一届七次全会精神、全区组织部长会议精神、全区宣传部长会议精神、全区统战部长会议精神、全区政法工作会议精神，并分别提出贯彻意见；通报中央巡视工作领导小组办公室《关于刘明生同志工作表现》。万新恒、马世军、陶雨芳、刘明生、陈加先、刘成孝出席会议，罗成虎、潘景林、金生平、刘锦平、李铁路、蔡波、马桂岚、刘林森、李树茂、霍健明、刘学智、蔡菊、尹效恩、张武、田桦、施润云、茹小侠、秦发成、付成林、张隽华及两县一区和市直有关部门负责人列席会议。（李松龄）

【市委第五次常委会会议】 2月25日上午，市委书记张柱主持召开。会议传达学习《中共中央、国务院关于给予中共天津市委、天津市人民政府通报批评的通知》和《自治区党委办公厅、政府办公厅转发中央维护稳定工作领导小组办公室〈关于银川市贺兰县"1·05"公交车纵火案有关情况的通报〉的通知》精神；研究市人民政府党组《关于提请审定2016年度全市安全生产工作会议方案的请示》、市编办《关于提请审定2016年第一次编委会议研究事项的请示》；研究干部事宜。万新恒、马世军、陶雨芳、刘明生、陈加先、赵国武、黄河、刘成孝出席会议，金生平、刘锦平、蔡波、马桂岚、刘林森、李树茂、王伟、蔡菊、尹效恩、许金军、田桦、施润云、茹小侠、秦发成、付成林、朱凼凼及市直有关部门负责人列席会议。 （李松龄）

【市委第六次常委会会议】 3月21日下午，市委书记张柱主持召开。会议研究决定，将在全市领导干部大会民主推荐投票和个别谈话推荐中得票集中，且平时工作表现突出的金生平同志推荐为自治区党委管理企业正职拟任人选的考察人选，按规定程序报自治区党委组织部。万新恒、马世军、陈加先、赵国武、刘成孝出席会议，罗成虎列席会议。 （李松龄）

【市委第七次常委会会议】 3月21日晚，市委书记张柱主持召开。会议研究市委办公室《关于提请审定全市2016年重点项目、重点工作和重点改革任务的请示》和《关于加强市委督导组人员力量的请示》、市人民政府党组《关于调整市本级、沙坡头区财政管理体制的请示》和《关于确定2016年地方政府债券使用方案的请示》，市工商联《关于提请审定2016年"民营企业中卫行"活动方案的请示》、市总工会《关于推荐2016年自治区"五一"劳动奖状奖章工人先锋号的请示》；审定市纪委《关于2016年中卫市党风廉政建设暨"清廉中卫"主要任务分工的请示》和《关于2015年度自治区党风廉政建设责任制和惩防体系建设检查组反馈问题的整改方案的请示》；研究干部事宜。万新恒、马世军、陶雨芳、刘明生、陈加先、赵国武、黄河、刘成孝出席会议，罗成虎、金生平、李铁路、蔡波、霍健明、刘学智、祝增坤、王伟、尹效恩、许金军、田桦、施润云、朱凼凼及两县一区和市直有关部门负责人列席会议。
(李松龄)

【市委第八次常委会会议】 4月1日上午，市委书记张柱主持召开。会议学习讨论《中共中央关于郭伯雄严重违纪违法案及其教训的通报》；传达学习全区市县乡领导班子换届工作会议精神，研究贯彻落实意见；研究市人民政府党组《关于提请审定〈中卫市三年打赢脱贫攻坚战实施方案（送审稿）〉〈中卫市贫困群众"离土"脱贫若干扶持政策（送审稿）〉的请示》和《关于提请审定〈召开全域旅游示范市创建动员推进会方案〉〈中卫市创建全域旅游示范市工作实施意见〉〈中卫市创建全域旅游示范市工作推进方案〉〈中卫市2016年全域旅游创建工作要点〉的请示》；研究市委组织部《关于审定〈关于进一步加强农村基层党建工作的实施意见〉的请示》和《关于审定〈中卫市推进领导干部能上能下实施办法（试行）〉的请示》；研究干部事宜。万新恒、马世军、陶雨芳、赵国武、刘成孝、袁诗鸣出席会议，罗成虎、金生平、刘锦平、李铁路、蔡波、马桂岚、刘林森、李树茂、霍健明、刘学智、蔡菊、田桦、茹小侠、秦发成及两县一区和市直有关部门负责人列席会议。
(李松龄)

【市委第九次常委会会议】 4月22日上午，市委书记张柱主持召开。会议传达全区"两学一做"学习教育工作电视电话会议精神，研究全市"两学一做"学习教育相关事宜；传达自治区2016年第一季度经济形势分析会精神，研究贯彻落实意见；研究市人民政府党组《关于提请审定〈"中卫英才"奖评选奖励办法（试行）（送审稿）〉〈中卫市享受政府特殊津贴人员选拔管理办法（送审稿）〉的请示》《关于提请审定市直部门权力清单（送审稿）的请示》；研究市县乡领导班子换届工作相关事宜、市总工会《关于召开中卫市2016年五一劳动节表彰暨劳动竞赛推进会的请示》《关于推选2016年中卫市"五一"劳动奖状奖章工人先锋号的请示》；研究审定《沙坡头区党代会人代会政协会及乡镇换届筹备工作方案》《中卫市人大常委会2016年立法工作计划》。马世军、陶雨芳、刘明生、陈加先、赵国武、黄河、刘成孝、袁诗鸣出席会议，金生平、李铁路、蔡波、马桂岚、刘林森、李树茂、霍健明、刘学智、祝增坤、蔡菊、许金军、张武、田桦、茹小侠、秦发成、付成林、张隽华及两县一区和市直有关部门负责人列席会议。
(李松龄)

【市委第十次常委会会议】 5月6日上午，市委书记张柱主持召开。会议传达学习习近平总书记重要批示、李建华书记批示和毛泽东同志《党委会的工作方法》《中国共产党地方委员会工作条例》《中国共产党党组工作条例（试行）》；传达学习李建华同志在《中央信访工作联席会议办公室关于印发"中信联发〔2016〕2号"文件的通知》上的批示精神；研究市人民政府党组《关于提请审定中卫市招商引资扶持激励政策的请示》；研究审定《关于建立党员干部容错免责机制实施办法（试行）》《中卫市精准脱贫工作问责办法（试行）》《中卫市2016年度效能目标管理考核实施方案》《市委三届七次全会筹备工作方案》；研究市编办《关于提请审定2016年第二次编委会议研究事项的请示》。万新恒、马世军、陶雨芳、刘明生、陈加先、黄河、刘成孝、袁诗鸣出席会议，金生平、刘锦平、蔡波、马桂岚、刘林森、李树茂、祝增坤、蔡菊、尹效恩、许金军、张武、田桦、茹小侠、秦发成、付成林、张隽华及两县一区和市直有关部门负责人列席会议。
(李松龄)

【市委第十一次常委会会议】 5月20日上午，市委书记张柱主持召开。会议传达学习自治区党委第12、13次常委会议精神；传达学习习近平总书记在网络安全和信息化工作座谈会上的重要讲话及自治区相关会议精神，并研究贯彻落实意见；传达学习习近平总书记在哲学社会科学工作座谈会上的重要讲话精神；传达学习全国集中连片贫困地区抓党建促脱贫攻坚工作座谈会精神，并研究贯彻落实意见；传达学习中共中央办公厅《关于部分党员领导干部在谈话函询中不如实向组织说明情况典型案件及其教训的通报》和自治区纪委《关于十起不作为、乱作为、慢作为典型问题的通报》精神；研究市人民政府党组《关于提请审定〈中卫市公共资源交易管理暂行办法（送审稿）〉的请示》、市委组织部《关于召开中国共产党中卫市沙坡头区第一次代表大会的请示》、市委宣传部《关于提请研究审定〈党委(党组)意识形态工作责任制实施细则〉的请示》、市国家公务员考核委员会办公室《关于给予张文等7名同志记三等功的请示》。马世军、陶雨芳、刘明生、陈加先、赵国武、黄河、刘成孝、袁诗鸣出席会议,李铁路、蔡波、马桂岚、李树茂、刘学智、蔡菊、尹效恩、田桦、施润云、秦发成、付成林及两县一区和市直有关部门负责人列席会议。　　(李松龄)

【市委第十二次常委会会议】　6月2日下午,市委书记张柱主持召开。会议传达学习自治区党委专题会议精神;传达自治区纪委《关于海原县七件基层不正之风和腐败问题典型案例通报》;研究市人民政府党组《关于提请审定中卫市直部门责任清单(送审稿)的请示》、全市脱贫攻坚有关事宜、市委组织部《关于开展庆祝中国共产党成立95周年纪念活动的请示》和《关于沙坡头区领导班子人事安排的请示》。陶雨芳、刘明生、陈加先、赵国武、刘成孝、袁诗鸣出席会议,金生平、刘锦平、霍健明、祝增坤、蔡菊、尹效恩、许金军、张隽华及两县一区和市直有关部门负责人列席会议。　　(李松龄)

【市委第十三次常委会会议】　6月8日下午,市委书记张柱主持召开。会议传达学习李建华书记来卫调研重要讲话精神,研究贯彻落实意见;研究市人民政府党组《关于提请审定中卫市招商引资扶持激励政策的请示》。陶雨芳、刘明生、陈加先、赵国武、刘成孝、袁诗鸣出席会议,金生平、刘锦平、马桂岚、李树茂、霍健明、蔡菊、许金军、田桦、施润云、秦发成、付成林、朱凼凼及两县一区和市直有关部门负责人列席会议。　　(李松龄)

【市委第十四次常委会会议】　7月5日上午,市委书记张柱主持召开。会议传达学习习近平总书记在庆祝中国共产党成立95周年大会上的重要讲话精神,通报中央和自治区表彰的中卫市先进基层党组织、优秀共产党员和优秀党务工作者;传达学习陈昌智同志在全国人大常委会《环境保护法》执法检查组来卫检查时的讲话精神,并研究贯彻意见;传达学习中央办公厅《关于部分人大代表、政协委员涉法涉罪问题问责情况及教训的通报》、自治区纪委《关于四起落实"两个责任"不力受到责任追究典型问题的通报》和许传智同志在自治区纪委派驻机构业务培训班上的讲话精神;传达学习中组部《换届纪律提醒函》;通报自治区党委组织部《关于中卫市2015年度领导班子和领导干部的考核结果》;研究审定《影响中卫市长远发展突出问题》;研究市人民政府党组《关于提请审定中卫市数据中心项目行政审批规定(试行)的请示》、市纪委《关于在全市开展贯彻落实中央八项规定精神"回头看"的请示》、市委组织部《关于召开中国共产党中宁县第十四次代表大会和海原县第十四次代表大会的请示》、市委宣传部《关于提请研究创建全国文明城市相关事宜的请示》;研究干部事宜。万新恒、陶雨芳、刘明生、赵国武、黄河、刘成孝出席会议,罗成虎、金生平、刘锦平、李铁路、蔡波、刘林森、蔡菊、尹效恩、施润云、茹小侠、秦发成、付成林、张隽华、朱凼凼及两县一区和市直有关部门负责人列席会议。　　(李松龄)

【市委第十五次常委会会议】　7月21日晚,市委书记张柱主持召开。会议传达学习习近平总书记在宁视察期间重要讲话精神,研究贯彻落实意见;听取中卫市迎接中央第八环境保护督察组准备情况的汇报。万新恒、马世军、陶雨芳、刘明生、陈加先、赵国武、黄河、刘成孝、袁诗鸣出席会议,金生平、李树茂、刘学智、蔡菊、付成林、张隽华及两县一区和市直有关部门负责人列席会议。　　(李松龄)

【市委第十六次常委会会议】　7月25日下午,市委书记张柱主持召开。传达学习习近平总书记来宁考察时重要讲话及自治区党委第21次常委会议精神;传达学习自治区上半年经济形势分析会精神和许传智同志在自治区纪委上半年工作汇报会上的讲话精神,并分别研究贯彻意见;研究市人民政府党组《关于审定〈中卫市公共租赁住房出售实施方案〉的请示》、市编办《关于审定2016年第三次编委会议研究事项的请示》;研究干部事宜。万新恒、马世军、陶雨芳、刘明生、陈加先、黄河、刘成孝、袁诗鸣出席会议,罗成虎、金生平、刘锦平、李铁路、蔡波、马桂岚、刘林森、李树茂、刘学智、祝增坤、尹效恩、许金军、施润云、茹小侠、付成林及两县一区和市直有关部门负责人列席会议。　　(李松龄)

【市委第十七次常委会会议】　7月28日下午,受市委书记张柱委托,万新恒同志主持召开。会议决定,将在全市领导干部大会民主推荐投票和个别谈话推荐中得票集中,且平时工作表现突出的霍健明同志推荐为区直机关巡视员拟任人选的考察人选,徐海宁同志推荐为中卫市委常委拟任人选的考察人选,按规定程序报自治区党委组织部。陶雨芳、刘明生、陈加先、赵国武、刘成孝、袁诗鸣出席会议,罗成虎、金生平列席会议。　　(李松龄)

【市委第十八次常委会会议】　8月9日下午,市委书记张柱主持召开。会议传达学习咸辉同志来卫调研讲话精神,研究贯彻落实意见;通报左新波接受组织调查事宜;传达学习中共中央、国务院《关于加强和改进新形势下宗教工作的意见》精神;研究市委组织部《关于提请审定〈关于人才发展体制机制改革促进人才与经济社会协调发展的若干意见〉的请示》《关于调整宁夏中卫大河机床有限责任公司党委隶属关系的请示》《关于召开中国共产党中卫市第四次代表大会有关事项的请示》;研究市委办公室《关于召开中国共产党中卫市第三届委员会第七次全体会议的请示》;研究干部事宜。万新恒、马世军、陶雨芳、刘明生、陈加先、黄河、刘成孝、袁诗鸣、徐海宁出席会议,罗成虎、刘锦平、李铁路、蔡波、马桂岚、李树茂、霍健明、何晓勇、刘学智、祝增坤、尹效恩、许金军、田桦、施润云、茹小侠、秦发成、付成林、朱囵囵及两县一区和市直有关部门负责人列席会议。 (李松龄)

【市委第十九次常委会会议】 8月17日晚上,市委书记张柱主持召开。会议传达学习自治区党委《关于深入学习贯彻落实习近平总书记来宁视察重要讲话精神的决定》;审定中国共产党中卫市第三届委员会第七次全体会议相关材料;研究市委统战部《关于提请印发〈关于协助市各民主党派做好换届工作的实施方案〉的请示》;研究干部事宜。万新恒、马世军、陶雨芳、刘明生、陈加先、黄河、刘成孝、袁诗鸣、徐海宁出席会议,罗成虎、蔡波、李树茂、何晓勇、田桦、施润云、付成林及两县一区和市直有关部门负责人列席会议。 (李松龄)

【市委第二十次常委会会议】 8月21日下午,市委书记张柱主持召开。会议听取各组召集人关于市委三届七次全体会议分组审议情况的报告。会议要求,各组召集人要精心组织好后续分组审议工作,引导与会人员积极发表真知灼见,并将意见建议及时反馈至各材料起草组认真修改完善,形成草案后提请市委三届七次全体会议表决通过。会议强调,要加大招商引资力度,充分发挥社会各界力量推动全民招商,有针对性地解决影响制约中卫经济发展的短板;要进一步转变作风抓落实,创新监督、管理、部署、考核工作方法,层层压实责任、明确职责,全力推动各项工作落实到位。由马世军同志负责,研究制定解决招商引资不力和工作落实不力的针对性措施和办法,督促各级责任领导和部门(单位)履职尽责。万新恒、马世军、陶雨芳、刘明生、陈加先、赵国武、黄河、刘成孝、袁诗鸣、徐海宁出席会议,罗成虎、金生平及两县一区和市直有关部门负责人列席会议。 (李松龄)

【市委第二十一次常委会会议】 8月26日上午,市委书记张柱主持召开。会议传达学习自治区党委第24次常委会议精神(内容包含全国卫生与健康大会精神、常万全同志来宁视察讲话精神、李建华同志到全国工商联对接工作有关情况、《中国共产党问责条例》);传达学习李建华书记对全区纪检监察工作做出的重要批示精神;听取市委班子成员及县(区)党委书记履行党风廉政建设主体责任情况的汇报;研究干部事宜。万新恒、刘明生、陈加先、赵国武、黄河、刘成孝、袁诗鸣、徐海宁出席会议,罗成虎、金生平、刘锦平、李铁路、蔡波、刘林森、李树茂、刘学智、祝增坤、蔡菊、尹效恩、许金军、田桦、茹小侠、秦发成、付成林及两县一区和市直有关部门负责人列席会议。 (李松龄)

【市委第二十二次常委会会议】 9月30日上午,市委书记张柱主持召开。会议传达学习自治区十一届人大六次会议精神、《中共中央关于辽宁拉票贿选案查处情况及其教训警示的通报》及李建华书记批示精神;传达学习李建华书记和咸辉主席在《中共中央、国务院转发〈国家发展和改革委员会关于上半年经济形势和做好下半年经济工作的建议〉的通知》上的批示精神,对落实市委三届七次全体会议精神进行安排部署;通报随同自治区党政代表团赴贵州考察情况;审定《中卫市市级领导牵头推进重大项目工作方案》《关于进一步加强招商引资工作实施方案》;研究市人民政府党组《关于提请审定关于完善国资监管体制及政府投融资平台建设方案的请示》《关于提请审定中卫市产业投资基金设立、发行、投资及收益和本金兑付方案的请示》;研究市人民政府党组《关于提请审定中卫市规章制定程序规定(草案)的请示》《关于提请审定关于组建中卫仲裁委员会实施方案(送审稿)的请示》;研究市纪委《关于成立中卫市委巡察工作领导小组的请示》《关于提请审定〈中卫市委巡察工作办法(试行)〉的请示》《关于提请审定〈中卫市党风廉政建设廉情抄告和回告办法(试行)〉的请示》;研究市委老干部局《关于中卫市纪念长征胜利80周年慰问建国前老干部活动实施方案的请示》;听取市人民检察院《关于员额制管理检察官改革进展情况的报告》;研究市委组织部《关于给林绍栋和林志城同志申报记二等功的请示》《关于中共中卫市旅游局党组变更名称的请示》;研究市人大常委会党组《关于做好市第四届人民代表大会代表换届选举有关工作的请示》;研究市委组织部、统战部《关于提请研究确定市各民主党派新一届领导班子人选的请示》《关于提请研究中卫市政协换届委员人事安排工作方案的请示》；召开市级党员领导同志"两学一做"学习教育（专题二）讨论会议；研究干部事宜。万新恒、马世军、刘明生、陈加先、赵国武、刘成孝、袁诗鸣、徐海宁出席会议，罗成虎、金生平、刘锦平、蔡波、刘林森、李树茂、何晓勇、刘学智、许金军、张武、田桦、施润云、茹小侠、秦发成、付成林、张隽华及两县一区和市直有关部门负责人列席会议。

(李松龄)

【市委第二十三次常委会会议】 10月17日下午，市委书记张柱主持召开。会议研究市委组织部《关于审定市委提名推荐的市第四届人民代表大会代表候选人初步人选建议名单的请示》《关于终止刘仲虎等7名区、市党代会代表资格的请示》，原则同意市委组织部《关于审定市委提名推荐的市第四届人民代表大会代表候选人初步人选建议名单的请示》，由市委组织部根据会议讨论意见修改完善后，按有关程序办理。研究干部事宜。陶雨芳、刘明生、陈加先、赵国武、黄河、刘成孝、袁诗鸣、徐海宁、杨文生出席会议，罗成虎、邹玉忠及市直有关部门负责人列席会议。(李松龄)

【市委第二十四次常委会会议】 10月17日下午，市委书记张柱主持召开。会议向自治区党委换届考察组汇报中卫市市县乡领导班子换届工作进展情况，会议认为，全区市县乡领导班子换届工作启动以来，市委高度重视、强化领导、周密部署，统一思想、广泛动员，严格程序、统筹谋划，严肃纪律、强化监督，全市市县乡领导班子换届工作稳步推进，取得阶段性成果。自治区党委换届考察组通报换届考察工作的主要任务、工作安排和具体要求，会议要求，全市各级党组织要严格按照自治区党委换届考察组的要求，发扬中卫市长期以来形成的好传统、好作风，顾全大局，立足长远，积极配合自治区党委换届考察组做好各项工作，真正把能干事、会干事、能够反映中卫干部正气的优秀干部推荐出来，进一步优化班子配备，确保换届考察工作圆满完成。自治区党委换届考察组郑震、马丽君、马天兵、常红全、梁菲、高云、张圃瑜、施选文、陈治仿、杨金云、叶旭、陈昌荣出席会议，马世军、陶雨芳、刘明生、陈加先、赵国武、黄河、刘成孝、袁诗鸣、徐海宁、杨文生出席会议，罗成虎、邹玉忠、刘锦平、李铁路、蔡波、马桂岚、刘林森、李树茂、刘学智、尹效恩、许金军、张武、施润云、秦发成、付成林及两县一区和市直有关部门负责人列席会议。 (李松龄)

【市委第二十五次常委会会议】 10月21日上午，市委书记张柱主持召开。会议听取对中卫市领导班子换届会议推荐参考名单的意见，同意中卫领导班子换届会议推荐参考名单，将结果反馈自治区党委换届工作考察组；研究因工作需要任免的领导干部：杨文生同志任市委统战部部长，免去马世军同志市委统战部部长职务，由市委组织部按有关程序办理。万新恒、马世军、陶雨芳、刘明生、陈加先、赵国武、黄河、刘成孝、袁诗鸣、王伟、徐海宁、杨文生出席会议，罗成虎、邹玉忠及市直有关部门负责人列席会议。

(李松龄)

【市委第二十六次常委会会议】 10月24日上午，市委书记张柱主持召开。会议研究干部事宜，决定将在全市领导干部大会民主推荐投票和个别谈话推荐中得票集中，且平时工作表现突出的陶雨芳同志推荐为自治区党委管理的国有企业正职拟任人选的考察对象，按规定程序报自治区党委组织部。万新恒、马世军、刘明生、陈加先、赵国武、黄河、刘成孝、袁诗鸣、杨文生出席会议，罗成虎、邹玉忠列席会议。

(李松龄)

【市委第二十七次常委会会议】 10月24日下午，市委书记张柱主持召开。会议传达学习《习近平总书记在农村改革座谈会上的讲话》精神、《中共中央办公厅印发〈当前意识形态领域情况的通报〉的通知》精神，《中共中央办公厅、国务院办公厅印发〈关于2016年上半年贯彻执行中央八项规定情况的报告〉的通知》和《中共中央办公厅关于部分中管干部违反中央八项规定精神问题及其教训警示的通报》精神；传达学习全区产业发展和重点工作现场交流会精神，研究贯彻落实意见；听取市政协党组关于中卫市政协委员基层联系点工作情况的汇报，传达学习齐同生主席的批示精神；研究市人民政府党组《关于提请审定召开全市"六五"普法总结表彰暨"七五"普法动员大会及相关事宜的请示》、市委组织部《关于市工业和信息化局等13个单位党委召开党员大会（党员代表大会）的请示》、市编办《关于审定2016年第四次编委会议研究事项的请示》、市委党校《关于提请审定〈关于加强和改进全市党校工作的实施意见〉的请示》、市工商联《关于提请审定〈中卫市工商联（民间商会）换届工作实施方案的请示》；召开市级党员领导同志"两学一做"学习教育（专题三）讨论会议。万新恒、马世军、陶雨芳、刘明生、赵国武、刘成孝、袁诗鸣、杨文生出席会议，罗成虎、邹玉忠、刘锦平、李铁路、蔡波、马桂岚、刘林森、李树茂、何晓勇、祝增坤、蔡菊、尹效恩、许金军、张武、田桦、施润云、茹小侠、秦发成、付成林、张隽华及两县一区和市直有关部门负责人列席会议。 (李松龄)

【市委第二十八次常委会会议】 10月31日上午，市委书记张柱主持召开。会议传达学习中国共产党十八届六中全会精神及自治区党委第30次常委会议精神，会议决定：由陶雨芳同志牵头，市委宣传部负责，按照中央和自治区党委的总体部署要求，尽快制定中卫市学习宣传贯彻全会精神方案；由刘明生同志牵头，市纪委负责，市委组织部配合，迅速制定出中卫市贯彻落实《准则》和《条例》的具体方案。会议分析安排经济工作，会议决定：由市委办公室、市政府办公室牵头，市委督查室、市政府督查室负责，将由相关市领导及县（区）、部门（单位）负责的招商引资、向上对接项目和资金、近期开工项目及改革创新等目标任务进一步细化分解，并纳入年度效能目标管理考核体系；由万新恒同志牵头，马世军、黄河同志负责，针对全市工作中存在的短板和出现的问题，于11月6日前逐条梳理出解决的对策和政策，并及时予以安排部署；由万新恒同志负责，对国家统计局中卫调查队开展城乡居民"两项收入"调查工作给予一定经费支持；由刘成孝同志牵头，市委组织部负责，参照中卫市2015年"两大工程"建设的做法，从干部提拔任用等方面研究制定激励干部招商引资工作的意见办法；市委将定期听取招商引资工作情况的汇报，及时全面梳理线索、重点推进。万新恒、马世军、陶雨芳、刘明生、陈加先、赵国武、黄河、刘成孝、徐海宁、杨文生出席会议，罗成虎、邹玉忠、何晓勇、张隽华、朱凼凼及两县一区和市直有关部门负责人列席会议。 （李松龄）

【市委第二十九次常委会会议】 11月4日下午，市委书记张柱主持召开。会议传达学习咸辉同志来卫调研重要讲话精神，研究贯彻落实意见。会议认为，咸辉同志来卫深入系统调研海原县经济社会发展情况，对抓好全年各项目标任务的完成、坚决打赢脱贫攻坚战、科学安排好各类大项目和好项目、切实解决贫穷人口的生产生活困难和问题、及早谋划明年乃至"十三五"各项工作、坚定不移地贯彻执行党的民族宗教政策6个方面提出明确要求，充分体现自治区党委、政府和咸辉同志对中卫市和海原县经济社会事业发展的高度重视和关心支持，为我们做好各项工作指明方向、提供遵循，具有非常重要的指导意义。全市上下一定要深刻学习领会，积极对接协调，全力抓好落实，切实推动发展。会议原则同意中卫市初步贯彻落实意见，由刘成孝同志牵头，市委办公室、市政府办公室负责，根据会议讨论意见修改完善后认真抓好落实，并于11月4日前将中卫市贯彻落实情况专报咸辉同志。刘明生、陈加先、赵国武、刘成孝、袁诗鸣、徐海宁出席会议，邹玉忠、刘锦平、李铁路、刘林森、李树茂、蔡菊、张武、田桦、施润云、付成林及市直有关部门负责人列席会议。 （李松龄）

【市委第三十次常委会会议】 11月7日上午，市委书记张柱主持召开。会议研究市委组织部《关于确定中卫市出席自治区第十二次党代会代表候选人初步人选考察对象的请示》，原则同意市委组织部《关于确定中卫市出席自治区第十二次党代会代表候选人初步人选考察对象的请示》，由刘成孝同志牵头，刘明生配合，市委组织部按有关程序办理；研究市委组织部《关于中卫市领导班子换届人事安排的请示》；研究干部事宜。刘明生、陈加先、赵国武、黄河、刘成孝、袁诗鸣、徐海宁、杨文生、叶宪静出席会议，罗成虎、邹玉忠、刘锦平、李铁路、蔡波、刘林森、李树茂、祝增坤、蔡菊、尹效恩、许金军、张武、田桦、施润云、茹小侠、秦发成、付成林、张隽华及市直有关部门负责人列席会议。 （李松龄）

【市委第三十一次常委会会议】 11月11日上午，市委书记张柱主持召开。会议研究市人大常委会党组《关于将〈中卫市城乡居民饮用水安全保护办法〉列为2017年立法项目的请示》；研究市人民政府党组《关于提请审定〈中卫市法治政府建设实施方案（2016~2020年）〉（送审稿）的请示》《关于提请审定中卫市直国有林场改革实施方案（送审稿）的请示》和《关于提请审定中卫市关于深化市供销合作社综合改革实施方案（送审稿）的请示》；召开市级党员领导同志"两学一做"学习教育（专题四）讨论会议；听取中卫市争取自治区政府帮助解决的7个方面问题跟进对接落实情况的汇报；研究干部事宜。刘明生、陈加先、赵国武、黄河、刘成孝、袁诗鸣、叶宪静出席会议，罗成虎、邹玉忠、蔡波、马桂岚、李树茂、何晓勇、刘学智、祝增坤、许金军、施润云、付成林及两县一区和市直有关部门负责人列席会议。 （李松龄）

【市委第三十二次常委会会议】 11月17日上午，市委书记张柱主持召开。会议传达学习自治区领导干部专题学习班精神；研究中卫市第四次党代会有关事宜（审议《中共中卫市第三届委员会向中卫市第四次党代会的报告（审议稿）》和《中共中卫市第三届纪律检查委员会向中卫市第四次党代会的工作报告（审议稿）》；研究市委组织部《关于中国共产党中卫市第四次代表大会有关事项的请示》）；研究市编办《关于审定市供销合作社管理体制改革中有关问题建议的请示》。研究市委办公室《关于召开中国共产党中卫市第三届委员会第八次全体会议的请示》《关于召开中国共产党中卫市第四次代表大会的请示》,决定:1.中国共产党中卫市第三届委员会第八次全体会议于2016年11月18日(星期五)上午在市行政中心二楼中心会议室召开;2.中国共产党中卫市第四次代表大会于2016年11月28日(星期一)至30日(星期三)在中卫红宝宾馆召开,按程序提请市委三届八次全体会议审议。研究干部事宜。万新恒、马世军、刘明生、陈加先、赵国武、黄河、刘成孝、徐海宁、叶宪静出席会议,罗成虎、邹玉忠、刘锦平、李铁路、蔡波、马桂岚、刘林森、李树茂、蔡菊、尹效恩、许金军、张武、施润云、秦发成、付成林、张隽华、朱凼凼及两县一区和市直有关部门负责人列席会议。 (李松龄)

【市委第三十三次常委会会议】 11月18日上午,市委书记张柱主持召开。会议听取市委三届八次全体会议各组审议《中共中卫市第三届委员会向中卫市第四次党代会的报告(审议稿)》《中共中卫市纪律检查委员会向中卫市第四次党代会的工作报告(审议稿)》《关于中国共产党中卫市第四次代表大会召开日期的决议(草案)》《中卫市出席自治区第十二次党代会代表候选人预备人选圈选办法(草案)》和酝酿中共中卫市第四届委员会委员、候补委员和纪律检查委员会委员候选人预备人选,中卫市出席自治区第十二次党代会代表候选人预备人选情况的汇报,研究决定以下事项:会议认为,在市委三届八次全体会议期间,各组严格按照会议安排,积极组织分组讨论;参会人员从大局出发,积极建言献策,发表意见充分,所提建议中肯,具有较高的参考价值。会议同意《关于中国共产党中卫市第四次代表大会召开日期的决议(草案)》《中卫市出席自治区第十二次党代会代表候选人预备人选圈选办法(草案)》,同意中共中卫市第四届委员会委员、候补委员和纪律检查委员会委员候选人预备人选,同意中卫市出席自治区第十二次党代会代表候选人预备人选,按程序提请市委三届八次全体会议第二次全体会议审议。会议要求,材料起草组要根据各组讨论意见对《中共中卫市第三届委员会向中卫市第四次党代会的报告(审议稿)》《中共中卫市纪律检查委员会向中卫市第四次党代会的工作报告(审议稿)》做进一步修改完善后,按程序提请市委三届八次全体会议第二次全体会议审议。马世军、刘明生、陈加先、赵国武、黄河、刘成孝、袁诗鸣、王伟、徐海宁、叶宪静出席会议,罗成虎、邹玉忠及市直有关部门负责人列席会议。 (李松龄)

【市委第三十四次常委会会议】 11月18日上午,市委书记张柱主持召开。会议听取市委三届八次全体会议总监票人关于中卫市出席自治区第十二次党代会代表候选人预备人选圈选计票情况的汇报,研究决定以下事项:会议同意中卫市出席自治区第十二次党代会代表候选人预备人选圈选结果,待市委三届八次全体会议第二次全体会议复会后,按程序提请会议审议通过。马世军、刘明生、陈加先、赵国武、黄河、刘成孝、袁诗鸣、王伟、徐海宁、叶宪静出席会议,罗成虎、邹玉忠及市直有关部门负责人列席会议。 (李松龄)

【市委第三十五次常委会会议】 11月27日下午,市委书记张柱主持召开。会议听取市第四次党代会各代表团推选代表团团长、副团长情况和酝酿大会主席团、秘书长、代表资格审查委员会建议名单、大会议程(草案)情况的汇报,研究决定以下事项:会议同意市第四次党代会主席团、秘书长、代表资格审查委员会名单和大会议程(草案),按程序提请市第四次党代会预备会议审议通过。会议决定,沙坡头区代表团团长为王学军同志,副团长为童刚、杨和同志;中宁县代表团团长为赵建新同志,副团长为陈宏、张建兵同志;海原县代表团团长为徐海宁同志,副团长为许正清、汪万文同志;市直机关代表团团长为叶宪静同志,副团长为郭亮、郭爱迪同志;驻卫部队代表团团长为赵国武同志。马世军、刘明生、陈加先、赵国武、刘成孝、王伟、徐海宁、杨文生、叶宪静出席会议,罗成虎、邹玉忠及市直有关部门负责人列席会议。 (李松龄)

【市委第三十六次常委会会议】 12月15日上午,市委书记张柱主持召开。会议传达学习李建华同志在中央纪委机关、中央组织部《关于对河北省等16省(区、市)换届风气督查情况的通报》上的批示精神;传达学习李建华、咸辉同志在《关于"9·27"瓦斯爆炸事故调查处理工作的汇报》上的批示精神;传达学习许传智同志来信精神,研究贯彻落实意见;研究市人民政府党组《关于审定中卫市贯彻落实中央环境保护督察组督察反馈意见整改方案的请示》;研究中卫市第四届人民代表大会第一次会议相关事项、政协中卫市第四届委员会第一次会议相关事项;研究有关人事安排事宜。万新恒、刘明生、陈加先、黄河、刘成孝、袁诗鸣、杨文生、叶宪静出席会议,罗成虎、邹玉忠、刘锦平、李铁路、蔡波、马桂岚、刘林森、李树茂、蔡菊、尹效恩、许金军、施润云、茹小侠、秦发成、付成林、朱凼凼及两县一区和市直有关部门负责人

列席会议。　　　　　　　　　　（李松龄）

· 组织工作 ·

【"两学一做"学习教育】　把解决问题贯穿始终,坚持做到"六个结合",确保学习教育取得实实在在的成效。精心研究部署。组织开展党员队伍突出问题专题调研和党员组织关系排查,对全市2162个基层党组织、44935名党员的基本情况进行调查摸底。制定"1+5"学习教育方案,创新提出"四查四树""六查六看"等载体,确保学习教育有特色、出成果。领导带头示范。各级党组织书记率先垂范,坚持做到"六个带头",带头讲党课2642场次、参加学习研讨8260场次。边学边查边改。细化党组织和党员队伍问题清单,引导各级党组织和党员对照问题选定学习篇目,确保学习教育取得实效。组织广大党员干部查找梳理出突出问题5238个,制定整改措施4887条,已整改落实4765个,整改率达91%。　　　　　　　　　（康晓伟）

【基层组织建设】　牢固树立大抓基层导向,围绕最重要、最紧迫、最难办的问题,深入调研、提前谋划、明确思路、统筹部署,推动基层组织建设出特色、出典型、出精品。抓谋划。从严落实党建工作责任制,提请市委常委会研究基层党建工作17次,开展专题调研16次,为加强和改进基层组织建设明确思路方向。抓重点。扎实开展星级基层服务型党组织创建工作,共评定三星级以上党组织389个、二星级党组织661个、一星级党组织985个。及时部署党建工作"3+7"重点任务,共找回失联党员1393名,处置违纪违法党员207名,1154名党员补交党费53.38万元。排查出的99个软弱涣散基层党组织全部转化升级。抓创新。推行"四化一满意"服务群众工作机制,投入1500多万元,建成乡镇民生服务中心工作平台39个、村级便民服务站工作平台325个,形成贯通市县乡村四级的全域化服务群众网络。加强党员队伍建设,党员"政治生日"主题活动、党员积分制管理等创新做法取得较好成效。建立重点经济部门党员领导干部联系企业制度,全市非公企业党组织覆盖率达到79.18%,较上年度提高1.8个百分点,第二届全区非公企业党组织书记论坛在中卫市召开。抓基层。建立机关党支部结对帮扶贫困村、机关干部包扶贫困户制度,9298名机关干部结对帮扶152个贫困村31297户贫困户,选派202名优秀机关干部到贫困村担任第一书记或工作队长。组织开展党员"四在先"活动,为700户党员提供"双带"发展资金300万元。　　（焦海珍）

【干部队伍建设】　把树立正确鲜明用人导向摆在首要位置,着眼于事业发展需要,着力培养选拔党和人民需要的好干部。认真抓好市县乡领导班子换届。按照自治区党委要求,统筹换届时间安排、人事安排和工作安排,坚持精准识别身份、精准考察工作业绩和精准研判政治表现"三精准"原则,严把代表委员考察关口,确保换届工作稳步有序推进。全市市县乡领导班子换届工作圆满完成,换届中未收到违反换届纪律问题的举报。选准用好干部。严把干部选拔任用程序关口,共提拔处级干部71名、科级干部162名,调整交流处级干部86名、科级干部144名;向自治区党委推荐优秀年轻县处级后备干部25名;将市属国有企业领导班子成员纳入市委管理干部范围,选拔任用领导人员5名。着力提升干部队伍素质。紧盯脱贫攻坚、全域旅游、云计算等重点任务,举办全市各级各类领导干部培训班25期,培训领导干部2500余人次;选派10余名优秀干部到经济发达省区、上级机关挂职锻炼。从严监督管理干部。严格执行领导干部个人有关事项报告核查制度,对294名领导干部个人有关事项进行核查,对不如实报告的9名干部进行诫勉谈话,并责令做出书面检查。坚持"凡提四必"要求,对有信访反映查核属实的1名拟提拔考察对象取消提拔任用资格。消化超职数超职级配备干部203名,超配的处级干部整改消化任务如期完成。　　（祁　洋）

【人才发展体制机制改革】　着力推进人才发展体制机制改革,出台《关于深化人才发展体制机制改革促进人才与经济社会协调发展的若干意见》《"中卫英才"奖评选奖励办法(试行)》《中卫市享受政府特殊津贴人员选拔管理办法》等文件,改进人才服务方式,最大限度地释放体制机制活力。以深入推进宁夏非公企业人才发展服务试验区建设为抓手,积极搭建人才干事创业平台,建立宁夏枸杞保鲜与加工职业技能实训中心、中国人民大学西部培训基地、兰州大学中卫高新技术研究院、宁夏大学亚马逊云计算学院等平台。围绕产业转型升级需要,深入实施领军人才培养、专业技术人才素质提升、中小微企业人才培训等工程,以"人才+项目"模式培训各类人才3万余人次。在全区率先设立非公经济人才服务中心,完善"一站式+个性化"人才服务体系。建立非公企业专业技术人才职称评审预备案制度,对157名专业技术人员开展职称申报指导。建立领导干部联系优秀人才制度,走访慰问优秀人才30名。组织开展"中卫英才""享受市政府特殊津贴人员"评选活动,推荐"中卫英才"人选13名、"享受市政府特殊津贴人员"人选31名。　　　　（赵志栋）

·宣传工作·

【概况】 2016年,中卫市宣传思想文化工作按照中央、自治区党委和市委的部署要求,认真学习贯彻习近平总书记系列重要讲话特别是宣传思想文化工作的系列讲话精神,紧紧围绕市委、政府中心工作,牢牢把握"两个巩固"的根本任务,干在实处、走在前列,深入实施科学理论引领、舆论引导强化等"五大工程",为实现"十三五"开好局、起好步,提供有力的思想舆论支持。　　　　　　　　　　（门　拓）

【理论武装】 围绕学习宣传贯彻习近平总书记系列重要讲话精神和中央治国理政新理念新思路新战略,扎实开展干部理论学习和基层理论宣讲,全年组织市委中心组集中学习19次,县级以上党委（党组）中心组集中学习402次,组织开展十八届六中全会、市第四次党代会、脱贫攻坚等主题宣讲417场,直接受众逾3万人。全力推进学习型机关和学习型社会建设,持续开展"全民阅读·悦读中卫"活动,坚持每月为全市各级领导干部推荐1本学习书目,在行政中心建设职工阅览室2个。成立中卫市社会科学界联合会办公室,建立由47名专家、学者和技术骨干组成的"沙坡头大讲堂"讲师团,打造"沙坡头大讲堂"等品牌。《中卫历史文物》被评为全国优秀社科作品,黄河宫被评为全国优秀社科普及教育基地。　（门　拓）

【意识形态工作】 履行党委（党组）意识形态工作指导协调督查落实责任,成立市委意识形态工作领导小组,印发《党委（党组）意识形态工作责任制实施细则（试行）》,把意识形态工作责任制落实情况纳入年度目标效能考核,与县（区）、部门签订责任书,形成党委统一领导、党政齐抓共管、宣传部门组织协调、有关部门分工负责的联动机制,有效推动意识形态工作"主体责任""第一责任""直接责任""一岗双责"责任制的落实。　　　　　　　　　　（门　拓）

【舆论引导】 在市属媒体开设"脱贫攻坚进行时""全域旅游"等26个专题专栏,策划开展全域旅游、脱贫攻坚、新型工业、特色农业、生态建设和党的建设六大宣传战役,刊播各类稿件6600余篇（条）,较上年增长23%。邀请区内外媒体记者100多批1500余人次来卫采访"第二届全国全域旅游推进会""第三届全国大漠健身运动大赛"等重要会议、重点工作、重大活动,在中央、区内外媒体刊播稿件1300多篇（条）。新华内参、光明日报、央视新闻联播等中央媒体在重要版面、黄金时段对中卫全域旅游、环保整治、云计算、治沙等做大篇幅、长时段报道,有力地传播中卫声音,展示中卫成就。开通中卫广播电视台公共频道,改版升级广播电视新闻栏目,新闻资讯增长300%;完成中卫电视台综合频道高清数字化更新改造;上线运行"云端中卫"手机新闻客户端（客户人逾2万人）,《中卫日报》扩版增期,由原来的四开12版、每周四期扩至对开8版、每周五期;启动"中央厨房"全媒体报道平台项目建设,首次通过广播、网络、手机客户端对市第四次党代会、市"两会"进行实时直播。　（门　拓）

【网信工作】 制定《中卫市政务微信公众号管理办法（暂行）》等文件,成立县区网信办,在全区率先设立"网络舆情处置联动指挥中心"和新媒体行业协会。组织开展网上扫黄打非、清朗、旅游网站严重违规失信等专项治理行动,复查政府网站30家,约谈微信公众号负责人8次9人;监控各类敏感、有害信息1万余条,协调处置各类涉卫舆情300多起,删帖100多万条。市、县、乡（镇）、村四级单位电子政务外网接入率达91%,市直各部门实现网上办公。网信办获得全区网络宣传工作先进单位、舆情信息工作先进单位荣誉,1人被评为国家网络安全宣传周活动先进个人。
　　　　　　　　　　　　　　　　（门　拓）

【公共文化服务】 设立市非物质文化遗产保护中心,成立市图书馆理事会和文化馆议事会,体育馆"管办分离"双轨式运行管理,在全区率先推行乡镇综合文化站"公建民营公助"管理运行模式。实施文化馆、歌舞团融合发展,加强对群众的文艺培训和大型文艺演出、文化下乡演出的指导工作。推行政府购买文艺节目等文化服务项目和文化产品的方式。成立中卫市作家著作馆,在沙坡头区新建3家图书馆分馆,启用自助借还系统,实现借阅智能化。成立体育总会,新建乡镇文化站3个、农村综合文化服务中心23个、文化大院16个,建成中卫市体育公园和中影巨幕影院,新建一座中波试验台,全年放映数字电影7000余场。开展"文化下乡惠民工程"演出1072余场次,演出节目5640多个,观众达12万人次。举办中卫市春节军民联欢晚会、"正月正"大型社火展演和戏剧专场、第二届舞龙大赛、首届"欢乐中卫"群众文艺会演、廉政专场演出、庆祝建党"唱红歌"大赛和"神州大舞台·走进魅力中卫"大型慈善晚会等系列文化活动,承办环青海湖国际公路自行车赛中卫赛段、"一带一路"国际女子沙滩排球精英赛等国内外知名赛事。鼓励扶持大麦地阳光文化产业园、中宁县枸杞文化产业园、海原县回族民俗文化创意产业园等文化产业示范基地,文化

产业增加值达7.2亿元,占GDP比重2.28%,位居全区第二。（门　拓）

【文艺精品创作】　制定《中卫市重点文艺项目活动扶持办法（试行）》《中卫市获国家级和自治区级奖项文艺作品奖励办法（试行）》《各文艺家协会深入基层蹲点采风活动实施管理办法》。在市级以上报刊发表文艺作品300余件,在国家级、省部级展赛中入展、获奖100余件,创作出版《莫家楼传奇》《风吹雨打的天堂》等文学作品6部,《黄土地脊梁》荣获第八届优秀对农电视作品一等奖,《清水里的刀子》获得釜山电影节新浪潮大奖,电视剧本《枣园素事》获2016"夏衍杯"电影剧本征集"创意电影剧本奖"和北京电影学院文学系第13届金字奖"提名奖",美术作品《甜蜜假期》入选"希望的田野·2016中国农民画作品展",改版后的歌舞剧《回乡婚礼》先后到陕西、广西、台湾开展文化交流演出。编辑出版《中卫历史文物》《中卫市非物质文化遗产名录》等一批文化旅游丛书。
（门　拓）

【社会主义核心价值观建设】　坚持把教育实践、融入转化作为培育和践行社会主义核心价值观的重中之重。将公益广告所占比重15%的要求纳入城市灯箱广告、工地围挡建设管理规范当中,发布媒体公益广告22版(次),制作路牌灯箱公益广告280个,发放核心价值观宣传品16万余份,征集制作核心价值观微电影31部,并通过微信、微博等新媒体开展网络传播。22人获评"最美中卫人",2人入选"感动宁夏"人物,18人入选全区"百孝之星",2人荣登"中国好人榜",倪岩家庭荣获第一届"全国文明家庭"。万江和"张艳琴爱心小院"被中宣部命名为"最美志愿者"和"最佳志愿服务项目",8家单位入选自治区"50佳道德讲堂"。广泛开展"征集好家风好家训""评树文明家庭""寻找最美人物"等活动,开展"春风拂德"关心关爱道德模范行动,建立健全由41个职能部门（单位）牵头覆盖全社会的征信系统。编辑出版《最美中卫人（2016）》,推进道德模范与社会"零距离""面对面"。
（门　拓）

【精神文明创建】　构建全国文明城市创建常态化管理机制,各项创建活动深入推进。中宁县顺利获评自治区文明城市。组织79个文明单位与贫困村开展结对共建,151个文明单位深入开展"道德讲堂"、学雷锋志愿服务队、遵德守礼提示牌、文明餐桌、网络文明传播小组等"五个一"创建活动。开展美丽乡村"靓"起来十项行动,创建各级文明村镇82个,组建由219人组成的网络文明传播队伍,命名表彰文明网站12家,建设运行"文明中卫"微信公众号。推进移风易俗工作被中宣部《宣传工作》登载,中卫市精神文明建设信息采用量连续3年位列全区第一。（门　拓）

【队伍建设】　举办全市新闻业务、全市宣传干部、网络舆情应对、云计算大数据知识、OA系统推广应用及新闻媒体应用等主题培训班,累计培训4100人次;选派77批153名干部参加中央、自治区举办的宣传业务培训班。推行文化事业单位中层干部竞聘上岗制度,选拔、调整、配备市直宣传文化系统行政事业单位中层干部19人。开展"四个一批""313人才工程""塞上英才""中卫英才"等项目推荐评选工作;选拔培养社科理论、文化产业经营管理、新闻出版方面做出杰出贡献人才5名。2015年度,全市获宁夏新闻奖12件,宁夏广播电视奖4件,17人11件作品获国家、自治区报纸、广播、电视、网络和新闻杂志等奖项,2人入选中国作家协会,1人入选曲艺家协会,市委党校范学灵副校长被评为全国优秀社科专家。（门　拓）

·统战工作·

【概况】　中共中卫市委统战部成立于2004年6月,是市委主管统一战线工作的工作机构,下设办公室、党派工商科、民族宗教科3个内设机构。市民族宗教事务局成立于2004年6月,下设办公室、民族科(挂清真食品管理办公室牌子)、宗教科3个内设机构。全市有6个民主党派组织,有民革、民盟、民进3个市委会,民建、农工党、九三学社3个市总支委员会。全市有伊斯兰教、佛教、道教、基督教、天主教五大宗教,有市伊斯兰教协会、佛教协会、道教协会、基督教协会和基督教"三自"爱国会等市级宗教团体。
（常安忠）

【多党合作和政治协商制度】　1.全力构建"大统战大联合"工作格局,召开全市统战民族工作会议。提请市委及时成立统一战线工作领导小组,进一步构筑"市委领导、统战牵头、部门配合、全员参与"的大统战工作格局。3月25日,召开全市统战民族工作会议,对建市以来统战民族工作进行总结,对今后全市统战民族工作和民族团结进步创建活动进行全面安排部署。2.广泛开展对外宣传及海外统战工作。先后接待上海非公有制经济人士调研考察团、中华海外联谊会澳门理事代表团、台湾中医药学会考察团、台湾青少年夏令营等。3.配合做好市人大、政府、政协换届相关工作,与组织部门共同制定《中卫市政协换届委员人事安排工作方案》，严格把握政协委员的提名条件，完成市政协第四届委员会规模及界别设置、委员名额的分配、委员初步人选的沟通、协商推荐和提名工作。4.指导沙坡头区政协筹备组做好界别设置和委员推荐工作，帮助沙坡头区建立民主党派、无党派、工商联、少数民族、宗教界代表人士信息库，帮助沙坡头区统战部门完成市、县党外政协委员的推荐提名工作。指导中宁县成立县"知联会"，选举产生领导班子，为党外知识分子发挥作用搭建新的平台。5.推进协商民主广泛多层制度化建设。制定出台《关于加强政党协商促进民主建设的实施意见》，明确政党协商的总体要求及协商内容、形式和程序，进一步健全完善政党协商各项保障机制，制定《2016年度政党协商计划》。引导党外人士政协委员积极建言献策，开展政治协商。在市政协三届四次会议期间，组织统一战线各单位积极开展政治协商，共提交提案307件，立案109件，其中民主党派、工商联和无党派人士的提案立案99件，占立案总数的90.8%。6.抓好民主党派效能目标考核工作。年初与市各民主党派协商确定2016年效能目标任务，年中和年底进行督查考核，促进民主党派机关效能建设。加强统战系统调研工作，组织开展"命题调研"活动，完成16项重点调研课题。7.加强党外干部选拔使用工作，结合县区换届，将市直部门的4名副处级党外干部交流到县(区)领导班子任职，并推荐2名党外干部分别担任政府组成部门正职和市检察院副检察长。8.加强党外干部队伍培训培养。继续选派第三批10名党外干部深入基层开展挂职锻炼。落实党外人士年度培训计划，8月份在延安干部培训学院举办为期8天的党外人士理想信念教育培训班，35人接受延安精神教育。协助市各民主党派举办骨干成员和新成员理论培训班5期，培训党外人士215人。同时，选调15名党外干部参加区统战部举办的全区党外干部培训班、依法行政与参政议政培训班、党外干部进修班等。9.开展市各民主党派换届工作。按照换届程序要求，严把面谈沟通、个别谈话推荐、会议集中投票推荐、民主测评、"三方协商"等环节，产生市各民主党派换届初步人选名单。10月中旬，按程序组织召开各民主党派换届大会，选举产生民革市委会、民盟市委会、民进市委会、民建市总支、农工党市总支新一届领导班子，完成新老交替和政治交接工作。10.支持市各民主党派广泛开展社会服务活动。指导市各民主党派开展"坚持和发展中国特色社会主义"学习实践活动，筑牢共同思想基础。牵头组织市各民主党派深入移民村开展"走基层·献爱心·贺新春"活动，为民主党派困难成员及农村困难群众送去新春祝福；看望慰问党派老同志和困难成员70人、农村困难党员群众368户，送去生活用品和慰问金共计13.44万元。民革市委会携手宁夏青年社会创新发展中心为中卫市农村小学捐赠价值380万元的布鞋；农工党市总支组织开展"环境与健康"宣传周活动；民建市总支争取到120万元资金实施"温暖工程教育移民"项目，资助200名贫困学生完成学业。

（常安忠）

【非公有制经济工作】 1.做好非公经济人士教育引导工作。对现任市人大代表、政协委员、工商联执常委中的非公经济代表人士及拟作政治安排的96名非公经济代表人士进行综合评价，切实做到"凡进必评"。深入开展以"守法诚信、坚定信心"为重点的非公经济人士理想信念教育实践活动，积极引导广大非公经济人士坚持"两个毫不动摇"，组织开展"双回报"（回报家乡、回报社会）活动、"守法诚信、廉洁从业"教育实践等活动，引导非公经济人士义利兼顾、回报家乡，积极投身扶贫帮困和社会慈善公益事业。2.举办"民营企业中卫行"活动。加强活动的协调组织和外出招商引资工作，主动与兄弟省市统战部、工商联、商会及企业对接，开展上门招商，就新能源、光伏小镇建设、旅游产业、扶贫开发等项目进行交流洽谈。7月25日，召开"民营企业中卫行"活动大会，来自北京、上海、天津、宁夏工商联、商会及企业代表450多人参加会议，活动主题大会上，市、县(区)人民政府与29家企业举行签约仪式，签约投资额达288.8亿元。3.实施沪宁统一战线合作活动。先后落实上海市中青年"知联会"为海原县第七小学综合楼援助100万元建设资金、上海牡丹缘非遗文化公司助销海原刺绣剪纸助力脱贫攻坚，上海中夏旭波律师事务所张鹏峰、刘启敏夫妇为希望工程兴仁中学捐赠330万元，市医院与上海瑞金医院交流合作、宁南医院与上海中山医院交流合作、市职业技术学校与上海工程技术管理学校交流合作6个项目。

（常安忠）

·民族宗教·

【概况】 全市有汉、回、满、蒙古族等21个民族。其中：少数民族40.14万人，占总人口数的35.69%；回族39.87万人，占总人口的35.45%，与全区回族人口36%的比例相当。全市有伊斯兰教、佛教、道教、基督教、天主教五大宗教场所1207处，占82.4%，其中佛教191处,道教54处,基督教9处,天主教4处。大型宗教活动在活动期间累计人数达3万人次以上的5处,1万~3万人的4处。全市宗教教职人员2378人,其中:伊斯兰教2113人,占88.9%,佛教91人,道教154人,基督教14人,天主教6人。信教群众约45万人,占全市总人口的40%。 （常安忠）

【民族工作】 1.启动全国民族团结进步示范市创建工作。制定下发《中卫市民族团结进步创建"一争三创五推进"三年(2016~2018年)行动计划》和《中卫市民族团结进步创建"一争三创五推进"三年(2016~2018年)行动计划责任分工方案》,明确各县(区)、各部门(单位)的创建工作职责和"创建全国民族团结进步示范市"的目标,并按照"一年打基础,两年上台阶,三年见实效"的要求,建立健全推动工作的长效机制,健全组织领导机制,完善协调配合机制,强化监督检查机制,迅速开展创建活动,努力促进创建活动规范化、长期化,真正将创建工作落在实处。按照创建目标要求,督促沙坡头区围绕打造"全域旅游示范区"开展创建活动;督促中宁县围绕打造"非公经济发展示范县"开展创建活动;督促海原县围绕打造"扶贫开发示范县"开展创建活动,并分别下达示范乡镇、村(社)、机关、学校、企业、寺观教堂创建任务。2.开展民族团结进步创建活动。5月25~26日和5月30日,分两批组织各县(区)宗教局负责人、民族宗教干部、重点乡镇民族宗教干事和全市中小学主要领导160多人观摩学习吴忠市民族团结进步创建及和谐寺观教堂创建先进经验。"民族团结月"期间,组织开展"中华民族一家亲、同心共筑中国梦"征文及书法绘画摄影剪纸刺绣大赛。举办"民族团结"专场文艺演出,开展"民族团结月"集中宣传,组织宗教界人士开展"看中卫、知中卫、爱中卫"观摩活动。投资20余万元建设九彩坪拱北民族团结教育基地。继续推进社会主义核心价值观、国旗、党报党刊、文化书屋、政策法规"五进"宗教活动场所活动,为100所宗教场所订制国旗,为120所宗教场所订阅党报党刊。3.九彩坪拱北被推荐上报为第五批全国民族团结进步教育基地,沙坡头区迎水桥镇鸣沙村被推荐为第四批全国民族团结进步创建活动示范单位。推荐上报创建第六批自治区民族团结进步模范单位9个。4.创新和加强城市民族宗教工作。制定实施《关于进一步加强城市民族宗教工作的实施意见》,明确联席会议领导小组及成员单位职责任务,按照城市民族宗教工作"主体在县区、延伸到乡镇、落实在社区"的基本工作定位,建立基础信息平台、拓展民族联谊平台、巩固服务管理平台,不断深化城市社区网格化服务管理,建立"城市少数民族信息库"。5.加强清真食品管理。严格规范民族工作"权力清单",简化办事程序,规范办理流程,严格资格审查,实行"两优"行政审批制度,实行一个窗口统一受理,办理事项一次告知,规定时限按时办结。严把清真食品准入关,及时变更、补办、新办清真准营证41家,办证率100%。利用"法治宣传日"等活动,上街宣传清真食品监管知识3次,发放宣传资料2000多份。严格落实"责任清单"规定事项,组织开展清真食品专项检查4次,检查清真食品经营单位200家次,下达责令整改通知书8家,对流动摊贩从事清真食品经营的个体户进行集中整治,进一步净化清真食品市场,有效遏制滥用"清真"标识现象。 （常安忠）

【宗教工作】 1.抓好宗教活动场所安全隐患整治。先后4次组织相关单位督查落实宗教场所安全隐患排查落实工作。全市宗教活动场所用于新建、翻建、危房改造等投资达7000余万元,全市1301处安全隐患已整改落实1294处。针对整改还未到位的7处安全隐患,逐一提出整改措施,并对县区下发督办通知,督促县区抓好整改落实。严格执行宗教场所建设申报审批制度,对14处新建、翻建的宗教场所依法进行审批。2.扎实抓好宗教领域隐患纠纷的排查整改工作。全面落实《中卫市民族宗教领域矛盾纠纷排查调处制度》和《中卫市领导干部和宗教干部联系宗教场所和宗教人士制度》,充分发挥县、乡、村三级网络作用,按照"月报告、季分析"的要求,切实做到早排查、早发现、早调处,把矛盾纠纷化解在萌芽状态。共排查调处矛盾纠纷3起,未发生由宗教问题引发的集体上访和群体性事件。坚决抵制各种渗透活动,召开打击"达洼"宣教工作会议,及时处置5起"达洼"非法宣教活动,维护中卫市现有宗教格局。3.认真做好大型宗教活动管理服务工作,坚持"谁审批、谁监管""谁组织、谁负责"的原则,严把大型宗教活动审批关,提前预判活动安全风险,指导宗教活动场所制订活动方案和突发事件工作预案,并适时组织召开协调会议,落实宗教场所主体责任和部门监管责任,避免安全事故发生,有效确保高庙、老君台、洪岗子、香岩寺等大型宗教活动的安全有序。建立跨地区大型活动联席机制,在大型跨地区活动前,做到提前沟通、排除隐患、联动协调、跟踪管理。4.积极开展"和谐寺观教堂""五好宗教场所"创建活动,沙坡头区天主教堂、中宁县宁安清真大寺被上报为全国和谐寺观教堂先进集体,田兴忠被上报为全国和谐寺观教堂先进个人。自治区表彰中卫市创建和谐寺观教堂先进集体17个，先进个人17人。5. 切实加强宗教场所规范化管理。始终坚持实施宗教场所民主管理制度、财务管理制度、宗教人士聘任制度、宗教场所建设申报审批制度、大型宗教活动申报审批制度、安全管理制度等，加强"管人员、管活动、管场所"工作，形成"政府依法管理、社会公共管理、团体民主管理、场所自我管理"的宗教工作新格局。6. 切实加强宗教人员的服务管理。在宗教界主要开展政策法规、宗教信仰、价值观教育"三项教育"培训，举办市级培训班5期，培训494人，承办宁夏天主教"两会"在中卫市举办的为期45天的修女学习班，培训学员30人；承办全国道协第八届玄门讲经活动，全市400多名道友聆听讲经；30名阿訇完成为期2年的学历班学习，取得大专学历，35名执教人员获得宁夏伊斯兰教经学院大专毕业证书。7. 按照统接统送要求，开展390名朝觐穆斯林群众的报名、审核、体检、培训及管理服务工作，完成年度朝觐活动。

（常安忠）

【自身建设】 1. 认真开展"两学一做"主题教育实践活动。紧密结合全市统战民族宗教工作实际，制定《部（局）机关党员"两学一做"学习教育工作方案》，明确总体要求、重点内容和方法措施，并及时召开动员大会，对"两学一做"学习教育工作进行全面安排部署。提出"学党章炼党性，争做理想信念的坚定者；学党规守纪律，争做政治上的合格者；学理论明真理，争做特色理论的捍卫者；学讲话扛责任，争做中央精神的落实者；学榜样讲奉献，争做合格党员的示范者"的"五学五争做"要求，极大地丰富学习教育内容和实效。按照4个专题的要求，每个党员结合各自工作实际，对照理想信念、纪律规矩、履职尽责、道德品行等逐专题开展专题讨论，并建立查找问题整改台账。2. 开展统一战线"助力脱贫攻坚活动"。制订《中卫市统一战线"助力脱贫攻坚"（2016~2018）行动方案》和《2016年全市统一战线"助力脱贫攻坚"行动方案》，以"统战牵头、界别帮扶、企业参与、群众受益"为帮扶方式，组织动员市各民主党派、各宗教团体及10家非公企业、5家商会与贫困村结对，对3个帮扶乡镇、10个帮扶村实施帮扶。筹资120万元建设沙坡头区兴仁镇团结村文化广场、城农村人饮工程等项目，有效解决少数民族地区急需解决的问题。积极争取农工党宁夏区委会"区域卫生发展精准扶贫项目"，为海原县14个乡镇卫生院援赠价值945万元的医疗设备。实施民建"思源佑华·教育移民"助学帮扶项目，争取到20万元项目资金帮助100名贫困家庭学生完成学业。动员英特嘉实业有限公司、正丰房地产开发有限公司、江元房地产开发有限公司、浩嘉房地产开发有限公司、众一房地产开发有限公司、中博房地产开发有限公司等非公企业共同捐资200多万元，帮助3个乡镇的10个帮扶村设立"扶贫互助担保基金中心"，通过与邮储银行合作，采取"5~10倍放大资金（贷款）"的方式，帮助关桥乡实施脱场村幸福村庄建设项目、冯湾村1000亩拱棚甜瓜种植项目、九道村村庄道路建设项目。发动市各宗教团体和社会力量积极参与脱贫攻坚，共筹资8万元帮助常乐镇思乐村加强村级阵地建设。联合民革市委会、民建市总支、市中医院多方筹集价值34.8万元的资金和物品，在大战场镇移民村和李旺镇九道村开展"四助"活动，结对资助贫困大学生78名，发放助学金4.8万元，为贫困群众捐赠冰柜26台，大米、面粉620袋，成人衣服300多件，慰问贫困户950户，接诊患病群众300多名，发放价值8000多元的药品和60多个家庭医药箱。3. 开展"机关干部走出去、人民群众请进来"活动，于8月23日举办"机关开放日"活动。

（常安忠）

·政策研究·

【概况】 市委政策研究室于2012年7月经自治区编办批复由市委办公室的挂牌机构调整为市委工作部门，核定处级3名，科级4名。内设综合科、经济发展研究科、社会建设研究科和深化改革工作科4个机构，主要围绕市委、市政府中心工作和决策部署，履行"调查研究、决策参谋、文稿起草"三大职能，同时承担市改革办和市委农办工作职能。

（焦宇辰 马 莉）

【政研工作】 1. 围绕破解难题，主动开展专项调查研究。开展中卫市"人情风"、行政审批制度改革、村卫生室医疗服务保障体系等一系列专题调研，形成《关于中卫市"人情风"情况的调查》《简出动力、放出活力、改出合力》《关于农村财务管理"村廉通"情况的调研报告》等一批具有较大影响力的调研成果。2016年共配合自治区政研室开展专题调研6次，开展涉及全市经济社会各领域重大调研10余次，编辑《调研专报》和《调查与思考》20期，在省、市期刊共刊载各类文章10余篇，为市委科学决策提供参考。2. 围绕政策制定，谋划出台系列政策文件。根据市委的决策部署，起草《关于落实绿色发展理念，加快美丽中卫建设的实施意见》《关于贯彻落实自治区党委组织部　编办　财政厅　人力资源和社会保障厅〈关于加强乡镇建设的若干意见〉的意见》等文件。认真梳理近年来中央、自治区出台的产业支持政策,完成中央、自治区有关中卫市一、二、三产业支持政策重点条目汇编工作,并按照市委书记张柱"三基本"理论,形成"四个宁夏""四个中卫"建设主要思路暨突破性政策梳理汇编。这些文件的起草和陆续出台,为促进全市经济社会各领域工作起到积极作用。3.围绕决策参考,及时提供多方信息服务。年内围绕国家、自治区重大政策和市委重要会议,形成《供给侧结构性改革"八问"解读》《自治区有关部门落实国家出台涉及宁夏经济社会发展重大政策情况》《全区五市党代会报告对比分析》等一批具有参考价值的文章。　　　(焦宇辰　马　莉)

【改革工作】　1.深入研究谋划。年初审定出台《2016年全市深化改革工作要点》,共梳理86项具体改革任务,并逐项制定推进计划,明确各项改革任务推进的路线图和时间表;并选定8个方面11项重点改革任务予以全力推进。围绕有关改革任务推进情况,共牵头开展调研7次,形成相关调研报告5篇。2.主动跟踪协调。建立工作台账及改革工作例会制度,及时研究解决改革推进中出现的新情况、新问题,全年共组织召开市改革办联席会议3次。筹备召开市深化改革领导小组第八次会议,研究审定《中卫市空间规划(多规合一)改革试点工作方案》《中卫市深化供销社综合改革实施意见》等改革方案。督促各专项小组提交市委常委会、政府常务会研究重大改革方案19个。3.及时督查落实。健全完善改革事项台账管理、挂账销号制度,坚持"月汇总、季通报、半年小结、年终考核"制度,健全完善常态化督查工作机制,定期对各项改革任务进行梳理和分析,加强跟踪评估,促进改革工作落实到位。截至年底,年初制定的86项改革任务,84项已完成,完成率97.7%。4.加强上线衔接。全年先后4次赴自治区改革办,汇报中卫市改革工作情况,并加强对县(区)改革工作的指导,就更好地发挥市改革办职能进行探讨交流。全年共采编上报改革动态20篇,办理自治区改革办来文10余份(件),完成改革试点情况清理、改革工作效能考核等工作。　　　　　　　　　(焦宇辰　马　莉)

【农办工作】　1.开展调查研究。围绕全市农业特色优势产业发展,先后形成《关于全市酿酒葡萄、枸杞产业发展情况的调研专报》《中卫市香岩集团多元化发展兴产业、建基地、拓市场、富农民》及《沙坡头区镇罗镇念活"3+3"设施蔬菜产业经》等经验分析材料。2.发挥统筹协调作用。履行市委农村工作领导小组办公室工作职责,切实做好"三农"政策宣传及全市农业农村工作的指导、协调、督促、落实等工作。起草印发《2016年中卫市农业农村工作要点》,并定期对全市农业农村工作情况进行督导。筹备召开全市农业特色产业暨农村改革现场观摩推进会,对全市半年来农业特色产业发展及农村改革进行"检阅""盘点"和再分析、再研究、再部署、再鼓劲。做好自治区党委农办18篇次有关文稿征求意见的流转办理工作,共研究提出修改意见建议80余条。3.推进农村体制改革。年初就全市17项农村改革事项,制定并印发《2016年中卫市农村体制改革专项小组重点任务责任分解》。全年筹备召开农改办工作会议3次,深入县(区)、部门(单位)对农村改革推进情况实地调研督导5次,形成农村体制改革专项小组年度工作总结暨2017年工作要点。　(焦宇辰　马　莉)

·机构编制·

【概况】　中卫市机构编制委员会(简称"市编委")是市委、市政府负责机构改革,统一管理市本级机关事业单位职能配置、机构设置、人员编制和领导职数以及县(区)科级领导职数事宜的综合、协调、监督机构。中卫市机构编制委员会办公室(简称"市编办")为市编委的办事机构,负责处理市编委的日常工作,提出市编委研究的各类机构编制审批、报批事项的初步意见,负责行政审批制度改革、行政管理体制改革、机构编制管理工作的综合调研和前瞻性研究,办理并组织实施市编委的各项决定。2016年11月,重新调整市编委组成人员,万新恒为主任,刘成孝、蔡菊为副主任,郭亮、郭爱迪、魏建广、王谦、孙尚金、魏列忠为成员。2016年3月,市委任命魏建广为市编办主任。
　　　　　　　　　　　(马向成)

【机构设置及管理体制】　截至年底,市本级行政机构74个,其中党委工作机构9个、部门管理机构1个;人大机关7个;政府工作部门29个、派出机构1个、部门管理机构2个;政协机关7个;群众团体11个;民主党派机关6个;直管机构1个。市本级设置事业单位224个,其中市委、政府直属8个(含委托海原县管理的甘盐池种羊场),部门所属事业单位216个(中小学校98个)。　　　　　(马向成)

【行政审批制度改革】　紧扣转变政府职能要求,结合中卫实际,不断深化行政审批制度改革,逐步理顺政府与市场、政府与社会关系。1. 谋划制定全市行政审批制度改革任务。研究制定《2016年持续深化行政审批制度改革工作方案》，推动建立以"公布五张清单、制作一张运行图、搭建三个平台、实现一张网全覆盖、建立'1+X'项监管制度"为内容的"51311+X"制度体系。《宁夏改革动态》先后3次刊登交流"51311+X"工作经验。2. 精简公布权力清单。按照职权法定原则，依法依规将市本级39个部门（单位）4087项行政权力调整为2680项，并于5月5日全面对外公布。3. 健全行政审批事中事后监管机制。研究制定《中卫市深化行政审批制度改革加强事中事后监管的意见》，明确事中事后监管的基本原则、监管主体和监管任务，强化事中事后监管责任，推动部门工作重心由事前审批向事中事后监管转变。4. 推进相对集中行政许可权改革。研究制定《中卫市关于推进相对集中行政许可权改革试点工作方案》，探索建立"三集中、三到位"行政审批模式，梳理进驻服务大厅各类职权事项221项。　　　　　　　　　　（马向成）

【行政管理体制改革】　围绕全市经济社会发展大局，着眼破解行政体制机制障碍，大力推进沙坡头区、中卫工业园区、空间规划（"多规合一"）、旅游等领域的体制机制改革，取得阶段性成效。1. 建立完善沙坡头区管理体制机制。争取自治区批准设立沙坡头区行政建制，及时划分、划转市、区两级事权、编制，逐步建立形成沙坡头区行政管理架构。2. 优化中卫工业园区管理体制。调整优化园区管理职能职责，扩大园区行政执法和社会事务管理权限，设立市安监局工业园区分局和管委会综合行政执法局、财政与金融服务局等机构，为园区快速健康发展提供体制机制保障。3. 推进空间规划（"多规合一"）体制机制试点改革。整合国土、环保、林业等领域规划编制管理事权，赋予市规划管理部门，探索形成"7+1"空间规划（"多规合一"）编制管理模式，做实规划委员会办公室，设立空间规划设计中心，构建形成顺畅、便捷、高效的空间规划管理体系。4. 创新旅游行政管理体制。指导建立"1+4+N"旅游管理体制，设立旅游发展委员会、公安局旅游分局、市场监督管理局沙坡头文化旅游产业示范区分局等机构，为推进全域旅游示范市建设提供体制保障。5. 稳步推进事业单位分类改革。全面排查承担行政职能事业单位底数，研究上报《中卫市推进承担行政职能事业单位改革试点方案》。启动制定事业单位机构编制方案工作，重新定位各类事业单位功能、职责边界，为规范机构编制管理，优化资源配置，促进全市公益事业健康发展夯实基础。6. 推进城市管理领域综合执法改革。依据自治区城市管理综合执法改革方向，在实施城市管理相对集中行政处罚权基础上，进一步调整充实管理职责，拓展执法领域，合理划分城市管理事权，探索形成"8+1"城市管理综合执法意见。7. 统筹推进有关行业体制改革。积极推进云计算和大数据发展、社保经办、金融服务管理、第三产业发展、军民融合产业、不动产统一登记等管理体制改革工作，配合推进国有林场、供销社管理体制改革工作，指导完成设立中宁县太阳梁乡行政建制和上交海原县南华山自然保护区管理机构等工作。（马向成）

【机构编制管理】　围绕全市经济社会发展大局，结合部门（单位）机构运行实际，及时做好机构编制调研论证、审核报批、优化配置等工作，为部门（单位）有效履职做好保障服务。1. 积极争取机构编制资源。变更市旅游局、金融工作办、下岗失业小额贷款担保中心等机构名称；整合组建新的社会保险事业管理局；将市非公有制经济服务中心机构规格调整为副处级；增加市人大常委会工作委员会机构限额；争取处级领导职数19名（11正8副）。2. 强化机构编制资源配置。先后4次提请市委、编委研究，调整优化市人大常委会、扶贫办等部门内设机构，新设立第三产业服务中心、军民融合产业服务中心等9个事业单位，为统计普查、安全生产、网络安全、交通物流、空间规划等多个领域核增、划转各类编制255名，其中为市公立综合医院核增编制50名，为食品安全监管领域核增编制9名，向沙坡头区划转市本级各类编制93名。　（马向成）

【机构编制监督检查】　坚持日常监督与专项监督相结合，完善工作机制，规范办事程序，不断维护机构编制管理的严肃性和权威性。1. 扎实开展机构编制核查。两次开展全市机构编制核查工作，采取部门初审，组织、编办、财政、人社联审的办法，逐一核实市本级在编人员信息，及时规范解决存在的突出问题，逐步完善机构编制实名制信息库。2. 扎实开展"吃空饷"问题核查。对照国办发〔2014〕65号文件规定的"吃空饷"情形，采取部门自查自纠、对标审核确认、严格清理核减、联合总结验收的措施，对全市机关事业单位进行梳理排查。3. 扎实开展机构编制监督检查。实地对各县区、市直各部门机构编制执行情况进行监督检查，针对查找出的问题采取约谈部门主要负责人、印发整改督办通知的措施，进行督改督办，共印发整改督办通知21份，督促整改相关问题31条。4. 扎实开展部门职责履行评估。对市扶贫办等20个部门

(单位)职能配置、机构运行、履职成效、人员配备、政策执行等情况进行评估，为科学配置机构编制资源提供重要依据。5.强化机构编制审计结果运用。及时将机构编制管理情况纳入领导干部经济责任审计范围，通过对编委会成员单位、经济责任审计联席会议成员单位进行调整，形成密切协调配合机制。根据机构编制审计情况，向个别部门发出整改督办通知，督促限期整改。　　　　　　　　　　　　（马向成）

【事业单位登记管理】　全面完成2015年度事业单位法人年度报告公示工作，年度报告公示率100%。积极推进网上名称管理工作，指导301个党政群机关事业单位申请注册中文域名，完成255个单位的网站开办资格复审核及挂标工作。全面承接统一社会信用代码赋码工作，为111个部门(单位)换发统一社会信用代码证书。　　　　　　　　　　　（马向成）

·市直机关工委工作·

【概况】　中共中卫市直属机关工作委员会成立于2004年，工委下设办公室和组织宣传科两个职能科(室)，现有工作人员3名，其中：书记1名、办公室主任1名、组织宣传科科长1名。现辖3个党委、17个党总支、39个直属基层党支部的1789名党员。2016年，按照市委的统一部署，以"围绕中心党建、抓好党建促发展"为目标，以建设"学习机关、服务机关、效能机关、廉洁机关、文明机关、和谐机关"为抓手，切实履行"服务中心、建设队伍"的职责，坚持党要管党、从严治党要求，突出抓理论武装、抓基层基础、抓纪律作风、抓自身建设，团结动员市直机关党员干部为建设开放富裕和谐美丽中卫做出新贡献。（汪金文）

【学习机关建设】　坚持把开展"两学一做"学习教育作为加强机关党建工作的有力抓手，不断丰富学习载体、创新教育形式、提升教育成效，推动学习教育融入机关党员干部教育管理新常态。一是精心组织，统筹安排。以打造"学习机关"为重点，制定下发《2016年市直机关党建工作要点》《市直机关党员干部理论学习安排意见》《关于在市直机关全体党员中开展"学党章党规、学系列讲话，做合格党员"学习教育实施方案》《市直机关"两学一做"学习教育安排表》等，明确学习的内容、重点、方式方法、时间节点等，发挥好"指导、引导、督导"作用，推动机关学习教育在全市走在前、做表率。二是领导带头，示范引领。充分发挥机关各级党委、总支、支部中心组学习的示范引领作用，制定下发《关于开展"我是党课主讲人"主题实践活动的通知》，市四套班子主要领导带头示范、带头讲党课、带头开展专题研讨交流、带头落实整改问题；机关各级党组织书记带头讲党课、支部班子成员轮流讲党课，普通党员结合业务特点讲党课，谈认识、谈体会、谈打算，达到教育自己、提升素质的目的，深化学习教育的实际成效。三是聚焦问题，深研细学。针对机关党员干部队伍中存在的"三不为"9种表现，列出问题清单，有针对性地选定学习篇目，借助远程教育平台、党建网、微信等载体，灵活采用专题辅导、主题演讲、微党课等形式深研细学，使广大党员在解决问题中深化学习、受到教育。四是典型教育，筑牢根基。以隆重庆祝中国共产党成立95周年为契机，通过开展"党员先锋在行动"和"讲家庭幸福故事、展家庭文明风采"、寻找"最美家庭"、"讲好优秀党员故事，传播先进党组织事迹"主题宣讲、党章党规知识测试、理论征文、典型案例警示反思教育，充分发挥正面激励和反面警示作用，筑牢机关党员干部廉洁从政的思想基础。

（汪金文）

【服务机关建设】　坚持把基层党组织班子建设作为深化服务型党组织建设的主要内容，不断健全服务组织、完善服务机制、创新服务载体，推动服务机关融入服务型党组织建设新常态。一是健全服务组织。严把党组织班子换届选举审批关，建立机关各级基层党组织换届选举工作台账和任期届满提醒制度，对换届选举工作进行定期排查，定期研究，明确各级党组织凡因任期届满、领导调整、调动等因素出现书记、委员缺额，必须要在人员到岗后两周内按照《中国共产党基层党组织选举工作暂行条例》进行补选补充，对任期届满仍未换届的基层党组织及时进行谈话提醒。同时，明确要求机关各基层党组织党员主要负责人兼任党组织书记，落实机关党组织抓党建工作"主体责任"和党组织书记抓党建工作"第一责任人"的职责，做到党建工作与业务工作一肩挑、两手抓、两手硬。二是完善服务机制。建立完善机关在职党员到社区报到、为群众服务的长效工作机制，立足各部门业务特点和服务窗口，组织一批"素质高、业务熟、能力强、服务优"的党员干部，采取建立党员志愿者服务队等形式，组织党员设岗定责，定期开展为民服务活动，拓宽党组织和党员联系服务群众的渠道，真正使机关党员干部"接地气、知民意"。三是创新服务载体。开展"我为中卫改革发展献一策"活动，促使党员干部在推动全市改革发展中积极发挥先锋模范作用。制定下发《关于开展星级基层服务型党组织创建活动的通知》和《市直机关创建星级服务型党组织考核标准》，进一步促进"五有一好"机关党建服务品牌的创建，打造出一批文明服务窗口示范点。市检察院党总支开展党员入党纪念日赠送党员"入党纪念卡"活动，为党员过"政治生日"，鼓励其认真学习，积极工作，争做"四讲四有"合格党员。市司法局机关党支部立足突出"四强化四提升"，着力打造"惠民司法"品牌，为群众提供优质高效的法律服务，彰显"爱岗敬业、诚信友善"的价值取向和价值追求。　　　　　　　　　　（汪金文）

【效能机关建设】　　坚持围绕市委、政府工作重点和全市发展大局，紧盯在机关作风方面群众关心、关注和反映强烈的突出问题，扎实开展以"向人民群众汇报、听人民群众意见、让人民群众满意"为主题内容的"让机关干部走出去，把人民群众请进来"开放日活动。一是让机关干部走出去，使服务力量沉到基层。坚持党建引领精准扶贫，因地制宜，因户立策，建立健全机关党组织和党员干部直接联系帮扶贫困村、贫困户制度，扎实开展以"帮助理清工作思路，帮助实现致富脱贫，帮助解决矛盾问题，促进贫困村党组织转化升级"为内容的"三帮一促"活动，实行每名厅级干部负责联系帮扶1个贫困乡镇，市直部门正处级领导干部联系帮扶1个贫困村，每名干部职工联系帮扶3~5户贫困户。通过拓展党建引领扶贫、部门帮扶包抓扶贫、产业党建促进扶贫、党员创业带动扶贫等方式，努力把机关各级党组织的资源优势转化为精准扶贫优势，把机关党组织活力转化为精准扶贫动力，党建扶贫工作取得良好效果。二是把人民群众请进来，用真诚打造阳光机关。选择市直机关12个与人民群众生产生活联系密切的单位开展"机关开放日"活动，按照现场观摩、亲身体验、多媒体演示、座谈交流、互动答疑、征求意见、综合考评打分等形式，邀请市、县（区）两级党代表、人大代表、政协委员、市民代表走进机关，参观了解机关单位的主要职能、制度规范、工作流程、民生政策、主要业绩和创新成果，参观服务窗口、查看工作流程，与机关干部面对面交流，近距离感受和了解机关工作，全面展示机关各级党组织深化改革开放、推动经济社会发展、坚持依法行政、推进政务公开、实施脱贫攻坚、便民利民政策等执行情况，展示机关党员干部依法行政、工作态度、办事效率、纪律作风、精神面貌、服务群众等方面情况。这项活动的开展，使"两代表一委员"和部分人民群众真正达到走进机关、了解机关、评价机关、监督机关、支持机关的效果，增加机关工作透明度、开放度，促进"群众评议机关和干部作风"活动的开展，得到代表、委员和市民的高度评价。同时，从严格执行机关干部考勤制度等工作纪律入手，建立健全机关内部管理制度，实行机关工作人员去向公示、落实效能建设各项制度，机关效能进一步提高，工作作风进一步转变。　　　　　　　（汪金文）

【清廉机关建设】　　坚持把贯彻落实中央八项规定、自治区若干意见和中卫市实施办法作为打造"清廉机关"的有力抓手，建立健全党员日常谈话提醒制度，加大明察暗访，充分发挥群众监督的"放大镜"和"显微镜"作用。开展以"上一堂廉政党课、读一本廉政图书、看一部廉政警示片、挂一批廉政格言、建一处廉政文化橱窗"为主要内容的"五个一"活动，打造一批廉政文化进机关创建点。扎实开展贯彻落实中央八项规定"回头看"和"廉洁自律、廉洁从政"自查自纠活动，"清廉机关"建设取得明显效果。　　　　　（汪金文）

【文明机关建设】　　坚持把社会主义核心价值观作为加强机关党建工作的重要举措，融入机关党建工作新常态，弘扬党建正能量。一是开展"党员先锋在行动"主题实践活动。通过"五比五创"（比学习创一流素质、比团结创一流队伍、比干劲创一流风貌、比服务创一流作风、比工作创一流业绩），为市直机关全体党员佩发党徽7000个，让每个党员通过亮身份把自己摆到群众监督的阳光下，以"学"促思想转变，以"做"促问题整改，以"实"促工作落实，充分发挥各级党组织的战斗堡垒作用和广大党员的榜样带动和示范辐射作用。年内，市直机关1个单位被中央命名为优秀基层党组织，2个党支部、1名党员、1名党务工作者受到自治区党委表彰，18个党组织、17名党员、18名党务工作者受到市委的表彰。二是开展"文明科（部）室"创建活动。按照"学习风气好、思想作风好、任务完成好、服务意识好、工作环境好"的要求，制定下发《关于创建文明科（部）室实施意见》和《创建文明科（部）室考评细则》，把创建文明科（部）室纳入创建市级及以上文明单位的主要考核内容，推进机关文明建设。三是广泛开展"文明引导行动"。向机关全体党员印发10000份"文明出行、机关先行"倡议书，大力倡导"文明餐桌、从我做起；文明交通、相互礼让；文明旅游、保护环境；网络文明、共筑和谐"的文明引导行动主旋律，突出重点，精心组织，广泛动员，使市直机关党员干部的文明行为成为一种生活习惯和行为规范，成为引导全市文明行动的表率。　　　　（汪金文）

【和谐机关建设】　　坚持围绕加快推进新型工业化，

全面启动全域旅游城市创建工作任务，不断深化党群共建，以"添光彩、展形象、增活力、促和谐"为主题，认真落实党的群团工作会议精神，建立健全机关工会、共青团、妇联组织，组建市直机关乒乓球队和篮球队，开展"庆三八·书香伴我行"妇女书法摄影剪纸刺绣手工制品作品展，举办第二届全民健身节登山和环湖徒步走活动，举办"利安隆·普法杯"市直机关羽毛球比赛、"和谐杯"机关篮球邀请赛、"国税杯"机关乒乓球比赛、"地税杯"机关篮球赛，开展"颂清廉·感党恩"广场文艺演出，进一步凝聚人心，培育市直机关"健康、和谐、积极、团结"的机关文化。 （汪金文）

【工委自身建设】 结合开展"两学一做"学习教育，从抓学习、教育入手，在"学"上精准发力，通过丰富学习载体、创新教育形式，切实增强工委党员干部的党性意识和组织观念，提高抵御各种诱惑的能力；在"改"上精准发力，通过开展"四查四树""六查六看"，切实强化工委党员干部的宗旨意识，促进党员争先进、当优秀，自觉做到心有所畏、言有所戒、行有所止。在"做"上精准发力，通过组织各类主题实践活动，切实提升工委党员干部能为、想为、敢为的能力和素质。建立和完善工委各项规章制度，细化职责分工，坚持"干"字当头，在重点工作任务上"扣扣子"，在履行职责上"担担子"，在工作落实上"钉钉子"，把"从严治党"的要求落实到机关每一个支部，为带动和推进机关的各项工作的开展做出表率。 （汪金文）

·老干部工作·

【概况】 年末，全市离退休干部8178人，其中：市直及沙坡头区退休干部3207人（退休处级以上干部120人），离休干部51人。2016年，中卫市老干部工作在市委、政府的坚强领导和自治区党委老干部局的有力指导下，认真落实中央和自治区党委关于加强和改进离退休干部工作的意见精神，全面落实好老干部"两项待遇"，以开展"两学一做"学习教育和纪念建党95周年、红军长征胜利80周年为契机，切实加强离退休干部"两项建设"，用心用情做好离退休干部服务管理工作，为"四个中卫"建设凝聚正能量。市委老干部局先后获全区离退休干部工作部门宣传信息调研工作先进单位，全区离退休干部第三届健身运动会优秀组织奖，市关工委办公室获全区青少年法治（安全）书画竞赛活动优秀组织单位。 （刘波）

【加强离退休干部党工委建设】 1.努力提升党组织覆盖。印发《关于加强离退休干部党支部组建工作的通知》，对离退休干部党支部组建的原则、方式以及党组织隶属关系等进一步加以明确；指导离退休干部党员3人以上的市直部门成立离退休干部党支部；协调离退休干部党员不足3人的市直有关部门将党员组织关系转入离退休干部党工委，指导成立2个联合党支部，切实推进离退休干部党组织建设。截至年底，全市共组建离退休干部党支部99个，其中，市直部门（单位）32个，中宁县42个，海原县25个，基本实现党组织全覆盖。2.加强党员教育管理。与市委组织部联合印发《加强离退休干部党员教育管理实施意见》，从思想政治建设、党组织设置、思想教育形式、党员作用的发挥、制度建设和舆论引导等方面做出明确的规定。组织全市50名离退休干部党支部书记进行集中培训，通过集中授课、观摩党建阵地、观看党性教育片等方式，对新时期做好离退休干部党建工作的基本要求、离退休干部工作转型的有关政策进行详细讲解，进一步启发党支部书记的工作思路和创新意识。3.注重发挥典型引领效应。按照自治区离退休干部党工委安排部署，在广泛征求意见的基础上，推荐表彰区"五好"离退休干部党组织4个，先进个人8名。市离退休干部党工委召开表彰会议，对各县（区）及市直部门涌现出的离退休干部党建工作先进集体和个人进行表彰，共表彰"五好"离退休干部党支部10个、优秀离退休干部党员30名、优秀离退休干部党务工作者11名。组织召开离退休干部党员"两学一做"学习教育暨先进事迹宣讲会，各县（区）、市直各有关部门（单位）离退休干部党支部书记、党员代表，市老年大学教师及退休干部党员代表共150余人参加会议。 （刘波）

【落实老干部"两项待遇"】 1.积极落实政治待遇。2016年以来，先后组织离退休干部参加各类座谈会、情况通报会、征求意见会、动员会等14场次、200余人次，充分听取老同志对依法治市、党风廉政建设、干部作风建设、市委年度重点工作等的意见建议，引导老同志为促进中卫经济社会发展建言献策、发挥正能量。组织全市120名离退休干部代表对中卫市污水处理厂、宁夏协鑫晶体有限公司、西部云基地、沙坡头旅游新镇等项目建设及运行情况进行参观考察，使广大离退休干部切身感受到中卫市经济社会发展取得的辉煌成就，更加深刻领会到市委、政府重大决策部署的科学性。组织召开全市上半年经济形势发展情况通报会，市委副书记、市政府党组副书记马世军通报全市上半年经济社会发展情况。为离退休干部订阅

《中国老年》等各种学习资料共60余份,赠阅《宁夏日报》《中卫日报》《新消息报》等报刊160余份,极大地满足老干部们的学习需求。2.重视落实生活待遇。全面落实离休干部生活待遇有关政策,"三个机制"有效运转,离休干部离休费足额按时发放,医疗费实报实销,为50名离休干部遗孀集中办理医疗保险免缴手续,管理服务工作进一步加强。坚持"五必访"工作制度,以真情、真心服务于老干部。2016年,在春节期间组织对离退休干部及遗属进行走访慰问236人,发放慰问金26万元;以纪念建党95周年、纪念红军长征胜利80周年为契机,走访慰问离休干部108人次,发放慰问金6万元;组织140余名离退休干部,开展庆祝重阳节文艺演出活动;年内共开展生日祝寿7人次,到医院和家中看望有病老干部65人次;制定《中卫市离退休干部去世悼念慰问工作办法》,进一步规范离退休干部及遗孀去世慰问工作,年内开展丧事慰问14人次;建立并落实离退休干部困难帮扶制度,及时了解帮助老干部及遗属解决生活待遇等方面的困难11件,困难救助5人,发放困难补助金0.5万元。

(刘 波)

【丰富离退休干部精神文化生活】 1.积极开展形式多样的文体活动。2016年2月,举办为期3天的2016年元宵节老干部(老年)书画展,共展出61位老干部(老年)书画爱好者的120余幅作品,充分展示广大老同志深厚的文化底蕴和扎实的艺术功底。3月,举办全市退休干部春季健身运动会,市直机关部分退休干部、离退休干部党支部书记、市关工委、市延安精神研究会组成人员共60多人参加比赛。7月中旬,在文化广场举行离退休干部纪念建党95周年暨红军长征胜利80周年广场文艺演出。同时,组织近60名老同志参加全区第三届离退休干部运动会5大项12个小项的比赛,荣获优秀组织奖。2.办好老年大学,促进老干部活动中心发挥作用。在教学方面,不断创造条件满足不同层次爱好需求,开设书法、绘画、音乐、舞蹈、乐器、秦腔、电脑、文学等10个教学班,学员达到352人。师资队伍建设上,选聘8名退休干部职工作为老年大学的教师,初步形成一支专业结构合理、敬业奉献的教师队伍。同时,充分发挥老干部活动中心阵地作用,指导中卫市老干部(老年)乐队、合唱团积极参加各类演出及社会实践活动10余场次,充分展示老年大学学员健康向上的精神风貌。3.开展理论征文活动。为纪念建党95周年和红军长征胜利80周年,市延安精神研究会积极组织在广大离退休干部中开展理论征文活动。活动中,共收到各县(区)及市直部门退休老同志撰写的各类稿件近30篇,选取其中质量较高的17篇先后报送市委办和自治区离退休干部党工委进行评选,4篇获得自治区表彰奖励,7篇获得市上表彰奖励,市委老干部局获优秀组织奖。同时,组织开展离退休干部党员"女排精神与宁夏发展"主题征文活动,在初步评选23篇征文的基础上报送自治区党委老干部局进行评选,获二等奖1篇,三等奖2篇。

(刘 波)

【关心下一代工作】 1.深入开展社会主义核心价值体系主题教育活动。采取多种形式广泛开展学"两史"和"三爱"等主题教育活动。通过组织召开报告会、演唱会,也有小型座谈会、故事会等形式,扎实推进主体教育。年内,共发放教材30000余册,开展各类报告会100余场次,参加学生60000余人次。2.开展"关爱明天 普法先行"青少年普法教育活动。组织宣讲队伍,在各中小学校举办《预防青少年违法犯罪与青少年自我保护》专题报告会和巡回图片展160余场次,参与学生达7万人以上。市关工委筹资8000元购买青少年法律知识读本400套分发到各学校,并组织全市青少年参加全区青少年法治(安全)书画竞赛活动。3.在青年农民中深入开展"讲理想、育新人、学科技、奔小康"活动。配合关工委相关成员单位开展"科普七进"活动,结合文化、科技、卫生"三下乡"及各部门科普主题活动,开展以科普展览、科普讲座、反邪教警示教育等为主的"科普七进"活动26场次,展出各类科普宣传展板74块,青少年科幻画90幅、科技活动展板80余块,发放科普资料42420余份,受益青年达53670余人。4.大力开展关爱活动。积极配合教育局、总工会、团委、民政局等关工委成员单位开展"希望工程、圆梦行动""金秋助学"等关爱活动,为高校录取贫困新生发放助学补助2000余万元。协调争取爱心企业为希望小学捐助资金100万元,捐赠爱心课桌600套,发放爱心书包300个;筹集资金71万元,资助困难学生167名。

(刘 波)

【老干部局机关干部自身建设】 1.加强干部理论学习。结合"两学一做"学习教育,坚持周二学习日制度,采取班子领学、专家讲学、调研促学、网络自学、集中观看警示教育片等形式,进一步巩固学习成效。在理论学习中,干部将学习与服务老干部工作相结合,在局机关内部形成以学习促进工作、在工作中检验学习成效的良好氛围。年内,共组织集中学习30余次,干部自学近20次,学习篇目累计70多篇,干部理论水平得到有效提升。2.强化干部作风建设。加强党风廉政建设，认真组织学习新修订的《准则》《条例》，开展廉政文化"六进"活动和"廉内助"教育活动，切实加强机关廉政文化建设。认真贯彻落实区、市党委开展贯彻落实中央八项规定精神"回头看"工作的有关精神，重点对局机关2013年以来的差旅费、公务接待费、培训费、会议费和公务用车使用费等资金管理使用情况及其他财务收支情况进行认真自查，进一步严肃财经纪律，确保财政资金安全、规范、高效运行。严格落实机关干部联系服务群众工作制度，主动联系定点帮扶村沙坡头区宣和镇羚和村，解决帮扶资金10000元，慰问困难群众10户；精准扶贫深入三河镇丘陵村，帮助村党支部制定脱贫规划，解决帮扶资金10000元，慰问困难群众32户。3.加大宣传调研力度。建立新闻发言人、离退休干部工作特邀评论员等制度，扩大老干部工作的知晓度。2016年5月，局领导做客中卫交通音乐台，对2016年落实老干部"两项待遇"、加强离退休干部"两项建设"、引导离退休干部发挥作用等重点工作接受媒体采访。加大工作信息撰写和报送力度，及时将老干部工作中的最新动态、工作经验等形成高质量的工作信息，积极向自治区老干部局、宁夏新闻网、《共产党人》《中卫日报》、中卫党建网等媒体投稿。年内共编发工作信息34期，先后在《中国老年报》、老干部之家网站等国家级媒体刊登稿件3篇，在《共产党人》杂志、《宁夏老年报》、宁夏新闻网、自治区老干部局网站等区级媒体刊登稿件28篇，在《中卫日报》、中卫党建网等市级媒体刊登稿件35篇。

(刘 波)

中共中卫市纪律检查委员会

【概况】 中共中卫市第四届纪律检查委员会于2016年12月30日经中共中卫市第四次代表大会选举产生。本届共选举产生纪委委员29人。纪委领导班子设书记1人，副书记3人，常务委员5人。机关内设10个职能室，即：办公室、党风政风监督室、宣传教育和政策研究室、案件监督管理室、信访室、第一纪检监察室、第二纪检监察室、案件审理室、纪检监察干部监督室、廉政教育和信息中心，派驻纪检组监察室9个。核定行政编制37人，事业编制3人，工勤事业编制5人，控制性事业编制2人，实有干部职工45人。2016年，全市各级纪检监察机关深入贯彻党的十八届六中全会、自治区纪委七次全会、市委三届六次全会精神，把习近平总书记系列重要讲话精神作为思想武器和行动指南，坚决贯彻落实自治区纪委和市委决策部署，忠诚履行党章赋予的职责，坚持党要管党、从严治党，突出主责主业，聚焦监督执纪问责，全市党风廉政建设和反腐败工作取得新进展、新成效。

(石晓太)

【压实"两个责任"】 市委坚持把对党忠诚作为最根本的政治要求，立场坚定，旗帜鲜明，坚定不移推进全面从严治党。坚持以上率下，担起管党治党责任，不断拧紧"定责、明责、考责、追责"责任链条，推动全面从严治党取得重要阶段性成果。先后31次专题听取和研究部署党风廉政建设工作，组织开展"三述三评"活动，4名县(区)党委、纪委及市直部门"一把手"进行述职述廉，现场接受质询评议。市纪委积极协助市委组织协调党风廉政建设，细化任务分工，列制56项党委主体责任和54项纪委监督责任。严格实行"一案双查"，对落实主体责任不力、发生腐败案件等问题的6个单位实行"一票否决"，对13名落实"两个责任"不力的部门领导进行问责处理，对3起落实主体责任不力的典型案件在全市进行通报曝光。

(石晓太)

【持续纠治"四风"】 在坚持中深化，在深化中坚持，锲而不舍纠治"四风"。紧盯重要节点，对踩踏作风红线的问题，发现1起，严肃查处曝光1起。扎实开展贯彻落实中央八项规定精神"回头看"和借婚丧喜庆事宜敛财专项整治活动。组织明察暗访53次，对6名市直部门主要负责人和4名乡镇一把手进行约谈，查处曝光9起违反中央八项规定精神问题，给予13名党员干部问责处理。其中，给予党政纪处分10人，组织处理3人，净化党风政风和社风民风。

(石晓太)

【强化纪律教育】 组织开展"廉内助""树清廉家风建最美家庭""创清风家园 建和谐社区"等活动，组织党员干部510余人次接受"以案说纪""旁听庭审"教育，4300余人次到自治区警示教育中心和市"五大教育"基地接受教育。创新建立新任职领导干部党纪党规知识计算机考试制度，组织211名新任职及交流任职的领导干部进行党政纪知识考试。坚持抓早抓小，对58名存在苗头性、倾向性问题的党员干部进行函询约谈。创新"1+6"机制，对591名新任职领导干部进行廉政谈话。

(石晓太)

【完善监督机制】 紧贴脱贫攻坚，制定《关于实施精准监督 为打赢脱贫攻坚战提供纪律保障的意见》

《中卫市精准脱贫工作问责办法(试行)》,对全市脱贫攻坚纪律执行情况进行"点穴式"专项巡察,发现并整改问题24个。健全完善市委巡察制度,制定《中卫市委巡察工作办法(试行)》,对2个单位进行巡察,发现并整改问题32个,移交问题线索3个。积极探索正确把握运用"四种形态",制定《把握运用监督执纪"四种形态"的实施意见》《运用监督执纪"四种形态"第一种形态的实施意见》,建立实施第一种形态"五谈二会一报告"工作机制,严把"谈前、谈中、谈后"三道关口,注重"六个一"要求,推动监督执纪由重点查违法、盯少数向盯违纪、管全体转变。探索建立"村廉通"机制,进一步加强农村基层党风廉政建设。严明换届纪律,下发严肃换届纪律通知,会同组织部门开展换届纪律执行情况专项巡察,加强对推荐提名、考核评价、酝酿选举等环节的监督,坚决防止拉票贿选、买官卖官、违规用人和干扰换届秩序等行为,严把党员领导干部党内廉政意见"回复关",一年来,市纪委共回复党风廉政意见征求函1246人次。　　　　(石晓太)

【加强执纪审查】　坚持有案必查、有贪必肃、有腐必惩,腐败蔓延势头得到有效遏制,反腐败斗争压倒性态势已经形成。2016年,全市纪检监察机关共受理信访举报447件,处置问题线索375件,初核结214件,立案171件,给予党政纪处分175人(其中县处级13人),移送司法机关4人,收缴违纪资金276.12万元。督促主责部门扎实开展整治和查处侵害群众利益的不正之风和腐败问题活动,排查问题线索195件,给予党政纪处分79人,移送司法机关4人,收缴资金142万元,对14起典型案例点名道姓通报曝光。　　　　(石晓太)

【提升履职能力】　持续深化"三转",坚持向上看齐,瘦身体检。将媒体问政、机关作风评议、村监会管理等工作移交主责部门,更加聚焦监督执纪问责。制定加强和改进乡镇纪委工作意见,督促县(区)制定乡镇纪委单列考核办法,力促乡镇纪委发挥作用。探索建立纪检监察干部队伍建设"1+3"机制,通过"青蓝结对"计划和铸魂、铸剑、铸铁"三铸"工程,提升纪检监察干部的政治素质和业务能力。进一步健全内控机制,对纪检监察干部严格教育监督管理,全市纪检监察干部监督执纪的能力和水平明显提升。　　(石晓太)

民主党派和工商联

·民革中卫市委会·

【概况】　民革中卫市委会成立于2007年4月。2011年11月14日换届选举第二届委员会;2016年10月18日换届选举第三届委员会。市委会设主委1人,副主委2人(其中,1名副主委兼秘书长),委员6人,平均年龄45.9岁。市委会下辖民革中宁县委会、沙坡头区工委2个县级组织,下设10个基层支部(中宁5个、沙坡头5个),现有党员179名,其中,中宁县75人,沙坡头区104人。党员主要分布在教育、卫生行业。平均年龄52.94岁。在职127人,离退休52人;男104人,女75人;有大学学历107人;有高级中级职称110人。党员中有处级干部7人;科级12人;自治区文史馆馆员1人;自治区政协委员2人;市人大代表4人(常委1人);市政协委员9人(常委3人);县人大代表2人(副主任1人);县政协委员15人(常委4人)。　　　　　　　　　　　　(刘晓宏)

【思想教育】　深化坚持和发展中国特色社会主义学习实践活动。全年组织10批115名党员参加民革宁夏区委会、中卫市委统战部、民革中卫市委会统战理论、组织建设、参政议政培训;组织全体党员开展向张宝艳、秦艳友同志学习活动;2次选送作品参加"榴韵莲香·团结聚力·崇廉尚清"全区统战系统第二届书法美术摄影作品展;3次组织82名党员参加区、市主题演讲比赛,并获奖。　　　　(刘晓宏)

【组织建设】　市委会和2个县级委员会分别召开代表大会,换届选举新的领导班子,推进组织建设,完成政治交接。修改完善《民革市委会参政议政奖励办法》《民革市委会财务管理制度》等17项工作制度,认真执行基层组织汇报制度;本年经过培养、考察发展5名新党员;9名党员被选举为市四届政协委员,4名党员被选举为市四届人大代表;万瑷晖、刘强2名年轻骨干党员被推荐到市委统战部实践基地挂职锻炼,为骨干党员搭建发展平台;市委会组织沙坡头区民革党员为中卫一中患重病的王占河老师爱心捐款4670元,让其家属充分感受到民革大家庭的关爱、温暖。2016年度被民革区委会评为组织工作先进集体。
　　　　　　　　　　　　(刘晓宏)

【参政议政】　2016年,市委会提案立案68件(区政协34件、市政协34件)。其中"关于加强学校教师队伍建设的建议"等3件被市政协列为重点提案,由万新恒等主要领导督办;"关于扩大我市老年公寓建设规模的建议"等5件提案被市政协列为重要提案。市委会报送社情民意38篇,其中"关于严格落实我区农业排灌电价政策的建议"被自治区政协采用;区委会采用12篇;市政协采用7篇,其中"关于提高遗属生活补助的建议"被市委张柱书记批阅。《关于全市病死家畜禽无害化处理》的调研报告受到市委张柱书记的阅示，调研转化为成果。　　　　　　　（刘晓宏）

【社会服务】　　春节前夕，民革中卫市委会组织医卫界党员，冒着严寒，到沙坡头区宣和镇福堂村开展下乡健康义诊活动。11月，再次组织医卫界党员到沙坡头区思乐移民村开展精准扶贫送医送药义诊服务活动；4次到海原县李旺镇九道村开展"助力脱贫攻坚"活动；成立志愿者队伍，开展"博爱·牵手"活动，深入到海原县甘城乡久坪村助力帮扶点，将价值万元的大米、面粉、食用油，送到30户困难户家中，为山区乡贫困群众送上节日的祝福；为助力贫困地区教育发展，改善贫困地区小学生生活条件，民革区、市组织牵手爱心企业家，在中卫市民政局、教育局大力支持下，友成基金会为中卫地区捐赠价值380万元的"TOMS"布鞋2万双，覆盖中卫市109所贫困小学2万名18岁以下的在校农村学生。民革中宁县委会牵手爱心企业家党员雍跃文为古城子完小困难学生定制361度防寒服。市委会借助民革法律咨询服务中心，依托民革党内和社会优秀法律工作者，在常规提供公共法律服务的基础上，开展电话咨询服务、预约服务等服务形式，对残疾人、病重人员、老年人等行动不便的群众，提供上门服务；律师参与接访、法律调解均不收取任何费用，对代理案件家庭特别困难、符合法律援助条件的，一律实行法律援助无偿服务，切实帮助社会困难群体维护合法权益。　　　　　　　（刘晓宏）

·民进中卫市委会·

【思想建设】　　以学习实践活动为主线，充分发挥全委会的引导和示范作用，坚持会前专题学习的优良传统，交流学习体会，促进全会的理论学习。开展学习会章会史主题学习活动，增强广大会员对中国特色社会主义理论体系的道路自信、理论自信、制度自信和文化自信。举办"我身边的先进"宣讲活动，弘扬民进优良传统，举办市委会2016年参政议政能力建设培训班，组织会员积极参与自治区统战部、市委统战部（民宗局）美术摄影作品展，选送作品20多幅，传递正能量。　　　　　　　（韩春玲）

【组织建设】　　顺利召开民进中卫市第三次代表大会、中宁县第四次代表大会、沙坡头区第一次代表大会，选举产生中卫市第三届委员会、中宁县第四届委员会、沙坡头区第一届委员会，黄华、孙明洋、韩春玲分别任中卫市委会、中宁县委会、沙坡头区主委。支持会员外出培训学习，选派18名会员参加民进（天津）部分省市信息员培训会、自治区党外处级干部（苏州）培训班、中卫市党外干部延安培训班。39名会员参加民进宁夏区委会（中卫市委会）参政议政能力建设培训班。选派1名会员到市党外干部实践锻炼基地挂职锻炼。支持民进中卫总支举办"强身健体，快乐运动"主题运动会。　　　　　　　（韩春玲）

【参政议政】　　民进提交市政协三届四次会议立案的33件（集体提案17件）提案中，《关于加强教师队伍建设的建议》《关于支持把中宁工业园区建设为吸纳山区劳动力、精准扶贫基地的建议》《关于进一步加强中卫城区道路交通管理的建议》《关于在海原县增设金融营业服务网点的建议》《关于重启中冶美利纸浆公司生产盘活国有资产的建议》5件为重点提案，分别由市长万新恒，政协副主席张武、田桦、施润云、付成林督办。《关于促进农作物秸秆有效利用的建议》《关于科学整合公交运营资源，提升我市公共交通质量的建议》获市政协优秀提案。《整合全市旅游资源，打造靓丽旅游品牌》由副主委韩春玲代表市委会作市政协大会发言，《依法土地流转，切实保障当事人合法权益》为书面交流。6月、10月份先后组织会员到沙坡头区、海原县、中宁县走访调研，完成《关于全市学前教育发展情况的调研报告》和《关于我市文化旅游融合发展情况的调研报告》。参加市政协"砥砺提案，助推发展"征文、演讲比赛活动，获二等奖。

　　　　　　　（韩春玲）

【社会服务】　　联合市旅游局到生态移民村沙坡头区鸣沙村、海原县700户村慰问生活困难群众12人。六一前夕，组织海原县史店乡优秀教师及学生代表40余人到中卫考察学习；组织田拐村相关人员赴彭阳黄梅杏基地考察；委托设计院根据田拐村村情实际情况，围绕万亩红梅杏种植基地，制定出把田拐村打造成一个以观光休闲体验为主的乡村旅游示范点的相关规划；10月，邀请自治区人民医院的7位医生在田拐村义务诊疗患者近百人，赠送药品价值2000余元；邀请宁夏兴业律师事务所的3位律师为田拐村群众作法律维权指导；邀请宁夏大学农学院教授吴心华在养殖圈棚为田拐村20多名养殖户作牛羊疫病防治与科学养殖现场指导，受益群众百余人。1月，在沙坡头区宣和镇福堂村开展"'翰墨馨香暖'写送春联"活动，现场写送春联1000余幅。9月，组织会员到中宁县生态移民区长山头中学开展捐资助学活动，企业界会员筹资10万余元重新修建学校操场，会员资助该校1万余元的学习用品和体育用品。1月，开展"寒冬送暖，关爱老人"走访慰问活动，走访慰问沙坡头区宣和镇福堂村的10户生活困难老人（每户大肉5斤、食用油20斤、挂面30斤、方便面1箱的慰问品均由会员捐赠，价值3000多元），传递民进组织及社会对老年群众的温暖与关爱。1月，联合民革市委在沙坡头区宣和镇福堂村开展"送医疗下乡"诊疗活动，现场诊疗患病群众50多人，发放疾病预防、健康保健手册及宣传材料100余套。"三八"前夕，与中宁县鸣沙医院联合开展送健康免费体检活动，受益群众50余人。

（韩春玲）

【岗位奉献】 市委会荣获全国参政议政先进集体、全区组织工作先进单位、全市参政议政先进集体。书画界会员参加自治区党委"不到长城非好汉"纪念建党95周年和红军长征胜利80周年书法展、宁夏第四届青年书法篆刻展、五市总工会书法联展、"中国梦劳动美"第三届全国职工书画展、"华城杯""丝路明珠·中卫"全国书画展等，获奖、入选作品30余幅。18名会员荣获中国书法家协会"送万福进万家"活动先进个人、全国个私协会系统先进工作者称号、全国德克士优秀加盟业主、宁夏科技厅"法人科技特派员"、市高考先进个人、市优秀班主任、市优秀教育工作者、第五届全国高中信息技术优质课展评二等奖、宁夏职业院校信息化教学设计比赛三等奖、市党校系统理论征文优秀奖、全区党校行院系统首届文化艺术节卡拉OK歌手大赛三等奖等荣誉。会员所带班级80人全部上高考线，重点率达96%；会员辅导学生获宁夏职业院校技能大赛"动画片制作"项目二等奖，指导学生及部门合唱队5次获市级二、三等奖，会员所办学校获中卫市教育局"民办教育先进单位"。（韩春玲）

·民盟中卫市委会·

【参政议政】 一是加强参政议政工作组织领导，健全参政议政工作管理机制。二是充分发挥基层支部及广大盟员的主体作用，倡导各支部及广大盟员关心国家经济社会发展大局，关注中卫经济社会发展"四个中卫"的实施，年内，共向自治区政协、市政协提交提案20余件，社情民意信息6件。提交大会发言10余篇。 （张建忠）

【组织建设】 加强后备干部队伍建设，积极在教育、卫生、文化、法律以及行政事业单位发展具有一定社会影响力的党外人士和优秀青年入盟，发展新盟员10名。10月10日，组织召开民盟中卫市第三次代表大会，选举产生第三届委员会委员，田桦当选为第三届委员会主委，严玉华、王学霞当选为副主委，王文华、陈桂凤、林英、王新慧、张晓磊、段永军当选为委员，林英兼任秘书长。中宁县委会也召开民盟中宁县第三次代表大会，有多名骨干盟员进入县、市委员会班子。 （张建忠）

【社会活动】 开展"烛光行动"，积极开展教育社会服务活动。邀请上海教育专家到中宁县传经送宝。对中宁县761名中小学语文教师、276名英语教师和318名学校领导班子成员，进行教师专业素质与学校管理能力提升培训。已累计实施眼科手术近600例，使他们重见光明。开展"送温暖、送爱心"活动。2016年高考前，田桦主委发动中宁黄河乳制品公司向中卫一中、中卫中学40余名高三年级困难学生捐助营养牛奶，鼓励他们努力学习，其中受捐助的同学万镇瑞取得中卫文科高考状元。11月4日，市委会协同中卫市侨联牵线搭桥，动员澳大利亚爱国华侨魏基成夫妇捐助棉衣180件（价值逾10万元），捐献给沙坡头区康乐移民区五保户、孤寡老人、残疾人。盟员张晓磊关心幼儿教育，将价值3万元的字画及书籍赠送给中卫时代幼儿园，并给西吉老区捐赠图书500册。法律界别盟员王新慧常年为农民无偿提供法律咨询，被公认为"民生律师"。王新慧、刘韦唯、周艳、白春莉等法律界盟员，积极参与法律咨询与援助活动，被自治区司法厅推荐提名为全区十佳法律援助律师候选人。社会支部主委雍家骝，被中卫市文昌镇评为社会公益道德模范。2016年度，中卫市委会荣获民盟中央表彰民盟社会服务工作先进集体。 （张建忠）

【报道宣传】 2016年，共向市委统战部、市政协、民盟宁夏区委会及《宁夏盟讯》上报盟务工作信息10余篇。市委会捐资助学、扶贫帮困、法律服务、医疗义诊等各种光彩活动多次被中卫电视台、《中卫日报》等媒体报道。严玉华、张建忠撰写田桦、冯克国等盟员先进事迹的稿件在《宁夏盟讯》、民盟宁夏区委会网站、《中卫日报》和政协中卫市委会主办的《委员视点》上刊登。盟员王雁冰新出版《杞人有天》教育专著，在中宁县人大、政协"两会"期间，发给各位委员。委员张晓磊编著的《腾格里湖金沙岛散文集》《腾格里湖金沙岛摄影诗歌集》《腾格里湖金沙岛故事集》已出版，张建忠收集整理的《中卫盟史》进入出版程序。

（张建忠）

【自身建设】 年内，冯克国被民盟中央评为社会服务工作先进个人；严玉华、冯克国、王学霞、王文华、王新慧、田永兴、高扬等人被民盟区委会评为2015年度优秀盟员；王学霞、黄占东、孙春善获民盟宁夏区委会先进个人和知识竞赛先进个人，段永军被自治区教育厅评为先进工作者。刘晓军被自治区教育厅、科协评为优秀科技教师；黄占东、董淑香、严良义、尤天雄等人被评为民盟中卫市委会优秀盟员；王平、何红、季福生、张奋才、汪殿忠被中宁县委会评为优秀盟员、先进个人；王雁冰、王辉、段永军荣获市政府、县政府表彰的"优秀教师""优秀班主任"称号；张晓磊、王平、季福生、段永军、孙春善等人积极创作，在各种刊物发表作品，获得全国、区、市级等各类组织或期刊颁发的奖项20余项。

（张建忠）

· 民主建国会中卫市总支委员会 ·

【概况】 中国民主建国会简称"民建"，是主要由经济界人士组成的、具有政治联盟特点的、致力于建设中国特色社会主义事业的政党，是中国共产党领导的多党合作和政治协商制度中的参政党。成立于2007年1月，第三届总支委员会如下：主委茹小侠，副主委李书东、赵艳忠，秘书长曹凤宁，委员杨富国、赵洪武、王恒。会员85人，全部集中在沙坡头区。其中：经济界60人，占70.6%；教育界18人，占21.2%；中上层68人，占80%；具有大专以上学历的77人，占90.6%。市人大代表和政协委员共14人，占16.5%。2016年发展新会员9名，去世1人。下辖6个支部，支部主委分别由陈瑾、丁永国、刘岩华、王恒、张永花、薛刚担任。

（曹凤宁）

【参政议政】 1.履行参政党职能，通过参加民建宁夏区委会、市委、人大、政府、政协和统战部召开的民主协商会、座谈会、情况通报会、民主评议会、征求意见会和检查、视察、调研等活动，建言献策，开展民主监督。2.围绕中卫经济社会发展中的热点、难点、重点问题，深入基层一线，听民声、察民情、汇民意、献真言开展专题调研。确定"关于我市食品药品监管工作情况的调研"和"关于中卫市信息化教育教学体系建设情况的调研"两个专题调研课题，4月份成立专题调研组对中卫市食品药品监管工作情况开展深入调研，并形成《关于我市食品药品监管工作情况的调研》上报市委、市政策研究室，受到市委书记张柱的高度关注，并批示市委、政府主管领导及相关部门采纳办理。3.重视提案工作，认真反映社情民意。多次召开专题扩大会议，集中传达学习市委、政府工作报告和重大战略部署，培训政协提案工作的有关知识，安排部署提案和社情民意撰写工作，层层分解工作任务，要求全体会员重视提案工作，发挥参政议政职能，走基层，访民生，关注弱势群体，倾听群众心声，深入调查研究，真实反映民意。提前征集、撰写有见地、有参考价值的提案和社情民意。在2016年1月召开的中卫市政协三届四次会议上，市总支共上交提案35件，立案8件，撰写提交大会发言稿2篇，其中《进一步完善落实中小微企业扶持政策为全市经济持续发展增添后劲》作为大会交流材料印发给全体委员传阅。《关于建立和执行住房补贴制度的建议》被市政协列为优秀提案，2件被市政协列为重要提案，1件被市政协列为重点提案。年内，总支向市政协和区委会提交社情民意10件，采纳转发及被市领导批示督办4件。

（曹凤宁）

【学习培训】 学习中共十八届系列全会精神、习近平系列讲话精神；学习民建中央、民建区委会各种会议精神；全国经济工作会议精神。贯彻落实中共中央开展"两学一做"学习教育活动，开展树立和践行社会主义核心价值体系和多种形式的会章、会史和会的优良传统教育，深刻领会"同心"思想内涵。组织会员参加各级各类理论学习培训班。8月20~27日市总支选派6名会员参加全区2016年党外人士学习班；12月8~10日，民建市总支主委茹小侠和秘书长曹凤宁带领部分会员参加民建区委会在青铜峡宾馆举办的社情民意信息员培训班和参政议政会议；12月22~24日，市总支秘书长曹凤宁带会员参加宁夏民建区委会在宁夏社会主义学院举办的新会员理论培训班。

（曹凤宁）

【组织建设】 坚持入会会员数量与质量并重、以质量为主的原则，严格坚持程序，加强组织审查，注重个人品行和社会影响，年内新吸收本市各界9名优秀党外干部入会。春节前，开展"寒冬送暖"慰问活动，对曾经对组织做出贡献的会员和贫困、患病的17名会员上门慰问，年中，民建市总支慰问生病住院及老龄会员10多人。通过开展多种社会实践活动、扶贫慰问活动、公益救助活动、会员联谊会等，增强组织的吸引力和凝聚力。在市委统战部组织的民主党派2016年工作绩效考核中，荣获全市民主党派绩效考核第二名和信息工作先进单位称号。

（曹凤宁）

【社会服务】 1.发挥界别优势，搞好社会服务。为定点帮扶村献计出力，扶贫帮困。6月23日，开展"统一战线助力大战场镇脱贫攻坚"（七个一）系列捐赠活动。该活动由市总支承办，10名民建会员、3个企业和市义工联合会共同筹集物资，共慰问贫困户911户（含特困户300户）。捐赠冰柜26台（每台价值3200元），大米、面粉620袋，食醋1000桶，缎被面920条，成人衣服300多件，结对资助贫困大学生60名。检查、接诊患病群众300多名，对症发放各类药品价值8000元，为回族群众讲解健康保健知识，发放预防各类疾病、健康生活知识等宣传单6000多张，捐资和捐物折价总金额达30多万元。2. 争取中央、中华职教社、中华思源基金会"教育移民班"等项目工程，为中卫市经济发展做贡献。民建市总支制定各项帮扶措施，争取到中华思源扶贫基金会"思源佑华·教育移民班"项目，在海原县第四中学开设2个"思源佑华·教育移民班"，每班50名学生，受助对象为移民村贫困家庭初一年级学生，实施期限为三年，在初中三年中，给予每生每年2000元生活补助，三年享受6000元的资助金。100名学生共计享受60万元的资助资金。助力全区精准扶贫，力求找准切入点。在海原县实施爱德基金会"e万行动"项目。经核查，将对海原县450名在校的事实孤儿学生进行助养，对符合资助条件的学生采取分阶段分档次资助。如：小学阶段资助标准为1485元/人/年；初中、高中阶段资助标准为2970元/人/年。大学生阶段，资助标准5000元/人/年，每年分两次拨付，可一直资助至大学毕业。3. 发挥特色优势，全面扎实有效地开展社会服务。坚持用先进理念引领教育会员，凝聚政治共识，发挥特色优势，全面扎实有效地开展社会服务。以民建中卫市总支牵头成立的社会公益组织——市义工联合会为主，先后组织成立沙坡头区、中宁县、海原县、海新区义工联合会分会，组织、指导并号召社会各界的爱心人士参与各种社会服务及社会救助活动，秉承"奉献、友爱、互助、进步"的精神，注册义工人数达3500人次，参与活动会员达6360人次，志愿服务时间约5万小时，完成社会捐赠300多次，帮扶物质资金100多万元，慰问、帮扶困难群众及需要人群10000多人次。通过组织市义工联合会爱心志愿者200多人次分头在"两县两区"成功实施2016年"爱心粮油计划"，为农村空巢老人及特困群众560户，每户发放价值300元的粮油，共捐赠粮油价值16.8万元。4. 更新服务理念，创新服务载体。开展送文化下乡活动。春节前，市总支组织会员中的书法家、美术工作者，到沙坡头区永康镇、东园镇及长安、中山等社区现场书写春联600多副，送出书法、绘画作品20多幅。围绕大众创业、万众创新，打造创业培训品牌。利用总支经济界人才众多优势，坚持与市劳动就业局长期合作，联合举办个体创业者和中小微企业管理者"创业培训班"30期，培训人数900人次。举办"中卫市创业名师大讲坛"、"中国梦·企业梦"博慧企业家大讲堂和其他经济类讲座，为大学生创业和个体经营者、中小企业提高经营管理水平，关心会员企业，助推会员企业发展。为会员企业引进资金6000万元。引导带动会内企业家捐资助学，回报社会，会内企业家周生平、张勇金为特困家庭及困难大学生爱心捐赠助学金每年达70多万元。（曹凤宁）

【理论宣传】 1. 加强宣传工作，扩大社会影响。加强与新闻媒体的联系和沟通。2. 将市总支所做重要工作编写信息或简报，及时向民建宁夏区委会、市政协、市委统战部反映，个别有分量、有价值的稿件则以新闻通讯报日报社，通过《中卫日报》宣传和报道，扩大民建的知情面和影响力。年内编写上报简报46期，其中，市委统战部转发3期，市政协网站刊登10篇，《宁夏民建》杂志刊登15篇，民建中央网站转载23篇，《宁夏民建》网站刊登40篇，《中卫日报》刊登3篇。

（曹凤宁）

【岗位贡献】 2016年度，市总支秘书长曹凤宁获全国优秀会员称号，会员刘会琴被民建中央授予全国社会服务先进个人称号，市总支荣获全国社会服务先进集体称号。 （曹凤宁）

农工党中卫市总支委员会

【概况】 农工党中卫市总支委员会在农工党宁夏区委会和市委统战部的大力支持下，2016年11月顺利完成换届工作。吕玉兰（女）为主任委员，范玉琴（女）、高新明为副主任委员，王建平为秘书长，李丽（女）、闫素香（女）为委员。全年共发展党员10名，党员总数87名，共设立4个基层支部（市人民医院第一支部、第二支部，市教育支部，社会综合支部）。其中医卫界50人，教育界27人，其他界别10人；高级职称33人，中级职称31人；在职党员64人，离退休党员23人；农工党宁夏区委会常委1人，委员2人；自治区政协委员1人，中卫市政协副主席1人，常委2人，中卫市政协委员5人，沙坡头区政协委员3人。 （王建平）

【参政议政】 农工党中卫市总支积极参加区委会、区党委统战部、市委统战部、市政协举办的各类学习班、培训班。本年为全体党员举办一次理论培训会，通过学习提高党员的政治素质和思想认识。积极参政议政，认真完成效能目标，年内，总支委员会和本界别的委员共向市政协提交立案提案11件、社情民意2件，向区委会市委提交调研报告2篇、理论文章2篇,其中《关于盘活美利纸业固定资产创新开发生物新材料的提案》2016年被自治区政协定为重要提案。被区委会、市委统战部评为参政议政、社会服务先进集体,10余名同志被评为优秀党员。加强思想宣传,及时报送信息,全年共向农工党区委会、市委统战部报送信息24篇。　　　　　　　　　　　　(刘晓宏)

【社会服务】　每年坚持开展"环境与健康"宣传周,"国际科学与和平周"活动。在"三八"妇女节,举办趣味运动会。7月10日到深中天然气宁钢大道加气站开展健康义诊活动。　　　　　　　(刘晓宏)

· 九三学社中卫市总支社委员会 ·

【概况】　九三学社是以科学技术界高级、中级知识分子为主的具有政治联盟特点的政党,是接受共产党领导,同中国共产党亲密合作,致力于建设中国特色社会主义事业的参政党。九三学社中卫市总支社是九三学社在中卫的地方组织,是中卫市民主党派中的重要成员。总支社有社员68人,社员中有高级职称25人,占社员总数的37%;中级职称40人,占社员总数的59%。　　　　　　　　　　　　(孟　聪)

【自身建设】　先后有5名社员参加社区委第二十四期学习班,5名社员参加市委统战部举办的党外人士培训班,部分社员参加市政协委员培训班等。11月12~13日,总支社举办2016年骨干社员培训班。向社区委网站报送社务工作动态稿件28篇,向市委统战部报送工作动态信息28篇。　　　　　(孟　聪)

【参政议政】　2016年,总支社向市政协提交集体提案34件,立案20件,其中《关于加强全市苹果产业提质增效的建议》《关于在海原县增设金融营业服务网点的建议》《关于重启中冶美利纸浆公司盘活国有资产的建议》3件提案被市政协确定为重点提案,《关于为我市"沙漠水城"增添沙漠元素的建议》等9件提案被市政协确定为重要提案。赵英男主委在自治区政协十届三次会议上提出的《关于尽快启动建设宁夏中部干旱贫困片区西线供水工程的提案》,被自治区政协列入重要提案并通过2016年第24期《重要提案摘报》报送自治区党委常委、常务副主席张超超阅示。《健全社会保险经办管理体系　促进我市经济社会健康发展》被列为市政协大会书面发言。向社区委会报送提案及社情民意信息32件,采用5件。向市政协反映社情民意10件,采用3件,其中《关于为中卫市市场监督管理局配备执法服装的建议》《关于清理市区人行道范围内突出地面钢钉的建议》2件社情民意得到市主要领导批示。向社区委申报参政议政课题12件,立项4件,2件转化为区政协提案。向市委报送调研报告2篇。　　　　　　　　　　(孟　聪)

【组织建设】　总支社注重对基层组织工作的指导,各基层支社广泛开展活动,基层组织活力大大提高。年内发展4名条件成熟的成员。10月15日,总支社组织部分社员参加社区委第二届趣味运动会,比赛中获得铁环往返跑和抢种抢收团体第三名的好成绩,多个个人项目获奖。11月19日,总支社组织社员参加"洁净家园"环卫体验活动。11月13日上午,总支社组织部分社员到市廉政教育基地——中卫市看守所开展反腐倡廉警示教育活动。　　(孟　聪)

【社会服务】　2月3日,总支社深入到海原县甘城乡久坪村助力帮扶点,将价值6000元的大米、面粉、食用油,送到30户困难户家中。总支社联合九三学社宁夏区委会组织社内企业家、专家学者赴海原县开展产业发展情况调研并在海原县举办畜牧养殖和乡村医生培训班,培训乡村医生200余名、农民群众150余人次。在海原县开展九三学社"同心康福"脑瘫患者救治行动前期筛查工作,筛选、检查脑瘫患儿52例。8月22~23日,总支社农业专家服务团在沙坡头区镇罗镇拱棚园区举办永久性蔬菜生产基地技术培训班,向农户发放栽培技术"明白纸"三大类260多份,参训达110余人次。9月29日下午,到中卫市第一中心敬老院开展义诊和捐赠活动,给敬老院100名老人们免费义诊,为老人们送去34类2160盒价值3200余元的药品、价值2700余元的餐具和洗涤用品。　　　　　　　　　　　　(孟　聪)

· 中卫市工商业联合会 ·

【概况】　2016年,全市共设立工商联基层组织3个,会员3029个,其中企业会员52个,团体会员18个;全市共成立各类行业商会49个。(尚小平)

【"两学一做"学习教育】　组织开展好以"组织建设年"为主题的"两学一做"学习教育,年内,市工商联党委按照市委的统一部署,把落实党章关于加强党员教育管理的总要求贯穿于工商联党委和直属各商会、党支部学习教育活动的全过程,一个环节一个环节地严密组织、精心实施,着力在围绕查摆问题抓整改,提高准确性;围绕工作主题抓整改,提高针对性;围绕建章立制抓整改,提高长效性上下功夫,使领导班子成员、机关干部的作风得到有效转变,服务会员的

观念进一步增强，工商联系统全体党员的党性又经受一次洗礼。　　　　　　　　　　（尚小平）

【理想信念教育实践活动】　全面部署以"守法诚信、坚定信心"为重点的理想信念教育实践活动，召开动员会，坚持把活动与落实习近平总书记在全国政协十二届四次会议民建、工商联界别联组会议上的重要讲话精神、"两学一做""民营企业中卫行""313中小微企业培育"等有机结合起来，把促进"两个健康"作为活动的出发点和落脚点。通过层层动员部署，上下联动，实现活动广覆盖，开展"事业成功靠什么、人生出彩为什么、历史责任是什么、我为'四个中卫'做什么"的大讨论和讲"守法诚信好故事"等特色活动6次，870名非公经济人士受到教育。进一步增强非公经济人士对中国特色社会主义的信念、对党和政府的信任、对企业发展的信心、对社会的信誉"（即"四信"），教育实践活动取得阶段性成效。（尚小平）

【教育培训】　突出培育工程，针对中卫市民营企业管理水平不高，现代企业管理知识不多，企业缺乏竞争力的现状，实施非公有制经济人才素质提升培训工程。以企业法人、企业高级管理人士、新生代企业家、直属商会会长为主要对象，开展针对性的教育培训活动，引导他们科学管理，努力把企业做大做强，以此来带动其他民营企业发展。组织28名非公经济人士参加"沙坡头大讲堂"3期，邀请市委党校专家作供给侧改革专题辅导及《当前经济形势分析》演讲1次120人。组织15名非公有制经济人士参加自治区社会主义学院培训教育及自治区党校民营企业高级管理人士研习班3期学习。围绕市委重点人才工作，着力加强企业家的教育培养，组织80多名民营企业家、商会会长先后赴清华大学、厦门大学、浙江大学进行宏观经济与供给侧改革、企业创新管理、企业团队建设、企业文化创新及互联网时代的战略管理创新等培训，帮助企业寻求创新发展的新思路，破解发展的难题。以非公有制经济人才服务中心为依托，通过"中国梦·企业梦"博慧企业家大讲堂活动，邀请区内外著名专家、学者授课，对全市400余名非公经济人士进行6期企业内训师、创新方法与TRIZ理论、企业研究开发费用税前加计扣除归集、企业经济管理人才等专题培训。通过教育培训活动进一步提升非公经济人士的管理、决策水平和组织能力，提振发展非公经济的信心。　　　　　　　　　　　　　（尚小平）

【选树非公人士典型】　围绕促进非公有制经济人士健康成长主题，坚持"团结、服务、引导、教育"方针，积极引导广大非公有制经济人士政治上自信、发展上自强、守法上自觉（即"三自"），组织、引导非公经济人士深入开展守法诚信为主题的理想信念教育实践活动，制订方案，召开大会，制发"守法诚信、廉洁从业"倡议书，举行诚信宣誓活动，开展"行业规范、行业自律"示范点创建活动，对2015年涌现出的49家"诚信守法"民企、91家立信示范企业、11家先进商会、7家优秀会员企业、33名非公经济人士进行表彰，并利用《中卫日报》、中卫电视台、《中卫商会》加强宣传报道，通过先进示范、典型引领，激发广大企业家创业创新热情。　　　　　　　　　　　　　（尚小平）

【参政议政】　向市政协三届四次会议提交《关于加强全市民营企业诚信建设的建议》《关于引导民企履行责任为构建和谐社会做出更大贡献的建议》《关于加快我市信息经济发展的建议》等提案15件，市工商联届别政协委员个人提案12件。其中，《关于加强全市民营企业诚信建设的建议》被列为重点提案，并在大会上做《全力打造诚信品牌　不断提升民营企业核心竞争力》交流发言。积极开展日常的参政议政工作，以社情民意的形式反映行业协会商会承接政府职能转移的建议2篇。组织界别组开展以推进供给侧改革、促进企业转型升级等为主题的小组活动3次。全市工商联及工商联届别委员在各级"两会"上共提交40多件提案。　　　　　　　　　（尚小平）

【调查研究】　按照市工商联开展"组织建设年"活动的安排部署，以"服务企业、服务基层"为工作重点，结合驻会领导联系基层（县、区）、商协会和常执委企业制度，上半年共走访31家市、县、区商协会，67家工商联常执委企业，送政策、听意见、解难题。积极为"十三五"规划建言献策，组织界别委员深入"313"中小微企业开展"进企解困"专项视察调研行动，实地走访30家中小微企业、5个重点项目、6个园区，了解企业的运行、项目推进、园区转型发展中的问题、困难，征求到企业对政府部门的意见建议13条，并跟踪问题办理情况。健全会领导牵头领衔调研制度，按照驻会领导领衔、部室参与的调研工作机制，围绕落实习近平总书记在全国政协十二届四次会议民建、工商联界别联组会议上的重要讲话精神，形成《关于我市年轻一代非公经济人士引导和教育情况》的调研报告。　　　　　　　　　　　　　（尚小平）

【发展环境】　贯彻落实习近平总书记在全国政协十二届四次会议民建、工商联界别联组会议上的重要讲话及关于支持非公有制经济发展的"两个都是""两个同样""三个平等""清与亲",努力营造公平发展环境。针对民营企业经济纠纷日趋复杂、法律维权意识薄弱等现状,通过走访商协会、会员企业法律顾问和会同市检察院召开民营企业家专题座谈会查找"不适应非公经济发展要求的法律法规条文",出台《中卫市关于扶持小微企业健康发展的若干意见》等政策性文件,得到广大非公经济人士的赞誉。围绕大众创业万众创新、企业转型升级及中卫全面建设旅游城市的总体要求,积极适应经济发展新常态,成立中卫市非公有制经济服务中心暨中小微企业促进服务中心,指导成立市非公经济人才服务中心、法律服务中心、信息服务中心、信用管理服务中心和融资服务中心,为全市非公有制经济健康发展提供综合式、全方位服务,有力促进非公有制经济健康发展。 (尚小平)

【精准扶贫】 贯彻落实中央、自治区、市委"精准扶贫"工作会议精神,组织企业家及工商联界别政协委员深入"两县两区"开展"精准扶贫"活动调研,研究制定市工商联助推精准扶贫实施方案,选派干部到定点帮扶的中卫市宣和镇丹阳村、中宁县喊叫水乡康湾新村、海原县三河镇小河村挂职蹲点,锤炼培养干部,帮助贫困村早日脱贫致富。通过"产业扶贫、就业扶贫、智力扶贫、公益扶贫"等措施,动员全市非公企业积极参与精准扶贫工作,吹响市工商联常执委、直属商会、企业家共同发力,抓重点、补短板、求突破、精准施策、精准扶贫的集结号。市工商联常委、宁夏阜民丰牧业公司董事长赵金田在常乐镇李营村建设万头肉牛综合养殖示范园区,做到帮扶对象精准、帮扶内容精准、帮扶方式精准、帮扶成效精准,受到全国工商联扶贫与社会服务部刘建副部长的高度赞誉。全市非公企业及直属商(协)会累计捐款154万元。先后组织开展"送温暖、献爱心""慰问困难群众""慰问老党员"等活动,慰问金额8.5万元,受益群众472名。针对贫困村基础条件薄弱、产业结构不合理、种植技术落后、村组道路不畅等问题,从养殖、种植、技术培训等方面制定帮扶发展措施,形成非公有制经济人士参与脱贫攻坚的"联合阵线"。 (尚小平)

【"民企中卫行"活动】 切实贯彻自治区党委《关于融入"一带一路"加快开放宁夏建设的意见》和全市"两会"和经济工作会议精神及"四大战略""五个城市"建设的要求,按照自治区党委统战部、工商联的统一部署,结合中卫实际,研究、讨论制订"民营企业中卫行"活动总体工作方案,成立以市委主要领导为组长的活动领导小组,召开领导小组全体成员专题会议,传达自治区党委关于在中卫市开展"民营企业中卫行"活动的有关精神,安排部署2016年"民营企业中卫行"活动项目组专项行动工作;围绕中卫市打造旅游、云计算、现代农业、现代物流、新能源及制造、冶金及新材料、精细化工等产业特点和资源优势,经深入"两县两区"走访、督查工作责任落实,共梳理出62个符合产业政策和规划,技术含量高、市场前景好、产业链条长、带动作用强的招商招善重点项目。为确保此项活动中的招商引资签约落地,通过自治区工商联邀请上海市、北京市德阳商会20余名民营企业家到中卫市参观考察;由市主要领导带队,组织部分民营企业家赴上海、北京、山东、浙江、江苏、四川六省市的15家企业进行项目对接,推介中卫、宣传中卫,进一步增进中卫市民营企业与外地企业的联系、合作,初步达成一批产业集群发展的新项目、大项目、好项目,为实现互惠双赢、共同发展,加快中卫经济社会发展增添新动力。本次共签约29个项目,总投资288.8亿元。其中,合同项目19个,总投资151.3亿元;协议项目10个,总投资137.5亿元。 (尚小平)

【发展举措】 突出重点,帮助企业化解融资难题,按照中卫市中小微企业"政银保"业务管理办法的要求,联合市邮储银行和市保险公司开展"政银保"业务,积极协调市相关金融单位与市直属商会建立合作机制,为40余家中小微企业提供金融产品服务,共协调解决贷款2.3亿元,指导5家直属商会成立会员发展互助基金会,缓解企业"短、频、急"等融资难问题,稳固企业资金链条,有效解决中小微企业"融资难"问题,同时降低企业生产和经营风险。上下联动助推民营企业发展。自治区党委统战部副部长魏莉调研中卫市中小微企业创新发展情况,鼓励企业在发展中坚定信心,着力破解企业资金、人才、市场、管理等问题。市委副书记马世军在市工商联二届六次执常委会、商会会长座谈会上,鼓励民营企业转型升级,加快创新发展。针对民营经济发展问题,探究发展策略和路径,形成《关于进一步加快全市非公有制经济健康发展的实施意见》草案,受到市委领导的重视。 (尚小平)

【商会建设】 以深入开展"两学一做""组织建设年"及"守法诚信、坚定信心"为重点的理想信念教育实践活动为契机,按照"建""管"并重的原则,加大对商会的管理力度,按照"班子是关键、服务是宗旨、活动是载体、自律是根本、制度是保障、发展是目的"的总体要求,建立考评考核机制,扎实推进直属商会的规范化创建工作,70%的商会达到规范化标准,商会服务会员的能力进一步增强,商会组织的吸引力、影响力和凝聚力不断加强,食品行业商会、女商商会进入全区先进基层商会之列,物流仓储商会、水产行业商会、汽车行业商会、酒店商会成会员的"交友之家、发展之家、温馨之家"。新成立中小微企业行业协会、青年创业商会、湖北商会,工商联在推动中卫经济发展中的作用进一步发挥。 (尚小平)

【会员队伍发展】 组织是商会的脉络,会员是商会的血液,会员的规模与层次直接反映着商会活动开展的空间与成效。年内,在会员发展中按照不求数量、注重质量、成熟一个发展一个的原则,重点发展一批经济实力强、思想觉悟高、热爱工商联工作、热心社会公益事业的非公有制经济代表人士入会。从而提高会员整体素质,有力地促进工商联乃至社会各项事业的发展。全年发展会员企业5家,团体会员3个,个人会员13人。执常委数据库得到更新和完善。 (尚小平)

【组织功能】 始终把为服务会员放在日常工作的首位,不断探索为会员服务的新方式、新途径,召开商会会长、行业协会商会秘书长座谈会,交流经验、总结工作。组织协会商会参加全市"民企中卫行""精准扶贫"活动。4个行业商会在市政协三届四次会议上提交提案、建言献策并协调解决行业纠纷6起;5家直属行业商会结合自身实际,加强与政府相关部门的对接与协调,积极承接社会事务管理与服务等职能。市物流商会、汽车行业商会等6家商会多次组织会员赴外地考察学习,参加全国经济贸易洽谈、交流对接会和考察活动12次,抢抓机遇、开阔视野、寻找商机;食品行业商会、青年创业商会、湖北商会等围绕重大节日活动,组织会员开展户外活动,搭建交流互动平台,丰富会员精神生活,各直属商会的向心力、凝聚力进一步增强,创业创新意识进一步提高,形成各自特色的亮点,受到市委、市政府和社会各界关注。
(尚小平)

【换届选举】 工商联严格执行"凡进必评"的原则,牵头组织开展非公经济代表人士综合评价工作。一是细化评价方案和措施。按照自治区党委《关于转发〈加强和改进非公有制经济代表人士综合评价工作的意见〉的通知》精神,成立由市委主管领导为组长的综合评价工作领导小组,研究制订中卫市《关于开展非公经济代表人士综合评价工作的实施方案》。二是注重强化推荐提名环节。会同市委组织部、统战部组成考察组,采取个别谈话推荐和会议集中推荐的方式,组织市工商联现任执常委和商(协)会负责人进行民主推荐,按照思想政治强、行业代表性强、参政议政能力强、社会信誉好、综合评价好标准,广泛推荐班子人选。三是严格评价程序和标准。严格执行"凡进必评"的原则,牵头组织14个部门(单位),从非公经济代表人士的思想状况和政治表现、社会公益事业、企业经营、劳动保障、环境达标、企业诚信、纳税信用、安全生产、个人守法共9个方面18项具体内容对沙坡头区97名非公经济人士进行综合评价。对评为c级的6名企业负责人取消提名资格,20多名非公人士因评价级别较低被取消拟提名资格。四是注重加强各方协商。多次就换届推荐人选与组织、统战、工信、商经和县(区)统战等部门沟通协商,广泛听取各方面的意见,确保推荐人选的代表性和公认度,不断优化人选结构。五是注重严肃工作纪律。严格遵守党的组织人事工作纪律,防止选人用人上的不正之风,杜绝"带病上岗"现象。同时,认真做好非公经济人士的思想政治工作,引导他们正确认识和严格把握"亲""清"新型政商关系,正确对待个人的进退去留,确保换届工作风清气正,为全市建立一支思想道德境界较高、社会责任感较强,同我们党同心同德、真诚合作的积极分子队伍奠定基础,确保非公经济代表人士"爱国、敬业、诚信、守法、贡献"。 (尚小平)

【基层党建】 结合非公有制企业的特点,不断探索行之有效的企业党建工作。一是开展"两学一做"活动。市工商联党委班子切实履行主体责任,将"两学一做"列入党委中心组、党支部学习重点,与服务商(协)会、会员企业相结合,做到边学边改。党委书记带头讲党课,其他班子成员结合分管工作开展党课教育。组织机关干部学习总书记系列讲话,学政治理论、党章党纪党规、党的重大方针政策以及与业务相关的经济、法律知识。二是建立工商联机关党员领导干部联系商协会党支部制度。举办《党章》《容错免责办法》及党的十八届六中全会学习培训班4期。开展党组织关系排查,9名失联党员回到党的怀抱,确立培养对象5名,并组织参加市直机关培训班;指导物流行业商会、女商商会成立党支部,努力做到党组织全覆盖,做到哪里有基层工商联组织,哪里就有党组织,哪里就有成效,实现"四个到位",即:党组织组建到位、党组织负责人配备到位、规章制度建设到位、基本活动开展到位。三是党建活动丰富多彩。按照市委《2016年全市广场文艺演出活动实施方案》要求,9月,为展示工商联系统党建成果,宣传非公经济为社会做出的重大贡献,开展纪念中国共产党成立95周年"企业在腾飞"广场文艺演出,市工商联党委系统和社会各界人士共1000多人观看演出;市女商商会党支部围绕树立人生"三观",举办"博慧·读书坊"活动4期,食品商会党支部建立商会阅览室,物流商会党支部围绕物流业发展,组织党员到井冈山接受党性教育。四是夯实工作基础。制订《工商联党委换届工作实施方案》《工商联(民间商会)换届工作方案》,加强对县区工商联换届工作指导。经换届,县区工商联健全党组班子,党对工商联的领导进一步加强,市工商联主席由市政府副市长担任,工商联系统工作合力得到增强,从严治党得到扎实推进。 （尚小平）

【提升干部素质】 组织机关党员、干部,市行业商协会党支部负责人,听取市委"沙坡头大讲堂"专题讲座3期。参加自治区党校、自治区工商联干部培训3期。机关党员领导干部积极参加自治区干部培训学院网上继续学习课程。组织工商联系统干部参加市政协演讲比赛,并获个人二等奖。建立机关科室考核制度。建立全市工商联系统信息考核制度,提高信息报送时效性和录用率。制定《工商联机关科室干部考核评价办法》,确定量化考核分值,评价结果作为评选科室和优秀工作者的重要依据,并将考核分值纳入年终干部评价之中,助推工作任务的落实。实行基层党建工作目标管理考核责任制,以服务型党组织建设为引领,开展党组织"星级"评定活动,工商联机关党支部和人民商场党支部评定为"三星级"党支部,食品商会党支部被评定为示范党支部。积极开展党员挂牌上岗、党员责任区、党员示范岗等活动,促进党员先锋模范作用的发挥,激发企业的发展活力。2016年,明珠商厦党支部被市委组织部评为先进党组织、1人被表彰为市级优秀党务工作者、2人被表彰为市级优秀共产党员。 （尚小平）

【工作作风转变】 以提高能力、解决问题、健全机制为着力点,结合"两学一做",在机关深入开展"服务基层、服务企业"活动,向企业家送政策、送信心。开展结对帮扶村、精准扶贫工作,较好完成贫困村脱贫任务。开展走访慰问贫困户、贫困党员活动,送上一片温暖,打造一支"服务非公经济、促进'两个健康'"发展的机关干部队伍,工商联机关作风进一步转变。坚决落实中央八项规定和区市相关规定,坚持减少会议数量,提高会议效率,控制会议规模,控制发文数量,加强风险管控,提高防范意识,党员干部廉洁从政和机关效能建设进一步增强。 （尚小平）

群众团体

· 中卫市总工会 ·

【创新性工作及荣誉】 全年,市总工会探索建立经审整改联动机制,促进经审成果转化;推行"两保一促"工资集体协商,实现企业职工和谐共赢;打造工会帮扶新品牌,为全方位服务职工搭平台三项工作被自治区总工会评定为2016年创新亮点项目工作。工会会员实名录入和驻村帮扶工作分别被自治区总工会和自治区扶贫开发领导小组授予先进单位。在自治区总工会举办的全区工会劳动争议调解员技能大赛和宁夏职工"劳动者之歌"合唱大赛中荣获三等奖、优秀组织奖和表演奖。 （赵凤兰）

【建功立业活动】 围绕市委、市政府重点经济工作,在建筑、商贸、服务、水暖、电等8个行业37个工种,组织开展劳动竞赛87场次,参赛单位725家,参赛职工达6万人次。组织开展"我为中卫发展献一策"活动,共征集优秀建议3125条。实施"三个一"就业技能培训,对439名下岗、转岗职工、农民工进行再就业技能培训。评选推荐的1家全国工人先锋号受到中华全国总工会表彰;评选推荐的1家自治区级"五一"劳动奖状、6人"五一"劳动奖章、3家工人先锋号受到自治区总工会表彰;评选中卫市级"五一"劳动奖状、奖章、工人先锋号40个,组织召开首届中卫市"五一"表彰大会。 （赵凤兰）

【"劳模关爱"行动】 积极组织开展"崇尚劳动、关爱劳模"系列活动,组织40名劳模参加疗休养活动,80名劳模参加"劳模家乡游"活动。进一步完善劳模待遇、困难帮扶措施,争取资金82万元,慰问全市各级劳模171人次。组织17名全国劳模进行体检。新创建劳模创新工作室7个(区级2个,市级5个,县级6个),带动职工技术创新成果364项,获得国家级专利97项。组织工会干部职工和部分劳模学习宣传贯彻习近平总书记"五一"劳模座谈会上的讲话精神,组织劳模宣讲座谈活动3次,同劳模代表一起交流工作,学习体会,畅谈感想,激发广大职工以劳动者为榜样共创"中国梦"的热情。 （赵凤兰）

【协调劳动关系】 坚持定期主动向市委、市政府汇报工会工作,建立政府与工会联席会议制度,解决落实财政每年预算专项帮扶基金100万元,将行政事业单位工会经费足额列入财政预算。联合政府相关部门开展综合执法、专项检查7次，涉及企业221家，查处涉及劳动工资案件17起，下发劳动保障监察限期整改指令性案件6件。督促签订劳动合同3467份，补缴社会保险金2304.6万元、2863人。深入推进企业工资集体协商工作，在全市非公企业、乡镇、社区、民办教育等20多个行业开展工资集体协商，全市建会行业、企业工资集体协商签约率达95%。深入开展"公开解难题、民主促发展"主题实践活动，编印《中卫市职工代表大会操作规程》《中卫市企业民主管理普及读本》《中卫市企业工资集体协商工作问答》单行本6000册，全市事业单位、国有企业厂务公开、职代会推行率达100%，非公企业厂务公开、职代会推行率达97%以上。

(赵凤兰)

【职工维权】 持续推行以职代会为基本形式的企业法人、工会主席述职维权工作，在全市30家国有和民营企业中开展"职工维权述职行动计划"，有效保护广大职工权益，增强企业主依法经营、工会主席依法维护职工权益意识。建立健全市总工会法律调处机制，建立完善企业劳动争议调解组织415个。建立市总工会主席信访接待日，共接待群众来访40次35人，召开维权形势分析会4次。开展"送法进企业、普法到职工"活动，编印发放《宁夏企业民主管理条例》《劳动合同法》《工资集体协商知识问答》《中卫市职工代表大会操作规程》《中卫市企业开展工资集体协商操作规程》10000册，深入6家企业开展法律讲座6次，接受法律知识教育3000人次，培养企业职工自觉学法的良好习惯。坚持法律援助无偿服务与购买法律有偿服务相结合，聘请公职律师担任常年法律顾问，免费为职工群众提供咨询、诉讼、仲裁和调解服务。年内，全市共接待来访职工651人次，答复处理案件190件，解决职工法律纠纷22起，为职工(农民工)讨回工资及各类赔偿金185.29万元。市、县(区)两级工会组织每季度召开一次维权形势分析会，研判职工队伍稳定工作形势，采取一线工作法，对宁夏宇光能源实业有限公司、中卫市昌达耐磨材料有限公司、中卫大河机床公司等多家企业职工上访进行协调处理，有效解决职工的欠薪、改制遗留、股权转让等问题，维护职工的合法权益和职工队伍的稳定。 (赵凤兰)

【职工帮扶】 坚持开展"春送岗位、夏送清凉、金秋助学、冬送温暖"活动，在帮扶救助全覆盖的基础上，为93名困难职工提供大病医疗救助34.6万元，为419名困难职工提供生活救助31.4万元，为628户困难职工、农民工、单亲女职工子女上学资助165.8万元，慰问建筑工地、生产车间一线职工800人。在中卫一中开设"工会班"，为150名困难职工子女圆大学梦。"两节"期间，为4585名困难职工(农民工)发放慰问资金300.1万元，对1960户困难职工实施精准施策、分类帮扶，为530名困难职工办理工会会员一卡通。建成"爱心驿站"服务站点23家，服务出租车司机、环卫工、园林工等户外工作者5000人次。

(赵凤兰)

【创业带动就业】 扎实推进就业创业服务工作，着力打造创业服务平台，在宁夏万齐农业发展集团公司建立"工字号"职工创业基地，培养创业能手94人，带动就业2306人。全市共举办招聘会10场次，组织区内外321家用人单位参加，提供就业岗位15795个，达成就业意向7665人。

(赵凤兰)

【职工文化建设】 不断丰富职工文化活动，组织开展五一"劳动者礼赞"广场文艺演出、第九届职工户外登山活动、"展职工风采 绘多彩宁夏"五城市职工书法摄影作品联展、环腾格里湖徒步走、职工趣味运动会等多项主题文体活动。"三八"节期间，组织开展"智慧女性·书香家庭"等活动，为70家基层工会女职工赠送《和美家庭》《轻轻走向完美》等图书700册。筹资10万元，组织"送文化"慰问演出11场次。充分发挥职工文化活动阵地作用，承接基层工会举办的职工运动会30场次，近10万职工群众在职工文化活动中心开展各项体育活动。加强对"职工书屋"建设和管理，累计创建"职工书屋"129家，其中全国级2家，自治区级54家，市级73家。

(赵凤兰)

【依法建会】 加强新经济组织、新社会组织等新领域的工会组建，持续开展农民工入会行动，年内，新组建工会144家，新增会员10916人。培训工会干部800多人次。完成工会会员信息录入90960人，占自治区总工会下达任务54185人的167.87%，位列五市第一。制定下发《关于加强全市基层工会规范化建设实施意见》，全面推进乡镇工会规范化建设，在全市40个乡镇(街道)工会中，培育规范化建设先进乡镇工会15家，树立规范化建设典型乡镇工会5家。

(赵凤兰)

【女工工作】 积极发挥女工委服务女职工的作用，为女职工提供法律服务和法律援助125人次。巩固建立"妈咪小屋"10家，为700名困难女职工进行免费健康检查和"两癌"筛查。开展女职工"团体安康保险"活动，组织2200余名女职工参加团体安康保险，指导各基层工会组织举办女职工健康保健、婚姻家庭、艾滋病预防等知识宣传学习班50次6000人。积极开展"创双优"和"创建学习型组织 争做知识型职工"活动,全市1000余名女职工参加岗位练兵、技术比武活动,提合理化建议190余条,被采纳136条,实现创新成果60余项,创造经济价值1400多万元。大力实施"工字号"女职工创业工程,加大对下岗女职工的职业培训力度,创建以南华山职业技术学院为依托的全国女职工培训示范基地,吸纳下岗女职工420余人,培养各类创业女能手100余人。实施环卫工人人文关怀,积极动员8家市属企业向环卫工人捐赠物资折款30万元,邀请400名环卫工人和交通协警员吃年夜饭,向困难环卫工人发放慰问金12万元。

(赵凤兰)

【经审财务工作】 制定下发《关于进一步推广实施"操作规程"的指导意见》四年规划,编印《中卫市工会经审工作实用手册》,提高经审工作制度的可行性、指导性和实效性。制定《中卫市总工会财务管理制度》,推行财务集中核算,工会资产管理规范有序,强化对财务人员专业知识的业务培训工作,建立健全规范、高效、阳光的工会财务管理体制。加强与地方税务部门的联系,每年召开两次联席会议,研究工会经费征收工作中的问题和任务,促进工会经费税务代收稳步增长。

(赵凤兰)

【干部队伍建设】 不断深化"素质提升工程"和"文明部室创建"活动,区级"文明单位"顺利通过复验考核。机关干部的教育、管理、监督和服务不断强化,工会干部工作能力和作风建设明显加强,工运理论实践调研成果显著,年内完成调研报告10篇,获得全区工会理论调研征文一等奖1篇,二等奖2篇,三等奖1篇。

(赵凤兰)

·中卫市妇女联合会·

【概况】 2016年,全市各级妇联组织主动适应经济发展新常态,坚持服务大局和服务妇女相统一,在推动经济社会发展、服务妇女民生改善方面做出积极贡献。市妇联先后荣获自治区民族团结进步创建活动示范机关、自治区维护妇女儿童权益先进集体、全区妇联系统2016年效能目标考核一等奖等荣誉。市妇联重点工作月统计、月报告制度作为典型经验在全市推广学习。

(吴金玲)

【妇女创业发展】 以妇女小额担保贷款为中心,助力城乡妇女创业发展。1.助推妇女创业。开展"四季杯"寻找"最美创业女性"活动,共评选出"最美创业女性"15名。打造沙坡头水镇宁夏妇女创业第一街,积极为女性创业发展搭建平台。举办宁夏巾帼家庭服务职业技能竞赛中卫赛区比赛,共选拔优秀家政服务员、育婴师等10名代表中卫参赛。2016年,全市发放农村妇女创业小额担保贷款4.14亿元,扶持创业妇女8424名。累计发放13.6亿元,扶持创业妇女28900人,为妇女增加贴息收入7692万元,带动近6.5万名家庭成员实现就业,且按期还款率为100%,有力地推动农村经济发展和农村诚信体系建设。2.引领妇女发展。举办"巾帼科技致富工程"、巾帼家政、电子商务等培训班13期,培训妇女1690名。组织7批次42名妇女干部、妇女创业者外出学习考察家庭教育等相关知识,并于"三八"国际妇女节期间联合市委组织部召开"智慧女性·创新发展"座谈会,共同推动妇女创业发展。3.助力巾帼脱贫。先后在海原县贾塘乡举办生产技能培训班1期,开展国防知识讲座1场,为贾塘中学、郑旗中学捐赠价值47万元李宁牌运动服1096套、价值2.98万元"春蕾"女童书包314个,在脱贫销号村发放农村妇女创业小额担保贷款1823.5万元,扶持673名贫困妇女发展,努力从源头上帮助妇女脱贫增收。

(吴金玲)

【妇女儿童合法权益保护】 以《两规划》实施为关键,依法维护妇女儿童合法权益。1.推动《两规划》全面实施。开展中卫市妇女儿童发展规划(2011~2020年)》(以下简称《两规划》)中期评估工作,迎接自治区《两规划》中期监测评估,整体工作得到自治区评估组专家肯定。做好2016年《两规划》监测评估工作,努力推动事关妇女儿童权益各项重难点指标的突破。2.引导妇女儿童依法维权。加大第二批法院、妇联互派干部交流学习和未成年人合法权益的保护力度,积极配合公安机关做好未成年人犯罪讯问工作。结合"三八"妇女维权周、文化科技卫生"三下乡"等活动,开展妇女维权宣传咨询6场次,发放宣传材料5500余份。举办《反家庭暴力法》专题学习研讨活动,拓展妇联维权微博、微信公众号等新媒体平台,努力提升妇女维权工作水平。3.做好妇女信访接待。严格落实信访接待首问负责制,市、县妇联共受理妇女来信来访93起,调处办结率98.5%。

(吴金玲)

【和谐家庭创建】 以各类创建活动为载体,努力推动家庭社会幸福和谐。1.协同推进"和谐家庭"。认真履行牵头部门职责,与民政等部门协同推进和谐家庭创建。在"康乃馨"关爱单亲母亲行动中,录入单亲母亲信息1478户,开展单亲母亲心理健康、创业就业等座谈、培训14场次,发放救助金14.35万元362人,帮助单亲母亲就业116人次、申请廉租房137户、落实低保250户,努力为单亲母亲家庭解决一些亟须解决的困难。2.常态化寻找"最美家庭"。将寻找"最美家庭"贯穿于全年,挖掘、整理、展示孝老爱亲、科学教子等"最美家庭"事迹97户,举办"最美家庭"故事会197次,征集好家风好家训336条,37个家庭分别荣获全国、区、市"最美家庭"荣誉称号。3.着力打造"廉洁家庭"。签订家庭助廉承诺书1560份,寄送家庭助廉倡议书、清廉家书2300份,征集廉洁警言格句81条、书画等作品75幅,亲情寄语83条,评选"崇俭尚廉"最美家庭"5个""书香家庭"4个、"书香社区"3个,积极引导家庭成员读书兴家、以廉保家。　　（吴金玲）

【妇女儿童身心健康发展】　1.关爱妇女身心健康。实施"母亲健康快车"等项目,为2.74万名城乡妇女开展"两癌"免费筛查。筹集中国妇女发展基金会、市公益慈善基金会等爱心善款129.1万元,救助农村贫困"两癌"157人。争取44.3万元发展基金,为中宁县喊叫水乡100户贫困群众建设"母亲水窖"集雨场。在海原县七营镇七营等3村实施留守妇女"阳光帮带"项目,帮助留守妇女发展生产、改善生活。2.助力儿童健康成长。争取中国妇女发展基金会"微笑行动"项目,在六一期间为197名陕甘宁蒙地区唇腭裂儿童免费实施手术。携手中国儿童少年基金会、北京光彩明天儿童眼科医院眼科专家,筛查弱视儿童311人,确诊68名儿童赴京免费治疗。开展"手拉手传递温暖心连心共促成长"关爱留守儿童活动,募集企业及爱心人士善款13.26万元,演出儿童剧《白雪公主》《老鼠遇上猫》3场,参与儿童及家长4100余名。3.营造关爱妇女儿童氛围。开展"护航春蕾"宣讲暨家庭教育讲座等活动52场次,受益儿童暨家长达23344人。成立中卫市妇女儿童活动中心,成功举办首届妇女儿童美术书法摄影剪纸刺绣手工制品展,展出各类作品138件,获奖51件。深入开展"下基层、送温暖"活动,慰问贫困、孤残妇女儿童1220人,发放慰问金8.71万元,努力营造全社会关心妇女儿童的良好氛围。
　　（吴金玲）

【组织建设】　1.加强妇联干部引导教育。扎实推进"两学一做"学习教育,适时举办全市"两学一做"妇女工作观摩交流等活动,积极组织10批次58名妇女干部、妇女创业者外出培训考察,着力塑造"明理敏行、自信干练、积极阳光、团结高效"的妇联团队。2.深化特色"妇女之家"建设。围绕"党建带妇建、妇建促进党建"的思路,继续推进"妇女之家"品牌化建设。年内投入资金4.2万元,建成"五有"特色"妇女之家"43个。并依托"妇女之家"开展政策宣传、妇女健康讲座等活动。3.探索基层妇联组织改革工作。进一步扩大乡镇妇联执委、常委和村（社区）妇代会主任、副主任员额,选举产生乡镇妇联主席38人、副主席190人、常委342人、执委889人,村（社区）妇代会主任448人、副主任及委员2684人。探索开展村妇代会改建妇联工作,11个村妇代会完成改建妇联工作。在商协会成立妇女组织5个,有效地扩大各界妇女参与妇女工作的覆盖面。
　　（吴金玲）

·共青团中卫市委员会·

【概况】　2016年以党的十八届五中、六中全会,共青团十七届五中、六中全会,自治区团委十一届五次、六次全会和市第四次党代会精神学习宣传教育活动为契机,组织指导各基层团组织及中小学广泛开展团队日活动,引导青少年树立中国特色社会主义理想信念,践行社会主义核心价值观。利用"3·5"、五四和六一等重要时间节点,在全市各中小学举行"我的中国梦"主题团（队）日活动137场次,通过诗歌朗诵、文艺会演、演讲比赛、新团（队）员入团（队）仪式等活动深化青少年学生的"中国梦"教育。　　（高祖霖）

【中卫市第四届"岳氏杯"青年才艺大赛】　大赛以"魅力青年,活力中卫"为主题,历时1个多月,来自全市各学校、机关、企事业等单位的113个节目报名参赛,其中少儿组参赛节目87个,青年组参赛节目26个。广大参赛选手用青春、活力、激情在舞台上展现出各自的耀眼风采,展现中卫市广大青年奋发进取、朝气蓬勃的精神风貌。最终经过初赛、复赛、决赛,产生出金奖1名、铜奖2名、银奖3名、优秀奖10名、优秀组织奖2名。　　（高祖霖）

【纪念五四运动97周年暨表彰大会】　以纪念五四运动97周年,弘扬"爱国、进步、民主、科学"的五四精神为契机,为充分突出典型示范,发挥榜样的力量,团市委在5月4日当天,对2015年度全市五四红旗团委、五四红旗团支部、优秀团干部、优秀团员、青年文明号、青年岗位能手、青少年维权岗等228个先进集体和优秀青年进行表彰。　　（高祖霖）

【庆六一优秀少儿节目展演暨表彰大会】　此次活动将先进表彰与节目展演穿插进行,表彰2016年对中卫市少先队工作和促进少年儿童健康成长做出突出贡献的91个先进集体和个人,以榜样的力量激励并鼓舞广大少先队员勤奋学习、快乐健康地成长。　　　　　　　　　　　　　(高祖霖)

【弘扬传统文化】　以首届百堂传统文化课"六进"活动为抓手,积极传播中华优秀传统文化,帮助青少年树立正确的世界观、人生观和价值观,引导他们成长成才,为家乡建设贡献青春力量。此活动将持续至2019年,其间将开展义务传统文化讲座100余场次,涉及人数达5000人。　　　　　(高祖霖)

【希望工程】　在元旦、春节等重要节日期间,广泛开展"手拉手·心连心""快乐雷锋工程-雷锋饺子计划"等各种形式的"送温暖"活动,对全市范围内1500余户"宁夏好人"、各级道德模范、农民工子女、五保、低保老人、残疾人、留守儿童、乡村教师、公安民警等困难家庭进行走访慰问。继续做好"共青团班""圆梦行动"等传统资助项目,2016年新建"共青团班"4个,发放"圆梦行动"助学金170余万元,资助家庭经济困难大学新生500余名。不断推动希望工程转型升级,加快建成中卫希望公益服务中心,为近几年创新开展的"助梦班""爱心爸妈微公益""爱心护航"、护眼、护牙等新的资助项目募集更多的善款。　(高祖霖)

【公益活动】　1.举办首届公益组织(公益项目)推介会。4月20日,来自全市的14家社会公益组织、志愿者服务队参加推介会,各公益组织通过展板、展架、志愿服务等形式推介宣传自己,公益组织之间相互交流、学习,500余名群众参与其中。2.开展第三届青少年视力健康工程公益活动。3月23日,1000余名学生代表及相关领导在中卫一中报告厅参加活动。捐方向受捐赠学校及学生代表发放挂钟、视力测试表、国学教材及爱心助学金。3.启动贫困高危脑损伤残障儿童康复救助项目。4月23日,中卫市爱心车队志愿者、贫困高危脑损伤患儿、家长及爱心人士等60余人在沙坡头旅游景区参加启动仪式。此项目是中央财政支持社会组织发展示范项目,依托中卫市残疾儿童康复中心基础康复训练项目,对患儿开展肢体康复治疗,针对不同患儿在日常生活、认知学习、社会适应等方面存在的障碍程度,开展特殊教育,并对家长进行培训,由机构和家长一起完成适龄患儿各方面的训练。项目的启动,一方面可以充分调动社会组织参与社会公益服务的积极性,同时也标志着中卫市残疾儿童康复事业迈向一个新的发展阶段。(高祖霖)

【青年创业就业服务】　1.加大青年就业培训力度。团市委与相关部门合作落实培训资金3万元,开展就业创业培训12场次,累计培训人数627人,其中实现就业人数206人。2.举办"春风行动"专场招聘会。2月25日,团市委联合市人力资源社会保障局、扶贫办、总工会、妇联等相关单位在中卫全民创业城举办"春风行动"招聘会。通过免费发放"春风卡"等宣传资料,使求职青年充分了解专项活动开展的时间、活动内容等。同时,对有转移就业意愿的各类农村劳动者提供政策咨询服务、针对性就业服务和及时准确的岗位信息;对有创业意愿的农村青年提供创业项目信息、参加享受补贴政策的创业培训、获得小额担保贷款和税费减免等政策扶持和相关指导帮助。3.抓项目树典型,示范带动青年创业。团市委在评选2015年度"中卫市优秀创业青年"的同时,对优秀创业青年、中卫市大麦地有限公司总经理童伟强等5位青年创业致富的典型人物进行宣传报道,通过模范效应,带动更多农村青年参与创业,以创业促就业。　　　(高祖霖)

【精准扶贫工作】　一是成立脱贫攻坚志愿服务队。结合"3·5"学雷锋志愿服务月活动,3月4日在红太阳广场围绕"助力脱贫　携手小康"活动主题,成立中卫市脱贫攻坚志愿服务队,大队下设两县一区团委,教育、金融和卫生等系统团委共15个分队,号召各界志愿者发挥表率作用,自觉投身脱贫攻坚实践,为打赢脱贫攻坚战、全面建成小康社会贡献青春力量。二是搭建"网络交流平台",激发农村青年"立志"脱贫。以新媒体为依托,开通"青春中卫"微信公众号和微博公众号,利用微信、微博和网站每天推送青年关注的创业政策、创业培训课程、资金扶持等内容,为有创业愿望的青年搭建有效的交流平台,激发农村青年自主创业的愿望和信心,增强农村青年脱贫致富的内生动力。三是搭建"公益服务平台",实现农村青年"输血"脱贫。在宁夏钢铁、万齐农业等宁夏百强企业建立中卫市青年创新创业基地5个,建立各类大学生实(见)习基地12个,为青年、大学生提供见习岗位,缓解就业压力。广泛发动中卫市义工联合会、中卫市爱心车队、宁夏义工联合会中卫工作站、中卫市爱心志愿者协会等社会公益组织,开展扶贫帮困、助学慰问等活动,以"输血"的方式,切实帮助农村弱势青少年改善生活状况。四是搭建"电商培训平台",帮助农村青年"离土"脱贫。组织大麦地、天天网等企业举办农村电子商务人才培训班,免费为农村青年提供电商基础知识、产品网上营销技巧培训和电商基本技能等培训,帮助农村青年学习"互联网+"的技术和创业理念。年内,共开展培训3期,培训210人次。经过培训,引导农村青年积极探索"互联网+常乐豆腐""互联网+枸杞"的创业模式,开辟农村青年创业致富的新渠道,助推中卫特色产业发展。　　　　　　　　(高祖霖)

【青少年维权工作】　一是规范预防青少年违法犯罪领导小组,定期召开工作会议,及时安排部署预防青少年违法犯罪的相关工作。二是广泛开展"青少年自我保护""预防青少年违法犯罪""维护未成年人合法权益"等法制宣传进校园、进社区活动。三是开展"优秀青少年维权岗"创建活动,通过开展各种法治宣传教育活动,使广大青少年的法治意识不断增强。四是开展特需青少年结对帮扶行动,在进一步摸清全市社区重点青少年群体的基础上,成立关爱帮扶未成年社会闲散人员志愿服务队和"红苹果"留守儿童关爱中心,进一步加强对特需关爱青少年和留守儿童的教育帮扶工作,完善预防青少年违法犯罪工作机制,建立社会闲散青少年管理工作台账,维护社会和谐稳定。　　　　　　　　(高祖霖)

【新媒体运用】　一是建好网络阵地,完善"青春中卫"微博微信体系建设,形成多层级、多领域、多互动的网络平台,及时发布近期文件、基层信息和工作动态,让工作公开透明化,上半年共发布微信、微博信息320条,共青团网络影响力进一步增强。二是建立中卫市共青团官方微博,要求两县一区及市直机关的团干部全部注册个人微博并进行实名认证,利用微博宣传团委工作,扩大志愿服务、希望工程活动的影响力。三是建设"中卫青年之声"网络互动社交平台,突出平台公开回复、精准联系对接、线下提供服务3个关键环节,进一步强化平台在青少年思想引导、就业创业、情感、学业等方面的核心功能。四是开展首届"美丽中卫"新媒体宣传活动,通过调动各级团组织、青年社会组织、公益组织、全国各地中卫老乡会等组织的积极性,大力推介"美丽中卫"及中卫旅游景点,宣传发动青年关注云端中卫app、中卫共青团微信公众号、中卫知名景区微信公众号,带动全市30余万名青年为"美丽中卫"代言和点赞,在全国范围内大力宣传中卫市的发展成果、旅游景点、人文生活等,进而推动中卫旅游产业发展。　　　　　　　　(高祖霖)

【青年志愿服务工作】　深入开展学雷锋活动、组建青年志愿服务队,采取活动体验、道德榜样面对面等形式,引导青少年养成良好道德品质。在团市委、市志愿者协会领导下,积极参与环青海湖国际自行车赛、全国全域旅游推进会、大漠运动会等志愿服务活动,先后集中开展"3·5"学雷锋志愿服务月、五四青年服务月、"阳光行动"、"12·5"国际志愿者日等志愿服务活动。开展活动60余场次,参与志愿者2000余人,累计服务时间1450小时。　　　　　　　　(高祖霖)

【青少年关爱服务】　为更好地开展有益于青少年身心健康的各项活动,为全市青少年提供更好的成长体验平台,团市委成立"两中心两基地",即中卫市"红苹果"留守儿童关爱中心、青少年近视防控中心、青少年法治教育基地、青少年课外阅读基地。"两中心两基地"的成立,极大地调动社会力量参与关爱服务青少年的积极性,为持续、有效地做好关爱青少年工作提供载体保障。　　　　　　　　(高祖霖)

【自身建设】　一是成功召开团中卫市委二届四次全体(扩大)会议,认真总结2015年全市共青团工作,提出2016年工作的总体思路和主要任务,并安排部署2016年助力脱贫攻坚行动、青年创业就业服务、中卫市基层团组织"固本强基"3项重点工作,进一步明确工作方向,提升团组织和团干部服务青年的能力。二是成功召开中卫市青年企业家协会第三次会员大会,表决通过《中卫市青年企业家协会章程(修正案)》,选举产生市青企协新一届理事会领导班子,为引领中卫青年企业家在科技进步和自主创新方面积极作为提供组织保障。三是成功召开中卫市青年联合会二届四次全体(扩大)会议,会议传达学习市委三届六次全会精神,回顾总结市青联2015年度工作,安排部署2016年度工作,号召广大会员砥砺奋进、积极作为,努力拼搏,积极投身建设"全域旅游城市、特色产业城市、枢纽物流城市、国际云端城市、精准扶贫城市"的伟大进程中,为全市经济社会发展添砖加瓦。
　　　　　　　　(高祖霖)

【外围组织建设】　为进一步整合团外资源,使共青团组织能够不断适应社会发展过程中的新变化和青年工作的新特点,团市委分别成立中卫市"红苹果"留守儿童关爱中心、中卫市大学生(青年)创业协会、中卫市精锐青少年公益教育发展中心,这些组织的成立将为团市委关爱服务留守儿童、帮助扶持大学生创业就业等方面提供坚强保障。　　　　(高祖霖)

【团干部素质建设】　充分运用网络、QQ、微信等现代手段,开设"学习园地"和"微智慧课堂",组织团干部围绕中央、区、市重大决策、重要会议、讲话、基础团务和专业知识等基本内容进行学习交流。扎实开展干部理论学习,通过集中学习、本人自学、专题讨论、实践体验等多种形式,安排学习习近平总书记系列重要讲话精神等内容,引导团干部更加坚定地听党话、跟党走。积极开展干部网络学习教育,要求每名团干部保证每天学习网络课程1小时,通过专家教授的专题辅导,进一步提高团干部的综合素质。（高祖霖）

【"两学一做"学习教育】 按照市委和自治区团委的要求,在全体团干部和共青团员中开展"两学一做"学习教育。制定下发《关于在全市各级团干部中开展"学党章党规、学系列讲话,做合格党员"学习教育实施方案》《关于在全市共青团员中开展"学系列讲话、学团章团史,做合格团员"学习教育实施方案》,通过学习教育进一步解决团干、团员队伍在思想、组织、作风、纪律等方面存在的问题,引导他们坚定理想信念、提高思想觉悟,增强政治意识、大局意识、核心意识、看齐意识,坚定正确政治方向。 （高祖霖）

· 中卫市红十字会 ·

【概况】 中卫市红十字会以弘扬人道主义精神为己任,以救助项目工作为带动,不断加强组织建设,扎实做好各项工作。在"红十字博爱周"开展系列宣传活动。2月份,志愿者丁伟造血干细胞移植成功,组织市、县电视台,《中卫日报》等新闻单位进行专门宣传报道,印发简报、利用微信平台等广泛宣传,《新消息报》数字报刊、宁夏新闻网也予以宣传,弘扬红十字精神,传播社会正能量。与银燕七彩教育集体联合开展学前班学生儿童物品义卖活动,共筹集义卖捐款1万余元,通过义卖活动,培养幼儿乐于助人、乐于奉献的品质。 （平 莉）

【"三救"核心业务】 开展"小天使基金"和"天使阳光基金"项目救助。全年共为6名白血病和3名先天性心脏病儿童患者争取救助资金24万元。根据爱心人士的资助意愿,为3名品学兼优的特困家庭中小学生每学期每人发放500元助学金,资助学生完成学业。争取上级价值15万元的28.86吨救助大米,向全市两县一区、29个乡镇、248个行政村的4752名困难群众进行慰问。争取上级150万元贝因美奶粉,向中卫市两县一区3121名0~6岁贫困家庭婴幼儿,每人免费发放800元左右的贝因美奶粉。在六一国际儿童节,开展助学慰问活动,向中宁县徐套乡长流水村沪海立博爱小学捐赠1万元的图书和文体用品。
（平 莉）

【推广普及应急救护知识】 开展"幸福天使美丽中国行"旅游景点救护员培训项目,完成景点救护员培训8期,培训救护员394名。通过在旅游景区开展应急救护培训,提升景区处理突发意外事故的能力,使景区工作人员掌握应急救护知识,提高自救互救技能。为亚马逊云基地员工开展1期应急救护员培训,培训救护员38名,在军分区和学校进行倡导性和普及性应急救护讲座两期,共培训150名,向军分区官兵和学生普及应急救护知识。 （平 莉）

【"三献"重点工作】 开展无偿献血的宣传推动工作。利用"6·14"世界献血日纪念日等,与市中心血站密切配合,举行纪念宣传活动,积极宣传无偿献血知识,推动无偿献血工作。大力宣传开展志愿捐献造血干细胞工作。我们广泛宣传造血干细胞知识,广泛动员社会力量参与到无偿捐献造血干细胞志愿者队伍中来,全年共采集血样606人份。同时,规范造血干细胞捐献资料库的管理,对76名初配的志愿者征求意见,14名进行再动员,6人进行高分辨,1人进行捐献前体检,1名配型成功并进行造血干细胞移植,给予6岁女童新的生命。还对已入库的1661名捐献造血干细胞志愿者进行回访,解疑释惑,进一步明确和坚定志愿者捐献志愿,评估志愿者活跃度和库容有效率,加快配型检索速度,提高为病患者服务的效率。积极宣传人体器官捐献,在册网上登记2人。 （平 莉）

【项目争取】 经积极申报,分别在沙坡头5A景区、金沙岛景区投资30万元和21万元,建设两个永久性"幸福天使红十字救护站",主要针对旅客中心的医疗器械,特别是针对残疾人、老年人、妇女儿童等弱势群体提供救护等特殊医疗服务,不断提升中卫市旅游景区管理水平,确保游客在景区内的安全保障。救护站的建成,对于提升景区品质,加大旅游功能,深入贯彻以人为本的服务理念,推动中卫市旅游业大发展快发展具有重要意义。 （平 莉）

政权政协

中卫市人大常委会

·综述·

【概况】 2016年是"十三五"开局之年,也是精准扶贫、精准脱贫的启动之年。在市委的坚强领导下,市人大常委会全面贯彻党的十八大和十八届三中、四中、五中、六中全会精神,深入贯彻落实习近平总书记系列重要讲话精神,围绕中心,服务大局,依法履职,较好地完成市三届人大历次会议确定的目标任务,为推进开放富裕和谐美丽中卫建设做出积极贡献。2016年,共举行人民代表大会2次,常委会会议7次,主任会议14次,听取和审查"一府两院"专项工作报告11项,依法做出决议决定21项,组织开展视察、执法检查、专题调研6项,任免地方国家机关工作人员106人次,督办代表意见建议38件。 (吴佳伟)

【立法工作】 认真贯彻落实《中共中央关于全面推进依法治国若干重大问题的决定》和自治区、市党委实施意见,积极做好行使地方立法权各项准备工作,顺利通过自治区人大常委会立法评估验收。拟定《中卫市人民代表大会及其常务委员会立法程序规定(草案)》,为开展地方立法工作奠定基础。通过电视、报纸、网络等新闻媒体向社会各界广泛征集立法项目,开展城乡居民饮用水安全管理立法前期调研。先后对市人民政府制定的环境违法行为举报奖励办法、促进股权投资企业发展暂行办法等30多项规范性文件进行备案审查。 (吴佳伟)

【听取和审查"一府两院"工作报告】 2016年市人大常委会听取和审查"一府两院"工作报告共11项:关于市三届人大三次会议代表建议办理情况的报告,关于司法体制改革工作推进情况的报告,关于2016年上半年国民经济和社会发展计划执行情况的报告,关于2015年全市及市级财政决算和2016年财政预算上半年执行情况的报告,关于全市工业经济转型升级工作情况的报告,关于精准扶贫和年度减贫计划落实情况的报告,关于2016年15件民生实事落实情况的报告,关于市三届人大五次会议代表建议办理情况的报告,关于推进司法改革及开展集中整治和预防扶贫领域职务犯罪专项工作的报告,市中级人民法院2016年上半年工作情况的报告,市人民检察院2016年上半年工作情况的报告。 (吴佳伟)

【决定重大事项】 2016年市人大常委会紧紧围绕全市经济社会发展大局,依法做出决议决定21项:关于召开市三届人大五次会议的决定;关于批准调整2015年市本级财政预算的决定;关于接受刘金柱辞去中卫市第三届人民代表大会常务委员会副主任职务请求的决定;关于接受李树茂辞去中卫市第三届人民代表大会常务委员会秘书长职务请求的决定;关于接受潘景林辞去中卫市第三届人民代表大会常务委员会副主任职务请求的决定;关于接受孙尚金辞去中卫市第三届人民代表大会常务委员会委员职务的决定;关于批准《宁夏中卫国家农业科技园区总体规划》的决议;关于沙坡头区各乡镇新一届人民代表大会代表名额的决定;关于沙坡头区选举委员会和沙坡头区各乡镇选举委员会及组成人员的决定;关于沙坡头区及各乡镇人民代表大会选举时间的决定;关于批准中卫市2015年地方政府债务限额的决议;关于批准中卫市和沙坡头区财政管理体制方案的决议;关于接受景兆珍辞去中卫市第三届人民代表大会常务委员会委员职务请求的决定;关于批准2015年市级财政决算的决议;关于批准《中卫市产业投资基金设立、发行、投资及收益和本金兑付方案》的决议;关于同意将新墩村东区一期棚户区改造安置住房项目贷款资金列入市本级财政预算的决议；关于召开市四届人大一次会议的决定；关于接受金生平辞去中卫市第三届人民代表大会常务委员会副主任职务请求的决定；关于接受布青沪辞去自治区第十一届人民代表大会代表职务请求的决定；关于接受马鹏云辞去自治区第十一届人民代表大会代表职务请求的决定；关于接受潘莉辞去自治区第十一届人民代表大会代表职务请求的决定。 (吴佳伟)

【人事任免】 全年，市人大常委会共审议人事任免议案22件。常委会始终坚持把党管干部和人大常委会依法任免干部有机结合起来，严把任前初审关、法律知识考试关、供职报告关和任后承诺关，认真落实任前初审、法律知识考试、供职承诺、向宪法宣誓等制度。对"一府两院"报送的任免材料，认真进行审查，经主任会议初审取得一致意见后再提交常委会会议表决，确保市委人事安排意图的圆满实现。2016年依法任免国家机关工作人员106人次，从组织上保证"一府两院"工作的顺利开展。 (吴佳伟)

【代表工作】 常委会始终坚持代表主体地位，不断加强和改进代表工作，提升代表工作水平，切实发挥代表作用。扎实开展"双联"活动。建立以常委会组成人员联系人大代表、人大代表联系人民群众为内容的"双联"活动机制。及时向代表通报常委会和"一府两院"重要工作和重大活动情况。邀请代表列席常委会会议，组织代表参加视察、检查、调研等活动。广泛征询代表意见建议，引导代表积极发挥示范带头作用，激发代表服务经济社会发展的积极性。积极完善代表工作机制。修订完善代表小组活动制度，建立"人大代表之家"和"人大代表活动室"，为代表履职搭建服务平台。指导基层人大代表开展"代表活动日"、代表接待选民等活动，丰富代表活动内容。开设人大代表意见建议电子信箱，畅通代表建言献策渠道。采取集中培训、专题讲座、法律知识测试等方式加强对代表的培训，有效提升代表履职能力。认真督办代表意见建议。积极探索代表建议督办新途径，坚持每年确定重点督办建议。健全完善"一府两院"分管领导领办、常委会领导领衔督办、常委会工作机构对口督办工作机制。通过现场检查督办、征求代表意见、常委会专题审议测评等方式，有效提升代表建议办理质量。共督办代表建议38件。精心指导县乡人大换届选举。按照市委的决策部署，常委会精心组织、周密安排、严格把关。建立联席会议制度，明确换届选举工作的基本原则、方法步骤和具体要求。紧盯选民登记、选区划分、候选人提名等关键环节，加大协调力度，加强检查指导，将严肃换届纪律、严格依法办事贯穿于换届选举的全过程，确保选举工作有序推进，全市县乡人大换届选举如期完成，选出中卫市第四届人民代表大会代表284名。 (吴佳伟)

【视察、检查、调查】 全年，市人大常委会共组织开展视察、检查、调研活动6项：关于《禁毒法》贯彻实施情况的执法检查，关于旅游业发展情况的专题调研；关于市中级人民法院行政审判工作情况的调研；关于《残疾人教育条例》实施情况的执法检查；关于中卫市区新区公共事业规划建设情况的调研；关于全市全域旅游发展情况的视察；关于15件民生实事办理情况的调研。 (吴佳伟)

·重要会议·

【市第三届人民代表大会第五次会议】 1月27~29日，中卫市第三届人民代表大会第五次会议在中卫红宝宾馆举行，会议听取和审查市政府工作报告；审查和批准中卫市2015年国民经济和社会发展计划执行情况与2016年国民经济和社会发展计划草案的报告，批准2016年国民经济和社会发展计划；审查和批准中卫市2015年全市及市本级财政预算执行情况与2016年全市及市本级财政预算草案的报告，批准2016年市本级财政预算；听取和审查市人大常委会工作报告；听取和审查市中级人民法院工作报告；听取和审查市人民检察院工作报告；批准关于中卫市国民经济和社会发展第十三个五年规划纲要，选举金生平、李树茂为市人大常委会副主任，韩秉文为市人大常委会秘书长，通过中卫市第三届人民代表大会法制委员会组成人员名单。 (吴佳伟)

【市第四届人民代表大会第一次会议】 12月28~31日在中卫红宝宾馆举行，会议听取和审查市政府工作报告；审查和批准中卫市2016年国民经济和社会发展计划执行情况与2017年国民经济和社会发展计划草案的报告，批准2017年国民经济和社会发展计划；审查和批准中卫市2016年全市及市本级财政预算执行情况与2017年全市及市本级财政预算草案的报告，批准2017年市本级财政预算；审查和批准中卫市2016年民生计划执行情况与2017年民生计划草案的报告，批准2017年民生计划；表决通过《中卫市人民代表大会及其常务委员会立法程序规定》。听取和审查市人大常委会工作报告；听取和审查市中级人民法院工作报告;听取和审查市人民检察院工作报告。张柱当选市四届人大常委会主任。邹玉忠、李铁路、蔡波、马桂岚、刘林森、李树茂、郭亮、黄华当选市四届人大常委会副主任,韩秉文当选市四届人大常委会秘书长。丁德保等28人当选市四届人大常委会委员。万新恒当选市长。王伟、何晓勇、刘学智、蔡菊、张隽华、王学军当选副市长。尹效恩当选市中级人民法院院长。许金军当选市人民检察院检察长。通过中卫市第四届人民代表大会法制委员会组成人员名单。

(吴佳伟)

【市三届人大常委会第二十次会议】 1月21日举行。市人大常委会副主任潘景林、刘锦平、李铁路、蔡波、马桂岚、刘林森,秘书长李树茂及委员共29人出席会议。市人大常委会副主任潘景林主持会议。会议听取和审议市人民政府关于市三届人大三次会议代表建议办理情况的报告,听取和审议市人大常委会代表资格审查委员会关于中卫第三届人民代表大会代表变动情况和补选代表的资格审查报告,做出关于召开市三届人大五次会议的决定,审查通过市三届人大五次会议各项建议名单,讨论通过市人大常委会工作报告,依法做出关于批准调整2015年市本级财政预算的决定,依法做出接受刘金柱辞去中卫市第三届人民代表大会常务委员会副主任职务请求的决定和李树茂辞去中卫市第三届人民代表大会常务委员会秘书长职务请求的决定,会议还依法任免部分国家机关工作人员。副市长霍健明,市中级人民法院院长尹效恩,市人民检察院检察长许金军,市人大常委会机关委办负责人,市政府办、市发改委、财政局、工信局、教育局、国土资源局、农牧局负责人,沙坡头区人民法院、人民检察院负责人,沙坡头区各镇乡人大主席团主席列席会议。

(吴佳伟)

【市三届人大常委会第二十一次会议】 3月4日举行。市人大常委会副主任金生平、孙占财、刘锦平、李铁路、蔡波、马桂岚、刘林森、李树茂,秘书长韩秉文及委员共29人出席会议。市人大常委会副主任金生平主持会议。会议审议通过市人大常委会2016年工作要点;依法做出关于接受潘景林辞去中卫市第三届人民代表大会常务委员会副主任职务请求的决定和孙尚金辞去中卫市第三届人民代表大会常务委员会委员职务的决定,依法任免部分国家机关工作人员;会议还审查确认关于对张贵安采取强制措施的备案事项和对宁夏中卫国家农业科技园区总体规划的备案事项。市委常委、组织部部长刘成孝,副市长左新波,市中级人民法院院长尹效恩,市人民检察院检察长许金军,市人大常委会机关委办负责人,市发改委、工信局、科技局、公安局、财政局、规划局、旅游局、扶贫办负责人列席会议。

(吴佳伟)

【市三届人大常委会第二十二次会议】 4月20日举行。市人大常委会副主任金生平、孙占财、李铁路、蔡波、马桂岚、刘林森、李树茂,秘书长韩秉文及委员共29人出席会议。市人大常委会副主任金生平主持会议。会议审议通过《中卫市人民代表大会及其常务委员会立法程序规定(草案)》;会议决定沙坡头区各乡镇新一届人民代表大会代表名额、沙坡头区选举委员会和沙坡头区各乡镇选举委员会及组成人员、沙坡头区及各乡镇人民代表大会选举时间;会议批准中卫市2015年地方政府债务限额、中卫市和沙坡头区财政管理体制方案;会议依法做出接受景兆珍辞去中卫市第三届人民代表大会常务委员会委员职务请求的决定,会议任命袁诗鸣为中卫市副市长,会议还任免部分人大常委会工作机构、政府组成部门和市中级人民法院、沙坡头区人民法院、沙坡头区人民检察院的工作人员。市长万新恒,市委常委袁诗鸣,市中级人民法院院长尹效恩,市人民检察院检察长许金军,市人大常委会机关委办负责人,市政府办、市委组织部、政府法制办、财政局、环保局、住建局、规划局、文体新广电局负责人,沙坡头区党工委负责人,沙坡头区人民法院、检察院负责人列席会议。

(吴佳伟)

【市三届人大常委会第二十三次会议】 7月28日举行。市人大常委会副主任金生平、刘锦平、李铁路、蔡波、马桂岚、刘林森、李树茂,秘书长韩秉文及委员共26人出席会议。市人大常委会副主任金生平主持会议。会议听取和审议市中级人民法院关于推进司法体制改革情况的报告,听取和审议市人大常委会执法检查组关于禁毒法贯彻实施情况的检查报告,会议还任免部分市人大常委会工作机构、政府组成部门和市中级人民法院的工作人员。副市长刘学智,市中级人民法院院长尹效恩,市人民检察院副检察长张克勤,市人大常委会机关委办负责人,市政府法制办、公安局、司法局负责人,中宁县人大常委会负责人列席会议。

(吴佳伟)

【市三届人大常委会第二十四次会议】 8月12日举行。市人大常委会副主任金生平、刘锦平、李铁路、蔡波、马桂岚、李树茂及委员共24人出席会议。市人大常委会副主任金生平主持会议。会议听取和审议市人民政府关于2016年上半年国民经济和社会发展计划执行情况的报告,听取和审议市人民政府关于

2015年全市及市级财政决算和2016年财政预算上半年执行情况的报告，听取和审议市人民政府关于2015年财政预算执行及其他财政收支情况的审计工作报告，听取和审议市人大常委会财经委关于2015年市级财政决算（草案）审查结果的报告，依法审查批准市人民政府2015年市本级财政决算。会议任命何晓勇为中卫市副市长，会议还任免部分市中级人民法院、市人民检察院的工作人员。市长万新恒、副市长刘学智，市中级人民法院院长尹效恩，市人民检察院检察长许金军，市人大常委会机关委办负责人，市政府办、工信局、财政局、农牧局、旅游局、审计局、统计局负责人列席会议。 （吴佳伟）

【市三届人大常委会第二十五次会议】 10月18日举行。市人大常委会副主任孙占财、刘锦平、李铁路、蔡波、马桂岚、刘林森、李树茂，秘书长韩秉文及委员共26人出席会议。市人大常委会副主任刘锦平主持会议。会议听取和审议市人民政府关于促进工业转型升级情况的报告、关于精准扶贫和年度减贫计划落实情况的报告、关于2016年15件民生实事落实情况的报告；听取和审议市人大常委会视察组关于全域旅游发展情况的视察报告；批准中卫市产业投资基金设立、发现、投资及收益和本金兑付的方案；同意市人民政府将新墩村东区一期棚户区改造安置住房项目及贷款资金列入市本级财政预算，二次审议《中卫市人民代表大会及其常务委员会立法程序规定（草案）》，会议还任免部分市人大常委会工作机构、政府组成部门和市中级人民法院的工作人员。市人大常委会党组副书记邹玉忠，副市长刘学智，市中级人民法院院长尹效恩，市人民检察院检察长许金军，市人大常委会机关委办负责人，市政府办、发改委、工信局、财政局、旅发委、住建局、扶贫办、工业园区管委会负责人列席会议。 （吴佳伟）

【市三届人大常委会第二十六次会议】 12月19日举行。市人大常委会副主任孙占财、刘锦平、李铁路、蔡波、马桂岚、刘林森、李树茂，秘书长韩秉文及委员共29人出席会议。市人大常委会副主任刘锦平主持会议。会议听取和审议市人民政府关于市三届人大五次会议代表建议办理情况的报告；做出关于批准调整2016年市本级财政预算的决定；听取市人民检察院关于推进司法改革及开展集中整治和加强预防扶贫开发领域职务犯罪专项工作报告；听取和审议市人大常委会执法检查组关于残疾人教育条例贯彻实施情况的执法检查报告；听取和审议市人大常委会代表资格审查委员会关于市四届人大代表资格及变动情况的审查报告；做出关于召开市四届人大一次会议的决定，审查通过四届人大一次会议各项建议名单，讨论通过市人大常委会工作报告，审查确认关于许可对张贵安依法审判和开展第七个五年法治宣传教育的备案事项，依法做出接受金生平辞去中卫市第三届人民代表大会常务委员会副主任职务请求的决定，做出接受布青沪、马鹏云、潘莉辞去自治区第十一届人民代表大会代表职务请求的决定，依法补选许尔锋、邹玉忠、刘成孝为自治区第十一届人民代表大会代表，任命朱凶凶为中卫市副市长，会议还依法任免部分国家机关工作人员。市人大常委会党组副书记邹玉忠，市委常委、副市长袁诗鸣，市中级人民法院院长尹效恩，市人民检察院检察长许金军，市人大常委会机关委办负责人，市委组织部、市政府办、财政局、教育局、民政局、司法局、扶贫办、残联负责人列席会议。

（吴佳伟）

中卫市人民政府

· 重要会议 ·

【市政府第一次常务会议】 1月5日，市长万新恒主持召开。会议审定了《中卫市公务用车制度改革总体方案（送审稿）》及相关配套文件；研究了市发展和改革委员会关于宁夏矿业公司中宁红土井等煤矿扩能改造核准事宜的请示、市财政局关于增加中卫市建设投资有限责任公司注册资本金的请示、市财政局关于设立转贷过桥"资金池"有关事宜的请示，市网络安全与信息化办公室关于建设中卫智慧"环卫云""医疗云"项目的请示，市国土资源局关于《进一步加强和改进土地管理工作的意见（送审稿）》和《中卫市土地储备办法（送审稿）》等。副市长马世军、霍健明、刘学智、祝增坤、王伟、蔡菊，工业园区管委会主任张隽华，政府秘书长郭爱迪出席，相关市领导应邀参加，相关部门负责人列席会议。 （马 娟）

【市政府第二次常务会议】 1月18日，市长万新恒主持召开。会议学习了《法治政府建设实施纲要（2015~2020）》；审定了《政府工作报告（送审稿）》；研究了《中卫市2016年民生实事（送审稿）》；审定了《中卫市国民经济和社会发展第十三个五年规划纲要（送审稿）》；听取了全市安全生产工作汇报并安排部署春节期间安全生产工作；审定了《中卫市人民政府与宁夏大学关于宁夏大学中卫校区整体移交的协议（送审稿)》和《中卫市人民政府与宁夏大学关于宁夏大学中卫校区"云校园"建设备忘录(送审稿)》;审定了《中卫市三年打赢脱贫攻坚战实施方案(送审稿)》《中卫市关于贫困群众"离土"脱贫若干扶持政策(试行)(送审稿)》等。副市长马世军、黄河、霍健明、刘学智、祝增坤、王伟、蔡菊,工业园区管委会主任张隽华,市长助理朱凼凼,政府秘书长郭爱迪出席,相关市领导应邀参加,相关部门负责人列席会议。（马　娟）

【市政府第三次常务会议】　2月4日,市长万新恒主持召开。会议研究了市科学技术局关于宁夏中关村科技产业园（B座楼）—军民融合产业园内部装饰装修工程公开招投标有关事宜的请示、市财政局关于中卫市建设投资有限责任公司为宁夏西部云基地科技有限公司提供担保的请示、市规划管理局关于宁夏中关村科技产业园西部云基地云计算服务基地项目有关事宜的请示、沙坡头区管理委员会关于沙坡头区办公楼维修改造事宜的请示、市工业和信息化局关于为宁夏协鑫晶体科技发展有限公司第四批农发基金项目担保的请示等。副市长马世军、黄河、霍健明、刘学智、王伟、蔡菊,工业园区管委会主任张隽华,政府秘书长郭爱迪出席,相关市领导应邀参加,相关部门负责人列席会议。（马　娟）

【市政府第四次常务会议】　3月2日,市长万新恒主持召开。会议审定了《2016年中卫市新老城区绿化提升及新修道路绿化工程建设方案（送审稿）》《中卫工业园区绿化工程建设方案(送审稿)》《2016年中卫市各机关单位、工业园区企业、学校绿化苗木采购方案(送审稿)》;研究了市网络安全与信息化办公室关于建设中卫影视专属云公共测试平台、贫困失智老人智能手表(手环)、智慧社区和中卫至中宁光缆线路工程项目的请示;听取了市发展和改革委员会关于全市一季度重点项目开工建设情况的汇报,安排并督办了重点项目开工事宜等。副市长马世军、霍健明、刘学智、祝增坤、王伟、蔡菊,政府秘书长郭爱迪出席,相关市领导应邀参加,相关部门负责人列席会议。
（马　娟）

【市政府第五次常务会议】　3月18日,市长万新恒主持召开。会议研究了市发展和改革委员会关于审定中卫市镇照公路照壁山经沈桥至滨河大道连接线上跨包兰铁路立交桥工程等5个政府投资项目工程造价的请示、市财政局关于调整市本级、沙坡头区财政管理体制的请示、市人力资源和社会保障局关于发放全市乡镇机关事业单位工作人员乡镇工作补贴的

请示;审定了《中卫市贯彻落实〈关于深化改革保障水安全的意见〉实施方案(送审稿)》《2016年持续深化行政审批改革工作方案（送审稿）》《中卫市创建沙坡头旅游公寓示范点工作方案(送审稿)》;研究了《关于贯彻落实粮食安全省长责任制的意见》、中卫市人民政府与宁夏网虫信息技术股份有限公司《"互联网+"枸杞产业项目合作框架协议(送审稿)》等。副市长马世军、黄河、祝增坤,工业园区管委会主任张隽华,市长助理朱凼凼、政府秘书长郭爱迪出席,相关市领导应邀参加,相关部门负责人列席会议。（马　娟）

【市政府第六次常务会议】　3月31日,市长万新恒主持召开。会议学习了《宁夏回族自治区公职人员"庸懒散软"行为问责暂行办法》;审定了《中卫市创建全域旅游示范市工作实施意见（送审稿）》《中卫市三年打赢脱贫攻坚战实施方案（送审稿）》《中卫市关于贫困群众"离土"脱贫若干扶持政策(送审稿)》《"中卫英才"奖评选奖励办法(送审稿)》《中卫市享受政府特殊津贴人员选拔管理办法(送审稿)》;研究了市交通运输局关于审定新能源汽车推广应用方案的请示;审定了《中卫市步行和自行车交通系统项目实施方案(送审稿)》、市发展和改革委员会关于中卫市2016年国家专项建设基金项目约期回购的请示等。副市长黄河、袁诗鸣、霍健明、刘学智、祝增坤、蔡菊,政府秘书长郭爱迪出席,相关市领导应邀参加,相关部门负责人列席会议。
（马　娟）

【市政府第七次常务会议】　5月5日,市长万新恒主持召开。会议审定了《中卫市城镇公共消防设施建设维护管理办法（送审稿）》《中卫市本级行政事业单位国有资产使用管理暂行办法(送审稿)》和《中卫市本级行政事业单位国有资产处置管理暂行办法(送审稿)》;研究了市国资委关于授权中卫市建设投资有限责任公司经营管理中卫市玉龙水电建筑安装有限公司的请示、市财政局关于对沙坡头旅游产业集团所属沙漠沙生博览园温室大棚部分资产和设施拆除的请示、市住房和城乡建设局关于建设2016年城市道路及老城区巷道改造的请示、市交通运输局关于免征中卫沙坡头机场城镇土地使用税和房产税的请示、市交通运输局关于对中卫沙坡头机场航线给予支持的请示、市网络安全与信息化办公室关于建设中卫市智能传感网项目的请示、沙坡头区人民政府筹备领导小组关于建设沙坡头区群众来访接待大厅的请示、市国土资源局关于解决原教育局南侧改造项目房屋征收中职工公共租赁住房问题的请示、市人力资源和社会保

障局关于给予张文等61名同志记三等功的请示等。副市长马世军、黄河、袁诗鸣、祝增坤、蔡菊,工业园区管委会主任张隽华,市长助理朱凼凼,政府秘书长郭爱迪出席,相关市领导应邀参加,相关部门负责人列席会议。 （马 娟）

【市政府第八次常务会议】 5月19日,市长万新恒主持召开。会议学习了《行政决策对政府信用的影响》和中共中卫市纪律检查委员会《工作专报》;审定了《中卫市民生事项公示办法(暂行)(送审稿)》《中卫市乡村教师支持计划(2015~2020年)实施细则》《中卫市开展安全生产第三方帮扶服务实施方案（送审稿)》;研究了市住房和城乡建设局关于高庙公园改造项目被征收人安置有关问题的请示、市教育局关于新建中卫市第十一小学项目配套资金的请示、市残疾人联合会关于解决市残疾人康复中心建设项目配套资金的请示、市国土资源局关于退还宁夏宝路通房地产开发有限公司土地出让价款的请示、市交通运输局关于实施黄河宁夏中卫市沙坡头区至中宁县段航运建设工程的请示;听取了市工业和信息化局关于中卫市硅铁行业面临全面停产风险情况的报告;审定了《中卫市公共资源交易管理暂行办法(送审稿)》等。副市长马世军、黄河、袁诗鸣、霍健明、刘学智、蔡菊,政府秘书长郭爱迪出席,相关市领导应邀参加,相关部门负责人列席会议。 （马 娟）

【市政府第九次常务会议】 5月25日,市长万新恒主持召开。会议审定了《中卫市直部门责任清单(送审稿)》《中卫市数据中心项目行政审批规定（试行）(送审稿)》;研究了市文化体育新闻出版广电局关于在中卫工业园区入园企业审批事项中简化文物压覆报告的请示、市网络安全与信息化办公室关于建设"数字眼"疾病筛查系统项目(二期)和中卫市智慧医疗"卫生云"平台项目的请示、市交通运输局关于建设柔三街的请示、市水务局关于实施中卫工业园区照壁山水库供水二期工程的请示、应理城乡市政产业(集团)公司关于拨付中卫市第二水厂项目工程款的请示等。副市长马世军、黄河、袁诗鸣、霍健明,工业园区管委会主任张隽华,政府秘书长郭爱迪出席,相关市领导应邀参加,相关部门负责人列席会议。 （马 娟）

【市政府第十次常务会议】 6月21日,市长万新恒主持召开。会议审定了《第四排水沟农田排灌水和污水分离方案（送审稿)》《中卫市空间规划（多规合一)改革试点工作实施方案(送审稿)》《中卫市农民工工资管理办法（送审稿)》《中卫市沙坡头区公共租赁住房出售实施方案(送审稿)》;研究了市住房和城乡建设局关于废止《中卫市沙坡头区新建住宅小区配套建设廉租住房暂行规定》的请示、市发展和改革委员会关于西安隆基硅材料股份有限公司建设200MW光伏电站项目的请示、市物价局关于调整中卫工业园区供水价格的请示、市工业和信息化局关于组建成立宁夏中卫能源服务有限公司的请示;审定了《中卫市(沙坡头区)农村承包土地经营权抵押贷款试点工作实施方案(送审稿)》等。副市长黄河、霍健明、刘学智、祝增坤、蔡菊,工业园区管委会主任张隽华,政府秘书长郭爱迪出席,相关市领导应邀参加,相关部门负责人列席会议。 （马 娟）

【市政府第十一次常务会议】 7月24日,市长万新恒主持召开。会议研究了关于成立宁夏中关村产业园科技投资公司的请示、关于对中国电信集团公司建设升级西部云基地骨干网络项目给予财政补贴的请示、应理城乡市政产业(集团)有限公司关于审定中卫市城市污水处理厂升级改造项目的请示、市国土资源局关于挂牌出让3宗国有建设用地使用权的请示、市交通运输局关于开通北京—中卫—重庆航班的请示等。副市长黄河、袁诗鸣、刘学智、祝增坤、蔡菊,市长助理朱凼凼,政府秘书长郭爱迪出席,相关市领导应邀参加,相关部门负责人列席会议。 （马 娟）

【市政府第十二次常务会议】 7月25日,市长万新恒主持召开。会议听取了《重点流域水污染防治规划(2011~2015年)实施意见》落实情况的报告,并安排部署了下步重点工作;督办了《中卫市重点入黄排水沟污染2016~2018年综合整治实施方案》及环保突出问题整改落实情况等。副市长黄河、袁诗鸣、刘学智、祝增坤、蔡菊,市长助理朱凼凼,政府秘书长郭爱迪出席,相关市领导应邀参加,相关部门负责人列席会议。 （马 娟）

【市政府第十三次常务会议】 8月11日,市长万新恒主持召开。会议传达学习中共中央办公厅、国务院办公厅关于《党政领导干部生态环境损害责任追究办法(试行)》和自治区党委十一届八次全会等会议精神;通报了左新波接受组织调查事宜;审定了《中卫市2016年上半年国民经济和社会发展计划执行情况的报告(送审稿)》《2015年全市及市级财政预算和2016年财政预算上半年执行情况报告（送审稿)》《关于落实绿色发展理念,加快美丽中卫建设的实施意见(讨论稿)》《关于组建中卫仲裁委员会实施方案（送审稿)》;研究了市公安局关于建设定武高速甘塘毒品检查站和京藏高速兴仁毒品检查站的请示、中卫工业园区管委会关于实施工业园区水源地全封闭保护项目的请示等。副市长马世军、霍健明、何晓勇、刘学智、祝增坤,工业园区管委会主任张隽华,政府秘书长郭爱迪出席,相关市领导应邀参加,相关部门负责人列席会议。 （马　娟）

【市政府第十四次常务会议】　8月23日,市长万新恒主持召开。会议审定了《中卫市政府投资项目审计分类管理办法（试行）(送审稿)》《中卫市事业单位特设专业技术岗位管理办法(试行)(送审稿)》;研究了市人力资源和社会保障局关于拟聘任刘向兵等同志为中卫市特聘专家的请示;审定了《中卫市直国有林场改革实施方案(送审稿)》;研究了市国有资产监督管理委员会《关于完善国资监管体制及政府投融资平台建设的方案》的请示;审定了《中卫市国有资产收益收取管理暂行办法(送审稿)》;研究了市公安局关于在迎闫公路与金沙岛路等交叉口增设交通信号灯及配套电子监控设施的请示、市民政局关于中卫市区街道两侧门牌号设置事宜的请示等。副市长马世军、袁诗鸣、何晓勇、刘学智、祝增坤、蔡菊,工业园区管委会主任张隽华,市长助理朱凼凼,政府秘书长郭爱迪出席,相关市领导应邀参加,相关部门负责人列席会议。 （马　娟）

【市政府第十五次常务会议】　9月29日,市长万新恒主持召开。会议审定了《中卫市深化行政审批制度改革加强事中事后监管的意见(送审稿)》;听取了市科学技术局关于中关村中卫园建设情况的报告;研究了市云计算产业发展领导小组办公室关于建设中卫市云计算中心项目的请示、市公安局关于建设立体化治安防控大数据平台项目的请示、市工业和信息化局关于建设4×480t集中供热中心项目有关问题的请示、市林业生态建设局关于审定黄河中卫城市过境段水生态治理与保护工程建设范围及内容等事宜的请示、市规划管理局关于审定鼓楼街景亮化(BT)项目的请示;审定了《中卫市棚户区改造货币化安置实施方案(送审稿)》;研究了市交通运输局关于建设中宁工业园区新材料循环经济区至中卫工业园区镇罗产业基地公路(沙坡头区段)的请示、市国土资源局关于国家审计署《审计报告》指出中卫市市本级土地出让收支和耕地保护存在问题整改的请示、市国土资源局关于审定中卫市市辖区土地利用总体规划调整完善成果的请示等。副市长黄河、袁诗鸣、何晓勇、刘学智、蔡菊和政府秘书长郭爱迪出席,相关市领导应邀参加,相关部门负责人列席会议。 （马　娟）

【市政府第十六次常务会议】　10月20日,市长万新恒主持召开。会议审定了《中卫市法治政府建设实施方案（2016~2020年)(送审稿)》《中卫市网上商事登记办法(试行)》;研究了市云计算产业发展领导小组办公室关于政府投资建设的信息化项目采用亚马逊云服务方式部署相关事宜的请示、市住房和城乡建设局关于应理新社区营业房安置有关问题的请示、市国土资源局关于补缴耕地占用税的请示;审定了《中卫市关于深化供销合作社综合改革实施方案(送审稿)》;研究了市民政局关于设立中宁县太阳梁行政建制和管理机构有关问题的请示、《中卫市扶贫产业贷款担保基金管理办法(试行)》和《中卫市扶贫产业担保基金运行管理实施方案(送审稿)》;审定了《中卫市综合医改试点工作实施方案(送审稿)》和《中卫市城市公立医院综合改革实施方案(送审稿)》、中卫市西部云基地A3点周边生态修复工程造价等。副市长马世军、黄河、袁诗鸣、何晓勇、刘学智、祝增坤,工业园区管委会主任张隽华,市长助理朱凼凼,政府秘书长郭爱迪出席,相关市领导应邀参加,相关部门负责人列席会议。 （马　娟）

【市政府第十七次常务会议】　11月17日,市长万新恒主持召开。会议传达学习了党的十八届六中全会和自治区党委常委（扩大）会、市委常委会议精神;审定了《中卫市行政事业单位职工住房补贴实施方案(送审稿)》;研究了市应理城乡市政产业（集团）有限公司关于实施中卫市热电厂供热管网项目的请示、市旅游发展委员会关于中卫市智慧旅游云应用（一期）建设项目有关问题的请示、宁夏沙坡头旅游经济开发试验区管理委员会关于宁夏义力达工贸公司征地情况有关事宜的请示;审定市发展和改革委员会关于4个政府投资项目工程造价的请示;研究市人力资源和社会保障局关于召开全市农民工工资管理现场推进会的请示等。副市长马世军、黄河、蔡菊,工业园区管委会主任张隽华,政府秘书长郭爱迪出席,相关市领导应邀参加,相关部门负责人列席会议。 （马　娟）

【市政府第十八次常务会议】　12月8日,市长万新恒主持召开。会议研究了市工业和信息化局关于扶持宁夏誉成云创数据投资有限公司数据中心项目建设有关事项的请示、市云计算产业发展领导小组办公室关于深圳谷粒公社云计算有限公司总部及结算中心迁入中卫有关事宜的请示、市交通运输局关于建设沙坡头区至海原公路、海原至平川公路项目的请示；审定了《中卫市户口登记管理制度实施细则（送审稿）》；研究了《关于进一步做好全市城市社区减负增效工作的意见（送审稿）》《关于加强农村留守儿童关爱保护工作的实施意见（送审稿）》、市民政局关于市区道路更名命名事宜的请示、市农牧局关于命名中卫市第十批农业产业化重点龙头企业的请示等。副市长黄河、袁诗鸣、何晓勇、刘学智、张隽华、朱凼凼，政府秘书长郭爱迪出席，相关市领导应邀参加，相关部门负责人列席会议。　　　　　　　　　（马　娟）

【市政府第十九次常务会议】　12月12日，市长万新恒主持召开。会议审定了《政府工作报告（送审稿）》《关于2016年国民经济和社会发展计划执行情况与2017年国民经济和社会发展计划（草案）的报告（送审稿）》和《关于2016年全市及市级预算执行情况和2017年全市及市级预算（草案）的报告（送审稿）》；听取了市人民政府办公室关于2016年市人大代表建议和政协委员提案办理情况的报告；审定了《中卫市贯彻落实中央环境保护督察组督察反馈意见整改方案（送审稿）》；听取了市人力资源和社会保障局关于全市2016年开展治理拖欠职工（农民工）工资突出问题工作情况的报告等。副市长黄河、蔡菊、张隽华、朱凼凼，政府秘书长郭爱迪出席，相关市领导应邀参加，相关部门负责人列席会议。　　　　　　　（马　娟）

·政府法制·

【加快建设法治政府】　深入贯彻落实党的十八大和十八届三中、四中、五中、六中全会精神，认真安排2016年法治政府建设工作任务。制定印发《中卫市法治政府建设实施方案（2016~2020年）》（卫党发〔2016〕56号），将法治政府建设各项任务细化为七大工作目标、52项具体措施，明确牵头部门，落实责任单位。成立市法治政府建设工作领导小组，市委副书记、市长万新恒任组长，市委常委、副市长袁诗鸣任副组长，确保法治政府建设各项目标任务如期完成。
　　　　　　　　　　　　　　　　（吴彦辉）

【立法工作】　起草中卫市人民政府第一部规章《中卫市规章制定程序规定》，以书面函的形式征求市委、市人大常委会、市政协的意见建议，并向县、区及市政府各工作部门征求意见，同时在中卫市人民政府网站上全文刊登，面向社会公众征求意见。经数易其稿，《中卫市规章制定程序规定》先后经政府常务会议、市委常委会议审议通过，以市人民政府1号令的形式向社会公布。　　　　　　　（吴彦辉）

【规范性文件管理】　认真开展规范性文件的合法性审查，明确合法性审查为规范性文件制定的必经程序，制发规范性文件必须经法制机构合法性审查，否则不得进入决策程序。2016年，市政府法制办公室共审查各类规范性文件48件。及时做好政府规范性文件报备工作，2016年市政府及市政府办公室共制发规范性文件21件，全部按规定向自治区人民政府及市人大常委会备案，报备及时率达100%。切实做好规范性文件清理工作，印发《关于清理市人民政府及市人民政府办公室印发的规范性文件的通知》，经过梳理，共废止规范性文件1件，修改规范性文件6件。
　　　　　　　　　　　　　　　　（吴彦辉）

【权责清单制度建设】　按照《自治区人民政府关于建立政府及其工作部门权力运行责任清单实施方案》要求，积极推进政府权力清单、责任清单制度建设，制定《中卫市人民政府关于建立政府部门权力清单和责任清单制度的实施方案》，首批选取5个部门作为试点单位，于2015年8月底完成权责清单的梳理。试点工作完成后，各部门权责清单梳理工作全面展开。经过梳理、审核，全市33个部门纳入"两个清单"梳理范围，共梳理权力清单2680项，具体责任事项18466项，追责情形258782项，担责方式15820项，报经市委常委会、政府常务会审定后向社会进行公布，并召开新闻发布会进行解读、宣传。　　　　　　　　　（吴彦辉）

【法律顾问室工作】　完善普遍建立法律顾问制度，进一步建立健全中卫市法律顾问室各项工作规则，中卫市法律顾问室先后与183个部门（单位）签订法律顾问聘用合同。3月进行特邀法律顾问的换届选聘，面向社会公开选聘20名律师作为第二届特邀法律顾问。对重大疑难复杂事务，通过召开专题研讨会等方式，邀请特邀法律顾问集体讨论决定。全年，法律顾问室共召开专题研讨会8次，承办各类合同、规范性文件共计130件，承办各部门应诉案件47件，办理其他涉法性事务324件，有效履行依法决策。
　　　　　　　　　　　　　　　　（吴彦辉）

【行政复议委员会试点工作】　认真履行《中华人民共和国行政复议法》确定的各项职责，切实提高依法行政能力，畅通行政复议渠道，大力化解行政复议。创新行政复议办案方式，选择一批典型复议案件，召开专题研讨会、案件审理会，提高办案质量，确保行政复议决定合法有效,做到定纷止争、案结事了。2016年共受理各类行政复议案件96件,全部审结,其中维持27件、撤销54件、终止13件、退回1件、驳回1件,纠错率达71.85%。就疑难、复杂案件全年共召开案件审理会议15次,审议案件74件,有效发挥专家学者等社会力量的作用,确保行政复议决定合法有效。

(吴彦辉)

【行政应诉】 落实自治区《关于加强和改进行政应诉工作的实施意见》,进一步规范行政行为,不断提升行政应诉能力和水平。2016年,在市政府法制办公室的监督指导下,全市行政机关负责人出庭应诉案件21件,行政机关负责人出庭应诉率为72.4%,较以往有明显改善。同时,由市政府法制办公室应诉案件18件,参加庭前协调会及庭审21场,对在行政诉讼中发现的问题,认真分析,及时整改,不断提高依法行政水平。

(吴彦辉)

【组建中卫仲裁委员会】 认真研究先进地区经验,积极筹备,拟定《关于组建中卫仲裁委员会实施方案》,经市政府第13次常务会、市委第22次常委会议审议通过,牵头负责组建中卫仲裁委员会。通过认真开展设立登记、备案、人员选聘、场所布置等前期工作,中卫仲裁委员会正式成立并逐渐步入正轨,结束以往中卫市合同当事人签订仲裁条款必选外地仲裁机构解决纠纷的历史。

(吴彦辉)

【法制宣传】 健全干部学法和法制培训长效机制,建立市政府常务会议集体学法制度,在会议正式议题研究前,组织全体领导干部集中学习法治资料。市政府法制办公室向《中卫日报》、自治区人民政府法制办公室、宁夏人民广播电台《法制之声》栏目及各类媒体报送法制信息200余篇,拓宽法制信息宣传的渠道。编写印发12期《政府法制参考》、7期《行政案件专报》,及时向市委、政府领导和市政府各部门传达政府法制工作动态和信息。

(吴彦辉)

· 政务服务中心·

【概况】 中卫市政务服务中心于2008年9月建成并投入运行,2014年迁入新址,为市人民政府直属正处级事业单位。共有管理人员7名,其中处级领导2名,科级干部3名,一般管理干部2名。将原有7个分设大厅整合为一个大厅,实行集中服务,方便群众办事。本着"一人多岗、一岗多责"的原则,共进驻36个部门(单位)。根据各部门窗口工作特点、办件数量和业务关联情况,大厅共优化设置19个窗口,56个岗位,92名工作人员。政务服务中心坚持以"高效、便民、规范、廉洁"为工作宗旨,以"简化手续、规范流程、取消收费、一站服务、限时办结"为工作标准,以"优化服务环境、给企业方便、让群众满意"为服务理念,最大限度地为企业提供高效、便捷的服务。全年受理办结行政审批服务事项100449件,其中现场办结87089件,现场办结率86.7%,提前办结率91.5%,其余(除土地使用手续外),均在5个工作日办结。据窗口服务质量电子评价器和征求意见箱统计结果显示,群众满意率达99.2%。

(郑建才)

【集中行政许可权改革】 本着先行先试的原则,将涉及市本级的所有行政审批及服务事项纳入市政务服务大厅,进行分类办理。改变管理方式,推行"大科室制",内设3个业务科室,采取"前店后厂"的模式,优化设置7个综合窗口和31个专项窗口(其中:为沙坡头区设置6个业务窗口,初步解决沙坡头区没有审批场所的问题)。通过"单一窗口、内部流转、网上审批、限时办结"的审批流程,逐步实现"一个大厅、一套网络、一张流程图"审批目标。

(郑建才)

【"政务云"项目建设】 提请市政府出台《中卫市"互联网+政务服务行动计划实施方案"》,依托自治区"政务云"平台,通过高效采集、有效整合,建立基础数据库,安装部署网上办事大厅,搭建网上审批、网上注册、网上办事系统。行政审批与公共便民服务系统全部上线运行,初步实现"让数据多跑路,让群众少跑腿"目标。

(郑建才)

【行政审批改革试点】 出台《中卫市建设项目"多规合一"并联审批实施办法》,优化审批流程、减少审批环节、精简报件材料,编制上报《建设项目审批流程图》等。推行区域评估代项目评审,试行行政审批"告知承诺制",促使重点建设项目早日达产增效。

(郑建才)

【商事登记制度改革】 启动"五证合一"登记改革,将原来企业分别办理的工商营业执照、组织机构代码证、税务登记证、社会保险登记证、统计登记证"五证五号"合并为"一照一码",由市场监督管理部门核发加载统一代码的营业执照。2016年新登记注册企业1669户,个体工商户2861家,发放"一照一码"营业执照1939张。

(郑建才)

【部门行政权力运行流程图】 公开公示权力清单、责任清单、负面清单、收费清单、中介服务机构清单"五个清单"。对市本级政府部门和相关事业单位的行政职权事项进行梳理,本着"简化程序、优化流程、同

类合并"的原则，梳理制定33个部门（单位）权力运行流程图共316项，进行公开公示。　（郑建才）

【便民服务】　全年为80多家重点招商引资企业代办、领办行政审批及服务事项200余项。为老年人、行动不便人员代办老年证、身份证等300多项。利用双休日和节假日办理各类证照1500多张。
（郑建才）

【健全机制】　建立健全窗口工作人员激励机制，健全完善相关制度，坚持月度考核、季度通报机制，评选20%的"服务之星"和"红旗窗口"，调动窗口工作人员的积极性。严格手机考勤，强化日常管理，实施电子平台全程监察、中心主任不定期督察、值班长适时巡察的"三察联动机制"。　（郑建才）

【队伍建设】　参加自治区政务服务中心举办的业务培训班2次；先后举办市本级、各职能部门、沙坡头区镇（乡）民生服务中心相关人员行政审批与公共便民服务系统操作培训班共3次，提升窗口人员的业务水平和服务效率。　（郑建才）

【经济社会服务】　坚持以"高效、便民、规范、廉洁"为工作宗旨，以"宁愿自己多辛苦、不让群众多跑路"为服务理念，最大限度地为企业提供高效、便捷的服务。全年受理办结行政审批服务事项100449件，其中现场办结87089件，现场办结率86.7%，提前办结率91.5%，其余（除土地使用手续外），均在5个工作日办结。据窗口服务质量电子评价器和征求意见箱统计结果显示，群众满意率达99.2%。　（郑建才）

·信访工作·

【概况】　2016年，全市信访总量1547批8338人次，同比批次、人次分别上升11%和22%。群众来信110件，网上信访投诉124件；进京非访26批40人次，同比批次、人次分别下降47%和61%，距自治区下达控制指标余24人次；进京越级访75批111人次；50人以下到区集体访19批325人次，同比批次、人次分别上升42%和47%；未发生50人以上到区集体访。　（樊　江）

【重点工作】　2016年年初，市信访督办局分类梳理包括加强初信初访办理、网上投诉平台应用、做好重大政事节假日期间信访维稳等重点工作，制定《中卫市2016年信访重点工作目标任务》，对全年重点工作进行安排部署，确保全面完成信访各项工作任务。1.严格控制沙坡头区进京非访。针对沙坡头区2015年进京非访超标问题，市信访联席办制定《关于"沙坡头区2015年非访人数超标"的整改方案》，市信访督办局加强对沙坡头区的沟通协调与指导，密切配合，紧盯每月进京非访不超过2人次的控制指标不放松，并对每一件进京非访事项认真分析，查找问题根源，严格依法处理。沙坡头区一件一件定方案、找措施，通过化解问题和思想沟通把信访人稳定在当地。2016年，沙坡头区进京非访13批15人次，同比批次、人次分别下降57%和77%，下降幅度明显，有效扭转进京非访多的被动局面。2.积极研究化解信访积案。4月份，根据自治区信访积案集中攻坚行动安排，中卫市对两年来进京信访问题进行逐一梳理，通过信访联席会议明确59件信访积案，包括自治区交办的30件积案，明确责任领导、责任单位、责任时限和包案领导，以《中卫市信访联席办关于开展信访积案集中攻坚行动的通知》向各县（区）和市直有关部门进行交办，并明确一名副局长专职督办，对积案化解情况及时进行通报督办。8月31日，市政府督查室印发《关于切实做好信访积案化解工作的督办通知》对全市信访积案化解情况进行督办。10月24日，市委马世军副书记召集召开全市信访联席会议，再次听取信访积案化解情况，要求未化解县区、部门要加大化解力度，按时完成任务。全市59件信访积案除涉法涉诉12件外，共47件已全部化解完毕，化解率100%，其中自治区交办的30件信访积案全部化解录入完毕，化解率100%，超额完成自治区党委确定的11月中旬化解率达到96%的目标。3.全面推进信访规范化建设。按照自治区信访事项规范化办理集中攻坚活动的要求，市信访督办局研究制定《中卫市信访事项规范化办理集中攻坚活动实施方案》，按照方案步骤，严格时间节点，认真落实攻坚活动各个环节工作任务。市、县（区）两级信访部门将群众来访、来信、网上信访及国家、自治区信访局交办的各项信访事项全部录入信访信息系统，并及时转送责任部门，责任部门按照规范化要求在规定时限内办理完毕，书面答复信访人，并将答复意见和送达回执等相关证据材料全部录入网上信访系统。同时，市信访督办局安排专人，每天对登记录入网上信访件进行排查，对不规范问题及时反馈责任单位，要求整改落实。2016年，全市责任部门及时受理率83.01%，按期办结率97.19%，群众满意率93.15%，参评率41.53%。　（樊　江）

【健全信访工作制度】　近年来，为建立良好信访工作机制，中卫市不断在建章立制上下功夫，建立健全各项规章制度，强化信访工作的责任意识，夯实信访工作基础。一是市信访联席办提请市委常委会研究，以市委办转发《关于完善中卫市领导干部接访工作方法的意见》，进一步完善市领导接访工作，使市级领导接访更加规范有效。二是市信访联席办研究制定《中卫市驻京劝返管理制度》，对驻京劝返工作组的组建、人员管理、差旅费报销、休假、工作纪律等提出明确要求，为做好驻京劝返工作提供有力保障。三是市信访督办局各业务科室按照各自职责，建立月通报制度，每月对全市接访、网上信访办理、复查复核及进京"两访"、干部考勤等情况进行通报。2016年，市信访督办局共发出各类通报74份，做到依照制度促进各项信访业务工作的开展。

(樊 江)

【信访第一责任人责任】 市、县(区)两级政府部门高度重视信访工作，党政主要负责人切实履行信访第一责任人责任，把信访维稳工作作为一项重要工作来抓，认真谋划，积极研究化解信访问题。5月6日，市委书记张柱主持召开常委会议，传达学习中央和自治区领导关于信访工作重要批示精神，听取全市信访形势，对信访工作提出明确要求。5月26日，市长万新恒一行到市信访督办局专题调研信访工作，听取全市信访形势，研究重点突出信访问题并提出化解办法。市委、市政府主要领导和分管领导还就信访工作多次批示，要求全力抓好信访工作，市长万新恒在中卫市信访督办局《关于上报2013年至今工作完成情况和今后五年及2017年重点主要工作的报告》批示"信访工作越干越好，渐入佳境。坚持系统谋划，问题导向，今后每月专报我遗留问题逐一化解"。11月初，市政府副市长何晓勇亲自带领市信访局及相关部门负责人对市、县(区)年底信访工作进行督查，逐一听取汇报，并提出具体要求，要求各县(区)要切实做好信访工作，积极研究化解重点信访问题，有效减少进京上访，确保全面完成2016年信访各项工作任务。

(樊 江)

【协调联动化解群众信访事项】 以市"五联动"综合信访大厅为平台，组织信访矛盾较多的12个市直部门派工作人员入驻大厅，开展联合接访工作。一是对到市上集体访群众进行联合接访。窗口工作人员按照所在部门工作职责，对部门职责范围内引发的集体上访开展联合接访，有效解决群众诉求在多部门间流转、推诿扯皮的问题。二是促进部门办理信访事项规范化工作。工作人员对本部门引发的信访事项接访后，跟进盯住本部门按照信访规范化要求进行化解，并按照各环节时间节点督促尽快办理答复上访群众，有效化解群众上访问题。三是加大责任部门信访联动作用。市"五联动"综合信访大厅工作人员作为一线接访人员，能够及时深入接触到新形势下的信访政策法律法规，从而及时反馈各自职能部门，指导各部门规范办理群众信访问题，提高信访事项办理率。

(樊 江)

【信访矛盾纠纷排查化解】 一是加强分析研判和预警。市信访联席会议每月召开信访形势研判会，分析全市信访形势，研究解决疑难信访问题，重大信访事项，随时召开会议进行研究。全年共召开信访联席会议11次，短信预警24次。二是根据自治区统一部署，每月在全市范围内开展信访矛盾纠纷排查化解专项行动，各县(区)重点对农民工工资、劳动社保、征地拆迁、金融集资等群众热点问题进行排查，排查情况每月上报自治区信访局。市信访联席办每季度下发《关于开展信访矛盾纠纷排查专项行动实施方案》，在全市范围内再进行一次全面排查，确保不漏一案、不漏一人。2016年，全市共排查信访矛盾纠纷121件，化解118件，化解率97.5%。

(樊 江)

【提升信访干部业务素质】 按照充实力量、优化结构、提升素质、发挥作用的要求，市信访督办局组织市、县(区)两级信访部门所有领导干部分批次参加自治区举办的培训班，做到全员参训。市信访督办局于3月份、9月份举办两期全市信访规范化操作培训班，邀请区信访局专业人员进行授课，对市、县(区)信访部门和市直部门及乡镇信访业务操作人员进行培训。各县(区)也采取跟班培训和集中培训的形式对乡镇、县直部门信访工作人员进行培训，有效提升信访操作人员的理论水平和业务操作能力。2016年，共组织市、县(区)两级信访工作人员参加区级培训7次，市级培训4次，参训人员233人次，通过多层次、全方位的培训学习，提升信访干部素质，促进信访信息系统应用水平的提高。

(樊 江)

【重大政事活动期间信访维稳工作】 把信访维稳作为第一政治责任、政治任务来抓，认真做好国家领导人来宁期间的信访维稳及全国"两会"、全国全域旅游推进会、全区产业观摩会、十八届六中全会等重大政事活动期间的信访维稳工作。一是加强源头预防。进一步完善中央、区、市重大活动期间信访维稳工作应急预案，超前将重大紧急信访隐患最大限度化解在基层和萌芽状态，从源头上堵绝大规模集体上访事件的发生。二是扎实做好劝返工作。5月1日~7月31日，抽调8名市县(区)公安、信访工作人员组成第33

期驻京劝返工作组,开展为期三个月的驻京劝返工作。3月1~16日,组建15人组成清劝工作组,完成全国"两会"之前的集中清理及会议期间的劝返工作。10月19~23日,组建14人组成信访维稳工作组,完成党的十八届六中全会期间的信访维稳工作,确保全国中央、区、市重大活动期间的社会稳定。三是做好信息报送工作。按照紧急重大信访信息报告制度要求,重大节点、政事活动期间严格执行24小时值班制度,做到领导带班,专人值班。实行"零"报告制度,强化信息报送工作,每日下午报送当日信访维稳情况,重大信息随时报送,确保重大问题及时处置到位,维护社会稳定,构建和谐社会。　　　　　　　　　(樊　江)

政协中卫市委员会

·重要会议·

【四届一次委员会】　12月26日召开。会议听取和审议政协中卫市第三届委员会常务委员会工作报告、政协中卫市第三届委员会常务委员会提案工作报告;列席中卫市第四届人民代表大会第一次会议;听取和讨论《中卫市人民政府工作报告》和其他重要报告;选举政协中卫市第四届委员会主席、副主席、秘书长、常务委员,审议通过政协中卫市第四届委员会第一次会议决议、政协中卫市第四届委员会第一次会议关于提案审查情况的报告、中卫市政协2016年协商工作计划执行情况报告、中卫市政协2017年协商工作计划。
　　　　　　　　　　　　　　(王　丹)

【三届二十三次常委会议】　1月20日召开,市政协主席罗成虎主持会议。会议传达学习自治区"两会"和市委三届六次全体会议精神;审议通过《政协中卫市第三届委员会常务委员会工作报告》《政协中卫市第三届委员会提案工作报告》《中卫市政协2015年协商计划执行情况报告》《中卫市政协2016年协商工作计划》,审议通过召开政协中卫市三届四次会议的决定,政协中卫市三届四次会议议程、日程,市政协2015年度优秀提案建议名单和政协中卫市第三届委员会常务委员会工作报告和提案工作报告报告人建议名单,增补政协委员事宜。(王　丹)

【三届二十四次常委会议】　1月25日召开,市政协主席罗成虎主持会议。会议听取市委组织部负责同志关于增补政协中卫市第三届委员会副主席、秘书长建议名单的说明,审议通过增补政协中卫市第三届委员会副主席、秘书长建议名单,审议通过人事任免事宜和政协中卫市三届四次会议《选举办法》(草案)。
　　　　　　　　　　　　　　(王　丹)

【三届二十五次常委会议】　1月27日召开,市政协主席罗成虎主持会议。会议审议通过《中卫市政协2016年协商工作计划(草案)》《政协中卫市三届四次会议决议(草案)》《中卫市政协提案委员会关于三届四次会议提案审查情况的报告(草案)》,审议通过政协中卫市三届四次会议《选举办法》(草案),增补政协中卫市第三届委员会副主席、秘书长候选人建议名单和选举大会总监票人、监票人建议名单。
　　　　　　　　　　　　　　(王　丹)

【三届二十六次常委会议】　1月27日召开,市政协主席罗成虎主持会议。通报选举情况。
　　　　　　　　　　　　　　(王　丹)

【三届二十七次常委会议】　3月2日召开,市政协主席罗成虎主持会议。会议集中学习中纪委第六次全体会议精神、中共中央关于加强政协委员有关工作的通知;审议通过《市政协常委会2016年工作要点》。
　　　　　　　　　　　　　　(王　丹)

【三届二十八次常委会议】　7月29日召开,市政协主席罗成虎主持会议。会议传达学习习近平总书记来宁视察重要讲话精神;审议通过《全市精准扶贫精准脱贫工作调研报告》;协商通过人事任免事宜。
　　　　　　　　　　　　　　(王　丹)

【三届二十九次常委会议】　9月6日召开,市政协主席罗成虎主持会议。会议传达学习市委三届七次全体会议精神;听取并评议市中级人民法院和市人民检察院1~8月工作情况通报、市纪律检查委员会1~8月党风廉政建设工作情况通报;审议通过《关于全市物流业发展情况的调研报告》;协商通过有关人事任免事宜。
　　　　　　　　　　　　　　(王　丹)

【三届三十次常委会议】　11月1日召开,市政协主席罗成虎主持会议。会议传达学习中共十八届六中全会精神及自治区党委常委(扩大)会议精神;听取市政府全面深化改革、依法行政及重点工程建设进展情况通报和市委办、政府办提案办理情况通报;审议通过《全市草畜产业发展情况的调研报告》《关于全市被征地农民再就业和社会养老保障情况的调研报告》《金融服务中卫经济发展情况的调研报告》《全市职业教育发展情况的调研报告》。　(王　丹)

【三届三十一次常委会议】　12月16日召开,市政协主席罗成虎主持会议。会议审议通过《政协中卫市第三届委员会常务委员会工作报告》《政协中卫市第三届委员会提案工作报告》；审议通过政协中卫市第三届委员会常务委员会工作报告和提案工作报告报告人建议名单，召开政协中卫市四届一次会议的决定，政协中卫市四届一次会议议程、日程，中卫市政协2016年协商工作计划执行情况报告，中卫市政协2017年协商工作计划，市政协2016年度优秀提案建议名单、优秀政协委员建议名单和市政协四届委员会委员名单，市政协四届一次会议主席团和秘书长、副秘书长建议名单及提案审查委员会名单(草案)，市政协四届一次会议各次大会执行主席、列席人员名单(草案)；协商人事事宜。　　　　　　　（王　丹）

【三届三十二次常委会议】　1月26日召开，市政协主席罗成虎主持会议。会议依据军队有关规定，审议通过增补赵国武同志为政协中卫市第四届委员会委员；接受邹军利请辞，审议通过邹军利辞去政协中卫市第四届委员会委员职务事宜。　　（王　丹）

·视察调研·

【国有企业及国有参股企业经营情况调研】　3月下旬至4月上旬，由田桦副主席带领有关委员对中卫市国有及国有参股企业发展情况进行实地调研，期间赴银川市、石嘴山市相关企业进行考察学习。针对应理市政产业集团公司存在的突出问题、沙坡头旅游产业集团有限责任公司存在的突出问题、国有企业监管的问题等问题提出如下建议：1.采取有力措施切实解决应理集团项目工程款欠付、政府购买服务、公司党建和管理班子不健全问题。2.从市委、政府层面加强与港中旅高层的对接磋商，努力推进港中旅集团落实投资协议。3.通过健全完善相关制度、整合国有企业资源、适当补充市国资委力量等措施，切实解决国有企业监管不到位问题。　　　　　　（王　丹）

【精准扶贫、精准脱贫工作情况调研】　4月上旬至5月中旬，由付成林副主席带领有关委员对全市精准扶贫精准脱贫工作进行调研，期间赴区内外市县进行考察学习。针对基础设施薄弱影响到贫困地区发展和稳定；产业支撑不强影响脱贫进程；生态移民政策落实不到位；干部群众思想认识与精准脱贫的要求尚有差距等问题提出如下建议：1.加强基础设施建设，着力改善发展条件。2.促进产业融合发展，做大做强主导产业。3.关注移民精准脱贫，完善相关帮扶政策。4.加大教育培训力度，促进观念转变。（王　丹）

【全市被征地农民再就业和社会养老保障情况调研】　4月下旬开始，施润云副主席带领有关委员赴区内外考察学习，召开市、县相关部门，乡、村负责人及群众代表参与的座谈会，全面了解中卫市失地农民再就业和社会养老保障政策贯彻落实进展情况，组织委员就全市被征地农民再就业和社会养老保障情况进行调研协商。针对部分被征地农民就业较难；财政补贴资金缺口较大；社会保障水平较低；就业和养老保障措施不配套等问题提出如下建议：1.要强化培训服务，广开就业渠道。2.要积极先行先试，探索资金筹措新方式。3.要加大投入力度，提高社会保障水平。4.要完善政策措施，健全社会保障机制。　　　　　　　　　　　　　（王　丹）

【物流业发展情况调研】　6月上旬至7月下旬，由秦发成副主席带领有关委员深入各县(区)、市直有关部门及部分物流企业进行实地调研，期间通过召开座谈会广泛征求各方面意见。针对规划和政策引领不够；优势、潜力没有发挥出来，业态没有培育起来；缺乏物流龙头企业的辐射带动、物流服务水平层次较低；职能划分还不够明晰等问题提出如下建议：1.加强规划引领，加大政策支持力度。2.提高物流业发展的组织化程度。3.积极培育第三方物流市场，提升物流服务水平。4.完善职能，理顺监管和服务关系。
　　　　　　　　　　　　　　（王　丹）

【草畜产业发展情况调研】　7月下旬至8月下旬，由张武副主席带领有关委员对中卫市草畜产业发展情况进行调研，期间赴吴忠市、固原市、内蒙古等地考察学习区内外的先进经验。针对规划引领不够；发展合力不足；企业融资压力较大；服务保障不到位等问题提出如下建议：1.制定科学合理的草畜产业发展规划，推动草畜产业稳步发展。2.衔接延伸产业链条，推动草畜产业提速发展。3.创新融资担保机制，推动草畜产业强力发展。4.切实强化服务保障，推动草畜产业健康发展。　　　　　　　（王　丹）

【金融服务经济发展情况调研】　8月上旬至9月下旬，由付成林副主席带领有关委员对金融服务中卫经济发展情况进行调研。针对企业融资渠道单一，企业融资难、融资贵问题突出；融资担保体系不完善；金融改革滞后，民间融资市场风险高；诚信体系建设薄弱；金融机构不健全，影响地方经济发展等问题提出如下建议：1.拓宽融资渠道，助推地方经济发展；2.成立融资性担保公司，解决融资担保问题；3.积极探索金融体制创新，有效化解金融风险；4.推进信用平台建设，完善查询、惩戒制度；5.完善金融体系，加快推进精准扶贫工作。　　　　　　　　　　（王　丹）

【职业教育发展情况调研】 8月下旬至10月中旬，由田桦副主席带领有关委员深入两县一区对全市职业教育发展情况进行调研，并赴天津市进行考察学习。针对社会上对职业教育的认识还不到位；专业同质化现象严重、缺乏特色品牌专业；没有编制、"双师型"教师紧缺；校企合作运行效果不好；对中职高职贯通教育重视不够，报考高职院校的学生比较少等问题提出如下建议：1.加大宣传引导力度，不断营造职业教育健康发展的良好氛围。2.发挥教育主管部门的统筹引导作用，进一步优化职业学校的专业设置。3.建立完善政策保障体系，切实加强"双师型"教师队伍建设。4.坚持开放式办学，努力拓宽校企合作之路。5.探索中职高职贯通培养模式，积极争取与宁大中卫校区合作开设高职班。 （王 丹）

【全市群团部门工作开展情况视察】 4月中下旬，市政协组织部分市政协委员对市总工会、团委、妇联、科协、文联、残联、工商联等群团部门工作开展情况进行视察，并赴固原、吴忠市考察学习相关工作经验。针对个别群团部门组织建设不尽完善；少数群团部门业务经费不足；部分群团部门队伍建设比较薄弱；群团部门自身建设与深化改革创新还不适应等问题提出如下建议：1.着力加强群团部门基层组织配套建设。2.适当增加群团部门工作经费。3.切实加强群团各级领导班子和干部队伍建设。4.大力推动群团部门工作创新。 （王 丹）

【全市贯彻落实《食品安全法》情况视察】 5月25~27日，市政协组织部分政协委员通过明察暗访的形式，深入两县一区超市、餐厅（食堂）、食品流动摊点、屠宰场、批发市场、食品加工企业（小作坊）、农产品检测机构等涉及食品安全领域的21个场所进行视察。针对《食品安全法》宣传普及不够；食品安全检验监测能力不足；食品安全区域一些部位和环节监管不力；食品安全监管力量薄弱等问题提出如下建议：1.加大《食品安全法》宣传普及力度。2.加强食品安全检测能力建设。3.强化食品安全监督管理工作。4.加强食品安全监管执法队伍建设。 （王 丹）

【全市农村公共文化基础设施建设情况视察】 6月上旬，市政协组织部分市政协委员对中卫市农村公共文化基础设施建设情况进行专题视察。针对部分农村公共文化设施建设还有差距；一些农村公共文化设施管理利用不够好；农村公共文化服务保障经费缺乏；农村公共文化设施管理水平普遍较低等问题提出如下建议：1.加强对基层公共文化设施的建设力度。2.强化对农村公共文化设施的管理使用。3.增加对农村公共文化服务的经费补助。4.大力加强基层文化工作队伍建设。 （王 丹）

【"全域旅游示范市"创建工作视察】 6月下旬，市政协组织部分市政协委员采取集中视察与分组调研相结合的方法对全市两县一区"全域旅游示范市"创建工作进行视察。针对多头管理体制运行不畅；旅游发展规划把关不严，低水平建设问题明显；基层认识有差距，上热下冷现象突出；发展不平衡，基础设施建设面临的任务艰巨等问题提出如下建议：1.坚持机制创新，推动全域旅游。2.坚持规划引领，提升全域旅游。3.坚持夯实基础，发展全域旅游。4.坚持全民参与，活跃全域旅游。 （王 丹）

【和谐社区建设工作视察】 8月下旬，市政协组织部分政协委员对全市和谐社区建设工作进行视察。针对和谐社区建设起点偏低；社区减负增效工作进展迟缓；部门共建共享机制不尽完善等问题提出如下建议：1.在提升社区建设水平上下功夫。2.在加快社区职能转变上求突破。3.在推动部门共建共享上求实效。 （王 丹）

【中卫国家农业科技园区建设视察】 9月下旬，市政协组织部分市政协委员对中卫国家农业科技园区建设情况进行视察。针对发展要素制约突出；科技创新能力不强；农业产业化水平不高；基础设施建设比较薄弱等问题提出如下建议：1.加强组织领导，形成齐抓共管合力。2.加强政策扶持，加快基础设施建设。3.强化科技支撑，提升园区科技含量。4.积极培育品牌，不断壮大龙头企业。 （王 丹）

【推进协商民主建设】 精心确定涉及扶贫产业、金融产业、现代农业、社会养老等6个协商课题，报经市委常委会和市政协三届四次全体会议审定，形成年度协商计划，明确协商重点，为广泛开展协商议政奠定基础。在具体实践中，深入开展全体会议集体协商、常委会议和主席会议专题协商、专委会议对口协商，形成多层次、多领域的协商格局，全年召开全委会议1次、常委会议10次、主席会议16次、对口协商会议6次，认真贯彻落实市委《重大问题协商及政协提案意见建议办理落实制度》，抓好协商成果整理报送、跟踪督办等环节工作，全年共提交协商报告、调研报告、视察报告13篇，提出意见建议52条，全部得到区、市相关领导批示。同时，深入协商民主理论学习和研究，专题学习十八届六中全会精神和习近平总书记来宁视察期间重要讲话和指示精神传达提纲，2016年安排中心组(扩大)学习会、形势报告会、专题辅导会等30余场次,引导广大政协委员和机关干部准确把握人民政协性质定位,确保政协事业正确前进方向。

（王　丹）

·专门委员会工作·

【政协办公室】 1.完成市政协三届四次全委会的各项筹备工作,编印《市政协三届四次会议会刊》。2.起草《常委会工作要点》《市政协2016年主要工作任务分工方案》;组织签订"一室六委"2016年目标责任书,明确各自责任分工,并督促抓好落实。3.完成全市草畜产业发展情况调研任务。4.组织委员对沙坡头区宣和镇、海原县高崖乡红岸村等3个委员基层联系点开展走访慰问、义诊等活动4次,协助流转沙坡头区宣和镇兴海、海和两个生态移民村土地3800亩,筹集资金18万元,为海原县高崖乡红岸村协调增加灌溉用水指标70余万方,硬化道路8公里。5.开展对口帮扶工作,组织委员深入机关干部精准扶贫精准脱贫工作帮扶点多次走访调研、座谈协商。6.春节期间,组织对离退休老干部和海原县帮扶对象送去慰问金,开展捐资助学等活动。7.为历次常委会提供服务保障,做好会议通知、材料印发等会务组织工作;为9次常委会、16次主席会、30余次各类学习会的召开提供保障,全年审核编报社情民意18期,编发政协简报34期。8.认真做好年度效能目标考核、政协委员履职情况考评、党的建设、党风廉政建设、精神文明建设、"两学一做"学习教育、财务管理、安全保密、普法教育、网络学习、计划生育、业余文化活动以及值班安排、机关日常事务的检查和考勤登记、义务劳动、机关保洁等工作。9.积极做好重大活动的协调联络以及会场、车辆、食宿等服务保障工作,共接待区内外来访40余次。

（王　丹）

【提案委员会】 提出意见建议307件,经审查立案109件。及时召开提案交办会,将提案分别送交市委办、政府办36家承办单位办理。截至11月底,已办结88件,正在办理14件,因政策规定暂时不宜办理的7件,全部办理答复完毕。完成物流业发展情况、全市农业科技园区建设情况2项调研视察任务。做好海原县甘城乡委员基层联系点工作。召开重点提案办理协商会议。按照《提案工作条例》规定,严格立案标准,进一步规范立案审查程序。发挥提案委员会和其他专委会服务、协调、统筹、联络职责,密切与政协委员的联系,加强与市委办公室、市政府办公室和各承办单位的沟通与协作,着力提高提案服务质量。通过向市委市政府及两县一区县委和政府征询命题提案、向提案办理部门征询提案线索、编写《年度提案选题参考目录》等方式,为委员撰写提案提供便利。要求承办单位通过系统办理、答复提案和推荐优秀提案,实现提案工作全流程的信息化处理。针对网站与系统存在的不足及时进行修改、完善,使提案工作步入信息化建设轨道。协助驻卫自治区政协委员收集、整理材料,撰写高质量提案。在《中卫日报》设置《提案专栏》,大力宣传报道市政协提案工作,全年出刊50期,编发《提案办理》及《重要提案摘报》各20期。积极配合办公室做好年度考核、对外接待等工作。

（王　丹）

【经济委员会】 完成全市"全域旅游示范市"创建工作情况、全市金融服务经济发展情况2项调研视察任务。组织委员定期到委员联系基层开展活动。将17名委员分成5个工作小组,每组最少开展活动1次,大部分委员走访群众10户以上。全年共撰写提交社情民意2件、情况反映2份。对市政协三届四次会议017号"关于重启中冶美利浆纸公司生产盘活国有资产的建议"、057号"关于建设黄河北岸大板、牛滩、迎水段生态农业观光旅游示范区项目,加快发展沙坡头区全域旅游的建议"重点提案进行督办。主动参与到活动之中,利用每周二机关干部学习日,认真学习党章、党规及相关文件精神和习近平系列讲话。坚持与市级对口部门、政协经济委和委员之间的联系。

（王　丹）

【教科文卫体委员会】 完成全市国有企业发展情况、全市职业教育发展情况2项调研任务。组织政协委员对市文体新闻出版广电局效能及行风建设工作进行民主评议,提出建议26条。在资金募集方面,募集善款113万元;在项目实施方面,2016年共投入资金110余万元,实施"两癌"妇女救助、尿毒症患者救助、助老爱老行动、关爱留守儿童等7个项目。与宁夏青创中心签订共同筹款协议,并获得腾讯互联网筹款资格认证。先后3次组织委员深入委员基层联系点常乐镇。分别参加市教育局、卫生计生局、市医院、二医院、三医院等12个部门(单位)的行风评议活动,配合办公室工作,按时参加机关学习、义务劳动以及各次文体活动;开展"两学一做"等各类主题教育活动,积极撰写心得体会、理论文章、党课材料;配合做好"两会"秘书组筹备工作,多次参与《常委会工作报告》的修改,起草书记开幕会讲话稿。

（王　丹）

【社会和法制委员会】 积极参加"法制教育培训

班""我为中卫发展献一策""两学一做"等学习教育和活动。完成全市被征地农民再就业和社会养老保障情况、全市贯彻落实《食品安全法》情况两项调研视察任务。完成全市农村"三留守"人员、《宁夏回族自治区养老服务促进条例（草案）》立法协商两项专题调研任务。做好民主评议、提案督办和信息报送工作，全年上报工作简报7期。组织22名委员参加全市公安机关执法规范化及服务型窗口单位建设现场推进会，市中级法院、市检察院组织的案件执行工作座谈会和开放日等活动，组织委员对市政府法制办公室关于征求《中卫市法治政府建设实施方案（2016—2020年）》（征求意见稿）进行讨论修改。组织委员深入委员联系点中宁县徐套乡走访群众102户，召开座谈会两次，开展调研1次，收集意见建议11条，上报社情民意两件，筹集资金50000余元。（王　丹）

【民族宗教和港澳台侨】　完成全市精准扶贫精准脱贫工作、全市和谐社区建设工作两项调研视察任务。对市水务局效能及行风建设工作进行民主评议。为政协委员基层联系点中宁县喊叫水乡对照"十个一"建点标准，完善热线电话、召集人、联络员与标识牌、委员信箱、公示栏、制度上墙等工作，统一联系点相关资料的归集建档内容，撰写"关于尽快解决中宁县喊叫水乡土地整理项目遗留问题的建议"等社情民意。督促市环境保护局、水务局、农牧局、林业生态建设局等部门对市政协三届三次会议未办结提案开展办理"回头看"，组织部分界别委员参加全区散居少数民族和宗教界政协委员学习培训，协助自治区政协民族和宗教委员会面向全市困难家庭高职在校学生和待业青年发放总值85万元的网络学习卡，使850名青年获得网络学习求知机会；全年撰写报送信息8篇。（王　丹）

【学习和文史委员会】　积极参加市政协组织的"提案办理回头看""提案素材征集调研""重点提案督办"等活动及工作；协助办公室积极做好精准扶贫、定点帮扶、义务劳动等工作。完成全市农村公共文化设施建设情况视察任务。征集整理稿件165篇，编纂出版《文史资料》。全年编辑出版《中卫政协》4期，共计24万余字，印刷1600册。制订市政协委员2016年学习培训工作计划，组织市政协委员参加自治区政协举办的法制教育培训班，开展专题报告1次。组织委员5次深入政协委员基层联系点大战场镇，对该镇特色农产品实现网上销售，培训实用技术农民2000人次，筹措资金30多万元。组织委员为定点联系村——兴仁镇团结村群众捐赠羽绒服620件，为银川301路公交车火灾事故伤者无偿献血25800ml。（王　丹）

·重要活动·

【开展"送温暖"活动】　1月21日，市政协牵头组织市总工会、市公益慈善基金会、港中旅沙坡头旅游公司在海原县西安镇菜园村举行"送温暖"活动，市政协主席罗成虎、副主席张武出席活动，市总工会、市公益慈善基金会、港中旅沙坡头旅游公司、西安镇菜园村、贾塘乡黄坪村乡村两级干部及困难群众、部分小学生等参加捐助活动。为两村群众捐赠棉衣、棉被、皮鞋、学习用品等价值110余万元，并为困难群众捐助现金12000元。（王　丹）

【举行青年创业就业技能学习卡发放仪式】　3月2日，市政协在行政中心十楼政协常委会议室举行青年创业就业技能学习卡发放仪式，向中宁、海原县政协，沙坡头区、海兴开发区、甘盐池羊场管委会、市教育局及中宁、海原县教育局等部门（单位）及部分高职在校学生、待业青年代表，发放850张单卡面值1000元、总价值85万元的青年创业就业技能学习卡。市政协副主席茹小侠、秘书长巫磊出席发放仪式。（王　丹）

【召开全市政协委员基层联系点工作推进会】　3月22日，市政协召开全市政协委员基层联系点工作推进会。自治区政协办公厅副巡视员王彬、自治区政协委员联络室副主任朱英龙应邀参加会议，市政协主席罗成虎，副主席田桦、施润云、茹小侠、秦发成，秘书长巫磊，中宁县、海原县政协主席及分管副主席，沙坡头区政协筹备组负责人，驻卫自治区政协委员、市政协常委、驻沙坡头区市政协委员以及沙坡头区各乡镇、社区负责人和联络员，中宁、海原县乡镇、社区负责人代表，受表彰的先进单位代表、先进个人和优秀联络员代表等170余人参加会议。（王　丹）

【参加自治区政协举办的法制教育培训班】　5月19~20日，市政协组织全市政协委员参加自治区政协举办的委员法制教育培训班。自治区政协副主席李淑芬做动员讲话。市政协主席罗成虎，副主席田桦、施润云、茹小侠、秦发成、付成林，秘书长巫磊及市政协机关工作人员参加学习培训班。（王　丹）

【"沙坡头大讲堂"活动】　6月12日，市政协组织市政协委员和机关干部参加市委宣传部主办的"沙坡头大讲堂"活动，聆听上海市政协委员、上海牡丹航空服务有限公司董事长兼总裁许刚所作的"中国梦　责任与担当——用珠峰精神点亮人生,关于攀登和创业的故事"的专题报告。市政协主席罗成虎,副主席田桦、施润云、茹小侠、秦发成、付成林及秘书长巫磊和市政协委员参加学习培训。 （王 丹）

【"关爱妇女健康 情暖环卫女工"活动】 6月15日上午,市政协联合中宁黄河乳业有限公司在沙坡头区红太阳广场举行"关爱妇女健康 情暖环卫女工"捐赠活动,市政协党组书记、主席罗成虎,市政协副主席田桦、市政协秘书长巫磊等领导出席捐赠仪式。中宁黄河乳业有限公司当场为全市一线环卫工人赠送价值13万余元的奶粉。 （王 丹）

【开展"脱贫攻坚"捐赠活动】 6月23日,市政协副主席茹小侠带领部分市政协委员到中宁县大战场镇宽口井生态移民村,举行慰问活动。中宁县委常委冯旭、副县长陈正刚、民建中卫市总支会员等参加活动。共慰问贫困户911户(含特困户300户)。捐赠冰柜26台,大米、面粉620袋,食醋1000桶,缎被面920条,成人衣服300多件,结对资助贫困大学生60名。开展现场义诊活动,检查、接诊患病群众300多名,发放价值约8000元的药品,为群众讲解健康保健知识,发放预防各类疾病、健康生活知识等宣传单6000多张。捐资和捐物折价总金额达30多万元。 （王 丹）

【民主评议市水务局和文体新广电局效能及行风建设工作】 6月20日上午,市政协组织召开民主评议市水务局和文体新广电局效能及行风建设工作动员会。市政协副主席田桦、付成林及市纪委常委陈玉茂出席会议;市政协民主评议工作领导小组全体成员、民主评议员、调查员,市水务局和文体新广电局全体干部职工及部分乡镇分管领导和企业界代表参加会议。会上,民主评议工作领导小组对评议工作进行具体的安排部署;聘请20名政协委员担任民主评议员;市水务局和文体新广电局负责人通报本部门效能及行风建设情况并作表态发言;市政协副主席付成林作重要讲话。会后,民主评议工作领导小组对评议员和调查组工作人员进行专门培训。6月26日上午,市政协民主评议领导小组组织召开市文体新广电局效能及行风建设整改评议会。民主评议领导小组成员、民主评议员、调查员以及市文体新广电局全体干部职工参加会议,市政协副主席田桦出席会议。会上,市文体新广电局局长王福生汇报效能及行风建设整改情况;部分评议员就整改情况进行评议;王福生局长根据评议情况,结合本部门实际,就进一步加强效能及行风建设做表态发言。田桦副主席做讲话。 （王 丹）

【开展帮扶慰问活动】 7月14日,市政协主席罗成虎带领部分政协委员,到委员基层联系点沙坡头区宣和镇兴海村、海和村进行帮扶慰问。向海和村、兴海村各捐赠5万元资金和价值1万元的公共体育文化用品等,来自市中医医院的专家、医生,现场为村民们免费问诊、发放药物。 （王 丹）

【全区散居少数民族和宗教界政协委员学习培训】 7月7~9日,市政协组织民族宗教界别市政协委员代表,参加自治区政协在固原市举办的全区散居少数民族和宗教界政协委员学习培训班。委员们认真听取自治区政协田成江副主席作的动员讲话,共同学习全国宗教会议精神和习近平总书记来宁夏重要讲话精神。观摩固原市泾源县、西吉县近年来民族团结、宗教和顺、经济社会全面发展所取得的成就。在西吉县将台堡红军会师纪念碑前重温内心深处的红色记忆。 （王 丹）

【民主评议市公安局、卫生和计划生育局提案办理质量及提案者提案质量工作】 9月7日和8日,市政协副主席秦发成带领市政协民主评议工作领导小组成员和评议员分别对市公安局和市卫生和计划生育局办理的市政协三届四次会议提案办理质量及提案者提案质量进行民主评议。市委督查室、政府督查科、各民主党派负责人、部分政协委员、新闻媒体代表,群众代表和提案主办、协办单位负责人参加评议工作。 （王 丹）

【民主评议市水务局效能及行风建设整改评议会议】 9月19日上午,市政协委员民主评议市水务局和文化体育新闻出版广电局评议领导小组组织召开民主评议市水务局效能及行风建设整改评议会,市政协副主席、民主评议领导小组组长付成林出席会议,市政协秘书长、民主评议领导小组副组长巫磊主持会议。评议会上,市水务局党委书记、局长李学明同志就本部门的效能及行风建设民主评议整改工作进行通报,并针对委员评议做表态发言。（王 丹）

【自治区政协副主席刘小河来卫调研】 10月9日,自治区政协副主席刘小河带领调研组,就《宁夏回族自治区养老服务促进条例(草案)》开展立法协商专题调研。市政协主席罗成虎、副主席施润云,秘书长巫磊参加征求意见座谈会。座谈会上,自治区政协调研组听取中卫市对《条例(草案)》修改意见征集情况的汇报,与会人员对宁夏养老服务发展提出许多切实可行、针对性较强的意见和建议。会议结束时,刘小河对中卫市《条例(草案)》征求意见工作给予充分肯定,并做总结讲话,对今后的养老服务工作提出明确要求。

(王 丹)

【开展捐赠助学活动】 11月16日,市政协主席罗成虎带领部分市政协委员到委员基层联系点中宁县徐套乡打麦水中心学校举行"爱心凝聚力量,希望成就未来"捐赠活动,为学校送去过冬的燃煤,为学生送去学习物资。市政协副主席施润云、中卫军分区参谋长邹军利、市政协秘书长巫磊、中宁县政协主席叶进宝、中宁县副县长常丁梁等参加捐赠活动。向该乡新庄子完全小学和打麦水中心学校捐赠燃煤40吨,捐赠篮球、排球、羽毛球、乒乓球、跳绳、象棋、跳棋、毽子等体育器材1200个(件),大米、面粉各40袋,食用油30桶,健身器材8件,总价值50000余元。

(王 丹)

【政协对外接待】 完成区内外40家政协单位来卫考察、调研的接待服务工作。 (王 丹)

法 治

综 述

【概况】 2016年，全市政法部门把维护全市社会大局稳定放在首位，组织开展"攻命案、破小案、除黑恶、反诈骗"四大专项行动，加强命案防控工作，对现发命案快侦快破，力争做到发1起破1起。年内，全市共破获各类刑事案件4598起，破案率下降12.11%，破电信诈骗案件117起，抓获各类网上逃犯127人，打掉侵财犯罪团伙22个，打掉恶势力犯罪团伙2个。以打击涉众型经济案件专项行动为载体，对中卫市"金银街"非法吸收公众存款、兴麟系合同诈骗、中卫启航合作社非法吸收公众存款、公安部督办"11·20"专案等案件积极配合案件主办单位加快案件侦办进度，切实维护群众正当权益，采取有力措施为群众挽回经济损失。共侦办传销案件15起，侦破非法集资案件1起，退还集资款1200余万元。成立互联网信息监控中心，建立常态化情报信息分析研判机制，网络舆情引导队伍24小时对境内外网站进行巡视监控，及时开展舆情引导。实行重大活动、敏感节点每日一研判、每日一调度、每日一通报"三个一"工作机制，确保重大节假日、重大活动和敏感日期间全市社会大局稳定。持续打击法轮功、全能神、门徒会等邪教组织的活动，严防其死灰复燃。保持高度警惕，对来卫维吾尔族人员不间断开展重点稳控和专项工作，严防其制爆制枪和开展暴力恐怖活动。共组织开展各类研判165次、排查登记来卫新疆籍人员523人次、清除互联网违法信息2937条，查处法轮功人员诬告滥诉案件12起12人，查处法轮功等邪教案件19起，治安拘留20人，刑事拘留1人，办理信访案件251起，依法处理缠访5起，处理非访59人56起，圆满完成各类警卫及大型活动安保任务32批次。 （王中宏）

【政法服务】 全市政法部门紧把为各类市场主体提供方便、快捷、优质、高效的法律服务落实到严格执法、公正司法、热情服务和社会管理中。市中级人民法院出台《关于为融入"一带一路"加快开放中卫建设提供司法服务和保障的若干意见》和《关于为全面加强中卫环境保护工作提供司法服务和保障的实施意见》，努力为云基地建设、环境保护、全域旅游、枸杞产业、精准扶贫、招商引资等重点工作提供坚强有力的司法保障和优质高效的法律服务。市人民检察院研究制定《服务保障非公有制经济健康发展的实施意见》和《关于进一步发挥检察机关查办和预防职务犯罪职能作用，积极有效服务经济发展新常态的意见》，印发服务和保障生态环境建设11条具体措施。市公安局推行"互联网+便民服务""互联网+科技设备"和"互联网+'三微'宣传"3种模式，提升公安队伍服务水平，提高群众对公安工作和公安队伍的满意度。在全市推行社区民警专职化及"一村一警"工作，沙坡头167个行政村、中宁4个试点乡镇44个行政村、海原2个试点乡镇19个行政村完成"村警"全覆盖。推行"物联网"治安管控模式，对电动车上牌登记备案，通过给电动车安装射频识别和防盗追踪系统，实现对电动车的防盗预警管理。推行"农家乐散客登记APP系统"，将入住农家乐旅客身份信息登记录入APP系统，直接上传到分局端口后导入公安网大情报系统，迅速比对甄别旅客信息，提升流动人口信息采集的全面性、时效性。 （王中宏）

【司法体制改革】 市中级人民法院把审判委员会改革作为审判权运行机制改革的切入点，在全区法院率先探索实行"以案定岗、以岗定责、以责定补"的《"三定"管理暂行办法》，实行责酬对应的办案激励保障制度,效果明显。研究制定《合议庭办案责任制规定(试行)》《司法责任制实施办法(试行)》等多项配套文件,为审判权运行改革奠定制度基础。落实专业法官会议制度,充分发挥专业法官团队的集体智慧和力量,为合议庭正确理解和适用法律提供咨询意见和智力支持。修改完善审委会工作机制、职责和议事程序,限缩审委会讨论案件范围,强化其审判业务指导、审判工作经验总结功能。根据各审判领域的业务性质和案件状况,组建由员额法官、法官助理、书记员构成的专业审判团队,在审判团队内以现有业务部门框架设置合议庭,重构办案组织。推动院领导办案常态化,院领导主审案件62件,实现从"批案"向"办案"的回归。下放裁判文书的签发权,院长、庭长不再签发未参加审理案件的裁判文书,真正落实"让审理者裁判,由裁判者负责"的改革精神。市检察院结合检察司法办案各环节职责,细化明确办案人员权力清单,突出检察官办案主体作用,督促办案人员按照权力清单逐案、逐项落实权力。完善网上受案、流程监控、预警提示、督促办理机制,实现案件网上流转、全面动态监管。健全检务公开管理机制,开通今日头条新闻客户端,加强"两微一端"、检察手机报、门户网站等新媒体平台综合应用,积极拓宽检务公开渠道。严格有序开展员额制法官、检察官遴选工作,全市法院103名法官、全市检察机关88名检察官已首批遴选入额。市公安局在中卫市沙坡头区文昌派出所、滨河派出所试点巡处一体化,路面巡逻警力实行"巡逻、处警、查控"三位一体运行模式,街面刑事案件、街面盗窃案件及"两抢"案件明显下降。推行"派驻法制员"工作机制,进一步深化执法规范化建设,确保执法监督方式由事后监督向事前、事中监督转移,基层执法监督管理由粗放型向精细化转变。在市、县两级公安机关及交警部门全面推行实施刑事案件"统一审核、统一出口"工作机制,各执法单位批捕率平均上升15%以上,案件追捕追诉也大幅下降,办案质量明显提高,刑事案件平均办案周期也明显压缩。探索实行受案立案分离和立案归口管理制度改革,在全市县级公安机关均设立案件管理中心,从源头上防止有案不立、体外循环等问题。年内,案管中心共巡查报警48293起、案件11581件,督促立案1418件,分流案情47件,查纠执法问题6860处。市司法局将申请初审、申请转交等法律援助中心权力下放至各基层法律援助站点,逐步形成以中卫市法律援助中心为阵地,辐射全市39个乡镇法律援助工作站,18个行业(部门)法律援助站,构筑起以市、县、乡(镇)、信访法律服务中心、便民窗口、行业(部门)法援站为支撑的"六位一体"法律援助体系。

(王中宏)

【平安中卫建设】 紧紧围绕自治区四项约束性指标及平安建设重点工作,扎实开展平安中卫创建工作,全市共立刑事案件3837件,同比下降12.2%,立八类主要刑事案件33起,同比下降23.3%,发命案6起,同比下降45.45%,立盗抢案件2804起,同比下降18.5%,进京非正常上访26人次,同比下降77%,无较大以上安全事故和群体性上访事件,社会治安形势呈现出"五降二无"的良好态势。在73个农民专业合作组织开展党建工作,规范完善165个村民自治组织,培育发展13245个新型农业经营主体,依法选举、规范居委会、业委会,推行网格化服务管理,在规范化住宅小区推行物业公司治安责任追究机制,开展老旧小区综合整治,进一步强化基层综治维稳组织建设,以法律"六进"等依法治理载体有效预防干部、未成年人违法犯罪的发生,平安建设的基层基础工作进一步得到加强。落实"两代表一委员"工作机制、"三调联动"衔接机制,在矛盾纠纷多发行业建立专业调解组织和第三方调解组织,有效预防和减少"民转刑"命案的发生;实施社会稳定风险评估机制,预防和减少群体性上访发生;推行工资集体协商制度,农民工工资"一卡通"制度,劳资关系更加和谐;查处30余件损害群众利益的基层干部,干群关系更加和谐。加强对社会闲散青少年进行帮扶工作,对84名闲散青少年进行帮扶。对精神病人进行分类管理,对三级以上具有肇事肇祸倾向的89名精神病患者落实监管措施。帮教监管刑释解教人员1887人,帮教率98.5%。扎实开展吸毒人员"大收戒"和社区戒毒工作,年内,共查处吸毒人员682人,强制隔离戒毒301人,破获毒品刑事案件76起。对吸毒人员进行大排查,见面率达到100%,社区戒毒执行率达到86%。吸毒人员就业康复等社会治安难题逐步得到有效解决。开展关爱单亲母亲计划为载体的"和谐家庭"创建活动,成效显著。组建700人的综合应急救援队伍,建立完善应急处置机制。推行巡处一体化工作机制,开展"攻命案、打侵财"等专项行动,对37个社会治安重点地区进行挂牌整治,刑事案件实现下降的良好态势。推行校园安全风险排查工作机制,建立安全生产监督视频监控平台,建立食品安全状况分析报告制度,认真落实清真食品准营证制度,全市没有发生重大安全生产事故和四级以上食品安全重大事故。扎实开展智能图控和智能交通建设,完成自治区下达的智能图控、智能交通建设任务。沙坡头区对20个规范化物业服务管理住宅小区进行技防更新改造,海原县为居民小区筹建200个高清视频监控点,中宁县投资800万元对144个居民小区全部安装技防装置。组建网评员队伍,强化网络舆情的引导,及时预防和处置网络舆情问题。

(王中宏)

【政法队伍建设】 按照区、市统一部署,全市政法机关深入开展"两学一做"学习教育,深入学习党章、党规党纪和习近平总书记系列讲话,教育全市政法干警始终做到心中有法、带头信仰法治、坚守法治,自觉维护宪法和法律权威,始终把促进社会公平正义作为最高价值观,更加自觉地把服务全区、全市工作大局作为基本职责,更加自觉地围绕维护全市社会大局稳定来开动脑筋、谋划工作、履职尽责。同时针对司法改革总体要求,做好干警思想政治工作,确保在司法体制改革试点期间工作不乱、队伍不散。在现有信息化建设的基础上,积极运用"互联网+"的模式,加快推进服务型窗口单位建设,政法干警服务中心,服务发展,为民服务的宗旨意识、责任意识、忧患意识不断增强,展示政法机关和政法队伍的良好形象。不断加强队伍的日常监督管理,严肃查处违纪违法案件,切实整治执法、作风、队伍管理、服务方面存在的突出问题,执法司法公信力不断提升。坚持从优待警,加强政法文化建设,增强政法干警的职业荣誉感和工作主动性积极性,有力地促进政法工作的顺利开展,为"四个中卫"建设创造良好和谐的社会环境和优质高效的法治环境。

(王中宏)

【政法重点工作】 为有力推进自治区党委政法委和市委各项工作部署,市委政法委将工作重点放在组织、领导、督导和工作考核上,坚持周一例会制度,按时听取工作进展情况,分析存在问题,研究推进措施,周二至周五,各领导根据分工深入基层一线、深入责任单位,面对面逐项进行检查了解。沙坡头区柔远镇率先推行由党委、政府统一领导,镇综治维稳工作中心指导协调和具体运作,驻镇各单位、司法部门共同参与,镇、单位、村、组"四级联调",人民调解、行政调解、司法调解"三调联动"的社会矛盾纠纷"大调解"工作模式,取得明显成效,6月7日召开中卫市改革和加强综治大调解工作现场会,在全市推广柔远镇的经验和做法,得到自治区党委政法委的肯定。市中级法院严格把握证据标准,依法排除非法证据,坚决防止冤假错案发生,确保死刑案件零差错,年内,全市法院受理各类案件17473件,同比增长15.88%,受理执行案件5696件,结案4017件。全市检察机关市检察院持续加大办案力度,共立案侦查贪污贿赂案件34件51人,其中,大案30件46人,大案率88%;要案4人。共立渎职侵权案件3件5人,要案1人。全市公安机关加强命案侦破工作,对现发命案快侦快破,力争做到发1起破1起,全市共发命案6起,破6起,同比2015年同期(11起)下降45.45%,未发生死亡2人以上案件。市司法局重点围绕疑难复杂、重特大、易激化、易引发群体性上访事件,开展经常性排查,防止因矛盾纠纷化解不力引发重点"民转刑"案件,全市共调处各类矛盾纠纷12000余件,调解重大疑难矛盾纠纷1300余件,矛盾纠纷调处率100%,调解成功率98%以上。

(王中宏)

审 判

【概况】 2016年,全市法院共受理各类案件17615件,同比增长16.04%;审(执)结15457件,同比增长15.58%;结案率为87.75%,同比下降0.35%。其中,市中院受理各类案件1548件,同比增长46.73%;审(执)结1467件,同比增长39.05%;结案率94.77%,同比增长2.23%。

(李万刚 周晓梅)

【刑事审判】 2016年,全市法院共受理各类刑事案件861件,审结801件,结案率为93.04%,判处刑罚1021人,其中判处有期徒刑五年以上刑罚45人,五年以下有期徒刑422人,判处缓刑、拘役管制及单处附加刑200人,免予刑事处罚16人;审结各类职务犯罪案件49件65人,判处有期徒刑以上刑罚29人,成功审理自治区公安厅原副厅长贾奋强受贿、高利转贷案,宁夏农垦集团原总经理常利民受贿案等大要案;审结刑事附带民事案件88件,促成和解47件,49名被告人获得受害方及其亲属的谅解,修复社会关系。其中市中院受理143件,同比持平,审结135件,同比增长1.5%,结案率为94.41%,同比上升1.4%。

(李万刚 周晓梅)

【民商事审判】 2016年,全市法院受理民商事案件10615件,审结9865件,结案率为92.93%,调解处理各类纠纷2443件,调解率为24.76%,快速妥善审理婚姻家庭纠纷2279件、物权保护纠纷348件、劳动争议纠纷268件,诉讼外化解纠纷500余件,沙坡头区法院柔远法庭探索推行的"大调解"多元化解矛盾纠纷机制受到自治区党委政法委的充分肯定并在全区范围内推广。其中市中院受理1103件，同比增长41.23%；审结1063件，同比增长40.42%；结案率为96.37%，同比下降0.56%。（李万刚　周晓梅）

【行政审判】　2016年全市法院受理行政案件249件，审结241件，结案率为96.79%，受理国家赔偿案件6件，审结5件，结案率为83.33%。其中市中院受理行政案件66件，同比增长11.86%；审结66件，同比增长13.79%，结案率为100%，同比上升1.69%。
（李万刚　周晓梅）

【案件执行】　完善落实执行威慑、执行救助、执行衔接等机制，实施"阳光执行""和谐执行"，开展反规避执行、反消极执行、"转变执行作风、规范执行行为"等专项执行活动，启用执行指挥中心，借助"总对总""点对点"执行网络查控系统和执行指挥车、"单兵"等设备，采取查封财产、悬赏举报、曝光信息、限制出境、限制高消费、司法拘留、移送立案侦查、领导包案化解等多种强力措施，想方设法解决"执行不力""执行不能"问题，积极回应人民群众反映强烈的"执行难"问题。全市法院受理执行案件5732件，执结案件4396件，执结率为76.69%，执结标的额11.04亿元。其中市中院受理执行案件181件，同比增长18.3%；执结149件，同比增长43.27%；执结率为82.32%；执结标的额7.61亿元，同比增长193.95%。市中院执行暂存款清理工作受到自治区高级法院、市委充分肯定，市委政法委专门发文号召全市政法部门学习。
（李万刚　周晓梅）

【审判监督和涉诉信访】　规范申诉审查和再审审查工作，依法保障当事人的权利救济途径，及时纠正司法过程中的错误，切实保障当事人合法权益。全市法院受理申诉、申请再审审查案件36件，同比下降38.98%；审结36件，同比下降38.98%；决定再审7件。其中市中院受理29件，同比下降39.58%；审结29件，同比下降39.58%；决定再审4件，同比下降75%。严格落实全员信访责任制及配套工作机制，规范涉诉信访办理，及时妥善处理、答复所有来信、来访，依法解决涉诉信访问题。（李万刚　周晓梅）

【司法改革】　按照自治区党委、市委和自治区高院决策部署，把握积极稳妥原则，全面推进各项改革任务落实，受到市委政法委主要领导的批示肯定。1.推进人员分类管理。研究制定《工作人员分类管理办法》，将工作人员划分为法官、审判辅助人员、司法行政人员三类，明确各类人员比例、所在岗位及工作职责，建立各类人员权力、责任清单，确保工作人员各归其类、各司其职、各尽其才。有序完成员额制法官遴选工作。2.改革审判权运行机制。研究制定《合议庭办案责任制规定（试行）》《审判委员会工作规则（试行）》等多项配套文件，为审判权运行改革奠定制度基础。成立专业法官会议，为合议庭正确理解和适用法律提供咨询意见和智力支持。研究制订《关于办案组织建设及内设机构调整的初步方案》，在现有业务部门框架基础上组建3个专业审判团队，组建新的审判保障和后勤服务团队，实现"专业化分工，扁平化管理，精细化监督"目标。3.落实司法责任制。研究制定《各类司法人员工作职责（试行）》《院长、副院长、审判委员会专职委员、庭长管理监督职责（试行）》等制度，划定权力边界，明确责任追究，真正落实"让审理者裁判、由裁判者负责"精神。坚持放权与监督同跟进、相结合，下放裁判文书签发权，努力做到"谁办案、谁签字、谁负责"。推行院领导办案常态化，两级法院院领导主审案件71件，实现从"批案"向"办案"的回归。研究制定《各类人员绩效考核办法（试行）》，落实《2016年度绩效考核奖金分配办法（试行）》，完善绩效考核工作，建立与岗位职责、工作质效相匹配的绩效考核奖金分配机制。
（李万刚　周晓梅）

【队伍建设】　始终坚持党对法院工作的绝对领导和"党建带队伍促审判"的工作思路，坚持从严教育、从严管理、从严监督，大力提升干警司法能力，倾心打造信念坚定、司法为民、清正廉洁的干警队伍。1.扎实开展"两学一做"学习教育。通过开展党员讲党课、"评星定格"等活动，充分发挥党支部的战斗堡垒和党员的先锋模范作用，从思想上解决干警"为谁执法、为谁服务"的问题。学习邹碧华、黄志丽等同志先进事迹，举办"道德讲堂""法官沙龙"、主题演讲比赛等活动，大力弘扬政法干警核心价值观和宁夏法院精神，明确要求干警在工作时间统一互称"同志"，引导广大党员干警强化对党忠诚、为民司法理念。市中院"两学一做"学习教育推进情况受到市直机关工委充分肯定，第一党支部获评"中卫市先进基层党组织"。2.全面提升司法能力。以"两评一比"、案例教学、结对帮带等为载体，举办各类业务培训、研讨22期，培训干警180余人次，提升法官庭审驾驭、法律适用、辨法析理、文书写作等执法办案能力。建立"青蓝结对"计划和铸魂、铸剑、铸铁"三铸"工程的"1+3"机制，从思想、作风、能力等方面加强纪检监察干部队伍建设。坚持审判实践与理论调研紧密结合，不断提升调查研究能力，3项调研课题在自治区法学会、自治区高院评审中获得优异成绩,两名干警论文在第四届"中国民族区域法治论坛"分获二、三等奖。接待德国法官团来访,并就多元化解矛盾纠纷机制及证据判断、法官培训等共同关心的问题进行广泛交流,拓展干警的国际化视野。

(李万刚　周晓梅)

【廉洁建设】　研究制订《2016年党风廉政建设和反腐败暨"清廉法院"建设任务分工方案》,明确38项措施推进司法廉洁。认真学习贯彻《廉洁自律准则》《纪律处分条例》《问责条例》,积极开展廉洁司法集中教育活动和中央八项规定精神"回头看"活动,召开"三严三实"专题民主生活会,深入整改"四风""不严不实"和"六难三案"等问题,加大司法巡查和审务督查力度,及时纠正发现的问题,坚决遏制司法不正之风。研究制订《内部控制基础性评价工作实施方案》,从内部管理、权力运行、审判业务三个层面明确12项工作任务推进内部控制建设,重点防范内部权力集中的重点领域和关键岗位可能产生的重大风险,从源头预防腐败。市中院纪检监察部门督察本院各部门12次,督察辖区基层法院及派出法庭4次,开展各类廉政约谈98人次。在全市范围内,率先开展"让机关干部走出去,把人民群众请进来"开放日活动,邀请30余名各界代表走进法院参观指导,市委常委、纪委书记刘明生等领导亲临指导并予以肯定。研究制订的《进一步推进全市法院廉政监察员工作任务的实施方案》得到自治区高院肯定,转发全区法院学习借鉴。

(李万刚　周晓梅)

【服务中心工作】　主动适应经济社会发展新形势,找准"五大发展"理念与人民法院工作的结合点,充分发挥审判职能,积极推进经济社会和谐发展。研究制定专门工作意见,为落实绿色发展加快美丽中卫建设提供优质司法保障和服务。妥善处理涉云基地建设、环境保护、全域旅游、枸杞产业、精准扶贫、招商引资等重点工程、重点项目案件9件,依法公正审理中国绿发会提起的环境污染公益诉讼案件8件,为重点工作营造良好法治环境。以《情况反映》《涉诉信访案情专报》等向市委、人大、政协汇报重大敏感案(事)件16件次,为宏观决策提供参考。结合审判工作中发现的制度缺失、风险隐患等问题漏洞,向涉案单位及其上级机关、主管部门发《司法建议书》7件,力促社会管理水平提升。

(李万刚　周晓梅)

【落实便民服务】　开展"服务型窗口建设专项行动",进一步完善立案信访窗口功能、网上诉讼服务平台、"12368"诉讼服务热线,为群众提供网上、线下多渠道便利服务。对全市法院窗口单位进行集中排查,认真整改服务型窗口建设中存在的问题。继续巩固立案登记制改革成果,在彻底解决"立案难"基础上,持续整治其他"六难三案"。妥善审理婚姻家庭、劳动争议、社会保障等涉民生案件,扎实促进民生幸福。为困难群众缓减免诉讼费,积极实施刑事被害人困难救助、执行救助,彰显司法人文关怀。全市法院为当事人缓减免诉讼费193.97万元,发放救助款48.2万元,其中市中院缓减免诉讼费130.39万元,发放救助款15万元。全市法院诉讼服务窗口群众自测满意率达99.9%,海原县法院海兴法庭荣获全区政法系统"服务型窗口建设先进单位",市中院立案庭获评"自治区老年法律维权工作先进集体",自治区高级法院对市中级法院服务型窗口建设、司法便民等工作予以充分肯定。

(李万刚　周晓梅)

【开展精准扶贫】　制定《司法服务与保障精准扶贫工作的实施意见》,从惩治扶贫开发领域职务犯罪、推进基层民主法治、强化生态保护等12个方面落实精准扶贫。组织全院干警深入结对帮扶村户建立工作台账1395份,"量身定做"帮扶措施并落实责任到人。选派3名具有丰富基层工作经验和较强组织能力的干警作为帮扶贫困村的驻村联络员,积极开展驻村联络服务工作。联系协调主管部门为扶贫对象海原县树台乡红井村建立4000亩马铃薯栽培示范基地、规划设计党团活动室1个、推动建设"老年饭桌""老年活动中心"项目、硬化村部院落950平方米、组织宣讲3次、技能培训120余人次、联系捐赠体育器材1套、捐赠爱心书包200个。及时向市委和相关部门反映并协调解决7项影响该村脱贫致富的问题,帮扶物资13万元推进该村村部、党团活动室和群众体育活动设施建设。为定点帮扶的沙坡头区常乐镇海乐村帮扶资金1万元、电脑2台、打印机1台。

(李万刚　周晓梅)

【深化司法公开】　坚持"以公开为常态,以不公开为例外",积极推进审判流程、裁判文书、执行信息"三大公开平台"完善升级,全面实现立案、庭审、执行、听证、裁判文书、审务管理全流程公开,增强司法透明度,倒逼法官提升能力、提高办案质效。推动裁判文书说理改革,细化裁判文书制作规范,以让人信服的裁判文书彰显司法正义。推进案件流程公开,设置案件流程自主查询机,严格执行立案登记制,全年当场立案率达96%,基本解决"立案难"问题。深入开展巡回审理、"法律七进""依法维护权益合法标的诉求"

法治宣传教育主题实践活动、"法院开放日"、新闻发布等工作,增强与新闻媒体和社会各界的互动,传递司法为民好声音,讲好法治好故事。市中院共计发布生效裁判文书1221件,直播庭审27次,邀请社会各界参观走访法院200余人次,裁判文书依法上网公开率、庭审同步录音录像率、内部庭审直播率均为100%。开展"法律七进"18次,与中卫新闻传媒中心合作录播电视节目46期,开展法律宣传9次,通过"居家中卫"微信平台发布工作信息和动态59期。

(李万刚　周晓梅)

【全面接受监督】　坚持重大敏感案件、事项、信息报告制度,自觉接受党内监督。始终把自觉接受人大及其常委会、人民政协的监督作为人民法院正确履职的坚强保障,深化落实人大代表、政协委员长效联络机制和"1+1+1"绑定对口包片联络机制,积极配合地方人大及其常委会的执法检查,逐条整改落实2016年"两会"期间代表委员提出的55条建议。始终把主动接受检察机关的法律监督、人民群众的社会监督和新闻媒体的舆论监督作为改进人民法院工作的不竭动力,加强联系沟通。向地方党委、人大书面汇报7件次,邀请人大代表、政协委员及各界群众旁听庭审13件300余人,参与执行听证3件27人次,依法办理抗诉案件2件,邀请检察长列席审委会8次,市中级法院人大代表、政协委员联络工作得到市委肯定。

(李万刚　周晓梅)

检 察

【概况】　中卫市人民检察院下辖沙坡头区人民检察院、中宁县人民检察院、海原县人民检察院。截至2016年12月25日,全市共有干警269人(员额检察官88人,检察辅助人员118人,行政人员46人,工勤人员17人)。中卫市人民检察院核定政法专项编制77人,工勤人员编制6人,现有干警76人,其中政法专项编制人员71人(缺编6人),工勤人员5人。内设机构17个(政治处、纪检组(监察室)、办公室、法律政策研究室、案件管理办公室、侦查监督处、公诉处、反贪污贿赂局、反渎职侵权局、职务犯罪预防处、控告申诉检察处、民事行政检察处、检察技术装备处、刑事执行检察局、派驻看守所检察室、未成年人检察处、法警支队)。该院有党组成员6名,检察委员会委员11人,检察委员会专职委员1人。　(马小燕)

【服务经济发展】　围绕"全域旅游""脱贫攻坚""十三五"规划等市委重大决策部署,运用检察职能手段,营造良好法治环境。出台服务"十三五"规划实施意见,研究提出20项具体工作措施,服务保障"十三五"规划顺利实施;制定服务保障非公有制经济健康发展实施意见,明确13项工作要求,努力为非公有制经济发展提供有力司法保障和法律服务。联合扶贫部门扎实开展"惩治和预防扶贫领域职务犯罪""整治和预防食品药品监管领域职务犯罪"专项行动,查办相关职务犯罪案件29件45人,占立案数和人数的78%和80%,充分发挥检察机关的职能保障作用。

(马小燕)

【参与平安中卫建设】　参与吸毒人员管控大收戒、打击治理电信网络新型违法犯罪等专项行动,依法严厉打击暴力性犯罪、毒品犯罪、涉众型经济犯罪等严重刑事犯罪活动,积极回应人民群众的司法需求。全年共受理审查逮捕案件326件439人,批准逮捕215件280人;受理审查起诉案件617件777人,提起公诉634件805人。案件审结率96.5%,同比上升14个百分点,办案效率进一步提升。认真落实宽严相济刑事政策,不批准逮捕109件153人,决定不起诉53件105人。加强和改进未成年检察工作,设立未成年人检察机构,配齐配强人员,进一步完善附条件不起诉、多方帮教等办案机制,着力强化教育挽救效果。

(马小燕)

【社会综合治理】　制订服务型窗口建设专项行动方案,完善执法办案风险评估预警、以案释法等工作机制,规范信访接待和信访事项办理,共受理各类信访事项310件,均依法妥善处理。扎实开展矛盾纠纷排查化解专项活动,按照"诉访分离"原则及时跟踪化解涉检信访案件,有效防控越级上访。主动做好检察环节矛盾纠纷化解,立案复查刑事申诉案件7件,办理国家赔偿案件1件,办理司法救助案件15件,发放救助金额10.3万元。　(马小燕)

【办案机制】　完善侦查一体化办案机制,积极构建"上下联动、左右互动、整体配合"的"大自侦"格局,集中精干力量突破窝案串案。完善与纪检监察部门案件移送机制,强化惩治腐败合力。加强侦查信息化建设,强化侦查信息数据采集与分析研判,有效提升侦查办案效率。严格执行办案流程操作清单制,认真落实办案全程同步录音录像制度,切实严把案件质量关。

(马小燕)

【案件查办】　认真贯彻落实中央、区、市党委惩防腐败决策部署,紧盯扶贫惠农等重点领域,持续加大职务犯罪查办力度,始终保持反腐败高压态势。全市共立案侦查贪污贿赂案件34件51人;其中,20万元以上的大案12件13人,大案率25.5%;要案4人。共立案侦查渎职侵权案件3件5人,要案1人。市检察院在积极领办督促基层院查办案件的同时,依法查办宁夏伊斯兰教经学院原院长王明亮等贪污贿赂大要案7件7人、渎职侵权案件1件1人。法院已做出有罪判决40人,案件质量进一步提升。 (马小燕)

【创新职务犯罪预防】 深化"335"大预防格局,扎实开展"黄河防洪工程""吴忠至中卫城际铁路"等专项预防和重点领域系统预防,强化职务犯罪预防成效。全年共开展预防调查31次,发现案件线索14起,移交自侦部门立案9人;开展预防警示教育和宣传活动126场次,组织3877人次接受警示教育;完成预防调查报告11篇,1篇报告获全区一等奖;提出检察建议14份被相关单位采纳并整改落实。开展行贿犯罪档案查询7886次。 (马小燕)

【诉讼监督】 牢固树立人权保障意识和程序正义理念,进一步完善诉讼监督机制,强化刑事立案、侦查和审判活动监督。共监督公安机关立(撤)案29人,纠正漏捕4人,纠正漏罪11人、漏犯3人;提出抗诉5件;纠正违法行为65起。完善"两法衔接"机制,与相关行政部门制定"三个指引"制度规范,合力破解案件移送难、立案难困境;全年"两法衔接"平台录入行政执法案件223件,监督行政机关移送涉嫌犯罪线索8件8人,公安机关立案5件5人。开展"民事行政检察工作推进年"专项活动,运用多元化监督手段,加大民事行政诉讼活动全程监督,努力构建审理、裁判、执行"三位一体"的民事行政检察监督格局。共受理不服生效裁判监督案件38件,同比上升58%;提请抗诉6件(上级院支持5件),提出再审检察建议2件,同比上升33%;提出审判、执行活动监督检察建议被采纳87份;提出督促履行职责检察建议被采纳47份,督促收回国有资金1.18亿元。开展集中清理判处实刑罪犯未执行刑罚专项活动,核查未收监(交付)执行4人,及时监督相关部门清理纠正。加强和规范刑事执行检察工作,共办理羁押必要性审查、财产刑执行监督、强制医疗等案件107件。加大社区矫正检察监督力度,发纠正违法通知书和检察建议21份均被采纳。强化刑罚执行和监管活动监督,向监管场所发纠正违法通知书和检察建议19份。 (马小燕)

【案件管理】 依托统一业务应用系统,对案件办理各环节进行动态、全面监控,及时预警提示、督促纠正办案中存在的问题。建立领导干部和内部人员干预司法办案活动、插手具体案件处理记录、通报和责任追究制度,保障检察权依法规范正确运行。实行办案格式化操作清单机制,着力提升规范文明司法水平。完善涉案款物管理机制,开展涉案款物专项检查,及时监督纠正不规范问题,确保涉案款物安全规范。

【司法整治】 部署"规范司法强化年"活动,围绕5项重点整治内容,明确10项工作举措,持之以恒深化司法规范化建设。开展专项整治"回头看",对全市基层检察院整改落实高检院抽样评估情况进行督查,随机抽查案件109件,梳理汇总8类25项问题,及时反馈督促办案人员整改纠正。坚持常态化案件质量评查机制,组织评查各类案件1120件,精准聚焦问题,确保整改到位。全面推行电子卷宗,为辩护人、诉讼代理人阅卷提供便利条件;利用"互联网+"服务模式,主动向律师推送案件进展信息,切实保障律师及当事人诉讼权益。 (马小燕)

【检务公开】 坚持人大代表委员联络机制,主动召开座谈会向人大代表、政协委员征求意见建议,组织代表委员观摩评议整治和预防扶贫领域专项工作情况。定期组织"检察观摩日"活动,自觉接受社会监督。加强检察新媒体建设,开通新闻客户端,实现"两微一端"全覆盖,主动加强与网民互动交流,传播检察正能量。依托人民检察院案件信息公开网,公开重要案件信息166件、程序性信息2873件、终结性法律文书1204件。 (马小燕)

【从严治党】 认真贯彻落实中央、区、市党委全面从严治党要求,细化"两个责任"清单,明确16项主体责任、6项监督责任,组织签订责任书,层层传导压力,层层压实责任。扎实开展"两学一做"学习教育,结合检察工作实际创新"七个一"系列举措,着力增强学习教育的针对性和实效性;部署"我是党课主讲人"活动,推动党课教育常态化;坚持边学边查边改,深入开展"七查七看",切实引导党员践行"四讲四有"争做合格党员。强化机关党的建设,创新政治生日"一卡制"、评星定格"否决制"等党建特色品牌,持续深化星级服务型党组织创建。市检察院政治生日"一卡制"、评星定格"否决制"等做法得到市委充分肯定并在全市推广;市检察院机关3个党支部全部升格为"四星级"服务型党组织。 (马小燕)

【队伍建设】 认真落实中央和自治区司法改革部署,顺利完成88名员额制管理检察官遴选改革,按步有序推进司法责任制改革等其他任务。坚持分类开展素能提升、检察业务、岗前培训等专项培训,组织500余人次参加各类培训,提升综合素质。继续推行"检察讲堂"、青年干警"导师"结对培养机制,扎实开展岗位技能竞赛和业务知识考试等岗位练兵活动,提升干警综合素质。

(马小燕)

【基层院建设】 部署开展"基层院建设巩固年"活动,明确23项重点工作任务和保障措施,突出基层院主建、市院主抓责任,着力深化基层院建设成效。坚持市院领导定点联系、内设部门对口指导机制,继续推行基层院案件承办人列席市检察院部门会议和检委会制度,切实强化对下指导力度。召开全市检察重点工作观摩促进会,采取观摩督查、交叉点评等形式,把脉工作推进情况,有针对性地强化落实举措,推动工作整体发展。

(马小燕)

【纪律作风建设】 开展落实中央八项规定"回头看",部署开展"查漏洞、查短板、查惯性、查风险点""四查"活动,进一步梳理完善内控管理制度,持之以恒深化作风建设。始终把纪律规矩挺在前面,坚持和完善督察登记、督促整改、跟踪督察机制,强化日常检务督察和专项监督检查,着力抓好《廉洁自律准则》《纪律处分条例》《检察人员八小时以外行为禁令》等规定执行,积极预防和纠正检察人员在司法办案、廉政勤政方面的苗头性、倾向性问题,确保检察队伍清正廉洁。

(马小燕)

司法行政

【概况】 中卫市司法局辖中宁县、海原县、沙坡头区三县(区)司法局,市局机关设办公室、法制宣传教育科、司法服务管理科(挂中卫市法律援助中心牌子)、基层工作指导科。全市共有司法所40个(工作人员150名),律师事务所11个(注册律师103名、执业律师103名),公证处3个(执业公证员10名),法律援助中心3个,法律服务所1个(法律服务工作者8人),人民调解委员会569个(调解员4518人)。

(王健斌)

【法制宣传】 1. 强化普法主体责任,做好"六五"普法总结暨"七五"普法启动。认真贯彻中央、自治区的部署要求,制定《全面推进依法治市实施意见》《中卫市2016年普法依法治理工作要点》,明确各县区、各部门普法依法治理责任主体、目标任务和具体措施。认真做好"六五"普法总结暨"七五"普法启动各项工作。2. 深入开展普法教育,营造全民学法氛围。深入开展各类法治宣传活动。继续深化民风建设法治育人工程,举办"法律明白人"法治培训讲座60余场次,培育"法律明白人"15000余人。评选市级"守法好公民"37名,组织"守法好公民"事迹巡回报告会5场次。开展"弘扬法治精神 唱响和谐旋律"法治文艺巡演41场次。创建"法治示范点"35个。开展"法律八进"活动,共打造"法律八进"示范点10个。3. 拓展普法宣传载体,创新法治文化建设。打造具有中卫特色、别具风格的宪法主题公园。利用电视台《法治》专栏、平面媒体、户外电子显示屏、普法宣传车、交通广播、广场文艺、微信微博等方式加强民间适用法律常识的宣传。

(王健斌)

【人民调解】 1. 推进"星级司法所"创建活动。根据司法厅《关于开展星级司法所创建活动的实施意见》要求,多次到两县、区司法所督导落实创建活动的进展情况,全市40个司法所已成功创建五星级司法所19个,达标率为47.5%;四星级司法所11个,达标率为27.5%;三星级为6个,达标率为15%,已基本完成三年创建任务。沙坡头区11个司法所,已有10个司法所被自治区司法厅命名为"五星级司法所"。2. 着力构建多元化调解机制。在原交调、医调委基础上,成立了中卫市生定纠纷调解中心;认真贯彻落实陈加先常委在全市改革和加强综治大调解工作现场会上的讲话精神,以柔远"大调解"工作机制为典型,在全市全面推广,进一步拓宽了人民调解领域,多元化的矛盾纠纷调解网络初步建立。制定了《关于推行矛盾纠纷多元化解机制的实施意见》,着力构建多方联动调解机制,形成党委领导、政府负责、社会协同、公众参与的社会矛盾化解大调解工作格局,为平安中卫建设提供有力保障。3. 巩固镇村人民调解组织。年内全市40个乡镇,487个村(居)(其中452个村,35个社区),全部建立人民调解委员会,对新搬迁的6处移民安置区,结合村"两委"班子建设,建立健全人民调解委员会。进一步完善横向到边纵向到底的人民调解组织网络。4. 发展专业行业调解组织。以《自治区司法厅关于进一步加强行业性专业性人民调解工作的意见》文件精神为指导,积极拓展人民调解工作领域,稳妥有序地推进行业性专业化人民调解组织建设:一方面向重点行业延伸,结合医疗卫生、道路交通、商贸旅游、房产物产等矛盾纠纷多发易发行业领域内设立21个调委会,其中7个企业调委会,4个集贸市场调委会,4个道路交通损害赔偿调委会,3个医疗纠纷调委会,3个劳动争议调委会。另一方面向重点区域延伸，在旅游商贸、工业园区等矛盾多发区域建立调解组织，先后成立14个调委会，其中8个穆斯林说和室，3个旅游区调委会，2个工业园区调委会，1个水务纠纷调委会。年内为顺应宁夏全域旅游经济发展趋势，吸收律师等法律服务人员，协调投资10万元在沙坡头旅游区设立了旅游行业综合法律服务中心，通过提供人民调解、法制宣传等服务方式，解决游客在食、住、行、游、购、娱等相关旅游活动中的各类矛盾纠纷。5. 加强各级调委会规范化建设。按照《宁夏人民调解委员会规范化建设标准》中"七化"的要求，指导各级人民调解委员会开展规范化建设，通过落实调解场所，统一人民调解委员会标志标牌、印章、人民调解文书以及人民调解统计台账；公示调委会组成人员、调解员的职责、调解原则、纪律、调解协议的效力、当事人的权利与义务等相关制度；建立健全人民调解员选聘、培训等各项规章制度；规范人民调解案件办理流程，统一案件申报、审批程序，提升人民调解案卷质量；协调政法委将人民调解工作列入乡镇年底考核，加强日常监督与考核等措施，促使调委会走上标准化建设道路，保障人民调解活动的顺利开展。年内，中卫市40个乡镇、487个村（居）、7个企业、29个行业人民调解组织已经初步达到组织规范化、队伍建设专业化、业务建设制度化、工作程序法制化、监督考核规范化的建设要求。6. 认真开展矛盾纠纷排查调处。按照属地管理原则，严格落实"两排查一分析"制度，扎实开展矛盾纠纷排查调处，做到早发现、早报告、早处置，抓早、抓小、抓苗头，变"被动调解"为"主动调解"，将矛盾纠纷化解在萌芽状态，解决在基层。重点围绕疑难复杂、重特大、易激化、易引发群体性上访事件的矛盾纠纷，开展经常性的矛盾纠纷排查。年内，全市共化解各类矛盾纠纷10808件，调处成功10603件，调处成功率为98.1%，调解重大疑难矛盾纠纷1332件，完成区厅下达任务900件的148%。未发生因矛盾纠纷化解不力引发的"民转刑"案件。　　（王健斌）

【法律服务】　全市共办理法律援助案件1983件，共接待群众来访2353人次，"12348"解答电话咨询2129件，开展法律援助宣传49场次，发放宣传资料2万余份。开展法律援助志愿律师服务16场次，服务对象4403人。　　（王健斌）

【法律援助】　1. 构筑"一小时"法律援助服务网，让困难群众享受方便快捷优质的援助服务。以市、县法律援助中心为支撑，建立辐射全市39个乡镇、18个行业（部门、军队）的法律援助站点，深化法律服务机构与司法所联系对接机制，形成"三级法律援助网络"和"六位一体"的法律援助体系，保证困难群众合法权益得以及时维护。2. 完善制度，优化法律援助服务方式。优化服务环境，改善服务态度，把便民利民融入法律援助工作全过程。加强便民服务窗口规范化建设，推行服务承诺等制度。提升"12348"法律咨询平台服务水平，拓宽群众申请法律援助渠道。整合资源，拓宽法律援助宣传载体，在"三微一站"开设援务公开、法援案例、在线法律咨询、律师支招等版块，提高群众法律援助知晓率。3. 加强监督，提高法律援助案件质量。建立完善案件质量标准和质量监管机制，从人员指派、出庭旁听、案件讨论、办案质量全程检查等各个方面提升法律援助办案质量。案件质量优秀率达到90%以上，合格率达到99%，受援群众满意率达到100%。利用"同行评估"等有效方法，及时发现法律援助案件质量问题，进一步提高法律援助质量管理的专业化、科学化。全市共办理法律援助案件1983件，完成下达任务600件的331%。　　（王健斌）

【安置帮教与社区矫正】　建立刑满释放人员"阳光中途之家"，为刑满释放人员提供各项优惠政策、思想教育、心理疏导及法律咨询等服务；解决"三无人员"的临时安置等问题；建立"劳动就业技能培训中心"，提供劳动就业技能培训；建立"劳动就业基地"，为有就业愿望的刑满释放人员提供就业岗位，最大限度地减少回归人员的重新犯罪。海原县围绕妇联开展的和谐家庭、和谐社区活动，协调有关部门和乡镇，开展帮扶活动，28人得到临时救助，为社区服刑人员和刑满释放人员协调解决低保62人，危房改造6人，生态移民搬迁11人。协调解决帮扶资金12000元，将符合条件的社区服刑和刑满释放人员纳入"贫困建档立卡户"60人，在海原县国华农机厂建立"阳光中途之家"，为社区服刑人员提供技能培训，促进社区服刑人员再就业。沙坡头区建立完善社区矫正保证人制度，各司法所为每一名社区服刑人员确定一名保证人，及时反馈社区服刑人员思想动态和行踪，推行社区矫正工作"六步法"，做到衔接"细"，底数"清"，档案"齐"，定位"准"，管理"严"。并探索社区矫正工作"微信监管"模式，利用微信平台免费、便捷的优势，建立微信群，用微信圈互动性强的特点，通过与社区服刑人员的交流和对他们朋友圈的关注，及时了解掌握他们的思想动态、工作和生活状况，发现可能存在的潜在问题，从而有针对性地进行疏导、教育、帮扶，引导他们遵纪守法。全年，全市累计接收社区矫正对象2582人，累计解除1918人，累计撤销缓刑20人，累计再犯罪7人，再犯罪率为0.27%，在册社区服刑人员664人。当年衔接安置帮教对象772人，累计帮教2770人，累计安置2798人，在册2827人。

（王健斌）

【司法鉴定】 开展司法鉴定"深化规范管理"活动，促使各鉴定机构依法公正诚信执业，提高群众对司法鉴定行业的满意度。对中卫市3家司法鉴定机构从鉴定质量、规范管理、社会信誉等几方面进行履行社会责任评价工作，"以评促建"，加强司法鉴定行业履行社会责任意识，提升司法鉴定行业的社会公信力。全市3家司法鉴定机构全年办理司法鉴定业务77件。

（王健斌）

【司法体制改革】 按照市委、市政府安排和要求，组建沙坡头区司法局，完成沙坡头区司法局人员划转工作，保持市、区两级司法行政队伍的思想稳定和队伍稳定。

（王健斌）

【队伍建设】 1.突出用法治打造清廉中卫、在法治的轨道上用权这个主题，打造全市廉政法治教育基地，年内共迎接172个单位、5137名党员干部前来接受教育，促进"清廉中卫""法治中卫"建设。2.开展"两学一做"学习教育，全面提升队伍素质，采取"中心组学习、党员集中学习、个人自学、警示教育学、专题党课学、专题研讨学、专题报告学、网络培训学"的"八学"方式，狠抓党员学习教育，确保党员教育抓在日常，落实在经常。组织党员干部观看警示教育片12场次，传达全国、全区、全市通报的各类典型案件24场次。举办"两学一做"教育、纪念建党95周年、红军长征胜利80周年"三大主题"宣讲报告会3场次，丰富党员教育内容，提高教育实效。开展"四查四树"专题研讨，围绕"查理想信念真不真，树坚定正确政治方向，查纪律规矩严不严，树崇严尚实言行准则，查履职尽责好不好，树担当奉献先锋形象，查道德品行优不优，树文明和谐良好风尚"4个主题，组织机关支部15名党员进行专题研讨和交流，达到统一认识、查摆问题、整改提高的良好效果。3.按照市委关于开展贯彻落实中央八项规定"回头看"的安排部署，扎实开展贯彻落实中央八项规定"回头看"。对照党纪党规和中央八项规定，认真查找差距，剖析问题，制定整改措施，及时予以纠正和改进。针对适用性、操作性不强的制度，修改完善干部差旅费报销、公车使用、公务接待、财务支出、项目管理、公务租车六项管理制度；对干部差旅费违规报销现象进行及时整改，收缴违规报销资金。

（王健斌）

【党的建设】 坚持以促进社会和谐稳定为主线，以"惠民司法"为载体，以"四强化四提升"为抓手，着力加强服务型党组织建设。1.强化窗口建设，提升服务功能。倡导人性化、便民化的服务窗口建设，在加强基层司法所服务窗口建设基础上，增设来访接待室、人民调解室、法律援助工作站、社区矫正与安置帮教室等功能室，展现"惠民司法"的良好形象。2.强化制度建设，提升服务水平。健全服务工作规范，完善党组织和党员服务工作规范，公开服务承诺、廉政承诺事项，提升服务水平，体现"惠民司法"的宗旨。3.强化服务职能，提升服务效率。依托基层司法所服务窗口职能，积极推行人民调解、社区矫正与安置帮教、法制宣传、法律援助"一站式"法律服务模式，提升"惠民司法"的水平。4.强化窗口管理，提升服务形象。全面推行"五零式"服务，以积极的工作姿态和全新的精神面貌，树立良好的司法行政窗口形象，提高"惠民司法"的质量。2016年，中卫市司法局机关党支部被市委授予"全市先进基层党组织"称号；被市总工会授予"五一"劳动奖状；机关党支部被市直机关工委评定为四星级党组织，局党总支评定为三星级党组织；市司法局被授予"全市政法工作先进集体""全市政法机关服务窗口建设示范单位""全区'六五'普法先进普法依法治理领导小组办公室""全区青年文明号"。

（王健斌）

公 安

【概况】 2016年，中卫市公安局党委班子成员共有9人，局长陈加先，政委戎尽寒，副局长柳继谦、龚学义、田玉宝、肖军，党委委员、特警支队支队长王靖强，党委委员、政治部主任徐生旌，党委委员、纪委书记张力。全市共有警力939名，其中市公安局436人（含交通警察局、沙坡头区分局、工业园区分局），海原县公安局258名，中宁县公安局245名。

（马建军）

【严厉打击犯罪】 1.组织开展四大战役专项行动。组织开展"攻命案、破小案、除黑恶、反诈骗"四大专项行动，加强命案防控工作，对现发命案快侦快破，力争做到发1起破1起。目前，全市共破获各类刑事案件2430起，破案率上升7.5%，破电信诈骗案件121起，抓获各类网上逃犯129人，打掉侵财犯罪团伙23个，打掉恶势力犯罪团伙2个；全市共发命案8起，破8起，同比2015年同期下降38.46%，未发生死亡2人以上案件。2. 依法处置涉众型经济犯罪。以打击涉众型经济案件专项行动为载体，积极配合案件主办单位加快案件侦办进度，切实维护群众正当权益，采取有力措施为群众挽回经济损失。年内，共侦办传销案件16起，侦破非法集资案件3起，退还集资款1200余万元。3. 进一步强化禁毒工作。以禁毒大收戒专项行动为载体，全面开展禁毒各项工作。年内，全市共查处吸毒人员926人，强制隔离戒毒357人，全市破获毒品刑事案件90起。对吸毒人员进行大排查，见面率达到100%，社区戒毒执行率达到86%。对全市100余家KTV、网吧等娱乐场所共180余名业主及从业人员进行禁毒知识培训，开展禁毒知识进校园宣传活动58场次。4. 加大食品、药品和环境污染违法犯罪打击。与食品、药品、环保等行政主管部门密切配合，组织开展联合检查7次。会同检察院对"食药环"主管部门行政执法案件办理质量进行检查，进一步强化司法衔接。

（马建军）

【社会治安管理】 1. 深化巡处一体化工作。构筑视频巡逻防控网体系，实现视频巡逻与街面巡逻无缝对接。制定完善警力配置、装备标准、考核办法，目前运行机制趋于成熟，接处警速度明显提升，突发事件处置快速稳妥。全市专业巡逻警力达93人，占总警力的10.2%，实现专业巡警队伍占总警力5%的目标。2. 推行"物联网"治安管控模式。在沙坡头区试点对电动车上牌登记备案，通过安装射频识别和防盗追踪系统，实现对电动车的防盗预警管理。全年，采集电动车信息59062条。3. 建立"一村一警"及社区警务新机制。在全区率先启动"一村一警"及社区民警专职化工作，试点推行"村警"聘用制，召开全市"一村一警"及社区警务工作现场会。在沙坡头区167个行政村、中宁4个试点乡镇44个行政村和海原2个试点乡镇19个行政村完成"村警"全覆盖，全市41个社区配备专职民警。4. 提升重点行业安防层次。自主研发散装油实名登记、火车进站人员信息采集、电动车信息管理等5个APP系统，为促进战斗力生成模式转变、提升核心战斗力提供有力支撑。全市学校、医院、民爆、危化企业、汽车站等97家重点行业安装"一键式报警系统"，实现快速报警、快速处置。制定出台公交安保7条硬性措施，落实企业主体责任，配齐安全员及保安队伍，增设监控、安检设施，开展联勤巡逻，公交安保水平明显提升，各项工作走在全区前列，被公安部采用推广。

（马建军）

【公共安全管理】 1. 开展交通违法专项整治。全面开展道路交通专项整治，重点整治客运车、危化车、校车及农用车等交通违法行为。组织召开全市公安交管工作会议。年内，全市共查处各类交通违法行为197580起，发生道路交通事故193起，死亡人数36人，事故四项指数与比年同期相比分别下降11.06%、14.29%、18.02%、38.73%，未发生3人以上交通事故。2. 开展民爆物品专项整治。对全市7个重点行业开展安全大检查，排查枪弹、民爆、危化等重点领域安全隐患128处，对"黑加油站"、人工影响天气弹药管理不规范等重大隐患及时联合相关部门整改消除。联合石油部门对辖区313公里输油管道全面排查，清除隐患15处。破获打孔盗油案件7起，抓获犯罪嫌疑人11人。3. 开展消防安全专项整治。以夏季消防安全大检查等专项整治活动为载体，加大消防基础设施建设，进一步提升灭火救援和灾害事故处置能力，完成32个社区和19家社会福利机构公共消防设施建设任务。年内，未发生较大以上和致人伤亡的火灾事故，火灾形势持续平稳。4. 持续推进监管场所规范化建设。全力推进监管中心项目建设，建议书已经获得通过。目前，全市共收押各类违法犯罪人员3195人，看守所收押823人，拘留所收押2159人，强制隔离戒毒学员213人，全市共收押被拘留人员3195人、刑事拘留人员823人、强制隔离戒毒学员213人，监管场所未发生安全事故，市拘留所荣获全区"三项重点工作"落实活动成绩突出单位。

（马建军）

【公正文明执法】 1. 推行法制员派驻制度。紧密结合法制人员少的实际，在全市推行法制员派驻制度，选拔优秀民警担任专职法制员，派驻到刑侦、派出所等各警种，对案件实地审核、分类管理、全程监督，改变了过去"先执法后监督"的做法和"坐堂等案"的审核模式，推进执法活动由粗放式向精细化转变，极大地节省基层单位的办案时间和精力成本，提高办案效率、提升办案水平。2. 改革受案立案制度。探索实行受案立案分离和立案归口管理制度改革，在全市县级公安机关均设立案件管理中心，年内，案管中心共巡查报警48293起、案件11581件，督促立案1418件，分流案情47件，查纠执法问题6860处。3. 推行刑事案件"两统一"工作机制。积极适应以审判为中心的刑事诉讼改革，在全市推行刑事案件法制部门"统一审核、统一出口"工作机制，理顺与检法机关的案件管辖对接关系，从根本上解决公安机关各办案部门多头提捕、多头移诉的问题，有效堵塞执法漏洞，提升执法质量和执法水平，保证刑事诉讼活动高效进行，案件批捕率同比上升10.9%，退侦率下降11%。4.推行大监督工作机制。建立纪检、督察、政工、法制、审计、信访"六位一体"的"大监督"格局，实行全覆盖、全流程、全方位的执法监督管理。共执纪问责13人次，对4件疑难信访案件进行集中督办。（马建军）

【公安改革】 1.深化公安体制改革。建立大部制机构框架，将市局原有的内设机构整合为"四部""四局""两支队"；推动机关警力下沉，规定市县机关警力不超过总警力的10%，三年内机关编制和人员零增长，并下派不低于20%的机关民警到基层所队锻炼两年；成立"中卫市公安局旅游警察分局"，注重加强旅游市场社会治安管理；创新协勤队伍管理模式，协勤队伍采取动态化用工、制度化建设、等级化薪酬、常态化培训和标准化保障的"五化措施"；推行文职人员制度，把置换出来的部分非执法执勤岗位的警力用到一线。年内，市局机关警力下沉达到机关总警力32%。2.深化警务机制改革。建立指挥长机制，选拔4名综合素质过硬的正副科级民警担任专职指挥长，顺利实现兼职指挥长向专职指挥长的过渡，弥补过去接警员接警派警一肩挑、协勤指令权威性不足的缺陷；建立情指一体化工作机制，建成了智能指挥调度平台，将全市2146个治安监控探头、71处治安卡口信息全部整合接入区厅智能调度平台，实现手机报警信息自动标注、固定电话报警信息人工标注，警情标注率达100%，协助办案单位破获各类案件500余起。3.创新民生服务工作机制。整合"12345市长信箱热线"服务功能，搭建"民生110指挥中心"。运行8个多月来，共接有效警情11125起，分流非警务警情1668起。（马建军）

【队伍作风建设】 1.突出铸造忠诚警魂。始终坚持政治建警方针不动摇，充分发挥思想政治教育凝聚警心、促进工作的独特优势，以铸造忠诚警魂为根本，以深入开展"两学一做"学习教育活动为载体，组织开展"三亮三争"和"秉公执法、人民公安为人民"等主题教育活动，始终把忠诚为民的优良作风根植在民警心中，把"忠诚"烙印到灵魂深处，打牢公安队伍高举旗帜、听党指挥、忠诚使命的思想根基。2.竭力推进制度管警。建立健全《会前学习制度》《政工干部定期报告工作制度》《推进领导干部能上能下实施办法》《协勤编制动态化管理办法》《警务监督执纪问责办法》等12项制度，通过明晰管理责任、制订职责说明、细化工作程序等，使各项制度相互衔接，形成用制度管警、管事的长效机制，确保各项工作有据可依。3.全力抓好素质强警。以实战需求为引领，以全警练兵和提升能力为抓手，建立年度集中轮训和警种按需训练的常态化工作机制。年内，共举办"轮值轮训"等各类培训班8期，"公安大讲堂"10场次，参训参会人数达3000余人次。依托"三微"（微信、微博、微电影），编发微信1000余条、转发微博2300余条，成功举办"金色盾牌"广场文艺演出，丰富警营文化生活，进一步激发队伍的战斗力。4.全面加强从严治警。落实党风廉政建设党委主体责任、纪委监督责任和领导班子"一岗双责"。共下发《警务督察通报》26期，《公安督察建议书》6份，责令县级公安机关向市局党委做出书面检查3次，诫勉谈话4人，函询3人，停止执行职务1人，提醒谈话24人，约谈4人。（马建军）

公安消防

【概况】 中卫市消防支队于2004年5月18日挂牌成立，下辖沙坡头区消防大队、中宁县消防大队、海原县消防大队3个大队，沙坡头区消防中队、中宁县消防中队、海原县消防中队、沙坡头水上消防中队和特勤消防中队5个中队，辖区共有一、二级消防安全重点单位263个。支队有水罐、泡沫、高喷等消防车辆，配有隔热服、空气呼吸器、呼救器、简易防化服、手提泛光照明灯、15米金属拉梯、30米缓降器、便携式照明灯等普通消防器材，配备特勤装备有排烟机、手抬机动泵、可燃气体探测仪、液压切割机、无齿锯、脉冲水枪、救生气垫、隔热服、空气呼吸器等器材。2016年，全市消防部队共接警出动1444起，共出动车辆1786台次，警力10621人次，共抢救疏散群众1487人，抢救和保护财产价值3301.47万元。（王凯敏）

【消防工作责任】 强化齐抓共管作用，主动汇报、强化沟通，市、县两级党委政府先后召开全市消防工作会议、全市夏季消防检查和冬春火灾防控工作动员部署会等会议，印发工作文件30余份。市委、政府主要领导和分管领导先后10余次听取消防工作汇报，20余次带队实地调研和消防安全检查，并对重大消防工作做出重要批示指示，有效推动消防工作责任落实。（王凯敏）

【消防安全管理】 全面推动263家消防安全重点单位、220家人员密集场所非重点单位实现"户籍化"管理，41个乡镇、35个社区实现网格化管理，管理率达到100%。印发1000份消防安全网格化管理工作指导手册，指导各乡镇建立组织网格化管理组织，集中开展社区居民小区及电动自行车治理工作。指导公安派出所开展辖区小场所、小单位的消防监督检查7430家,初步建成"全覆盖、无盲点"的消防安全管理网络。

(王凯敏)

【消防执法服务】 组织召开重点招商引资项目消防行政审批联系会,公开承诺贯彻落实各项便民利民服务措施。成立执法工作督察队,对全市防火监督干部文明执法、廉洁执法情况进行经常性、常态化督察。全年全市共检查社会单位6112家,督改火灾隐患或违法行为4015处。圆满完成G20杭州峰会、中国宁夏(沙坡头)第七届丝绸之路大漠黄河国际旅游节、第15届环青海湖国际公路自行车(宁夏中卫赛段)、全国全域旅游交流推进大会暨全域旅游创建标准研讨会等10余项重大活动期间消防安全保卫工作。

(王凯敏)

【消防基础设施】 提请市政府印发《中卫市城镇公共消防设施建设维护管理办法》,完成市级、两县一区及6个重点镇的消防规划编制工作,新增建设市政消火栓178个,城市建成区市政消火栓建设数达到737个,建成率和完好率分别达到100%、97.6%。推进落实两级政府民生实事计划,建成全市35个社区、263家重点单位的微型消防站,在福利机构等安装独立火灾感烟探测器1020个,推广安装简易喷淋134套。

(王凯敏)

【消防宣传培训】 积极拓展宣传渠道,抢占和扩大宣传舆论阵地。借助固定平台开放消防站和消防科普教育基地160次,参观受教育群众达12000余人,发布消防安全温馨提示短信近5万条,制作并播放《魔幻消防》等消防公益广告。

(王凯敏)

【警务实战化建设】 开展灭火救援现场安全训练、火场内攻及紧急避险技术操法训练、高层建筑灭火救援处置专项训练、危险化学品事故处置专项训练等10余项专项活动。对全市辖区"一高一低一大一化"重点场所逐一开展熟悉演练。先后组织开展支队级灭火救援实战演练5次、大中队重点单位实战演练200余次,制作数字化预案160余份。建立健全专业化救援队伍的联勤联动机制,完善支队地震轻型搜救人员编配,联合驻地工兵团地震救援队开展24小时地震救援实战拉动演练。

(王凯敏)

【政治建警文化育警】 扎实开展习总书记系列重要讲话精神、改革强警主题教育和"两学一做"学习教育暨作风整顿,采取召开专题组织生活会、开展民主评议党员、定期督导检查等措施,梳理整改4大类8个共性问题和22个具体问题。通过部署开展"手抄党章100天"活动、专题学习讨论、交流心得体会等形式,促进学习成果取得实效。同时,依托"卫消e家"微信平台,办好微讲堂、微阅读和微视频,共发布信息95版;推进落实"三互""双四一"、谈心等经常性思想教育工作,开展2次心理健康评估、1次健康体检和2次心理拓展训练。坚持"聚焦基层,服务官兵"的原则,围绕官兵需求抓保障,为基层部队购买图书1000册,创新开展"政工讲堂"8期和"10分钟精品课堂"70期。推进文化设施提档升级,建成3个多功能数码影院,新建、扩建电子阅览室、文化俱乐部5个。

(王凯敏)

【基层基础设施建设】 结合推动中卫市"十三五"消防事业发展,提请市政府研究制定《全市部队装备建设三年规划(2016~2018年)》,制订《中卫市消防支队"十三五"消防装备建设实施计划》,全面加快车辆装备结构的优化和品质升级。采购消防车3辆、灭火救援装备4200余件(套),特勤站、一级站特种车辆装备达标率100%。

(王凯敏)

军 事

综 述

【装备业务集训】 1月13日至19日,中卫市民兵武装库主任牛俊刚带领5名管理人员参加军区装备业务集训,在结业阶段组织的竞赛性考核中,取得综合成绩第一名、4个单项成绩第一名、4个单项成绩第二名的优异成绩,为军分区新年度全面工作开好头。

(党拴强)

【团营职干部军事训练补考】 1月28日,根据宁夏军区《关于团营职干部军事训练补考的通知》要求和军分区领导指示,司令部组织中宁县人武部副部长贾汉波和中宁县人武部政工科科长曹鹏对军事理论、识图用图、航空照片判读、文书拟制和基础体能5个课目进行补考,参考人员能够积极准备、正确面对、正常发挥,按要求公平公正完成补考任务。 (党拴强)

【"学、训、整"活动】 2月下旬,根据宁夏军区指示要求,采取统一计划、同步展开、全员参加、考核竞赛的方法,组织军分区、人武部集中4周时间,开展"学条令、训队列、整秩序"活动,以条令和法规制度为依据,着眼贯彻依法从严治军要求,大力纠治和解决条令制度不落实,纪律观念不强,贯彻上级指示不坚决,自身要求不严,军人形象不好,部队管理有章不循和安全意识不强等问题,打牢依法治军的基础。

(靳德贵)

【民兵组织整顿】 2月中旬至4月上旬,根据军区要求,以编实建强应急分队为重点,以提高"六率"为抓手,优化布局结构,改进编组方法,全面推开中宁县人武部集中动态点验做法,通过紧急拉动,动态点验全市16支民兵应急分队,编实建强全市应急、支援、储备3支队伍66支分队4900名基干民兵,民兵整组"六率"明显提高。通过民兵组织整顿,进一步健全组织、落实人员、严格标准。 (靳德贵)

【应知应会理论考核】 3月24日,根据宁夏军区通知要求,中卫军分区提前下发应知应会理论题库,在全体同志认真学习、刻苦背记的基础上,采取集中组织、机上考核的方法,对军分区机关及所属3个人武部22名干部进行应知应会理论考核,通过考核,熟悉应知应会相关知识,打牢理论基础。(党拴强)

【参谋业务集训】 3月20日~4月30日,根据宁夏军区《组织2016年现职和预任参谋集训通知》要求,中卫军分区认真落实上级通知要求,严格从军分区机关和所属3个县(区)人武部精挑细选6名同志,参加军区组织的现职和预任参谋集训,通过集训,锻炼一批业务尖子,提升军事训练整体水平。

(党拴强)

【军分区基层武装部部长集训】 5月3~8日,为提升新任职基层专武干部和民兵骨干专业水平,中卫军分区组织所属3个县(区)新任职的15名基层武装部长和民兵教练员,围绕业务知识、军事技能和教学法开展为期一周的专业技能培训,为参训人员胜任本职工作和军分区参加军区集训打下坚实基础。

(党拴强)

【半年军事训练考核】 5月31日~6月1日,按照军区做好《单个人员训练阶段考核和应急分队考比拉的通知》要求,军分区集中利用2天时间,对28名现役军官进行8个课目的考核,其中4个课目(一体化指挥平台操作、95式自动步枪对固定目标射击、作战标图、文书拟制)及格率为100%;54手枪对固定目标射击、航片判读及格率为96.43%;汉字录入及格率为75%;5项基础体能考核及格率为78.57%。对机关的9名战士进行5项基础体能和95式自动步枪对固定目标射击2个课目的考核,成绩全部合格。

（党拴强）

【国防动员潜力调查】 7月中旬,按照自治区国动委关于组织国防动员潜力统计数据集中会审的通知要求,为进一步摸清中卫市国防动员潜力底数、有针对性地做好国防动员准备工作。军分区首长高度重视,依托视频会议系统召开全市国防动员潜力调查动员部署会,按照教育动员、数据采集、校验核对、集中会审的步骤,采取领导牵头、军地协调、专人负责的方法,从人员思想、专人统筹、数据质量和按时完成四个方面抓好工作落实,确保高质量、高标准完成数据采集工作。此次国防动员潜力调查共涉及地方政府机关24个,填写数据表格157张,采集各类数据12669条。

（宋彦军）

【八一军事日】 7月25日,在工兵团营区组织中卫市厅级干部68人开展2016年中卫市八一军事日活动。邀请西安陆军学院李业平教授进行"客观辩证看形势,固我国防强中华"的国防教育,组织56式冲锋枪操作与使用讲解和实弹射击,参观由工兵团、中卫市武警支队、消防支队和中卫市沙坡头区民兵分队实施的野炊,体验军营大锅饭。

（党拴强）

【2016国防动员演练】 9月7~10日,根据宁夏军区军地联合指挥部《民用运力动员工作指示精神》,中卫市迅速启动国动委体制,市国动委三次组织市公安局、民政局、沙坡头区人武部、各专业办公室和军粮供应站等单位召开会议,就征召运油车、选择集结待命场地和食宿保障等工作进行安排部署,并在48小时内完成20辆运油车征集、5个运油车集结地域选定和450人食宿保障计划的制定,上报联指各类演习文书6份。

（宋彦军）

【新兵入伍】 9月10日下午,市征兵办在军分区营区组织2016年度欢送新兵大会,会议由军分区邹军利参谋长主持,李含军政委和刘学智副市长讲话,285名新兵和部分新兵家长参加。9月10日晚至11日,根据自治区征兵办《关于2016年新兵铁路输送计划安排》,中卫市新兵分3批次起运新兵285名。新兵起运期间,市领导和军分区领导,前往中卫火车站对新兵进行欢送。

（靳德贵）

【年终军事训练考核】 12月15~16日,宁夏军区李勇参谋长、政治部丁学仁主任带领14人的联合考核组,检查年度军事训练情况暨团职干部量化考评,军事训练考核组对军分区机关和人武部团以上干部18人进行军事理论、手工标图和基础体能3个课目考核。通过全体同志刻苦训练,努力拼搏,中卫军分区军事训练考核成绩在军区名列第一名,为2016年军事训练工作画上圆满句号。

（党拴强）

【效能目标管理考核】 12月21~22日,自治区国动委秘书长、宁夏军区参谋长李勇带领自治区国动委各专业办公室有关人员一行10人,采取听取汇报、实地查看、量化打分的方法,对中卫市国防动员和后备力量建设效能目标管理工作进行实地考核。考核区分党管武装、机制建设、重点领域、双拥共建四个内容54个具体项目,按专业对照《细则》逐项打分,总分100分,中卫市得分93.6分。

（宋彦军）

【基层建设】 结合落实"当兵蹲连""四联四帮",党委常委挂钩帮建"三部一库",夯实基层建设基础,坚持每季度一名常委带机关人员组织"五个过一遍"检查,基本做法2次被军区转发。高度关注民武库建设,指导民武库成立党支部,严格落实机关干部住库带班,投入12万元为库区建成高清会议系统,实现与军分区实时互联互通。各县(区)人武部积极争取地方党委政府支持,海原县人武部协调县委政府无偿划拨民兵训练靶场用地35亩,筹资560万元建设人武部新营区,有效改善办公条件;中宁县人武部协调县委政府出资50万元建成7个乡镇民兵器材库,完成全县11个基层武装部战备器材库建设;沙坡头区人武部在文昌镇武装部高标准完成正规化建设试点任务。

（郭红波）

【年终工作总结】 11月28日~12月20日,区分战士职工、党委机关两个层次,按照动员教育、个人总结、各部(科、班)总结、党委(支部)分析形势、实施表彰奖励5个步骤,全面分析部队建设形势,深入总结经验做法,认真查找问题差距,筹划新年度工作任务。6个单位、13名个人受到宁夏军区表彰,1人荣立三等功,9名机关干部、2名战士获嘉奖,7名职工被评为先进工作者,10个基层武装部被表彰为基层建设先进单位。

（郭红波）

【官兵理论学习】 严格落实党委中心组带机关每月2天、官兵职工每月1天的理论学习制度,采取上下同步、集中辅导、分开讨论的方式,深入学习习主席系列重要讲话及上级要求的5本重点书目、4部党内法规、毛泽东同志1篇经典著作,强化官兵职工"四个意识"、铸牢"四铁"军魂;每次围绕一个现实问题进行讨论交流,全年党委中心组集中学习12次24天,营以下干部战士累计落实理论学习时间13天。

（高喜军）

【改革强军主题教育】 4~12月,军分区区分集中学习教育、拓展深化和效能评估3个阶段,采取集中上大课辅导、机关和各人武部分组讨论的方式,组织全体官兵、职工扎实开展"坚定改革强军意志、投身改革强军实践"主题教育,进行5个专题的授课辅导和"新体制、新职能、新使命""政治工作发挥生命线作用"大讨论;围绕官兵普遍关注的改革热点问题和普遍存在的认识误区,通过广泛开展谈心交心、矛盾化解、典型激励等多种形式教育引导,宣讲政策、打消顾虑、激发主动,确保在思想上行动上拥护改革、支持改革、投身改革。 （高喜军）

【"军歌嘹亮献给党,强军兴军听指挥"歌咏比赛】 6月,军分区组织机关和沙坡头区人武部官兵职工35人参加宁夏军区"军歌嘹亮献给党,强军兴军听指挥"歌咏比赛,选唱《没有共产党就没有新中国》《毛主席的战士最听党的话》两首曲目,专门聘请中卫一中音乐老师指导,周末加班加点集中排练,获得比赛优秀组织奖。 （高喜军）

【"贺兰杯"篮球比赛】 5月,军分区采取基层推荐、集中选拔、竞赛淘汰的方法,组织分区本级"奋进杯"篮球比赛,精心挑选10名现役官兵职工、3名民兵集中进行备训备赛,在参加宁夏军区第八届"贺兰杯"篮球比赛中以5战全胜的不败成绩赢得冠军。
 （高喜军）

【纪念建党95周年、红军长征胜利80周年系列活动】 7月、10月,根据中共中央办公厅、中央军委国防动员部和宁夏军区关于开展纪念建党95周年、红军长征胜利80周年系列活动的有关要求,军分区采取收看大会实况、制作宣传展板、撰写心得体会、组织讨论交流的方式,学习习主席2个讲话精神,深刻理解不忘初心、继续前进的重大意义和实践要求,缅怀革命先烈、走好新的长征路。 （高喜军）

【国防教育】 2016年年初,与市委宣传部联合下发《全市国防教育工作要点》,明确国防教育组织领导、宣传重点、活动开展和负责单位;9月1日,协调市国教办各成员单位专门召开国防教育推进会,市国教委主任陶雨芳、副主任李含军分别做重要讲话。全年,协调军分区和驻卫部队10名团以上领导干部到地方作国防形势报告13场次,受众5000余人;定期组织地方党政领导过"军事日",进行实弹射击、装备观摩、野炊体验等课目训练,不断强化党政委领导和青少年学生的国家意识、国防意识、国土意识、国民意识、国策意识。 （高喜军）

【党内监督制度】 从严落实领导干部个人重大事项报告、廉政承诺、述职述廉、民主生活会等党内监督制度,坚持每月2个半天党日活动,组织13名团以上干部填报个人有关事项、61名党员填写党员承诺践诺书,从落实组织生活七项制度和按时按标准缴纳党费抓起,不断强化官兵职工的组织意识、党员意识,增强党组织管理党员实效。采取不打招呼的方式,先后4次对各级落实政治纪律、经费开支、兵员征集、训风演风、廉洁过节等情况进行明察暗访。
 （高喜军）

【法制教育】 2016年,军分区采取部署动员、辅导学习、观看录像、专题讲座的形式,组织官兵职工认真学习《中国人民解放军预防犯罪工作条例》和军委国防动员部、宁夏军区下发的事故案例通报,集中组织观看5部警示教育片,并要求逐人写出对照检查、逐人撰写心得体会、逐人制定整改措施,使广大干部职工充分认清当前隐蔽斗争面临的严峻形势,增强干部职工做好"四反"工作的紧迫感和责任意识,提高干部职工的政治敏锐性和鉴别力。 （高喜军）

【精准扶贫】 军分区认真贯彻落实习主席和中央军委关于打赢脱贫攻坚战的决策部署,严格按照军委政治工作部、军委国防动员部、宁夏军区党委关于军队参与打赢脱贫攻坚战的一系列指示要求,立足驻地实际,军分区党委决定用3年时间,每年拿出20万元帮扶15户,各人武部每年拿出不少于5万元帮扶5户,累计共将投入105万元帮扶90户贫困家庭实现脱贫。5月份,按照"一有两不三保障"原则(即:有增收的产业项目,不愁吃、不愁穿,义务教育、就医看病、饮水取暖有保障),制定《关于参与打赢脱贫攻坚战的实施意见》;6月份按时完成定点定户和项目调研;7月份,军分区4名领导在海原县贾塘乡召开精准扶贫启动会,向帮扶点拨付20万元项目款,与乡村干部签订帮扶责任书,明确资金使用方式和项目完成标准、时限;9月份,军分区对第一批帮扶项目进行验收,4户危房改造、1户2名贫困学生教育扶贫、1名孤寡老人生活救济、7户发展畜牧养殖全部落地到位,针对验收情况,专题召开推进会,进一步分析形势、解决问题、提出要求;12月份,由军分区领导带队,逐单位对2016年精准扶贫工作进行检验,逐项目进行讲评,并对后续工作开展提出具体要求。2016年,军分区人武部两级共投入71.5万元用于扶贫助教,其中:军分区投入20万元帮扶贾塘乡后塘村13户58人(4户危房改造、1户2名贫困学生教育扶贫、1名孤寡老人生活救济、7户发展畜牧养殖)、新建1个文化健身活动广场;追加13万元与后塘村2座清真寺开展"八进一升"活动,县挂"爱党、爱国、爱军、爱教"标语,新建国旗台、阅览室、宣传栏,配发各类图书500余册;出资3.5万元给贾塘中学、中卫九小贫困学生捐赠书包348个。　　　　　　　　　　　　(刘　威)

【军民同庆建军89周年活动】　中卫市委、市政府和军分区于7月28日晚在市文化广场举办专场文艺晚会,隆重纪念中国人民解放军建军89周年,党政军领导、驻军代表、群众1200余人观看演出,纪念晚会受到群众的高度肯定。　　　　　　　(刘　威)

【"1+1"捐资助学活动】　9月9日,政治部组织开展2016年度"1+1"捐资助学活动,接力帮扶2015年确定的中卫中学、中卫九小21名贫困学生,向资助学生发放助学金2.85万元,给52名贫困女童每人捐赠1个书包,共计价值5000余元。　　　　(刘　威)

【战备训练】　军事斗争后勤准备组织严密,扎实推进。按照《战备工作条例》,区分层次完善后勤战备器材库配套设施,规范战备物资储备,建立健全后勤物资补充和轮换更新制度。进一步规范后勤库室建设,机关补充完善物资器材40件(套);完善战备背囊内的物资卡片、人员名单编号等信息。后勤机关人员较好地落实军事训练要求,半年和年终考核成绩全部合格。组织沙坡头区民兵利用八一军事日野炊演示之机,对民兵野外伙食保障进行针对性的训练,提高保障能力,同时也较好地完成野外就餐任务,得到军地领导好评。　　　　　　　　　　(史建强)

【经费管理】　经费和物资管理精准细致,规范有序。坚持立足标准搞保障,强化管理促发展的思路,在上年大抓"整改"的基础上,2016年从突出"规范"入手狠抓标准化管理。依据十八大以来上级出台的财经法规,反思上年财务大清查中暴露出的薄弱环节,结合军分区实际,修订完善军分区《经费物资管理细则》,规范党委理财、预算管理、联审会签等制度措施,细化工程建设、公务接待、差旅费、行政消耗性开支标准,进一步提高财务管理规范化水平,截至年底,机关接待费支出仅7.3万元,约占全年接待费限额的50%。坚持党委理财制度,定期分析财务管理形势,每月联审会签,每季度向党委汇报1次预算执行情况,有针对性地提出加强和改进财务管理的意见。资产管理得到应有重视,步入正轨,机关和人武部资产采购、验收、入账程序规范,海原县人武部对贵重物品逐一建立资产卡片档案,中宁县人武部处置废旧资产经党委会研究,措施得当,并且想方设法收回1台公务车。　　　　　　　　　　　(史建强)

【集中采购】　对军分区机关和3个人武部办公生活用品供应、车辆定点维修进行招标,公开透明地确定供货服务单位,制定下发《办公用品采购和车辆定点维修细则》,全年为机关和所属人武部、民武库共采购办公生活用品8批共19.5万元,车辆定点维修支出10次共6.6万元,进一步堵塞管理漏洞,提高服务质量。机关各部门、3个人武部办理办公生活用品集中采购、车辆定点维修事宜能严格执行《细则》,按照现有规定办事。中宁、沙坡头区人武部在战备物资采购、工程建设等方面,严格按照权限报批。　　(史建强)

【营区建设】　机关和3个人武部补充战备物资支出共6.8万元。机关营区绿化、更换办公楼前广场灯、维修亮化和房屋设施先后共投入30余万元。海原县人武部营区新建,积极主动向地方政府靠上去做工作,争取到营区建设用地20亩,建设经费840多万元。沙坡头区人武部投入16万多元翻建危旧围墙、平整场地、整修大棚,抓好营区绿化美化工作。
　　　　　　　　　　　　(史建强)

【供应保障】　供应保障跟进及时,周密到位。严格落实供应保障标准,千方百计做好各项供应保障。一是想方设法提高伙食和公务接待保障水平。严格落实伙食管理五项制度,分区领导带头,凡是亲属或来客在机关灶就餐的,按规定的标准向机关灶缴纳伙食费。每周组织炊事人员进行伙食讲评,每月开展1次伙食满意度调查,根据调查意见及时调剂伙食。立足本单位食堂和招待用房较好地完成公务接待工作。二是认真做好被装发放工作。及时编制上报人员被装预算,统计人员被装信息,按时请领拉运和换发人员被装,协调上级和友邻单位对不合体军服进行调换,确保合体率达100%。严格执行复员转业人员服装上缴有关规定。精心完成新兵被装请领拉运及发放工作,无事故差错发生。三是精打细算加强油料管理。注重抓好油料日常管理,严格落实加油审批、保管员带车加油、每月统计单车油料消耗和行驶里程,油料使用管理规范有序,得到军区后勤部供应处肯定。　　　　　　(史建强)

【医疗卫生】　全年集中采购药品(含疫苗)5次支出1.2万余元。4~5月,完成机关和人武部、民武库39名干部、9名战士和33名职工的体检工作,完善人员健康档案62份。5月,邀请中卫市红十字会免费为官兵、职工普及应急自救互救常识,9月,协调市政府、市卫生局及其下属医院、市武警支队等单位派出医护人员，利用一周时间先后在市红太阳广场、海原县贾塘村、沙坡头区迎水桥镇北长滩村等地，开展以"传承长征精神，义诊服务百姓"为主题的义诊活动，受到群众好评，以上2项活动被《华兴时报》刊发报道。定期督促检查食堂卫生条件，对办公楼公共场所进行消毒，夏季给官兵配发防暑防蚊防蝇用品，确保公共卫生安全和人员健康。　　　　　　　　　　（史建强）

【营房管理】　督促签约的物业公司较好地完成营院卫生清扫、绿化管护和水电暖日常维修工作，每周与物业公司负责人商谈，明确物业日常管理与重大活动期间的卫生打扫标准，各项服务保障工作总体上得到官兵的认可。委托地方工程公司更换安装营院广场灯，维修路灯、大门、围墙、房屋等设施，解决影响官兵办公、生活的一系列问题。为新入住公寓楼人员购置生活设施3套。　　　　　　　　　（史建强）

【后勤整改】　严肃认真地整改历史遗留的经费和内部接待问题，开展资产、军粮、油料和房地产管理清查活动，对本级自查和上级检查指出的32个问题逐个进行整改，后勤整风肃纪形成常态，工作作风有明显好转。一是积极主动整改工程建设和房地产管理问题。坚持问题导向，严格清理清查，向上级如实报告工程建设和房地产资源整治工作完成情况。根据军队上级关于房地产清理整治的一系列文件精神，把办理营院土地证列为年度重点工作，加大与地方政府及有关部门的协调力度，收集土地权源文件资料，委托地方测绘单位绘制营区现状图，协调市上免除相关费用60万元，于2016年5月11日按实测面积办理营院国有土地使用证，营院实际面积57.26亩，办证面积57.26亩。1项"计划外工程"和2项"超投资"工程，向上级说明情况、分析原因、提出不再进行整改的建议。二是想方设法清理不合理住房。根据上级通知要求，敢于碰硬、唱黑脸，采取宣讲政策、靠前服务等办法，晓之以情、动之以礼，与政治部共同配合按规定时限清理退休老领导不合理公寓住房1套，顺利完成住房清理任务。三是积极稳妥处理停止有偿服务工作。根据军委关于全面停止有偿服务活动的文件精神，先后6次与承租人进行约谈解除合同事宜，宣讲政策规定，组织人员对培训中心拍照取证，整理原始资料，委托地方工程造价公司对民兵培训中心承租人装修投资进行初步评估，与地方律师事务所签订法律服务合同，对与承租人提前解除租赁合同可能面临的赔偿问题出具律师工作报告。对民兵培训中心于2017年6月底停租做较充分的准备工作。　　　　（史建强）

武　警

【概况】　中国人民武装警察部队宁夏回族自治区总队中卫市支队（正团级），组建于2005年6月16日。部队主要担负中卫市辖区国家重要目标的守卫、看守、武装巡逻和处置突发事件等任务。2016年，支队坚持以习主席政治建军改革强军依法治军重大战略思想为统揽，坚决贯彻落实上级指示精神，按照抓基层打基础，挖经验促提升，正风气树导向，严作风求精细，练骨干强能力，重平时夺关键，追责任保安全，争先进创标兵思路，努力在带风气、强素质、重落实上下功夫，完成固定勤务、等级警卫、大项活动安保、城市武装巡逻等任务，连续5年被总队表彰为基层建设先进支队。　　　　　　　（靳尚志　胡智兴）

【思想政治建设】　用习主席系列重要讲话精神引领建设，采取常委宣讲，骨干巡讲，破题串讲，登台演讲，增强"四种意识"。用改革强军主题教育统思想，探索"观点+故事+分析+警句"授课方法，开展"践行严实要求，争做'四有'军人"专题教育和纪念建党95周年、长征胜利80周年系列活动，组建特色文化分队，举办"道德·法纪·安全"大讲堂，创建思想骨干网络和家长微信群，建立思想"数据库""定期回访登记册"，用活"三级帮带""五网联查""五个一遍"措施，设立"心理情感114"服务台，制作官兵笑脸墙、连心电话卡，开展"尊干爱兵、兵兵友爱"活动，锻造官兵忠诚品格。用网络信息成效助推，率先建成"五微"创作中心、网上指导员之家和支队网上3D史馆、中队3D荣誉室，升级政工网，开设"兵心兵言""家长寄语""每周一文""兵语荟萃"专栏，借助智能手机，发送励志信息，开展"寻找爱的理由"活动，传递建军强军正能量。
　　　　　　　　　　　　　（靳尚志　胡智兴）

【提高履职能力】　制定巡逻勤务"三个确保"，固定勤务"四位一体"互控措施，采取中队集中教、班组结对练、支队逐人考和新调入必训、上勤前必考、查勤中必问、"站哨体察兵情"办法，正规执勤秩序，提升组勤能力；开展"抓规范、打基础、治隐患、保安全"执勤教育整顿，完善"一室两站""一室三库"和"一室一点"建设，治理执勤隐患11处。树立"抓骨干强能力，抓三头带部队"思路，组织首长机关战法研究，强化指挥谋略；组织"四会"教练员集训普考、示范班巡回教学，特勤排、应急班比武竞赛，"魔鬼周"极限训练，落实警士官训练"4+3"措施，提升实战能力。新建300米障碍、中队指挥训练室和爬杆训练场,提升保障层次。修订方案预案,规范应急班建设,完善编携配装,每月实案推演、每季兵力抽组,开通全市要害部位监控,开展"两警"联训,借助"卫士-16"演习,研究处置方法,提升应急处置能力。全年,出动兵力3600余人次,完成等级警卫、国际自行车赛安保、设卡查控、武装押解和常态巡逻等重大勤务57起。直属四中队成功处置执勤目标周围火灾险情,受总队通报表扬;支队新训和预提指挥士官培训考核总评第一,特勤排应急班比武竞赛总评第三。　　　　(靳尚志　胡智兴)

【依法治警】　制定《精细化管理五项措施》,开展"日记一条、月有会操、季度整顿"和"学法规、用法规、守法规"活动,传达学习违纪违规、涉枪涉弹、自杀问题通知通报,落实日有"五个一"、周有安全短信、月有"安全日"。利用"三家"活动对各类设施、内务设置、政治环境、登记统计16个方面内容逐项规范,机关设立行政值班员和违纪曝光台,落实"一操两训三检查""一张课表"和院内每日查铺查哨措施,采取不打招呼、不定时间、杀"回马枪"、录像讲评办法加强监督检查,纠治"四个秩序"不正规、手机管控不严格突出问题。落实"八个规范",开展训练伤预防、紧急避险、自救互救安全教育训练、"百日安全竞赛""三谈三论三析"和"六小"活动,营区悬挂安全警示牌,定期分析安全形势,精细组织安全检查调研、保密专项检查及枪弹管理整顿,堵塞安全漏洞12处。保密工作受到总部工作组高度肯定。　　　　(靳尚志　胡智兴)

【基层建设】　选准配强基层主官,按任务需要分配毕业学员,促进能力素质互补。对基层出现的问题,从机关指导上查找原因,问计基层还权基层,强化主人意识。采取集中辅导、专题解读、讨论交流、评比竞赛方法,开展学《纲要》用《纲要》和岗位练兵活动,每月公示"优秀官兵"和"先进三互小组",开展"一队一特色"创建活动,打造一中队锣鼓队、三中队腰鼓队、四中队沙漠文化特色亮点,提升建设层次。按照"六定"要求,完善"1名部门领导+2名基层主官+数名排长"梯队捆绑育才路子,修订"排长—参谋—主官—股长"成长成才路线图,组织5批帮建领导深入基层,安排23名机关干部下队代职,基层干部休假率100%。班子成员6次到目标单位和驻地党委政府,协调解决基层21个现实困难,与市工会妇联举办"牵手寻爱"联谊活动,为17名家庭困难官兵申请发放补助6万余元,组织245名官兵体检,解决10名官兵公寓住房,激励干事创业热情。　　　　(靳尚志　胡智兴)

【后勤建设】　常态开展"三学三练"和"司务长之家"活动,分批组织"一长五员""一组五队"和"一专多能"培训,司务长8人上岗10人轮换,与中卫市职业学校签订人才培养协议,组织24名官兵参加"四小工"培训,16人取得技术资格证,与市运输、石油、建行、卫生等7家单位签订保障协议。依托"卫士-16"演习、勤训轮换、"魔鬼周"驻训时机,开展保障演练,提升保障能力。修订完善营产营具管理、经费资产审批、物资集中采购实施细则,采取"拉网式""地毯式""过筛子"办法,组织"三库清理""两项整治"、炊事器械管理使用和财务清查自查自纠,解决市政府长期欠款和海原县中队部分土地长期被占用问题。采取业务监督、纪委监督与群众监督相结合,对大项经费开支、大宗物资采购全程跟踪,党委每季听取经费预算执行情况汇报,提升管控实效。每月集中开展卫生、心理常识教育,10次组织医疗小分队下队巡诊送药,县市中队医疗全部纳入地方医保范畴。抓好生态养殖、蔬菜大棚、葡萄园和枣园建设,组织"伙食精细管理年"活动,炊事员定期轮岗,班子成员大灶就餐,伙食满意率达到98%以上。完成后勤战储物资库、基层中队训练馆改造等11项工程,解决基层训练场地、用水用气等46处困难。免费争取11个品种5万余株树苗,部队周边绿化面积40多亩。支队被推荐为全国防沙治沙先进单位。　　　　(靳尚志　胡智兴)

【"两学一做"学习教育】　固化"群众路线""三严三实"教育整顿成果,3次召开常委会传达学习上级指示,听取专题汇报,研究制定推进措施,班子成员5次蹲连住班,问政问需问计于兵,征求意见32条。组织观看《作风建设永远在路上》《筑梦路上》,探索"互联网+党风廉政建设"方法路子,实施日常教育、管理监督、提醒警醒和谈询诫勉措施,引导党员按照"四讲四有"标准履职尽责。采取"一个观点一堂课""兵问我答、我问兵答"形式,党委(支部)正副书记带头讲党课,增强党性。将"两学一做"学习教育与主题教育融会贯通,开展升国旗重温誓词、赞强军文艺晚会、忆长征主题演讲、表决心集体签名系列活动,擦亮名片。对4个层面32个问题进行细化梳理,采取双向检查、公开承诺、挂账销号办法督促整改,回应官兵期盼。开展"系统行业风气清理整顿""基层风气专项整治"和"财务大清查回头看"活动,着力纠治发生在战士身边的8类问题,赢得官兵信任。对照《准则》和《条例》,制定《加强党支部和党员队伍建设五项措施》,严格党支部、党小组、党费收缴制度,得到官兵认可。学习教育和风气整治两篇经验被总队转发。

（靳尚志　胡智兴）

【支队党委扩大会议】　3月8日，支队召开党委二届十次全体(扩大)会议，传达学习总队党委四届十二次全体(扩大)会议精神，总结分析2015年部队建设形势，安排部署2016年主要任务。会议由党委书记侯连和副书记马金平主持，支队第一政委、中卫市委常委、公安局局长陈加先参加会议。8月16日，支队召开党委二届十一次全体(扩大)会议，传达学习武警部队党委书记座谈会、基层建设暨士官队伍建设工作会议，总队党委四届十三次全体(扩大)会议精神，总结分析上半年部队建设形势，安排部署下半年主要任务。会议由党委书记侯连和副书记马金平主持。

（靳尚志　胡智兴）

【上级领导莅临指导】　12月27日至28日，总部副参谋长苏德利率参谋部作战勤务局副局长李学术、国家反恐办指导协调处副处长武术杰等7人到支队检查调研反恐怖工作。10月17日，总部政治工作部兵员和文职人员局副局长许伟保到支队座谈调研。2月8日，中央人民广播电台军事宣传中心主任李真、采访部主任陈欣、驻武警记者站站长孙崇峰、国防时空专题部记者朱西迪到支队采访一线官兵。12月7日，总队政委尚力峰到支队检查指导政治工作信息化建设情况。1月27~29日，总队副司令员杨万荣到支队检查指导安全工作。9月12日，总队副司令员石华杰到支队检查指导"魔鬼周"极限训练情况。11月13~16日，总队副司令员王焕金、副政委史照栋、副参谋长申明珠考核支队党委班子和部队建设情况。10月14~18日，总队副司令员石华杰率考核组到支队组织正规化执勤等级评定交叉检查。12月26~27日，总队副司令员石华杰检查指导迎检准备工作。5月23~29日，总队副政委史照栋指导支队召开专题民主生活会并进行考帮建。11月22~23日，总队政治部主任李新善对正营职以上干部进行考核。9月8~9日，总队后勤部部长贺斌到支队检查调研。7月13~14日，总队副参谋长史黎强考核调研支队半年军事训练情况。12月19日，总队副参谋长申明珠到支队检查指导工作。8月25日~9月3日，总队政治部副主任刘天平到支队蹲点帮建并指导老兵复退工作。2月8日，总队政治部副主任姚宝林到支队看望官兵并替官兵执勤。7月14~15日，总队政治部副主任姚宝林到支队开展心理服务工作。

（靳尚志　胡智兴）

【地方领导来队检查指导】　3月10日，自治区公安厅党委书记、厅长许尔锋到中卫市沙坡头区"两警联勤"巡逻执勤点，看望慰问一线执勤官兵。9月9日，国家民委政法司综合处处长周文京到中卫市沙坡头区柔远镇莫楼清真寺检查支队国防教育进清真寺开展情况。7月26日，中卫市副市长霍健明到支队慰问官兵。

（靳尚志　胡智兴）

【教育特色】　创新"观点+故事+分析+警句"授课方法，开展"践行严实要求，争做'四有'军人"专题教育。建立官兵思想"数据库""定期回访登记册"，采用"三级帮带""五网联查""五个一遍"措施稳固官兵思想。信息化建设上，率先建成支队网上3D史馆、中队3D荣誉室。

（靳尚志　胡智兴）

【军事特色】　制定巡逻勤务"三个确保"，固定勤务"四位一体"互控措施，正规执勤秩序。树立"抓骨干强能力，抓三头带部队"思路，组织首长机关战法研究，强化指挥谋略，提升官兵实战素养。开通全市要害部位监控，开展"两警"联训，互通社情信息，备战能力明显增强。

（靳尚志　胡智兴）

【后勤特色】　开展"三学三练"和"司务长之家"活动，分批组织"一长五员""一组五队"和"一专多能"培训，司务长8人上岗10人轮换，增强后勤建设活力。

（靳尚志　胡智兴）

【民族团结创建】　制定《助力脱贫攻坚行动三年规划》，安排专人3名与中卫市宗教局、民政局对接联系，签订《共创共建协议书》和《脱贫攻坚责任书》；协调中卫市扶贫办，3次到贫困村调研，建立联合检查、联合表彰、联席会议等6项制度，与驻地3所清真寺开展"四讲四共"活动，常委5次到兴海村宣讲创新理论、政策法规，协调召开村民代表座谈会，组织28名村党员参观中卫市云计算数据中心和生态产业示范园。"一对一"开展"两学一做"学习教育，规范民主选举、党支部会议等，设立党员评比栏、村务公开栏，投入5万元购置电脑、文件柜、办公桌椅，捐赠图书3000余册，订阅6类党报党刊。协调阜民丰牧业发展有限公司，在兴海村建设牧光互补产业，打造农畜产品输出基地、红心苹果生产基地、现代牧场示范基地，成立农业合作社，拓宽致富路子。开展"手拉手、心连心""1+1"捐资助学活动，与驻地9所学校112名贫困学生建立帮扶对子，捐款5万余元。创建"互联网+合作医疗"模式，组织医疗分队到兴海村送医送药，帮助4名大病患者申请二次医疗补助，缓解家庭难题。协调农牧局专家传授种养殖技术、就业局提供就业服务、教育局增配校车、君元律师所无偿法律援助。全年,出动兵力1500余人次,完成生态绿化、农田水利大会战等任务。扶贫攻坚、捐资助学等事迹在《人民日报》、央广新闻、中央电视台军事报道微信专栏报道。

(靳尚志 胡智兴)

【建设成果】 支队党委被武警党委表彰为"先进师旅团级单位党委";支队团委被武警部队表彰为"红旗团委";支队被总队评为"先进支队",表彰为"军事训练先进单位""新闻宣传工作先进单位""理论研究先进单位",获"强军风采"系列文化活动、"强军故事会"二等奖;政治处被总队表彰为"先进政治处";司令部作训股被表彰为"先进科(股)";直属四中队被评为"基层建设标兵中队",直属一中队、二中队、三中队被评为"基层建设先进中队";直属一中队被评为"军事训练一级单位",直属二中队、四中队被表彰为"正规化执勤优秀单位";1人在武警部队强军目标知识竞赛中获三等奖,1人被中国武警网评为"十佳新闻报道员",2人被总队表彰为"训练标兵",6人被评为"极限训练勇士",1人被评为自动步枪"枪王",1人获十大"勇士"勋章,1人提干,3人考入警官学院,13人荣立个人三等功,34人入党,157人获嘉奖。

(靳尚志 胡智兴)

人民防空

【概况】 2016年,中卫市人民防空办公室坚持以习近平总书记系列重要讲话为指导,认真贯彻落实全国第七次人民防空工作会议精神,有效履行"战时防空、平时服务、应急支援"的使命任务,在市委、政府和自治区人防办的坚强领导下,全面完成各项工作,人防事业阔步前进。 (丁志业)

【工程建设】 严格行政许可和行政处罚内部流程,规范受理、审批程序,加强与相关部门的协调和沟通,建立健全建设项目许可审批、批后监管、竣工验收直至最后产权登记全程跟踪机制。完成人防三个权责清单工作,优化人防行政审批流程,建立人防执法信息台账、行政审批月报等制度。中卫市依法审批人防工程项目面积与2015年相比增长62%,收取人防易地建设费增长12%,各项工程竣工合格率、应建工程项目批复综合"结建"率均达到100%。 (丁志业)

【信息化建设】 投资44.1万元采购安装2台电声防空警报和1台多媒体防空警报,升级防空警报系统,实现警报报知系统的控制手段自动化,城区警报音响覆盖率、鸣响率分别达到98%以上。对移动指挥车卫星通信网络、短波电台部分系统进行升级改造,人防信息化集成建设全面提速。移动指挥车出色完成区办在吴忠组织的"人防应急"演练任务,重点抓市政府组织的"5·12"防震救灾、"9·23"防空应急疏散演练和10个机关单位、10个居民小区、市区所有中小学防空防灾应急疏散演练工作;在清源供排水公司重要目标防护单位进行1次防护演练,用5天时间对7支专业队进行整组训练,从难从严要求,组织进行1次人民防空应急救援室内想定作业,完成区办组织的机动指挥所协同训练。 (丁志业)

【指挥工程建设】 投资200余万元,对人防指挥所部分风水电设备设施进行安装;投资建设旅游新镇人口疏散基地,并对市区疏散基地和避难场所的基本情况进行详细的登记建档;进一步完善值班室建设,做到情况受理清、情况判断准、请示报告快、跟踪掌握稳、指挥处置妥。 (丁志业)

【宣传教育工作】 广泛开展人防宣传教育"六进"活动,先后为市区中小学校发送人防知识教材3000余册,全市有近5万名在校学生集中接受防空科普教育,参加应急疏散演练;利用"5·12"、国防教育日、"9·23"警报试鸣放日等发放人防知识手册2000多册,并利用3所学校的多媒体警报,滚动播放防空减灾科普知识与图片;在人流密集区先后以展板、答记者问的形式宣传人防知识,为广大市民解读防空法规政策;在滨河镇光明社区3个小区建立人防工作站,配备应急救援器材,设置防空防灾疏散图等;全年共撰写人防工作动态26期,工作研究性文章2篇,在各类报刊上发表人防工作信息10余篇。 (丁志业)

【"准军事化"建设】 一是听党指挥,把牢思想"总开关"。深入学习习近平总书记的重要系列讲话和中央、区市有关文件精神,坚定理想信念,提高党性觉悟。二是建章立制,种好人防"责任田"。紧紧围绕人防使命任务,编制出台一系列工作制度,涵盖机关建设的方方面面。严明的制度,进一步规范工作程序。三是能打胜仗,善打发展"攻坚战"。坚持每年举行一次城市防空袭演练,主动参加区办组织的各种演练活动,还积极参加军分区组织的城市防空袭演习,熟悉防空袭预案,提高组织指挥能力,锻炼队伍。

(丁志业)

经济管理

发展和改革

【概况】 中卫市发展和改革委员会(挂中卫市物价局、中卫市经济动员办公室牌子)是市人民政府主管国民经济和社会发展、物价及经济动员工作的综合经济职能部门。承担着全市国民经济和社会发展、改革,物价收费管理的综合、平衡、指导、协调、服务等职能。发改委共有科、室、局、中心共11个。内设综合科(办公室)、规划投资科、产业发展科、社会发展科、重点项目稽察科、招投标管理科、能源产业发展科、物价监督管理科8个科室;直属中卫市价格监督检查局(挂价格成本调查局牌子)正科级行政机构1个,下设中卫市价格认证中心、中卫市第三产业服务中心正科级事业单位2个。共有编制35名,其中,市发改委行政编制18名,后勤服务事业编制3名;中卫市价格监督检查局行政编制5名,中卫市价格认证中心事业编制3名,中卫市第三产业服务中心6名。实有人员29人,行政编制21人,其中,处级领导6人(正处级2人、副处级4人),处级非领导职务2人,科级干部11人,科员2人;事业编制5人,其中,科级干部2人;后勤服务编制3人。 (王爱强)

【经济运行】 2016年,全市地区生产总值达到339亿元,增长6.8%;全社会固定资产投资累计完成362亿元,增长3%;地方公共财政预算收入达到23.1亿元,增长8.6%。社会消费品零售总额达到65.8亿元,增长8.4%;全市城镇常住居民人均可支配收入达到23290元,增长7.8%;农村常住居民人均可支配收入达到8640元,增长8%。三产业结构比例为17.4:42.9:39.7。 (王爱强)

【固定资产投资管理】 认真贯彻落实国家和自治区各项政策部署,主动适应经济发展新常态,制定点项目推进计划,及时督查、了解掌握项目进展情况,积极谋划编报项目,大力推进重点项目建设,促进固定资产投资实现平稳增长。围绕积极增加合理有效投资,加强交通、水利、电力等公共基础设施,云计算、医疗服务、养老、旅游等现代服务业及现代农业方面的投资,着力优化投资结构,增加合理有效投资,取得明显成效。吴忠至中卫城际铁路、沙坡头至杞乡750kV输变电工程、黄河二期防洪治理工程、同海一级公路建设等区属投资项目加快推进;万齐公司农村产业融合发展示范园区、阜民丰公司奶牛养殖、香山峡门水库输水工程等农业项目进展较快,投资增势强劲;宁钢集团高速线材、天元锰业电解金属锰技改等工业项目顺利推进,发展基础进一步夯实;高庙历史文化街区改造、西部云基地大型数据中心、智慧中卫云应用等三产项目加快推进,发展活力进一步增强。全市完成固定资产投资362亿元,增长3%。 (王爱强)

【重点建设项目推进】 每月、每季度到项目现场督查协调,推进建设项目开工,组织召开重点项目协调推进工作会议,就全市60个重点项目中推进缓慢的项目进行专门调度,协调解决项目推进中存在的问题。60个重点项目开工建设54个,开工率达到90%,完成投资280亿元,占总投资额的75.7%。
 (王爱强)

【产业结构调整】 主动应对经济下行压力,围绕"四主一化"产业转型升级方向,积极主动到自治区发改委请示汇报,捕捉项目信息和资金争取渠道,把争取项目和资金作为转方式、调结构、促转型的重要抓手。年内,共争取到保障性住房配套基础设施建设、第一污水处理厂提标改造、小微企业创业孵化园项目等中央预算内资金1.53亿元,争取国家专项建设基金

9.25亿元。吴忠至中卫城际铁路、沙坡头至杞乡750kV输变电工程、黄河二期防洪治理工程、同海一级公路建设等区属投资项目加快推进,宁钢集团高速线材、天元锰业电解金属锰技改等工业项目顺利推进,发展基础进一步夯实;高庙历史文化街区改造、西部云基地大型数据中心、智慧中卫云应用等三产项目加快推进,发展活力进一步增强。（王爱强）

【重大项目】 积极配合设计单位和城际铁路公司,协调市交通局和沙坡头区,全面做好吴忠至中卫城际铁路项目线路微调整、部分路段设计方案变更等相关工作。主动配合自治区发改委、兰州铁路局和设计单位,加快推进中卫至兰州客运专线项目前期工作,项目可研报告获国家发改委批复。配合做好中卫南站站房设计工作,及时向设计单位收集提供项目资料,确保设计更切合中卫城市发展理念。采用PPP模式建设工业园区中水回用项目,预计2017年6月底前调试运行。（王爱强）

【综合改革】 协调综合改革专项小组各成员单位,大力推进7项综合改革任务,电力体制改革、创新投融资体制机制改革、工业园区重点企业直供气改革等7项改革任务全面完成。推进供给侧结构性改革,工业去产能成效明显,关闭退出煤矿6家,完成自治区下达中卫市的煤炭去产能任务32万吨。关停82千伏安电解铝槽62台5万吨、铁合金矿热炉5台6.4万吨、陶瓷生产线1000万平方米。去杠杆积极推进,设立转贷过桥资金池、"四主一化"产业专项基金,缓解企业发展资金压力,企业资产负债率稳步下降。房地产去库存效果显现,各类存量房增速均实现放缓。深化社会领域改革。组织实施市、县(区)及镇乡公务用车制度改革,顺利完成保留车辆移交、取消车辆封存、车补发放、公车处置等工作,公车改革取得阶段性成果。深化行政审批改革。认真执行市政府"两优"行政审批制度,加快审批速度,审批效率和文件质量逐步提高。全年共备案、核准、批复项目315个,估算总投资206.62亿元,其中:备案、核准企业投资项目105个,估算总投资98.79亿元;批复政府投资项目210个,概算总投资107.83亿元。全面推进投资项目在线审批工作,投资项目在线审批平台8月底全面上线运行,截至年底,共通过投资项目在线审批平台审批项目27个。（王爱强）

【物价调控】 坚持把保持物价总水平基本稳定作为宏观调控的重要任务,加强价格综合调控监管,维护正常市场价格秩序。全年居民消费价格指数控制在2%以内。完成七大类137种居民生活必需品、工业产品、农资价格、城市和农村居民服务价格和562种药品价格,重要生产资料(硅铁)价格等方面的价格监测工作。（王爱强）

【资源性价格改革】 推进工业园区重点企业天然气直供价格改革,用气价格由自治区规定的2.06元/立方米下降为1.65元/立方米。紫光公司等2家重点用气企业年减轻用气负担5330万元。研究制定中卫工业园区供水阶梯价格标准,促进水资源集约节约利用;严格落实自治区电价政策,下调工商业用电价格,为45720户工商户减轻用电负担4950万元。推进城市公立医院综合改革,对市医院、市中医院现行医疗服务价格进行合理调整。（王爱强）

【收费管理】 推进价格机制改革,降低环境影响咨询评估等8项中介服务收费标准,放开食盐、粮食种子等53项价格和收费标准,取消涉及企业开办登记、年检等行政事业性收费项目27项,暂免17项,年减免行政事业性收费总额1800万元。严格执行小微企业收费减免政策,对中卫市8个部门的13项收费予以取消。规范收费管理,对市本级行政事业性收费项目及标准进行调整,收费单位由原来的24个缩减为18个,收费项目由原来的71项缩减为58项,降低标准6项,清理制定本级经营服务性收费目录和涉企行政事业性收费目录,规范收费单位的收费行为,切实维护和保障公民、法人和社会组织的合法权益。（王爱强）

【价格监督检查】 重点价格收费专项检查,对川区7个镇乡49个农资经营商店农资价格,17所中小学、幼儿园2016年收费情况进行全面检查,查处4所幼儿园违规收取在园幼儿课本费50余万元。开展节假日市场价格监管,加强元旦、春节、十一等节假日期间市场检查,重点开展粮油、肉禽蛋菜奶、成品油、液化气、景点门票、客运票价、停车收费等与群众日常生活密切相关的商品价格和服务收费的检查,维护正常的价格秩序。及时处置价格举报案件。充分发挥"12358"平台作用,及时受理价格举报,认真办理价格举报案件,有效化解价费矛盾。全年共受理价格投诉举报和价费政策咨询、市长信箱共178件。（王爱强）

【党建和精神文明建设】 落实党风廉政建设责任制和"一岗双责"制度,强化完善廉政风险防范措施,加强对项目审批、项目管理、物价调控等方面的监督检查。按照建立星级服务型党组织的要求,全面落实党的建设各项规定,结合开展"两学一做"学习教育,全委党员干部守纪律、懂规矩、讲忠诚、勤干事的意识得到加强,工作作风进一步改进,为切实履行发展改革职能奠定坚实基础。　　　　　　　　（王爱强）

统计管理

【概况】　中卫市统计局内设办公室、法制与综合信息科、产业统计科、工交能源统计科、社会统计科5个行政职能科和统计普查中心1个事业机构,共有在编人员14人。　　　　　　　　　　　　　　　（冯巧燕）

【自身建设】　2016年,市统计局加强领导干部政治思想教育,积极开展市委、政府组织的各类学习教育,严格执行目标管理责任制、统计执法责任制等规章制度,加大对基层统计人员业务素质提高的培训、指导,不断加强基层统计原始记录、统计台账的制度化、规范化、科学化建设;遵循职权法定、简政放权的原则,对局机关的行政职权事项依法进行全面梳理,经梳理研究审定,制定《市统计局权力清单和责任清单》,保留9项行政职权事项的权责清单在市政府网站予以公布。加强对统计报表的管理,做到看有资料、查有实据、追有历史数据。组织干部职工学习统计专业知识、计算机应用与操作、统计相关法律法规等。
　　　　　　　　　　　　　　　　　　　（冯巧燕）

【统计调查】　全面完成全市及沙坡头区农业、工业、交通、能源、投资、消费、建筑、房地产、批零住餐、就业、科技、社会、文化产业、基本单位、服务业、信息化等专业统计调查及国民经济核算工作。认真核实登记新注册单位,全面做好基本单位名录库的维护和更新;积极做好"四上"企业的"纳规入统"工作,2016年"四上"企业新入库38家,累计达到376家(其中:沙坡头区238家,中宁县113家,海原县25家);联合发改、工信等职能部门及各县区全面梳理固定资产投资信息,积极做好投资项目的入库申报工作,2016年全市申报入库项目298个(含5000万元以上、以下和房地产开发项目),其中,沙坡头区134个,中宁县103个,海原县61个。开展企业生产经营情况调查,为市委、政府解决企业困难提供基础资料。圆满完成2016年度城市年报、社会年报、劳动力抽样调查、人口抽样调查等工作。建立限上单位电子交易额、网络零售额统计调查制度。开展全市非公有制经济核算工作,初步测算,2015年中卫市非公有制经济占49.8%。
　　　　　　　　　　　　　　　　　　　（冯巧燕）

【统计基础】　践行"轮流上讲台、人人当老师、个个当学生"的学教理念,年内共开展"统计大讲堂"授课9期,有效提高全局干部业务水平和语言表达能力。加强对基层统计人员的业务培训,全年共开展业务知识培训17次,培训人员890余人次。积极开展统计星级评定工作,向自治区申报"五星级统计诚信单位"3家、"五星级统计站"1家,审核评定市级"四星级统计诚信单位"6家,"四星级统计站"5家。
　　　　　　　　　　　　　　　　　　　（冯巧燕）

【统计改革】　初步制定云计算及相关产业统计方案,开展2016年一季度中卫市云计算及相关配套企业统计调查,对全市云计算产业发展现状进行初步分析;根据调查中存在的问题,逐步修正调查方案,力争形成季度调查常态化。5000万元以上固定资产投资项目纳入统计联网直报系统,由纸质报表改为联网直报,2016年全市5000万元以上投资项目入库86家(其中:沙坡头区35家,中宁41家,海原10家)。
　　　　　　　　　　　　　　　　　　　（冯巧燕）

【统计监测】　与市妇联联合开展2015年度中卫市妇女、儿童发展规划纲要实施统计监测评估工作,并对"两规划"实施情况和2015年中卫市妇女儿童发展进程进行监测分析和综合评价,为中期评估奠定良好的基础。根据最新监测体系,从经济发展、民主法制、文化建设、人民生活和资源环境五个方面,通过39项指标对中卫市全面建成小康社会进程进行统计监测。监测结果显示,2015年中卫市全面建成小康社会小康指数为69.25%,比2014年提高2.5个百分点,中卫全面建成小康社会总体呈稳步推进态势。
　　　　　　　　　　　　　　　　　　　（冯巧燕）

【第三次全国农业普查】　第三次全国农业普查前期准备工作扎实推进。成立中卫市、县(区)和镇乡第三次全国农业普查领导机构51个,市、县(区)落实农业普查经费181万元;印发《中卫市第三次全国农业普查工作进度安排》《中卫市第三次全国农业普查领导小组成员单位职责分工》《中卫市第三次全国农业普查实施方案》等;划分核准落实普查区500个,普查小区2946个;审核落实市、县普查办公室、普查区(小区)农普指导员、调查员2914名;市、县区开展农业普查培训班共12期,培训"两员"11656人次,严格按照普查方案要求,开展普查区域划分、地图绘制和清查摸底工作,农业普查前期准备工作全面完成。
　　　　　　　　　　　　　　　　　　　（冯巧燕）

【统计服务】　紧紧围绕市委、政府的目标任务和重点工作,全面做好经济运行预警监测和统计咨询服务工作。每月及时收集整理经济运行先行指标数据,预测预警全市经济发展趋势;收集整理主要经济指标完成情况,分析各行业发展状况;及时收集整理全国、全区及五市主要经济指标,分析中卫市发展优劣态势,为市委、政府领导提供对策建议;每月及时向市委、政府报告主要经济指标完成情况,分析各行业发展状况,提出对策建议。2016年共撰写统计调研报告5篇,统计信息31篇,统计专报25篇,统计简报96篇。全年整理编印《中卫月度经济指标手册》11期2200册,《2015年中卫经济要情手册》和《中卫2016统计年鉴》各300册。联合相关经济部门,对全市"四上"企业经营生产情况进行全面调研,组织人员为"十三五"规划目标制定提供大量翔实的统计数据,积极为部门、社会公众提供统计咨询服务。　　（冯巧燕）

【统计法制】　切实加强统计执法基础工作。采取以会代培的形式,将统计法作为重要的培训内容,对890名统计人员进行统计法制培训。联合市司法局围绕影响本市、本专业统计数据质量的各环节开展统计执法大检查工作,对33家统计单位进行执法检查,对做得好的7家单位在全市范围内通报表扬,对存在问题的中卫亿路发物流有限公司、宁夏兴达建筑有限责任公司、利安隆（中卫）新材料有限公司、中卫市中博大饭店4家单位全市范围内进行通报批评,对统计违法行为较严重的恩菲新能源（中卫）有限公司立案查处。在国家统计局和自治区统计局的统一部署下,开展"数据造假、以数谋私"专项治理工作,由法制与综合信息科牵头,各科室（中心）配合,从五个方面就统计数据造假,分统计局内部和外部两个层面,举一反三,逐个查摆问题,深挖根源,形成问题清单;各专业在查摆自身问题的同时,认真清查其他部门干预统计对象独立、真实上报统计数据的问题,并对照问题清单,逐一进行整改;市统计局还围绕影响本市、本专业统计数据质量的环节要求,列出负面清单,建章立制,明确提出"几不准",坚决堵住统计工作各环节漏洞,切实将"质量立统"落到实处,确保统计数据的真实、科学和合理。　　（冯巧燕）

国土资源管理

【概况】　中卫市国土资源局下设办公室、监察科、土地规划利用科、耕地保护利用科、地质矿产科5个行政科室和不动产登记事务中心、国土资源勘测与整理中心、土地储备中心3个事业单位,滨河、永康、柔远、兴仁4个国土中心管理所,代管中卫市国土资源执法监察支队,主管全市土地、矿产等自然资源的规划、管理、保护、合理利用和测绘管理。2016年,中卫市国土资源局坚持保护与利用、服务与管理并重的原则,围绕中心积极服务,履行职能抓好管理,为全市经济社会发展做出积极贡献。　　（白　桦）

【耕地保护】　健全完善耕地保护共同责任机制,实施耕地保护离任审计制度,层层落实耕地保护目标责任制,全市耕地保有量达到393.06万亩,基本农田保护面积巩固在291.92万亩,是下达任务的108.26%和100%。获自治区耕地保护工作二等奖。
　　（白　桦）

【土地规划】　注重规划引领调控,开展城市周边基本农田划定、中心城区建设用地集约利用潜力评价和工业园区集约节约用地评价工作,完成中卫市市辖区土地利用总体规划调整完善,确保中卫市"十三五"期间重点建设项目的用地需求。　　（白　桦）

【土地利用】　完成供地69宗5321.64亩,其中完成招拍挂出让国有土地使用权26宗1707.22亩,收缴价款2.2亿元;划拨城市国有建设用地43宗3614.42亩。全面完成云计算、大数据、棚户区改造、城际铁路等区、市重大建设项目用地报批工作,取得各类建设用地批复37批次6775.46亩。深入开展批而未供和闲置土地清理处置、打击违法用地、土地出让金清缴专项行动和土地管理领域突出问题专项整治工作,及时清理闲置土地20宗1537.54亩,处置批而未供土地指标16宗913.6亩,清收历年欠缴的土地出让金5731万元。开展沙坡头区国有建设用地履约保证金制度试点工作,共收缴保证金988.54万元,退还230.21万元。　　（白　桦）

【土地整理】　积极开展土地整理工作,规范资金管理,健全项目制度,投资4492万元实施迎水桥镇（南北区）、宣和永和、汪园土地整治项目和敬农、兴仁生态移民项目,建设规模29574.45亩;投资1008万元实施常乐镇黄套二期、2016年沙坡头区耕地占补平衡项目,建设规模8577亩,新增耕地7002亩。
　　（白　桦）

【土地征收】　严格执行自治区出台的新征地补偿标准,坚持征地补偿"两公告一登记""一卡通"直补等六项长效机制,全年共征地6223.22亩,其中征收集体土地3471.85亩,占用国有土地2642.24亩,临时用地109.13亩。支付征地补偿费2.35亿元,拆迁补偿费0.24亿元。完成沙坡头区被征地农民养老保险资格审

查核定工作，共10799户27359人。（白　桦）

【地籍管理】　完成沙坡头区11个乡镇165个行政村80656宗农村宅基地权属调查、地籍测量，宗地图、地籍图的绘制及地籍调查表册填写和四邻签章、数据整合工作。完成单位及个人国有土地初始、变更发证90宗，面积5695.7亩，抵押登记发证108宗，面积8469.45亩，抵押金额77825.81万元。（白　桦）

【不动产登记发证】　成立中卫市不动产登记局和不动产登记事务中心，市本级共办理各类不动产登记2700件，其中发放不动产权证书905本，不动产证明1795本。（白　桦）

【矿产资源管理】　完成《沙坡头区矿产资源区划调整》《中卫市工业园区矿产资源压覆报告》，启动《中卫市矿产资源规划》修编工作。坚持矿权出让招拍挂制度和有偿延续制度，完成采矿权挂牌出让4宗，延续12宗，转让2宗，收缴价款54万元，使用费20.55万元，资源补偿费46.62万元，恢复保证金25.52万元。健全非煤矿山安全生产14项制度，完善《非煤矿山安全生产事故应急预案》。对沙坡头区55家非煤矿山企业开展安全生产专项检查，对38个采矿权和11个探矿权进行年检。（白　桦）

【地质灾害防治】　完成《沙坡头区地质灾害调查报告》，细化、完善地质灾害应急预案，明确部门职责。健全地质灾害巡查、预警预报、灾情速报等制度，进一步明确各级人民政府是地质灾害防治工作的责任主体，建立县、乡、村、组、户共同预防的群防群测体系，强化对险情的观测，确保及时发现，及时防范，努力减少灾害损失。（白　桦）

【执法监察】　探索实行土地违法案件联合办案制度，与市检察院、公安局联合出台《关于印发〈中卫市耕地破坏鉴定操作指引（试行）〉等制度的通知》，有效遏制违法用地行为。组织动态巡查632次，制止违法行为135起，立案处理66件，收缴罚款71.28万元。联合城管、公安、镇乡依法强制拆除56处711间58210平方米违法违规建筑物。积极开展打非治违专项行动，有效遏制国土资源违法案件的发生。（白　桦）

【脱贫攻坚】　建立驻村帮扶工作机制，选派一名副处级领导干部担任第一书记开展驻村帮扶工作，划拨专项经费1.5万余元用于驻村帮扶点开展党建活动。专题研究制定"脱贫攻坚"联系点贾塘乡后塘村对口帮扶方案，落实资金6.9万余元，修建文化活动场所和改善办公条件。争取项目资金1300万元，建设海原县贾塘乡后塘村土地整治项目，助力困难群众早日脱贫致富。（白　桦）

【党风廉政建设】　扎实开展"能力建设年""两学一做"活动，切实提高干部职工"懂全局管本行、抓重点破难题、抓落实求实效、崇廉洁拒腐蚀"的四种能力。严格按照"从严治党"要求，落实党内工作责任制，以补齐短板、治软治弱为核心，不断提升党组织服务水平。认真贯彻落实《准则》和《条例》，加强思想政治建设、基层组织建设和党风廉洁建设及反腐败工作，努力打造一支素质高、能力强、作风实的国土资源干部队伍。（白　桦）

市场监督管理

【机构设置】　中卫市市场监督管理局于2014年12月26日由原工商行政管理局、质量技术监督局、食品药品监督管理局合并成立，2015年1月6日正式挂牌。内设办公室、人事科(纪检监察室)、法制科、食品安全科、药品与医疗器械科、市场(网络交易)秩序规范科、质量与商标广告科、标准与计量科、特种设备科、市场监督管理执法局10个职能科室及7个外派基层分局。同时批准成立中卫市产品质量与计量检验检测中心及组织机构代码中心。（张宁伟）

【概况】　全面深化商事登记制度改革，全市新增各类企业2415家、个体工商户6517户，市场主体总量达到59273户，大众创业、万众创新成效初显；开辟股权出质登记"直通车"，办理股权出质登记61起，出质金额43.51亿元。办理动产抵押登记125件，抵押物价值311.19亿元，实现主债权308.196亿元，有力促进中小微创业创新、健康发展；新增商标520件，商标总量达到3025件；检定各类计量器具28285台(件)，没收"问题"计量器具30余台(件)；共查处经济违法案件172起，罚没款99.48万元。受理消费者举报、投诉777起，答复市长信箱48件，为消费者挽回经济损失25.83万余元，集中销毁假冒伪劣商品标值达110余万元。（张宁伟）

【党风廉政建设】　选举产生中共中卫市市场监督管理局委员会，讨论修订党委议事规定等制度，认真落实民主集中制，认真落实党委中心组理论和"三会一课"等制度，先后组织学习十八届六中全会、中卫市第四次党代会精神，习总书记系列讲话精神。组织召开全局党建和党风廉政建设工作会议，对党建和党风廉政建设工作进行安排部署，层层签订党建和党风廉政建设工作目标责任书，每季度对党建党风廉政建设工作进行一次督导，帮助所属支部解决存在的问题。市局党委先后两次召开专题民主生活会，所属支部分别组织召开组织生活会，党委的核心领导作用、支部的战斗堡垒作用和党员的先锋模范作用发挥明显。全面开展"两学一做"学习教育，采取党委班子成员带头讲党课、邀请党校讲师专题讲座、普通党员讲党课、干部外出参观等形式，营造学习教育氛围浓厚，引导干部职工把做合格党员贯穿于市场监管工作的始终，主动服从服务工作大局。认真抓好"两个责任"的落实，深入学习《准则》《条例》《关于新形势下党内政治生活的若干准则》《中国共产党党内监督条例》和市纪委《中卫市党员干部改革创新干事创业容错免责实施办法(试行)》，筑牢思想防线。严格严肃党内政治生活，严格落实党政主要领导"五不直接分管"制度，结合公车改革修订并严格执行车辆管理使用制度，认真落实公务接待等规定，严格执行内控措施，确保行政权力规范运行。

（张宁伟）

【注册登记工作】 开展企业营业执照、组织机构代码证、税务登记证、社会保险登记证和统计登记证"五证合一、一照一码"企业登记制度改革，全面落实一窗受理、一套资料、内部流转、限时办理等要求。全面推行食品销售和餐饮服务"两证合一"改革，受理核发食品生产许可证100张，核发食品经营许可证4297张。对个体工商户营业执照和税务登记证进行"两证整合"，简化登记注册程序，方便全民创业就业，促进市场主体快速发展。梳理并建立权力清单和责任清单，经市编办审核后公布636项，依法规范行政权力，主动接受社会监督。全市新增各类企业2415家、个体工商户6517户，市场主体总量达到59273户。在全区率先建成网上商事登记系统并于9月运行，"互联网+"政务服务品牌成效初显。

（张宁伟）

中卫市获得中国驰名商标信息表					
序号	区(县)	商标注册人	商标(图样)	核定使用商品/服务	授予时间
1	中宁县	中宁县枸杞生产管理站	中宁枸杞	枸杞	2009年
2	中宁县	宁夏瀛海集团实业有限公司	瀛海	水泥	2013年
3	中宁县	宁夏早康枸杞股份有限公司	早康	枸杞子	2015年
4	中宁县	宁夏天元锰业有限公司	TIAN YUAN MENG YE	金属锰；普通金属合金；锰粉	2015年
5	沙坡头区	宁夏香山酒业(集团)有限公司	宁夏红	果酒；葡萄酒；含酒精液体；含水果的酒精饮料；白兰地；烧酒；黄酒；酒精饮料；酒	2014年
6	沙坡头区	宁夏中卫香山硒砂瓜业有限责任公司	香山硒砂	西瓜、甜瓜、鲜枣、鲜水果、新鲜蔬菜、鲜食用菌、鲜土豆、食用鲜花、植物种子、饲料	2010年

【食品安全监管】 按照"四有两责"的总体要求，切实加强对食品安全的组织领导，按照高密度、全覆盖、高频次、无遗漏的要求，不断强化食品安全监管力度，全市食品安全形势稳定向好，全年未发生食品安全责任事故。承接自治区食药局下放的28大类食品生产许可工作，受理并审核发放食品生产许可100张。在四季鲜、荣盛超市和华润万家超市建立3个食品安全监测点，确保食用农产品入市安全。扎实开展食品安全示范创建，经验收中宁县被认定为"食品安全示范县"，宣和镇、鸣沙镇、海城镇被认定为"食品安全示范镇"，117家从事食品生产经营的企业、个体工商户被命名为"食品安全示范店"。落实黄牌警示制度，对达不到餐饮服务食品安全标准操作规范或存在其他食品安全隐患的餐饮单位，在其门

口显著位置悬挂"此店卫生不达标"的黄色警示牌，全年共黄牌警示58家，责令停业4家。认真落实餐饮单位量化分级管理，餐饮单位量化分级管理达到95.8%；组织开展农家乐星级评定工作，在全市187家农家乐中评定星级农家乐27家（其中，一星13家，二星10家，三星4家）。以大中型餐饮单位、学校和托幼机构食堂为重点，按照玻璃隔断、矮墙展示、可视厨房的标准，全面推进"明厨亮灶"工程，完成"明厨亮灶"改造3161家，占餐饮服务单位的77.5%。以"网格化"监管为依托，集中开展农村食品安全利剑、清源行动等食品安全专项整治15次，检查食品生产经营单位4335家次，责令整改106家次，下发监督意见书560余份，下架退市问题食品749.5公斤，取缔无证经营单位42家。强化食品抽样检测工作，共抽检食品1843批次，检出不合格食品20批次。按照"三个一律、一个引导"的要求，采取划区、分片、包点、督查的形式，对露天烧烤摊点进行集中整治，出动执法人员1800余人次，检查烧烤摊点5800余户次，下发整改通知书63份，查扣排烟扇16个，引导49家烧烤业主购置并使用环保无烟炉。共完成各类重大食品安全保障48次，其中国际性活动8次，自治区级以上活动24次，自治区以下级17次，涉及63家（次）单位；保障宗教场所食品安全121次，保障餐次3288次，保障人数37264人。

（张宁伟）

【药品与医疗器械监管】 全年共开展GSP认证跟踪、问题疫苗、定制式义齿、体外诊断试剂等多项整治20余次，完成GSP认证71家次，对120家次GSP进行跟踪检查，检查各医疗机构860家次、医疗器械经营单位705家次，化妆品经营使用单位1450家次、成人用品店50家次、药店710家次，责令整改110家次。指导340家药店设置药品阴凉区，配备阴凉柜，监督各零售药店依规操作并做好监测记录。抽检药品273批次、医疗器械11批次、化妆品110批次、保健食品20批次，保健食品、化妆品快检各100批次，收集上报药品不良反应监测报告表889份，新的、严重的报告病例达到30%以上。

（张宁伟）

【特种设备安全监察】 以"深化特种设备安全责任落实年"为契机，全面加强特种设备安全监管工作。针对重点区域、重点场所、重点部位、重要时段开展特种设备安全专项检查20余次，出动执法人员1201人次，检查使用单位1001家次，检查各类特种设备3201台件，排除各类隐患208条，下发特种设备安全监察指令书68份，封存设备144台件，责令停止使用特种设备209台件。组织企业开展特种设备应急演练12家次。以信息化为依托，推进电梯物联网综合管理平台建设，实现对电梯使用、维护、保养全程监管。建成电梯安全应急处置中心，建立电梯维保人员数据库，提升电梯安全事故应急处置的综合协调能力。全市在用的1684部电梯，责任主体明确，维保责任落实，日常监管到位。

（张宁伟）

【质量与商标广告监管】 加强对质量工作的监督，举办以"提升供给质量，建设质量强国"为主题的"质量月"大型宣传咨询活动，发放各类宣传资料1000余份，接受咨询20多人次，检查工业企业147家次，抽查产品202批次，抽检合格率达到93%。22家企业的25个产品申报"宁夏名牌"。认真落实"四书两卡"和商标指导员制度，主动做好商标培育发展工作，新增商标520件，商标总量达到3025件。"江南好""长生草"等47家企业的商标被认定为宁夏著名商标。深入开展"双打"工作，没收印制"中国驰名商标"字样的中宁枸杞包装袋（盒）1000多个，查处商标侵权案15起，令42家摊位摘除假冒硒砂瓜商标标识和地标标识3000余枚。组织开展广告市场专项整治，没收涉嫌非法集资宣传页600余份，投资顾问名片400余份，宣传手提袋1500余个，对1起非法集资宣传案件进行立案查处，向市金融办移交2起涉嫌非法集资案件线索。

（张宁伟）

【标准与计量管理】 组织42家企业开展诚信计量示范创建活动，检定各类计量器具28285台（件），没收"问题"计量器具30余台（件）。组织开展定量包装、商品净含量专项监督抽查45批次，抽检合格率为94.44%，依法责令有关企业进行限期整改。加强认证监管工作，共检查体系认证企业36家，获证资质实验室15家，确保体系认证企业和资质实验室符合认证要求。建立中卫市标准化工作协调推进机制，推行企业产品标准自我声明公开和监督制度试点工作，指导15家企业的33个企业标准通过《宁夏回族自治区企业产品标准信息公共服务平台》进行企业标准自我声明公开。全力推进农业标准示范区建设，"中宁县国家级农业综合标准化示范县"和"海原县小茴香种植综合标准化示范区"通过国家标准委考核验收，"中卫市设施蔬菜农业标准化示范区"和"中宁县枸杞绿色农业标准化种植示范区"被推荐为国家第九批农业标准化示范区建设项目。

（张宁伟）

【市场秩序规范】 严查格式合同霸王条款，在供水、供电、供气、供暖等公用事业及旅游行业中开展合同格式条款专项整治，检查企业56家，收集合同文本61份，开展行政约谈7次，下发行政建议书2份，下发责令整改通知书6份，纠正涉嫌违法格式条款7条。举办合同应用培训班4期，培训300人次。共推行《硒砂瓜订购合同》示范文本2.5万份，指导签订合同100份；推行小茴香、甜瓜、马铃薯、葱韭蒜4种合同示范文本，指导签订合同5000份。合同应用规范，合同纠纷较往年明显减少。组织开展网络交易市场专项检查，对宁夏网络商品交易市场监管系统中119户网站和17家网店信息进行进一步核实，对8家涉嫌博彩或有欺诈行为的网站予以关停。积极开展"守合同重信用"公示活动，有14家企业被评为"2014—2015年度国家级守合同重信用企业"，较上一届增加5家；有45家企业被评为"2013~2014年度自治区守合同重信用单位"；有43家单位被评为"2013~2014年度市级守合同重信用单位"。　　(张宁伟)

【行政执法】　　成立重大复杂案件审核领导小组，对55起一般程序案件和18件重大复杂行政处罚案件进行集体审核，对办案程序、证据认定、法律适用、裁量权行使等方面进行规范，认真落实罚交分离制度，有效规范权力运行，化解行政执法监管风险。全面推广随机抽查监管机制，提升事中事后监管的效能。坚持问题导向，紧盯重点时间段和问题比较多的行业，集中开展农资、成品油等专项整治，共查处经济违法案件172起，罚没款99.48万元。受理消费者举报、投诉777起，答复市长信箱48件，为消费者挽回经济损失25.83万余元，集中销毁假冒伪劣商品标值达110余万元，有力推进和谐中卫建设。　　(张宁伟)

【脱贫攻坚】　　为切实实现脱贫目标，成立市局扶贫工作领导小组，局主要领导担任组长，抽调1名局领导，两名副科级干部担任扶贫联络员，常驻扶贫村开展工作。海原县七营镇南堡村、马堡村共有贫困户543户2172人，都被列入2016年整体脱贫村，工作任务十分艰巨。结合人员变动情况，局领导先后6次深入到扶贫村帮助解决突出问题，在派驻两名驻村扶贫干部的基础上，先后派出620人次深入到帮扶村，围绕产业发展助力脱贫。为两个村划拨扶贫资金4万元，资助计算机2台、饮水机2个、冬季烤火煤4吨。制定帮扶措施12条，走访群众7000余人次，提供就业信息134条，转移就业1082人次。指导发展经果林、草畜等产业，有效增加村民收入。经验收南堡村脱贫率97.78%；马堡村脱贫率97.27%。　　(张宁伟)

审计监督

【机构设置】　　中卫市审计局核定行政编制20名，后勤服务事业编制1名。实有行政人员17名，事业人员1名。设有办公室、法规审理科、财贸审计科、行政事业审计科、农业与环保审计科、固定资产投资审计科(挂政府投资项目科牌子)、经济责任审计局、政策执行科。　　(陈淑兰)

【政策落实】　　对市本级及两县一区稳增长等政策执行情况进行5次跟踪审计，实行市、县(区)上下联动工作机制，着力检查重大项目落地建设进度，摸清财政存量资金管理使用情况，关注行政审批、简政放权政策措施落实，通过对重点部门进行延伸审计或审计调查，推进稳增长调结构惠民生政策的有效执行。　　(陈淑兰)

【财政预算执行审计】　　加强对政府全口径预算(决算)的审计监督，将全部政府性资金纳入本级预算执行审计范围，重点突出资金使用的安全性和效益性。全年共完成预算执行审计12项，延伸审计部门(单位)15个，查处各类违规和管理不规范资金37208.24万元，提出审计意见和建议35条，向财政部门移送资产管理不规范案件1件。　　(陈淑兰)

【领导干部经济责任审计】　　全面推进党政领导干部和国有企业负责人经济责任审计。着力检查领导干部守法守规尽责情况，突出经济责任审计"结果"，把"五个方面"和责任界定作为重点，按照"三个区分开来"，妥善处理经济责任审计中发现的问题。2016年完成经济责任审计16项，查处各类违规和管理不规范资金22157.73万元，提出审计意见和建议65条，向纪检监察机关移送违规线索1件。　　(陈淑兰)

【固定资产投资审计】　　进一步规范投资审计工作程序，统一审计业务流程和操作规范。落实"四方会审"制度，完善审计报告内容，建立跟踪审计制度，对中关村中卫云中心装饰等工程进行跟踪审计。加大政府购买社会化服务力度，强化中介机构库管理。全年共委托中介机构完成投资项目审计196项，送审资金26.93亿元，审减资金2.42亿元，综合审减率8.98%。　　(陈淑兰)

【专项资金审计和审计调查】　　科学制订审计计划，开展市老年活动中心、沙坡头区敬老院等基本养老服务体系建设、生态移民和农业综合开发、保障性住房等专项资金审计，全年完成专项资金审计7项。向检

察机关移送违法案件1件。　　　　　　（陈淑兰）

【国有及国有参股企业资产负债损益审计】　对中卫市应理城乡市政产业(集团)公司及其下属公司、旅游产业集团公司、宁夏西部云基地科技有限公司等企业2015年度资产、负债、损益情况进行专项审计调查,重点关注国有及国有参股企业资产负债损益的真实性、完整性,关注企业管理中存在的问题,并对协议投资落实不到位、股权收益未分配、经营决策、资产处置不规范等审计中发现的问题针对性地提出审计建议12条。　　　　　　　　　　　　　　（陈淑兰）

【党建、党风廉政建设和精神文明工作】　扎实开展"两学一做"学习教育,深入开展"党员先锋在行动""我是党课主讲人""支部书记带头讲党课"、"文明科室"创建等活动,落实党建工作"3+7"重点任务,开好民主生活会、组织生活会,开展扶贫帮困,落实精准扶贫任务,深化"学雷锋、行善举、做表率"活动,组织干部到市社会福利院、儿童康复中心开展"关爱儿童"等主题志愿服务活动。组织开展"文明科室""五好家庭"创建活动,抓机关作风建设,树部门和干部形象。策划出版《宁夏审计》中卫专刊。进一步整合改版《中卫审计》,合理设置版块设计,分信息快递、工作动态、审计论坛、审计文苑4个版块进行信息宣传,全年共印发《中卫审计》59期172条。《中国审计报》《宁夏审计》《中卫日报》等报刊和各类新闻网站刊登宣传信息、理论文章86篇次。　　　　　　　　　　（陈淑兰）

安全生产监督管理

【概况】　2016年,全市共发生各类安全生产事故211起,死亡57人,其中:生产经营性事故死亡33人(道路交通14人,工矿商贸19人),受伤192人,事故起数同比减少258起,下降55%;死亡人数减少6人,下降9.5%;受伤人数减少30人,下降13.5%;直接经济损失794.46万元,同比增加288.33万元,上升57%。亿元GDP生产安全事故死亡人数为0.171,占年度控制指标0.175的97.7%。发生较大事故1起,占年度控制指标2起的50%。沙坡头区发生各类安全生产事故103起,死亡27人(生产经营性事故死亡17人,其中道路交通8人,工矿9人),受伤93人,经济损失373.4万元。与2016年同期相比,事故起数减少165起,下降61.6%;死亡人数增加6人,上升28.6%;受伤人数减少20人,下降17.7%;经济损失增加205.9万元,上升122.9%。中宁县发生各类安全生产事故75起,死亡12人(生产经营性事故5人,其中道路交通2人,工矿3人),受伤82人,经济损失137.8万元。与2016年同期相比,事故起数减少47起,下降38.5%;死亡人数减少4人,下降25%;受伤人数减少3人,下降3.5%;经济损失减少52.2万元,下降27.5%。海原县发生各类安全生产事故29起,死亡13人(生产经营性事故6人,其中道路交通3人,工矿3人),受伤16人,经济损失122.82万元。与2016年同期相比,事故起数减少45起,下降60.8%;死亡人数增加2人,上升18.2%;受伤人数减少6人,下降27.3%;经济损失减少24.3万元,下降16.5%。海兴开发区发生各类安全生产事故4起,死亡5人(生产经营性事故5人,其中道路交通1人,工矿4人),受伤1人,经济损失160.4万元。道路交通事故发生198起,死亡38人(其中生产经营性交通事故30起,死亡14人),受伤188人,经济损失34.46万元。与2016年同期相比,事故起数减少19起,下降8.8%,死亡人数减少4人,下降9.5%,受伤人数减少32人,下降14.5%,经济损失减少11.74万元,下降25.4%。无生产经营性火灾事故发生,无人员伤亡。工矿商贸事故发生13起,死亡19人,经济损失760万元。与2016年同期相比,事故起数上升85.7%,死亡人数上升111.1%,受伤人数上升100%,经济损失上升111.1%。农业机械事故发生1起,无人死亡,受伤1人。
　　　　　　　　　　　　　　　　（冯玉彦）

【安全责任落实】　"党政同责、一岗双责"进一步落实。召开专题会议,传达学习中央领导同志和自治区主要领导的批示、指示和讲话精神。召开3次市委常委会、5次政府常务会,听取全市安全生产工作汇报,分析各阶段形势,研究解决安全生产工作重大问题。召开4次安委会全体(扩大)会议,安排部署重要时期、阶段性安全生产工作。重新调整市安委会组成人员,市长担任市安全生产委员会主任,明确一名市委常委分管安全生产工作。市政府将建立健全"四级五覆盖"安全生产责任体系列入2016年工作要点。将深化"安全生产责任落实年"活动内容纳入安全生产管理目标责任书。市委、政府出台《中卫市安全生产"党政同责、一岗双责"暂行规定》,各县(区)、乡镇、村相继出台相关规定或制度。出台《中卫市安全生产行政责任规定》,调整和明确有关行业主管部门的安全监管工作职责。制定公布安全生产权力清单、责任清单和安全生产行政执法工作计划和"双随机、一公开"机制。　　　　　　　　　　　　　　（冯玉彦）

【安全监管体制机制】 印发《关于进一步理顺中卫工业园区管委会管理体制等有关事项的通知》，重新划分沙坡头区人民政府、中卫工业园区管委会安全生产管理职责，赋予管委会部分行政执法权限。沙坡头区人民政府设立沙坡头区综合行政执法局，核定编制11人，已到位7人，配备必要的执法装备。中卫工业园区管委会设立综合行政执法局，配备人员3名。成立中卫市安全生产监测与应急救援指挥中心，核定事业编制10名，已到位5人；成立中卫市安全生产监督管理局工业园区分局，核定事业编制3名，已到位1人。市政府持续加大安全生产投入，年内为市安监局增加安全生产专项经费346万元。 （冯玉彦）

【应急救援体系建设】 制定《中卫市安全生产应急救援体系建设实施方案》，依托中卫市消防支队特勤中队率先在全区建立中卫市化学品应急救援大队。应急救援大队共120人，分4个中队。建设完成中卫市化学品应急物资储备库。市政府投资170万元采购配备各类应急物资15种130套，与中卫市消防支队特勤中队现有装备统一组成中卫市化学品应急物资储备库，为成功救援和快速有效处置化学品事故创造条件。 （冯玉彦）

【各类专项大检查大整治】 全市开展6轮次安全生产大检查、大排查，开展十大专项整治行动、打非治违专项行动。按照安全生产"三个必须"的工作要求，成立由8名分管市领导任组长、分管副秘书长任副组长的8个专项整治工作小组，在全市11个重点行业领域开展安全生产百日专项整治行动。全市共排查各类企业8334家次，下发执法文书3644份，排查一般隐患8518处，整改8432处，整改率达99%。查处无证或证照不全从事建设、生产、经营的164起，责令停产整顿164家。查处不按规定进行安全生产培训或无证上岗的6起，查处非法违法生产经营建设行为36起。严肃查处生产安全事故，收缴罚款371.62万元，处理责任单位19家，处理责任人46人，追究刑事责任9人，吊销执业资格2人。 （冯玉彦）

【安全生产责任保险】 成立安全生产责任保险推进工作小组，制定印发《关于在全市工矿企业推行安全生产责任保险的实施方案》。全市共投保企业38家，保费162.84万元。其中：中宁县投保12家，保费79.34万元；沙坡头区投保16家，保费76.89万元；海原县投保10家，保费6.6万元。 （冯玉彦）

【查处生产安全事故】 严格按照"四不放过"原则，对年内发生的12起生产安全事故进行严肃查处。调查结案9起，罚款371.62万元；处理责任单位19家，其中行政单位6家，企业13家；处理责任人46人，其中企业责任人37人，行政单位责任人9人。追究刑事责任9人，吊销执业资格2人。1起事故由自治区成立调查组进行调查处理。 （冯玉彦）

【监管人员教育培训】 聘请市检察院专业人员，举办"两高"司法解释培训班3期，分别对两县两区分管领导、市安委会成员单位主要负责人进行全面培训。组织举办新《安全生产法》、新修订的《宁夏回族自治区安全生产条例》宣贯班各1期，培训监管部门分管负责人、监管人员及企业负责人580余人。举办企业风险控制和隐患治理信息系统建设培训班4期，培训各类监管人员320余人次。 （冯玉彦）

【企业人员教育培训】 举办受限空间作业、粉尘防爆、条例宣贯、风险防控等培训班75期，培训企业负责人、安全管理人员、特殊作业人员、信息系统管理员等各类人员10350人次。加强企业三级安全教育。督促企业对新上岗员工进行全员培训，切实做到不培训不上岗、培训不合格不上岗。 （冯玉彦）

【"安全生产月"活动】 扎实开展"安全生产咨询日"活动，组织22个部门、30多家企业在红太阳广场开展宣传咨询活动。印制发放《安全手册》口袋书1000册、《公众应急知识读本》5000册，散发安全生产宣传资料2.3万余份。组织开展安全生产知识竞赛活动。收集答题卡1.2万份。组建安全生产知识竞赛队伍30支，8家队伍进行现场竞赛。组织开展"把安全带回家"摄影、征文活动，收集征文205份，收集各类照片320份。开通公安、安监、消防等微信平台，在《中卫日报》开通安全生产专栏，利用企业、商场、广场电子屏开展安全宣传，发送各类安全生产信息5万余条。 （冯玉彦）

【安全生产约谈机制】 定期不定期对制度建设不完善、隐患排查清单上报不及时、隐患问题不整改等企业负责人进行约谈。开展安全生产承诺活动，年初组织部分行业监管部门、39家重点企业，在《中卫日报》、中卫电视台等新闻媒体进行安全生产公开承诺，主动接受社会监督。 （冯玉彦）

【客运驾驶员适宜性检测长效机制】 指导交通运输集团建立客运驾驶员出车前适宜性检测的长效机制。采购酒精检测仪、血压测量仪、视觉检查图、色谱检查图，设置专业检测室，配备经专业机构培训的检测员。由客运部门按照标准对驾驶员在出车前两个小时，进行酒精和药物影响检测、血压测量、精神面貌、视觉意识测试。由经专业机构培训的检测人员进行速度估计检测、处置判断检测、复杂反应判断检测、动视力检测、间视力检测。双方检测结果均为合格时,方可出具派车任务。 （冯玉彦）

【安全生产领域突出问题整治】 市安委会办公室组织对全市安全生产领域存在的突出问题和事故隐患进行排查摸底,共排查出消防、危险化学品、教育、道路交通和医疗卫生五大类29项突出问题。针对存在的突出问题,市政府印发《中卫市安全生产领域突出问题整改"五定"方案》,明确整改措施、责任单位、配合单位、责任人员、完成时限和责任处罚措施。 （冯玉彦）

【安全生产第三方帮扶服务】 制定出台《中卫市开展安全生产第三方帮扶服务实施方案》,在全市工矿企业全面推行第三方帮扶服务,市政府每年列入财政预算50万元,专门用于第三方帮扶政府购买服务事项,帮助企业开展风险辨识、隐患排查、过程安全管理、人员培训等方面工作,重点解决设施设备、工艺流程等方面的疑难问题。 （冯玉彦）

【"专家会诊"服务企业活动】 聘请安全生产专家对重点企业开展"专家会诊""技术抽检"服务企业活动,对全市137家重点企业电气、工艺、设备等方面进行深入细致的检查,形成专家"会诊"报告,全市共排查整治过程安全管理方面事故隐患18条。中宁县通过政府购买服务方式对辖区内90家企业进行检查,对存在的问题提出整改意见,推进企业扎实开展"六化"建设。 （冯玉彦）

【科技兴安工程】 强力实施安全技术更新和改造,全市"两客一危"车辆全部安装卫星定位装置,长途客运车辆全部安装自动爆玻装置。危险化工工艺全部完成自动化控制和自动连锁装置改造,矿热炉全部安装冷却水泄漏自动报警装置,密闭电石炉全部安装DCS自动化控制系统,达不到安全距离要求的加油站全部完成防爆阻隔技术改造。 （冯玉彦）

【微型消防站建设工程】 全市35个社区、263家重点单位已全部建成微型消防站,完成率100%。全市独立火灾感烟探测器已安装750个,简易喷淋已安装125套。 （冯玉彦）

【农村公路责任保险工程】 投入6万元为2219.681公里农村公路投保公众责任险,由保险公司承担公众责任理赔。投入13.9万元将116.2公里山区公路每年按保险金额1162万元进行投保,由保险公司负责对因自然灾害造成公路及公路设施损害进行理赔,全年共理赔水毁路段10余万元。 （冯玉彦）

【农村公路安全生命防护工程】 对沙坡头区285条农村公路进行全面排查,分3期投入1700余万元,全面整治各类道路隐患,2016年完成5条,已完成整改。 （冯玉彦）

【电梯安全物联网综合管理平台建设工程】 优化电梯安全监控、事故实时报警、应急语音安抚、事故统计分析等电梯安全管理工作。建立电梯应急指挥中心,在壹号名邸小区试装电梯安全监控终端系统,计划于2017年年底前完成所有在用电梯入网,建成中卫市电梯安全物联网综合管理平台,实现全市电梯数字监管全覆盖。 （冯玉彦）

【安全生产应急预案演练专题活动】 制定印发《关于深入开展2016年安全生产月期间安全生产应急演练专题活动的通知》。在宁夏明盛染化有限公司厂区,组织开展全市危险化学品泄漏事故应急救援预案演练活动。全市共举办各类应急演练活动210余次,出动各类应急演练车辆1800余辆,参加演练人员15600人次。 （冯玉彦）

【成立中卫市化学品安全协会】 在原中卫市危化行业安全生产协会的基础上,成立中卫市化学品安全协会,吸收会员单位41家。成立由32名专家组成的协会专家委员会,专门从事危化企业的专项检查、隐患治理、应急救援及技术咨询等安全事宜。 （冯玉彦）

【安全风险控制和隐患治理信息系统建设】 印发《2016年全市工矿企业安全生产隐患排查治理体系建设工作方案》,对企业负责人、系统管理员进行全面培训。在454家工矿企业建立风险控制和隐患治理信息系统,清单报备企业317家,报备隐患排查清单3914个,辨识安全风险点45180处,查报各类信息1506752条,排查隐患8071条,整改7936条,整改率为98.3%。 （冯玉彦）

【安全生产标准化达标创建】 全市共创建安全标准化达标企业152家,达到三级水平146家,二级水平6家。通过标准化达标创建,使各生产环节更加符合有关安全生产法律法规和标准规范的要求,人、机、物、环等处于良好的生产状态,企业安全生产规范化得到进一步提高。 （冯玉彦）

【企业"六化"达标创建】 按照"责任落实年""六化"目标要求,103家企业通过达标验收,印制张贴安全警示告知牌2386块、安全标志标识牌1197块,安全作业流程牌430块、安全工作看板570块。初步统

计全市工矿企业共组织各类培训1290余期，培训各类人员61000余人次。（冯玉彦）

【转变职能强化安全生产服务】 摒弃传统观念，创新工作方法，积极为企业项目的建设和发展推出个性化举措。简单易办的事项，资料齐全后，立说立办；需协调办理事项，多部门联合，现场办理；难度较大事项，聘请专家，成立协调小组，由易到难，分层办理。年内，共办理行政审批事项73件，解决11个企业多年来未办结的12项安全手续。（冯玉彦）

【开通安全监管的"第三眼"】 聘请各行业领域安全生产义务监督员10名、政风行业评议员20名，对监管人员行政执法情况、服务企业工作情况、企业落实安全生产主体责任情况进行监督，对发现的问题通过座谈会、现场交流等方式予以提出，督促监管人员依法履职，企业认真落实主体责任。（冯玉彦）

【建筑施工现场无线视频传输系统】 在实施现场推广应用无线传输监控系统，该系统实现施工现场和监管部门无线实时传输监控画面及喊话功能。在市质量监督站设立监控平台，同时可录制现场监控画面，公司老总用手机上网随时查看本公司施工现场情况，监管部门在电脑上随时发现施工现场的违法违规行为，随时拍照取证。（冯玉彦）

工业与园区建设

综　述

【概况】　2016年，全市工业经济工作以新型工业化为方向，以"三去一降一补"为指导，以"稳增长、调结构"为重点，攻坚克难、帮企解困，工业经济呈现趋稳向好的势态。全市规上工业企业完成总产值503.2亿元，同比增长4.9%；完成工业增加值96.8亿元，同比增长4.5%。其中，中宁县完成工业增加值45.8亿元，同比增长5.3%；海原县完成工业增加值9.1亿元，同比增长1.6%；沙坡头区完成工业增加值41.9亿元，同比增长4.2%。　　　　　　（董炳昱）

【项目建设】　全年共实施重点工业项目32个，其中新建项目16个、续建项目14个、技改项目2个，完成工业总投资117.59亿元。协鑫晶体1GW单晶硅、紫光公司二期5万吨蛋氨酸、天元锰业四期30万吨金属锰等13个项目建成投产；四川新澧30万吨硫化碱、宁钢公司60万吨高速线材等14个项目顺利推进；云创公司数据中心二期等5个项目开展前期工作。同时，全面加大招商引资工作力度，主动出击、反复对接，力促中化国际锂电池产业园、紫光公司三期10万吨蛋氨酸等10个重点项目成功签约。　　　　　　（董炳昱）

【转型升级】　2016年年初召开全市工业经济工作会议，明确"十三五"工业转型升级方向和2016年工业转型升级重点工作。年内，围绕市委提出的"三新产业"发展思路，以"三新产业"为支撑，大力实施工业转型升级战略，今飞公司500万只汽车轮毂、都阳公司3GW单晶硅、云创公司数据中心、军民融合飞艇组装等一批技术改造、产业耦合发展项目加快建设并顺利推进。积极化解淘汰落后产能，关停82kVA电解槽62台产能5万吨、18500kVA铁合金矿热炉1台产能1.6万吨、12500kVA铁合金矿热炉2台产能2万吨、16500kVA电石矿热炉2台产能3.3万吨、1000万平方米低档次陶瓷墙砖生产线。轻工业实现总产值近665亿元，同比增长33.4%，轻重工业比由2015年的10.3:89.7调整为13.2:86.8，工业产业结构明显发生改变。　　　　　　（董炳昱）

【惠企服务】　出台工业稳增长政策，紧盯工业稳增长目标，以落实自治区工业稳增长"十条"为重点，出台中卫市工业稳增长"十二条"。全面落实电力改革政策，组织40家企业完成电力直接交易电量79亿千瓦时，并为锦宁铝镁和宁钢集团等企业争取特殊电价优惠政策，有效降低企业生产成本。落实结构性减税政策，开展减轻企业负担专项治理，落实63家企业结构性减税5821万元。落实69家企业"稳岗补贴"资金277万元，发放交通运输费减征凭单12.3万张。启动困难企业专项补贴政策，对运行困难的钢铁、铁合金企业适时给予了阶段性调控补贴，落实补贴资金1731万元。　　　　　　（董炳昱）

【节能降耗】　严格节能监察，组织对全市46家重点用能企业节能目标责任完成情况进行评价考核，对电解铝、钢铁、铁合金、水泥等行业的13家重点企业开展节能专项监察。严格新上固定资产投资项目节能评估和审查，完成节能登记备案项目257个，节能评估和审查项目25个。实施银河冶炼、三元中泰、茂烨公司铁合金矿热炉烟气余热发电项目，宁钢煤气及饱和蒸汽综合利用发电项目。年度单位地区生产总值能耗下降7.84%，超额完成自治区下达的下降4.5%的目标任务。　　　　　　（董炳昱）

【信息化工作】　全力实施"宽带中国"示范项目，按照"宽带中国"示范城市建设要求，定期汇报项目推进情况，并积极将中卫市宽带建设申报国家政策环境创优案例,成功申报国家电信普遍服务试点项目。中卫电信、中卫联通、中卫移动公司分别成为沙坡头区、中宁县、海原县施工建设单位,计划2017年6月30日全部建成,实现全市行政村宽带全覆盖。同时,认真组织企业开展"两化"融合工作,宁夏隆基硅、紫光天化、锦宁铝镁3家企业被评为国家及自治区"两化"融合贯标试点企业。　　　　　　　　　(董炳昱)

【促进中小微企业发展】　全面落实国家、自治区促进中小微企业发展的各项政策措施,中小企业发展集聚化程度加快,中卫农副产品加工园区、中宁新水农产品加工园区、海兴开发区农产品加工小微企业孵化园等一批特色产业园区不断发展壮大。中小企业社会化服务机制彰显活力,培育扶持8家市场化的中小企业公共服务机构,特别是中卫市中云科慧公司承建运营的中卫市中小企业信息公共服务平台成功进驻中宁县政务服务大厅,通过实地和网络形式为50余家企业提供服务。中小企业提升行动成效显著,宁夏三公质量检验测试中心(有限公司)被认定为自治区级中小企业公共服务示范平台,26家企业被评选为自治区级"专、精、特、新"企业,8家企业获评自治区"专、精、特、新"示范企业,中宁县恩和纺织园小微企业创业孵化基地获评自治区级"小型微型企业创业示范基地"。　　　　　　　　　　(董炳昱)

【深化改革】　电力体制改革扎实推进,组建中宁工业园区能源管理服务有限公司,建成投运电力服务大厅,自治区经信委已批复该公司开展售电侧相关业务。协助18家用电企业签订48.7亿度购售电协议,完成直购电交易2662万千瓦时;成立服务于中卫工业园区的宁夏中卫能源服务有限公司,《宁夏中卫工业园区配电网建设规划》已通过评审,正在编制配电网建设可行性研究报告,开展售电业务的申请已提交待批复。兴尔泰供热中心和天元锰业自备热电厂项目建设进展顺利。其中,兴尔泰公司供热中心已基本建成;天元锰业自备热电厂地基已开挖,配套附属工程已开工建设。　　　　　　　(董炳昱)

重点产业

【云计算产业】　亚马逊AWS数据中心一期3栋机房已建成,1.2万台服务器正在调试;云创数据中心一期2栋机房已建成,奇虎360的3000台服务器正在安装调试;中国移动数据中心一期4栋单体建筑正在进行土建施工;中国联通、工信部信息中心等数据中心项目正在办理前期手续;组建军民融合产业服务中心,一批军民融合产业示范项目积极推进。
　　　　　　　　　　　　　　　(董炳昱)

【新能源及配套制造产业】　宁夏协鑫晶体科技有限公司投资9.12亿元建设的一期1GW高效单晶硅项目于2016年3月建成投产,二期2GW单晶硅项目将于2017年3月开工建设、9月建成投产;都阳3GW单晶硅项目已开工建设。　　　　　(董炳昱)

【冶金(新材料)产业】　天元锰业四期30万吨电解金属锰投产,形成80万吨电解金属锰生产能力,市场竞争能力进一步提升;今飞轮毂500万支汽车铝轮毂铸造项目一期建成投产。中宁工业园区电解铝、铝板带箔、汽车铝轮毂、高端航空铝材的产业体系进一步完善,铝产业链条进一步延长,中宁新材料产业基地规模不断扩大。　　　　　　　(董炳昱)

【化工产业】　紫光天化公司投资13亿元的蛋氨酸二期项目建成投产,总产能达到10万吨/年,年可实现产值28亿元。紫光天化、紫光川庆、鑫华威、新澧化工、渝丰化工、润夏化工等企业之间产品实现上下游衔接、耦合发展,中卫工业园区精细化工产业形成了循环化、集群式发展。　　　　　(董炳昱)

中卫工业园区

【概况】　中卫工业园区是自治区级工业园,位于市区以北13公里,规划面积50平方公里。2003年4月,自治区政府批准、国家发改委核准设立美利造纸工业园(现中卫工业园区一期),规划面积10平方公里,产业定位为林纸一体化发展。2010年6月,经自治区政府批准在原用地基础上向东扩展40平方公里,作为中卫工业园区二期,主要发展精细化工、钢铁冶金、光伏材料及光伏发电、云计算等相关产业。截至2016年年底,中卫工业园区入驻企业95家,其中规上企业58家,企业累计完成投资390亿元,2016年园区规上企业实现工业产值156亿元,解决就业1.6万人,成为中卫市发展工业经济的主阵地。　(马小琴)

【主要经济指标】　2016年,园区企业完成固定资产投资46.4亿元,同比增长11%,累计完成投资390亿元;园区规上企业实现工业产值156亿元,同比增长13%;实现工业增加值32.14亿元,同比增长12.4%;实现利润总额3.2亿元,同比增长1167%;实现税收2亿元,同比增长49%;综合能源消耗301.8万吨标煤,同比下降10%,电力消费总量63.9亿千瓦

时，同比下降11%。园区经济整体触底回升、逐步回暖、良性发展。（马小琴）

【产业结构】 园区建设8年来，产业结构从初期的单一走向多元，初步构筑4条大中小项目合理配套、上下游产品相互关联的循环经济产业链条：1. 形成以渝丰公司15万吨/年合成氨—润夏公司15万吨/年浓硝酸—华御公司苯系列中间体—瑞泰科技及蓝丰生化农药中间体等为依托的精细化工产业链。2. 形成以协鑫集团、银阳公司为龙头的多晶单晶拉棒—电池切片—电池组件—沙漠光伏产业园电站项目为主的新能源产业链。3. 形成以西部云基地亚马逊为龙头的大数据产业链。4. 形成以宁钢集团、茂烨冶金、银河冶炼等为依托的集选矿、炼铁、炼钢、轧钢为一体的钢铁冶金产业集群。（马小琴）

【招商引资】 2016年，先后引进并开工建设5个项目，分别是：银阳公司总投资17.8亿元的3000MW单晶方棒制造项目、四川联合新澧化工投资2亿元的15万吨硫化碱项目、科豪陶瓷投资2.6亿元的年产600万平米喷墨高档抛光金刚釉瓷质砖项目、蓝丰化工投资0.4亿元的年产1000吨脱叶磷原药及制剂项目、利安隆新材料投资8.1亿元的二期年产6.8万吨高分子材料功能助剂及配套原料项目。（马小琴）

【园区服务管理】 中卫工业园区管委会完善中卫工业园区整体性评估成果企业共享机制，进一步简化企业办事程序，提高入园办理效率，大大降低企业成本。开展"公众开放日"系列活动。解决拖欠300余名农民工的320余万元工资问题，于2016年6月被评为全区农民工工作先进集体。党的基层组织建设得到进一步加强，在入园企业中新成立4个党支部，并且华御化工党总支、紫光公司党支部荣获自治区级"双强六好"党组织及宁钢集团张酉军被授予区级优秀共产党员。（马小琴）

【重点项目建设】 协鑫集团1G高效单晶项目建成投产；紫光川庆萘酚项目已试产；紫光天化蛋氨酸二期项目于5月底全部建成，具备投产条件；中电投中卫热电项目于11月11日正式并网投运；亚马逊AWS和云创公司数据中心1.5万台服务器正在安装，10月份上线运营；中国移动、中国联通、誉成云创二期、工信部数据中心4个数据中心正在积极推进；宁钢集团60万吨高线项目6月16日开工建设。（马小琴）

【基础设施】 2016年，园区基础设施完成投资3.2亿元。园区已建成基础设施项目9个，分别为：镇罗产业基地道路翻建工程、C5西路绿化浸水处理工程、西干路硬化工程、云基地公共电缆沟工程、园区绿化供水管网工程、园区绿化整地工程、园区部分道路亮化工程、园区人工湿地工程和园区绿化工程。正在建设的2个，即云展馆及园区服务中心工程和园区中水处理厂工程。即将开工建设的7个，包括沙坡头区750kV变电站工程、中小企业创业园排水管网改造工程、利安隆二期项目35kV线路工程、B3路沿线排水工程、园区至柔石路连接线道路工程、新澧化工10kV线路工程和园区生活垃圾转运站工程。（马小琴）

【环保与安全整治】 加大检查力度和频次，共检查企业93次，查出安全隐患356条，下发督办通知28份，整改隐患353条，整改率达到99%；借助市危化行业安全协会平台，培训安全管理人员300余人次，企业组织自培5000余人次；61家生产企业实现与全区安全生产隐患排查治理信息系统上线互通，实现安全隐患自查自报闭环管理。建立中卫工业园区环境保护和安全生产监管联动工作机制，进一步提升园区企业安全、环境的监管以及处置突发事件的能力和水平。（马小琴）

【环境面貌】 2016年，中卫工业园区管委会组织人员机械先后对中云路、西云大道、夏云路、凤云路等9条道路两侧绿化带进行平整覆土，对道路绿化带以外的不平整区域进行拉坡治理，对随意堆放的渣土进行拉运清理。日均动用机械车辆50台次，共计拉运土方30万立方米，整治面积达104万平方米。此外，还联合公安、城管、市场监管等部门开展非法广告牌匾清理工作，共取缔非法广告牌匾43块。（马小琴）

【国家电投宁夏中卫热电联产项目】 中卫热电项目位于宁夏中卫市工业园区宁钢大道东侧，C4路南侧，南距中卫市区12公里。一期工程建设两台350MW超临界燃煤直接空冷双抽供热发电机组，同步建设脱硫、脱硝设施，并留有扩建用地。一期工程动态投资28.58亿元，占地面积22.25公顷，项目于2013年12月取得国家发改委核准，2014年5月开工建设，2016年9月实现机组"双投"。该项目由中国电力工程顾问集团西北电力设计院设计，热网首站通过采暖一级管网和工业蒸汽管网实现对中卫市居民采暖及工业蒸汽用户供热，设计供回水温度分别为130℃和70℃，机组投产为中卫市区集中供热后，供热到用户的二次管网温度将稳定在85℃，将替代中卫市区16台总计480吨/小时的供热小锅炉，供热幅度大幅提高，大大改善中卫市居民的冬季采暖条件。（马小琴）

农业和农村经济

综述

【概况】 2016年，全市农林牧渔业增加值达到54.45亿元，增长4.3%；全市农村居民可支配收入8626元，增长7.8%。全市落实粮食种植面积258.77万亩，其中小麦23.97万亩，同比增加1.44万亩，灌区小麦单产达449公斤，增长5%以上。通过压夏增秋，水稻面积稳定在12.52万亩。玉米面积继续缩减，较上年减少2.72万亩，总面积达到87.04万亩。落实马铃薯种植面积71.41万亩，通过推广脱毒种薯和采取高垄管灌种植技术，亩产比大田传统种植增650公斤，增幅达40%。建设水稻、玉米绿色攻关示范点4个、4880亩。全年粮食总产达到58.26万吨以上。全市农业机械总动力83.39万千瓦，比2015年减少64.47万千瓦，农业机械总值达96646万元，比上年减少18817万元。取消农用运输车和小型拖拉机报废是农机总动力和农业机械总值减少的主要原因。其中，各类拖拉机拥有量29980台，联合收割机882台。各种配套农机具达1.55万台（套）。水稻种植机械、玉米收获机械等粮食生产薄弱环节的农业机械大幅增加；为硒砂瓜生产、设施农业、枸杞、马铃薯、中药材及畜牧饲草等农业产业化生产服务的新型农业机械研发推广工作不断推进，技术日臻成熟，农机装备结构进一步优化，农业机械已成为支撑农业生产的重要物质装备。2016年全市主要农作物耕种收综合机械化水平达到73.4%以上，比上年增加2.4个百分点。灌区小麦实现全程机械化生产。水稻机械化种植水平达到75%，机械收获水平达到100%，玉米种植机械化水平达到85%，收获水平达到72%。设施农业、硒砂瓜、马铃薯等主要农业产业化生产机械化水平有很大突破，地膜覆盖面积残膜机械化回收利用率达到85%以上，主要农作物机械化秸秆回收综合利用率超过75%。主要农业产业机械化快速推进，机械化生产方式在农业生产中已占据主导地位。全市种植硒砂瓜86.06万亩，建立硒砂瓜品质品牌保护核心基地40万亩，合理安排分期播种、均衡上市，有序组织压砂地轮作歇茬，严格落实品质品牌保护和田间管理措施，全市硒砂瓜总产量达112.72万吨，实现产值14.88亿元，增2.62%。全市蔬菜种植面积达到39.12万亩，其中设施蔬菜16.12万亩，地膜蔬菜9.16万亩，露地蔬菜13.84万亩。新建永久性蔬菜基地0.52万亩。蔬菜总产量达到201.23万吨。全市奶牛存栏、肉牛、肉羊、生猪和蛋鸡饲养量分别达到6.05万头、36.1万头、291.2万只、122.5万头和795.2万只；分别完成年计划任务的100.8%、112.8%、121.3%、122.5%和122.3%；分别比2015年同期增长16.7%、6%、1.9%、2.5%、5%。肉、蛋、奶总产量分别达到10.5万吨、3.8万吨、20万吨，实现总产值43.3亿元。

（左佳伟）

【瓜菜、草畜产业优化】 引导平顺发等专业合作组织入股合作新建大拱棚蔬菜5000亩，落实永久性蔬菜基地1.5万亩，全市种植蔬菜40.95万亩，总产量达到81.18万吨。全面推广节本增效综合措施，加快推进香岩集团沙漠农业科技示范园、天宁牧业等重点养殖项目提升建设，落实千只肉羊标准化养殖场33个，千头肉牛养殖场8个、千头奶牛养殖场3个，全市鸡、猪、牛、羊饲养量预计分别达到782.5万只、107.13万头、32.1万头和263.7万只。通过农企合作共建小产区的方式，建设硒砂瓜品质品牌保护核心区40万亩，建设农企合作共建硒砂瓜病虫害统防统治示范区5000亩，积极开展硒砂瓜病虫害统防统治和连作障碍示范，并组织召开宁夏中卫香山硒砂瓜品质品牌保护暨可持续发展研讨会，邀请区内外知名西瓜专家、客商，研讨交流硒砂瓜产业发展情况，修订《中卫硒砂瓜可持续发展的指导意见》，全市种植硒砂瓜86.06万亩，总产量达110.5万吨，实现销售收入14.8亿元。

（左佳伟）

【农业产业化经营】 以"互联网+农业"行动为抓手，以万齐集团、香岩集团为重点，加快推进农村一、二、三产业融合发展，建成一批科技创新人才服务基地、电子商务及物流仓储基地、农业综合服务平台和休闲式乡村农舍，走种养结合循环发展的路子，早康枸杞、万齐农业股份有限公司在"新三板"挂牌。积极组织抓好现代农业和特色优质农产品"6个一"宣传活动，组织宁夏红、万齐等16家企业参加闽宁合作20周年农产品展销会，签订各类购销合同4400万元，占全区100多家参展企业签订金额的50%以上。与江苏绿港现代农业发展有限公司签订蔬菜标准化基地建设项目，与北京新发地农产品批发市场签订中卫硒砂瓜产销协议，并授予中卫市压砂瓜生产基地为西瓜供应基地。

（左佳伟）

【农村产权制度改革】 全市41个乡镇417个行政村22.21万农户面积358.49万亩农村集体土地承包经营权确权登记颁证工作基本完成。两县一区分别建立农村产权流转服务中心，建成办公场所，配备办公设施，落实工作人员，已陆续开展工作。积极在沙坡头区和中宁县推进农村土地承包经营权抵押贷款试点工作，截至12月，分别发放贷款163笔1078万元和19笔630万元。推动沙坡头区滨河镇官桥村、黄湾村开展农村集体经济组织股份制改革工作。农村土地承包经营权股份合作制试点工作取得新进展，截至12月底，全市共成立9个土地股份合作社，其中中宁县8个，沙坡头区1个。在全市实施农村集体财务管理开通电话自助结算终端，绑定手机短信通知功能服务平台机制。

（倪平生）

【提升种植技术】 2016年，认真贯彻落实中央一号文件精神和中央、区、市一系列支农惠农政策，充分调动农民种粮的积极性，扎实开展粮食创高产行动，大力推广良种良法配套技术，全面指导测土配方施肥，继续加大农作物优质高产新品种、新技术推广力度。粮食生产获得全面丰收，2016年全市落实粮食种植面积258.77万亩，其中小麦23.97万亩，同比增加1.44万亩，灌区小麦单产达449公斤，增长5%以上。通过压夏增秋，水稻面积稳定在12.52万亩。玉米面积继续缩减，较上年减少2.72万亩，总面积达到87.04万亩。落实马铃薯种植面积71.41万亩，通过推广脱毒种薯和采取高垄管灌种植技术，亩产比大田传统种植增650公斤，增幅达40%。建设水稻、玉米绿色攻关示范点4个、4880亩。全年粮食总产达到58.26万吨以上。全市种植硒砂瓜86.06万亩，建立硒砂瓜品质品牌保护核心基地40万亩，合理安排分期播种、均衡上市，有序组织压砂地轮作歇茬，严格落实品质品牌保护和田间管理措施，全市硒砂瓜总产量达112.72万吨，实现产值14.88亿元，增2.62%。全市蔬菜种植面积达到39.12万亩，其中设施蔬菜16.12万亩，地膜蔬菜9.16万亩，露地蔬菜13.84万亩。新建永久性蔬菜基地0.52万亩。蔬菜总产量达到201.23万吨。马铃薯产业长足发展。以海原县为重点，重点建设原种繁育基地5000亩，一级种薯繁育基地3万亩，推广一级种薯种植15万亩，主推青薯168、青薯9号、庄薯3号、陇薯3号等抗旱抗病性好、产量高、销路广的优良品种。重点推广测土配方施肥、覆膜保墒、机械化耕作播种收获、病虫害统防统治，按照不同区域特点，科学布局种薯品种。

（庄玉秀）

畜牧业

【概况】 2016年，全市畜牧业认真贯彻落实科学发展观，中央及区、市农业农村工作会议精神，以转方式、调结构、稳增长为目标，克服畜禽、水产品价格持续下滑、产业增效慢和农民增收难等多重压力，着力落实"以点带面、示范引领、科技推进"等节本增效措施，使全市畜牧业生产呈现出健康平稳发展的良好态势。全市奶牛存栏、肉牛、肉羊、生猪和蛋鸡饲养量分别达到6.05万头、36.1万头、291.2万只、122.5万头和795.2万只；分别完成年计划任务的100.8%、112.8%、121.3%、122.5%和122.3%；分别比2015年同期增长16.7%、6%、1.9%、2.5%、5%。肉、蛋、奶总产量分别达到10.5万吨、3.8万吨、20万吨，实现总产值43.3亿元。

（张　府）

【标准化养殖场建设】 2016年，新建沙坡头区阜民丰万头奶牛场、香岩集团沙漠农业科技园、润厚源奶牛场一期、海宏万头生猪养殖场等；全市新建肉牛标准化养殖场8个（沙坡头区2个、中宁县2个、海原县3个、海兴开发区1个）；新建肉羊标准化养殖场33个（沙坡头区8个、中宁县12个、海原县9个、海兴开发区4个）。示范带动全市草畜产业发展。全市累计建成标准化奶牛场53个、肉牛场37个、肉羊场85

个、生猪养殖场55个、养鸡场30个。　（张　府）

【畜牧品种改良】　不断健全完善县、乡、村三级人工授精配种改良网络，全面推广生猪、肉牛、奶牛人工授精配种改良技术。全市巩固猪人工授精供精站3个，完成能繁母猪人工授精配种2.7万头，良种覆盖率达到100%。全市引进优质奶牛冻精5.2万支、肉牛冻精4万支，改良奶牛2.5万头、肉牛2.1万头，良种覆盖率均达到100%；引进滩羊种公羊800只，肉用种公羊100只，改良羊只5.5万只，良种覆盖率达到75%以上。良种化比例和品种质量不断提高。

（张　府）

【惠农政策及养殖业保险】　落实养殖业惠农政策，全市开展奶牛保险3.3万头、肉牛基础母牛5327头、能繁母猪1.4万头、肉羊种羊400只。全市争取草牧业试验试点、畜禽标准化养殖、粮改饲试点、畜牧良补、种子工程等养殖业项目，财政批复投资4357.7万元。　（张　府）

【草畜产业】　按照自治区农牧厅《关于印发2015年草牧业试验试点工作实施方案的通知》（宁农〈牧〉发〔2015〕7号）精神，制定推进草畜产业发展"五定"责任方案，还建立草畜产业月报和畜牧业生产季报制度。制定《2016年中卫市本级草畜产业节本增效行动年实施方案》，并在全市遴选科技示范户34个，通过强化示范点建设，实行包点服务、因场施策、对标管理、强化技术指导，并实地进行考核评价、打分和档案资料核查、汇总，切实开展草畜产业节本增效行动年活动，有效提升草畜产业发展水平。最终评选出优秀科技示范户3个，良好26个，合格1个，不合格4个。34个节本增效科技示范点，饲养奶牛9719头，其中产奶母牛4350头；饲养肉牛1242头，其中基础母牛257头；饲养肉羊33900只，其中基础母羊11300只。共计节约成本910.97万元，增加收入594.62万元，实现节本增效1505.59万元；通过确立目标任务，抓好责任落实，促进草畜产业的持续发展。全市奶牛存栏6.05万头，新增0.85万头；肉牛饲养量36.1万头，新增2.1万头，同比增长5.96%；肉羊饲养量291.2万只，新增5.3万只，同比增长1.85%。　（张　府）

【草原建设】　2016年，全市种植各类优质饲草21.94万亩。其中种植多年生牧草9.93万亩，一年生牧草12.01万亩。定期定点监测草原病虫害及鼠虫种群动态，准确传输监测数据，按照鼠虫害发生动态，及时编制防治方案，适时开展鼠虫病害的防治工作。完成天然草原灭鼠任务31.5万亩。利用草原虫害生物防治新技术和绿僵菌制剂防治草原虫害58万亩。修订草原防火应急预案，全面落实草原防火目标责任制，划定重点防火管制区，加强防火值班巡逻，严格火源管理，无火灾发生，确保草原资源和人民生命财产的安全。全市草原承包面积1007.637万亩，享受补助资金9355.153万元。107306户479974人受益。

（张　府）

【禁牧封育】　扎实开展草原防火和禁牧封育巡查工作。认真落实禁牧封育督查分工责任制，采取印发通知、专门会议安排部署，编印发放草原法律法规宣传手册500余份，组成督查组，实行一周一督查一通报，明察暗访，邀请媒体跟踪报道，在巡查中发现偷牧行为，现场拍照、GPS定位，通报处理；并对工作不力的单位和个人，提请监察部门进行责任追究。累计开展防火及禁牧巡查8次，向各县（区）农牧部门印发《禁牧封育督查情况通报》4期，通报乡镇24个、羊群76群5834只。

（张　府）

【动物疫病防治】　全市重大动物疫病累计免疫畜禽1814.02万头/只，其中高致病性禽流感免疫禽类1057.1万羽；牲畜口蹄疫免疫猪、牛、羊分别为89.47万头、37.55万头、273.62万只；猪瘟、高致病性猪蓝耳病免疫分别为91.01万头、72.06万头，小反刍兽疫免疫羊193.21万只，累计使用各类疫苗6999.19万毫升。完成春秋两季重大动物疫病集中强制免疫工作任务。常年实施新生畜、新补栏畜禽跟进补免，筑牢基础免疫保护屏障。全市2016年没有发生重大动物疫情，常发性、群发性和因病设防性动物疫情平稳，保障畜牧业生产安全、动物源性食品安全和公共卫生安全。

（范学成）

【人畜共患病防治】　制订狂犬病、布氏杆菌病、包虫病等人畜共患病防控工作方案，有计划、分步骤在畜间实施以免疫和驱虫为主的综合防控措施。犬狂犬病免疫0.768万条，羊布氏杆菌病免疫70万只，羊包虫病免疫6.5079万只，犬包虫病驱虫2.7773万条，新城疫免疫鸡1742.42万只。　（范学成）

【动物疫情预测预报】　创建"一主两辅"动物疫情监测预警模式，即以市、县（区）、乡镇核心兽医机构为主，以执业兽医、乡村兽医、养殖场兽医及流通贩运人员等为辅的动物疫病综合防控与疫情监测体系。通过在全市创建45个动物疫情固定监测点、6个动物疫情测报示范点、5个兽医技术合作服务示范点，实现疫情监测全覆盖，不断加大监测频次和密度。全年共监测动物疫病样品21385份，其中，血清学检测17516份、病原学检测3869份。对9种动物疫病开展流行病学调查，调查养殖场户16.68万户、畜禽1126.56万头只。全市共监测报告其他动物疫情28起47个疫点，发生动物疫病11种，疫情均呈点状散发经过，没有发生重大动物疫情。根据监测和流调结果，每季度形成一份动物疫情监测分析报告，每半年召开一次监测分析会，对疫情流行情况及传入趋势进行分析研判和风险评估，及时做出预警预报，加强动物疫病防控，有效保障养殖业健康发展。　　（范学成）

【动物检疫监督】　一是全面落实养殖、屠宰、兽药经营三大类企业动物防疫主体责任和官方兽医监管责任，实行"网格化"监管。在全市确定56家养殖、屠宰、兽药经营试点企业，明确其防疫主体责任和义务，督促健全完善动物防疫、检疫申报、病死及死因不明动物无害化处理、兽药使用等制度，落实防控措施，夯实重大动物疫病防控和畜禽产品质量安全基础，提升动物卫生监管和兽药监管水平。二是按照全区统一安排，每个县（区）确定一个乡镇为试点，开展动物标识及可追溯体系建设，实现动物防疫信息化管理，进一步提高动物疫病防控能力和水平。三是加强动物检疫及证章标志管理。严格落实动物检疫申报制度，着力加强检疫电子出证技术培训和日常监管，规范动物检疫申报程序和行为。全市63个检疫申报点检疫动物178.8636万头只，电子出证88191份，其中产地检疫动物138.3012万头只，电子出证18720份；屠宰检疫畜禽40.5624万头只，电子出证69471份，产地检疫申报受理率、屠宰检疫率均达100%。严格落实证章标志"统一订购、逐级发放、专人管理"制度，全市共订购各类检疫证明1750本，发放1120本，证章标志使用管理规范。四是加大监督执法力度。加强畜禽养殖、屠宰和流通运输等环节监管，严把畜禽屠宰"四道关"，做到病害畜禽"四不准一处理"，屠宰检疫各类台账健全完善。配合农业部和自治区兽药饲料监察所开展畜禽产品投入品检验和定性清除工作，共抽取畜禽产品样品201份，检测结果全部合格。查处办结动物卫生监督违法案件23起，罚没款1.485万元，提升动物卫生监督执法能力。　　（范学成）

【兽药市场监管】　按照兽药GMP、GSP和GUP管理规范，全面加强兽药生产、经营、使用三大环节监管，全市建立二维码追溯兽药经营试点企业8家，创建兽药GSP示范企业16家，建设兽药GUP示范点98家，做好兽药质量安全检测和生鲜乳违禁添加物质监测工作，共抽检兽药样品40个品种、屠宰环节"瘦肉精"检测畜尿样318份，检测结果全部合格。开展兽药GSP复验和畜禽抗生素、禁用化合物及兽药残留超标专项整治行动，对8家兽药经营企业开展兽药GSP复验，查处兽药经营违法案件5起，取缔流动经营兽药摊点1处，促进兽药合理、安全使用，维护人民群众身体健康。　　（范学成）

【生鲜乳质量监管】　积极督导各县（区）加大奶站监管，帮助企业建立完善内部管理机制和生鲜乳质量监管农业投入品档案，建立监管长效机制，确保生鲜乳质量安全。奶站环境卫生条件得到较大改善，奶站监管规范有序。会同自治区兽药饲料监察所对乳产品质量安全进行抽样监测，采集生鲜乳样品236份。全市26个奶站规范运行，生鲜奶中没有检测出三聚氰胺及非法添加非食用物质等违禁物品。（范学成）

【病死畜禽无害化处理】　3个县（区）病死畜禽无害化处理掩埋场150万元（50万元/个）建设项目有力推进。2016年，中宁、海原已完成土建工程，设备进行采购，沙坡头区尚在筹建当中。全市共无害化处理病死畜禽3344头/只、病害畜禽产品1.06吨，保障人民群众"舌尖上"的肉食品安全。　　（范学成）

【项目建设】　孟家湾、兴仁动物及其动物产品指定通道60万元建设项目车辆及仪器设备已完成设备招投标，预计11月底完成验收。　　（范学成）

【兽医科技示范推广】　重点围绕奶产业、羊产业、猪产业，创建兽医科技示范点，开展兽医技术服务和技术研究与示范推广，进一步提高养殖环节疫病综合防控能力和水平。指导天宁牧业奶牛场通过农业部无口蹄疫、布病、结核病验收后示范场创建；制订沐沙奶牛场布病与结核病净化技术方案和正通种猪场高致病性猪蓝耳病净化技术方案，进行持续监测，组织疫病净化技术指导和培训，加快推进疫病净化进度。　　（范学成）

【动物检疫及监督体系建设】　全市有市级动物疫病预防控制与卫生监督机构1个，县（区）级动物疫病预防控制机构和动物卫生监督机构各3个，（镇）乡畜牧兽医技术服务站39个，其中市沙坡头区11个、中宁县11个、海原县17个。全市有官方兽医135名，其中市本级4名、沙坡头区40名、中宁县52名、海原县39名；全市有执业兽医35名，其中市本级2名、沙坡头区13名、中宁县11名、海原县9名；全市有乡村兽医105名，其中沙坡头区49名、中宁县38名、海原县18名。全市基本形成区（县）、镇（乡）、村三级动物防疫和检疫监督网络体系，服务功能进一步增强。

（范学成）

【兽医队伍能力建设】 一是加强技术人员培训。举办全市动物疫病防治技术、布病包虫病防治技术、动物标识及可追溯体系建设培训班3期，全市256名防疫技术人员及官方兽医参加培训，并派出21人次参加全国和自治区举办的各类业务技术培训班。二是完成全区动物疫病检测比对试验。市级检测4项，比对结果全部合格；县级分别检测3项，其中2个县区出现1项偏差。三是举办全市动物防疫职业技能竞赛，4支代表队19名优秀选手参加竞赛，选拔6名优异选手参加全区技能竞赛。四是做好全国执业兽医资格报考审核工作，29人参加全国执业兽医资格考试。五是开展全市农牧系统突发重大动物疫情应急演练，组织75名预备队员参加应急演练，进一步增强综合保障与应急处置能力。

（范学成）

水产业

【概况】 2016年，全市渔业坚持"稳规模、提质量、增效益"的可持续发展原则，集成技术示范夯实发展基础，调整产业结构提高综合效益，强化渔政执法提升发展质量，渔业经济继续保持着持续、健康的良好发展态势。2016年水产养殖面积达到8.07万亩，水产品产量达到1.83万吨，渔业总产值达到2.46亿元。渔业对农业经济增长的贡献率进一步提高。

（汪宏伟）

【水产良种繁育体系建设】 2016年，着力加强水产良种繁育推广，更新福瑞鲤亲本500组，亲本存塘数量达到1300组。2016年自繁黄河鲤、福瑞鲤等水产良种3600万尾，较上年增加1100万尾；外调培育草鱼、鲢鱼、鳙鱼等苗种4500万尾。全市水产良种应用面积达到5.8万亩。

（汪宏伟）

【休闲渔业发展】 2016年，全市新创建全国休闲渔业示范基地1个，累计达到27个。接待人次达到50万，休闲渔业总产值达到2680万元，分别比2015年增加6个、3.3万人次和500万元，渔业一、二、三产业融合发展势头强劲。

（汪宏伟）

【水域环境生态修复】 针对近年来渔业发展过程中存在的养殖生产成本上升、效益下降、市场竞争力不强等制约产业增收增效的不利因素，加大池塘微孔增氧、水质综合调控、养殖模式调整等水产节本增效技术示范推广，渔业增产增效基础稳步夯实。2016年，全市池塘微孔增氧技术应用面积达到4850亩，较2015年增加1450亩；风送式投饵技术应用面积达到800亩；渔业物联网技术应用面积达到3800亩；生态生物膜水质净化技术应用面积达到1100亩，较2015年增加500亩；池塘及湖塘抬网捕鱼技术及应用面积达到14000亩，较上年增加8000亩；渔用生物肥、渔用微生态制剂水质调控技术应用面积得到全面普及；全市河鲈、梭鲈、斑点叉尾鮰、鲶鱼、南美白对虾等具有一定规模和产量的名优养殖品种达到8个，养殖面积达到4.74万亩，较2015年增加5420亩；名优品种的产量525吨，较上年增加288吨。

（汪宏伟）

【渔政执法】 积极调整水产技术推广机构分设整合后"市级、县级"在渔业产业发展过程中的职责、角色定位，突出强化市级渔政执法机构的管理、指导和服务职能，联合中卫市公安局、中卫市市场监督管理局联合下发《关于严厉打击电渔等违法行为的通告》，累计共出动执法人员180余人次，张贴、发放各类宣传资料1000多份，没收电渔器1套，现场销毁非法捕捞网具2条，制止查处垂钓、捕捞人员113人次；组织开展渔业行政执法督察2次，在辖区内全面推行水产品质量安全与渔业水上生产安全"两项承诺制度"；配合自治区水产站完成水产品抽检样品28个；组织开展2016年水生野生动物保护宣传月启动仪式暨黄河中卫段渔业资源增殖放流活动，扎实实施以进"四区"为主要形式的水生野生动物保护宣传，出动流动视频宣传车6辆次，组织实施渔业资源增殖放流活动3场次，共放流各类鱼种1545万尾。2016年，全市渔业水上安全和水产品质量安全形势持续稳定，中卫市腾格里湖养殖的河鲈等7个养殖品种全部通过绿色食品认证，未出现水上安全生产事故和水产品质量安全事故。

（汪宏伟）

【技术服务体系】 结合适水产业提质增效技术示范推广，共培育建设各类渔业科示范基地、场点72个，示范斑点叉尾鮰、鲈鱼等名优品种8个，示范微孔增氧、增氧机自动控制、抬网捕鱼等现代渔业技术装备6项，示范"三·三"制、通威"365"等健康高效养殖技术模式11项。尤其是抬网捕鱼技术，通过一些合作组织的示范带动，以其显著的节约人工成本、抽水用电成本以及有利于错峰上市等方面的优势得到迅速推广，应用面积达到1.4万亩；累计组织开展不同类型的技术培训54场次，培训从渔农民1480人次。

（汪宏伟）

农业产业化

【概况】 2016年，中卫市农业产业化组织总数达到1627个，其中沙坡头区676个，中宁县524个，海原县427个。按组织类型划分，龙头企业带动型126个，中介组织带动型1466个，专业市场带动型9个。按利益联结方式划分，合同关系178个，合作方式257个，股份合作方式708个，其他方式483个。农业产业化组织规模情况是，固定资产59.5亿元，带动农户数是42.7万户，生产基地规模种植面积147.5万亩、牲畜饲养量769.2万头、禽类饲养量81.5万只。农业产业化组织效益情况是龙头企业完成销售收入87.2亿元，实现利润11.3亿元，中介组织完成销售收入14.5亿元，专业市场交易额达到49.2亿元，农户从事产业化经营增收总额达到3.5亿元。农业产业化组织从业人数达到12.8万人，其中龙头企业从业人数1.9万人，中介组织从业人数10.8万人。

(刘新祖)

【农产品加工业】 2016年，全市农产品加工企业个数1179个(含个体工商户)，从业人员14282人，完成总产值49.4亿元，实现营业收入40.9亿元，利润总额6亿元，上交税金0.86亿元。其中沙坡头区农产品加工企业231家，从业人员3537人，完成总产值19.9亿元，实现营业收入18.5亿元，利润总额2亿元，上交税金0.53亿元；中宁县农产品加工流通企业533家，从业人员5545人，完成总产值25.4亿元，实现营业收入18.9亿元，利润总额3.6亿元，上交税金0.29亿元；海原县农产品加工流通企业415家，从业人员5200人，完成总产值4.1亿元，实现营业收入3.5亿元，利润总额0.42亿元，上交税金0.03亿元。

(刘新祖)

【新型农业经营和主体培育】 全市新型农业经营主体13631个，其中种养大户11406个（种植大户6711个，种植面积154万亩；养殖大户4695个，发展养殖280余万头只）。家庭农场827个（种植业357个，养殖业284个，种养结合130个，渔业8个，其他48个；经营耕地10.31万亩，养殖畜禽16.4万头只），自治区级示范家庭农场37家(中宁县12家，海原县11家，沙坡头区14家)，其中养殖业12家，种植业13家，种养结合9家，林业3家。2016年新注册家庭农场102家(中宁县32家，海原县47家，沙坡头区23家)。农民专业合作社1398家，入社农民6.75万人，带动农户15.06万户，销售农产品产值达到6.85亿元。全市国家级农民合作社示范社30家(中宁县13家，海原县6家，沙坡头区11家)，其中养殖业8家，种植业21家，林业1家；自治区级农民合作社示范社69家(中宁县27家，海原县18家，沙坡头区24家)，其中养殖业13家，种植业41家，林业4家，农机3家，其他8家。2016年，在农经部门备案的农民合作社76家(中宁县20家，海原县26家，沙坡头区30家)；全市农业产业化龙头企业达到153家，其中国家级龙头企业6家、自治区级龙头企业41家、市级龙头企业106家。在市级以上龙头企业中，规模以上农产品加工企业达到31家，其中销售收入过亿元的13家，过5亿元的1家。

(倪平生)

全市农业产业化龙头企业

国家级龙头企业

(沙坡头区4家、中宁县2家)

序号	企业	法人代表
1	宁夏香山酒业集团有限公司	张金山
2	宁夏中宁早康枸杞开发有限公司	朱彦华
3	宁夏夏华肉食品有限公司	张文华
4	宁夏天瑞产业集团公司	王瑞生
5	宁夏中杞枸杞贸易集团有限公司	贾登亮
6	宁夏香岩产业集团有限公司	杨 飞

自治区级龙头企业

(沙坡头区19家、中宁县17家、海原县5家)

序号	企业	法人代表
1	中卫市香山瓜果流通有限责任公司	杨 飞
2	宁夏通达果汁有限公司	李树贞
3	宁夏杞芽食品科技有限公司	刘国祥
4	宁夏杞乡生物食品工程有限公司	王自贵
5	宁夏兴宁黄河乳制品有限公司	刘 丹
6	宁夏红枸杞商贸有限公司	周佳奇
7	中宁县恒兴果汁有限公司	李书臻
8	中宁县丰泽粮油贸易公司	白金龙
9	海原县瑞丰马铃薯制品有限公司	张建国
10	宁夏正旺农牧科技有限公司	周正祥
11	中卫市科源农贸有限公司	万立军
12	宁夏三鑫源粮油工贸有限公司	孙兆献

续　表

序号	企　业	法人代表
13	宁夏亨源粮油有限公司	张　鹏
14	宁夏全通枸杞供应链管理股份有限公司	雍跃文
15	宁夏金彤枸杞生物制品有限公司	赵广涛
16	宁夏泰金种业有限公司	裴卓强
17	宁夏万齐农业股份有限公司	万立军
18	宁夏万盛生物科技有限公司	胡保栋
19	宁夏顺元堂汉方生物科技有限公司	庄王庆
20	宁夏南山阳光渠业有限公司	吴光亮
21	宁夏天宁牧业发展有限公司	王千六
22	宁夏宁安堡土特产品有限公司	曹登科
23	宁夏华宝枸杞产业有限公司	王　宇
24	宁夏义福茂工贸有限公司	黄　杰
25	宁夏红枸杞产业集团有限公司	张金山
26	中卫市沐沙畜牧科技有限公司	杨　飞
27	宁夏万齐农业发展集团有限公司	郭　艳
28	宁夏鸿辰有机农业开发有限公司	马鸣鸿
29	宁夏弘兴达农贸有限公司	王小亮
30	中卫市兴拓农业生产资料有限责任公司	拓明众
31	宁夏乌玛农林科技有限公司	刘　仓
32	宁夏中卫正通农牧科技有限公司	黄晓冬
33	宁夏中卫四季鲜农产品综合批发市场有限公司	王志刚
34	宁夏神聚农业科技开发有限公司	张翠燕
35	宁夏鑫阳农林牧业开发有限公司	王学军
36	宁夏杞泰农业科技有限公司	雍　政
37	宁夏御萃坊生物科技开发有限公司	王文华
38	宁夏美德枸杞发展有限公司	黄　彪
39	宁夏中澳伟辉肉食品开发有限公司	陆　伟
40	宁夏鸿宇马铃薯淀粉有限公司	兰月梅
41	宁夏大原祥清真食品有限公司	倪世昌

农业机械化

【概况】　2016年，全市农业机械总动力83.39万千瓦，比上年减少64.47万千瓦，农业机械总值达96646万元，比上年减少18817万元。取消农用运输车和小型拖拉机报废是农机总动力和农业机械总值减少的主要原因。其中，各类拖拉机拥有量29980台，联合收割机882台。各种配套农机具达到1.55万台（套）。水稻种植机械、玉米收获机械等粮食生产薄弱环节的农业机械大幅增加；为硒砂瓜生产、设施农业、枸杞、马铃薯、中药材及畜牧饲草等农业产业化生产服务的新型农业机械研发推广工作不断推进，技术日臻成熟，农机装备结构进一步优化，农业机械已成为支撑农业生产的重要物质装备。2016年全市主要农作物耕种收综合机械化水平达到73.4%以上，比上年增加2.4个百分点。灌区小麦实现全程机械化生产。水稻机械化种植水平达到75%，机械收获水平达到100%，玉米种植机械化水平达到85%，收获水平达到72%。设施农业、硒砂瓜、马铃薯等主要农业产业化生产机械化水平有很大突破，地膜覆盖面积残膜机械化回收利用率达到85%以上，主要农作物机械化秸秆回收综合利用率超过75%。主要农业产业机械化快速推进，机械化生产方式在农业生产中已占据主导地位。

（俞学辉　徐雁平）

【农机购置补贴】　2016年，中卫市共落实农机购置补贴资金3270万元，购置各类农业机械4050台件，其中：大中型拖拉机1300台，耕整地机械480台，谷物联合收割机60台。受益农户3540户。拉动农民直接投资6560万元。在购机补贴实施过程中，重点向薄弱环节、农业主导产业、玉米收获、水稻种植、农机社会化服务体系建设、硒砂瓜生产、枸杞生产、马铃薯生产等生产服务的机械倾斜，进一步完善加强农机购置补贴政策监管措施，严格落实补贴机具目录，招标选型制、补贴政策公示制、补贴资金市财政集中支付制、资金管理监督制和工作成效考核制五项制度。确保购机补贴政策廉洁高效落实，有力促进农机化各项工作落实。

（俞学辉　徐雁平）

【农机社会化服务体系建设】　2016年全市共有农机专业合作组织43个，年作业服务面积450万亩。其中，农机作业服务公司12个，拥有各类农机具850台（套），机具配套比1:4，流转土地6.6万亩，按照《农机作业公司建设规范》进行规范化、标准化建设，大力开展一条龙作业服务，支持引导农机作业公司，从育秧、插秧、播种、机耕、植保、机收、加工等粮食生产全程机械化服务拓展，提高市场化服务水平，积极引导农机作业公司，参与土地流转，大力推行土地承包、土地流转、代管托管等服务形式，建立稳固的作业市场。提高规模化、集约化经营水平。

（俞学辉　徐雁平）

【农机安全管理】　继续开展农机免费管理。在全市全面推行农机免费管理，加强源头管理，严把农机登记关、检验关和农机驾驶操作人员的技术培训关，提高拖拉机、联合收割机及驾驶员的入户率、持证率、参检率。2016年，全市农机入户挂牌1112台，培训考证驾驶员1453人，检验拖拉机、联合收割机16135台，审验驾驶员4216人。其中，沙坡头区农机入户挂牌510台，培训考证驾驶员421人，检验拖拉机、联合收割机4010台，审验驾驶员1156人。基本形成以目标责任管理、法规教育培训和政策标准体系为主的农机安全生产监管体系。全年无重、特大农机事故发生，农机安全生产形势平稳。　　　　（俞学辉　徐雁平）

【农机市场监管】　开展农机市场整顿，注重源头治理，强化售前质量监管。沙坡头区共有农机制造企业3家，农机维修网点19家，农机经销企业5家。严把产品质量源头管理关，预防和避免有问题农业机械流入市场，同时认真做好补贴机具售后质量监督管理，大力组织开展补贴机具质量调查，重点检查和质量保障、督查等工作。重点对微耕机、卷帘机、玉米收获机等事故率高，群众反映强烈的农机产品开展质量督查工作，加强农机维修质量管理工作，大力推进维修网点工作，认真开展普查摸底和专项整治工作，重点开展农业机械、维修等级、评审与核发农业机械维修技术合格证工作，贯彻执行《农机维修企业管理办法》和《农机维修企业管理规范》，规范农机生产、销售和维修市场的服务经营行为。　（俞学辉　徐雁平）

【农机化技术培训】　围绕农机化管理、技术和服务三支人才队伍建设，结合阳光工程、农业实用技术培训、农机免费管理、农机化示范园区建设等，在全市开展农机化教育培训大行动。2016年，全市农机科技培训12356人次，其中，沙坡头区举办各类农机培训班48期，共培训农机人员1453人次，其中，农机管理人员及技术骨干65人次，各类农机操作人员5290人次，培训农机维修工55人。

　　　　　　　　　　　　　（俞学辉　徐雁平）

农业行政执法与农产品质量安全监管

【概况】　中卫市农牧局内设市场监管科（加挂农业综合执法支队牌子），辖区海原、中宁成立农业综合执法大队，沙坡头区还未成立农业综合执法大队，农业执法由沙坡头区动物卫生监督所、沙坡头区畜牧水产技术服务中心、沙坡头区农业技术服务中心3个事业单位承担，全市农业综合执法机构有取证设备7套，在岗农业执法人员226人。全年出动执法人员1200人次，检查门店1683家，办理案件29起，其中一般程序27起，简易程序2起，全部结案。受理举报案件78起，协议赔偿77.5万元；罚款没收违法所得2.58万元；无行政复议案件。　　　　　（朱兴文）

【落实农业执法责任】　制定《关于加强2016年元旦春节期间农产品质量安全监管工作的通知》《2016年全市农产品质量安全监管工作要点》《关于印发中卫市2016年春季农资打假活动实施方案的通知》《关于印发全市兽药使用专项整治月活动实施方案的通知》《关于印发中卫市畜禽肉食品质量安全专项整治工作方案的通知》《关于加强硒砂瓜种苗管理工作的通知》《关于加强农产品质量安全网格化管理的通知》等，明确农业执法工作的目标任务、整治重点及责任单位，形成主要领导全面抓、分管领导具体抓、业务单位分头抓的运行机制，为全面履行职责提供坚强的组织保障。　　　　　　　　　　（朱兴文）

【法规宣传】　利用"3·15"等重大节日，组织开展大规模的宣传和现场咨询活动，宣传《农产品质量安全法》《农药管理条例》《种子法》等法律法规，普及农资识假辨假常识，指导农民科学合理使用农资。其间发放宣传资料2.48万份，接待咨询群众3309次。

　　　　　　　　　　　　　　　　（朱兴文）

【农业执法】　农业执法工作紧紧围绕为农业发展保驾护航和确保农产品质量安全这一主线，全面落实农业执法责任，针对重点时段、重点地区、重点对象采取不同的方式加强监管，共检查农资企业1683家，出动执法人员1200人；办理案件29起，罚款没收违法所得2.58万元。一是加强农业投入品监管。利用重要农时季节，在全市深入开展农资应用高峰期的专项执法行动和专项整治行动，严厉打击制售假冒伪劣农药、化肥、种子、兽药、饲料及饲料添加剂、农机、农膜等违法经营、使用的行为，依法保障农业生产和农产品质量安全，维护农民群众合法权益。二是加强种养殖环节监管。对种植基地、养殖基地加强监管，指导基地全面推行标准化生产，严禁使用禁限用农业投入品，严格遵守安全间隔期和休药期规定，在有条件的基地和区域逐步实行基地准出制。全市产地检疫、屠宰检疫申报受理率均达100%。对全市620个规模养殖场（户）量化风险分级监管力度，督导其改善动物防疫条件；对全市14个畜禽定点屠宰厂进行专项检查；加强对全市58个兽药经营企业GSP后续监管，积极督导全市26个奶站完善内部管理机制和长效监管机制，帮助企业建立各项生产和生鲜乳质量监管农业投入品档案。三是加强部门联动。与市场监管开展农资示范店创建工作,食品安全示范县(区)、镇(乡)创建活动。四是开展硒砂瓜打假和商标维权行动。2016年,对北京、成都、长沙、广州等硒砂瓜主销城市开展硒砂瓜打假和商标维权行动,共检查北京新发地农产品批发市场、北京石门顺鑫农产品批发市场等7个批发市场,共检查硒砂瓜销售摊位311家,冒贴硒砂瓜标识的摊位42家,当场摘除冒贴商标3000余枚。五是中卫市农产品质量安全检验检测。抽检农产品2527个,合格率99.5%,其中,农业部共抽样275个,合格率100%;农牧厅共抽检353个,有3个产品不合格,合格率为99.1%;市检测中心检测样品415个,合格率99.6%;企业自检1480份,合格率100%。六是加大涉农纠纷的调处。积极介入,及时化解农资纠纷,主持调解举报案件78起,协议赔偿77.5万元,调解成功率达100%。 (朱兴文)

【农业执法监督检查】 加强对农业执法工作的督查,不定期地对中宁、海原及局属各职能执法单位进行监督检查,查找执法工作中存在的问题与不足,对行动迟缓或不作为的单位提出整改意见,并监督落实,坚决纠正农业执法及农产品质量安全监管中出现的错位、缺位和越权执法等行为。

(朱兴文)

水利水保

【水利项目战略实施】 2016年,全市水利系统按照"在建项目抓进度、新建项目抓开工、拟建项目抓前期"的工作思路,编报储备各类水利项目15类95个。落实沙坡头南北干渠及灌区节水改造、黄河二期防洪、南山台子(二期)扬水灌区节水配套改造等国家、自治区到位项目资金9.81亿元。宁夏中部干旱贫困片区西线供水、黄河卫宁城市段高标准护岸治理、沙沟水库除险加固改造等项目前期工作取得突破性进展,海原县三塘水库工程开工建设。 (杨 成)

【重点水利工程建设】 组织实施沙坡头南北干渠及灌区节水改造,黄河二期防洪(中卫段)治理,海原县红羊前进等水保生态工程,中宁县滨河路以南盐碱低洼地改造、水库移民后期扶持等各类续建、新建水利项目52个,砌护各级渠道679公里,配套各类水工建筑物2200余座;建设高效节水灌溉8.37万亩;新建加固黄河坝垛307座,护岸20公里;建设旱作三田7.1万亩,治理水土流失180平方公里;贫困村饮水安全巩固提升33个村;新建泵站22座,5000立方米以上蓄水池21座;治理中小河流23.1公里。

(杨 成)

【灌区节水改造】 2016年,灌区节水改造继续实施的沙坡头南北干渠及灌区节水改造工程,自2012年9月开工,经过4年9个批次工程建设,79.5公里的南北干渠(沙坡头区段)改造已全线贯通,秋季砌护改造一、二、三支渠及角渠、快水渠等6条支渠28公里,配套建筑物300座,累计完成投资3.57亿元,占计划投资的54.4%。该项目主体工程基本完工,灌区配套改造工程按计划继续分步实施。沙坡头区、中宁县世行贷款二期项目,中宁县新堡镇刘庄、刘庙村节水改造,柳青渠及沙坡头区南山台子(二期)扬水灌区节水配套改造等项目全部按期完工。中宁县滨河路以南低洼盐碱地及沙坡头区宣和、永康中低产田改良工程按计划有序推进。 (杨 成)

【农田水利基本建设】 2016年,全市农田水利基本建设以高效节水灌溉、高标准农田建设、盐碱地改良、应急抗旱水源工程等项目建设为重点,完成清淤各级沟道6704条3514公里,清淤各级渠道19026条12151公里,整修农路5702条3240公里;机深翻44.3万亩;建设农田林网6.93万亩,激光平田整地9.54万亩,改善灌溉面积54.75万亩,改造低产田5.39万亩,建设高标准农田7.6万亩,畦田建设37.43万亩,秋覆膜12.1万亩,残膜回收3915吨,各项农建目标任务超额完成。在自治区2016年度农田水利基本建设"黄河杯"竞赛验收考核中,中卫市获得优秀组织奖,沙坡头区、中宁县、海原县分别取得特等奖、一等奖、三等奖的好成绩。 (杨 成)

【农村饮水安全】 2016年,全市建设的农村饮水安全工程有两项,1.续建的宁夏中南部城乡饮水安全海原县城东城西李俊片区连通工程,铺设管道218.2公里,泵站10座,蓄水池18座,闸阀井339座,完成投资11719万元,3个片区主体工程全部完工并通水运行;2.投资1000万元的中宁县2016年农村饮水安全巩固提升工程。该工程主要建设加压泵站,铺设管道240公里,解决徐套乡红柳、李士、小湾、白套、原套等未搬迁的0.43万建档立卡贫困人口的饮水问题。 (杨 成)

【农业灌溉】 全市水利系统按照"总量控制、以水定植"的原则,指导各县(区)克服水量指标压减且生态、工业用水逐年增加的供需矛盾,统筹计划、全面安排、科学调度,制定详细的灌溉调水计划,积极协调各方关系,充分整合自流灌区、扬黄灌区、库井灌区水资源，合理配置水量指标，基层水管单位狠抓灌溉供水优质服务，确保153万亩农田的适时灌溉和工业、生态用水。2016年全市经济社会取用水总量11.66亿立方米，其中引用黄河水量8.88亿立方米（含沿黄小高抽）。由市水务局管理的兴仁综合供水工程2016年度向各大蓄水池补水360万立方米，人饮系统供水77.3万立方米，节灌系统供水161.5万立方米，供水服务管理继续保持良好发展势头，实现供水、收费双赢的管理目标，为中部干旱带群众生产生活提供安全、可靠、及时的供水保障。　　　　　　　　（杨　成）

【防汛抗旱】　2016年，建成中卫市防汛抗旱会商系统，各县（区）实施山洪灾害非工程措施、黄河及水库岁修除险加固、应急抗旱水源等项目，开展黄河防洪应急演练。认真贯彻落实国家、自治区防汛抗旱工作会议精神，落实24小时防汛值班制度，全年实现安全度汛。　　　　　　　　　　　　（杨　成）

【节水型社会建设】　2016年全市取用水总量11.66亿立方米，比自治区下达指标11.94亿立方米节约水量0.28亿立方米；用黄河水量8.88亿立方米，比自治区下达指标8.95亿立方米节约水0.07亿立方米；万元GDP用水量344立方米，比目标值349立方米低5立方米；万元工业增加值用水量降至33.1立方米，比下达指标39立方米低5.9立方米；农业灌溉水利用系数0.50；节水型公共机构覆盖率市本级达到80%，重要水功能区水质及城市集中式饮用水水源地水质达标率均达到100%，城市污水集中处理率市区达到95.3%。　　　　　　　　　　（杨　成）

【水土保持】　2016年，全市以提高水土保持监督管理能力为目标，建立健全水土保持配套制度体系和监督管理体系，强化水土保持依法行政意识，开展水土保持预防监督检查，进一步落实水土保持法"三同时"制度，切实减少生产建设中的人为水土流失，以保持水土资源的可持续利用和生态环境的可持续维护，保障经济社会又好又快发展，使《水土保持法》得到深入贯彻落实，治理水土流失面积232.4平方公里。
　　　　　　　　　　　　　　　　（杨　成）

【水政与水资源管理】　2016年，全市依法查处整改各类水事违法案件11件，立案查处3件，处理6起非法打井取用地下水事件，调处水事纠纷12起，下达责令停止水事违法通知书25份，拆除、取缔非法采砂场3家。依法收缴水资源费247.51万元，收缴水土保持补偿费221.49万元。特别是依法对沙坡头区阴洞梁沟非法采砂场进行强制拆除，封停2眼自备水源井，对周边其他非法采砂业主起到很好的震慑作用，全市水资源开发建设管理秩序良好。　（杨　成）

【党建与精神文明建设】　1. 党风廉政建设主体责任落实到位。以贯彻落实《中国共产党廉洁自律准则》《关于新形势下党内政治生活的若干准则》为核心，建立主体责任清单，水利工程建设管理严格执行工程建设"四制"管理规定，开展水利工程建设领域突出问题专项整治，与市检察院联合召开水利工程职务犯罪预防工作推进会，开启"水检"合作预防重点水利工程建设职务犯罪预防工作新模式。"八项规定"落实严格控制"三公"经费支出管理，干部职工出差公务卡强制结算达到100%。对2013~2015年度差旅费核查中发现的9个问题即查即改，并由相关当事人按照有关规定立即进行整改落实，累计退回超标准住宿费、补助费7358元。截至12月底，支出"三公"经费15.17万元（支出公务接待费3万元，公务车辆维修费3.5万元，日常办公经费8.67万元），全系统2016年财务管理规范，没有出现违纪违规现象。2. 党的基层组织建设充满活力。全年下发督查通报15期、会议纪要7期、重点工作督办通知10期，督办重点工作66项，办结率92.6%；星级基层服务型党组织创建确定三星级党支部2个，二星级党支部2个，1名预备党员按期转正，2名入党积极分子被接收为预备党员，推荐2名重点发展对象到市委党校参加入党积极分子培训班。11月2日召开党员大会，选举产生新一届局党委班子。成立帮扶工作联络组，筹措资金49万元，帮助海原县七营镇砖窑村、柴梁村，沙坡头区香山乡黄泉村实施结对帮扶，完成各帮扶村年度帮扶任务。利用公示栏，对人员招聘、进点审计、干部任用、资产清查、职称评聘、事业单位职工绩效工资考核结果等事项及时进行公示，增加水利工作的透明度，保障党员干部职工及群众的知情权、参与权和监督权。通过开展党支部书记抓党建"三述三评"等活动，局属4个基层支部的书记向局党委进行述职，60名党员在开展"廉洁从政　廉洁自律"自查自纠主题组织生活会、学习贯彻党的十八届六中全会精神专题组织生活会上，开展批评与自我批评，并按照规定的程序进行民主评议党员。3. 精神文明建设丰富多彩。全年安排党委中心组理论学习16次，组织党员干部职工学习82次，组织全市水利专业技术人员继续教育培训275人63课时；开展红军长征胜利80周年等"三大主题"宣讲，组织庆祝建党95周年"党在我心中"主题演讲比赛、红歌传唱、党员先锋在行动等主题活动；举办"生命之源"广场文艺演出、"庆三八""庆七一"等文体活动,开展以诚信道德教育讲堂、"讲文明树新风""清廉家庭"为主题的文明科室创建活动,"六五"普法任务圆满完成并及时启动"七五"普法。4.水利安全生产实现零事故。全年开展安全生产督查24次,排查治理隐患单位工程148个,开展安全生产执法行动19次,排查一般隐患31处,挂牌督办排除隐患6处,实现安全生产无事故。5.水利宣传实现新突破。全年编发水务信息200期,在各类媒体刊发信息162条,信息被新华网采用1篇,《中国水利报》16篇,宁夏水利网58篇,《黄河日报》11篇,《中卫日报》76篇,在《中卫日报》专版宣传2期,政风行风建设热线直播、贯彻市委三届七次全委会精神电视采访等广播、电视节目成功播出,中卫水利工作的动态、亮点得到及时有效宣传,新闻稿件被媒体采用量为历年之最。 (杨 成)

住房和城乡建设

综述

【概况】 2016年，全市常住人口114.16万人，其中城镇人口44.61万人，城镇化率为41%，建成区面积达到74.37平方公里，城市道路长度479公里，集中供热能力达到970万平方米，供水管道长度313.53公里，供气管道总长度442.21公里，燃气普及率达74.9%，城市污水处理率达到94.2%，城市生活垃圾无害化处理率达到94.9%，其中，沙坡头区城市建成区面积由设市前10平方公里增加到32平方公里，城镇人口由8.5万增加到21.94万，城镇化率达到56%。2016年，全市实施城市重点工程项目147个，完成投资77.5亿元。城市重点建设项目进展顺利，成效明显，实现城市建设的新突破。中卫市住房保障工作在全区住房保障工作目标责任考核中荣获一等奖。 （张　飞）

【机构人员】 根据《宁夏回族自治区党委办公厅人民政府办公厅关于印发〈中卫市人民政府机构改革方案〉的通知》（宁党办发〔2009〕70号），2009年10月设立中卫市住房和城乡建设局（挂人民防空办公室牌子），为中卫市人民政府负责城乡建设管理的工作机构，核定机关行政编制为19名，聘用编制2名。核定处级领导职数1正4副，其中：局长1名、副局长3名、人防办专职副主任1名；正科级领导职数9名，其中：办公室主任1名、科长7名、系统工会副主席1名。现有在职在编人员14人，全系统共有干部职工48人，局党委辖支部5个，其中党员52人。
（张　飞）

【城市建设融资】 2016年，市住房和城乡建设局共争取中央扩大内需及自治区项目各类专项资金2.27亿元，占下达任务的104%。 （张　飞）

重点工程建设

【棚户区改造项目】 2016年，自治区下达中卫市棚改任务1.48万套，占全区任务的1/4，已全部开工。其中：沙坡头区新建1.1万套安置房（含货币化安置的1041套），建筑面积约110万平方米，用于安置新墩村、大板村等10个棚改项目4100户被征收人。克服各种困难完成历年逾期项目1272户3402套安置房的回迁。中宁县计划实施棚改1500套，全部实行货币化安置，共签订协议1535套。海原县计划实施棚改2385套，安置项目已开工建设（含货币化安置91套）。 （张　飞）

【市政设施建设项目】 2016年，沙坡头区完成步行和自行车交通系统、工业园区湿地工程、物流园区2.8公里供水管网工程，第二水厂投入运行，第一污水处理厂提标改造基本完工，第二污水处理厂中水回用工程开工建设。中宁县市民服务中心、垃圾转运系统、污水处理厂提标改造、县城西区集中供热改扩建等项目开工建设，部分项目投入运行。海原县实施东区供热站扩建、第二污水处理厂工程，新建停车场8座，新铺再生水管网19公里。海兴开发区实施湿地公园、森林公园基础设施、供热站堆场防尘棚及烟塔除硫设施项目。 （张　飞）

【道路建设及改造工程】 2016年，全市新建城市道路及街巷改造46条35.7公里，其中，沙坡头区新建道路及老城区街巷改造7条3.8公里，已全部开工，4条已完工，完成城区道路修补及标线工程，富民南路、新墩中路等6条"断头路"被一一修通。中宁县实施南北侧路、富民西路等项目17条15公里。海

原县新建市政道路 22 条 16.9 公里。（张　飞）

【保障性住房工程】　2007 年以来，全市共建设公租房 39779 套 202.6 万平方米，已分配入住 22844 套。其中：沙坡头区建设 15033 套 88.3 万平方米，累计公示公共租赁住房保障家庭 38 批，已分配入住 11944 套，占自治区下达任务的 84.1%，发放租赁补贴保障家庭 2 户，清退不符合保障条件家庭 312 户；中宁县建设公共租赁住房 16315 套，完成公共租赁住房分配入住 7498 套。海原县建设公共租赁住房 8431 套，完成公共租赁住房分配入住 3402 套。

（张　飞）

【老旧小区改造提升工程】　2016 年，全市共完成 53 个老旧小区改造，55.8 万平方米既有居住建筑节能改造及 3.6 公里老旧供热管网改造，其中，沙坡头区完成 31 个老旧小区改造和 50 万平方米既有居住建筑节能改造。中宁县完成 14 个老旧小区改造和 3.6 公里老旧供热管网改造。海原县完成 5.8 万平方米既有建筑节能改造和 8 个老旧小区改造。

（张　飞）

行业管理

【行政审批】　根据各级要求，通过全面梳理、深度清理、审核确认、优化权力运行四个环节，厘清涉及住建领域的建筑业、房地产业、燃气管理、人民防空、建筑工程质量安全管理、城建档案管理 6 个类别的 5 种职权类型的行政权力 243 项及与之对等的 243 项责任，完成中卫市住房和城乡建设局《权力清单汇编》和《责任清单汇编》的校印，并及时在政府网站和《中卫日报》等报刊上进行公开。进一步切实加强行政审批制度的落实，2016 年，共审查核准办理房地产开发资质 27 家、商品房预售许可行政审批业务 26 件、建筑业施工总承包企业 10 家、增项资质 30 家、建筑工程施工许可证 113 个、物业服务企业资质 9 家、供热许可证 6 个，完成 13 个燃气企业及站点的经营许可证的更换工作和 2 个燃气站点的安全设施的专家评审工作。在认真梳理"清单"和加强行政审批制度落实的同时，不断加大稽查执法力度，按照"谁审批、谁负责、谁发证、谁执法"的原则，2016 年住建领域共立案 59 件，已全部办结，对 21 家单位处以罚款 41.6 万元。

（张　飞）

【建筑市场管理】　2016 年，全市共有在建工程 236 项，共 1220 个单位工程，总建筑面积 528 万平方米，在建工程报建率、备案率均达 100%，其中，沙坡头区 109 项，761 个单位工程，合计 376 万平方米；中宁县 54 项，148 个单体，合计 67.2 万平方米；海原县 57 项，228 个单体，合计 64.95 万平方米；海兴区 16 项，83 个单体，合计 19.86 万平方米。在全市开展工程建筑领域突出问题专项治理工作，共完成 397 个在建和续建项目的排查，其中：房建市政工程 250 项（沙坡头区 81 项、海原县 97 项、中宁县 72 项），水利建设工程 35 项，交通工程 67 项，乡镇建设工程 38 项，工业园区工程 7 项，共梳理出各类问题 194 个，逐项制定整改措施，已整改完成 118 个，剩余 76 个进行整改。同时，对专项治理工作中排查出的各类违法违规行为，在网上进行通报，对 24 家存在违法违规行为的企业进行行政处罚，其中：对 5 家企业处以警告；对 19 家企业处罚款；对 16 家企业扣除信用分；对 9 个项目经理进行扣分处理。2016 年 8 月 24 日至 9 月 10 日，由专项治理行动巡查组组长何晓勇副市长带队，各成员单位分管负责人参加，对沙坡头区、中宁县、海原县工程建设领域突出问题专项治理行动开展情况进行巡查，共抽取 23 个建设项目，其中：沙坡头区 15 个、中宁县 4 个、海原县 4 个，根据巡查结果形成巡查通报，并通过《中卫日报》将存在问题的 11 个建设项目向社会进行公开通报。

（张　飞）

【建设工程质量安全监督管理】　沙坡头区受监工程共计 109 项（761 个单位工程），总建筑面积 376 万平方米，其中：新报监工程 88 项，建筑面积 213 万平米。全年组织执法人员开展 6 次质量专项检查、4 次综合检查，发出质量问题整改通知书 303 份，消除工程质量隐患 5256 处，对 15 项没有取得施工许可擅自施工的工程及时进行行政处罚，累计罚款 2 万余元。2016 年，在建工程项目均在监督范围之内，工程安全生产总体受控。1. 进一步强化和规范质量安全报监工作。新开工项目招标结束后，建设单位即可提交部分资料到市质监站办理质量安全报监，市质监站监督人员及时进场监督，杜绝无施工许可擅自开工建设的行为。对不及时办理施工许可手续就擅自开工建设的行为，坚决给予不良行为记录和经济处罚。完善项目经理等主要管理人员押证制及质量安全生产报监承诺制度，并建立安全生产重大危险源上报制度和奖励激励机制，确保工程建设的顺利进行。2. 加大执法巡查，落实隐患整改。下发并落实《市住建局关于落实区住建厅〈关于转发开展劳动密集型企业消防安全专项治理工作的通知〉的通知》。及时做好元旦、春节节前及全国"两会"期间的安全巡查工作，安排部署并组织人员对越冬期间建筑工地防火、防煤气中毒等安全措施落实情况进行巡查，发现隐患立即整改。共检查80多项单位工程，涉及施工单位28家。检查中共下发整改通知书28份，对存在安全隐患的工地要求责任单位立即整改。安排人员在节日和"两会"期间做好值班工作，确保"两节""两会"期间的安全生产稳定。3.加强重大危险源和建筑起重机械的监督管理。以高压态势对施工现场重大危险源进行重点监控管理，实行重大危险源公告公示、跟踪整治制度，加强对重大危险源的安全隐患排查、治理。从5月份起开展专项检查治理活动，重点检查5家塔吊安拆租赁单位和现场的31台起重机械，重点对各安拆企业是否严格执行起重机械安拆的相关法律法规，塔吊安拆实行产权备案和安装告知并编制专项施工方案，建立健全资料档案，完善安全生产保证体系，安拆人员、信号工、司机、司索配备是否足额和持证上岗等几大方面监督检查。通过督查，使中卫市建筑起重机械设备的安全使用和管理逐步步入法制规范化轨道，增强企业对建筑起重机械设备的安全管理和责任意识，强化对该项重大危险源的重视和监控管理。全市创建市级安全文明施工标准化工地21项，区级安全文明施工标准化工地18项，获得"建安杯"工程5项，举办市级建筑施工职业技能大赛1次，参与全区建筑施工职业技能大赛1次，并获得架子工技能大赛竞赛团体一等奖。

（张　飞）

【房地产市场管理】　中卫市共有房地产企业82家（沙坡头区58家，二级资质以上房地产企业10家）。住宅总建筑面积1480万平方米，城镇人均住房建筑面积26.8平方米。其中：沙坡头区住宅总建筑面积约900万平方米，约8.8万套，城镇人均住房建筑面积33.6平方米，已出让待开发商住用地近1000亩，规划建设商住用房100万平方米，设市以来，市区内相继开发建设新花园、滨河城市花园、众一山水城、正丰香格里、恒祥国际、世和新天地、水木兰亭、福润苑等约60个房地产开发项目，开发住房总量约6万套604万平方米，完成投资近150亿元；中宁县住宅总建筑面积约430万平方米，城镇人均住房建筑面积26平方米；海原县住宅总建筑面积约150万平方米，城镇人均住房建筑面积18平方米。2016年，全市房地产开发完成投资59.6亿元，比上年同期增长3.4%，其中：沙坡头区完成投资42.09亿元，增长28.7%；中宁县完成投资10.55亿元，下降44.5%；海原县完成投资6.97亿元，增长17.8%。全市房屋施工面积798万平方米，比上年同期下降1.9%；房屋竣工面积161万平方米，比上年同期同比下降14.1%；商品房销售面积76.85万平方米，比上年同期下降0.8%；商品房销售额28.59亿元，比上年同期下降0.6%。房地产市场稳定健康发展。截至年底，全市商品房待售面积100.27万平方米，同比下降5.4%。截至年底，全市商品房待售面积102.78万平方米，环比减少2.51万平方米，存量商品房消化周期需15个月。其中：沙坡头区商品房待售面积39.78万平方米，存量商品房消化周期需10个月。

（张　飞）

【房屋产权交易管理】　1.实行两优行政审批制度，规范房屋交易和服务管理，拓展业务范围。一是办理各类房屋交易4546件。其中：办理商品房交易2569件，办理存量房交易1977件，办理商品房合同备案登记1278件。二是完成中卫市商品房预售网签备案市级系统的建设。通过网签备案系统办理商品房预售许可项目备案15笔，商品房预售合同签约87笔，签约面积9000平方米，成交金额3420万元。三是开展"民间借贷"房屋抵押业务。完成民间借贷房屋抵押27件。畅通"绿色通道"，对符合办理条件的外地企业办理抵押业务，当日内一律办结。四是对历年4369件旧房档案进行标化整理，累计完成档案标化整理67169件。2.加强房屋测绘工作管理，积极配合做好城市重点工程房屋征收调查摸底工作。一是完成房屋面积测绘160.40万平方米。其中：出具房屋面积预测报告145份，建筑面积90.3万平方米；出具房屋面积测绘报告128份，出具房屋分户图3.2万份，建筑面积83.30万平方米。二是完成城市棚户区房屋征收测绘1181户，征收建筑面积23.9万平方米，出具房产分户图1181份。其中：牛滩村房屋征收项目530户，建筑面积8万平方米；常乐镇房屋征收项目144户，建筑面积3万平方米；大板村房屋征收项目176户，建筑面积3万平方米；五里村七队、八队房屋征收项目148户，建筑面积3万平方米。三是积极完成市领导督办测绘项目有宁夏紫光天化蛋氨酸有限责任公司、宁夏大学中卫校区及沙坡头水镇等项目。

（张　飞）

【物业管理】　引入6家专业化物业服务公司对沙坡头区无物业管理的40个老旧住宅小区成立业主

委员会,实行专业化物业服务管理。要求各物业企业在住宅小区开展落实中卫市"以克论净·深度保洁"工作。沙坡头区、海原县、中宁县环境卫生整治的规范化物业小区已有75个,合格率达到80%以上。研究制定《中卫市物业管理办法》,已征求各部门意见,法制办进行审核。 (张 飞)

【公共设施管理】 供水管理方面:自来水水质综合合格率达到98%,水质检测项目已具备109项检测能力。供热管理方面:加强供热服务监督,成立供热监督检查小区,供热监督工作小组每周至少两次现场检查锅炉出水、回水温度;抽查供热监督电话是否畅通和入户测温,对于测温不达标的立即通知相应的供热企业上门进行检查维修。为确保冬季供暖的安全生产管理,对供热领域进行4次拉网式排查,在检查过程中,检查组对各企业存在的问题进行当面指正,并要求及时整改,确保2016年供暖工作顺利进行,供热合格率保持在95%以上。市政工程管理方面:认真抓好市政工程安全生产检查工作,杜绝各类事故发生,确保全市安全生产形势稳定。对中卫市10家市政工程企业定期、不定期开展安全生产大检查4批次,共计检查36次。下发安全隐患整改通知书6份,涉及整改问题15件,企业已经整改完毕;下发停工通知书1份,办理相关手续。城镇燃气管理方面:全市共有燃气企业22家,从业人员656人,加气站32座,其中:天然气加气站27座,液化气充装站5座,天然气加气站日销售CNG天然气10.43万方,日销售LNG天然气59.45吨,液化气充装站日销售液化气8.37吨。为切实加强中卫市燃气行业的安全管理工作,确保燃气安全,采取多项措施:一是支持、指导燃气企业成立中卫市燃气行业协会,以协会为抓手,采用行政监管和行业自律相结合的方式,强化对燃气行业的安全管理;二是广泛开展安全用气常识宣传,不断提高广大燃气用户的安全防范意识和应对能力,预防安全事故的发生;三是抽调各燃气经营企业、各燃气站点的业务、技术骨干人员共计164人次,对全市22家燃气企业下属的32个加气站点,开展14次燃气行业安全生产稽查执法工作,下发整改通知书55份,排查消除安全隐患164条,要求相关企业对发现的问题立即整改,无法立即整改的要采取得力措施进行监护,做出整改计划并落实,及时帮助燃气企业消除安全隐患,避免燃气安全事故的发生;四是组织全市燃气行业287名从业人员,分批次到住建厅参加燃气行业从业资格培训并通过考试,提高从业人员操作技能,增强对安全性事件的应对能力,杜绝无证上岗现象。 (张 飞)

【人民防空】 2016年,新建旅游新镇人口疏散基地,安装电声防空警报2台、多媒体防空警报1台,升级防空警报和移动指挥所自动化指挥系统,实现警报报知系统的控制手段自动化,与区、市两级人防部门视频、语音、图像的互联互通,城区警报音响覆盖率、鸣响率都达到98%以上,新开工人防工程1处,顺利完成市政府组织的"5·12""9·23"和10个机关单位、10个居民小区、市区所有中小学防空防灾应急疏散演练工作。同时,坚持"以收促建",共收取人防易地建设费844万元,各项工程竣工合格率、应建工程项目批复综合"结建"率均达到100%,人防工程建设面积和收费总额指标均创历史新高。

(张 飞)

规划管理

【概况】 中卫市规划管理局承担全市城乡规划管理、村镇规划建设、沙坡头区城市总体规划、区域城镇体系规划、村镇规划的审查报批、编制、修订、调整及实施沙坡头区城市总体规划、分区规划、详细规划,审查和审批分区规划的详细规划、组织编制市区城市供水、排水、电力、电讯、通信、燃气、热力等市政设施规划、城乡规划的监督实施以及防震减灾等工作的中卫市人民政府工作部门。中卫市规划管理局内设办公室、规划编审科、城市规划科、法制监察科、村镇规划科、监测预报科、震害防御科7个内设机构,核定事业编制20名,后勤服务事业编制1名。其中,局长1名,副局长2名,地震局专职副局长1名,科级领导9名。实有干部职工22名,其中,局长1名,副局长2名,地震局专职副局长1名,地震局副局长1名,科级领导9名。 (艾 鹏)

【规划编制】 2016年,城乡规划编制有序推进,按照城乡一体化和城旅一体化的发展思路,编制完成《中卫市城乡总体规划》《中卫市生态城市规划》;根据《宁夏空间发展战略规划》,编制完成《中卫高铁站站前广场设计及周边区域用地规划》《中卫中宁相向发展专题研究》《城市近期建设规划》和《中卫市城市规划管理技术规定》;为拓展城市空间容量,提高城市综合服务承载力,缓减城市地面交通压力,提升城市生态环境质量,编制完成《中卫市城市地下空间综合利用规划》和《中卫市地下综合管廊规划》;为加

强村镇规划管理工作,推进美丽乡村建设,编制完成中心村建设规划71个。 (艾 鹏)

【规划管理】 进一步梳理、优化规划行政审批事项、环节及内容,制定下发《中卫市建设项目规划手续办理流程及要件》,审批时限由35天缩短至17天,实现减少审批环节,缩短审批时限,提高审批效率的工作目标。同时,坚持"规划一张图、管理一本法、审批一支笔,建设一盘棋"的规划管理原则,严格按照依法行政要求,认真执行城市总体规划。2016年,共审查城市规划建设项目平面方案48个、立面方案98个,审查施工图285份,办理"一书两证"263件。
(艾 鹏)

【规划监察】 扩大规划公示范围,对城乡规划编制、调整、批准实施、建设项目批前批后规划设计方案、违法案件查处及市规划管理局职责范围、管理依据、项目审批条件、程序、时限等所有内容全部进行公示。及时纠正违反规划建设行为,维护规划的权威性。2016年,办理建设工程竣工规划核实114项,办理临时建设项目审批2项,建设项目规划验线50次,规划监察127次,对市区内在建的20个建设项目进行全方位监察,建设项目规划监察覆盖率达100%。组织开展城市建成区违法建设专项整治工作,联合市城管、国土、建设部门开展查处工作,共拆除违法建设30多起,共计3120平方米,收缴罚款11万多元,全部上缴国库。 (艾 鹏)

【空间规划改革试点】 一是科学编制空间规划。以《宁夏空间发展战略规划》为统领,整合产业、生态、环保等专项规划,科学编制中卫市空间规划。2016年,空间规划编制已完成前期准备工作,进入规划大纲编制阶段。二是整合空间规划编制事权。出台《关于理顺中卫市空间规划(多规合一)编制管理体制机制有关事项的通知》,将国民经济和社会发展规划、土地利用总体规划、城乡总体规划、环境保护规划及环境功能区划、林业及生态建设规划、交通运输总体规划、水利和水资源规划等职能整合,全部划入市规划管理局,统一负责做好空间规划工作。三是理清经济发展与生态保护的关系。开展《人口与城镇化专题研究》《生态与环境保护专题研究》《产业发展专题研究》3个专题研究,提出发展目标,明确资源能源节约集约利用、自然保护与生态建设、生态红线划定、环境污染控制等相关措施,确定各城镇人口规模、用地规模及城镇化水平。 (艾 鹏)

【城市重点项目建设】 一是实施高庙历史文化街区改造工程。委托天津大学规划设计院高起点、高品位规划设计街区风貌,重点对3片区(高庙公园核心区、红太阳广场片区、鼓楼片区)、5街道(鼓楼东西街、鼓楼南北街、兴隆北街)83栋建筑的外立面进行仿古改造。同时,对街道铺装、天桥站台、景观小品、树池座椅等进行同步改造,改造面积约10.18万平方米,总投资约1亿元,提前一年完成预期建设目标,20余批次自治区、市县相关部门及领导对文化街区进行观摩。二是开工建设西部云基地云计算服务基地项目,规划总建筑面积15495.93平方米。服务基地、公用站房主体工程已封顶,室外配套管网工程已完成,室外环境工程完成土方铺筑。三是完成高速公路黄河大桥出入口路灯亮化、沙坡头水镇环湖亮化、高庙公园景观亮化及鼓楼街景亮化工程,共投资3660万元安装LED路灯303盏,改造高杆灯4盏,安装各类LED景观灯85776套,进一步提升城市品位和形象。四是完成应理湖周边环境综合治理及沙坡头水镇的开发建设,建成特色美食文化产业街区、文化艺术展示区、度假酒店休闲区3个街区,实现游客在沙坡头水镇享受到游、购、宿一条龙服务的目标。五是全面开展城市建成区范围内地下工程管线探测工作,对中卫市城区29平方公里范围,96.8公里道路两侧的地下工程管线进行普查探测,总长共计1003公里,清查并探测各类地下管线位于城市道路、街巷口现状,并建立地下管线信息系统和档案管理系统,为城市地下空间的统一规划、开发利用和日常管理奠定坚实的基础。 (艾 鹏)

【美丽乡村建设】 全力推进美丽中卫建设行动计划,大力实施农村危房改造、美丽村庄建设、特色小城镇建设、垃圾集中收集处理、环境综合整治等工程,切实改善农村环境面貌。一是超额完成美丽乡村建设任务。2016年共开工建设美丽城镇8个,完成投资2.83亿元,分别占市政府下达任务的160%和178%;开工建设美丽村庄23个,完成投资2.25亿元,分别占任务的121%和165%;完成农村危房改造4816户,占任务的138%。二是组织开展以"三无、二净、二绿"为标准的农村环境综合整治活动。分别于3~5月、9~11月,开展两次农村环境综合整治活动,共计投入各类机械1.42万台次、劳动力7.32万人次,清理"三堆"14.7万立方米,拆除残垣断壁16公里,取缔乱搭乱建、乱堆乱放、占道经营284处,粉刷墙体6.5万平方米,敷设排水管网10.6公里,栽植树木14.6万株,农村环境面貌发生显著变化。三是大力推进农村垃圾治理工作。出台《中卫市农村垃圾治理实施方案》，建立和完善农村环卫一体化管理运行机制，深入推进农村环境卫生深度保洁工作，把城市深度保洁机制向35个集镇、85个美丽村庄延伸，环境卫生达到"五个三"标准；落实农村环境卫生保洁资金，各县（区）将2515万元保洁经费纳入财政预算，配备保洁员1293人；各县（区）争取项目资金4610万元，全年配备各类垃圾箱（桶）5986个、环卫车556辆，建成垃圾填埋场3个。　　（艾　鹏）

【监测预报】　严格坚持地震趋势会商制度，提升会商水平。依据中卫地震台、海原地震台前兆观测数据的变化及宏观观测情况，对地震趋势进行分析研究，提出2017年中卫地区地震趋势会商意见。2016年完成周会商52次、月会商12次，半年、年终各会商1次，形成会商报告66份，监测预报及会商水平进一步提高。积极开展群测群防工作，加强"三网一员"队伍建设。4次深入沙坡头区16个观测点和6个微观观测台（站）核查宏观异常，10月份对"三网一员"进行1次系统培训，"三网一员"队伍稳定，群防工作正常进行，全市核实宏观观测员59名，防震减灾助理员39名。　　（艾　鹏）

【震害防御】　一是优化行政审批，提升抗震设防水平。对乙类建设工程抗震设防要求确认时，不再要求申请人提供地震安全性报告，对甲类建设工程由审批部门委托有关机构进行地震安全性评价。已审核办理建设工程抗震设防要求确认82项172.2万平方米，其中20次乙类工程不再进行安全性评价，优化后的建设工程抗震设防行政审批，缩短审批时间，简化审批程序，方便服务对象。二是启动工业园区地震安全性评价和中卫城市地下活动断层探测项目，简化入园企业行政审批程序。投资345万元，启动中卫工业园区地震安全性评价项目，外业探测工作已结束，形成工业园区地震安全性评价结论，简化入园企业行政审批程序，减轻入园企业经济负担。同时启动沙坡头区城市地下地震活动断层探测项目，总投资1245万元（含工业园区安全性评价项目投资345万元），完成后可为城市规划建设避让地震活动断层提供科学依据，从根本上提升城市和重大建设项目抗御地震灾害的能力。三是多措并举，开展地震应急演练。5月12日，在滨河镇中山社区南关新村小区举行地震应急示范演练活动，全面、真实地模拟地震发生后中山社区实施救援的场景，具有较强的针对性和实战性。"5·12"期间，全市各级机关、商场、企业、镇乡、社区开展地震演练80余场次，参加演练的人数达到60.1万人次，有力地推动全市地震应急救援工作，全市防震减灾意识和应对地震突发事件的能力显著提高。　　（艾　鹏）

【扶贫攻坚】　一是加强宣传培训，树立脱贫信心。在付套村开展"两学一做"讲党课2期；开展扶贫政策宣传3期，参与人数150人次，发放宣传手册86本、宣传单260份；组织种养殖技术培训2期，参加群众60人次。二是真心实意扶贫，解决发展资金不足的问题。全年共筹措帮扶资金95万元、协调贷款15万元。其中：协调海原县扶贫办投入资金13万元，帮助群众建设养牛圈棚26座；协调海原县水务局投入资金50万元，建成农田灌溉用机井1眼；协调施工企业捐助资金10万元，硬化村庄道路2700平方米；局机关自筹资金22万元，其中，2万元作为付套村办公设施配备及扶贫工作经费，20万元为付套村编制美丽村庄建设规划；协调海原县信用社为建档立卡贫困户办理贴息贷款15万元。三是引进龙头企业，带动村民发展。引进石嘴山华泰农农业发展有限公司，流转土地1312亩，建设养牛基地和千亩设施蔬菜种植基地。四是协调海原县卫生部门为89名妇女进行"两癌"检查，为79名留守老人进行免费体检。　　（艾　鹏）

【党建和精神文明建设】　坚持"围绕工作抓党建，抓好党建促发展"的工作思路，认真贯彻落实科学发展观，把党建、精神文明建设工作和业务工作有机结合起来，渗透到行业管理中，保证党建和精神文明建设工作有健全的运行机制，有充实的活动内容和丰富的活动载体，使党建和精神文明建设工作稳步推进，取得一定的成效。1.加强党的建设工作。一是深化星级服务型党组织创建活动。研究制定《关于深化星级服务型党组织创建活动方案》，并制定《考核细则》，把创建"五星级"作为工作目标。局党支部与党员签订星级基层服务型党组织创建工作目标管理责任书，细化任务，量化目标，形成一级抓一级、层层抓落实、齐抓共管的氛围。积极参加"沙坡头大讲堂"活动，开展党员承诺践诺，开展"六型机关"创建工作，努力创群众满意窗口单位。二是认真开展"两学一做"学习教育活动。按照市委的部署，制订《学党章党规、学系列讲话，做合格党员"学习教育实施方案》，明确工作目标、主要任务，突出"三个讲清"带头上好专题党课。紧扣"四个专题"开展学习研讨，积极创新，做到细化实化，有特色求实效。开展党课辅导7次,专题研讨4次,组织学习《中国共产党章程》《中国共产党廉洁自律准则》《中国共产党纪律处分条例》等。2. 狠抓党风廉政建设工作。根据《2016年党风廉政建设责任书》要求,一是制订《市规划管理局开展落实党风廉政建设责任制工作实施方案》《市规划管理局党风廉政建设工作计划》,按"一岗双责"要求,将2016年度党风廉政建设责任制进行任务分解,将各项工作任务分解到每一个工作岗位和每一个人;二是认真落实民主集中制,加强对权力运行的制约和监督,确保权力正确行使,凡属重大决策均召开党组会议或局务会议讨论做出决定;三是着力推进"三个清单"规范运行,强化权力清单、责任清单和负面清单的刚性约束力;依据"三个清单",建立有效的督查监管机制,进一步排查岗位廉政风险点,充分利用机关网站、微信等信息平台,构建群众广泛参与、运行高效便捷的权力监督机制,积极强化对行政权力运行的监督,通过"三个清单"的制定和运行,加强对履职行权的监督、制约。3. 认真做好精神文明建设工作。一是研究制订《市规划管理局2016年精神文明建设工作安排意见》,对年度精神文明建设的目标、任务、标准、要求等进行明确。二是组织党员干部开展知识竞赛、志愿服务、文化体育活动,组织职工积极参加全市各类演讲、文体等比赛活动,通过参加各类竞赛活动,培育职工的集体荣誉感,激发职工的团结协作精神。三是积极开展"文明科室""优秀党员""先进个人"等评比活动,评选表彰各类先进集体和先进个人,调动广大干部职工"争先创优"和为民办实事的积极性。四是以"唱歌曲、学模范、诵经典、作点评、送吉祥"五个部分为载体开办"道德讲堂"活动4场,将遵守社会公德、秉承职业道德、践行家庭美德和修养个人品德的美德逐步深入地向大家传递,被评为2017年度"十佳道德讲堂"单位。 (艾 鹏)

住房公积金管理

【概况】 2016年,全市已建制职工4.91万人;全市当年归集住房公积金6.36亿元,累计归集35.60亿元,期末归集余额17.13亿元;当年提取住房公积金4.16亿元,累计提取18.47亿元;当年发放住房公积金贷款5.26亿元,贷款总额达23.35亿元,贷款余额11.89亿元;年末住房公积金个贷率达69.42%;贷款预期率控制在0.02‰。 (朱 斌)

【政策宣传】 编发《住房公积金管理信息》简报12期2400多份,编印《住房公积金简明手册》近百册,参加行风政风热线直播节目,通过"12·4"法制宣传日发放宣传彩页10000多张,年度结息对账向缴存职工邮寄对账宣传单10万多封,宣传国务院《条例》和国家、自治区、市最新住房公积金政策,有效提高住房公积金政策法规知晓率,进一步扩大住房公积金影响力。 (朱 斌)

【建制扩面】 1. 积极宣传最新政策,增强社会各界特别是非公单位(企业)对住房公积金缴存扩面工作的认识;2. 积极协调工信、人社、工会等部门,持续开展四部门联合执法维权工作;3. 建立未建制单位(企业)台账,确定建制重点对象,成立扩面工作小组,深入尚未建制,但有一定基础的非公企业(单位),送政策上门,督促指导,促使天元锰业等非公单位(企业)为10598名职工建立住房公积金账户,新增建制缴存职工创2010年以来新高。 (朱 斌)

【政策落实】 贯彻落实自治区住建厅等三部门《关于进一步发挥住房公积金政策效应支持住房消费的通知》(宁建发〔2016〕86号),再次放宽住房公积金政策。1. 扩大住房公积金缴存使用范围。出台《中卫市灵活就业人员缴存及使用住房公积金管理办法》,允许在本市就业且收入稳定的农民工、个体工商户、非全日制从业人员以及其他灵活就业人员以个人名义自愿缴存和使用住房公积金,全力支持房地产去库存。2. 放宽住房公积金使用条件。将缴存人员连续足额缴纳住房公积金6个月(含)以上可申请住房公积金购房贷款调整为缴存人员连续足额缴存住房公积金3个月(含)以上,可申请住房公积金购房贷款或提取住房公积金。对曾经在异地缴存住房公积金、在现缴存地缴存不满3个月的,办理住房公积金转移后,缴存时间可合并计算。允许缴存人员及配偶提取其住房公积金账户余额支付购房首付款,并可立即申请住房公积金贷款。3. 取消商业贷款对住房公积金贷款的限制。缴存人员在购买自住住房申请住房公积金贷款时,住房公积金贷款不受本人及配偶商业贷款限制,符合住房公积金贷款条件的,应予以发放住房公积金贷款。4. 提高贷款额度。正常、连续缴存住房公积金的缴存人员在申请住房公积金购房贷款时,取消缴存余额对贷款额度的倍数限制。将单方住房公积金最高贷款限额提高到55万元,夫妻双方住房公积金最高贷款限额提高到70万元。在保证借款人基本生活费用的前提下,月还款额与月收入比上限控制在60%。5. 调整装修提取年限。缴存职工提取本人及配偶住房公积金用于装修自住住房的，从要求10年以上未使用过住房公积金调整为5年以上（含5年）未使用过住房公积金，且不受单方使用影响。6. 延长购房合同使用期限。缴存人员购买自住住房未使用住房公积金贷款的，从购房合同签订之日起，10年内（含10年）每年可提取一次本人及配偶、夫妻双方父母、子女及其配偶的住房公积金账户余额，累计提取额度不超过购房总价款。7. 扩大还贷提取范围。在缴存人员正常还款情况下，每年可提取一次本人及配偶、夫妻双方父母、子女及其配偶住房公积金账户余额用于偿还购房贷款，累计提取额度不得超过购房贷款本息总额。提取的住房公积金可以打入借款人自由选择的本人的存款账户，不得强制冲抵贷款。8. 放宽租房提取范围。缴存职工连续足额缴存住房公积金3个月以上，本人及其配偶在住房公积金缴存城市无自有住房的，可提取夫妻双方住房公积金支付房租。租住公共租赁房的，提供房屋租赁合同和租金缴纳证明，按照实际房租支出全额提取；租住商品住房的，提供本人及配偶名下无房产证明，根据当地市场租金水平和租住住房面积，确定租房提取额度。租房提取可以每年提取一次，也可一次提取5年的租房提取额度，但5年内不可再次申请租房提取。（朱　斌）

【资金安全】　强化内部基础管理，进一步健全各项规章制度，完善业务操作规程，实行精细化管理。撤销核算监审科，新设置核算科和监审科，实现核算和监审不相容职能的有效分离。建立事前、事中、事后全方位监督检查机制，加强内部监审，每季度组织一次实地检查监审并进行通报，狠抓整改落实，确保资金安全运行。管理服务工作合法合规，没有出现违规行为。（朱　斌）

【简化流程】　1. 将贷款范围扩展到全国的缴存职工。将原限于自治区范围内缴存职工在中卫买房可在本中心申请贷款的政策，扩展到全国范围的缴存职工，只要在中卫购房，均享受本市缴存职工同等贷款政策。当年为288户市外缴存职工办理住房公积金贷款，放贷金额达8613.7万元，占同期贷款发放额的16.35%，仅此一项，直接拉动新增全市住房消费2.8亿元，相应去房地产库存3.34万平方米。2. 对两县分中心贷款审批实行全部授权，减少审批环节，提高放贷速度。在本市住房公积金贷款最高额度内，两县分中心直接按规定审批放贷。实现权责对应，在行使"中心"全部授权的同时，承担相应的全部责任。3. 对归集科就大部分支取审批实行基本授权，减少审批环节，力争当日支取。中心本部除购建房、偿还银行个人住房贷款、装修、大病提取仍由"中心"审支会议研究审批外，其他提取业务授权归集科负责审批，并对授权业务的合规性承担相应全部责任。4. 简化贷款审批程序。贷款审批程序由5级审批（初审、复审、部门负责人审核、分管副主任审核、审贷会审批）简化为3级审批（前台初审、部门负责人复审、审贷会审批），审批环节进一步得到缩减。（朱　斌）

【改革创新】　以去房地产库存、解决旅游旺季游客入住难题和拓宽居民增收渠道为目标，充分发挥住房公积金去房地产库存的杠杆撬动作用，创造性地开展工作，在沙坡头区建成红宝花园、金沙国际、福润苑3个旅游公寓示范点，实现经济效益和社会效益的有机结合。（朱　斌）

【精准扶贫】　成立联系帮扶贫困村、贫困户工作领导小组，深入帮扶村与镇、村干部座谈交流，立足村情，分析查找致贫原因，提出加强村"两委"班子建设，提升基层党组织的凝聚力和团结力；发展壮大村集体经济，发挥引领示范带动作用；加强青壮年劳动力驾驶技术培训，拓宽致富门路；依托本地实际发展枸杞种植，提高脱贫的内生动力等对策为脱贫思路，投入帮扶资金4万余元，对马莲村村部进行修缮，配齐办公桌椅，慰问困难群众18户。（朱　斌）

【自身建设】　1. 抓理论学习不放松，认真学习党的路线方针政策，扎实开展"两学一做"学习教育，深入学习习近平总书记系列重要讲话精神。2. 抓组织建设不放松，加强党的基层组织建设、党风廉政建设和精神文明建设，争创党建示范点。经常性开展廉政教育，组织全体党员干部职工接受警示教育6次。3. 抓工作作风不放松。全面实行"五定工作法"，提升工作执行力，建立完善内部绩效考核机制，调动职工工作积极性。4. 抓廉政风险防控不放松。逐月排查工作岗位和工作流程中的廉政风险隐患，对管理中容易出现的因政策执行不到位、岗位职责不落实、管理运作不规范带来的风险隐患及时警示整改。5. 抓定点帮扶不放松。建立机关干部"下基层"帮扶群众工作台账，定期慰问帮扶困难群众，先后慰问香山乡深井村、东园镇冯桥村困难群众20人次，投入帮扶资金近1.9万元。（朱　斌）

城市管理

【概况】 2016年，市城市管理局认真贯彻落实市委、政府总体工作部署，以"干净整洁、动态有序、管理规范、文明和谐"为目标，按照"一个巩固、三个提升、二个推动"的整体工作思路，围绕巩固"以克论净"，通过加强精细管理、提高机械清扫率、完善公用设施功能、建设运行"环卫云"项目，使城市环卫保洁力度不断加大。通过实施"亮化美化工程""广告牌匾整治工程""噪音污染治理工程""街道破损修补工程"，卓有成效地开展"美丽城市"建设行动，使"城市顽疾"得到有效治理。狠抓"门前三包"责任管理，通过扎实组织开展燃放烟花爆竹、焚烧冥纸、城市"牛皮癣"、"五小行业"烧烤摊点和施工工地专项治理，使城市市容秩序得到有效治理。通过对城管执法人员进行法律法规培训，进一步明确执法范围和权限，规范执法程序和方法，有力地推动城市管理相对集中执法工作。全力组织实施高庙游乐设施搬迁，着力推进旅游公厕项目、智慧城管信息系统二期项目、城市立体停车场项目工程建设，全面运营城市静态交通管理，有力地推动重点项目工程建设。2016年，先后接待全国各地考察学习团队157批2316人。中卫市城市管理局被自治区住房和城乡建设厅评为城乡建设工作"先进集体"，被中卫市宣传思想工作领导小组评为"先进集体"，中卫市城市管理局"以克论净·深度清洁"项目被国家住房城乡建设部评为"中国人居环境范例奖"。 （陈治平）

【机构人员】 中卫市城市管理局成立于2014年12月29日，为正处级单位。核定行政编制9名，核定局长1名（正处级），副局长2名（副处级）；办公室主任1名（正科级），科长2名（正科级），系统工会主席1名（正科级），后勤服务事业编制1名。根据工作职责，局机关设3个内设科（室），办公室、市政管理科、法制监督科，下设市公共事业管理所和市城市建设监察支队。 （陈治平）

【中卫市城市公用事业管理所】 中卫市城市公用事业管理所隶属于中卫市城市管理局，是市财政全额拨款的正科级事业单位。核定事业编制31名、聘用编制7名，领导职数4名（正科级1名，副科级3名）。2016年实有编制人数26名，聘用编制数7名，临时聘用职工584名。其中，党员19名，预备党员2名。内设办公室、财务室、人工保洁队、机械清扫队、垃圾清运队、广场公园公厕管理中心和路灯队。主要承担城市环卫清扫保洁、垃圾清运、路灯管护和广场、公园、公厕管理及市政设施维护等工作。 （陈治平）

【中卫市城市建设监察支队】 中卫市城市建设监察支队隶属于中卫市城市管理局，是市财政全额拨款的正科级事业单位。核定全额预算事业编制41个，核定支队长1个（正科级），副支队长2个（副科级），现实有正式职工37名，城市管理协管员135名，公益性岗位人员25名。其中，党员22名，预备党员1名。主要承担占道经营管理、户外广告设置监督，市区违章建筑、临时建（构）筑物的查处，商户"门前三包"监管、市区水域安全监管、城市道路运输车辆"防渗、防撒、防漏"监管等工作和相对集中行政处罚权执行。 （陈治平）

【以克论净·深度清洁】 2016年，城区共有环卫捡拾保洁人员325名，环卫机械清（洗）扫车辆34台。坚持执行《中卫市城区环境卫生深度清洁管理办法》，严格落实岗位责任制，强化提升"以克论净·深度清洁"环卫保洁模式，狠抓人工保洁质量，"双5"标准合格率分别达96%和98%以上。建设"环卫云"以克论净环卫管理系统，对城区环卫职工考勤纪律、工作状态、地表垃圾检测即时查询，以云计算技术固化"以克论净·深度清洁"环卫管理工作，使环卫工作科学化管理和快捷式推广应用。 （陈治平）

【垃圾收运管理】 全面启用新建和改造的9座生活垃圾中转站，购置垃圾压缩箱15台，垃圾中转站分布合理、设备先进、管理规范、全封闭压缩，有效地提高生活垃圾收集、转运效率；购置勾臂式小垃圾箱90个，陆续投放到老旧小区和无物业小区，安排车辆每天及时清理；购置1台侧装式压缩垃圾车，配置侧装式垃圾桶240个，在主干道路选择垃圾产生量大的地方放置侧装式垃圾桶，并安排收集车辆每天两次收集，沿街垃圾散放、收集不及时问题得到有效缓解。 （陈治平）

【城市照明管理】 全年共维修路灯照明及景观照明设施6700余盏，修复路灯高低压电缆故障70基；新装清真寺巷、文昌街路灯21基；将中央大道5个大型十字路口的32基单光源路灯改造为多光源路灯；景观水道两处木质曲桥两侧安装庭院灯20组，柱头灯74套；彩虹桥两侧亲水坪台安装护栏灯118套；更换文化广场庭院灯灯具32套，新增LED射灯48盏；更换机场路、宁钢大道风光互补灯光源11套，控制器180台，蓄电池418块，太阳能电池板

108片；完成十里水街景观照明线路改造工作，重新埋设电缆线路3600米；完成府后广场亮化改造工程，更换灯具164套，共敷设电缆980米，更换控制箱2个；完成彩虹大道两侧景观照明工程，两侧行道树共安装30W LED照树灯3000盏，敷设电缆4000米，安装控制箱16个。 （陈治平）

【广场公园公厕管理】 按照深度清洁"两个5"标准，对新老城区广场、公园23个责任区域进行精细管理，并配合完成市委、市政府及有关部门在广场开展的各种演出、展览等活动，临时应急抽调人员38次，集中清理死角垃圾30次。公厕管理人员以"跟进式"的保洁作业要求对公厕进行日常的卫生维护，公厕各类设施设备运行情况较好，做到一般设施24小时修复，重要设施48小时修复。加强公厕维修改造，更换移动公厕防臭盖、换气扇、踏步等设施190个，在公厕放置新型除臭杀菌灭虫香片825片、除臭垫片210片；维修改造五环广场南固定公厕并恢复使用。完成各项重大赛事和活动期间的公厕应急保障工作，应急吊装移动公厕10次。 （陈治平）

【市政设施维护】 全年共维修沥青路面4960平方米、人行道砖39000平方米，维修大理石砖1800平方米、修补木栈道150平方米，制作安装栏杆316米、U形桩65米，维修果皮桶2760个，更换果皮桶205个。对行政广场和红太阳广场喷泉设施进行全面维修，共维修水泵133台，更换电缆约7400米，各种喷头300余个。建成占地6000多平方米、建筑面积4000多平方米的环卫停车场，极大地改善环卫车辆停放环境，进一步完善环卫基础设施。
 （陈治平）

【市容秩序管理】 2016年，加大街道流动商贩、占道经营行为整治规范力度，实现308个流动商贩定点入市经营；认真落实"门前三包"责任制，签订责任书5386份；开展户外广告治理，拆除各类牌匾1560多块，办理门头牌匾审批手续332家；杜绝装修垃圾随意乱倒等违规行为；清除非法张贴、涂写、刻画小广告65000余张；配合开展高庙历史文化街区改造，安排专人配合改造工程，通过登门告知、政策讲解、做思想工作等方式，发放各类通知450份，确保工程顺利推进，圆满完成改造任务。
 （陈治平）

【运输车辆"三防"管理】 根据《中卫市城市道路车辆运输防渗防撒防漏》规定，加大日常巡查力度，采取定点检查、机动巡查等措施治理运输渣土车辆"抛、洒、漏"行为，联合市直相关部门开展渣土运输车辆专项治理，严格落实渣土运输车辆管理规定，下发通知和倡议书，与施工企业和商砼企业签订保证书，全年查处违规车辆550多次，督促渣土运输单位更换破旧护兜、侧兜330辆，下发通知和倡议书407份，签订保证书22份，逐步建立长效监管机制，为创建干净、整洁的城市环境奠定良好基础。
 （陈治平）

【查处违法建设】 对城市建成区范围内的违法建设进行调查摸底，登记造册建立台账。安排执法人员配合市直相关部门对城区违法建设的建（构）筑物进行拆除，拆除面积14354.7平方米；加强施工工地监管，签订《中卫市市区建筑工程文明施工保证书》27份，硬化出入口31个，安装洗车设备27个；严格道路挖掘审批手续，全年办理各类道路挖掘审批手续30起，抢修管道挖掘手续12份，签订安全施工保证书12份。
 （陈治平）

【景观水域监管】 成立市区水系安全管理巡查组，采取分头把守、集中巡查、蹲点守候相结合的办法，对市区水域进行全天候监管。共制止游泳、嬉水、洗车等各类违规涉水行为800余人次，制止钓鱼60余人次，收缴渔网21张、各类钓鱼竿70余根。积极开展水域安全宣传工作，在市区各水系设置警示牌203个，温馨提示21个，对金沙滩游泳区破损的防护网、护栏进行修补更换，并对各类救生设备进行检查完善。组织开展落水施救演练2次，提高队员施救能力。通过行之有效的管理措施，全年水域无安全事故发生，游泳、钓鱼等涉水现象明显减少。 （陈治平）

【智慧城市建设】 针对静态交通停车场收回统一管理的问题，安排专人积极配合项目建设、运营的协调，对所涉停车场商户占用放置禁止停车柱、石墩进行清理；于9月初全面试运营自行车交通系统，该项目布点26处，安装横梁式锁止器500套、站点服务管理终端26套、自行车识别引导器500套、自行车锁500套、链条式自行车500辆、网络设备接入无线终端26个；实施中卫市城区公厕改造和新建旅游公厕项目，完成城区改造旅游公厕8座，已开工建设新建旅游公厕4座，其中政府投资建设2座，分别是沙坡头水镇公厕和美利水畔公园公厕；市场化运作建设2座，分别是"五馆一中心"公厕和人民广场公厕，有效提升城市服务功能，为建设旅游标准示范城市奠定基础。
 （陈治平）

交通能源邮电

交 通

【概况】 中卫市交通运输局承担公路、铁路、民航、水运、现代物流、邮政管理、公路管养、道路运输安全管理、交通战备等建设与组织协调等职能。核定行政编制12名，实有人员12名。设办公室、法制科、规划统计科、建设管理科、运输管理科、物流管理科6个科室。下辖质监站、公路管理段、地方海事局3个事业单位，交通物流投资发展有限公司1个国有企业。辖区设沙坡头区建设交通局、中宁县交通运输局、海原县交通运输局、海兴区规划国土建设局4个县局。自治区交通运输厅在中卫设2个三级管理单位，即宁夏公路管理局中卫分局（负责中卫境内高速、国道、省道的养管和收费）、中卫道路运输管理局（负责全市道路运输市场的监管）。协调联系单位有市邮政管理局、沙坡头机场、兰州铁路局驻卫协调办公室。2016年年底中卫市公路通车里程达7657.01公里，公路密度为44公里/百平方公里；按行政等级分：国道741.441公里，省道661.113公里，县道63.358公里，乡道2356.731公里，村道3339.757公里，专用公路494.61公里；按技术等级分：高速公路407.126公里，一级公路93.582公里，二级公路942.614公里，三级公路1244.966公里，四级公路4937.605公里，等外公路31.117公里。境内既有铁路有包兰线、宝中线、太中银线、干武线4条铁路总计427.5公里；共有干塘、迎水桥、中卫、中宁、枣园堡、中宁南、新市沟7个车站，其中编组站1个，客(货)运站6个。沙坡头机场执飞航线北京—中卫—乌鲁木齐（每周一、三、五、七执飞）、中卫—西安—上海（每周一、三、五、七执飞）、北京—中卫—重庆（每周二、四、六执飞）。辖区内水上通航里程197公里，占全区的49%，营运船舶121艘，在册登记船员214人；有8处渡口、浮桥，分别是：南长滩渡口、中卫通航渡运有限责任公司、中卫常迎黄河浮桥管理有限责任公司、永丰渡口、河沟渡口、胜金渡口、马滩渡口、中宁县余丁渡口；有2家水运企业：（港中旅）宁夏沙坡头旅游景区有限责任公司、中卫腾格里旅游服务有限公司。全市班线客车719辆，公交汽车562辆，出租1940辆；货运车辆15456辆，其中危货车辆141辆。全市有物流企业137家。全市现共有邮政普遍服务网点50个，共16个快递品牌（EMS、顺丰、申通、中通、圆通、汇通、韵达、优速、天天、宅急送、联合快递、万家通、全峰、天豹、速尔、国通），快递网点99处；2016年，全市邮政业累计业务总收入7004.98万元，其中邮政企业（含EMS，不含邮政金融类业务收入）3754.98万元，快递企业3250万元（不含EMS），邮政企业累计业务总量（含EMS）7030.75万元，快递企业累计业务量248.57万件；投递量662.62万件。2016年年底，全市列养公路6129公里，县、乡、村列养公路优良率分别达到60%、40%、30%以上。全市道路运输客运量1046万人次，周转量76780万人/公里，货运量7571万吨，周转量1659933万吨/公里；铁路旅客运输210万人，其中发送60万人，到达150万人（旅游专列14万人），铁路货运发送183万吨。水路客运量93.67万人，货运量30.03万吨；航空客运吞吐量有10.28人次，货邮吞吐量86.9吨，运输1266架次。

(杨志雄)

【交通运输重点项目建设】 吴忠至中卫城际铁路开工建设。黑海高速、迎闫跨铁桥、中卫黄河公路大桥旧桥加固维修工程建成通车。海同高速、国道109线改建工程、国道338线改建工程、黄河标准化堤防工程、19条农村公路、广申大道跨包兰铁路立交桥加紧施工。完成黄河南长滩至沙坡头段航道整治主体工程，修建码头7座，建成海事搜救中心主体工程和海事应急指挥中心。对沙坡头区7条公交线路重新整合和规划，开通以旅游新镇为中心至周边各景区旅游专线和沙坡头区至中宁同城沿黄旅游观光线路，规划建设7个公交首末站，为3~7路46辆公交车安装无线WiFi，实施新能源汽车推广项目。中卫至兰州客运、高铁站跨黄河大桥、乌力吉口岸至中卫铁路、乌玛高速、常乐黄河大桥、镇罗铁路物流中心、迎水桥海关保税监管仓库、黄河沙坡头枢纽至中宁县白马乡段航运建设项目、千方集团合作项目等一批重点工程开展前期工作。

(杨志雄)

【现代物流发展】 成立中卫市物流协会，强化对物流行业信息发布、教育培训、行业规范、管理咨询、推广宣传、数据统计、物流服务等的管理。中国物流中卫物流园区完成投资1.6亿元，国际电子商务示范区1号楼进行外部装修，2~5号楼封顶；公路港1~6号转运区进行钢结构安装，计划2017年完工。镇罗铁路物流中心项目，铁路总公司审核通过该项目预可。中宁星火国际物流园智能化信息中心已运营。开通并运行14趟"中阿号"国际班列，开通中宁陆路口岸，在自治区境内形成"南有中宁、北有惠农，以银川为中心，实现两翼腾飞"的口岸发展格局。扩大物流功能，加强中卫综合物流园区运作，将中卫迎水桥编组站作为新疆乌西编组站的前延，初步形成卫集新编、新进卫散格局。

(杨志雄)

【农村公路管养】 市公路管理段辖养沙坡头区公路2219.69公里，其中：省道45.21公里、专用公路(滨河大道)64.81公里，农村公路2109.67公里（县道84.39公里、乡道1047.73公里、村道977.55公里)。根据单位管理需要和辖区路网分布特点，在公路沿线设立滨河、镇照、迎水、常乐、东台、宣和、深井7个公路站和1个养护中心。配备各类养护机械车辆20辆（台)，其中：养护星卡5辆、综合养护车1辆、路政执法车辆2辆、振动压路机1台、清扫车6台、农用运输车2辆、后勤保障车辆3辆，公路养护管理工作辐射沙坡头区12个乡镇。2016年，省道年平均优良路率达到48.7%，滨河大道平均优良路率达到84.09%，县、乡、村道年平均优良路率分别达到65.8%、44.7%和34.9%。大力开展农村公路路域环境综合整治，及时处治路面病害、维修桥涵构造物、完善公路设施等，有效改善公路通行条件。组织实施绿化美化工程，进一步优化公路环境。完善公路标线、交通标志标牌、警示桩、钢护栏等公路沿线设施，最大限度消除安全隐患，提高农村公路安全保畅能力。对2219.7千米辖养公路的公共责任险和116.2千米易发生自然灾害的红油路、北长滩路进行投保。加强路政管理，依法受理路政许可、查处路政案件、治理超限超载，全面改善公路路域环境，确保公路和桥梁安全运行。全面实施公路安全生命防护工程，开展道路隐患治理，积极应对水毁、交通事故及恶劣天气的应急处置，保障公路安全。

(杨志雄)

【水上运输监管】 全面落实水上安全管理责任制和各项安全防范措施，分别与中宁县海事局、各水运企业、渡口船主签订水上交通安全管理责任书，监督各水运企业层层签订水上安全管理责任书。严格水上隐情报告和值班制度。全年水上无安全生产事故发生。全面开展安全监管，彻查事故隐患，隐患整改率100%。加大安全投入，对船体设施进行经常性维护，建设信息监控平台。加强船舶登记，避免"一船多证、多船一证、船证不符"等现象，确保船舶登记数据资料真实准确。加大日常检查频次，全年共开展日常安全检查210次，检查船舶2300余艘次，检查船员和筏工2500人次，出动执法人员630人次。开展水上应急救援演练2次，提高应急处置实战能力。严厉查处违法行为，联合安监局、市场监管局、旅游局、迎水镇政府、沙坡头区公安局等相关部门对鸣钟漂流公司开展非法漂流业务进行现场执法，停止该公司漂流业务。

(杨志雄)

【交通运输安全监管】 加强运管、交警、路政、气象、公路段、海事等部门的联防联检，以道路交通安全隐患排查、公共交通安全管理、水上运输、治超治限和节假日、重大活动为重点，保持交通运输安全的良好态势。扎实开展"安全生产月""安全生产万里行"等社会活动，加强道路运输安全常识普及教育与培训，不断提高全社会的道路安全意识和安全技能。

(杨志雄)

【作风效能建设】 积极履行党委"两个责任"，全面加强党建、党风廉政建设和精神文明建设。扎实开展"两学一做"学习教育等活动，充分发挥教育引导的主阵地作用，把作风教育作为日常学习教育的重中之重，投入大量精力形成引导攻势。成立督查督办小组，确定每周的重点工作和督办事项，坚持周周汇报、周周督查、周周落实的工作机制，全力提升行政效率。在6号公交线和站台开展"清风号"创建活动，在道路运输行业开展挂牌评星活动，行业服务水平进一步提高。在《中卫日报》、中卫电视台、中卫新闻网、微信、中卫综合广播、云端中卫六大宣传平台开办"枢纽中卫"周刊和专栏,加大"大交通"宣传力度。（杨志雄）

公路管理

【公路养护】 截至2016年10月底,高速公路MQI值93.73、PQI值92.61、优良路率100%；普通国道MQI值90.32、PQI值87.46、优良路率100%；省道MQI值84.34、PQI值79.4、优良路率75.04%；县道MQI值78.56、PQI值72.07、优良路率45.9%。年内累计完成：清扫路面320444km²,整修路肩边坡4085km²,修剪高草3081km²,清理边沟及碎落台淤积物7507m³,处理水毁塌方13686m³,整修高速公路中分带3230km；处治坑槽、沉陷、车辙等病害112568m²,路面灌缝50.74万延米；维修浆砌片石边沟4729m,维修拦水带5048m,桥涵构造物勾缝、抹面8637m²,涵洞清淤667m³/345道；恢复隔离栅网片3757块,更换维修防撞护栏板2405块,维修更换示警桩、里程碑、百米桩1380块,各类标志238块。
（张晓丽）

【路政管理】 年内发生路政案件429起,查处429起,结案423起,查处率100%,结案率98.6%,收取各类路政规费共384.8万元。截至10月31日,征收通行费56731.34万元,占全年征收任务的84.90%,与上年同期相比增加1533.52万元,增幅为2.78%。结合路政考核,每月定期对执法情况、内务管理、文明服务、工作纪律等情况进行稽查,路政单位实行上5休2工作机制,与交警保持一致,加强队伍管理,提高工作效率,转变工作作风。认真开展行政执法评议考核,对423件路政赔偿案卷和513件路政处罚案卷进行评查和整改,规范文书制作。共办理大件许可3321件。 （张晓丽）

【科学规划布局】 "十三五"期间,随着路网结构的扩张和调整,分局将辖养16条高速及国省公路,总计里程1690.061公里,按照"构建两圈、拓展两边、强化中间"战略布局和思路,根据辖养里程和路线布局,规划建设养护中心10个、路政大队10个,规划新建中宁省级应急保障物资储备基地,新建中卫、海原2个市级和7个县级应急保障物资储备基地,全面提升分局应急保障能力。 （张晓丽）

【专业化作业队】 分局整合各养护中心人力及设备资源,成立中宁、海原两个路面专业维修队和一个桃山桥涵及交通安全设施维修队。制定《中卫分局专业化养护实施方案》,明确各专业维修队的作业范围、人员及机械配置、工作职责和专业维修队承担维修养护任务工作流程。年内,石空路面专业维修队共计处治路面病害55692m²,海原路面专业维修队共计处治路面病害3427m²,桃山桥涵及沿线设施专业维修队共计更换D160型等伸缩缝313.4m/27道,采用快凝水泥修补伸缩缝破损混凝土214.5m/58道等其他小修任务。各专业队运行平稳,质量效益较好。
（张晓丽）

【场站建设】 G6线兴仁主线收费站、治超站改扩建工程项目、G2012线营盘水治超站改扩建工程两个项目建设规划及用地进行土地预审前期工作。甘塘收费站站房建设、中宁收费站职工住宿楼、同心收费站改扩建项目设计方案已经局审定完成,甘塘收费站站房工程选址意见书已办理,待厅项目批复后办理相关手续。 （张晓丽）

【"一路一案"】 以项目建设推动设施改善,制定《中卫分局"一路一案"编制大纲》,为准确、翔实编制"一路一案"提供模板。通过对分局辖线的路况、站点等现状进行排查,实地采集基础数据,梳理各条路线公路改扩建与大中修工程及病害的处治情况,翔实准确地汇总统计"一路一案",根据基础资料整理与路况实际,制定行之有效的养管对策,完善小修保养方案。基层各队（站）根据辖路段实际情况,建立"一路一案"档案对策表和解决方案。"一路一案"内涵的不断深化,使"一路一案"成为养护管理、养护决策、工程项目、路况升级、设施建设的依据和指南,对美丽宁夏路建设、应急保障体系建设外延拓展提供可靠依据。
（张晓丽）

【项目管理】 成立项目管理办公室,加强过程控制,紧盯工程质量和进度,严格控制计量支付、各项工程交工验收等重点环节。2016年养护工程16项,已全面开工,其中完成10项,完成金额488.49万元,2015~2016跨年度工程15项,已全部完成,完成金额4699.15万元。 （张晓丽）

【"三提四转"行动】 一是激发工作活力,营造争先进位的工作氛围,切实转变干部职工工作作风,规范管理,提高工作效率；二是修订完善局务会议制度,通过对分局人事调动、大额资金使用、工程项目等重大事项进行集体讨论和集体决策,实现政务管理民主化、规范化、制度化；三是坚持每周召开工作例会,通过对各科室上周工作总结反馈和本周工作安排部署,总结经验,加强协调沟通,及时解决问题,增强工作时效;四是建立分局机关值班制度,分局领导带班对机关劳动纪律、集中学习及早操出勤情况进行检查、考核;五是制定《中卫公路分局机关工作人员奖励性工资分配办法》,将半年考核、年终考核结果与职工奖励绩效工资挂钩,总结每月工作中存在的问题,提出整改措施,提高工作效率。　　　　　　　(张晓丽)

【"治超治洒"行动】　按照局"六个先行"的总体部署,积极探索落实"三个合一"工作机制。认真调研制定《中卫分局"三个合一"管理模式创新先行工作实施方案》,明确工作目标、工作阶段和具体措施以及各项要求。通过建立微信群等形式,形成"联合巡查、互通信息、共同出动"的工作机制。一是深化联合治超治洒,分局联合中卫市安监、交通、公安、运管等部门召开"中卫分局工作联席会暨治超治洒座谈会",综合运用行政、经济和法律手段对车辆超限超载、污染路面等违法行为进行多层次的联合治理,实现长效管理。在8月31日组织辖区交警、养护、收费与甘肃路政、收费、交警等部门在营盘水治超站召开甘宁省界联席会议,签订《甘宁省界路政、收费、交警工作合作意向书》,为开展联合治超治洒工作夯实基础。二是以"秋季公路大整治"为契机,加强对新治超政策的宣传。结合新出台的《超限运输车辆行驶公路管理规定》等文件,通过在辖区货物装载现场驻点、与辖区运政等部门联合巡查等方式对辖区重点货运源头进行针对性监管治理。将源头治理与路面管控相结合,强化联合处罚措施,交警、运政严格按照相关规定对超限车辆进行经济处罚,有效遏制抛洒污染公路行为。年内,召开协调会6次,处罚车辆896辆、卸载车辆270辆、卸载货物1599.32吨,取得一定成效。三是及时打击治超短途驳载。由于高速入口预检站的全面启动,加之治超新标准、新规定降低货运车辆限载值,加大处罚力度,承运人为逃避固定治超检测站检测,在S201甘塘固定治超站东西两侧各设立4处货物分装站场,分别转运钢筋、煤、砂子等材料。针对以上情况,分局积极联系当地运管、交警、土地等部门召开"联合治理短途驳载现场会",明确各自职责。通过加强巡查、24小时不间断检测、下发《限期拆除通知书》《违章通知书》,联合交警部门强行恢复道路原状等措施对超限超载车辆短途驳载现象进行集中整治。四是加快11个高速公路入口预检站及4个固定治超治洒点建设,年内,11个预检站车道加宽及机电设备已完工。中宁、新堡治超治洒点场地整平、基础施工已经完成,长山头和孟家湾治超治洒点土地临时占用已协调完毕,已进入基础施工阶段。　　　　　　　(张晓丽)

【美丽宁夏路创建】　按照美丽宁夏公路创建标准,对G109线、G6线、S101线做摸底排查,编制初步方案。制定美丽宁夏路三年创建规划。与地方政府积极联系,共同创建,特别是对G109线K1354—K1390段大力实施绿化美化,对沿线路肩及路缘石与花池之间投资硬化,完成G109线K1330—K1413段行道树的补植工作,在平交道口设置钢制示警桩,大力开展路面病害处治,路域环境整治,三桩刷新工作等。充分利用公路沿线管理优势,在G109线K1330+020等处摆放雕刻景观石、设置壁画等文化建设,提升创建文化底蕴。　　　　　　　(张晓丽)

【"三个练兵"行动】　2月24日至3月3日举办公路养护职工培训班,对分局91名在职养护人员进行封闭式集中培训。8月26日至9月7日,分局组织全体执法人员在中卫党校开展"岗位练兵、能力提升"路政执法培训活动。为巩固"岗位练兵、服务提升"行动成果,分局组织收费站站长、副站长、班长、财务人员等共计172人,分4批到银川培训基地进行达标考核培训。各站对收费员、疏导员相继开展考核培训。对2016年新招聘的100名收费人员进行岗前培训。通过有针对性、实效性的岗位练兵,分局职工对工作岗位的认识内化于心、外化于行,整体综合素质和业务技能明显提高,爱岗敬业的精神明显提升。

　　　　　　　(张晓丽)

【日常养管】　一是完成2016年度国家干线公路网监测路况抽检工作。按照局《2016年交通运输部干线公路网监测路况抽检迎检方案》要求,分局以路面破损率、车辙与平整度为重点对路况再排查,建立4个清单,重点实施路面裂缝、破损性路面病害及车辙的修复工作。完成G109线K1412—K1413段挂牌督办路段等路段路面病害处治共计59118m²;路面灌缝14万延米。10月13日,分局顺利完成途经路段G109、G70线的路况抽检工作。二是加大路面保洁力度。加大清扫频率,扫路车每天上路清扫,同时雇用人工经常性地捡拾垃圾,全面加强路面保洁工作,将滚泉至李旺、清水河立交至孟家湾段列为重点清扫路段,以重点路段带动其他路段,确保路面保洁到位,路面干净,路域整洁。三是做好冬季养护工作。对冬季养护工作做专项安排,重点保障高速公路、S201线孟家湾至甘塘段、S202线等公路雨雪冰冻天气路面清雪、除冰、防滑工作,加强隐患排查治理,积极实施路面灌缝。四是重视桥隧养护管理。做好桥梁经常检查和定期检查，按计划完成2016年分局定检桥梁59座、特检桥梁8座。完善更新桥梁数据库和技术档案。对检查出的桥梁病害及时安排处治，已处治水毁砌护221m³，维护坡勾缝3217m²。组织相关人员参加公路隧道养护技术培训学习，加强对S50线赵家山隧道的监管。五是积极提升公路安全保障能力。及时修复交通安全设施，消除安全隐患：G2012线、G6线设置震荡标线1810m²/7处；G2012线K264+100—K264+255段设置三波护栏152m，K299+960段设置二波护栏28m；在G70线等危险路段设置安全爆闪灯11个。六是强化应急保障工作。9月12日，定武高速公路K264+000下行线处发生山体滑坡，分局及时启动应急预案，对定武高速公路营盘水至孟家湾段下行线道路进行封闭，同时及时上报信息，组织人员机械清理塌方路段，快速恢复交通。分局累计上报各类突发事件信息12条，做到信息上报及时准确，处置得力。

（张晓丽）

【收费管理】 一是加强"绿色通道"管理，认真执行"绿通"减免政策规定，规范使用执法监督仪，共查验"绿通"车辆36.3万辆，减免通行费4966.1万元，重点企业放行车辆2.65万辆，减免通行费211.4万元；节假日免费放行七座及以下小客车89.9万辆，减免通行费2236.7万元。二是严格执行收费稽查管理规定，发挥录像稽查优势。加强对收费站财务室、票款、IC通行卡等重点部位和环节的监管。三是把"微笑服务"和"星级收费站（员）"评比及稽查、月度、季度、半年、年终考核有机结合，加强服务达标考核力度，确保"微笑服务"品牌创建效果。四是以落实局"八线四点"工作实施方案为主线，围绕收费中心工作，努力做到"一个创建、两个推进、三个强化、三个整治"。

（张晓丽）

【机制活化】 结合收费工作实际，坚持问题导向，做到关口前移，过程控制，加强监管，成立"两队一所"，通过活化机制，促生内在动能。一是及时成立会计事务所。根据管理局的安排部署，抽调收费站财务人员成立通行费会计管理所，明确工作职责和流程，严格资金上解抓监管，强化检查抓整改，定期稽查各收费站通行费财务管理工作，做好分局、收费站及银行间的对接工作，积极协调银行全力做好通行费收缴工作，确保通行费资金归集安全和上解高效。二是顺势成立收费稽查队。为进一步加强和规范收费稽查管理，分局成立收费督导稽查队，负责对各收费站的站容站貌、收费秩序、财务管理、安全措施以及环境卫生等进行督导检查，坚持每月不少于两次的稽查，针对每月稽查出来的问题，分局以书面形式进行通报，在下一次稽查中作为重点进行复查。年内，共稽查18次，夜间稽查5次。对照稽查出的问题查找不足，分析原因制定整改措施，有效地促进收费管理工作。三是组建收费设施维修队。针对收费设施维修保养快捷性的要求，成立分局收费设施保养维护队，队员从各收费站选拔，负责对分局收费站的监控设备、机电、收费大棚灯、照明线路等发生的故障进行维修保养，做到即坏即修，快速高效，既节约维修成本又锻炼维修队伍。

（张晓丽）

【党的建设】 通过分局领导讲"两学一做"党课，支部书记交流发言，全体党员明确认识，保证"两学一做"学习教育的顺利开展。制作《"两学一做"学习教育资料》，利用微信、QQ等平台，推送党章党纪、系列讲话学习内容，引导党员通过网络自主学习、互动交流。通过制作"两学一做"任务清单，分局领导小组对各支部"两学一做"学习教育情况进行抽查，限期补课整改。开展"两学一做"演讲比赛，举办"两学一做"巡回演讲及讲党课活动，充分展现党员的示范引领作用和先锋模范作用。重新调整分局党风廉政建设、反腐败工作领导小组，签订党风廉政建设责任书，分解党风廉政建设任务，统筹谋划部署，确保厅局各项决策部署落实到位。严格落实一把手"五不直接分管"要求，对于"三重一大"事项经会议集体研究决定。贯彻落实中央八项规定精神"回头看"工作，开展自查自纠，严格执行副科级领导干部办理婚丧喜庆事宜报告制度，持之以恒纠正"四风"。加强廉政教育，丰富第十四个"廉政警示教育月"活动载体，筑牢党员的拒腐防变思想防线。严肃案件查办、纠风问责，年内，分局印发通报2起，组织处理4人，诫勉谈话1人，告诫谈话3人，提醒谈话9人。以"四个清单"为依据，深化服务型党组织建设。组织中心组学习9次，举办党支部书记例会3期。通过党建观摩学习、开通"中卫公路"微信平台，促进党建信息化建设。举办党务人员培训班，规范党建工作资料，将党建工作资料规范整合为"4个盒子3个本子"，明确填写、记录要求。对分局293名党员逐一进行组织关系排查，进一步完善党员档案，强化党员管理。成功召开分局第一次党代会和团代会，完成分局各党支部、团支部换届工作。以公路文化建设为引导，践行行业核心价值体系。加大对先进事迹、先进人物的宣传力度，弘扬主旋律，传播正能量。

桃山养护中心主任张永贵荣登"中国好人榜"荣获自治区交通运输行业"最美交通人物"的称号。结合"道德讲堂",各支部通过唱《歌唱祖国》、看屈原事迹短片等环节,营造"比服务,讲奉献"的浓厚氛围。9月初,参加"最美交通"讲堂暨"最美交通人物"先进事迹宣讲活动。积极参与公路管理局政研会,组织撰写政研论文27篇,选取8篇优秀作品参赛。积极参加交通运输厅组织的"纪念建党95周年暨红军长征胜利80周年"讲革命故事比赛,荣获三等奖。分局在自治区交通运输厅举办的唱革命歌曲比赛中荣获第一名的好成绩。通过"三问两帮一争"下基层调研活动,将下基层征集的问题汇总、整理,针对局征集的13个方面和分局征集的17个方面的问题,明确责任部门、责任领导、具体责任人解决措施及解决时限。各科室实地调查研究,认真解决,投入712万元对基层设施进行改造,对甘塘、营盘水等9个基层站点生活设施进行维修,解决职工的燃眉之急,受到广大职工的一致好评。

(张晓丽)

【基础管理】 1.加强财务管理:一是认真开展"双资"清查工作。通过清查摸清家底,堵塞漏洞,弥补不足,对加强资金、资产管理,项目管理有很好的指导意义。二是加强财务分析,做好预算支出控制。三是组织相关部门对基层单位负责人调整后相关资产进行移交。四是建立《中卫公路分局资金预算和支付管理办法》,加强流程管理和资金预算管理,提高资金使用效率。2.做好经费计划:每月定期或不定期组织规划、财务及其他部门召开计划分析会,对计划执行情况、资金支付情况进行分析,做到过程控制,提前研判,对项目和资金进行调整,保证资金的合理使用和项目顺利进行。3.强化人事管理:一是加强人事劳动用工方面的管理,对人员采用动态信息化管理,随时更新人员信息;严肃劳动纪律,完善人员调动、请销假管理手续。二是为解决分局养护、路政岗位存在的混编混岗问题,召开领导班子会议研究制订方案,由领导负责包干到人做好思想工作,确保16名在路政岗位的养护职工平稳顺利回到养护岗位。三是分局按照标准化建设投入4万余元改建人事档案室,并对人事档案进行规范化整理。四是定期对大中修工程及部分养护中心的施工作业现场进行安全生产专项检查,针对检查出的安全隐患,提出整改意见,及时处置。开展安全生产专项治理行动和百日专项整治"回头看"行动。先后组织进行安全生产大检查3次,整改隐患11处,整改率100%;各基层单位开展安全生产自查207次,发现一般隐患24处,全部整改完毕。4.做好政务事务管理:协助局办公室举办公文写作、信息处理及信访工作培训班。开展资产清查工作,健全和完善资产信息档案,建立固定资产管理数据库,对固定资产的采购、使用、报废进行动态管理,提高使用率。建立信访接待日制度,维护单位和谐稳定,管理局转信访件7起,分局信访4起,均在规定时间内予以落实和答复。5.重视工会共青团:9月份组织分局所有干部职工进行健康体检。对分局机关职工宿舍、餐厅进行装修改造,绿化、美化机关庭院,改造标准化塑胶篮球场,安装体育器材,改善职工工作生活环境。重视共青团工作。选举产生新一届团委班子,健全团组织。结合"三个品牌创建",开展"最美公路(人)"摄影大赛,"情满端午"爱国主义教育活动等。通过"关爱孤寡老人""旅游知识宣传"等志愿活动,强化青年的服务意识。

(张晓丽)

沙坡头水利枢纽

【概况】 宁夏沙坡头水利枢纽有限责任公司成立于1999年,2004年由新华水力发电有限公司、宁夏水务投资集团有限公司、北京能达电力投资公司和宁夏电力建设工程公司共同出资重组,由新华水力发电有限公司实际控股。公司主营业务包括工程建设、水力发电、工农业供水、酒店服务等。总资产规模30亿元,总装机18万千瓦,年设计发电量9亿千瓦时。年农业供水1.7亿立方米,工业供水4000万立方米。公司机关设综合办公室(党群工作监察部)、财务资产审计部、计划经营部、建设运营部和安全质量技术部5个职能部门。下辖沙坡头水力发电厂、宁西供水有限公司、黄河大柳树开发公司、中卫沙坡头假日酒店、四川米易水电项目公司和宁夏跃进水利水电工程有限公司6个二级单位,现有员工380人。 (许小娟)

【主要经济指标】 全年完成水力发电6.6亿千瓦时,收入(不含增值税)1.595亿元;农业供水1.71亿吨,水费收缴604万元;工业供水1082万吨,供水收入1082万元。公司全年利润总额2969万元。

(许小娟)

【项目开发建设】 完成四川米易县乌龟石、小三峡两座水电站资产竞买和平稳接管,电力生产运营正常;考察四川丹巴县川口42MW水电站、力丘河流域560MW水电项目,并签订合作意向书;实地考察国电大渡河新能源投资有限公司拟挂牌转让的四家水电开发公司总装机104.6MW项目,完成初步经济分析;4月份与宁夏盐池县签署10万kW清洁能源发电开发框架协议,12月份与青铜峡市签署10万kW清洁能源发电项目战略合作协议。 （许小娟）

【内部管理】 跃进工程公司由公司直接管理,减少中间管理环节;实业公司人员和业务合并到假日酒店,扭转亏损局面;沙坡头电厂实行"三定",压缩机构,减员增效;3个电厂实行"一拖二"管理运行模式(沙坡头水电厂托管四川两个电厂的安全生产、计划经营等工作,实行集中一体化的行政管理和后勤服务保障);机关6个职能部门优化为5个,实行"一部多兼",职责更加明晰。 （许小娟）

【安全生产】 健全管理机构,强化主体责任,层层签订目标责任书,落实安全责任;修订完善制度12项,新编危险源、消防、承发包工程等制度10项,规范基础台账11套;紧盯薄弱点,加大检查、整改力度,安全隐患得到及时治理;顺利完成度汛任务;通过自学交流、知识竞赛、案例分析等多种形式开展安全教育活动。全年安全生产无事故。 （许小娟）

【基层建设】 完成公司各党支部(党总支)换届;修改完善"三重一大"制度,汇编《党建工作制度》;通过党委委员下基层讲党课、"晒支部""晒承诺"、展板宣传、集中学习和自学相结合等形式,"两学一做"学习教育常态化和多样化;严格按规定比例及时、足额补交2008年以来的党费。加强廉洁教育,增强党员干部廉洁自律意识;签订党风廉政建设目标责任书,落实党委主体责任和纪委监督责任;严格遵守中央八项规定和各项廉政规范;强化审计监督,建立廉政风险预警机制,及时规避廉政风险,严肃查处违规违纪案件;严格执行选人用人制度,选拔干部坚持党委会集体研究决定,营造风清气正的选人用人环境。积极推进VI识别系统推广工作,完成相关标识的制作;组织开展各类文体娱乐活动,丰富职工文化生活;弘扬先进、选树典型,涌现出四川米易公司汪明聆、傅刚等人"勇救落水老乡、尽显新华风尚"和宁西公司徐怀峰"救人后悄然离去不留名"等先进事迹,传播正能量。通过新华公司网站、微信、报纸及公司网站等其他媒体,不断加强宣传力度,全年共投稿149篇。经过努力,获新华发电公司"先进集体"荣誉称号。 （许小娟）

电力供应

【概况】 国网中卫供电公司共设置11个职能部室,7个业务支撑及实施机构,3个县供电公司。截至年底,全民职工期末人数889人,其中男职工658人,女职工231人,分别占总人数的74.02%和25.98%;人才当量密度1.0043,高技能人才比例75.2%。11个职能部室为:办公室、发展策划部、财务资产部、安全监察质量部(保卫部)、建设部(项目管理中心)、人力资源部、党群工作部(工会、团委)、监察部(纪委办公室)、审计部、电力调度控制中心、运营监测(控)中心。7个业务支撑及实施机构为:分别为运维检修部(检修分公司)、营销部(农电工作部、客户服务中心)、经济技术研究所、信息通信分公司、物资供应中心、培训分中心、综合服务中心。3个县供电企业:国网中宁县供电公司、国网海原县供电公司、国网中卫市海兴供电公司。2个集体企业:宁夏天源电力有限公司、中卫农村电力服务有限公司。截至年底,国网中卫供电公司共运维变电站56座,变压器118台,总容量4103.75兆伏安。其中220千伏变电站2座,主变4台,总容量480兆伏安;110千伏变电站29座,主变63台,总容量3343兆伏安;35千伏变电站25座,主变51台,总容量280.75兆伏安。运维35kV及以上输电线路134条,总长1896.084公里,其中110千伏线路84条,1195.743公里;35千伏线路50条,700.341公里。运维10千伏配网线路共计167条,总计长5578.6公里。中卫市供电营业区面积17391.3平方公里,城市营业厅4个,城市自助营业厅11个,充电桩4个,农村供电所39个,农村自助营业厅40个。多元化缴费终端663台,其中城网228台,农网435台。
（何玉宝 林彦君 卢雅静 马向雯）

【电力供需】 2016年中卫电网供电量183.63亿千瓦时,同比增长0.11%;完成售电量180.79亿千瓦时,同比增长0.09%。2016年中卫电网最大日供电量6162.84万千瓦时,发生日期为2016年11月8日;最小日供电量为4224.436万千瓦时,发生日期为2016年2月8日;平均日供电量5030.95万千瓦时。2016年,中卫电网并网发电总装机容量5332.3兆瓦。其中火电厂4座,装机容量1502兆瓦;水电厂2座,装机容量124.3兆瓦;风电场15座,装机容量1985.5兆瓦;光伏电站50座,装机容量1615兆瓦;其他机组8台,装机容量105.5兆瓦。接入330千伏电网装机容量2370兆瓦;接入220千伏电网装机容量660兆瓦;接入110千伏电网装机容量1619.8兆瓦;接入35千伏电网装机容量621.5兆瓦;接入10千伏电网装机容量61兆瓦。截至年底,中卫电网新能源并网总装机容量3600.5兆瓦,其中风电装机容量1985.5兆瓦,光伏装机容量1615兆瓦,新能源装机容量占地区发电装机总容量的67.33%。

(田学琴 马向雯)

2016年中卫市电网并网装机明细

一、2016年中卫市电网并网装机容量统计

总容量		火电		水电		风电		光伏		其他	
台数	容量(MW)	台数	容量(MW)	台数	容量(MW)	台数	容量(MW)	台数	容量(MW)	台数	容量(MW)
10860	4579.3	7	802	8	124.3	1297	1985.5	9531	1547	17	120.5

220千伏及以上		110千伏		35千伏		10千伏	
台数	容量(MW)	台数	容量(MW)	台数	容量(MW)	台数	容量(MW)
1047	2330	6710	1587.8	1206	614.5	1897	47

二、2016年中卫市电网并网装机容量明细

(一)火电

序号	发电厂	装机容量(MW)	最大可调出力	单机组合(台×MW)	机组类型	接入系统电压等级(千伏)	调度关系
1	美利纸业电厂	42	35.7	2×15+1×12	火电	35	地调
2	美利浆纸电厂	100	85	2×50	火电	110	地调
3	中宁二厂	660	561	2×330	火电	220	区调
4	照壁山热电厂	700	595	2×350	火电	330	区调

(二)水电

序号	发电厂	装机容量(MW)	最大可调出力	单机组合(台×MW)	机组类型	接入系统电压等级(千伏)	调度关系
1	沙坡头水电厂	120.3	96.24	4×29+1×3.1+1×1.2	水电	110	区调
2	泉眼山水电厂	4	3.2	2×2	水电	110	地调

(三)风电

序号	发电厂	装机容量(MW)	最大可调出力	单机组合(台×MW)	机组类型	接入系统电压等级(千伏)	调度关系
1	香山第一风电场	298.5	不可调	99×1.5+75×2	风电	330	区调
2	香山第二风电场	49.5	不可调	33×1.5	风电	330	区调
3	香山第三风电场	49.5	不可调	33×1.5	风电	330	区调
4	香山第四风电场	150	不可调	75×2	风电	330	区调

续　表

序号	发电厂	装机容量（MW）	最大可调出力	单机组合（台×MW）	机组类型	接入系统电压等级（千伏）	调度关系
5	香山第五风电场	99.5	不可调	33×1.5+25×2	风电	330	区调
6	香山第六风电场	200	不可调	100×2	风电	330	区调
7	九彩第一风电场	99	不可调	66×1.5	风电	330	区调
8	九彩第二风电场	99	不可调	66×1.5	风电	330	区调
9	九彩第三风电场	198	不可调	132×1.5	风电	330	区调
10	九彩第四风电场	99	不可调	66×1.5	风电	330	区调
11	九彩第五风电场	298	不可调	132×1.5+50×2	风电	330	区调
12	长山头第一风电场	49.5	不可调	66×0.75	风电	110	区调
13	大战场第一风电场	98	不可调	98×1	风电	110	区调
14	宁安第一风电场	98	不可调	98×1	风电	110	区调
15	凯歌第一风电场	100	不可调	50×2	风电	110	区调

（四）光　伏

序号	发电厂	装机容量（MW）	最大可调出力	单机组合（台×MW）	机组类型	接入系统电压等级（千伏）	调度关系
1	中卫第一光伏	50	不可调	—	光伏	110	地调
2	中卫第二光伏	10	不可调	—	光伏	10	地调
3	中卫第三光伏	30	不可调	—	光伏	35	地调
4	中卫第四光伏	3.5	不可调	—	光伏	10	地调
5	中卫第五光伏	30	不可调	—	光伏	35	地调
6	中卫第六光伏	20	不可调	—	光伏	35	地调
7	中卫第七光伏	20	不可调	—	光伏	35	地调
8	中卫第八光伏	30	不可调	—	光伏	35	地调
9	中卫第九光伏	30	不可调	—	光伏	35	地调
10	中卫第十光伏	30	不可调	—	光伏	35	地调
11	中卫第十一光伏	30	不可调	—	光伏	110	地调
12	中卫第十二光伏	20	不可调	—	光伏	10	地调
13	中卫第十三光伏	20	不可调	—	光伏	110	地调
14	中卫第十四光伏	30	不可调	—	光伏	35	地调
15	中卫第十五光伏	20	不可调	—	光伏	110	地调
16	中卫第十六光伏	60	不可调	—	光伏	110	区调
17	中卫第十七光伏	20	不可调	—	光伏	35	地调
18	中卫第十八光伏	20	不可调	—	光伏	35	地调
19	中卫第十九光伏	20	不可调	—	光伏	110	地调

续表1

序号	发电厂	装机容量（MW）	最大可调出力	单机组合（台×MW）	机组类型	接入系统电压等级（千伏）	调度关系
20	中卫第二十光伏	30	不可调	—	光伏	330	地调
21	中卫第二十一光伏	100	不可调	—	光伏	110	区调
22	中卫第二十二光伏	10	不可调	—	光伏	110	地调
23	中卫第二十三光伏	50	不可调	—	光伏	35	地调
24	中卫第二十四光伏	100	不可调	—	光伏	110	区调
25	中卫第二十五光伏	10	不可调	—	光伏	10	地调
26	中卫第二十六光伏	30	不可调	—	光伏	110	地调
27	中卫第二十七光伏	30	不可调	—	光伏	110	地调
28	中卫第二十八光伏	50	不可调	—	光伏	110	地调
29	中卫第二十九光伏	20	不可调	—	光伏	35	地调
30	中卫第三十光伏	130	不可调	—	光伏	110	区调
31	中卫第三十一光伏	30	不可调	—	光伏	110	地调
32	中卫第三十二光伏	60	不可调	—	光伏	110	区调
33	中卫第三十三光伏	30	不可调	—	光伏	35	地调
34	中卫第三十四光伏	30	不可调	—	光伏	35	地调
35	中卫第三十五光伏	30	不可调	—	光伏	35	地调
36	中卫第三十六光伏	30	不可调	—	光伏	35	地调
37	中卫第三十七光伏	30	不可调	—	光伏	110	地调
38	中卫第三十八光伏	30	不可调	—	光伏	110	地调
39	中卫第四十光伏	50	不可调	—	光伏	110	地调
40	中卫第四十一光伏	50	不可调	—	光伏	110	地调
41	中卫第四十二光伏	50	不可调	—	光伏	110	地调
42	中卫第四十三光伏	50	不可调	—	光伏	110	地调
43	中卫第四十四光伏	30	不可调	—	光伏	35	地调
44	中卫第四十五光伏	20	不可调	—	光伏	35	地调
45	中卫第四十六光伏	10	不可调	—	光伏	35	地调
46	宽口井分布式光伏	3.5	不可调	—	光伏	10	地调
47	汉南分布式光伏	20	不可调	—	光伏	35	地调
48	英亿达分布式光伏	1	不可调	—	光伏	10	地调
49	张堡分布式光伏	1	不可调	—	光伏	10	地调
50	胜金分布式光伏	6	不可调	—	光伏	10	地调

续表2

				(五)其 他			
序号	发电厂	装机容量（MW）	最大可调出力	单机组合（台×MW）	机组类型	接入系统电压等级（千伏）	调度关系
1	智光余热发电	4.5	4.5	1×4.5	余热	35	地调
2	京信节能余热发电	4.5	4.5	1×4.5	余热	35	地调
3	赛马水泥余热发电	6	3.9	1×6	余热	35	地调
4	宁夏节能新华余热发电	9	5.85	1×9	余热	35	地调
5	茂烨余热发电一厂	7.5	7.5	1×7.5	余热	35	地调
6	茂烨余热发电二厂	18	18	1×18	余热	35	地调
7	宁夏源林生物发电厂	50	50	1×50	生物发电	110	地调
8	天壕力拓余热电厂	6	6	1×6	余热	10	地调
9	智光余热发电	4.5	4.5	1×4.5	余热	35	地调

【中卫电网负荷特性】 2016年中卫电网最大负荷2654.73兆瓦，发生日期为2016年11月10日；最小负荷1318.18兆瓦，发生日期为2016年2月10日；平均负荷2096.23兆瓦。中卫电网负荷主要由高载能负荷、电解铝负荷、大用户负荷、扬水负荷、电铁及民用负荷组成，其中高载能负荷约占全网负荷的41.32%，电解铝约占全网负荷的17.59%，大用户约占全网负荷的32.36%。 （田学琴 马向雯）

2016年中卫市电网分月最大负荷统计
单位：兆瓦

月 份	1	2	3	4	5	6	7	8	9	10	11	12	全年
中卫地区	1948	1899	1985	2226	2228	2311	2376	2315	2284	2337	2654	2574	2275

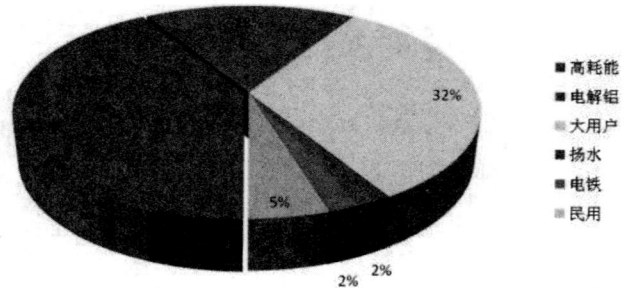

中卫电网负荷分类占比

【安全生产管理】 严格落实深化"三查三强化"安全专项行动，扎实开展电网设备深度隐患专项排查，3084条缺陷、隐患全部落实整改到位。深抓设备治理，完成2028项检修预试、大修技改和迎峰度夏工作任务。扎实推进输电线路防鸟害、防外破治理工作，外力破坏引起的线路跳闸同比下降52%。举行迎峰度夏、防汛联合反事故演练和新闻发布会，承办宁夏南部区域2016年电网应急救援联动实战演练，应急处置能力进一步提升。在各地市供电公司中建成首家D-5000智能电网调度自动化系统。建成配网抢修指挥中心，配网抢修和配网调度业务有效融合。成功应对历史最大负荷考验，圆满完成全国"两会"、第三届全国大漠健身运动会等重要活动、重大节日保电任务，连续安全生产3208天。 （安小平 马向雯）

【电网规划及建设】 科学编制新一轮农网改造升级规划和"十三五"配电网滚动规划，促成电网重点项目纳入中卫市"十三五"规划。全力开展属地化协调，古泉—昌吉±1100千伏特高压直流输电宁夏段工程，沙坡头、杞乡750千伏输变电工程等顺利开工。完成电网基建投资3.45亿元，南华、甘塘等5项110千伏输变电工程顺利投运，投产变电容量37.60万千伏安，线路113.52公里，投产规模创历史之最。电网建设管控水平持续增强，牧羊110千伏输变电等5项工程获得国家电网公司优质工程。各县区城网配电自动化实现全覆盖。新一轮农网改造升级全面启动,与3个县(区)政府签署小城镇(中心村)电网改造和"井井通电"合作协议,完成148项农网工程改造施工任务。

(安小平 马向雯)

【供电服务】 针对地方经济社会快速发展现状,主动向中卫市委、市政府汇报工作,积极走访客户,征求意见建议,改进服务措施;严格落实差别化电价、大用户直接交易等优惠政策,全年累计让利企业超过6亿元。主动融入中卫市工业园区提质改造工程,紧盯全市60个重大项目投资建设情况,开辟办电"绿色通道",切实解决客户用电难题,恢复停产负荷37.20万千瓦。构建优质服务"三级"管控网络,实行负责人约谈和基层单位领导分片包干制,定期开展投诉分析,切实提升服务品质,营销服务规范率97.58%,同比提升3.44个百分点。积极服务新能源发展,高质量完成新能源并网接入工作。创新服务手段,深化"互联网+电力营销",远程电费充值、自助终端缴费业务实现全天候线上办理,电e宝、掌上电力APP等客户达到2.31万户。推行业扩报装"一证式"受理,完成33861户报装工作。在供电所开展"三赛一创"竞赛活动,不断提升窗口人员服务意识和技能水平,常乐供电所被评为国家电网公司五星级供电所。

(安小平 马向雯)

【依法治企及廉政建设】 推进"三全五依"法治企业建设,公司"七五"普法工作顺利启动。围绕中心工作,完成审计整改"回头看"、农网工程自查自纠、农电财务收支审计等工作,审计监督保障作用有效发挥。建立党风廉政监督责任联系点,分解落实监督责任27项。启动约谈机制,与基层单位、集体企业班子成员约谈98人次,列出廉政清单43项,梳理查找的19项业务风险全部完成整改,全年信访举报同比下降75%。严格干部管理监督,完成107名科级干部人事档案专项审核。

(安小平 马向雯)

【党建及精神文明建设】 扎实开展"两学一做"学习教育,通过"三亮三比"主题活动推动"四讲四有"具体化,高质量召开领导班子民主生活会,"两学一做"学习教育成果得到国家电网公司督导组肯定。加强服务型党组织、电网先锋党支部和共产党员服务队创建,开展主题党日、主题征文、职工大合唱等纪念建党95周年系列活动。围绕"双有双育"主题活动,形成7个企业文化建设精品项目,"光耀沙都"道德讲堂入选自治区"50佳"。深入开展青年志愿服务活动,团员青年生力军和突击队作用充分彰显。围绕中心,创新开展"严管强基、转风树形、争先进位"劳动竞赛,建成投运职工活动中心,举办优秀班组长座谈会、职工运动会、职工文化成果展示等多项活动,工会工作特色鲜明。关心关爱离退休老同志,严格落实"两项待遇"。采取积极灵活的方式,稳妥处置来信来访,公司保持和谐稳定。

(安小平 马向雯)

【经营管理】 大力推广电能替代,全年实现替代电量6.58亿千瓦时。扎实开展营销基础数据治理,台区线损合理率提升30.12个百分点。"多表合一"信息采集累计接入4899户,完成年度任务的120.13%。首次召开对外媒体新闻发布会,深化"五位一体"协同机制建设,完成运检、营销、农电工作职责调整。加强同业对标管理,实行落后指标预警及约谈机制,对标工作过程管控成效明显。完善薪酬分配体系,平稳有序推进工时积分同价计酬及全员绩效信息系统试点。充分发挥运监中心职能,全年监测项目455个,发现有效异动352个,经营管理水平不断提升。

(安小平 马向雯)

【荣誉及成果】 开展"光耀沙都·情系客户"开放日活动,获评中卫市2016年支持地方经济发展先进单位;扎实推进"两学一做"学习教育,开展精准扶贫,勇担社会责任,连续5年获得中卫市群众评议机关作风第一名;首次获国家电网公司2016年度先进集体,取得历史性突破。公司28人获得技师、高级技师资格,人才当量密度同比提升2.5个百分点。公司1人获宁夏电力公司劳动模范荣誉,4人被评为宁夏电力公司优秀专家人才。科技创新取得新成绩,王学俊创新工作室获评国网宁夏电力公司级劳模先进创新工作室,全年完成发明专利授权3项,申报实用新型专利15项,1项成果获自治区科学技术进步奖。

(安小平 马向雯)

【公司售电量首次位居国网宁夏电力公司第一】 2016年,高耗能市场行情持续低迷,企业成本倒挂严重。为巩固现有负荷,不断发展新增负荷,公司从多方面入手,采取一系列符合市场规律的增供扩销举措,确保负荷稳步增长。一是坚持以市场为导向、以客户为中心,严格落实客户经理制、限时办结制、一次告知制、首问负责制。按照进一步简化业扩报装手续的要求,确保协鑫晶体4万千伏安,紫光二期5万千伏安,云创4.8万千伏安,李旺、花豹湾泵站等共计15.338万千伏安用电项目提前投运。二是结合电力客户走访服务活动,多方面征求客户意见和建议,积极协调并制定茂烨冶金、天元锰业转接方案,切实降低企业生产成本,提升市场竞争力。三是提高市场预测准确度,及时调整电网规划和建设计划,确保电网供电能力超前满足负荷发展需求。四是开展日负荷监控、周负荷分析、月市场报告制,定期统计新投运、恢复、停产负荷,深入开展用电市场调研,及时召开负荷发展专题会议,专项研究重点项目,确保负荷及时投产、恢复。五是紧密跟踪在建企业的工程建设进度,准确把握企业用电需求走势,关口前移,主动服务,科学合理安排电网运行方式,及时满足新增用电需求。六是驻点跟踪,积极服务地方重点项目,开辟电力服务"绿色通道",抓大不放小,保证优质负荷早接、快送、多供。公司2016年售电量完成180.79亿千瓦时,较2015年增长0.094%,首次位居宁夏公司售电量第一。

(李淑霞　马向雯)

【宁夏南部区域2016年电网应急救援联动实战演练】　为进一步提高宁夏南部三地市供电公司、宁夏检修公司及宁夏送变电工程公司协同处置自然灾害、事故灾难等突发事件能力,确保常态和应急状态下的信息畅通、资源共享,力争在最短时间内恢复电力供应和社会正常秩序,有效降低突发事件造成的损失和影响,以上单位联合举办宁夏南部区域2016年电网应急救援联动实战演练。演练活动9月27日在中卫市沙坡头区进行,由国网中卫供电公司主办,国网固原供电公司、国网吴忠供电公司、国网宁夏检修公司、宁夏送变电工程公司组织应急人员参加演练。中卫市委常委、副市长袁诗鸣,国网宁夏电力公司党委委员、副总经理房喜,国网宁夏电力公司总经理助理、安质部主任贺波,中卫市工业和信息化局局长,中卫市安全生产监督局局长等有关部门和单位领导应邀观摩演练。通过演练达到检验应急预案、磨合机制、锻炼队伍的目的,全面提高防范、应对事故灾难的能力。为中卫市电力行业和消防领域预防、应对突发事故积累经验,为其他行业加强应急救援体系建设,提高企业防范和应对消防安全事故的能力,起到很好的示范作用。

(毛志刚　马向雯)

【支援南华山火灾救援】　2月18日晚,接到海原县人民政府通知,公司所属国网海原县供电公司积极组织人员、车辆、应急物资第一时间赶赴现场参与救援。一面积极配合地方政府、消防、武警官兵奋力灭火,一面兵分两路对南华山火灾现场海原变517南华线五桥沟段、512贺堡线灵光寺分支输电线路进行特巡。为确保线路的安全稳定运行,现场救援人员齐心协力铲出一条防火隔离带,全力保护供电线路安全运行。救援中,公司提供发电机5台,抢修车8辆,增派16名应急基干队员,在确保电网安全运行的同时,积极承担救灾物资、人员的输送工作,先后运输消防等器材,公安民警,消防、武警官兵23车次,约170人次。

(陈国　马向雯)

【南华110千伏输变电工程竣工投产】　海原地区电网较为薄弱,供电线路较长,供电可靠性较低。为满足该地区新增负荷供电需求,提高地区供电可靠性,建设该工程。工程2014年5月30日开工建设,新增变电容量50兆伏安,新建线路长度7千米,共计完成投资4454万元,2016年1月27日,工程顺利竣工投产。

(拓守辉　马向雯)

【丹阳110千伏输变电工程竣工投产】　为满足宣和南部地区新增负荷供电需求,满足宁夏中关村科技产业园(西部云基地)存储中心用电负荷高可靠性需求,建设该工程。工程2015年6月30日开工建设,新增变电容量100兆伏安,新建线路长度21千米,投资规模5022万元,2016年4月12日,工程顺利完成竣工投产。

(拓守辉　马向雯)

【金梁110千伏输变电工程竣工投产】　宁夏中关村科技产业园(西部云基地)是北京中关村科技园在西部的第一个实质性载体,位于中卫市镇罗镇北部,2016年预计新增负荷112MW。为满足云基地新增负荷用电需求,建设该工程。工程2015年5月30日开工建设,新增变电容量126兆伏安,新建线路长度9.5千米,投资规模4993万元,2016年7月5日,工程顺利完成竣工投产。

(拓守辉　马向雯)

【庙山110千伏输变电工程竣工投产】　为满足高崖乡地区、李旺镇北部地区、王团镇地区新增负荷供电及新能源接入需要,大力带动当地农村土豆淀粉加工、合作社畜牧养殖、石料加工和抽水灌溉的发展,提高海原地区电网供电可靠性及电压质量,优化地区配电网架结构,建设该工程。工程2015年10月30日开工建设,新增变电容量50兆伏安,新建线路长度2×2.8千米,投资规模3959万元,2016年8月31日,工程顺利完成竣工投产。

(拓守辉　马向雯)

【文昌110千伏变电站增容改造工程开工建设】　为满足中卫市区新增负荷接入需要,提高城市电网供电可靠性及电压质量,优化市区配电网架结构,建设该工程。工程2016年2月19日开工建设,新增变电容量100兆伏安,投资规模4287万元。

(拓守辉　马向雯)

【甘塘至武威南等牵引站110千伏外部供电工程开工建

设】　为提高迎水桥、长流水牵引站供电可靠性及电压质量，降低线路线损，优化线路走径，建设该工程。工程2016年2月19日开工建设，新建线路长度27.85千米，投资规模3573万元。

（拓守辉　马向雯）

邮政管理

【概况】　2016年，全市邮政行业业务总量完成7030万元，同比增长51%；业务收入完成7400万元，同比增长34%。其中，快递业务收入完成3200万元，同比增长62%，快递业务量完成248万件，同比增长129%；快递进港量662万件，同比增长90%。全行业从业人数持续增加，达到654人。邮政业消费者申诉处理率达100%。　　　　　　　　（张学云）

【行业政策】　将邮政和快递发展内容列入《中卫市国民经济和社会发展十三五规划纲要》，与市发改委联合发布《中卫市邮政业发展"十三五"规划》。

（张学云）

【精准扶贫】　会同市扶贫、交通、商经等部门联合印发《中卫市邮政业精准扶贫工作实施意见》。在海原县召开中卫市邮政业精准扶贫攻坚行动现场会议，顺丰速运公司、宁夏快递协会分别同海原县商经局、劳动就业局签订合作协议和用工协议。（张学云）

【邮政普遍服务监管】　全年核查邮政普遍服务营业网点72个，出检293人次，下达整改通知4份。检查机要通信场所12次，出检23人次。开展邮票销售网点清查核实和销售监测，对《丙申年》《长城》《G20杭州峰会》等重大题材纪念邮票销售进行全程监督，出检31人次。按季度对党报党刊投递服务状况进行专项检查。完善《邮政特邀社会监督员考核办法》和《邮政特邀社会监督员考评细则》，4名社会监督员开展社会监督132人次，监督检查服务网点132个，走访用户149人，反馈监督检查情况表157份。（张学云）

【快递市场监管】　制订《快递行业整顿活动实施方案》，认真开展快递行业无证经营、私设经营网点清理整顿工作，全年清理整顿违法违规快递企业3家，下达整改通知12份。全年检查快递企业210家次，出检500人次，约谈企业8家，立案处罚违法违规企业10家，罚款2万元，查堵并移交不明出版物6册。制订《2016年中卫市寄递业综合治理实施方案》，以联合公安、国安、烟草专卖、市场监管、文化等部门协作联动相结合的方式，深入开展服务质量、行业安全、寄递渠道禁毒、"扫黄打非"及反恐执法检查，共同推动快递行业持续健康发展。　　　　　　（张学云）

【安全监管】　按季度召开安全生产例会，通报行业安全生产形势和存在的问题，与快递企业签订安全生产责任书和服务保障责任书。开展应急预案制定、突发事件处置等内容的专题培训，全年组织培训及安全演练5场次，参训130人次，企业突发事件应急预案制定率达100%。2016年9月，邮政、快递企业推广使用安易递实名制登记系统实现全覆盖，全市4家快递企业配备X光安检机，定期开展安全生产大检查。

（张学云）

【联合执法】　联合公安、国安、市场监督管理、安监、文化、消防等部门做好寄递渠道禁毒、反恐、打击侵权假冒、安全生产、"扫黄打非"等工作；做好旺季及重大活动期间寄递渠道安全保障工作。（张学云）

【法律宣传】　结合"3·15""世界邮政日""宪法日"等活动，开展"学法""送法"等活动，发放行业法律法规、强制性标准规范等各类宣传册、折页、彩页等资料6万余份。邀请市公安、国安、消防等部门对全市寄递企业开展违禁物品识别、消防安全等内容的讲座，全年举办培训8场次，参训人员近1000人次。

（张学云）

【标准化建设】　推进完成快递服务规范化标准化建设。结合中卫快递业发展实际，制定印发《中卫市快递企业规范化标准化建设实施方案》，累计整改营业场所面积不达标经营网点21个，全市快递企业标准化率达100%。　　　　　　　　（张学云）

【行政许可审批】　抓好"三张清单一张网"建设工作，严格按照许可优化方案采取"一次性告知"和全流程网上审批工作模式，行政许可核查平均办理时限缩短至12日，分支机构变更平均办理时限缩短至8日。全年开展许可核查24次，核发分支机构名录8张。

（张学云）

【快递与电商融合成果】　通过快递渠道销售枸杞及其深加工产品168万件，带动产值2.78亿元。中卫顺丰率先推出"杞运天下、一路顺丰"鲜果枸杞全国配送服务项目，销售鲜果枸杞1.6万件，带动农业产值280万元。利用中卫硒砂瓜、清真牛羊肉等特色农产品优势，引导韵达、中通、汇通、邮政EMS等企业依托线上平台及品牌知名度，延伸服务网络，促进"工业品下乡"和"农产品进城"，实现快递到乡、配送到村，2016年全市"快递下乡"综合覆盖率达85%以上。

（张学云）

【党的建设】 认真开展"两学一做"学习教育。与各党员签订党员目标管理责任书,组织全体人员进行党章、党建等知识考试4次,撰写学习心得21篇,组织讨论发言3次。参加党史知识答题活动3次,组织全体党员干部到中国工农红军西征纪念园参观学习。完成党总支换届选举,建成党员活动室。　(张学云)

【党风廉政建设】 严格执行党章和党内法规。全面落实党风廉政建设主体责任和监督责任,坚持"一岗双责",强化责任担当。制定纪检监察工作要点,与各科室负责人及具体工作人员签订党风廉政责任书;做好重大节假日期间廉洁自律监督检查;按季度对人事、行政执法、财务等进行监督检查;加强廉政警示教育,制作领导干部述廉呈报表,组织科级干部做好个人有关事项报告工作。对党组贯彻执行"三重一大"事项进行监督,规范出国人员登记,并在市出入境管理局对全局公务员信息进行备案。　(张学云)

【行业精神文明建设】 成立中卫市快递行业联合工会。举办中卫市首届快递业务技能竞赛。顺利完成团总支换届选举。积极引导邮政、快递企业争创"青年文明号""共青团员先锋岗"。全年吸纳非公企业优秀员工入党3人,重点培养2人,成功申报市级"青年文明号"企业1家,评选"共青团员先锋岗"3个。
　(张学云)

【先进荣誉】 中卫市邮政管理局被宁夏回族自治区"扫黄打非"办公室评为2016年度"扫黄打非"工作先进集体。李凤明同志被中卫市社会治安综合治理委员会评为2016年度综治工作先进个人。
　(张学云)

电　信

【概况】 2016年,中卫分公司认真贯彻区公司年度工作会议精神,扎实开展"两学一做"学习教育活动,积极营造良好的内外部发展环境,公司领导班子带领全体员工凝心聚力谋发展,以市场份额提升、用户规模与价值提升、增量与存量双向驱动、双百兆结构优化为主线,聚焦集团"2+5+6"战略,推动企业健康、持续、有效发展,较好完成区公司下达的各项生产经营任务,各项网络运行指标均排名靠前,全年通信网络正常运行安全无事故。　(师　英)

【经营服务】 面对激烈的竞争态势,中卫分公司聚焦行业、校园、商客、城市、农村五大市场,转型创新,做好移动业务的规模拓展;抢抓4G窗口期,全面开展存量用户升4G;成立在线运营中心(COO),为后继存量用户维系和增量用户拓展奠定坚实基础。宽融及视频业务拓展方面,以"光网改造助力,智慧家庭引领,销售渠道扩展,差异内容填充"为主导方向,确定突出品牌优势、强化宣传触点、丰富业务触点、拓展销售半径、加快资源建设、集约销售强化执行六大层面,全面开展各项营销活动,稳固光宽领导者地位,打赢宽带生死战。为提升客户感知、客户满意度,2016年中卫分公司制定下发《中卫分公司2016年服务质量考核办法》《关于加强各类厅店落实"首问负责制"的通知》,加大服务投诉的管控、"首问负责制"落实考核力度;每月对装维服务及厅店服务工作进行督查,定期下发服务质量检查通报。印发《中国电信中卫分公司2016年行风建设工作实施方案》,有效化解服务纠纷;在实体渠道第三方暗访测评、区公司检查中,中卫分公司连续三次全区排名第一;在2016年行风建设工作中,获得本地网通信行业第一、全区电信行业第二名的好成绩。　(师　英)

【信息化应用】 为加快落实集团战略转型3.0重点工作,中卫分公司以行业应用为引领,聚焦五大新兴业务领域,结合"9+2"的模式、关注重点项目,紧抓互联网+趋势,深挖行业市场空间,拓展中卫市无纸化电子公文传输系统、中卫市"四化一满意"服务群众工作平台、居家养老视频通信、"公务车智能化管理系统"等信息化应用项目。　(师　英)

【网络建设】 2016年网络建设以需求为导向,以效益为目标,强化规划、计划的一致性,加强滚动和动态调整,优化资源配置,同时持续推进低效设备退网专项工作,实现降本增效的目的。2016年分公司重点加快4G基站建设,打造行业领先的4G网络,大力实施行政村的光网改造工作,实现光纤高速宽带,3G、4G无线信号,信息化应用覆盖全市党政军及大中小企业和千家万户;为打造安全、可靠的高品质视频承载网,中卫本地网新建一套华为CDN节点,与原有CDN节点形成互补,有效提升视频网客户的感知。2016年分公司装维工作实行纵向一体化管理,紧紧围绕为客户提供"便捷、舒心、尊贵、心动"的感知,全力打造装维黄金战队,有效支撑公司业务发展的同时,大大提升客户的综合满意度、装移机满意度、修障满意度。　(师　英)

【党建工作】 认真学习贯彻党的十八届三中、四中、五中、六中全会,中纪委五次、六次全会精神,系统地学习党章、党规和习近平总书记系列重要讲话精神,学习《中国共产党廉洁自律准则》《中国共产党纪律处分条例》《关于新形势下党内政治生活的若干准则》和《中国共产党党内监督条例》,落实集团党组第五巡视组巡视整改任务,巩固拓展党的群众路线教育实践活动和"三严三实"专题教育成果,扎实开展"两学一做"学习教育活动,按照创新、协调、绿色、开放、共享五大发展理念,加快推进企业全面深化改革和转型升级。

(师 英)

【党风廉政建设】 2016年中卫分公司认真落实党委主体责任,建立健全党的各级党组织及纪检监察机构,党委书记是作为第一责任人,亲自抓党风廉政建设及党风廉政教育。一是完善各项制度,先后制定《中卫分公司〈建立健全惩治和预防腐败体2013~2016年工作规划〉实施办法》《惩治和预防腐败工作任务细化分解方案》《中国电信中卫分公司党风廉政建设责任制考核办法》和《考核细则》;二是在年初工作会上,党委书记与主要负责人、部室负责人签订2016年党风廉政建设责任书,把企业党风廉政建设和反腐倡廉责任、目标、任务进行分解,落实到公司各部门,形成下级对上级负责的责任体系;三是2016年在中心组学习中组织学习相关反腐倡廉内容,聘请外部讲师给全体党员领导干部讲有关党风廉政建设的党课,党委书记亲自向全体党员领导干部讲党课,进行廉洁谈话,党委委员利用工作调研期间向广大党员讲有关党风廉政建设及反腐倡廉的党课多次。认真履行纪委的监督责任,加强对企业重大经营活动、"三重一大"、成本支出、投资效益、工程建设、物资采购等重要领域和关键环节的专项监督,做好企业廉洁风险防控工作。根据区公司要求,组织开展"回头看"及4个专项治理工作,在聚焦4个重点领域基础上,又延伸到11个方面,在分公司全方位开展针对"四风"摸排工作。三是高度重视集团公司巡视工作,党委召开专题会议,研究部署配合巡视工作和落实督办整改任务,设置专人配合巡视组;并成立以党委书记为组长的巡视整改工作领导小组,根据巡视组反馈的问题,制定下发整改落实工作方案,制定整改措施,使整改工作落到实处。

(师 英)

【精神文明建设】 中卫分公司以开展优化美好工作环境、企业文化宣贯、社会公德宣传、员工关怀、社会公益活动、优质服务、党风廉政建设为抓手,继续加强企业文化建设,巩固提升精神文明建设水平。2016年11月18日中卫分公司通过宁夏文明委组织的区级文明单位复验。2016年大战场支局、海原政企班被宁夏公司授予班组企业文化建设示范单位,中卫分公司荣获集团公司企业文化建设示范单位候选单位。

(师 英)

移动通信

【概况】 中国移动通信集团宁夏有限公司中卫分公司(简称"中卫移动公司")设有综合部、财务部、党群部、市场经营部、集团客户部、网络部和工程建设部7个职能部室,下辖沙坡头分公司、中宁分公司和海原分公司3个县分公司以及数据运营中心、渠道运营中心和集团客户服务中心3个中心,共有职工211名。

(刘海燕)

【网络强国】 2016年以"网络规划准、建网速度快、网络基础牢、业务感知优"为目标,从评估测试、严把入网质量、站址与天馈优化、多网协同参数管理4个重点出发,完善流程,保持基础数据准确性、区分优化主次,建立端到端的管控体系,做好4G无线网精细优化,做到强有力的通信网络支撑。2016年中卫市移动4G网络已经实现市区、城区、乡镇全覆盖,行政村、自然村、高速公路、铁路、国道省道、景区连续覆盖。率先开通4G+网络,使中卫部分地区的手机下载速率达到200Mbps,实现VOLTE高清语音通话。在宽带建设方面,认真组织有关部门和技术骨干,积极开展电信普遍服务项目,该项目已于2016年8月中旬开工建设,已完成90%行政村以及64%自然村的光纤宽带覆盖接入,计划于2017年"5·17"电信日前全面完工。完成全市数百个小区、商铺及多个农村地区的光纤覆盖工作,同时将原有的老用户统一免费升级为20M光纤宽带,已将移动光宽带打造为以20M起步、50M主流、100M极速体验的家庭宽带。

(刘海燕)

【信息化发展】 1. 在中卫市工业园区建设中国移动(宁夏)数据中心,占地近两百亩,预计投资超过3亿元。本数据中心将设置为省际互联网节点,直连北京、上海、杭州、成都,单方向带宽达到4*100G。2. 电子政务外网工程已覆盖所有机关部门、单位、乡镇及部分行政村、学校等,为全市电子政务外网建设在各行业、各单位上线运营奠定坚实基础。3. 在教育行业,利用"校校通"以及和教育等信息化手段助推教育事业的发展,加快"教育云"建设。4. 在交通物流行业,配合地方政府及交通物流部门打造物流网覆盖全县、信息量涵盖全国的交通物流平台。5. 在"智慧平安城市"建设方面,打造现代化数字集群对讲系统,推进中卫市平安联防体系建设。6.在"旅游城市"建设方面,为旅游景区建立数字广播、无线覆盖、视频监控等全套信息化系统,并通过高效精准的"大数据"分析技术运营手段,将中卫城市信息第一时间推送至游客手中,推进"智慧旅游"建设。 （刘海燕）

【提速降费】 1.中国移动流量资费不断下调,4G终端品种不断丰富,4G和4G+机型达千余款,价位分布更加广泛,陆续推出买手机送话费送流量、交话费送手机、折扣购机等多项活动。2.在宽带资费方面,也推出"包年套餐""包月套餐""融合套餐"3条产品线。在电信普遍服务地区推出340元包年超低资费,资费降幅达57.82%,移动宽带资费低于行业资费30%~60%。3.提供宽带产品业务开通当月免费的优惠政策。4.在广大农村地区,组织公司业务管理人员进行宽带宣传进万家活动。 （刘海燕）

【社会责任】 完成枸杞节、啤酒音乐节、汽车拉力赛、环青海湖国际自行车大赛等一系列大型活动及重大节日的通信保障工作,开展"中国移动爱'心'行动——贫困先心病儿童救助计划""扶贫帮困,助力爱心传递""捐资助学,关注教育发展"、孤寡老人爱心救助、贫困户自主创业引导、"文化下乡,惠泽农村客户""节能减耗,倡导绿色环保中国"等主题活动。
（刘海燕）

联合通信

【概况】 中国联合网络通信有限公司中卫市分公司(以下简称"中国联通中卫市分公司")下设沙坡头区经营部、中宁县分公司、海原县分公司3个县级机构。2016年,围绕"聚焦、合作、创新"主题,各项经营指标在全区五个地市分公司中名列前茅。
（白 雪）

【营销模式创新】 中卫联通结合实际情况,制定本地政策,利用劳动节、"5·17"电信日等节日以及校园营销等活动加大优惠促销吸引入网。加大沃4G+品牌宣传力度,借助产品优势,推动4G业务规模发展。
（白 雪）

【业务创新】 中卫市分公司积极响应市政府"以商招商,以情招商"号召,积极参与到中卫市政府冬季招商活动中,与中卫市政府协同打造良好业务合作平台,并于11月15日协同北京创客总部、智网易联科技公司与中卫市政府洽谈合作事宜。10月10日,在中卫市云产业园,中卫市联通公司顺利完成在全区经济观摩会上医疗"卫生云"、"环保云"一期云应用项目展示。中卫市分公司顺利进行中卫市民政局2016贫困失智老人智能手环项目的招标,中卫联通"关爱卡"也同步成功中标。并邀请中卫市民政局领导及各乡镇、各社区相关人员参加由北京星辉科技公司举办的关于"中卫市民政局贫困失智老人智能手环"的相关业务操作流程培训。 （白 雪）

【服务形象建设】 截至年底,存量用户保有率全区排第三,存量收入保有率全区排第二。投诉量较上年下降32%,行风纠风工作在本系统内排名第一,本地行业排名第二;全区电信行业排名第五,较上年提升5位。2016年制定本地化行风纠风考核办法并监督落实行风纠风工作,组织开展用户满意度调查问卷活动,主动接受社会各界和广大消费者的监督并进行客户意见收集。为激发员工的活力,提升服务质量,开展"青春飞扬、绽放沃精彩"演讲比赛,提升窗口服务质量,促使行风纠风工作取得成效。按照公司相关办法,投申诉管理方面明确申诉率和投诉率管控目标和考核办法,严格控制投诉申诉的发生。
（白 雪）

【网络建设】 积极落实网络提质降本增效,优化政务外网建设方式。将沙坡头区基站无线和传输设备由代维转为自维,累计节约代维费约12万元。中卫市分公司被评为2016年度中卫市电子政务外网运维服务先进单位。
（白 雪）

【党建工作】 深入开展"两学一做"教育,争当先锋模范风气逐步形成。2016年公司党委深入开展"两学一做"教育活动,邀请中卫党校教研部主任做"两学一做"专题教育宣讲,两名党员分别获得宁夏国资委和区公司优秀共产党员称号。市工会组织18名区、市两级先进生产者在腾格里沙漠参加拓展训练,积极营造"崇尚劳模、关爱先进"企业风尚。 （白 雪）

【体制机制优化】 认真梳理公司员工晋升体系,有108名职工通过优化方案得到职级档位和晋级的提升,确保员工晋升激励体系平稳落地,提高员工满意度。中卫市分公司领导深入县区基层,向困难职工送去慰问金。工会组织市分公司及沙坡头区经营部员工共迎新春,开展形式多样的文体活动。（白 雪）

环境保护

综 述

【概况】 2016年,城市环境空气质量优良天数289天,空气质量指数达标率78.9%,较2015年同期优良天数多21天。PM10平均浓度100μg/m³,与2015年同期相比下降4.8%,PM2.5平均浓度45μg/m³,与2015年同期相比下降11.8%。黄河干流中卫下河沿断面、黄河支流清水河泉眼山断面和香山湖达到Ⅱ类优水质,中卫市第一排水沟总体水质为Ⅲ类良好水质,中卫市第四排水沟总体水质为劣Ⅴ类水质,中卫市沙坡头区城市饮用水源地水质持续稳定为Ⅲ类良好水质,水质达标率为100%。年内未发生重特大环境污染事故。 (张凯厅)

【环境保护目标任务】 召开全市环保工作大会,印发《中卫市2016年度环境保护目标任务》《中卫市2016年度环境保护行动计划工作方案》《中卫市2016年度大气污染防治行动计划工作方案》《中卫市水污染防治工作方案》《中卫市2016年度主要污染物总量减排计划》,对全市2016年度环境保护目标任务进行分解下达,并与两县、两区、市直有关部门及重点企业签订环保目标责任书、污染减排目标责任书,将环境保护任务纳入效能目标进行考核。编制完成《中卫市重点入黄排水沟污染2016~2018年综合整治实施方案》,提请印发《中卫市2016年限期淘汰城市建成区域燃煤锅炉工作实施方案》《关于2016年污染防治重点工作安排任务进展情况的通报》《中卫市大气污染防治工作整改方案》等,督促年度重点工作按期推进。
 (张凯厅)

【项目环境管理】 1.把建设项目环境管理作为控制新污染源的重要手段,严把建设项目审批准入门槛。对不符合国家产业政策和环境法律法规的项目一律不批;选址、选线与规划不符,布局不合理的项目一律不批;对饮用水源保护区等环境敏感地区产生重大不利影响、群众反映强烈的项目一律不批;对超过污染物总量控制指标、生态破坏严重的建设项目一律不批;对达不到国家排放标准的项目一律不批。对化工类企业实行更加严格的准入门槛,对一般类项目分门别类,缩短审批时限,加快审批流程。全市共审批各类建设项目533个,报告书项目30个、报告表项目168个、登记表项目335个,其中:沙坡头区共审批项目256个(报告书24个、报告表111个、备案表121个);中宁县共审批项目200个(报告书4个、报告表34个、备案表162个)、海原县共审批项目77个(报告书2个、报告表23个、备案表52个)。所有审批项目均属于鼓励类和允许类项目。对不符合国家产业政策或选址不合理的项目做出不予批复的回复。建设项目环境影响评价执行率达到100%。2.认真执行建设项目"三同时"制度。强化建设项目环境影响审批和竣工环境保护验收,从源头上严控新污染源产生。2016年,共受理建设项目竣工环境保护验收76项,已完成验收57项,19项进行整改和验收监测,建设项目竣工环境保护验收"三同时"执行率100%。已通过竣工验收的项目在中卫市环保网站进行公示。(张凯厅)

【污染物排放总量控制和排污许可制度】 1.完成自治区下达的年度主要污染物减排4项约束性指标。制定2016年全市污染减排计划和工作方案,明确总体目标、重点项目和工作措施。全市化学需氧量削减量为1863.67吨,氨氮削减量为149.08吨,二氧化硫削减量为85.6吨,氮氧化物削减量为2883.6吨,4项减排目标均顺利完成。2.严格执行排污许可制度。建立排污单位许可档案,对符合条件的排污单位,严格

核算,逐一发放排污许可证。共办理正式排污许可51家,临时排污许可27家。 （张凯厅）

【污染减排】 认真落实工程减排措施,重点实施52个污染减排项目,其中废水深度治理项目10个、废气治理项目7个、淘汰拆除结构减排项目1个、规模化畜禽养殖农业源减排项目34个。中卫市第二污水处理厂、石空新材料循环经济示范区污水处理厂及蓝丰、华御4家企业污水处理厂项目已建成并投入使用；宁夏中宁发电有限责任公司对1#、2#发电机组加强脱硝设施管理,脱硝效率达到50%以上,宁夏胜金水泥有限公司、宁夏瀛海天祥建材有限公司分别对1#、2#新型干法窑加强脱硝设施管理,脱硝效率达到30%以上；宁夏天元发电等4家企业脱硫设施已建成；全市农业源减排项目已完成建设25个,完成率73.5%。 （张凯厅）

【水污染防治】 1.建立"'十三五'水污染防治"项目库并上报环保部,共储备项目26个,概算投资14.03亿元。2.督促实施工业园区污水处理厂及配套设施建设项目。中卫市第二污水处理厂升级改造及人工湿地工程、中宁县石空新材料循环经济示范园区污水处理厂已完成,中卫市第二污水处理厂中水回用项目于2月开工,已建成办公场所及清水池、均质池等主体工程；恩和纺织园区污水处理厂已完成土建工程。3.督促城镇污水处理及配套设施建设项目。开工建设中卫市第一污水处理厂提标改造项目、中宁县污水处理厂二期扩建项目、海原县第二污水处理厂及海兴开发区污水处理厂。4.督促重点入黄排水沟综合整治。在中卫市第一排水沟上游投资3200万元建成占地1700亩的人工湿地；中卫市第四排水沟被列入黑臭水体整治项目,已完成第四排水沟农田排水灌溉水和排污水分离工程环境影响评价报告表及排污口论证报告,工程计划清淤沟道4.67公里,建设307亩莫楼人工湿地水质净化系统及附属工程,已完成上游管网敷设、下游清淤分离初步设计及莫楼湿地招标工作；中宁县北河子环境综合整治项目于6月开工建设,AB、AC湿地主体工程已完成。5.工业园区污染场地修复工作有序开展。按照修复方案,宁夏蓝丰精细化工有限公司蒸发池地下水累积回抽19382m^3,宁夏华御化工有限公司蒸发池地下水累计回抽处理33207m^3,宁夏明盛染化有限公司污染场地修复日均抽水量现已达到800m^3/d。 （张凯厅）

【大气污染防治】 1.加快淘汰城市建成区域燃煤锅炉和热电联产项目建设。对城市建成区域的燃煤锅炉进行全面排查,摸清锅炉数量、吨位、使用性质及供热管网和天然气管网敷设等情况。年内计划实施淘汰锅炉72台147.33蒸吨,已拆除燃煤锅炉49台,其中沙坡头区9家11台锅炉,中宁县28家36台,海原县2家2台,完成率68.1%。中卫热电公司建设完成。2.加强机动车污染治理和油气回收治理。淘汰黄标车和老旧车辆4669辆,大中型客运车辆"油改气"备案20辆,柴油"黄标车"申请延期淘汰541辆,实施"黄改绿"330辆,开展环保定期检验并发放环保检验合格标志的机动车46122辆。全市共有40个加油站完成油气回收治理装置安装。3.加强工业堆场和城市扬尘防尘治理。督促中宁发电、俱进化工等5家企业完成原料堆场防风抑尘网；加强建筑工程施工、建筑物拆除、工地清扫保洁等活动监管,施工现场一律按要求设置硬质、密闭围栏、物料全部覆盖防尘网,土方开挖、运输和填筑时,一律喷水降尘；实施"以克论净深度保洁"治理,市政府先后投资2600余万元购置各类洗扫车、干扫车,对城市主要道路实施机械化清扫,机械化率达到75%。4.推进城市餐饮油烟治理,对向阳步行街、大商城夜市等重点烧烤摊点进行整治,对173家烧烤户进行整顿规范,全部要求使用木炭,引导商户安装环保无烟炉和油烟过滤装置。5.加强秸秆焚烧环境监管。印发《关于切实做好秸秆焚烧工作的紧急通知》,成立各相关部门参加的秸秆禁烧工作领导小组及专门工作机构,统一组织和协调全市秸秆禁烧工作,实行联合执法,采取"封、禁、堵、压、打"等措施,杜绝焚烧秸秆现象的发生。 （张凯厅）

【固体废物治理】 加强工业固体废物集中收集和无害化处理,对一般固体废物产生、处置进行台账管理和登记制度,提高固体废物综合利用率。严把产生危险废物项目审批关,先后对重点监管的25家危废企业(其中2家为危废经营单位)建立"一企一档",规范全市危险废物识别标志。年内安全转移危险废物593.4吨。 （张凯厅）

【农村环境综合整治】 1.争取环保专项资金4610万元,其中沙坡头区2411万元,中宁县1136万元,海原县1063万元。实施农村环境综合整治项目3批,覆盖全市19个乡镇75个行政村,共配置垃圾箱(桶)5936个,垃圾收集车28辆,电动三轮车513辆,建设垃圾填埋场3个,铺设污水收集管网45419米,安装污水处理设备6套。2.争取专项资金290万元,支持6家规模化畜禽养殖场加大对畜禽粪便污染的治理力度,提高畜禽粪便综合利用率。对沙坡头区、中宁县、海原县 2013~2014 年农村生活污水处理和生活垃圾收集转运项目进行验收，发挥农村项目在环境综合整治中的积极作用。 （张凯厅）

【城乡饮用水源地保护】 1. 加强城市集中饮用水水源地保护。加快中卫市沙坡头区城市集中饮用水源保护区保护项目建设，在划定边界设置界桩 908 个、界碑 55 座、取水井围网 1740m²，在醒目位置设置交通警示牌 9 个，配套完善水源应急监测设备。2. 开展水源地保护区环境违法行为整治。对沙坡头区水源地一级保护区内的免烧砖厂和宪立砼业拌和站、采砂场、黄河加油站等进行拆除和关闭。3. 对巡查出的农家乐、混凝土拌和站等 13 家违法建设项目依法下达《责令停止经营活动的通知》，并由相关部门对违法项目予以关闭。4. 强化农村饮用水水源地保护。重点对沙坡头区迎水桥农村饮水安全工程、中宁县秦庄安全饮水工程等 29 处农村饮用水源地建设界碑、界桩、围网等保护性措施。 （张凯厅）

【环境监测】 1. 全面完成 2016 年环境质量监测任务，定期开展环境质量信息公开。启动省界、市界黄河断面联合监测。2. 开展国控、省控重点监控企业污染源监测。针对 2016 年中卫市国家重点监控、省控污染源名单，有序开展各类污染源监督性监测及在线设备有效性比对监测，并及时上报、公开监测结果。3. 开展中卫典型区域监测。按时完成中卫美利工业园区 17 眼井、中宁工业园区 6 眼井水质监测工作，并及时汇总上报数据。完成明盛染化周边 13 眼水井和中卫工业园区下游黑山村地下水井的跟踪监测。4. 开展中卫区域土壤质量监测风险点位确定工作。开展中卫市重点区域土壤风险点位勘察与点位确定，绘制监测点位定位轨迹图。5. 开展建设项目环境保护竣工验收及委托监测工作。上半年共完成 15 家企业的环境保护竣工验收监测工作，共收缴监测费 50.35 万元。6. 开展环境监测质量管理。将环境监测质量管理贯穿于日常监测工作中，强化实验室质量控制与保证工作，确保监测数据的有效性。 （张凯厅）

【环境执法监督管理】 1. 全面实行环境监察网格化管理制度，开展环境隐患大排查"回头看"，与内蒙古阿拉善盟环保局签订合作协议，形成跨区域环境保护合作机制和环境违法行为查处联动机制，保持打击环境违法行为高压态势。全市共检查企业 382 家，出动检查人员 1219 人次，对未建成污水处理设施的黄河肉食品加工厂等 59 家企业下达停产整治通知或限期生产的通知，对未经处理直排污染物的蓝丰化工等 2 家企业实施司法移送，实施行政处罚 35 家，收缴罚款 106.34 万元。2. 加大排污费征收力度。坚持立足实际、注重实效、多措并举、应收尽收的原则，全面推进排污费核定、征收、催缴及排污费征收档案建立工作。2016 年上半年征收排污费 387.8638 万元。3. 妥善处理环境投诉。安排专人 24 小时接听"12369"投诉热线，妥善处理群众反映强烈、影响恶劣的环境信访案件。对常乐镇王良栋长达 11 年反映力源丰有机肥有限公司生产散发恶臭气味影响其正常生活一案及宣和镇黄兴多年反映沙坡头堤坝有限公司锅炉烟气污染其果园造成严重经济损失一案，经多次走访协调，最终均达成和解。年内，共受理处理各类环境污染投诉案件 263 件，其中市长信箱 108 件，"12369"环保投诉 120 件，微信平台 5 件，信访局督办 17 件，区厅转办 13 件。4. 稳步推进贺兰山东麓环境综合整治。按照自治区关于加快贺兰山东麓葡萄种植基地及周边环境整治工作进度通知要求，涉及中卫市的 7 家企业已全部整改完毕。5. 强力推进违规违建项目清理整顿。将违法违规建设项目排查作为各项环保专项执法检查的重点，建立环保违规建设项目台账，结合违规性质分类处置，对处于停产停建的项目，不定时跟踪检查，杜绝死灰复燃，对手续不全的项目，坚决不予开工建设，对"未批先建""擅自投产""久拖不验"项目重点督导和查处。全市排查发现违法违规建设项目 52 个，完成清理整顿项目 42 个，其中，淘汰关闭项目 6 个，整顿规范项目 18 个（2 个未完成），完善备案项目 18 个（8 个未完成）。6. 认真办理中央第八环境保护督察组转办事项。对交由中卫市办理的转办件，高度重视，认真研究，跟踪督办，所有转办件均按期办结并销号，办理情况在《中卫日报》、中卫新闻网、中卫市政府网站同步进行公开。为切实提高和巩固中央环保督察组转办事项查处整改效果，确保整改有序推进，研究制定《中央第八环保督察组转办信访件整改措施及长效机制》。45 件转办件已完成全部整改，并在《中卫日报》、中卫环境保护局官网等媒体进行公示，接受全社会的监督。 （张凯厅）

【环境保护宣传教育】 召开全市环境保护工作会议，聘请 10 名社会各界代表为环境保护社会监督员。先后两次组织开展"公众开放日"参观活动。邀请部分党代表、人大代表、政协委员、环保社会监督员、工业园区及水源地周边群众代表参观紫光天化蛋氨酸有限公司、中卫市美利源水务有限公司污水处理厂以及中卫市环保局自动在线监控平台、空气自动站、环境监测化验室等7个开放点，进一步展示中卫市在环境监管能力和企业污染治理能力建设取得的成果。组织集中开展"六五"环境日广场环保法律宣传和"碧水蓝天情悠悠"广场环保专题文艺演出活动，以群众喜闻乐见的形式，把环保知识、法律法规宣传做到最基层。分期、分批组织干部职工参加国家级、自治区级环境监察、监测培训，不断提高业务技能和工作水平。

（张凯厅）

【改革创新】 对中卫市辖区国控、区控、市控重点涉水企业安装智能IC卡，实行刷卡排污，必要时可远程关闭阀门，实现对企业排污情况的实时监控。年内，已完成一期8家重点企业项目建设。中卫市环保云项目（一期）整合资金300余万元，建成中卫市环境监管与预警信息综合管理平台，将污染源在线监控系统，大气、水环境质量监测系统，环境统计系统，"12369"信访投诉系统等涉及监察、监测、监管领域信息数据全面整合，初步建成环境管理顶层框架。推行空气自动监测站第三方运营，为中卫市环境空气质量评价及大气污染防治提供校验依据。

（张凯厅）

【党风廉政建设】 切实加强党风廉政建设，贯彻落实党风廉政建设"一岗双责"职责。坚持按照集体领导、民主集中、个别酝酿、会议决定的原则，重大问题和事项坚持集体研究决定。开展领导班子民主生活会和民主评议党员工作，坚持"三会一课"制度。履行党建工作责任制，不断强化组织建设、作风建设和制度建设，把党建工作与环保工作同安排、同部署。开展党的各项活动，学习贯彻党的十八届五中、六中全会和习近平总书记系列重要讲话精神，全面加强党的思想、组织和作风建设。

（张凯厅）

沙坡头国家级自然保护区

【概况】 宁夏中卫沙坡头国家级自然保护区（以下简称"保护区"）始建于1984年，1994年升格为国家级自然保护区。保护区地处腾格里沙漠东南缘，中卫市城区西部，总面积14043.09公顷，其中核心区面积3956.76hm²，缓冲区面积5414.12hm²，实验区面积4672.21hm²。保护区属内蒙古高原、黄土高原和腾格里沙漠的交汇处，处于荒漠向草原过渡地带，是我国最早建立的7个荒漠生态系统类型的自然保护区之一，也是我国北方干旱地区保持较大面积的典型人工与自然结合的荒漠生态系统。主要保护天然沙漠植被、人工森林生态系统、湖泊湿地生态系统及动植物种多样性，具有广泛的区域代表性和地域分界特点，在自然地理、农业区划以及全球气候变化的研究中具有特殊的地位。保护区内保存着比较丰富的珍稀、濒危动植物物种。共有种子植物440种，属国家重点保护的植物有15种；有脊椎动物223种，属国家重点保护的野生动物有26种；有昆虫675种，有很强的特有性、典型性和珍稀性以及重要的生态地位和特殊的保护价值。这里不仅以"大漠孤烟直，长河落日圆"和沙坡鸣钟的独特自然景观驰名中外，而且以其麦草方格为措施的"五带一体"固沙防护林工程的治沙成果享誉中外，称为"世界奇迹"。1994年，沙坡头被联合国环境规划署命名为"全球环境保护500佳"，1999年被科技部、中宣部、中国科协命名为"全国青少年科技教育基地"和"全国科普教育基地"，2006年、2008年被自治区科技厅、科协评为全区优秀科普教育基地，2007年沙坡头被国家旅游局批准为5A级旅游景区。2010年被环保部、科技部评为国家环保科普基地。2012年被评为自治区环境友好示范教育基地。2013年被评为首批全国中小学环境教育社会实践基地。2016年被评为"十二五"环保科普工作先进集体。

（郝丽波）

【执法管理】 保护区加强涉及保护区建设项目的环境监管准入审查工作，贯彻落实环境影响评价制度，加强已审批项目在施工和运营期的监管，确保各项生态措施落实到位。依法严厉打击涉及保护区的各种违法违规行为，全年共下点巡护176人次。1.认真开展人类活动核查工作。向自治区环保厅上报《沙坡头国家级自然保护区人类活动现状及动态遥感监测报告核查情况报告》《沙坡头国家级自然保护区人类活动现状及动态遥感监测核查情况及处理意见》等资料。2.对2013年之后保护区新增及规模扩大的12个项目下发限期拆除通知书，2个项目下发限期整改通知书，3个项目进行立案取证。上报《关于宁夏中卫沙坡头国家级自然保护区内涉及企业及旅游项目情况说明》。3.积极整改落实中央第八环保督察组督查反馈意见。参加制订《中卫市贯彻落实中央环境保护督察组督察反馈意见整改方案》，完善中央环保督察组反馈意见中提出的53处点位的相关批复、执法记录、停工通知等资料，制订《沙坡头国家级自然保护区开发建设项目（设施）整改方案》，整理2013年之后新增及规模扩大的17处人工设施完善相关批复、执法记录、停工通知等资料，向自治区纪委、中卫市纪委报送核查材料，配合中卫市纪委对17处人工设施进行点位核实。4. 与中卫市森林草原防火指挥部签订《森林防火责任书》，严格执行保护区防火巡查制度，加大对美利林业速生林区、固沙林场"五带一体"防护林等重点火险区的巡查密度，修订完善森林火灾扑救应急预案，提高火灾应急处置能力，组织培训人员参加多次森林防火培训，全年未发生1起火灾事故。

（郝丽波）

【保护区科研】 1. 实施"沙坡头自然保护区能力建设专项资金"项目，在保护区内扎设草方格825亩用于固定流沙，种植胡杨等苗木共计30亩，与兰州大学联合开展保护区动植物资源消长变化调查和标本采集工作。2. 实施"沙坡头自然保护区植被恢复及沙漠化防治技术示范研究"项目，栽植沙冬青2000株，扎设草方格90亩。3. 实施科技部科技惠民计划"绿洲边缘植被恢复与生态资源开发技术集成示范"项目。在梭梭林示范区补植30000株梭梭；在防风固沙植被恢复集成示范区，点播沙蒿、柠条、花棒和沙打旺种子共700亩；在流动沙地快速固定示范区种植柠条12460株、花棒13140株、白梭梭27800株；在沙生植物苗木繁育示范区种植沙地柏10000株。4. 实施"生态功能保护区生态恢复模式与技术示范"项目，种植黑果枸杞5000株。5. 实施完成沙坡头国家级自然保护区生物多样性保护示范项目，在保护区核心区、缓冲区及实验区建设28个固定监测样方样地，确定15条鸟类监测固定样线，安装10台观测野生动物的红外相机。11月23日，环保部委托环境保护规划院对本项目进行绩效考评，并对项目完成情况给予肯定。6. 编写上报西部大开发重点项目前期研究项目——"宁夏中卫沙坡头国家级自然保护区沙漠生态、人工治沙自然保护生态功能区生态恢复模式与技术示范"。

（郝丽波）

【科普宣传】 1. 全年开展环保科普进广场、进校园、进军营、进社区活动8次，利用"科技周"、"六五"世界环境日、"全国科普日"等大型科普宣传日发放环保宣传手册800份、折页200份、拉纸笔1400支，保护区动物、植物、昆虫图册及环保科普书籍500本。受益人数达3万余人。2. 发挥科普教育基地宣传教育职能。接待上海复旦大学、武汉科技大学等大专院校的学生到保护区开展社会实践活动；与北京西中街小学和东四九条小学师生300余人在保护区举办以"科技治沙、共享绿洲"为主题的毕业游学实践活动，共建治沙教学责任地，进一步发挥国家环保科普基地、全国中小学环境教育社会实践基地的职能。3. 实施环保3D科普影片拍摄制作项目，影片完成后，将充分体现沙坡头自然保护区雄浑壮丽的自然风光及丰富多彩的生物多样性，提升沙坡头自然保护区宣传水平和能力。4. 在国家环保科普基地科研教育中心修建400米的绿色科普长廊，制作安装防腐木宣传栏90块。5. 开展网络科普宣传。保护区官方网站与微信公众号的关注人数不断上升，其中沙坡头站分布式数据信息系统对外正常发布，年内访问量超过2500人次，微信发布信息48条。

（郝丽波）

商贸流通

商务与经济合作

【概况】 2016年全市完成社会消费品零售总额实现65.8亿元，同比增长8.5%；完成外贸进出口总额19.17亿元，同比增长121.15%。完成全市招商引资到位资金300亿元。　　　　　　　　　（李　芳）

【招商引资活动】 1.开展专题招商活动。修改完善《全市专题招商活动实施方案》，出台《关于进一步加强招商引资工作实施方案》，确定"8513"工作目标，建立四套班子联动抓招商机制，成立云计算及军民融合产业、工业转型升级、现代农业发展、全域旅游推进、物流及城建商贸产业5个产业招商组，1个线索征集及项目推介小组和3个县区招商小组，各小组由两名市级领导及县级领导牵头，确定成员部门和目标任务，由市委、政府主要领导和专题招商组牵头领导亲自带队，围绕重点城市、重点企业、重点产业开展招商引资活动。共走访北京、上海、天津、重庆等80多个城市，走访宽带资本、中化国际、重庆化医、杭州锦江、新疆广汇、苏化集团、武汉汉欧、绿港公司等172家企业，洽谈储备招商引资项目140个。与中化国际、浪潮、京东、迪拜、新疆新丝路、武汉汉欧、迪拜DMCC等企业签订投资合作协议。2016年，全市新建开工项目53个，已落实签约项目39个，计划总投资433.04亿元。计划签约项目19个，计划总投资315.62亿元；对接洽谈项目34个。2.组织开展"节会"招商。与自治区工商联成功举办"2016年民营企业中卫行"活动，邀请上海、天津等省市的工商联负责人及会员企业共300多人参会，签约引进项目29个，意向投资288.8亿元。组团参加"津洽会""渝洽会""南博会""哈洽会"、宁蒙陕甘毗邻地区共同发展联席会议第十三届年会暨第七届经洽会等重大节会和自治区组织的环渤海、长三角地区经济技术合作交流活动，达成一批合作意向。组织万齐集团、江南好产业集团等7家企业参加重庆"渝洽会"商品展览展示，完成"主题市"相关活动。组织港中旅沙坡头景区公司参加第4届南博会暨第24届昆交会，开展旅游推介相关活动，实现宣传中卫、推介中卫，加强区域经济合作的目标。

（李　芳）

【重点招商项目】 建立市县领导包抓重点项目、招商引资项目"五定"责任制等制度，强力推进项目落实。亚马逊AWS、奇虎360公司数据中心项目进行测试，中国移动数据中心项目开工建设，数据中心机房等土建工程正在建设。协鑫公司高效晶体项目一期1GW项目建成投产，二期2GW项目即将开工建设；紫光公司二期5万吨蛋氨酸项目建成投产；银阳公司3GW单晶方棒、天元锰业集团60万吨金属锰二期及配套、80万吨硫酸、2×350MW自备电厂，海原华润集团风电等项目进行建设；兴尔泰公司120万吨硝基复合肥项目、佳盛远达公司62万吨铝镁合金、浙江今飞公司500万件汽车轮毂等项目进行设备安装；天元锰业、华夏特钢与香港泰达、百灵达、景津3家企业资产重组项目顺利推进；上海澄美公司呼叫中心项目建成运营，达天公司飞艇制造项目第一架飞艇已出厂试飞；中国物流中卫物流园区1号楼装修已完成，2~6号楼进行建设。协鑫集团二期2GW高效单晶、紫光公司三期10万吨蛋氨酸、中化国际锂电池产业园、中国联通数据中心、绿港公司现代农业基地等一批大项目即将开工建设。佳盛远达公司62万吨铝镁合金，南山集团铝电一体化、戴尔、施耐德电气、华为、IBM等企业数据中心等项目正在对接洽谈。　　（李　芳）

【民营企业招商引资】 贯彻落实自治区党委、政府关于民营企业助推宁夏创新发展大会工作会议精神，加快推进项目梳理和招商引资工作。1.层层分解目标责任。将招商引资项目库建设和招商引资签约任务分解下达至各县区、市直相关部门，全力推进落实。2.认真梳理招商引资项目信息。共梳理项目线索140个。3.加快招商引资项目库建设。编印《中卫市招商引资资料汇编》《中卫市投资指南》《全国工商联十一届十次常委会议暨民营企业助推宁夏创新发展大会中卫市对接企业信息》等招商引资资料，为各县区、各产业招商小组开展招商引资工作起到指导作用。4.积极开展招商引资活动。主动与全国工商联和自治区工商联联系，组织各县区、各产业专题招商小组主动上门对接洽谈项目，强力推进项目落实。2016年，各县区及各产业专题招商小组共组织外出开展招商引资活动51批次，接待外来考察企业42家，对接落实项目86个。　　　　　　　　　　　　　（李　芳）

【重点项目和民生工程建设】　坚持"政府扶持、市场化运作、多元化投资"的建设方针，加快商务领域重点项目建设。1.加快推动城乡一体化试点项目落实。在建成镇罗、常乐、美利3个商贸服务中心的基础上，建成宣和商贸服务中心、荣盛超市城乡一体化加工配送中心并投入运营。2.督促中卫荣盛商业连锁股份有限公司、万齐集团及中杰农业科技发展有限公司网络销售平台上线运营，推动实现涉农龙头流通企业线上线下融合发展。3.积极配合中杰公司农产品加工物流配送中心、夏华公司旅游美食体验广场、荣华公司创业城二期和中卫市鑫运二手车交易市场等重点商贸流通项目建设，中杰公司农产品物流加工配送中心项目工程主体已完成；夏华公司旅游美食文化广场特色精品购物广场、游客接待中心、特色餐饮中心主体基础工程已封顶；荣华公司创业城二期项目主体基础工程已完成60%；鑫运公司二手车交易市场项目已建成。4.在建成南关、怀远、西关、官桥、邵桥、文萃、福润苑7处标准化菜市场的基础上，新建成丰安和美利2个便民菜市场并投入运营，进一步完善市场供应保障体系。　　　　　　　　　（李　芳）

【流通主体发展资金扶持】　中宁县、海原县列为国家电子商务进农村综合示范县，每县获得扶持资金1500万元；争取资金30万元，扶持海兴开发区广聚农业专业合作社建设蔬菜种植区500平方米蔬菜预冷库；争取自治区"51015沙坡头水镇特色商业功能区"建设资金100万元，孵化培育沙坡头水镇商业业态，加快推动旅游城旅一体化发展；组织申报外经贸发展专项资金项目3批707.8万元，支持外贸企业走出去、树品牌，扩大对外经贸合作；积极争取自治区跨境电商平台业务补助资金、自治区冷链示范项目资金、自治区追溯体系建设示范项目资金、自治区现代服务业人才培养等项目资金，全年共争取资金1547万元，有力支持辖区企业发展。　（李　芳）

【促消费活动】　组织举办第六届元宵美食节活动，弘扬中卫美食文化，活跃元宵节日气氛；结合开展全国"消费促进月"活动，组织开展以"营造绿色全域旅游消费环境"为主题的"同城百店"商品展销会、"五一房·车生活文化节"、荣盛店庆大促销、奇石玉器展销、沙坡头水镇国际美食节、中卫市枸杞宴创意美食大赛等大型商业活动，丰富旅游文化消费市场，拉动消费增长。　　　　　　　　　　　　　（李　芳）

【电子商务发展】　结合中卫发展实际和特色产业，印发执行《中卫市加快推动电子商务发展的实施方案》和《中卫市农村电子商务筑梦计划实施方案》，顶层推动电子商务良性健康发展。京东集团已在中卫开展电商营销配送业务，与宁夏万齐农业发展集团联合建设的"中卫特色农产品专区"项目进行建设；阿里集团已入驻中宁电子商务孵化中心；宁夏宁垦电子商务公司电商业务在中宁县已全面启动，海原县电商网点正在布局；在银川奥特莱斯民族风情街建设的"中卫特色农产品O2O展示馆"进行装修；与贺兰山牧业（上海）有限公司、义乌市通过电商渠道拓展辖区特色农产品销售市场业务进行推进。　（李　芳）

【保供稳价工作】　进一步完善生活必需品、重要生产资料、重点流通企业、市场应急供应、市场运行监测体系，督导监测样本企业适时开展市场运行监测工作，为政府调控市场、引导消费、保障供给提供科学依据。积极做好春节、元旦及五一、十一期间的保供稳价工作。按照自治区商务厅和市政府的安排部署，做好节日期间的市场保供稳价工作，督促大型涉农流通骨干企业做好生活必需品储备，保障市场稳定供应，丰富群众"菜篮子"。　　　　　　　（李　芳）

供销合作

【概况】　中卫市供销社属集体所有制单位，无编制。有机关工作人员9人（其中两名公务员，其余自收自支）；离退休职工214人，其中离休和建国前老工人5人，退休职工209人。下设办公室、资产管理科两个科室。下属独资公司1个（中卫市新合供销有限公司)，参股企业3个(宁夏中卫四季鲜市场开发有限公司、中卫市兴拓农业生产资料有限责任公司、中卫市民丰硒砂瓜种植流通专业合作社)，出租酒店3个(卓越大酒店、西部大酒店、安泰大酒店)，西园、镇罗、永康、宣和、兴仁5个基层供销社。　　(施江波)

【推进改革】　以《自治区党委人民政府关于深化供销合作社综合改革的意见》为指导，围绕"改造自我，服务农民"的总要求，按照市委、政府工作安排和区社工作部署，增强深化改革的自觉性和主动性，用改革的思路和市场的办法不断破解体制机制难题。市级方案经过人员摸底、清产核资等，经市委、市政府研究通过，已经印发《关于深化市供销合作社综合改革的实施方案》(卫党发〔2016〕57号文件)。　(施江波)

【基层服务体系建设】　1. 加快基层社改造升级和创新发展。通过改造基层社，全面提升基层社经营服务功能。对宣和、永康2个供销社进行全面的升级改造，争取项目资金和自筹资金共计1200余万元，新建肥储备库2800平方米、综合营业面积3700平方米，建成培训中心、农资配送中心各2个。2. 开放办社，整合基层供销社服务资源。依托中卫农业特色产业发展需要，采取合作制、投资入股等多种形式，引进中卫市涉农龙头企业兴拓农业生产资料有限公司和宁夏荣盛商业连锁股份有限公司，改造提升基层社，建设农资服务网点和日用百货超市，努力打造综合性、规模化、可持续的新型基层供销社。3. 创新服务方式，拓展经营范围。依托基层社成立硒砂瓜种植专业合作社、农林专业合作社，开展测土配方施肥，硒砂瓜标准化种植、流通和瓜果病虫害防治等业务。指导成立各类协会3个、领办创办专业合作社10家。培训农民200余人次，培训农产品流通经纪人50余名。
　　(施江波)

【创新服务体系】　按照"1+5"优势产业和"四区七带"产业布局，围绕优质粮食、枸杞、硒砂瓜、草畜、马铃薯、果蔬特色产业，根据区域型、产业型发展的要求，把基层供销合作社改造成为服务于粮食、枸杞、硒砂瓜、草畜、马铃薯、果蔬特色产业以及农民生产生活为一体的现代农业综合服务中心。2016年建设宣和、永康、柔远现代农业综合服务中心，总投资9500万元，建筑面积10600平方米。依托现代农业服务中心，积极开展"四代一包"(代耕、代种、代管、代收、包产)服务项目，着力提升其服务能力，形成全产业链、一站式服务，提高农业生产组织化程度，带动特色优势农产品规模化生产，品牌化经营。截至年底，实现托管土地1.1万亩，开展科学配方施肥0.5万亩，收储加工农产品4800吨。　　(施江波)

【提升服务水平】　完善中卫市四季鲜农产品批发市场服务功能，履行好市场的建设、运营、管护职责，推进市场的升级改造，强化市场的质量监督、电子结算、信息服务、冷藏储存等基础设施建设。发挥四季鲜市场的综合服务优势，创立"基地+合作社+龙头企业+销售渠道"服务模式，实现从田间生产到消费者全产业链的产供销一体化经营，帮助四季鲜农产品批发市场通过争取产销对接项目建设，主动与专业合作社形成紧密的合作关系，减少流通环节，保障市场供应和价格稳定，促进农产品质量安全，农民增收，优势特色农业发展，增加社会就业。2016年，销售大宗农副产品15万吨以上，交易额达到13亿元。
　　(施江波)

【社有资产运营管理】　按照市委主要领导的指示精神，对市社本级和社属企业的社有资产进行认真的调查摸底，在市审计、财政、土地等部门的帮助下，聘请会计事务所和资产评估公司对供销社资产进行详细的审计、评估。经审计评估，资产总额达到10339万元，净资产9367万元，资产收益逐步增加。所得收益不仅解决历史遗留问题，壮大经济实力，增强为农服务功能，提升供销社形象，而且实现对社有资产的保值增值。　　(施江波)

【项目资金】　2016年，共争取总社基层组织体系建设和产销对接项目资金940余万元，扶持四季鲜、基层供销社发展壮大，专业合作社等社属企业发展。建设项目按规划要求基本建设完毕。　(施江波)

【机关建设】　按照"两学一做"专题学习教育要求，结合市社实际情况，市社党总支及时研究制订实施方案。开展4个专题集中学习，讲专题党课，召开"两学一做"专题民主生活会，集中查找出存在的问题8条，深刻分析问题产生的原因和危害，制订整改方案和相应的整改措施。　　(施江波)

粮食流通管理

【概况】　中卫市粮食局为自治区粮食局直属正处级机构，内设办公室、综合业务科、监督检查科3个科级机构。下设中卫市粮油产品质量监督检验站，为全额拨款事业单位。2016年，市粮食局把保障粮食安全工作摆上重要位置。紧扣《自治区人民政府关于贯彻落实粮食安全省长责任制的实施意见》提出的目标任务,结合市县粮食工作实际,推动市县政府出台《实施意见》《考核办法》,明确市县政府承担保障本地区粮食安全的主体责任。全面对接《实施意见》,建立考核工作机构,召开会议安排部署,落实考核责任分工。制定考核工作手册,下发自查通知,对自查情况进行督查,加大落实力度。特邀自治区粮食局荀旭副局长到中卫党校讲授粮食安全形势报告2班次120人。

(武彬彬)

【粮食购销工作】 以抓收购、保供给、稳市场为重点,确保全市粮食"收得进、卖得出、管得好、供得上"。截至年底,全市累计收购各类粮食55万吨,比上年增加31万吨,销售粮食45万吨。指导企业做好收购服务工作,树立服务种粮农民的理念,通过制定收购预案,完善收购机制,召开收购会议,强化政策宣传,设立42处粮食收购点,防止"卖粮难"现象的发生。引导农户择机售粮依法维权。帮助农民分析市场行情,指导农户算好经济账,发放《致全市农民朋友的一封信》,实现让农民卖放心粮、明白粮。抓好"订单粮食"和产销衔接。积极支持万齐、雪海等龙头企业、种粮大户扩大优质粮食规模化种植,规范"订单粮食",提高合同履约率。2016年,全市落实粮食订单8.4万吨,订单面积11.8万亩,涉及农户、种粮大户、家庭农场等3772户,订单完成履约率100%。

(武彬彬)

【应急体系建设】 修改印发《中卫市粮食应急预案》。结合粮食应急新情况,主要对分级响应程序、处置措施、应急供应保障体系等方面进行修改,使内容更加明晰、程序更加简化,增强灵活性和可操作性,并以市政府印发实施。制定印发《中卫市应急粮油供应管理办法》。该办法以市政府印发实施,这在全区五市是第一家,确立"政府统一领导、部门分工负责、粮源统一调配、社区核对人口、网点对接社区、定点定量供应"的应急供应运行机制,规范应急供应环节的职责,使粮食应急供应各环节衔接紧密、分工明确、操作方便,将应急供应"最后一公里"变成"零距离",确保应急状态下,把粮食安全、有序供应到每一户居民手中。完善应急加工、承储、运输、供应的有效对接。按照"布局合理、有利应急、便于管理"的原则和应急加工、承储、运输"三合一"的确定模式,全市确定应急加工企业11家、承储企业12家、备案运输车35辆。修改完善应急加工、承储、运输、供应网点基础信息,实现粮食应急供应环节零距离对接,此项工作得到市长万新恒肯定。建立应急供应网点动态管理机制。按照《中卫市粮食应急供应网点考核办法》,实行评分定级、量化考核的管理机制,对全市57家粮食应急供应网点进行重点抽查和全面考核,考核结果与网点"以奖代补"挂钩,并进行通报。对整改不合格的取消应急供应网点资格,切实推进粮食应急供应网点的建设。落实地方粮油储备和本年度轮换工作。落实市、县应急成品粮油数量1980吨,比上年同期增加250吨,其中应急成品粮1300吨、食用油430吨;8月份完成轮入市级储备小麦2000吨,发挥地方储备粮的市场调节功能。

(武彬彬)

【产业经济发展】 扶持壮大骨干粮食企业。指导万齐、雪海等集团公司建立优质粮食生产基地8000亩。万齐农业股份有限公司"新三板"挂牌上市,万齐香米成为北大师生专供大米。着力提升质检能力。协助华荣水稻种植合作社"质数"大米报检,协调召开"质数"水稻种植现场观摩及成果评价会,质数种植新模式种出国内顶级"质数大米",受到院士等专家的一致肯定。实施品牌发展战略。推进现有粮食品牌整合,巩固发展一批质量好、美誉度高、消费者认可的粮食优质品牌。加大资金、技术支持力度,努力打造一批产品叫得响、质量信得过的粮油新品牌,提高优质粮油产品的市场占有率和企业核心竞争力。在第十四届中国国际粮油产品展览会上,中卫市参展的粮油产品,有3个获得金奖,分别是宁夏万齐农业股份有限公司的"万齐牌香米"、中宁县丰泽粮油贸易有限公司的"杞香牌贡米"、中宁县雪海粮油购销有限公司的"大夏雪牌面粉",获奖率达75%。完成粮食行业协会政社脱钩改革工作。

(武彬彬)

【依法管粮】 完成粮食库存检查工作。会同市财政局等四部门联合下发《关于印发2016年中卫市粮食库存检查工作实施方案的通知》,成立检查领导小组,深入中央储备粮中宁直属库、宁储粮中卫储备库等15家企业、32个库点、155个货位储存的30.7万吨粮食进行督查指导。认真开展"回头看"活动,针对省级粮食库存抽查中发现的问题,深入辖区储备企业,列出整改清单,逐项进行检查落实。完成收购资格核查。采取上门服务方式,现场办理粮食收购许可审核。在审核的同时,对经营单位2015年度执行《粮食流通管理条例》及相关法律、法规情况,安全生产情况进行检查。2016年审核粮食收购许可186家,审核合格175家,其中:国有7家,非国有168家;粮食加工企业36家,粮食贸易企业139家,比上年减少11家。严格按照规定的程序,对20家已不符合许可条件的粮食经营者在《中卫日报》上公告注销其收购许可证件。加强收购资格检查。在夏秋粮收购季节对收购资格进行检查，取缔无证收购，严肃收购许可证的管理。开展粮食流通执法检查6次。开展元旦、春节、国庆节日粮食流通市场检查工作和粮食流通统计专项检查，制定《中卫市放心粮油工程实施意见》以市政府下发，制定复审、检查考核细则，对全市45家自治区"放心粮油店"进行严格复审考核，保留合格的33家。对12家已停业、转行或复审达不到自治区"放心粮油店"标准的自治区"放心粮油店"，取消其"放心粮油店"资格和称号，并在《中卫日报》和中卫市粮食局网站进行公告。加大政策性粮食的监督检查，每季度对应急成品粮油承储企业进行检查，考核打分，按照考评情况拨补费用。取消一家考评较差的应急成品粮承储企业承储资格。积极开展政策性粮食出入库的检查。细化粮食质量监管办法。会同市市场监督管理局等五部门制定下发《中卫市粮食质量监管实施细则》和《中卫市粮食质量安全应急预案》，对粮食流通各环节监管职责、粮食检验设备及能力、粮食仓储设施、粮食质量检测制度等作具体规定，为进一步做好粮食质量监管和应急救援提供有力支撑。改革对企业监管方式。依据《中卫市粮食流通监督检查分类监管暂行办法》的规定，对监管企业进行考核打分并分类，按照一企一档，建立监管企业电子档案，依照分类情况采取不同的监管方式，提高监管效率，促进企业守法经营。 （武彬彬）

【质检能力提升】 全面完成粮油检测任务。中卫市粮油产品质量检验站完成2015年度收获稻谷重金属含量抽样检测样品170份和2016年160份小麦、水稻、玉米收获质量调查，品质测报和卫生监测的布点、扦样和样品的报送工作，根据会检数据通报检测结果，顺利通过复审认证。完成质检站复审认证三大体系文件编制、基础档案完善、现场考核准备工作。6月30日~7月1日现场进行考核认证，7月29日考核认证整改验收合格。完成自治区粮食局下达的应急成品粮油、军供粮油和市场粮食的抽样检验任务40份。其中：面粉15份，大米15份，油10份。完成区级原粮卫生监测302份、市场粮油样品检测11份。积极协助区粮食局在中卫市粮油产品质量检验站，完成2016年全区小麦、玉米质量调查全部样品的会检工作，会检样品482份。 （武彬彬）

【重点项目建设】 积极争取落实市县配套资金900万元（市本级280万元、海原220万元、中宁400万元），维修改造仓容52700吨，率先完成沙坡头区镇罗、宣和粮库，海原县城关、七营粮库危仓老库改造建设任务，改造维修后可提高仓容有效利用率23%，全区危仓老库维修改造现场观摩会在中卫市召开，各县区120余人前来观摩学习。抓好中卫市粮油应急保障中心建设，完成应急保障中心项目建设一阶段的整体验收，二阶段综合业务及粮油配送中心用房建设。制定管理办法，严格资金管控，严格规范招标，严格质量督查，受到区局督查组的充分肯定。 （武彬彬）

【节粮宣传】 组织编印有关世界粮食日，与老百姓生活息息相关的粮油购买、质量鉴别、储存知识、合理膳食、爱粮节粮知识等内容的"积极应对气候变化，促进粮食减损增效"宣传手册，分发到机关、学校、企业和超市等，宣传爱粮节粮知识和方法，宣传爱粮节粮对保障国家粮食安全的重要意义，提高全社会爱粮节粮意识。在粮食科技周、食品安全宣传周、世界粮食日、爱粮节粮宣传周期间，开展爱粮节粮进社区、进农村、进军营系列活动，采取专家宣讲、发放宣传手册等方式，向群众深入宣传国家粮食生产扶持政策和节粮减损科技知识等，全面增强群众的节粮减损意识和技能。开展对学生的爱粮节粮宣传教育，组织中卫市第二小学学生300名到中卫储备库实地参观，了解粮食安全储存知识，体验感知粮食储存的不易；携带中卫市爱粮节粮教育社会实践基地宣传展板54块走进中卫市第六小学，组织6个年级47个教学班的2863名在校师生开展爱粮节粮进校园宣传活动。全年共计110次4796人参观中卫市爱粮节粮教育社会实践基地，培养全社会爱粮节粮习惯。通过《中卫日报》充分报道中卫市爱粮节粮工作以及开展各种活动情况，动员全社会力量共同参与减少粮食损失浪费，营造良好的舆论氛围。 （武彬彬）

烟草管理

【概况】 中卫市烟草专卖局、宁夏回族自治区烟草公司中卫市公司成立于2004年8月，隶属于自治区烟草专卖局(公司)管理，负责中卫地区烟草专卖监督管理和烟草制品经营。机关内设办公室(法规科)、专卖监督管理科(专卖稽查支队)、内部专卖管理监督派驻办公室、财务管理科、审计派驻办公室、人事政工科(党群办、工会)、监察科、企业管理科(督察考评中心、整顿办)、安全保卫科9个职能科室和卷烟营销中心、物流配送中心、信息中心3个专业部门，下辖中宁县烟草专卖局(分公司)、海原县烟草专卖局(分公司)和沙坡头区区域综合部。截至2016年,全市烟草共有在岗职工163人,其中男职工101人,女职工62人;回族职工26人,大专以上学历154人。

(安希顺)

【经济运行】 坚持"稳中求进"工作基调和"精益、规范、争先、发展"工作方针,始终把"稳销量"作为经济运行的基础,"调结构"作为经济运行的关键,围绕"营销调控、市场监管、费用管控"3个关键,优化企业资源配置,抢抓卷烟销售机遇,有效拓展市场发展空间,圆满完成年度各项目标任务,经济运行实现温和回稳、趋稳回升的预期状态,主要经济指标较好实现。全年卷烟销售计划完成率100%,税利同比增长6.3%。

(安希顺)

【卷烟销售】 始终围绕"市场、品牌、客户"三大要素,优化客户拜访服务,发挥终端建设"六大功能","四网"运行质量持续提升,品牌培育成效显著,现代零售终端建设和物流建设扎实推进。全市共建成现代零售终端客户602户,占总客户数的13.6%,打造现代终端"示范店"150户;网上订货客户占比98%,网上结算客户占比29.7%,网上配货客户占比2.5%。全年销售重点品牌27512.5箱,集中度82.7%;销售细支卷烟1068.5箱,比重3.2%。零售客户综合满意度95.4分(国家烟草专卖局测评)居全区系统第一,卷烟营销工作年度综合考核排名全区系统第二。深入推进物流配送中心非法人实体化运作,精益物流建设扎实推进,物流费用占销售收入比重0.84%,同比下降2.3%,现代流通建设持续推进。

(安希顺)

【专卖管理】 以"净市场、保销量、增税利"为大局,加强专销协同管理,突出向"打假治非"要市场、要销量、要效益,专卖管理保驾护航作用凸显。开展"卷烟市场保卫战""利剑猎狐""利剑断流"等专项打击行动,全年共查处各类涉烟违法案件299起,查获各类非法卷烟94.8万支,1起重大案件受到国家局表彰并获得"全区卷烟打假工作成绩突出集体"荣誉称号。积极推进办证布点工作,为卷烟销售腾出空间。全年新办零售许可证623套,注销383套,净增长240户,同比增长5.4%。通过错时检查、突击检查、联合检查等方式,市场监管效率持续提升,卷烟市场净化率始终保持在98.5%以上。

(安希顺)

【企业管理】 扎实践行"精益、规范、争先、发展"企业方针,搭建"1246"精益管理模式,强力推进全员、全程、全方位精益管理活动,精益管理降本增效取得显著成效。全年企业三项费用率4.88%,费用水平居全区第二;全市"部分可控费用"支出53万元,同比下降20.9万元,降幅28.3%。组织开展"我的精益、向我看齐"精益管理实践活动,累计完成精益改善课题、QC小组课题15个,取得经济效益80余万元。1个精益课题被评为"宁夏烟草系统精益十佳课题",1个QC课题获得全区烟草系统评审发布第二名。

(安希顺)

【规范管理】 着力规范企业内部经营行为,严格落实国家局"底线"要求,扎实推进"促规范、防外流"卷烟非法流通专项治理工作,全年未发生重大违规经营案件和不规范经营行为。全面落实"三关三审",扎实推进办事公开民主管理和工程投资、物资采购等项目实施。全年实施采购项目41个,其中公开招标项目比例达到73.2%,公开招标金额比例达到94.6%;发布公开事项805条,实现"两项工作"常态化、规范化、标准化运作。持续加强财务收支管理、费用管控和审计监督,开展"公务接待、乘坐交通工具和小金库"专项自查整改,内部规范持续加强。扎实推进法治卫烟建设,严把合同审核和行政处罚合法性审查关口,开展对内执法监督、合法规范经营和对外法制宣传,筑牢经营管理法律风险防控屏障,"六五"普法获得全区普法先进单位。

(安希顺)

【文化建设】 大力弘扬社会主义核心价值观,深入推进服务品牌建设,积极开展"润夏"服务志愿者、"情润客户、共享发展"主题读书交流、寻找"最美家庭"、"搏·为"主题职工趣味运动会、劳动技能竞赛和"润夏"服务大比武等活动,帮助员工不断提高道德素质、遵守道德规范,弘扬积极向上主流价值观。充分发挥工会桥梁纽带作用,定期召开职工代表大会,推进办事公开民主管理,切实保障职工利益,组织开展职工健康体检、生日问候、文化礼仪培训等系列活动,不断增强干部职工归属感。

(安希顺)

【公益活动】 扶贫济困,结队帮扶,向沙坡头区永康镇景台村捐赠广场基础设施建设资金1.8万元,向中宁县徐套乡李士村村委会捐赠扶贫物资办公电脑2台、打印机1台、会议桌椅10套。资助教育事业,向希望工程捐款5万元;向计划生育"少生快富"户发放慰问金2000元,春节期间慰问困难零售客户,发放慰问金5000元;八一建军节期间,向沙坡头区、中宁、海原消防大队三地消防官兵发放慰问品价值4500元;资助城市建设和社会公共事业,出资6.32万元支持地方农田水利、植树绿化等活动。

(安希顺)

【成绩荣誉】 2016年,中卫市烟草专卖局(公司)

分别荣获自治区文明单位(2016~2019年)、全区"六五"普法先进单位荣誉称号;中卫市局(公司)机关党委荣获全市先进基层党组织荣誉称号;中卫市烟草专卖局被自治区烟草专卖局、自治区公安厅授予全区卷烟打假工作成绩突出集体;顾晓波被国家烟草专卖局授予全国卷烟打假成绩突出个人;高明锴、李志猛、杨万荣3人被自治区烟草专卖局、自治区公安厅授予全区卷烟打假工作成绩突出个人。 (安希顺)

盐业营销管理

【概况】 2016年中卫分公司销售各类盐6160吨,其中销售食用3278吨,完成年度预算3600吨的91.06%,较上年3510吨减销232吨,下降6.6%;销售畜牧用盐637吨,完成年度预算520吨的122.5%,较上年529吨增销108吨,增长20.4%;销售工业盐2245吨,较上年的1980吨增销265吨,增长13.4%。 (陈永安)

【食盐专营】 1.按照区局等八部门联合下发的《加强食盐安全管理,开展制贩假盐治理专项行动方案》通知精神,对全市专项治理制贩假盐工作进行安排部署。2.长期坚持不间断巡查。在对摸排重点区域进行有效整治后,适时跟进,长期盯着不放,反复打击,不留空当,形成高压态势。3.对重点区域内的餐饮、学校食堂、幼儿园进行全面整顿,根据用盐情况实行动态化管理,分门别类实施有效的监督,看当期有无从正规渠道购盐,食盐使用量有无波动。4.转变执法方式,提高打私效果。针对贩私形式、手法更加隐秘诡秘,利用节假日、下班时间与打假时间差状况,继续采取按部就班的稽查方式,对私盐贩销遏制收效甚微。联合执法领导小组打破常规作息时间,加大稽查力度。全体稽查人员发扬盐业人员持之以恒巡查和蹲守工作精神,查找源头和窝点,遏制假冒伪劣食盐的冲击,扭转食盐销售下滑势头。 (陈永安)

【食盐销售】 推进盐品结构调整。在巩固食盐市场的同时,按照区公司部署,引导职工充分认识做好盐品结构调整的重要性,组织职工开展深井岩盐全面上市前的宣传动员活动,做好细致的市场宣传和消费引导工作,消除广大消费者的抵触情绪,为推进食盐结构调整营造良好的内部环境;强化促销办法,全员参与,全力铺货,对食盐零售市场采取全方位覆盖配送,以送到位,服务到位为宗旨,拉近客情关系,全年共销售320克深井岩盐922.6吨,占食用盐总销售量的28%,提高食盐附加值,增加企业经济效益;由于下半年采取有力措施,在上半年食盐销售幅度下降较大的困难情况下,扭转食盐继续下滑的态势,弥补上半年销售下降造成缺口46吨。 (陈永安)

【提质增效工作】 1.围绕区公司下达的年度经营目标,结合企业实际,制定中卫分公司开展提质增效工作实施方案,成立以公司主要负责人为组长的活动领导小组。2.强化预算执行,严控费用增长,努力实现降本增效。对可控费用采取各种措施,努力实现降本增效。如优化业务流程和送货线路,降低送货频率,运杂费由2015年9.9万元下降到6.82万元,减少3.1万元,车辆维修费由2015年的142585元下降到2016年的135234元,减少7000元。3.抓服务质量提升,提高市场占有率。对畜牧盐和工业盐市场进行摸底调查,根据客户规模用盐量,分别给予价格优惠和送货上门的策略,畜牧盐销售比2015年增长20%,畜牧盐市场占有率显著提高。在区公司支持下,莫楼配送站与辖区内的工业用盐大户签订年度用盐协议,市场销量比2015年有所增长。4.修改完善部分制度提高制度的约束力和执行力。5.结合"两金"清理工作,对库存有问题商品分门别类排队,对库存有问题商品进行清查排队,对已形成不合理库存商品下决心处理,经与用户沟通协调同意,调整用途,重新整理加工包装后销售,消化部分长期积压的不合理盐品238吨。 (陈永安)

【"两学一做"专题教育】 1.制定《中卫分公司关于开展"两学一做"学习教育安排》和《开展"纪律规矩月"活动安排》,全面落实"两学一做"专题教育的总体要求。2.采取自学与集中学习相结合的方式,要求全体党员熟读党章、准则和条例,学习习总书记系列重要讲话读本,做好学习笔记。3.全体党员特别是领导干部率先垂范,发挥带头作用,学中做,做中学,向优秀党员同志学习,传播正能量。把学习教育与当前的盐业体制改革结合起来,与目标任务结合起来,与自己的本职工作结合起来,与公司经营工作结合起来,扎实做好当前的各项工作,充分发挥共产党员的先进模范作用。4.把"两学一做"学习教育活动与发挥党员的先锋模范作用相结合。公司党员绝大多数在公司都担任班组长以上的职务或业务骨干,党员作用的发挥直接影响单位的全面建设和整体发展,支部将学习教育与推进各项重点工作结合起来,用实际工作成效检验学习教育效果,增强"两学"的针对性和实效性。

(陈永安)

【开展"5·15"防治消除碘缺乏病日宣传活动】 按照自治区卫生厅、发改委、工商局、盐业局等十厅局委办的安排部署,2016年5月15日中卫市分局与市疾控中心等部门合作开展第二十四届"5·15"防治消除碘缺乏病日宣传活动。围绕"每天一点碘,健康多一点"的宣传主题,在农贸市场设立宣传咨询台,悬挂宣传横幅、制作宣传展板,发放宣传海报、宣传彩页等,营造积极舆论环境,动员全社会共同关注碘缺乏病防治工作。

(陈永安)

旅 游 业

综 述

【概况】 2016年,紧紧围绕"全域旅游示范市"创建工作,把战略规划、项目建设、宣传营销、招商引资、提质扩容等作为旅游业发展的突破口,抢抓机遇,狠抓落实,全力推进,全市旅游业呈现出快速、健康发展的良好态势。全年共接待中外游客550万人次,同比增长27.9%;旅游收入42.3亿元,同比增长27.8%。经过多年的开发建设,食、住、行、游、购、娱六大要素协调配套的产业体系初步形成,截至年底,全市共有旅游景区22家(其中:5A级景区1家,4A级景区1家,3A级景区5家;沙坡头区10家,中宁县6家,海原县6家)。共有旅行社28家(其中:沙坡头区设立社9家,分社4家,营业网点4家,共计17家。中宁县设立社1家,分社3家,营业网点6家,共计10家。海原县营业网点1家)。各类住宿酒店宾馆514家(其中:沙坡头区306家,中宁县124家,海原县83家),拥有客房11687间,床位20934个。全市星级酒店19家,四星级酒店8家,三星级酒店10家,二星级酒店1家,中宁县3家,海原县1家,拥有客房1832间,床位3227张。餐饮单位3583家(其中:沙坡头区1505家,中宁县1447家,海原县631家)。全市共有农家乐241家,沙坡头区共有农家乐227家,中宁县10家,海原县4家。其中星级农家乐23家。注册导游180人,旅游从业人数3万人,旅游要素基本配套齐全。

(苟进科)

【旅游接待收入】 全年共接待中外游客550万人次,同比增长27.9%;旅游收入42.3亿元,同比增长27.8%。 (苟进科)

【旅游规划编制】 编制完成《中卫市"十三五"旅游发展规划》《中卫市全域旅游发展行动规划》《沙坡头景区提质扩容》等6个规划方案。充分发挥专家咨询委员会和旅游规划委员会的作用,凡重大规划和重点旅游项目必须通过专家咨询,专家咨询委员会未通过的项目,旅游规划委员会和产业领导小组一律不予研究,确保项目的科学性和前瞻性。 (苟进科)

【旅游项目建设】 按照"激活存量,扩大增量"的总体要求,切实抓好重点景区、重点旅游项目建设,形成新的亮点和卖点。沙坡头旅游新镇基本建成,高庙历史文化街区改造、沙坡头景区提质扩容等14个全域旅游重点项目加快推进。新建成车门沟等景区4家;新改建城市旅游厕所65个。积极申请上级专项奖补资金1337万元,全年累计完成旅游投资16.9亿元。

(苟进科)

【旅游招商工作】 2016年,先后与上海宽创、美国林氏集团、云南温商会、新加坡卓越投资公司、澳大利亚九洋集团、陕旅集团、中广核集团、恒基伟业八家企业洽谈招商引资事宜。与云南温州商会等7家企业签订投资框架承诺和合作协议。11月初制定近期旅游招商引资实施方案,成立招商机构,确定招商时间,明确招商方向,重点对接计划和拜会企业。全年完成招商引资2亿元。 (苟进科)

【旅游宣传促销】 成立中卫市旅游营销中心,修订和完善《中卫旅行社奖励办法》,实施中卫旅游一卡通(惠民卡)政策,制定《中卫市2016年度旅游营销计划》,在中央电视台投放中卫旅游形象广告。重新设计印制畅游中卫宣传册和旅游地图,先后在北京、西安、成都等重点客源地开展旅游营销活动6次,成功举办大漠黄河国际旅游节和全国第二届全域旅游推进会等赛事活动和重要会议,百度搜索"第二届全国全域旅游推进会"相关结果超过20万条,中央和区、市主流媒体共刊(播)稿件50余篇(条)。实现星级酒店、旅游景区免费WiFi全覆盖。开通"沙坡头号"旅游列车。共接待旅游专列117列,近7万人次。全年举办各类旅游节事活动12个。 (苟进科)

【旅游环境治理】 深入推进全国沙漠旅游知名品牌创建工作,启动"十百千万"工程,设立"1+4+N"的全域旅游管理新模式,"1"就是成立中卫市旅游发展委员会,"4"就是设立中卫市市场监督管理局旅游分局、旅游警察分局、旅游速裁庭、旅游行业综合法律服务中心等专门机构,"N"就是推动建立与市直各部门职能相互包容衔接的各种旅游发展制度。进一步完善中卫市旅游市场联合治理工作联席会议制度。开展"最具特色农家乐"和导游(讲解员)评选活动。积极参加全区导游(讲解员)大赛,有6名选手均取得好成绩,其中获得2个第一。新评定3A级景区3家、星级农家乐9家,注册旅行社14家。深入开展旅游市场综合治理和执法检查活动40余次,出动检查人员430人次,查获"黑车"12辆、"黑导"22人,受理旅游投诉29件,全市涉旅违法案件和游客投诉同比分别下降98%和86.7%。 (苟进科)

【全域旅游开展情况】 率先启动全域旅游创建工作,编制完成《中卫市全域旅游发展行动规划》,并通过市规划委员会审议,明确全域旅游发展总体思路和目标任务,确立空间布局和发展路径。《关于加快全域旅游示范市创建工作的意见》和《全域旅游创建工作推进方案》已经市委常委会通过,并将目标任务细化分解到全市各县(区)、市直相关部门(单位),明确时间节点和任务要求。成立全域旅游创建工作领导小组,与各县(区)、市直各相关部门(单位)签订创建目标责任书,全域旅游示范市创建工作已全面启动。中宁、海原均已制订全域旅游工作实施方案。各项创建工作有条不紊向前推进。 (苟进科)

【旅游节事活动】 2016年先后举办第十届南北长滩梨花节、黄河宫摇滚音乐节、女人与玫瑰——中卫第一届玫瑰节、寺口子登山赏花节、世界女子沙滩排球赛、特色美食大赛、第七届丝绸之路·宁夏(沙坡头)大漠黄河旅游节,在相关景区举办以北长滩原古人漂流、南长滩拓跋氏登岸、沙坡头黄河大漂流为主题的黄河漂流活动、腾格里湖龙舟赛、寺口子攀岩大赛、第四届腾格里·金沙岛万人徒步行活动、沙坡头沙漠嘉年华音乐周——第三届沙漠音乐节、千家旅行社论坛等系列节事活动、第十五届环青海湖自行车赛、缘定今生——金沙岛浪漫七夕节、第二届全国全域旅游推进会和"沙坡头杯"第三届全国大漠健身运动会。 (苟进科)

【五一黄金周旅游】 五一期间,全市旅游市场平稳安全。据统计,4月30日~5月2日,全市共接待游客20.1万人次,旅游总收入1.6亿元,与2015年相比基本持平。其中,沙坡头景区接待游客6.5万人次,门票收入515.4万元,同比分别下降21.7%和20%;腾格里·金沙岛景区接待游客1.4万人次,同比增长22.3%;寺口子景区接待游客1.3万人次;高庙接待游客0.6万人次;腾格里·金沙海景区接待游客0.5万人次;黄河宫接待游客0.9万人次。星级宾馆入住率达到85%以上。 (苟进科)

【十一黄金周旅游】 国庆节期间,中卫市旅游市场稳中有升,全市共接待游客43.5万人次,旅游总收入3.4亿元,同比分别增长1.2%和3%。其中,沙坡头景区接待游客17.4万人次,门票收入1291万元,与上年相比基本持平。全市星级宾馆(酒店)平均入住率达到85%以上。 (苟进科)

景区景点

【沙坡头旅游区】 沙坡头旅游区位于宁夏中卫市西20公里的腾格里沙漠东南边缘处。这里集大漠、黄河、高山、绿洲为一处,既具西北风光之雄奇,又兼江南景色之秀美。自然景观独特,人文景观丰厚,被中外旅游专家誉为"世界垄断性旅游资源",享有联合国"全球环保500佳"的殊荣。举世瞩目的"沙坡头治沙工程"实现人进沙退的伟大创举。1300年前唐代大诗人王维的诗句"大漠孤烟直,长河落日圆"道尽沙坡头的壮美与气魄,如今皮筏漂流、大漠乘驼、激情滑沙、沙海冲浪、飞黄腾达,伴您领略沙坡头大河之舞,欣赏大漠之魅。全力将沙坡头旅游景区打造成为中国沙漠旅游第一品牌,先后荣获首批生态旅游示范景区和旅游标准化示范景区的至高荣誉。 (苟进科)

【腾格里沙漠湿地·金沙岛旅游区】 位于腾格里沙漠东南边缘,距宁夏中卫市区仅8公里。占地22平方公里,水域面积1万亩,是一个集生态观光、花卉观赏、特色度假、水产养殖、运动休闲、康体养生于一体的旅游景区。先后被评为国家4A级旅游区、国家级水利风景区、2014中国美丽田园、自治区级旅游休闲度假区、中国最美花卉景观、中国最美渔作景观。大漠边塞,鹰飞鱼跃,芳草碧连天。特殊的地理环境孕育丰富的旅游资源。景区现已形成花海环湖、湖中有岛、沙中有绿、绿中有水、水中有景、沙水相融、湖景交错的奇特景观。在这里徜徉缤纷花海,尽享浪漫温情;漫步沙漠草原,沉醉午后阳光;泛舟烟波湖上,品味鱼宴一绝;静坐绿荫湖畔,独享垂钓乐趣;观赏珍稀候鸟、荡舟芦苇丛中;乐居秀水酒店,感悟大隐于景;夜宿金沙别墅,寻香与花同眠奇特的自然美景,无不令人流连忘返。　　　　　　　　　　　　　　（苟进科）

【寺口风景区】　　寺口风景区位于宁夏中卫市香山脚下,国家3A级旅游景区,被评为"宁夏文明风景旅游区""宁夏十佳诚信旅游景区"和"宁夏全民健身攀岩基地",还有"首批中国自驾车旅游活动基地""中国魅力景区"等。景区占地面积18平方公里,有两种地质地貌组成并分为东、西两个景区。东景区属于典型喀斯特地貌,以峡谷怪石著称。称之为"塞上奇峡景区",自然景观独特,有称之为天下奇观的"神仙左右脚印",峡谷内还有"一线天"景观中的绝品,是炎热的夏天极佳的避暑胜地。峡谷内还有怪石"熊猫""宁夏版图""情人石""大象石""榆树""孔雀",栈道云台等自然美妙景观。西景区是红色丹霞地貌,被我国丹霞地貌研究专家称之为西部最美最为壮观的丹霞地貌奇观。这里有妇孺皆知的苏武牧羊十九载的动人故事,有"苏武圈羊石窟""苏武栖身石窟""苏武庙""苏武断桥""寺口大睡佛""云汉天度索桥"和宁夏最大天然岩壁攀岩基地。这里曾是宋朝杨家将大战西夏的战场,栈道碉堡绿林营寨比比皆是,大有历史博物馆之貌。　　　　　　　　　　　（苟进科）

【腾格里·金沙海景区】　　腾格里·金沙海景区位于沙坡头区迎水桥镇迎闫公路以西,中卫兴宁驾校对面,景区占地1.16万亩,充分展现全生态腾格里沙漠的奇美景观。主要景点有大漠观楼、丝路长街、狂野地带、星辰帐篷酒店、水上世界、沙漠阳光浴场、拓展基地、军事营地、丝路驼队、国内首家火车野奢旅馆、帐篷星空酒店等设施。在这里神秘的丝路文化风情和沙漠生态观光旅游完美结合,感受金色沙海神奇的"沙漠之魅力、丝路之魂、生态之秀"。淳朴热情能歌善舞的宁夏人,神秘浓郁的丝路风情,创造中卫大漠风情旅游度假区。　　　　　　　　　　　（苟进科）

【沙坡头水镇】　　沙坡头水镇是在原黄河新墩码头上再建的以塞上江南文化、枸杞养生文化、丝路驿站文化、神奇回乡文化为主题的国际商旅文化产业。位于中卫市的南大门,地处沙坡头景区以东,与黄河毗邻相望。项目占地800亩,建筑面积11多万平方米,水域面积600亩。再建的沙坡头水镇划分为丝绸之路特色美食街区、文化艺术商业区、枸杞休闲养生度假娱乐区、文化主题酒店、旅游演艺及水上游乐六大功能区域,使市民和游客在购物、旅游的同时,感受到浓郁的塞外风情气息,形成"寻游沙坡头景区,吃住购娱逛沙坡头水镇"的新的旅游消费热点。沙坡头水镇借鉴丝绸之路"开放、博大、包容"的情怀,充分体现丝绸之路的"精、气、神"。并以世界级的丝路文化和西夏的历史文化为题材,以多彩的异域文化和风情为主线,打造以丝路文化风情旅游、休闲娱乐购物和县域商贸为主导,以文化主题酒店、旅游演艺和观光夜市为辅助的丝绸之路体验旅游中心、休闲商业中心,让人们"走进历史,感受人文,体验生活"。　　（苟进科）

【长山头天湖】　　位于宁夏中部干旱半干旱地带的长山头农场,海拔1370米,四面群山环抱,总面积4.5万亩,其中可开发利用的水域达2万亩,是宁夏境内原始湿地保存最完整的自然资源之一。该景区自2002年开发建设,景区内已完成建设的旅游项目有:环湖路、游人码头、垂钓中心、农家乐园、接待中心、餐饮中心、野生动植物观赏、狩猎、农业生态考察观光等。另外,国内唯一的一家狩猎场也在这里建成,狩猎场按功能区域划分为接待中心、狩猎区和风景观赏园3块。区域内,万亩红柳林郁郁葱葱,万紫千红,吸引无数的珍禽鸟类、野生兽类在此栖息。当人们置身于此泛舟天湖之际,放眼望去,天高云淡,万丈霞光的余晖中,耸立的远山影叠成一个睡着的大佛,在祥云相伴的天际,给人以祥和温馨的禅语。岸边的万亩红柳林摇曳生姿,阵阵酸野果的香味飘过,似真似幻,都会怀疑自己是否误入王母的瑶池。　　（苟进科）

【南华山景区】　　主要景点有灵光寺、菜园遗存、水冲寺遗址。南华山为六盘山余脉,位于海原县城南7.5公里处,南依月亮山,西北与西华山相邻,东南接寺口子南、北山,呈东南—西北走向,长约35公里,宽25公里,总面积42万亩;平均高度2600米,主峰马万山海拔2955米,仅仅次于贺兰山,名列全区第二。地表土质肥沃,年均降雨量达600毫米,气候凉爽,牧草丰茂,山南是海原县南华山牧场。天然次生林分布于山之西北,层峦叠翠,风光宜人,为海原县旅游景点之一,风景区灵光寺也置于其中。山之中部,五峰叠峙,如桥形,古称"五桥山";五桥沟内五泉环列,众水流出山门,为县城供水之源;沟中有五桥沟林场。宋夏时期,该山与西华山合称"天都山",名震边塞;因山形似莲花,亦名"莲花山";又因山高气寒,春秋落雨成雪而称雪山。清代有"海城八景",此山独占其三,山之西北端有新石器"菜园遗存",东南有水冲寺遗址,山中有灵光寺遗址,是游人游览的好去处,也是很好的避暑胜地。　　　　　　　　　　（苟进科）

【大漠边关景区】　　大漠边关旅游区是由宁夏大漠伟业旅游开发有限公司历经5年、投资数亿建设而成。旅游区位于迎水桥镇,美利工业园区西侧,紧靠香山机场旁,控制面积56平方公里,规划面积23平方公里,旅游区以"龙宫湖""赛马会"为中心,西面腾格里沙漠太阳泉;北面湿地、胡杨林;东南西汉长城、边关兵营遗址。旅游区依托历史古迹遗址、天然湖泊、腾格里沙漠、原生态植物等自然资源,打造以"万里长城第一烽火台""边塞雄关"为核心,以龙宫湖、沙漠太阳泉、小叶胡杨林、赛马会为特色的旅游景区。本景区集长城遗址、湖、沙、林融汇为一体,形成最具代表性和吸引力的奇观。旅游区根据自然资源特色,全力打造推出新、奇、特的娱乐项目,使游客在感受壮观奇景的同时释放兴趣爱好;在回顾历史轨迹与沧桑的同时感受大自然的神奇;在人与自然的和谐中憧憬未来的美好。　　　　　　　　　（苟进科）

【车门沟旅游区】　　车门沟旅游区位于中宁县恩和镇红梧山幸福一村,距中宁县城10公里,总占地面积33万平方米。地理位置优越,环境优美,交通便利,2013年1月筹建,2015年10月1日正式开业。车门沟旅游区是集旅游、购物、休闲、游乐、度假为一体的综合性旅游景区,总投资1.58亿元。旅游区内餐饮、商业区既紧密结合、相互呼应,又各有分区,有条不紊,各分区内设不同的休闲娱乐项目和服务功能,种类丰富多样,能够满足不同年龄段的人群游玩,在室外休闲区的中心,建有高档会所、餐厅、酒吧、健身房、住宿等娱乐休憩场所,形成完整、丰富而又有条理的室外休闲环境。　　　　　　　　　　（苟进科）

【高庙保安寺】　　始建于明朝永乐年间（1403~1424年）,距今有600多年的历史。占地6895平方米,殿堂僧房300余间,高29米。建筑集中、紧凑、高耸、回曲。重楼叠阁,檐牙相啄,迂回紧凑,小巧玲珑,形似凤凰展翅,凌空欲飞之势,因独特的古建筑群和儒、释、道三教合一的宗教文化而驰名。五百罗汉,形态各异,出神入化,栩栩如生,为艺术奇葩,丛林一绝。十八层地狱,神呵鬼嚎,阴森恐怖,惊心动魄,发人深省,是全国四大古地狱之一。　　　　　　　　　　（苟进科）

【大河之舞主题公园——黄河宫】　　黄河宫位于中卫"大河之舞"文化主题园内。黄河宫及水滴设计创意来自"黄河之水天上来"诗词寓意,以水滴形态对整个建筑形式进行凝练,分为地上水滴建筑主体和地下黄河展示宫。黄河宫展区共分为三个部分:第一部分是黄河流域地理地貌篇,主要介绍黄河的形成、黄河源头、黄河河段、黄河主要支流、黄河湖泊、黄河湿地、黄河流域全貌沙盘、黄河水利等方面的内容与展示。第二部分是黄河流域人文历史篇,主要介绍黄河沿线九省区代表性的历史文化遗存与文物展示,还有大麦地岩画专题展示。第三部分是黄河生态生物篇,主要展示黄河流域生态概貌,黄河流域各种动物、植物标本模型,黄河奇石及中卫矿产。　　　（苟进科）

【千年党项民俗村——南长滩】　　黄河进入宁夏平原的首个原始村落,这里四面靠山,一河环流,阡陌纵横,鸡犬相闻。100多户党项后裔拓跋氏依山而居,坡下百亩果园里,几百年的枣树、梨树随处可见。村落周围的古长城、烽火台、古城堡、岩画,与黄河奇石传说为这里披上更加神秘的面纱。村子虽小却拥有"三个宁夏第一":宁夏黄河第一村、宁夏黄河第一渡、宁夏黄河第一漂。被国家有关部门确定为宁夏首个"全国历史文化名村"。　　　　　　　　　　（苟进科）

【世外桃源——北长滩】　　北长滩位于国家5A级旅游区沙坡头的上游30公里处,因历史悠久、北方土木结构的传统建筑、军事防御和原始古朴生态于一体而被评为宁夏首批"全国历史文化名村",又是中卫旅游优先发展战略中"一核两带"中滨河旅游带的重要节点之一。北长滩分为黄石漩、榆树台、下滩村和上滩村4个自然村,全村57户人家种田养殖,放羊砍柴,怡然自得。北长滩古村落集中坐落在北山,依山而建,因势不同,房屋高低错落,富有立体感。每户院落布局和房屋结构,仍保留明清时代当地传统的建筑风格——"四梁八柱式"土木结构建筑,而院墙则是用石块堆砌而成。这里的传统民居建筑群,是宁夏境内具有地方特色,保存最为完整、最为集中的房屋。

　　　　　　　　　　（苟进科）

【双龙山石窟】　　坐落于中宁县城西北侧20公里的余丁乡金沙村双龙山麓,开凿于唐代,相传为尉迟敬德监修,20世纪80年代初发掘出土唐、宋、元、明、清各朝代的彩塑像、壁画、地砖、铜镜、铜像等国家珍贵级别的文物100多件。部分壁画和彩塑像具有典型的汉唐风格。这些丰富的遗存,都证明石空大佛寺悠久的历史和灿烂的宗教文化。1963年,宁夏回族自治区人民政府公布为区(省)级重点文物保护单位,《中国名胜古迹大字典》专条做介绍,《中华佛教两千年》大型画册将其收录,在全球发行,使其不仅驰名全国,而

且享誉世界。　　　　　　　　　　（苟进科）

【枸杞基地——中宁枸杞博物馆】　　是中宁县委、政府加快沿黄城市带建设,发展中宁枸杞文化产业的一项重点工程,也是弘扬枸杞文化、宣传"六个中宁"建设打造"中华杞乡"的窗口。枸杞博物馆共有7层,其中地上5层,地下两层。于2011年7月18日正式开馆,该馆现已布展6层,每层主题鲜明,各具特色,充分展示杞乡文化的渊源及发展历程。　　（苟进科）

【老君台】　　位于中卫常乐镇境内的兴隆山上,三面环山,一台独立,峦旷台幽,是朔方最大的道教圣地。自创建以来,屡遭兵燹火焚地震风侵之灾,殿宇毁坏,文物损失。"文化大革命"期间,庙宇建筑连同观外古塔更是毁于一旦,尽成荒墟。20世纪80年代中后期,经县宗教部门批准,当地群众自发募资捐物,修补台址,复建观院,至90年代初,主体建筑拔起于山巅平台,再现道观昔日之辉煌。老君台主体建筑以南天门、太白殿、中楼、三清殿(正殿)为中轴线,两相对称,左右逢源,气势雄伟,浑然一体。于1991年被批准为道教活动场所,现已成为中卫"寺庙文化旅游线"的重要景点,年接待游客5万多人次。　　（苟进科）

【鼓楼】　　鼓楼位居中卫市区正中,清初名曰文昌阁,始建于明崇祯四年(1631年)。清嘉庆二十二年(1817年)七月十四日庙会时不慎失火焚毁,仅存基址。道光十一年(1831年),知县艾椿年率典史沈垣与当地士绅一道捐资重建,翌年建成。鼓楼楼高23米,通高30米,重楼3层,是一座四方台基拱洞形的楼阁建筑,楼型为四面八方一体式,楼之西南角有一小门可通达楼基上部。基座之上正中为三重檐十字形歇山顶的主楼,每面3开间,3层3檐,每层有12翘角,最上层四面有观景回廊。楼基四面建有小型陪楼4座,其内壁分别刻记鼓楼始建、重建的背景、时间、经过及有关事项等。楼顶正中竖垒黑色陶球6颗,四周置蟠龙,组成群龙戏珠画面,但从不同角度看,均为二龙戏珠。　　（苟进科）

【皇家石窟风景旅游区——天都山】　　天都山石窟位于海原县西安州古城西10公里处的天都山沟北朝南的山坡上,共有石窟9处。窟室削山筑石凿窟,有蹒跚曲径可登临,洞窟皆为平顶长方形。石窟寺现存历史碑志6通。天都山始名于宋咸平五年(1002年),西夏夺取后泛称天都山,1046年李元昊动用民夫在天都山削壁凿窟为避暑宫,即为石窟之始。石窟在明代万历年间、清代和民国年间重修增修。洞内塑像被毁,现存佛像为重塑,洞窟保存较好,尤其是寺庙群建筑雕梁画栋,金碧辉煌。　　（苟进科）

星级酒店

【红宝宾馆】　　四星级饭店。位于中卫市新区,彩虹大道以西,滨河大道以北,南靠黄河,东临香山公园,距沙坡头景区15公里、沙坡头机场10公里、汽车站5公里,交通四通八达。建筑面积36000平方米,绿化面积达到50%,设有大型停车场,同时可以泊车100辆以上。宾馆有各类房间310间,会议室12个;餐饮有清真餐厅和汉餐厅,分别设有宴会大厅和大小雅间,可同时容纳2000人用餐。新建宴会大厅奢华高雅的整体装饰,气度恢宏。LED电子显示屏、高分辨率数字投影机、全自动舞台控制实事画面传输系统等先进的配置,宴会大厅可同时容纳600人用餐、1000人会议,是举办各类大型宴会、婚宴、会议、文艺活动的理想场所。宾馆秉承"宾客至上,宾至如归"的服务理念,以"服务更优质,品质更上乘"的定位让来自全国各地的宾客尽享舒适理想的旅游商务环境和黄河之滨的现代风情。　　（苟进科）

【逸兴大酒店】　　四星级饭店。地处中卫市鼓楼东北角,建筑面积14800平方米。内设中央空调、垂直电梯、中央天井,外形以鼓楼为中心形成"内方外圆"的鼓楼商业区的整体思路进行设计,"逸兴"二字出自唐代诗人王勃《滕王阁序》中的"遥襟俯畅,逸兴遄飞"。酒店大楼分为东、北两个服务区,拥有豪华客房114间,会议室2间,可承办120人的会务。酒店现有清真餐厅、汉餐餐厅、小吃中心,拥有餐位500多个。酒店配有康浴中心、娱乐总汇、商务中心、精品屋、棋盘室等娱乐场所,设施优良、造型独特、结构新颖,是旅游观光、业务洽谈、举行会议、会见宾客的最佳去处。酒店先后被评为"国家青年文明号""十佳诚信星级饭店"、区级"文明星级饭店""消防安全先进单位"等。酒店的宗旨是"宾客至上,服务第一"。　　（苟进科）

【沙坡头假日酒店】　　四星级饭店。坐落在国家首批5A级旅游胜地沙坡头旅游景区旁,距市中心10公里,交通便捷,驱车便可饱览美丽的沙坡头风光,感受"大漠孤烟直,长河落日圆"的奇美意境。酒店曾接待过习近平、胡锦涛、贾庆林、李长春、贺国强、吴官正等党和国家领导人。酒店设计别致、造型独特,拥有普通标准间、商务标准间、豪华单间、豪华标准间、商务套房、豪华套房、沙坡头总统套房七种房型。房间装饰典雅、格调清新,服务设施齐全,具备国际国内长途直拨电话、免费市话、宽带上网接口等通信服务设施。酒店有中餐厅、西餐厅、宴会厅、茶艺厅和8个各式豪华包房,同时可以接待300人用餐,有为国家领导人烹饪过美食的名师掌厨,菜品主打淮扬菜和正宗当地特色菜。酒店有专业会议室3个,具备接待各种会议,酒店下设棋牌室、乒乓球室、篮球场、商场、商务中心、票务预订、租车等服务项目。　　　　　　(苟进科)

【隆城酒店】　　四星级饭店。隆城酒店是由中卫市华鑫工贸有限责任公司投资兴建的下属企业,位于中卫市鼓楼东街五环广场西侧,中卫市长途汽车站向西200米处,距国家5A级旅游景区沙坡头21公里,距中卫香山机场15公里,距中卫火车站2.5公里,交通十分方便。酒店外观采用别具特色的现代设计建筑,总建筑面积11000平方米,拥有标准双人房、豪华双人房、情趣房、豪华单人房、豪华套房、行政套房、商务套房共计148间。并设有粤、川、湘菜的特色汉餐厅及具有民族风情的清真餐厅,富有欧陆浪漫古典情调的咖啡厅、多功能厅、会客厅、各种大中小型会议室,可供商务会议的各种需要。酒店建筑美观大方、功能齐全,装修豪华,设施高档,均采用国内先进设备,10兆极速光纤上网,方便快捷,内部环境温馨典雅,令人流连忘返。　　　　　　　　　　(苟进科)

【黄河金岸花园大酒店】　　四星级饭店。黄河金岸花园大酒店位于沙坡头大道中段,按照"西双版纳、海南三亚"的标准和"餐饮航母、酒店龙头"的目标打造,项目总投资8000万元。占地面积26427平方米,建筑面积19676平方米。酒店室内恒温恒湿、四季如春、庭院深深、棕榈临风、飞瀑流泉、小桥流水、曲径通幽、碧水环绕、鸟语花香、风景秀丽。黄河金岸花园大酒店是中卫首家集住宿、餐饮、休闲为一体的室内园林式生态酒店。酒店室内共有热带珍贵花木60余种,种群间相互协调,构筑出一个悠然高雅、和谐有序的就餐、栖息场所。该酒店着力打造各式各样的地域性建筑:老北京四合院、傣族民居、白族民居、傣族风情园、徽派风情园、福建土楼、延安窑洞,不同民族文化交相辉映。是全中卫唯一一家以绿色生态、修心养生为主题的大型生态养生美食酒店,以粤菜为主,地方特色菜为辅,致力于打造健康、生态、新颖、精致的美味佳肴。也是中卫最新兴起的四星级饭店,旨在打造一座"都市中的世外桃源、大漠中的绿色沙洲"。　　　　　　　　　　　　(苟进科)

【沙都大酒店】　　四星级饭店。中卫市沙都大酒店位于中卫市新区清风东路62号(市政府东北角),是一家集高档餐饮、住宿、商旅服务、会议接待为一体的涉外酒店;酒店地理位置优越,交通便利,距火车站2.5公里、汽车站1公里、飞机场10公里,距著名的5A级旅游景区沙坡头20公里。酒店建筑面积5000多平方米,拥有豪华套房、标准间80余套,会议室3间,多功能大厅1个;餐饮中心环境宽敞、整洁,能同时容纳400多人就餐的餐饮大厅及各式雅座12间,可满足不同层次的消费和各类商务、休闲之需求。
　　　　　　　　　　　　(苟进科)

【新华国际饭店】　　四星级饭店。位于中卫市东大街长途汽车站十字路口西南角黄金地带,交通便利、环境优美,建筑面积约14552平方米,总投资1亿多元,是集住宿、餐饮、康乐为一体的四星级涉外饭店。其中客房部客房类型为五类,总计143套,拥有高华套房4套,豪华商务套房5套,豪华单人套房12套,豪华商务标间85套,豪华单人房29套,豪华时尚单人房8套;餐饮部设有大型、中型宴会厅,大小豪华雅间31套(中餐17套,火锅14套),一次性可供600余人同时就餐;四星级饭店的标准配置茶艺、洗浴、KTV等康乐设施设备,适合大中小型团队住宿、就餐、婚宴宴请、商务及会议的接待,特别推出视频会议系统,10兆光纤双回路的接入,可满足顾客网上冲浪和高端会议的服务要求。该饭店以顾客的要求为出发点,秉着"宾客的家外之家"的服务宗旨面向顾客,以"高标准、高质量"回赠新求发展。　　　　(苟进科)

【中卫东方酒店】　　四星级饭店。中卫市东方酒店(有限公司)是一家集住宿、餐饮、茶艺、会议、商务中心为一体的综合性四星级酒店。位于中卫市鼓楼东街文萃路交汇处,酒店地理位置优越,交通便利、设施齐全,距中卫火车站2公里,距中卫汽车客运总站200米,距中卫沙坡头机场9公里。酒店一楼设有清新典雅的茶艺、咖啡饮品区、商务中心,提供打字、复印、传真接收、代订机票、商务旅游包车等业务。酒店二楼设有明亮宽敞的多功能宴会大厅,具备婚宴配套设施及先进的音响设备;装饰豪华的大、中、小包间配有员工操作间、独立卫生间、液晶电视、衣柜等设施,满足不同客人的需求,常年接待各种类型宴席及零点,可同时容纳400人就餐;三至六楼客房设计为中西结合、美观时尚、温馨舒适,各具特色的房型供客户选择;六楼会议室配备先进投影及音响等设备,可容纳100人左右的会议。　　　　　　　　(苟进科)

旅行社

【宁夏美景国际旅行社】 宁夏美景国际旅行社有限公司(原中卫市民族旅行社有限公司)是具有独立法人资格的专业旅行社,位于中卫市城区文昌南街。公司成立于2006年,把"诚信文明"作为旅行社的追求目标和宗旨,根据客户的要求设计并量身定做旅游线路,提供全方位的服务。公司拥有一支从业经验丰富,具有高度敬业精神和高度责任感的员工队伍,坚持开拓进取,努力打造质量信得过、服务信得过的一流旅游公司。

(苟进科)

【沙坡头旅行社】 中卫市沙坡头旅行社是经旅游局批准、工商局注册、足额交纳质量保证金20万元、自主经营的法人实体。"游客至上,诚信服务"是沙坡头旅行社服务理念。主要经营线路:"塞上江南"宁夏两日游;宁夏两晚三日游;宁夏、青海回藏风情六日游;宁夏、内蒙古回蒙风情六日游;银川、中卫、嘉峪关、敦煌六日游;沙坡头、通湖、高庙二日游。

(苟进科)

【世纪长河旅行社】 中卫市世纪长河旅行社(有限公司)成立于2003年,是经旅游局批准、工商局登记注册,并足额缴纳质量保证金的一家旅游企业。经营范围包括会议接待、专业地接、国内旅游、沙漠探险及自驾车等全方位的旅游服务。公司以"品质化""规范化""人性化"为发展目标,以全心服务、悉心策划、注重特色为经营理念,立志在满足顾客需求的基础上追求卓越、精益求精,并且不断加大人力及技术等方面的持续投入,迅速发展一批训练有素、经验丰富、服务热忱的高素质团队和高素质导游队伍,公司地接及组团业务逐年上升,赢得广大客户的信赖。

(苟进科)

【盟约国际旅行社】 中卫盟约旅行社成立于2010年4月,拥有专职工作人员36名,兼职导游18名,总社位于中卫市中卫宾馆东侧。到2012年3月,相继成立盟约旅行社西安分公司、中宁营业部、商业北街营业部。

(苟进科)

【金色沙漠旅行社】 中卫金色沙漠旅行社最早成立于1998年,原名为宁夏沙坡头旅行社。2008年更名宁夏金色沙漠旅行社。经旅游局批准、工商局注册成立,注册资金30000元,足额缴纳20000元旅行社质量保障金。公司拥有一支专业的旅游管理团队,现有中文导游4名,英文导游2名,并且有自己的机票管理系统。优质的服务、良好的信誉和团结敬业的团队为公司树立良好的形象,受到消费者的青睐。

(苟进科)

【青年假日旅行社】 中卫市假日旅行社是经旅游局批准、工商管理局注册的具有独立法人资格的旅游企业,主要承办团队、散客旅游观光、休闲度假、商务考察,学生夏令营及各种会议接待和旅游车辆租赁业务等,是依照国家旅游管理条例规定足额交纳旅游质量保证金和旅行社责任险的国内旅行社。公司始终以"安全第一、诚信第一、服务第一"为宗旨,打造一批具有专业知识、经验丰富的高素质管理人员和导游队伍,坚持为广大游客提供高质量的旅游服务,并且在西安和上海均设有旅游咨询处,与铁路、航空等部门已经建立良好的关系,为旅游交通提供可靠的保障,并拥有旅游车队。

(苟进科)

【中卫中青旅有限公司】 该公司成立于2013年9月,位于沙坡头区文昌南街,是专业从事旅游和酒店管理以及策划的综合性旅游公司。按照"政府引导、企业为主、市场运作、合作共赢"的原则,该公司积极参与旅游业的发展与建设。现主营业务:入境旅游,国内旅游,旅游投资开发与咨询,旅游汽车租赁,代订机票,景区项目开发与建设,国内外旅游定制,酒店筹备与管理,会议展览的承接,商务出行的定制安排,家庭旅游的全球化服务。自公司成立以来,推出各种服务品牌,具有追求完美的线路设计和优化组合,纯游玩线,专业服务的特点,为游客量身打造完美的行程安排,真正实现让客人全程无忧、超值休闲、洗涤身心的快乐假期目的,实现快乐旅游。

(苟进科)

【红宝旅行社】 红宝旅行社位于沙坡头区滨河西路。该社以"品质化""规范化""人性化"为发展目标,以全心服务、悉心策划、注重特色为经营理念,立志在满足顾客需求的基础上追求卓越、精益求精,并且不断加大人力及技术等方面的持续投入,迅速发展成一支训练有素、经验丰富、服务热忱、热爱红宝的高素质导游队伍,与全国各地旅行社、酒店、车队建立良好的合作关系与业务往来,使各类旅游产品更加完善,力争为游客提供安全可靠、服务周到、品质优良的全方位旅游服务。

(苟进科)

【宁夏香山旅行社】 宁夏香山旅行社位于中卫市汽车客运总站楼下(天马宾馆旁边),该社成立于2015年,注册资金500万元,隶属于宁夏天马集团旗下,由自治区旅游局批准,经市工商局登记注册,并足额缴纳质量保证金的一家旅游企业。经营范围包括会务服务,入境旅游,国内旅游及机票,酒店预订等全方位的旅游服务。　　　　　　　　　　　　（苟进科）

【中宁阳光旅行社】　　中宁县阳光旅行社,是经旅游管理局批准、工商局正式注册的国内旅游服务企业,已按国家规定足额缴纳旅行社质量保证金和旅行社责任险。主要经营国内旅游服务业务,与全国各地旅行社合作,组织本县旅游爱好者到全国各地观光旅游,接待国内团体及散客来宁旅游度假,代订机票、火车票等服务业务。　　　　　　　　　　（苟进科）

财政税务

财 政

【概况】 2016年，中卫市财政工作以学习贯彻习近平总书记系列重要讲话精神为指导，主动适应经济发展新常态，努力克服下行压力困难挑战，统筹推进稳增长、促改革、调结构、惠民生等各项工作，较好完成市三届五次人代会确定的目标任务，"十三五"开局良好。全年全市地方财政一般公共预算收入完成23.15亿元，同比增长8.7%，其中，市级财政一般公共预算收入完成10.96亿元，同比增长8.1%，增幅在全区排名第一。全市地方财政一般公共预算支出完成142.99亿元，同比增长20.42%，市级财政一般公共预算支出完成59.46亿元，同比增长27.15%。科学调度财政库款，盘活财政存量资金，暂付款在上年压缩3.5亿元的基础上又减少2.1亿元，结余结转资金压缩89.7%。 （何建平）

【增收措施】 积极配合税务部门，采取"清缴欠税、大小税源齐抓、源头控税、综合治税"等行之有效措施，拓宽收入渠道，挖掘增收潜力。强化监控，健全完善工程款支付监控机制，专项资金国库支付全覆盖，从源头控税。加大非税收入征管，做到应收尽收。建立税收任务与工作经费、奖励资金、超收奖励挂钩的奖励激励机制，增强收入任务的约束力。坚持"两手向上、两眼向外"争取资金促发展的理念，全力配合各部门加大对符合产业政策投向、事关民生的公益性重点的申报，主动争取国家、自治区在资金、政策和项目上的支持。市本级全年争取中央、自治区财政补助资金41亿元，到位地方政府债券21.55亿元，政府债务置换债券16亿元，同时创造条件申请农发行、国开行棚户区改造贷款及重点建设股权投资基金，全力保障全域旅游、云产业、物流产业园、工业园区提质改造，高庙历史文化街区改造、城市基础设施、环境整治、脱贫攻坚、棚户区改造等重点项目建设，财政资金集约投入、集合发展的主渠道作用凸显。 （何建平）

【民生保障】 安排资金2.03亿元启动实施失地农民养老保险政策，将沙坡头区3603名失地农民纳入养老保险。实施市本级、沙坡头区169个单位3150名财政统发退休人员养老金社会化发放。安排资金1600万元将6710名事业单位人员（含退休退职人员2147名）纳入医疗补助。安排资金2611万元，用于沙坡头区第三敬老院、中卫市老年活动中心和中卫市关爱护理院项目建设。安排担保贷款基金2273万元、财政贴息1484万元，为沙坡头区3913名创业者、100家合伙型小企业贷款2.34亿元。认真落实困难残疾人生活补贴、重度残疾人护理补贴政策，为4630名困难残疾人发放生活补贴556万元，为5389名重度残疾人发放护理补贴517万元。安排资金950万元，公立医院药品零利润补差。落实教育优先战略，将贫困家庭高中阶段政府免费教育资金纳入预算。提高贫困地区中职学生生活费补助标准，2016年中职学校国家助学金标准由过去生均1500元提高到2000元。将学前教育生均公用经费纳入公共财政保障范围，对公办幼儿园按每生每年300元予以保障，普通高中生均公用经费由每生每年170元提高到400元。完成高标准土地治理1.76万亩。 （何建平）

【规范管理】 坚持全年预算按进度均衡执行，政府工程拨款按照同批次、同比例统一支付，严格执行"五四三二一"制度，强化预算执行力。财政局内部拨款严格执行专管员、业务科长、预算科长、主管副局长、局长审核批准的"五人把关"程序；工程款拨付坚持同比例、同批次，由主管部门、项目实施单位、主管副市长、市长审批的"四联单"审批制度；追加预算必须具备市委常委会、政府常务会议纪要、市长批示的"三大要件"；专项资金拨付由项目实施单位提出申请，主管副市长审签，局业务科室现场审核工程量、基本建设项目相关资料的"两审"制度；市政府预算外追加资金均执行市长签批的"一支笔"审批制度，使公共权力在制度框架内、在阳光透明的环境下运行。做好财政资金的调查核实、跟踪监督、合法性审查，把有限的财政资金用在刀刃上。坚持勤俭节约，加强"三公"经费常态化管控，党政机关和参公事业单位"三公"经费支出下降15.8%。加强政府采购监管，年内审批采购计划2.49亿元，实际采购金额2.2亿元，资金节约率11.5%。部门公开的主体从66个市直部门扩展到下属所有事业单位，共计156个二级预算单位，公开率达100%。

（何建平）

【改革创新】 紧抓积极财政政策机遇，着力打造公共预算、国有资本和金融三大要素互为支撑、共生共赢的"大财政"框架。以财政、金融、产业政策融合为切入点，通过财政性资金引导吸引社会资金，形成以财政资金引导下的多元投入机制，筹措资金组建金超助贷基金、担保公司、生态移民小贷公司、民间借贷登记服务中心。通过金融支持按照1:5~20倍放大，累计向中小企业提供信贷支持62亿元。设立扶贫贷款风险补偿金、扶贫产业贷款担保基金等，按照1:10比例由合作银行累计发放扶贫贷款12.1亿元。通过建立产业投资基金、融资担保、农业贴息、扶贫贷款风险补偿、小微企业贷款保证保险等"资金池"，为产业转型发展和扶贫攻坚提供保障。成功引导万齐农业等4家企业成功挂牌"新三板"。搭建国资监管、国有企业融资运营平台，构建"两级授权、三层架构"的国资监管体制。对现有市属企业实施与主管部门脱钩，并进行适当归并、重组和整合完善法人治理结构，进一步健全现代企业管理制度等。依法组织对收回公务用车进行公开拍卖，成功拍卖75辆，拍卖总价209.3万元，高出评估标的价115.7万元，总溢价率达123.8%。

（何建平）

【作风建设】 坚持全面从严治党，把高标准、严要求、实举措贯穿于机关党建、精神文明、党风廉洁等各项工作之中，以"两学一做"学习教育为载体，引导党员干部职工不忘初心，永葆本色，持续推动财政工作健康平稳运行。局党总支被评为"全市先进基层党组织"，成功晋级四星级服务型党组织。局机关荣获全国"六五"普法先进集体、全区"六五"普法先进集体、全市"五一"劳动奖状以及2015年度全区财政监督工作一等奖，继续保留"自治区文明单位"称号，"道德讲堂"分别被命名为"自治区50佳"和"中卫市十佳"。

（何建平）

国家税收

【概况】 中卫市国税局下辖沙坡头区国税局、中宁县国税局、海原县国税局和海兴开发区国税局4个县级局。内设办公室、政策法规科、货物和劳务税科、所得税科、收入核算科、纳税服务科、征收管理科、财务管理科、大企业和国际税务科、人事科、教育科、监察室、机关党委办公室、离退休干部科、系统工会15个职能科室，稽查局、车辆购置税征收管理分局2个直属机构，信息中心、机关服务中心2个事业单位。全市国税系统共有在职干部职工318人，平均年龄41岁。其中，公务员272人，工勤人员44人，事业人员2人。人员分布上，市国税局机关74人，沙坡头区国税局72人，中宁县国税局84人，海原县国税局67人，海兴开发区国税局21人。

（任 赟）

【管户情况】 截至年底，全市国税系统共管理各类纳税人32752户。其中，企业9852户，个体工商户22900户。按税种划分，增值税纳税人32560户（含一般纳税人2467户），消费税纳税人31户，企业所得税纳税人6901户。

（任 赟）

【组织收入】 全年全市国税系统累计组织各项收入29.65亿元，其中税收收入25.11亿元，完成年度计划任务的102.54%。完成地方级税收收入9.2亿元，其中市、县级收入7.37亿元，为中卫市稳增长、促改革、调结构、惠民生提供有力的财力保障。全面落实税收优惠政策，全年共减免各类税收10.26亿元，办理出口退税4893万元、免抵调库515万元。

（任 赟）

【依法治税】 深入推进"法治税务示范基地"创建活动，在全系统范围内成立依法行政工作领导小组和公职律师办公室。认真落实国务院简政放权政策，切实规范和改进税务行政审批，提高行政审批效率。结合法制宣传日、税法宣传月广泛开展税法宣传，进一步增强纳税人的税法遵从度。狠抓欠税管理，全年共计清理欠税19487.23万元。强化第三方涉税信息获取和数据应用工作，通过应用第三方涉税信息增加税收收入5429.39万元。加大税务稽查力度，共查补入库各项收入2419万元。

（任 赟）

【征管改革】 稳步推进征管体制改革,成功实现涉税事项"全市通办"和"全区通办",将全市28908户小规模纳税人的纳税期限由"月"简并为"季"。全面推行委托邮政储蓄银行代开发票、代征税款,共设立12个邮政"双代"网点,为23863户零散纳税人提供代开服务,代征税款3046.71万元。全面推开营业税改征增值税试点工作,确保7066户纳税人平稳实现税制转换。提升国地税合作水平,率先在中宁县建成国地税联合实体办税服务厅,沙坡头区国地税实现互派人员、互设窗口。在中宁县成功召开全区"聚焦营改增 深化国地税合作现场推进会"。 （任 赟）

【纳税服务】 深入推进"便民办税春风行动",推出8类26项便民措施,积极推行"宁夏电子税务局"与宁夏智慧税务办税,运用"互联网+税务"搭建微信智慧税务平台。深化办税服务厅建设,购置自助办税终端6台,增加办税窗口7个。扎实开展纳税人满意度调查工作,及时回应解决整改问题。联合市地税局评价出A级纳税人101户,为170户纳税人提供纳税信用贷款服务,助力企业发展。 （任 赟）

【队伍建设】 加强各级班子建设,对市国税局和4个县级国税局领导班子分工进行调整和规范,配齐纪检组长,派出交流挂职干部2名。扎实开展"岗位大练兵、业务大比武"活动,全年共举办各类培训班70期,培训人员5493人次。抓税务文化建设,加大干部教育基地经费投入,新增各类书籍1500余册。积极组织开展"传承好家风好家训"征文比赛、文明家庭评选、"道德讲堂"等活动。抓绩效管理,切实发挥绩效管理"指挥棒"作用,在2016年全区7个市级国税局绩效考核中位列第三名。 （任 赟）

【党风廉政】 加强对党建工作的领导,形成党委、总支、支部三级联动的工作格局。围绕"两学一做"学习教育加强思想建设,依托"三严三实"整改加强组织建设,突出整治"三不为"加强作风建设。结合"五比五创"活动不断拓展"三亮三比"内涵,评选出5个先进基层党组织和20名"五好党员"。突出廉政教育打造廉政品牌,全年开展3次警示教育、1次廉政作品征集活动,组织实施2次执法监察,对60人次进行责任追究。 （任 赟）

地方税收

【概况】 中卫市地税局机关内设14个科、室、局、中心和1个机关党委,下属2个直属单位,7个税源专业化管理机构。负责11个乡镇、6个工业园区税收征管。征管的税种有12个（企业所得税、个人所得税、增值税、城市建设维护税、车船税、资源税、城镇土地使用税、房产税、印花税、契税、耕地占用税、土地增值税）,负责征管的基金、社保费共10个（教育费附加、地方教育费、水利基金、残疾人就业保障金、工会经费、基本养老保险、基本医疗保险、失业保险、工伤保险、生育保险）。 （牛瑞生）

【组织收入】 2016年全系统共组织各项收入33.37亿元,同比增长18.72%。其中：税收收入15.52亿元,考虑"营改增"因素同比增长22.36%；社保费收入15.64亿元,同比增长73.64%。全年累计为纳税人减免税收2.1亿元。 （牛瑞生）

【税收征管】 按照"营改增"税制改革的要求,地税部门以认真负责的态度对全市5542户"四大行业"营业税纳税人进行一次全面细致的梳理并顺利移交国税部门。2016年共解决税收征管中的问题49个,清理认定非正常户281户,漏征漏管户524户,共补缴税款304万元。对22户纳税人实施税务稽查,并组织340户纳税人实行自查,审理重大案件4起,排查税收征管风险点187个。全市地税系统对28133户纳税人有效实施税收征管,税务登记率达100%,申报率达91.15%,入库率达90%,滞纳金加收率达100%,欠税压缩率达26.66%,征管质效明显提升,中宁县地税局被自治区地税局确定为法制示范基地。（牛瑞生）

【纳税服务】 在办税服务方面,推行"局领导值班制度",办税服务厅A、B岗服务制度,在办税服务厅实行"一窗一人一机"办理国地税业务,极大地方便纳税人。落实首问责任制,扎实开展"便民办税春风行动",落实纳税服务规范和10类25项便民措施。结合落实"三集中三到位"行政审批制度改革,持续深化"一站式"服务、"免填单"服务,缩短契税业务办理时间,实现变纳税人跑腿为数据跑路。加强纳税人等级管理,强化信用评定结果应用,共评出A类纳税信用等级企业81户,累计通过银税互动向企业贷款8.06亿元。 （牛瑞生）

【队伍建设】 在业务能力的提升上,与市总工会联合下发并实施"大学习、大练兵、大比武"活动方案,全年在区内外共举办各类培训班19期,培训人数达1600人次,在全区组织的"业务大比武"考试中,全系统有5人进入前10名,有1名同志代表宁夏地税参加全国大比武。修订完善岗责体系、行政管理、业务建设、党建工作、队伍建设等方面制度88个。坚持正确的用人导向,审慎向区局党组推荐任用正科级领导干部1名、主任科员7名,提拔任用副科级领导干部8名,率先在全区实行国地税领导干部互相交流挂职锻炼。成立13个文体兴趣小组,开展积极向上的文体活动,达到寓教于乐的目的。开展走访慰问干部及直系亲属120多人次,充分体现组织的人文关怀,干部的向心力、凝聚力、爆发力得到极大的释放。

(牛瑞生)

【党的建设】 着力打造学习型、服务型、创新型、务实型、健康型的党组织,按照"四化一满意"标准,打造"五有一好"党建品牌,制定《基层服务型党组织建设实施方案》《星级基层党组织评星定级方案》,全系统11个党支部评为三星级2个、二星级7个。通过"党员先锋在行动""我是党课主讲人""党员过政治生日——两重温一评议"等主题实践活动,引导每个党员坚定信念,不忘初心。与市纪委联合拍摄反映地税党风廉政建设的微电影《廉政风云》,组织全局副科级以上党员干部43人,参观自治区廉政警示教育中心和自治区地税局税务文化中心。把"两转两抓"同"两学一做"结合起来,学党章党规抓纪律、转作风,学系列讲话转观念,做合格党员抓落实,有针对性地解决干部职工观念不新,作风不正,纪律不严,落实不力等方面存在的问题。在中国共产党成立95周年之际,组织知识竞赛和党的知识答题、"党在我心中"演讲暨"颂歌献给党"歌唱比赛等活动。

(牛瑞生)

金融保险

人民银行中卫支行

【概况】 中国人民银行中卫市中心支行成立于2005年8月5日,是中国人民银行的派出机构,肩负着《中国人民银行法》所赋予的贯彻执行货币政策、防范和化解金融风险、维护辖区金融稳定职能。主要履行职责如下:认真贯彻执行国家有关法律、法规、方针、政策及中国人民银行各项规定和要求;在辖区内贯彻执行货币信贷政策,监督管理金融市场,根据有关规定参与辖区系统性金融风险的防范化解,维护辖区金融稳定;维护辖区支付结算系统的正常运行,负责大额和可疑支付交易报告制度的实施和反洗钱案件的协查;承担辖区外汇管理、经理国库、货币发行及人民币流通管理、统计研究、征信管理等职责。中国人民银行中卫市中心支行内设14个职能科室:办公室、货币信贷管理科、调查统计科、会计财务科、支付结算科、科技科、货币金银科、国库科、人事科、反洗钱科、外汇管理科、宣传群工部、纪委监察室、保卫科,共有在册职工100人。 (郭晓峰)

【创新发展】 创新信贷政策工具,2016年共发放再贷款3.85亿元,引导全市涉农金融机构加大对全市"三农"、扶贫、民生等重点领域和薄弱环节的支持力度,推动降低工业、小微企业及涉农主体融资成本,补齐经济增长软硬短板,加快新旧发展动能接续转换,助力全市经济金融持续健康发展。截至2016年12月末,全市金融机构人民币存款余额为473.72亿元,同比增长14.7%;全市金融机构人民币贷款余额为403.34亿元,同比增长8.41%;涉农贷款余额253.78亿元,同比增长9.71%;小微企业贷款余额76.37亿元,同比增长13.81%。为进一步拓宽企业融资渠道,缓解中小微企业融资难问题,2016年,中心支行积极推动应收账款融资服务平台及动产融资(权属)统一登记平台工作,指导全市金融机构(资金提供方)通过应收账款融资服务平台已为全市企业成功达成20多亿元的应收账款(动产)质押融资业务,给资金周转困难的企业提供一种崭新的融资渠道。
(郭晓峰)

【金融扶贫和农村金融改革】 全面深入实施"五优化两对接"普惠金融工程,结合精准扶贫"五个一批"脱贫实施计划,联合市扶贫办开发"中卫市金融精准扶贫信息综合管理平台"系统,按照"工作机制+财金融合+信贷创新+支付惠民+金融环境"的"五部曲",着力探索具有中卫特色的金融精准扶贫工作机制。截至年底,中卫市全市金融精准扶贫贷款余额23.19亿元,带动服务贫困人口57355人。其中,发放个人精准扶贫贷款3.12亿元(含8757个建档立卡贫困户3.09亿元),同比增长1.41倍;产业精准扶贫贷款12.7亿元,同比增长1.15倍,带动人口1176人;项目精准扶贫贷款7.37亿元,同比增长2.36倍,服务人口47340人。按照"依法有序、自主自愿、稳妥推进、风险可控"原则,积极协调试点地区(沙坡头区)开展农村土地承包经营权抵押贷款的确权颁证、流转交易平台建设、风险缓释机制建立等配套工作,着力探索可复制、易推广的抵押模式。截至2016年12月末,共发放农村土地承包经营权抵押贷款2400万元。
(郭晓峰)

【金融稳定】 加强与中卫市反洗钱协作机制成员单位的沟通协调,先后与国家安全部门及国税、地税部门签订《反洗钱和反恐融资合作备忘录》及《涉税反洗钱合作协议》,进一步深化中卫市反洗钱和反恐融资合作机制建设,反洗钱监测水平进一步增强。牵头成立中卫市联合整治支付结算重大违法犯罪办公室，与公安部门建立支付结算重大案件通报和协查机制；组织金融系统建立电信网络新型违法犯罪交易涉案账户的紧急止付和快速冻结机制，有效防范各类支付结算案件发生。联合市发改委等8家单位探索建立"中卫市经济金融信息共享与协调合作机制"，开辟政府部门与金融管理部门之间经济金融信息共享的"绿色通道"，为防范区域性系统性金融风险立起合作"防火墙"。（郭晓峰）

【金融服务】 深入推进"支付便民"工程，在国家级重点扶贫开发县海原县探索建立"一台电话自助终端+一台便民服务终端+一台存取一体ATM机"的"2+1"便民支付模式，有效打破海原县金融扶贫梗阻，促进海原县金融精准脱贫工作。以智慧城市建设为着力点，全面扩大金融IC卡和手机"闪付"在智慧旅游、智慧医疗、智慧校园以及自助售卖、农贸市场、影院等公共服务和商务领域的应用范围。积极推动"营改增"政策落实，确保全面试点后增值税科目的入库税款核算准确，工作衔接顺畅，受到财税部门和商业银行的一致好评。整合农村金融服务资源，采取"助农取款服务+小面额现金服务+残币兑换服务"模式，将助农取款点打造成小面额现金供应和残币兑换的"便民超市"，确保流通中人民币券别合理，切实改善农村现金供应环境。成功实施外汇支持中卫市涉外旅游发展"三步走"计划，加强对境外战略投资者香港中旅国际投资有限公司的外汇服务，推动外汇银行增设本外币支付机具，协调中国银行在中卫腾格里金沙岛景区设立宁夏首家旅游景区外币代兑机构，进一步增强本地旅游企业的实力，切实便利来卫旅客的外币兑换需求。（郭晓峰）

银监分局

【概况】 2016年，中卫银监分局辖区银行业金融机构资产总额545.09亿元，较年初增加48.8亿元，同比增长9.83%，其中各项贷款余额403.49亿元，较年初增加31.41亿元，同比增长8.44%；负债总额514.94亿元，较年初增加46.32亿元，同比增长9.88%，其中各项存款余额451.57亿元，较年初增加55.87亿元，同比增长25.12%；全年实现净利润11.37亿元。（舒 心）

【服务实体经济】 引导辖区银行业金融机构紧紧围绕"四个中卫"建设总体规划，积极支持重点行业、企业发展。宁夏大学中卫校区、"云基地"、扶贫移民安置区、小城镇建设等重点项目得到有效信贷支持。年内，辖区银行业金融机构小微企业贷款余额152.14亿元，同比增长14.7%，高于各项贷款平均增速6.26个百分点；涉农贷款余额234.74亿元，较年初增长11.43%，高于各项贷款平均增速2.99个百分点，完成"一个不低于"目标；扶贫贷款余额50.28亿元，较年初增加16.06亿元，增长46.94%。在《中卫日报·普惠金融》专版开展26期宣传报道。（舒 心）

【银行业风险防控】 引导辖区银行业金融机构严格落实风险防控责任制，围绕银监会、宁夏银监局重点风险防控工作部署，按照信用风险、平台贷款风险、房地产信贷风险、理财同业影子银行风险、流动性风险、信息科技风险、案件风险防控要求，采取现场检查、风险提示、约见谈话、督导调研等多种监管手段，认真做好风险防控工作，确保辖区银行业金融机构重点领域、重点客户和关键环节不发生风险。（舒 心）

【银行业改革发展】 协调、督促农发行中卫市支行顺利接收同心县支行所负责的海原县政策性业务，稳步推进邮储银行二类支行改革，宁夏银行海原支行顺利开业，指导中卫农商行设立"三农"金融服务委员会，积极推进中宁县农联社改制农商行工作，鼓励辖区银行业金融机构通过增加便民金融服务点、金融自助机具等方式填补金融服务空白。辖区银行业金融机构服务体系进一步健全，机构布局进一步优化，金融服务覆盖面进一步扩大。（舒 心）

【银行业监管】 坚持以市场准入为依托、以非现场监管为核心、以现场检查为手段的专业化监管模式，不断提高监管针对性和有效性。依据简政放权要求、行政许可管理办法以及市场准入工作流程图，严把市场准入关。成立非现场监管委员会，建立非现场监管联席会议机制，持续发挥EAST系统兴趣小组作用，在宁夏银监局系统EAST系统劳动竞赛中获得优秀应用分析团队、优秀组织单位等荣誉称号。开展现场检查项目涉及服务实体经济、信贷合规、安全保卫、内控有效性等方面，规范银行业机构的经营行为。（舒 心）

【党建工作】 坚持"围绕监管抓党建、抓好党建促监管"的党建工作思路，严格遵守中央八项规定精神、"两学一做"学习教育和"尊守严"专题教育各项要求，推动纪委书记"三转"任务落实到位，完善内部组织架构，完成党总支、各党支部及工会委员会换届改选，从严开展党费收缴工作，严格财务管理，稳步推进公车改革工作，推进党建、内部管理工作再上新台阶。在银监会系统优秀党员、优秀党务工作者和先进基层党组织评选中，2名党员受到银监会表彰，2名党员、1个党支部受到宁夏银监局表彰，5名党员、1个党支部受到中卫银监分局表彰。（舒心）

农业发展银行中卫支行

【概况】 中国农业发展银行中卫市支行属国有农业政策性银行的分支机构，现有正式职工23人，其中中共正式党员7人，具有大专以上文化程度21人，内设二部一室（即信贷业务部、会计结算部和办公室）。2016年，支行项目营销成绩喜人，营销项目数量和总金额、存款日均余额、账面利润等指标均创支行新高，营业用房购置项目进入装修设计阶段，其他各项工作任务圆满完成。（曹立新）

【业务经营】 2016年全行各项贷款余额110286万元，同比增加4635万元，增幅4%；全年累计发放各类贷款51000万元，同比少投放12250万元，降幅为19%；累计收回各类贷款46365万元，信贷净投放4635万元；累计投放国家重点建设基金30800万元。各项存款余额129527万元，较年初减少4882万元，降幅为4%。全年实现账面利润4772万元，同比增加3210万元，增幅206%；人均利润156万元，同比增加85万元，增幅120%。存量不良贷款下降率为0，全行无不良贷款，支行经营绩效考核排名位列全区第三。（曹立新）

【粮油购销储信贷业务】 坚持"在不'打白条'的前提下防控风险"的指导思想，确保支持粮油购销储不出大的问题。支行统筹做好政策性收购和市场化收购信贷支持工作，确保国家、自治区储备粮油轮换任务的圆满完成，切实发挥农业政策性银行在保增储、保收购、保质量和保效益中的优势作用，保证本地区粮食安全，确保地方储备粮油轮换工作顺利开展。按照自治区粮食局、财政厅下达的2016年储备粮轮换计划，全年监管宁夏储备粮中卫储备库轮换小麦1689万斤，水稻1111.6万斤，顺利完成自治区粮食局、财政厅下达的2016年小麦轮换计划。此外，支行全额收回军供站460万元市级粮油储备贷款。（曹立新）

【市政民生工程支持】 确立"先易后难、开工项目优先、成熟项目优先"的营销思路和"重点突破、全面促进"的营销策略，将中卫市新墩村、西关村、高庙等4个棚户区改造项目，中卫市高庙历史文化街区改造项目作为全年中长期贷款营销的重点。通过与市财政局、建设局、交通局等政府相关部门的对接，针对中卫市重点建设的项目情况，对接落实抵质押担保等贷款条件，对已具备贷款条件的建设项目集中时间、专人负责，争取营销一个，成功一个。年内，支行共成功营销项目4个，金额14.25亿元；已发放贷款5.1亿元，分别是中卫市沙坡头区棚户区改造项目2亿元（续贷）、中卫市西关村棚户区改造项目2.1亿元和中卫市高庙周边（城中村）棚户区改造项目1亿元；已批待放项目3个，金额11.15亿元，分别是中卫市新墩（西区）B地块棚户区改造安置住房项目5.8亿元、中卫市新墩（西区）D地块棚户区改造安置住房项目4.9亿元和中卫市高庙周边（城中村）棚户区改造项目0.45亿元。成功营销项目数和营销金额均创历年新高。全年累计营销存款14亿元，7月末各项存款余额达17.82亿元，全年日均存款余额达到13.37亿元，均创支行建行来最好水平。（曹立新）

【重点建设基金项目】 与中卫市政府和市发改委对接，2016年累计投放7个基金项目，共计投放金额30800万元；从同心县支行接收海原县农发重点建设基金项目2笔，金额为1.12亿元。（曹立新）

【金融扶贫职责履行】 1.9月8日，由祝增坤副市长牵头，会同银监、人行、金融办等职能部门负责人，到海原县与海原县委、县政府领导及财政、扶贫办、发改、交通等部门负责人就如何积极推进海原县扶贫开发业务及配合信贷扶贫工作进行座谈交流。市政府副市长祝增坤在座谈会上指出，海原县政府各部门要进一步提高认识、主动作为，在地方经济发展和扶贫攻坚战略中，首先要充分利用政策性金融的政策优势，发挥信贷支农的杠杆作用，促进地方经济的发展。要围绕农发行开办各项贷款品种，加强与农发行的沟通对接，协调配合，抓住机遇，形成工作合力，助推脱贫攻坚工作开展。2.支行积极开展扶贫资金账户营销工作。经过积极营销，沙坡头区扶贫资金账户已开立。3.支行组织信贷人员开展贫困地区情况摸底。4.按照总行、分行的统一部署，在海原县设立支行驻海原扶贫工作组，指派2名工作人员负责与海原县相关部门的沟通和项目对接，切实开展项目营销工作，争取早日实现贷款项目上的突破。（曹立新）

【会计核算质量图提升】 1.在落实各项财会制度的基础上，加大内勤坐班主任审核把关力度。坐班主任每天审查凭证要素，监督重要空白凭证的使用及各项规章制度的落实,对日常业务坚持逐笔监督,对重要岗位、关键环节进行重点检查,切实防范操作风险。2. 加强对临柜人员的业务知识、操作技能等培训和新员工的传、帮、带工作,使其能尽快熟悉业务操作。3. 做好收贷收息及会计科目调整工作,全年收贷收息和科目调整未出现差错。4. 做好反洗钱工作。在2015年中卫市辖区金融机构反洗钱评价结果中,获评反洗钱风险评估工作A级行,并位居全市金融机构前列。5. 支行营业用房购置项目顺利获批。装修设计方案已经过6次修改完善。6. 做好"营改增"系统上线运行工作。经办人员学习领会相关操作要领,并在规定时间内对客户信息等要素及时进行补录维护,完成系统升级上线工作。7. 经营利润实现新高。支行年末实现账面利润4772万元,比上年增长206%,利润增幅和绝对数也处于近几年最好水平。8. 加强信息安全保障工作。支行严格落实各类信息系统安全保障工作,以机房日常管理为中心,细致做好机房供配电、服务器、网络设备和通信线路的日常检查、监测和维护,确保各类系统正常运行。 (曹立新)

【基础管理】 1. 强化管理,夯实经营管理基础。加强客户经理学习培训工作,组织员工参加总行、分行组织的各专业条线业务培训班、收看培训视频,组织学习总行《贷款资金支付管理办法》等总行、分行和监管部门新下发的制度办法,通过学习和培训使客户经理全面掌握信贷政策,为开展各项工作、规范执行信贷流程夯实基础;把好贷款准入关,稳步提高贷前调查水平;根据区分行2016年信用等级评定及统一授信工作要求,做好客户信用等级评定和授信工作,为后期贷款营销和发放做好准备;加强档案管理工作,对当年新产生的各类档案,督促各部室按照总行、分行规定及时整理装订归档,确保档案管理万无一失;严格执行贷款支付有关规定,设立贷款资金支付审核岗,加强对贷款支付环节的监督。2. 举一反三,以查促改切实提高基础管理水平。以"贷后管理年"和巩固财务会计基础工作专项整治活动成果为契机,继续以总行、分行及监管部门部署的各类检查自查为契机,正确应对、主动配合,坚持不回避矛盾、不掩盖问题,本着有则改之、无则加勉的态度,认真整改并倒查原因,力争从源头上疏堵、在机制上健全,避免问题反复出现。2016年,共迎接上海内审特派办"两个加强、两个遏制""回头看"检查及财务费用支出专项审计、抵押补充贷款(PSL)现场检查、监事会检查发现问题复查、统计大检查、不规范收费自查、评级授信检查等总行、分行及外部检查16次,整改问题13条,起到以检查整改促提高完善的目的,进一步夯实支行各条线基础管理工作水平。全年对内外部检查发现问题的相关责任人积分-47分。 (曹立新)

【党建】 1. 支行党支部扎实开展党支部中心组学习,深刻理解领会全面从严管党治行重大战略思想,不断增强政治意识、大局意识、核心意识、看齐意识。2. 支行党支部加大干部职工理想信念教育工作力度,开展经常性反腐倡廉教育,紧紧围绕重要岗位、关键环节,加强管理、强化监督,有效防控道德风险、操作风险和廉洁风险。3. 支行从严落实中央八项规定精神。班子成员以身作则、率先垂范,推动形成作风新习惯、新常态。4. 年初,支行党支部安排部署2016年纪检监察和案件防控工作,支行出台2016年党风廉政建设工作任务表、2016年党建工作任务一览表、2016年安全保卫工作任务一览表,将各项工作任务的完成时限和质量要求通过表格的形式印发执行。5. 支行组织干部职工层层签订责任书,进一步明确支行各层级、各岗位党风廉政建设、反腐倡廉等职责,加强监督,确保支行2016年党风廉政建设工作取得实效。签订的责任书共9类146份,其中:党风廉政建设责任书23份,廉洁从业承诺书23份,银企廉政共建协议书7份,"四无"和安全保卫目标管理责任书23份,社会治安综合治理目标管理责任书18份,自觉遵守交通法规安全行车责任书3份,保密承诺书23份,计算机安全运行责任书23份,人口和计划生育目标管理责任书3份。6. 落实行务公开、财务公开、首问负责、重要岗位交流轮岗、强制休假等制度,加强对权力运行的监控。 (曹立新)

工商银行中卫支行

【概况】 2016年,中国工商银行股份有限公司中卫支行内设机构2部1室,下辖营业室、东街分理处,北街支行、文昌支行两个二级支行,并设有东道口、南街离行式、西街、创业城和应理南街自助银行5个。全行现有在岗人员85人,员工平均年龄42.33岁。各项业务协调推进,继续保持平稳健康发展势头。

(王红兵)

【经营效益】 2016年,实现拨备前利润4887万元,净利润3857万元,分别完成年度任务计划的88.16%和98.95%;实现中间业务收入1114万元,完成年度任务计划的68.56%。负债业务增幅创出历史最好水平。截至年末各项存款余额为165189万元,较年初增加62070万元,增幅为60.19%,完成年度任务计划的307.28%。对公存款余额为100248万元,较年初增加50202万元,增幅为100.31%,完成年度任务计划的545.67%。储蓄存款余额为64941万元,较年初增加11867万元,增幅为22.36%,完成年度任务计划的108%。信贷资产质量继续保持稳定。截至年末,法人客户资产质量持续优良,不良率为零。个人贷款不良额43.4万元,比年初减少14.8万元,不良率0.11%。信贷管理5项考核指标全面完成。"营改增"、网点运营风险分级管理和服务"六大工程"有条不紊推进实施。按照税务部门要求,扎实做好"营改增"前后各项准备和衔接工作。网点运营风险分级管理工作,4个网点运营标准化管理五级分类均已达标;全力推进服务"六大工程",整体服务水平和对外服务形象进一步提升。　　　　　　　　　　(王红兵)

【内控及风险管控能力】　深入开展"内控合规基础年"和"两加强、两遏制活动"、员工行为评价和"安全管理星级支行"创建等活动,不断强化风险管理体系和内控合规管理体系建设,加快构建"大内控"工作格局步伐,推进整体、全程、量化的全面风险管理建设。
　　　　　　　　　　　　　　　　(王红兵)

【党建工作和队伍建设】　坚持党建工作早研究、早部署、早推动,注重党建工作基础化、常态化、同步化。深入开展"两学一做"学习教育活动,党组织的战斗堡垒作用和党员的先锋模范作用进一步发挥。
　　　　　　　　　　　　　　　　(王红兵)

农业银行中卫支行

【概况】　中国农业银行股份有限公司中卫支行位于中卫市沙坡头区鼓楼南街,占地面积916平方米,建筑面积4494.89平方米。在职员工145人,内设机构为5部:综合管理部、运营财会部、客户部、风险管理部、资产处置经营部;下辖1个支行营业部、2个二级支行(宣和支行、兴仁支行)、9个分理处(东园分理处、西郊分理处、南环分理处、北环分理处、东胜分理处、柔远分理处、镇罗分理处、永康分理处、常乐分理处)。　　　　　　　　　　　(孟清海)

【党风廉政建设】　持续深入学习党的十八届五中、六中全会和习总书记系列重要讲话精神,开展"落实中央第三巡视组反馈意见整改工作""两学一做"学习教育,坚持把纪律规矩挺在前面,切实推动支行党建工作再上新台阶。同时,坚持将党风廉政建设融于业务经营工作中,以全面从严治党带动从严治行、以从严治行带动合规经营、以合规经营带动防控风险。2016年,中卫支行新增2个单设党支部,全辖基层单设党支部达100%,提前1年完成推进目标,实现业务与党建"一肩挑、两手抓"的良好格局。(孟清海)

【市场份额提升】　中卫支行围绕"打造特色行、优质行、精品行"战略目标,坚持将"发展"作为开展工作的第一要务,充分发挥资金、网点、网络、专业和品牌优势,以拓展渠道、转型攻坚为重点,以综合营销、稳健提质为抓手,准确研判市场形势,动态调整竞争策略,大力实施"走出去"营销战略,通过开展"金钥匙春天行动""金彩生活　激情仲夏""赢在金秋"等大型综合营销活动,以全员营销、体验式营销、互动式营销为切入点,抓好"微沙龙""六走进"等专项营销,着力提升服务"三农"渠道和市场竞争份额。(孟清海)

【信贷资金投放及经营结构调整】　中卫支行紧紧围绕市委、市政府建设"四个中卫"、"二次创业"工作会议、实施1846重点任务的规划部署,加大有效信贷投放力度。一方面对标中卫市"全域旅游"新战略,累计投放6.8亿元支持宁夏沙坡头旅游产业集团有限公司、港中旅沙坡头景区有限公司、中卫市旅游新镇、沙坡头水镇以及农家乐旅游产业链项目发展。另一方面,累计投放涉农信贷资金10亿元,加大对农业产业化龙头企业的支持,拉动其上下游产业的发展;累计投放信贷资金5.6亿元,积极推进政策、产品创新,有效解决小企业融资难的"瓶颈"问题;累计投放信贷资金8.4亿元,支持中卫市城市基础建设,切实帮助改善并解决民生实事,助推中卫市新型工业化、农业现代化、城乡一体化、旅游特色化进程。(孟清海)

【服务"三农"】　中卫支行认真贯彻落实市委、市政府的安排部署,创新"金融扶贫"工作思路,完善金融服务方式,由"献血变输血",从信贷政策、信贷项目、金融科技、信息等方面给予"金融扶贫"大力支持。同时,围绕沙坡头区特色农业产业基地和园区,大力支持产品优、销路畅、品牌亮的规模化农产品生产经营发展。将土地流转大户、专业大户、农村专业合作社列为重点支持项目,带动"三农"业务发展。并以家庭农场贷款、专业大户贷款、农业产业链贷款等新型信贷品种为切入点,向家庭农场、农业合作社等新型农业经营主体提供大额资金支持,力助该类经营主体增强经营实力、扩大经营规模。　　　(孟清海)

中国银行中卫支行

【概况】 中国银行股份有限公司中卫支行由综合管理部、公司金融部、个人金融部、内控风险部4个部门组成，全行下辖3个营业网点，分别为营业部、东街支行、中宁支行（进行筹建）。共有员工61人，党员23人，占员工总数的38%；团员14人，占员工总数的23%。在岗员工中男性19人，占比35%，女性35人，占比64%；大学学历26人，占比48%，大专学历19人，占比35%；在职员工平均年龄39岁，其中：男性平均年龄44岁，女性平均年龄36岁。 （王　瑾）

【业务指标】 年末，各项存款余额65439万元，较年初新增1615万元，其中：储蓄存款余额28392万元，较年初新增5493万元，公司存款余额37047万元，较年初新增9620万元；各项贷款余额92934万元，较年初下降5115万元，其中，公司贷款余额50670万元，比年初下降7420万元，个人贷款余额34825万元，比年初新增1845万元，银行卡分期余额7439万元，比年初新增460万元；实现拨备前利润3036万元，同比增幅25.17%。 （王　瑾）

【业务发展】 2016年，各项贷款余额为92,934万元，其中涉农贷款5950万元（瓜农贷2700万元）。中小微企业贷款16510万元，其中小微企业贷款12885万元，个体工商户贷款3625万元。从公司贷款行业投向看，房地产业22150万元（其中经营性物业贷款20400万元），占比43%；化工行业6434万元，占比12%；建筑业6400万元，占比12%；农牧业4550万元，占比9%；电力、燃气及水的生产和供应业4500万元，占比9%；医疗卫生业3650万元，占比7%；批发零售业1700万元，占比3%；制造业1200万元，占比2%；服装加工业1200万元，占比2%。贷款无论在贷款品种，还是在贷款规模上投放力度在逐年加大，投放行业主要为房地产行业、化工行业、燃气供应业、医疗卫生行业和地方特色农业产业，强有力地促进地方经济的快速发展，带动农民奔向小康致富的道路。 （王　瑾）

【内控风险控制与管理】 2016年度继续强化风险内控建设，严格落实各项规章制度及风险防控"50条"，以"七不准""四公开"为主抓手，通过业务学习、知识测试、制度培训、业务检查等多种形式全面开展经营自查及整改活动，做到相关文件及时传达、学习，业务确保准确、合规。进一步强化主动风险管理意识，加大对国家重点调控行业贷款项目的监控和检查力度，切实做好贷后管理工作。增强全行员工合规经营意识和能力，严防各类风险、案件和有损于声誉的事件发生。进一步加强对重点岗位、重点环节、重点业务的监控检查力度，全面开展轮岗和强制休假工作，严禁员工涉及黄、赌、毒以及民间借贷、非法融资活动等行为，发现问题及时查处，尽最大可能消除风险隐患，确保客户及资金安全。 （王　瑾）

建设银行中卫分行

【概况】 建行中卫分行前身为中卫支行，2014年11月由区分行报经总行及监管部门审批，升格为中卫分行。现有在职员工117人，全行所辖营业网点5家、内设部门7个，网点均分布在沙坡头区。截至年底，一般性存款余额48.42亿元，4家国有商业银行占比49%，占位一；各项贷款余额37.61亿元，4家国有商业银行占比39%，占位一。 （胡俊峰）

【重点项目建设】 建行中卫分行在中卫市委、市政府大力支持下，在人民银行和银监局的指导和关怀下，始终秉承"以客户为中心，以市场为导向"的经营服务理念，以"根植地方经济求发展，支持地方建设为己任"的经营方针，不断创新金融产品，以高效优质的金融服务，积极支持地方经济发展。一是加大信贷支持力度，防范化解金融风险，发挥好银行业信贷主力军作用；二是拓展融资功能，增强综合服务实力，持续发挥特色优势，增强信贷支持能力；三是突出党建和转型发展，增强支持实体经济发展的后劲；四是加大支农、扶贫贷款投放力度，做好金融精准扶贫工作。 （胡俊峰）

【信贷服务】 2016年，认真贯彻国家宏观调控政策，紧紧围绕中卫市"四主一化"和"四个中卫"建设蓝图，打造全域旅游城市、国际云端城市、物流枢纽城市、生态宜居城市等经济发展战略，认真落实区分行和市政府签订的银政战略合作协议，瞄准地方产业结构调整方向，积极主动介入市政府重点建设项目，将信贷投放的重点向清洁能源、信息网络、节能环保、低碳运输等绿色经济领域倾斜；加大对住房、教育、旅游、助业、下岗失业等方面的贷款投放力度。通过信贷支持，带动相关产业和地方经济的发展。同时，不断加强和改进金融服务，积极开展互联网金融、旅游金融，助力智慧城市建设。年内，向81家大、中、小客户累计投放贷款33.4亿元，涉及制造、交通、农林等行业。通过信贷投放支持,带动相关业务和地方经济发展。大中型企业授信15户,授信总额30亿元;支持工业园区入园企业18家,授信金额24.4亿元。在地方经济保增长中发挥积极作用,工作取得较好的成绩,并得到党委、政府,人行和银监局的认可,获得支持地方经济先进单位称号。

(胡俊峰)

宁夏银行中卫分行

【概况】 宁夏银行中卫分行前身为银川市商业银行中卫支行,成立于2003年4月18日,2013年经监管部门批准升格为宁夏银行中卫分行。截至年末,从业人员159人,其中正式员工128人,劳务派遣29人,返聘2人。下辖一级支行3家,网点支行3家、小微支行1家。截至年末,资产总额44.21亿元,负债总额42.92亿元,各项存款41.98亿元,各项贷款36.39亿元。2016年被中卫市委、市政府授予"2015年度支持地方经济发展先进单位"。

(李悦敏)

【经营思路】 根据宁夏银行总行经营工作思路,结合中卫地区经济特色,分行立足本地旅游服务、特色农业、特色产业等特色经济,以"服务中小企业,服务城乡居民"为市场定位,以"真诚结伴,携手理财"为服务理念,紧紧围绕重点产业、重点行业、重点客户开展工作。

(李悦敏)

【金融扶贫】 响应国家政策,与当地政府签订合作协议,有针对性地开发"如意农金宝""如意金扶贷"等信贷产品,探索"企业+农户""'6+1'合作模式"、3户(或5户)联保等精准扶贫模式,为建档立卡贫困户及生态移民户发放扶贫贷款。面对金融扶贫工作时间紧、任务重、人员少、地域广的现状,分行及辖属各支行会同中卫市扶贫办多次赶赴金融精准扶贫定点乡镇前往各村实地调研,了解当地特色种植养殖等产业发展、金融扶贫融资需求等情况,每周安排客户经理进村入户办理贷款发放手续。截至年末,共为765户农户及龙头企业发放扶贫贷款1.67亿元。

(李悦敏)

【服务小微企业】 年末,小微企业贷款余额18.14亿元,占各项贷款49.85%,较年初增加3.58亿元。主要采取的措施:一是准确定位,从战略高度看待小微企业金融服务;二是依托平台,培育和挖掘特色鲜明的中小微企业客户;三是加强与政府部门的联动,深入调研,加强小微企业信贷支持力度;四是根据小微企业资金需求小、频、急的特点,为小微企业提供个性化服务;五是加强信贷人员队伍建设,做好贷款管理,防范信贷风险。

(李悦敏)

【网点布局】 2016年,海原支行、中宁宁安东街支行、中卫鼓楼东街支行相继开业;火车站、东岗楼、宁大、市医院等警银亭投入使用。

(李悦敏)

【优质文明服务】 2016年,以打造银行业五星服务网点为契机,多措并举提高优质文明服务水平。一是增加各种服务设施,免责提示,功能分区,对老化设备进行清理更换,为不同群体提供差异化服务。二是利用多元化的学习和训练,提升员工思想,提高服务客户的水平。三是培养柜面人员的主动营销意识,努力提升服务水平。四是通过组织多项服务主题活动,提高员工的服务热情,促使服务质量大幅提升。

(李悦敏)

农村商业银行

【概况】 宁夏中卫农村商业银行股份有限公司由自治区金融办组织推动,中卫市委、市政府、人民银行及各级监管部门大力支持,黄河农村商业银行主发起,经中国银行业监督管理委员会核准,宁夏银监局批准,在原中卫市农村信用合作联社基础上成立的股份制农村商业银行,于2011年12月20日挂牌开业。截至年末,注册资本1.178亿元,在岗员工304人,内设部室15个,营业网点22个,遍布沙坡头区10镇2乡,其中市区网点10个,农村网点12个,服务总人口40.64万人,其中农业人口25.14万人、75800户。年末,资产总额73.63亿元,较年初增加2932万元,增长0.4%,各项存款余额61.02亿元,比年初增加3.92亿元,各项贷款余额53.07亿元,较年初增加5.47亿元,增长11.49%。

(石巍山)

【服务地方经济】 2016年,面对经济下行压力和产业政策调整的影响,"三农"市场竞争激烈。农商行牢牢把握"支农支小"的市场定位,按照"面小、额广"的主线,加大信贷调整力度,努力实现"三个银行"发展战略。按照《黄河银行系统信贷一体化管理指导意见》《关于印发〈黄河农村商业银行系统2016年信贷政策指引〉的通知》(宁黄银发〔2016〕63号)要求,主动适应经济发展新常态,确保贷款受理准入、调查、审查、放款等环节符合"一体化"要求,切实发挥服务"三农"的主力银行作用。截至年末,涉农贷款余额358169万元,增长5.25%,比各项贷款增速高0.01个百分点,完成"一个不低于"监管指标。小微企业贷款余额

404371万元,增长14.74%,比各项贷款增速高3.26个百分点,户数4457户,比上年同期增加3280户,申贷率100%,与上年同期持平,完成小微企业贷款"三个不低于"目标。　　　　　　　　　　（石巍山）

【春耕备耕工作】　　按照黄河银行《关于全力做好春耕备耕生产信贷支持和金融服务工作的通知》(宁黄银办发〔2016〕43号)要求,印发《中卫农村商业银行2016年支持春耕备耕生产金融服务实施方案》(卫商银〔2016〕46号),进一步加大对涉农企业、农户、小微企业和个人客户的支持力度,开展春耕备耕生产工作,大力投放小额农户贷款,确保贷款业务、客户数量稳步增长。5月末,计划投放春耕备耕贷款5.5亿元,实际投放6.46亿元,超计划0.96亿元,新增农户1971户,农户覆盖率为24.3%,提高2.27个百分点。
　　　　　　　　　　（石巍山）

【金融扶贫工作】　　1.高度重视、全面部署。为深入贯彻自治区扶贫办《关于进一步推进金融扶贫工作的若干意见》(宁扶贫办发〔2016〕122号)和《市人民政府办公室关于印发中卫市金融扶贫工作方案的通知》(卫政办发〔2016〕88号)等文件精神,印发《中卫农村商业银行2016年金融扶贫实施方案》,对具体的金融扶贫工作计划和目标、信贷支持对象、具体措施进行全面安排。认真落实"黄河银行系统金融精准扶贫交流推进会"会议精神,截至10月末,建档立卡贫困户信息采集率100%,评级授信100%,授信金额4500万元。2.主动对接,加强沟通。积极主动与市、区政府、扶贫办、担保公司等部门进行对接,争取到财政担保基金420万元,与市扶贫办、担保公司签订三方扶贫贷款担保合作协议书,在沙坡头区金融扶贫工作中做到"首放、首成",在区域金融机构中起到表率带头作用。3.精简手续,利率优惠,扶贫贷款执行年利率5.75%。实行"5+2""白+黑"的工作时间,周末、节假日不休息。截至10月31日,全面完成中卫市金融扶贫实施方案分派的兴仁镇、香山乡1279户建档立卡贫困户经济档案建立和评级授信工作,对符合贷款条件的969户建档立卡贫困户发放贷款2969万元。
　　　　　　　　　　（石巍山）

【特色产业基地建设】　　2016年,根据沙坡头区特色产业发展实际,按照"一乡一品",积极对乡（镇）特色产业进行定向支持。对确定的东园镇奶牛养殖、种苗培育,柔远镇良种培育,镇罗镇大棚蔬菜种植,宣和镇葡萄种植,永康镇经果林,美利村水稻种植,胜金村枸杞种植,观音村生猪养殖,香山乡硒砂瓜种植十大产业项目示范基地进行重点培育和扶持,引导各支行对确定的特色产业典型项目,以特色优势、技术培育为亮点,有效整合各类支农资源,助推全行特色产业发展。截至年底,发放特色产业贷款7046户,金额43325万元,较上年增加9273万元,增长27.23%。
　　　　　　　　　　（石巍山）

【小微客户群体拓展】　　通过积极探索创新信贷产品、担保模式和管理模式,破解"三农"、小微企业融资难问题,继续推行"农商行+公司+农户""农商行+创业培训机构+创业者"、创业贷款担保、与担保公司合作等信贷模式,助推"三农"、小微企业成长。同时针对农村区域小微群体的行业属性和行业规模,以"随用随取、周转使用"的富农卡、富民卡为突破,实行贷款、信用卡、自助终端的混合营销,实现"增收益、提户数,控风险"的综合效应。　　　　　　　　（石巍山）

【"三信"评定】　　为切实推进农村"三信"评定工程,印发《中卫农村商业银行"三信"评定管理办法(试行)》(卫商银发〔2016〕9号),举办信贷条线100余人参加的"三信"评定业务培训,重点对推进"三信"评定工程的重要意义、信用户(村、镇)的条件及评定办法、信用评定管理等工作事项进行讲解和规范,实行"三信"评定全辖开展、全面推进,并按进度考核、周周监测助推"三信"评定有序开展。截至年末,已建立农户经济档案15557户,已评定信用农户15051户,已授信农户14817户,授信82406万元。　　（石巍山）

【"随薪贷"】　　围绕"三个银行"战略的统一部署,不断拓展个贷市场,以"富民卡+信用卡"的组合模式,大力营销行政事业单位优质客户,以此为契机吸收公职人员存款,培育和巩固以中高端客户为主体的优质客户资源,稳健提升"随薪贷"客户数。截至年末,发放"随薪贷"1105户,授信金额10068万元,已用信5162万元,超黄河银行下达的任务完成105户,完成率110.5%。　　　　　　　　　　（石巍山）

【妇女创业贷款】　　通过积极主动与市妇联、乡政府等相关部门沟通,充分利用国家贴息优惠政策,积极发放妇女创业贷,帮扶农村妇女走上创业之路,把妇女创业贷款作为信贷支持"三农"发展的一项重要内容,与金融扶贫贷款形成贴息"组合拳",增强农户申贷积极性与黏着度,提升同业信贷产品竞争力。年末,共计发放13批次,累计发放2416户,13669万元,户数2390户,余额13481万元,较年初增加7216万元,增加215%。　　　　　　　　　　（石巍山）

【农权抵押贷款试点办理】　　2016年,中卫市沙坡头区被确定为全国232个农村土地承包经营权抵押贷款的试点之一,作为"支农服务的主力银行",中卫农商行积极贯彻落实农村产权抵押贷款政策要求,依据《黄河农村商业银行系统"农地贷"农村土地经营权抵押贷款管理办法(试行)的通知》(宁黄银发〔2016〕281号)要求,印发《中卫农村商业银行加快办理农村土地承包经营权抵押贷款的实施方案》(卫商银〔2016〕250号),与沙坡头区农业和科技委员会签订《沙坡头区农村产权抵押贷款合作协议》,开办农村土地承包经营权抵押贷款业务,截至年末,已累计办理农村产权抵押贷款4148万元、427户,有效盘活农村金融资源,拓展农民融资渠道。解决农村产业发展缺资金、农民贷款缺抵押的问题,促进农业规模化经营,促进信贷结构调整。 （石巍山）

【信贷结构调整】 1. 对超过限控额度的大额贷款,逐笔进行按比例压降,大额贷款占比逐步下降,贷款额度结构得到优化。截至2016年年末,单户500万元（含）以上贷款余额为264603万元,较年初下降13102万元,下降4.72%。2. 严格按照《黄河农村商业银行系统2016年信贷政策指引》要求,积极致力于贷款行业结构调整。截至年末,投向农林牧副渔行业贷款余额为122655万元,较年初增加21630万元,增长21.41%;投向制造业贷款余额为93567万元,较年初增加1520万元,增长1.65%;投向建筑业贷款余额为80676万元,较年初减少9829万元,下降10.86%;投向批发零售业贷款余额为120909万元,较年初减少482万元,下降0.40%。虽然贷款投向前四大行业仍为批发零售业、制造业、建筑业、农林牧副渔业,但农林牧副渔业贷款增幅明显,建筑业贷款、批发零售业贷款下降明显,制造业贷款略有增长,行业结构调整初见成效。3. "两高一剩"行业贷款压降进度明显。自2016年起,对部分"两高一剩"行业贷款进行压降,共压降5307万元。 （石巍山）

【电子银行业务发展迅速】 1. 及时调整电子银行业务发展规划及营销思路,制定下发《2016年度电子银行替代率提升方案》,通过激励有效、奖惩分明的原则,调动员工对提升电子银行渠道替代率的主动性和积极性。2. 划分辖区支行电子银行业务发展区划,借"三信"评定、"进村入社区",对各乡镇、自然村布设便民服务点,合理布放机具,稳步发展"三农"社区银行,全面消除金融服务空白点,延伸服务触角,形成区域电子银行服务网格体系。截至年末,已建成常乐镇康乐村、宣和镇喜沟村、宣和镇曹山村3家社区银行(商户模式便民终端)。3. 投建紫荆花城离行式自助银行。现阶段,已建成8家离行式自助银行,累计布放ATM机4台、CRS机具10台。4. 通过开展"送金融知识下乡"活动,手把手教会农民使用电子银行产品,以点带面,保障电子银行业务实效发展。沙坡头区各乡镇、自然村共计165个,布放电话自助终端688个,便民终端25台,自助机具61台。5. 按照《黄河银行系统自助终端业务管理办法》(宁黄银发〔2016〕389号)文件要求,依据业务交易量对于便民服务点给予一定的服务费补贴,调动服务点商户及终端操作员的工作积极性,提高服务点效率。6. 与陕西浦思金融网络科技有限公司开展POS专业化服务合作,由该公司对特约商户进行后期的回访服务和机具维护工作,提高POS商户的机具使用率、一体管理与服务效应,提升POS业务渠道替代率。7. 全力推进社会保障卡金融账户综合应用推广。按照自治区人社厅文件和中卫市政府对社保卡综合应用推广工作要求,制订印发《中卫农商行"社会保障卡、越刷越有礼"活动实施方案》和《中卫农商行社保卡"激活有礼'激'不可失"活动实施方案》,有效带动群众对社保卡金融账户的综合应用。截至年末,累计有效发行借记卡142486张,累计签约网上银行客户为11804户,较年初增加2146户;累计签约手机银行客户35638户,全年净增12618户;POS特约商户达到1360户/1443台,本年新增377户,开通运行ATM、CRS自助机具61台。2016年年末,累计激活社保卡156101张,较年初新增激活31261张,激活率45.11%,共发行信用卡2937张,激活卡2514张,激活率85.6%,授信额度9971.2万元,透支金额4044.41万元。实现信用卡透支利息收入29.85万元,手续费收入63.62万元。 （石巍山）

【重视合规管理】 2016年,坚持审慎经营原则,充分运用现代化管理模式,借助审计管理系统平台、风险交易实时监测预警系统、对账管理系统,反洗钱、印验等系统,强化对业务事前、事中、事后环节实施全方位、全流程、动态化管理。1. 有效提升风险集中管控能力。依托风险交易实时监测预警系统共监测预警累计规则460类,已核查处理预警信息27603条次,远程集中授权共受理授权业务292103笔。通过对远程授权、实时监测预警、对账、反洗钱、印验等系统的建立运行,消除操作盲区,遏制违规操作行为。全方位地实现柜面业务由"人控"向"机控"的转变和会计运行上"零距离""零容忍""全覆盖"的管控目标。2. 坚持以风险导向为原则,有效发挥审计检查职能。认真开展现场审计工作,对上年度绩效考核工作、票据业务、统计数据质量管理、离任离岗审计整改情况、重要岗位人员离任离岗进行审计工作。按照工作安排,先后对调整的18名支行行长,30名客户经理,柜员及内退、离职的19名人员进行离任离岗审计。3.注重经营过程监督,进一步提升监督职能。实行部门监管考核、民主测评、群众监督的层级监管,确保对员工"八小时"内外的监督,对各类苗头性、倾向性案件风险隐患的及时排查,坚决遏制违法违规行为,强化风险责任的追究,坚守"风险底线",从严治行。(石巍山)

【履行社会责任】 1.倾心做好金融扶贫工作,在沙坡头区金融扶贫工作"首放、首成",实现带动致富,在区域金融机构中起到表率带头作用,塑造"应扶尽扶、一切为群众"的良好企业形象。2.向黄河银行助学基金会捐款83140万元,同时向黄河银行系统重病员工和家属捐款155480万元。3.积极响应中卫市委、市政府的号召,为帮扶的鸣沙村捐款2万元,解决贫困群众生活困难及基础设施问题,在定点帮助中发放助农贷款56户、195.1万元。4.根据人民银行中卫市中心支行相关要求,进行反洗钱、反假币、防电信网络新型犯罪诈骗政策和支付结算管理宣讲、社会咨询、公众风险提示、知识问答电子滚动屏、微信公众平台等形式宣传活动。通过以上不同形式的宣传活动,正面引导社会舆情,进一步推进和有效防范违法犯罪工作的深入开展。5.按照《宁夏银监局办公室关于开展理财代销业务销售专区"双录"工作检查通知》(宁银监办发〔2016〕121号)及中卫银监分局相关通知要求,结合2016年宁夏权益保护工作安排相关要求,开展专区"双录"工作,实现本行代理理财产品与代销产品销售过程全程同步录音录像,切实防范误导销售风险和违规私售风险,提高消费者的风险意识。

(石巍山)

【强化廉政建设】 在抓好业务发展的同时,中卫农村商业银行以案件防控为抓手,把完善惩防体系为重点的反腐倡廉建设放在更加突出的位置,全面提升经营管理水平。强化"三道防线"(制度线、道德线、法律线)的管理,确保经营发展无各类案件和重大责任事故。通过切实把各项制度办法不折不扣贯彻执行到位是做好案件防控工作的基础,完善制度体系,提升制度执行力。根据业务发展需要、风险特征和监管政策变化,对内部各项制度进行评价、修订和更新,确保制度覆盖所有业务领域和管理环节。严格落实银监会案件防控工作的有关要求,开展制度执行力监督检查,提升内部控制有效性。同时按照部门间各有侧重、协调联动的原则,有效发挥业务条线、合规管理和风险控制等部门在"案防"工作中的作用,加强审计监督,防微杜渐,强化操作风险管理。深化道德法律教育,把员工教育培训作为"案防"工作的重要内容,系统、全面开展员工岗位规范和业务流程教育,明晰违规操作应承担的责任,培养员工诚实守信的职业操守。借助"两加强、两遏制",非法集资专项排查活动,加大合规文化建设力度,增强每个员工合规意识,营造"合规领导率先、合规人人有责、合规创造价值"的合规文化氛围。

(石巍山)

人保财险

【概况】 中国人民财产保险股份有限公司中卫分公司(简称"人保财险中卫分公司")作为中国人民财产保险股份有限公司在宁夏的分支机构,下辖县支公司4个、营销服务部10个(含"三农"营销服务部),拥有一支200余人的管理、技术、服务和营销员工队伍,公司拥有查勘服务车20余辆,专业理赔人员50人,配备GPS测亩仪、平板定损电脑,安装移动定损系统等高科技服务设备,可实现简易事故的查勘、定损、理算、核赔、付款等"一站式"理赔服务。从1980年起在中卫从事保险业务,是中卫保险业的开拓者和探路者,是中卫区域规模最大、实力最雄厚、服务最齐全的国有保险公司,市场份额始终保持在60%以上,2016年,中卫分公司全辖实现保费收入3.06亿元,上交地方营业税及其他税收1000万元,企业效益不断增长,员工收入不断增加,队伍积极稳定。36年来,为促进中卫经济社会发展做出突出贡献。(陈 龙)

【文化发展】 人保财险中卫分公司在精神文化、制度文化、行为文化和物质文化四个层面的建设上,秉承保险事业的优良传统,使其四者之间相互影响、相互制约,共同构成动态的企业文化体系。"人民保险,造福于民"是公司的使命,也是赋予公司区别于其他组织的独特的文化驱动力;"建成技术领先、服务一流的知识型、现代化非寿险公众公司"是公司的目标;"求实、诚信、拼搏、创新"是公司恪守的根本信念和追求的品行境界,是员工对公司的信任感、自豪感和荣誉感的集中表现,也是公司发展、员工成长的内在动力所在;"诚信立业、稳健经营、创造卓越、回报社会"是公司推崇的基本理念和根本信仰;"以人为本、诚信服务、价值至上、永续经营"是公司的经营理念。

(陈 龙)

【服务"三农"】 2016年,公司围绕强科技保发展、强生产保供给、强民生保稳定,进一步加大强农惠农富农政策力度,奋力夺取农业好收成,合力促进农民较快增收,努力维护农村社会和谐稳定。公司认真履行社会责任,扎实做好各项财政补贴型农业保险业务,积极推进农村保险服务创新,农村保险综合服务布局明显加快,覆盖面进一步拓宽,服务农村经济社会发展能力显著增强,有力促进党和政府强农惠农富农政策落地,形成"政府得民心、农民得实惠、公司得发展"三方共赢新局面。2016年4月,中卫市农业保险工作会议顺利召开,会议下发《中卫市2016年农业保险工作实施方案》,围绕方案内容,中卫公司农险部制定2016年具体的农业保险承保实施方案,明确任务,利用公司农村网点的地域优势,划分网点管辖范围,通过与管辖范围内的各乡镇签订承保协议书,层层分解落实,积极对接乡镇协保员,通力配合,限时完成计划目标。并且在市农牧、林业、财政、气象等部门的大力配合下,政策性农业保险各项工作稳步有序推进。作为中卫市财产保险市场的主导力量,人保财险中卫分公司注重保持公众公司形象,注重社会责任,始终坚持把社会效益与经济效益的统一放在第一位,努力为全市企事业单位、城乡百姓提供更广泛的险种。人保财险中卫分公司开办有大病医疗保险和农业保险两种政策性保险。作为市政府指定的唯一政策性农业保险承办机构,人保财险中卫分公司一直秉承"以人为本、诚信服务、价值至上、永续经营"的经营理念,努力通过政策支持、机制创新,争取各险种覆盖面不断扩大,搭建更高层次的现代农业支持保护体系,最终实现政策得落实、百姓得实惠、农业得发展的"三赢"局面。

(陈 龙)

【保障医疗】 2016年中卫分公司成功续签大病医疗保险,再次成为中卫市大病医疗保险承办单位,公司按照"自负盈亏,保本微利,收支平衡"的原则,发挥商保的专业化优势和市场机制的作用,提高大病保险的运行效率和服务水平。在经办服务上为患者提供"一站式"即时结算服务,2016年承担全市97.46万城乡居民医疗风险保障,有效缓解城乡居民"看病难、看病贵"和"因病致贫、因病返贫"问题。 (陈 龙)

【规范化经营管理】 2016年,公司以"促发展、防风险、增效益"九字方针为主基调,狠抓合规经营,在强化合规理念、营建合规文化上下功夫,强化合规经营意识,增强风险抵御能力,为各项业务的合规稳健持续发展提供坚实后盾。教育、引导各级管理人员和全体员工、营销人员牢固树立"合规人人有责""合规创造价值""合规从领导做起"的理念。通过培训教育,培育公司合规文化,并把合规文化建设作为公司文化建设的重要组成部分,营造一种合规文化氛围,使公司员工在心灵上感受合规,在意识上自觉合规,在行动上主动合规。确保公司全年无案件、无安全责任事故、无重大违规违纪,保证各项业务的又好又快发展。

(陈 龙)

【服务创新】 2016年,公司服务创新工作紧紧围绕"提高服务效率、提升服务品质"的服务理念,继续发扬"热忱服务一线、务实精简高效"工作作风的同时,针对业务时效性强、市场变化快的特点,在服务方式、服务时效和服务观念方面综合考虑,统筹安排,彰显电销服务优势,提升"直通车"品牌形象,实施标准化的电销客户接触管理,切实做好电销客户后期维护和服务工作。继续强化车险"理赔无忧"品牌效应,着力建设一套符合中卫公司区域特色的标准化、模块化的理赔服务体系,在车险"理赔无忧"工程服务内容、覆盖范围、规范程度、市场宣传等多个方面进行扩展和优化。严格落实理赔操作规范化、标准化,加强理赔服务流程、时效性监控,推行限时结案制度,打破地域限制,深入"就近理赔"服务,进一步精简单证、简化流程,全面开展人伤案件协谈、调解工作,深入推广速递理赔便捷服务。

(陈 龙)

【服务大中型企业】 人保财险中卫分公司开通"95518"全国统一专线电话,提供承保、理赔、咨询、报案、抢险等一条龙服务,是中卫规模最大、服务最齐全的财产保险公司。成功承保包括宁夏美利纸业集团公司、香山酒业公司、银光物流公司等一大批大中型企业的企业财产保险、工程保险、雇主责任保险、货物运输保险。较好地发挥保险的经济补偿作用,获得社会各界的广泛支持和信赖。

(陈 龙)

人寿保险

【概况】 2016年中国人寿保险股份有限公司中卫分公司在区分公司党委、总经理室的坚强领导下,在中卫市委、市政府的大力支持下,公司紧紧围绕"重价值 强队伍 尊制度 提效益 增收入"的经营思路,以业务发展为核心,以创新发展为动力,明确经营思路,把握经营重点,攻坚克难,创新发展,提前超额

完成公司年度各项任务目标。年内,公司实现总保费收入1.16亿元,同比增长37.36%。　　(牛淑英)

【保险业务】　　公司围绕创新驱动、服务销售这一核心理念,抢抓机遇,把握主动,明确目标,扎实措施,合力攻坚,强势奋进,保持业务快速、健康发展。加大市场拓展力度,加大农村网点建设,城乡一体化推进,3个销售渠道业务持续健康发展。在成功实施小额人身保险和妇女安康保险的基础上,公司密切与政府相关部门的沟通,双方形成较好的合作关系,通过不定期向政府汇报政保业务进展情况,开展多种形式的捐助等活动,树立良好的公司外部形象。2016年,为沙坡头区26000户城乡家庭提供人身风险保障累计高达18.2亿元,承保率农村达到30%以上。加强售后服务,帮助客户全面了解保险知识,提高风险防范意识,并及时协助办理理赔相关事宜。2016年,共受理小额保险理赔案件1623笔,赔付保险金额249.6亿元,赔付率达到96%。为4200名适龄妇女提供3.36亿元妇女专项疾病风险保障。为中卫市年龄在60~80周岁(女55周岁)的"城乡低保户、农村五保供养对象和重点优抚对象",共计1.07万老年人提供累计风险保额为1.45亿元的人身意外保障;为沙坡头区3954户"建档立卡贫困户"提供风险保额3.9亿元的人身意外风险保障,为15001人提供高达12亿元的意外补充医疗保障;实现中卫市所有公职人员交通意外保险的全覆盖。　　(牛淑英)

【公司服务】　　公司组织开展"3·15"消费者维权日、"6·16"国寿客户节、少儿绘画比赛、"7·8"保险公众日宣传、防范和打击非法集资宣传等活动,为大力宣传"国寿1+N"服务品牌,树立公司形象,起到举足轻重的作用。后援部门积极配合销售渠道拓展业务,扩充人力。实行综合柜员制,强化保全电子化推广,指导客户体验电子化服务。不定期整理销售人员疑问和业务变化实务要求,积极与销售渠道互动,使用"飞信""微信"、驻场等形式加强宣导培训,为销售渠道业务发展提供运营保障。　　(牛淑英)

【服务民生】　　公司2014年、2015年连续两年被中卫市人民政府评选为支持地方经济发展先进单位。6月份,公司为教育局划分给人寿保险公司的学生险片区捐赠带有"中国人寿"字样及LOGO标志的安全小黄帽、学习用品和体育用品等,彰显中国人寿关爱少年儿童健康成长,为公司创造良好的外部宣传氛围,对树立公司形象,巩固市场地位起到积极的推动作用。7月份,公司慰问沙坡头区第一中心敬老院孤残老人,彰显中国人寿尊老、爱老、敬老、助老的中华传统美德,树立良好的社会形象。　　(牛淑英)

【依法合规经营】　　在保监局和区分公司的领导下,坚守风险底线,依法合规经营,有效开展防范和处置非法集资治理工作,重点开展"两个加强,两个遏制"专项自查工作,全面梳理排查风险隐患,切实提高风险防控能力。通过"防范打击非法集资、反洗钱宣传"进职场等教育活动,提高从业人员职业素质,培养良好的职业情操;开展"保险公众日宣传""反洗钱宣传""非法集资宣传"等活动,向社会公众宣传保险、反洗钱、非法集资等相关知识,增进了解,树立形象;在风险管控方面,严格按照区分公司要求开展"两个加强,两个遏制"专项自查、风险预警、非保险金融产品销售行为及保险单证印鉴管理自查、非法集资风险排查、反洗钱风险排查、集资诈骗案件专项治理等一系列工作,防范各类经营风险,进一步增强广大员工的风险合规意识,切实堵塞各项管理漏洞。年内,公司没有发生重大违规违纪案件和管理出现漏洞的现象,始终保持在良好的内控管理运行之中。　　(牛淑英)

【企业文化建设】　　为构建和谐企业,激发全体员工忠于职守、爱岗奉献和干事创业的情怀,3月份公司工会特别慰问在岗员工,6月开展"夏日送清凉"活动,以真情和行动践行为员工服务的宗旨;7月开展七一建党诗歌朗诵比赛,8月组织大型集体团康等活动,增进公司部门之间、员工之间沟通,舒解工作压力,放松心情,为更好地投入工作凝聚力量。销售渠道根据业务发展的不同阶段需要,不定期组织团康活动,释放营销员工作压力,增进团队之间、个人之间的沟通交流,激发团队协作精神,增强团队凝聚力。

　　(牛淑英)

教 育

综 述

【概况】 全市有各级各类学校467所(不含165所教学点),其中,高级中学6所,完全中学1所,初级中学30所,九年制学校27所,小学291所,中等职业技术学校3所,幼儿园106所(含民办49所),特殊教育学校3所。在校学生214377人(含民办11719人),教职工13861人(含民办1225人)。 (曹兴元)

【基础设施建设】 紧盯全市学校办学条件标准化目标,积极争取项目资金2.95亿元,为27所中小学新建、改扩建校舍7.67万平方米,为22所中小学完成11.99万平方米标准化操场改造项目,为11所幼儿园新建、改扩建园舍3.38万平方米,学校办学条件有效改善。 (曹兴元)

【教育信息化建设】 按照统筹城乡义务教育资源均衡配置要求,以信息化基础能力建设为目标,全面推进教育信息化"三通两平台"建设,全市宽带网络"校校通"实现率达95.9%,教学资源"班班通"实现率达87.5%,网络空间"人人通"实现率达85%,促进优质教育资源互通共享。 (曹兴元)

【设施设备配备】 按照义务教育均衡发展需求,积极争取市财政投资1372万元,为中小学装备信息化设备,配发计算机、触摸一体机等设施设备2.39万套(台、件),图书37.15万册,学校装备水平有效提高。
 (曹兴元)

【校园文化建设】 按照"总体规划、分步实施、体现个性、促进发展"的要求,大力加强校园文化建设,开展"和谐校园、绿色校园、书香校园、节水型学校"创建活动,中卫中学等87所学校被命名为"和谐校园",中卫职业学校等46所学校被命名为"书香校园",中卫一中等87所学校被命名为"绿色校园",中卫中学等46所学校被命名为"节水型学校"。各学校围绕文化精品工程,努力构建具有学校特色的校园文化体系,并通过美化、绿化、净化、亮化、硬化等途径,进一步提升校园文化建设水平。 (曹兴元)

【学前教育】 坚持学前教育公益性和普惠性发展方向,建成中宁县喊叫水中心幼儿园、中宁县渠口中心幼儿园和海原县第五幼儿园,基本实现每个乡镇有1所幼儿园的目标;全面加大农村幼儿园和民办幼儿园的支持、管理力度,全市学前三年毛入学率达到77.8%,基本上实现"广覆盖、保基本"的学前教育公共服务目标。 (曹兴元)

【义务教育均衡发展】 认真贯彻实施《义务教育法》,着力巩固提升"普九"成果,全市小学入学率达到100%,初中入学率达到98.2%。着力优化教育资源配置,实施学校标准化建设工程,装备水平明显提升,区域内城乡办学差距逐步缩小,沙坡头区和中宁县义务教育均衡发展顺利通过国家评估认定,海原县义务教育均衡发展顺利通过自治区评估验收。(曹兴元)

【高考】 全面普及高中阶段教育,全市初中毕业生升学率达到97.17%,高中阶段毛入学率达到93.01%。着力深化高中学校教育教学和内部管理改革,全面提升普高高中学校发展实力和核心竞争力。狠抓高三复习备考工作,积极推行教科研一体化建设,打造"轻负高效"课堂,全市高考二本以上一次性上线3905人(沙坡头区1790人),上线率36.68%(沙坡头区44.3%),一本(重点)一次性上线1831人(沙坡头区1012人),上线率17.2%(沙坡头区25.03%),600分以上65人(沙坡头区49人),共有8名(沙坡头区7名)同学被北京大学、清华大学录取,实现名校录取人数的历史性突破。 (曹兴元)

【职业教育】 紧盯"全区走在前"目标,结合地方产业优化专业设置,增强职业教育吸引力,在校生达到8173人;创新人才培养模式,设立中卫市技工学校,市职业学校成为全区唯一一所中职现代学徒制试点单位;深化校企合作,与区内外70多家企业签订订单培养协议,毕业生就业率达98.6%。积极促进社会人员就业创业,完成各类技能培训和鉴定9800人次。学生获全国职业院校技能大赛二等奖1项,三等奖5项,获全区职业院校技能大赛一等奖10人,二等奖37人,三等奖61人。 （曹兴元）

【高等教育】 积极争取自治区支持,建成占地642亩、42个建筑单体、建筑面积20万平方米的宁夏大学中卫校区,按照建设应用技术型大学的目标,现有软件工程、旅游管理、电子商务、市场营销、化学工程与工艺、食品科学与工程、汉语言文学、人文地理与城乡规划8个专业,在校大学生1273人（其中2014年招生355人,2015年招生428人,2016年招生490人）,并整体移交宁夏大学办学,填补中卫高等教育空白。 （曹兴元）

【师资水平提升】 扎实开展"学先进、讲爱心、比奉献、树形象"师德师风主题教育活动,建立"三问三亮三评"师德管理常态工作机制,提高教师师德水平。建立名师、名校、名校长"三名工程"创建考核机制,发挥名师辐射指导、名校龙头带动、名校长示范引领作用。牢固树立抓常规、抓过程提质量的意识,加强教师备课、上课、作业批改、课后辅导、考练等教学环境的精细化管理,教学质量有效提高。积极组织中小学教师开展"一师一优课、一课一名师"网络晒课活动,全市共晒课7743节,其中143节课被评为市级优质课,沙坡头区226节课被评为县级优质课,活动有效提升广大教师的课堂教学水平和信息技术应用能力。举办各级各类培训班78场次,培训1.52万人次,积极鼓励教师参加学历补偿教育,小学大专学历以上教师比例达到93.81%,初中本科以上学历达到89.37%,普通高中专任教师学历合格率达96.99%,研究生学历达到10.12%,职业教育"双师型"教师达62.62%。加大教师补充力度,全市新招聘教师360名,建立城乡学校校长、教师轮岗交流机制,安排20%的校长和10%的教师在城乡学校之间进行轮岗交流任教,骨干教师示范带动作用明显提升。制定并落实《中卫市乡村教师支持计划（2015~2020）》,有力稳定农村教师队伍。 （曹兴元）

【"小班化"课堂教学模式】 在沙坡头区31所学校推广小班化教学模式,指导各学校以解决高耗低效课堂为重点,积极探索建立农村学校"因材施教、学为中心"的"1113小班化"课堂教学模式,规范农村薄弱学校教学常规管理,有效提升农村学校教育教学质量。 （曹兴元）

【教育发展集团】 整合城乡优质教育资源,积极探索建立城乡教育发展集团,推动义务教育均衡发展。制定《中卫市教育局集团化办学试点实施方案》,成立以市幼儿园为龙头的幼儿教育集团,以中卫六小为龙头的小学教育集团,以中卫四中为龙头的初中教育集团,有效促进学校教育的优质均衡发展。 （曹兴元）

【宁夏中卫区域打造高效课堂暨塞上名师工作室教育成果展示研讨会】 中卫一中与教育部中国教师发展基金会、北京师范大学联合举办"传统文化与教育教学"课题全国首届校长研究人员论坛,中卫中学与北京师范大学、宁夏教育厅教研室联合举办"赢在课改中国行"宁夏中卫区域打造高效课堂暨塞上名师工作室教育成果展示研讨会。北师大政府管理研究院院长、北师大区域教育均衡发展研究中心秘书长,以及来自北京、安徽、四川、河南、河北、内蒙古、甘肃、宁夏、新疆9省区（直辖市）40余所学校的300多位课改专家、校长和教师参会。 （曹兴元）

【"高效课堂"达标评估机制健全】 推进"互联网+"教育模式,实施信息技术条件支撑下的中小学教师"高效课堂"达标工程,以"互联网+"教育变革为重点,对1254名各级各类骨干教师、学科带头人进行信息技术条件下"高效课堂"测评工作,实现信息化与教育教学的有机融合。 （曹兴元）

【育人环境】 坚持"定人包校"责任机制,形成"每天一分钟、每周一集中、每月一主题"的"三个一"安全教育工作机制,加强安全演练,落实安全责任,发布《安全工作信息简报》12期,预警提示124条,健全人防、物防和技防有机结合的防控体系;继续实施校车安全有效运营与即时监管机制,为广大师生安全往返校园提供更加通畅的绿色通道和平安通道;为全市41所学校安装"一键式报警装置",在各学校设立治安室或警务室,确保校园的安全稳定。（曹兴元）

【素质教育】 深入推进社会主义核心价值观教育,开展"做一个有道德的人""五好小公民"等主题教育和"文明校园"创建活动,加强普法、科普、"三爱"教育,提升德育工作的实效性。建立学生体质健康监测报告机制,坚持开展校园阳光体育活动,参加全区中小学生艺术展演、科普剧展演、普法演讲、经典诵读等活动,获自治区一等奖16个,二等奖34个,中卫一中教师田丽获中卫市"五一"劳动奖章,中卫五小在全区第六届学生合唱艺术节展演中获第一名,中卫中学学生在全国"学宪法守宪法"演讲比赛中获一等奖,有550名学生在全国各类竞赛中获奖,市教育局荣获国家及部委表彰3项,自治区及厅局级表彰8项,市级表彰17项,有6项工作被自治区教育厅认定为创新性工作。 （曹兴元）

【惠民政策落实】 构建起学前教育、义务教育、中职教育、普通高中教育和普通高校完善的学生资助体系,2016年为全市8533名普通高中和中职学生发放助学金1780.7万元;为1.4万名幼儿、普通高中学生、中职生减免各类费用1683.93万元,实现家庭经济困难学生资助全覆盖;争取宁夏燕宝慈善基金会、中卫市慈善基金会金秋"圆梦行动"助学金等各类1280.2万元,帮助近1600名学生圆大学梦;开辟绿色通道,为17903名大学生办理生源地助学贷款1.1024亿元,切实解决广大学生入学难的问题;认真实施营养改善计划,争取专项资金7063.784万元,共惠及6.3万名农村中小学生。 （曹兴元）

【办学行为规范】 开展"学校常规管理年"活动,严格执行中央八项规定精神和厉行节约反对浪费条例,健全完善一把手"五个不直接分管"制度,规范学校财务管理,大幅压缩"三公"经费。实施阳光教育工程,强化依法行政和依法治校,深化政务公开、校务公开、财务公开、党务公开,在教育收费、项目招投标、教师招聘、教师调动、职称评聘、评先评优、中考综合素质测试等方面实行"阳光"操作,办学行为进一步规范。 （曹兴元）

【"两学一做"学习教育】 在全系统扎实开展"两学一做"学习教育,结合四个专题展开讨论,坚持做到"四个结合",全面提升教育工作水平。1.坚持把"两学一做"学习教育同转变作风结合起来,教育机关干部牢固树立大局意识、政治意识、纪律意识、责任意识、廉洁意识、效能意识。2.坚持把"两学一做"学习教育同完成年度目标任务结合起来,教育机关干部爱岗敬业、乐于奉献,形成人人干事创业的良好局面。3.坚持把"两学一做"学习教育同服务大局结合起来,理清发展思路,切实解决教育工作与服务中心工作不紧密、相脱节的问题。4.坚持把"两学一做"学习教育同加强理论、业务学习结合起来,提高教师队伍综合素质。 （曹兴元）

【"清廉中卫"建设】 在全市中小学深入开展"廉花朵朵开"主题教育活动,提高党员干部特别是党员领导干部的廉政意识和拒腐防变的自觉性,促进全体教师依法执教,廉洁从教,敬业爱岗,诚信服务,为人师表,做人民满意的教师,使中小学生形成爱国守纪、明礼诚信、孝敬父母、团结友善、刻苦学习、崇尚科学、勤俭自立、崇廉尚洁的人生观和价值观,营造风清气正的教育环境。 （曹兴元）

党校教育

【概况】 2016年,市委党校认真贯彻落实全国全区党校工作会议精神,坚持"打基础利长远、谋发展求提升",拓展"上靠领导求支持、下靠作为求发展、开拓创新求提升"工作理念,市委2016年第27次常委会议听取并研究市委党校工作,提请市委出台《关于加强和改进全市党校工作的实施意见》(卫党发〔2016〕55号文件),创新运行机制,规范内部管理,加强机关效能建设,在教学科研、干教培训、理论宣讲、人才队伍建设等方面实现新的提升。以《切实把办党校管党校建党校的责任落实到位》为题,在全区党校工作会议上做交流发言。 （张巧荣）

【业务拓展】 落实《关于加强和改进新形势下全区党校工作的实施意见》(宁党发〔2016〕20号)精神,建立完善以市委党校为主体,以中宁县委党校、海原县委党校为分校的大党校办学体制,完善管理办法。县级分校运行正常,实现日常工作指导和培训计划、班次学制、科研协作、师资调配、教学评估统筹的"一指导五统筹"管理模式。完善理论资政刊物《中卫论坛》运行办法,全年发行4期,编发具有地域特色和咨政效能文稿34篇。提升"中卫市廉政研究教育基地"运行水平,围绕"清廉中卫"建设开展理论研究、宣传教育、成果展示,开发"党性暨廉洁教育微课堂";利用党校计算机室配合市纪委设立"新任职领导干部考廉室",全年应考领导干部21批次246人次;组织开展党风廉政建设专题研究,完成调研课题15项,提交《清廉中卫建设工作机制研究》报告1项,开发廉政教育课件9个,专题讲座26场次,形成10人组成的专兼职理论研究宣教队伍,丰富廉政文化建设内涵。 （王文红）

【干部培训】 2016年,举办全市领导干部主体培训班、专题研讨班20期,培训人数2533人次;拓展培训服务功能,围绕云计算产业、全域旅游、现代农业等主题,开展社会化培训服务15期。坚持党校姓党,坚持质量立校,坚持从严治校,着力抓好主业主课,以"四规范四注重"切实提升培训质量和管理服务水平,即:规范办班模式,注重理论教育的系统性;规范培训学制,注重党性教育的实效性;规范培训方式,注重发挥学员学习的主体性;规范班务管理,注重引导良好的校风。 (张 峰)

【教学科研】 深化"师资素质提升工程",着力提升教科研能力。完善教研管理服务职能,全年开展教学研讨活动25次,开发新专题30个;实施内引外联,分别送1名干部到基层挂职村第一书记、1名干部到区党校培训部挂职工作;外派13人次赴中央党校、清华大学、广西党校、自治区党校等参加培训进修;举办全市党校系统优质课评比交流活动2次。(李小刚)

【理论成果】 执行理论文章撰写帮扶指导和奖惩机制,完成调研报告15篇;在市级以上党报党刊、学术期刊发表理论文章41篇,其中《宁夏日报》刊发3篇,被市领导认可并批示3篇。编撰刊发通讯信息52篇,其中《宁夏党校报》12篇、《中卫日报》20篇,其他载体20篇;编发《党校工作信息》20期88条。组织参加理论征文活动5次,获奖14篇,获得宁夏党校、行政学院"以五大发展理念统领四个宁夏建设主题征文活动"优秀组织奖,被宁夏党校评为"全区党校系统教学科研工作先进集体"。 (李小刚)

【理论宣讲工作】 承担并履行中卫市讲师团工作职能,围绕中央、区、市重大决策部署,组织开展十八届五中、六中全会,市委三届七次全会,市委第四次党代会精神,"两学一做"学习教育,纪念建党95周年、红军长征胜利80周年三大主题宣讲等4个轮次宣讲111场次。 (李小刚)

【干部函授学历教育】 新招开办宁夏党校2016级研究生班1个。在校干部学历班4个,在校学员110名,实现研究生、本科、专科大连贯,位居全区前列。
(冯元东)

【社会公益事业】 组织科级以上干部深入沙坡头区迎水桥镇南长滩村、鸣沙村结对帮扶,争取资金259.8万元,实施南长滩村人畜饮水改造工程、垃圾处理场建设、文化健身、老梨树保护、鸣沙村农户贷款、农家乐、环境卫生整治等项目。单位资助鸣沙村1.8万元,举办培训班3期,党课讲座4次,入户走访44户,开办农家乐15户。建立帮扶"工作清单"和联络员制度,指导制定《三河镇学梁村脱贫三年规划》,探索"扶贫+"精准扶贫路径,建立飞牛养殖、农业机械、金融扶贫等模式;机关17名帮扶干部分批进村入户9次,驻村工作63天,实地慰问90户次1.8万元,支持村阵地建设资金2.83万元,为贫困户办实事22件,完成调研报告2篇,开发精准扶贫讲座专题2个,举办专题培训班2期,送党课6场次。 (王文红)

【政风行风建设】 在原有九大类116项规章制度基础上,进一步做好制度废改立工作,新建制度14项,修订3项,废除6项,切实做到用制度管人、理事、治校。召开专题会议,研究制订工作方案,在部室效能目标管理、党风廉政建设中纳入政风行风工作责任,强化督查考核;建立职能部室工作规范流程,完善服务质量反馈机制,健全政风行风建设工作制度;参与《政风行风热线》栏目,组织召开政风行风建设工作评议座谈会;开展群众评议机关和领导干部活动,校风、教风、学风得到质的提升。 (张巧荣)

【新党校建设】 完成市委党校建设项目环保、防雷、消防等验收和整体竣工验收备案,工程财务决算通过审计确认;完善和规范社会化服务运行机制,干部教育培训保障能力和服务水平得到有效提升。海原分校完成新校区装修搬迁工作,中宁分校迁建工作列入议事日程。强化绿化管理工作,实行社会化维护,栽植桧柏等各类树木200余株,补种草坪350平方米,维修养护工作更趋科学化。投资20余万元,建成校园体育灯光球场。 (陈国强)

【机关党的建设】 全年发展预备党员2名,新招录干部3名,召开专题民主生活会1次、组织生活会2次。在职党员亮身份进社区,开展志愿服务36人次。深化"强我素质优化培训"党建特色品牌创建。在市直机关工委基层党组织星级评定中实现目标进位,被评为三星级基层党组织。 (张巧荣)

【精神文明创建】 2016年,机关工会工作正常开展,"职工之家"健全完善,被命名为"宁夏总工会中卫党校书屋",争取到自治区总工会投入5万元,配置电脑、图书等。9月中旬,参加全区党校行政学院系统第一届文化艺术节,获优秀作品奖2个。经选拔推选3名选手参加市政协提案工作及市直机关"党在我心中"主题演讲比赛,分别获得一、二、三等奖各1个。
(卢大同)

科学技术

综 述

【概况】 中卫市科学技术局（知识产权局）是市人民政府主管全市科技、信息、专利工作和统筹协调涉外知识产权事宜的工作机构。根据《中共中卫市委办公室 市人民政府办公室关于印发〈中卫市科学技术局主要职责内设机构和人员编制规定〉的通知》（卫党办发〔2014〕90号）精神，中卫市科学技术局（挂中卫市知识产权局牌子）内设办公室、工业科技科、农村与社会发展科技科、知识产权科4个科室，领导职数为1正2副，共核定行政编制8名。根据市机构编制委员会办公室《关于设立中卫市科技信息服务中心的通知》（卫编委发〔2015〕12号文件），设立中卫市科技信息服务中心，为中卫市科学技术局所属正科级事业单位，核定全额预算事业编制6名，核定科级领导职数2名。截至2016年12月底，实有财政供养事业编制人员5名。 （王 华）

【科技创新项目】 坚持把科技创新项目作为推动科技创新工作的有力抓手。2016年，围绕中卫市以电解金属锰为代表的冶金产业，以蛋氨酸为代表的精细化工业，以N型单晶硅为代表的新材料产业，以枸杞产品系列开发为代表的农产品加工业，以光伏风电为代表的新能源产业，共组织实施科技项目134个，资金9652.83万元。天元锰业四期、紫光蛋氨酸一期、协鑫一期、今飞汽车轮毂、利安隆高分子助剂等一批具有自主知识产权、市场竞争力强、支撑经济发展作用明显的科技成果转移转化示范项目为中卫市产业转型追赶提供科技支撑。云计算和大数据产业从无到有、逐步壮大，信息"高速公路"和数据中心技术水平国际领先，亚马逊AWS等140余家高科技企业"云"集中卫，为中卫市实现弯道超车提供新动能。"压砂瓜水肥高效利用及压砂地持续利用研究与集成技术"和"宁夏枸杞果酒酿造关键技术及应用"2项科研项目荣获2016年自治区科学技术进步一、二等奖。
（王 华）

【科技园区建设】 一是全面完成宁夏中关村科技产业园建设。积极争取国家专项建设基金7500万元，建成中关村中卫园，已有亚马逊AWS、上海澄美等27家高科技企业入驻开展创新、研发和产业孵化，还有50多家科技型企业申请入驻，逐步形成以云计算、信息服务、军民融合为核心的一个总部聚集、办公研发、产业孵化于一体的高科技园区。全国各地已有334批7540人次前来考察交流学习，成为中卫转型追赶、新兴产业培育及招商引资对外科技合作交流的创新平台。二是推进宁夏中卫国家农业科技园区建设。宁夏中卫国家农业科技园区被科技部认定为第七批国家农业科技园区。园区按照"核心区—示范区—辐射区"3个圈层的空间布局，着力打造优质枸杞、特色瓜菜、生态草畜和精品苹果4个产业区。组织实施"中卫国家农业科技园区综合信息服务平台构建""枸杞病虫害监测预报及安全防控技术集成与示范"等4个自治区国家农业科技园区专项项目。科技支撑引领特色优势产业发展能力日益增强。 （王 华）

【科技创新平台】 成立兰州大学中卫高新技术研究院，中卫工业园区初步通过自治区级高新技术产业开发区认定，启动运行中卫市中小微科技型企业公共服务平台，2016年建成国家级高新技术企业1家，自治区级科技型中小企业12家。全市共有国家高新技术企业3家、自治区科技型中小企业37家，建成企业技术中心等各类科研平台32家。 （王 华）

【科技成果转化】 大力提升企业科技成果转化能

力,实现科技资源优势向科技经济优势转变。宁夏紫光拥有生产DL-蛋氨酸的专利60多项,生产工艺和技术已达到国际同类先进水平,约30%产品远销中东、南美、东南亚等40多个国家。宁夏协鑫太阳能单晶硅棒项目,转化应用先进的CCZ连续加料直拉单晶技术,光电转换效率达到23%,居国际国内同行业首位;引进的生产物流系统智能化管理,实现光伏产业供应商、应用商上下游全产业链数据的互通互联,使产品具备很强的市场竞争力。宁夏天元锰业集团四期30万吨电解金属锰及配套项目实现生产自动化,具有自主知识产权,填补国内外电解金属锰生产领域的空白。

(王　华)

【科技特派员】　全市共有科技特派员449名,科技特派员创办实体193家,自治区科技特派员创业基地暨农业科技示范园区2家,引进农业种养新品种87个,示范推广新技术51项。科技特派员示范引领作用进一步凸显,宁夏科技特派员创业基地——宁夏万齐农业股份有限公司2016年在北京"新三板"上市。

(王　华)

【知识产权工作】　2016年,全市专利申请量583件(其中职务发明393件、非职务发明190件;发明专利321件,实用新型专利222件,外观设计专利40件);授权量184件(其中职务发明111件,非职务发明73件;发明专利21件,实用新型134件、外观设计29件)。培育国家级知识产权示范企业1家,国家级知识产权优势企业3家,国家级知识产权保护规范化培育市场1家,自治区级知识产权示范企业3家,自治区级企事业知识产权试点单位8家,企业专利专员28名。每万人拥有发明专利达1.104件。宁夏紫光天化蛋氨酸有限责任公司"蛋氨酸结晶分离系统及结晶分离蛋氨酸工艺专利"2016年10月份荣获全国第十八届专利优秀奖。

(王　华)

【对外科技合作】　积极与兰州大学对接,就兰州大学中卫高新技术研究院与中卫市企业联合开展研发达成共识。兰州大学中卫高新技术研究院帮助宁夏紫光天化蛋氨酸公司建设博士后流动站或创新研发中心,帮助解决污水处理及上下游产品配套等问题,帮助宁夏蓝丰、利安隆两家企业进行技术开发和技术攻关。与宁夏科学技术发展战略和信息研究所签订《科技信息服务合作协议书》《宁夏创新方法应用推广服务基地中卫工作站建设战略合作协议书》,并在中卫市设立"双创服务窗口""宁夏创新方法应用推广服务基地中卫市工作站"。全市600余家企业与中国科学院、清华大学等国内外大院大所科研机构签订技术合作协议910份。

(王　华)

【科技政策和科普工作】　先后制定《中卫市科技创新后补助项目管理暂行办法》《中卫市专利资助管理暂行办法》《中卫市科技型中小微企业认定管理办法》《中卫市加快科技创新型人才培养引进工作实施办法》和《中卫市引进科技创新团队实施办法》,为企业的发展营造良好的环境。主动与兰州大学中卫高新技术研究院合作,邀请10名兰州大学专家对中卫市化工企业研发人员和一线操作人员进行为期5天的工业基础与色谱知识培训,有效提高企业的研发水平和工人的操作水平。与宁夏科学技术发展战略和信息研究所合作,面向科技型中小企业举办《科技创新后补助政策》《TRIZ创新思维》等培训班。同时,通过送出去培训等方式,加大对企业科技人才的培养力度。先后有20家科技型企业200余人次参加包括知识产权质押融资、企业知识产权管理规范"贯标"工作、企业研究开发项目鉴定管理办法、专利保护等方面的培训。

(王　华)

【党的建设】　市科技局结合"两学一做"学习教育活动,认真落实党建工作各项任务,不断加强领导班子建设,全面加强机关党的建设,为科技工作的创新发展提供坚强的组织保证。一是抓学习教育,强政治素质。全年中心组学习26次,专题辅导4场次,讲党课4次,举办专题讲座4次,形成调研报告5篇。联合市网信办举办全市网络安全与云计算大数据产业培训班。二是抓责任落实,提高干部执行力。认真开展"两学一做"主题教育活动,把党建工作和其他业务工作同部署、同安排,并年中督查、年底检查,及时解决党建工作中存在的困难和问题,做到党建、业务两不误、两促进。三是抓作风建设,促党风政风转变。全面落实"三会一课"、民主生活会,党务、政务公开等制度,实施阳光政务和政务公开,通过科技局网站对重点工作的各种环节向群众公布,不断增强工作透明度。班子成员深入基层进行调研,积极帮助企业分析和解决问题,推动科技工作的创新发展。

(王　华)

科学普及

【概况】　2016年,中卫市科协在市委、市政府的正确领导和自治区科协的精心指导下,以实施全民科学素质行动计划纲要为主线,紧紧围绕全市经济社会发

展大局,带领全市科技工作者,发挥优势、创新争先,各项工作取得新进展。（丁　军）

【科学普及活动】　积极组织开展"科普七进"、行业纪念日主题科普活动。2016年开展以科普进社区、进学校、进农村等为主的"科普七进"活动25场次,开展环保日、粮食日、科协会员日等行业纪念日主题科普宣传活动26场次,受益群众60000余人次。持续推进"科技专家下基层"活动。2016年邀请中卫市相关行业专家,在滨河镇碳场子村、中山社区等地开展各类培训讲座活动12场次。特邀宁夏医科大学硕士生导师戴秀英等专家教授,举办"慢性病防治健康知识"、中老年健康保健等高层次专题科普讲座4场次。（丁　军）

【基层科协组织建设】　推荐上报全国"基层科普行动计划"项目6个,获批3个,获奖补资金60万元。推荐上报自治区"科普惠农兴村计划"项目7个,获批3个。积极开展科普示范单位创建活动,2016年命名表彰市级科普示范单位23个,其中:科普示范镇2个,科普示范村11个,科普示范社区3个,科普示范基地3个,科普示范学校4个,创建自治区级科普示范学校2所。指导6家优秀农技协试点开展农技社会化服务工作,总结试点经验,印发《关于支持农村专业技术协会开展农技社会化服务的实施意见》《关于在全市创建2.0升级版农村专业技术协会的意见》,2016年新成立农技协10家,创建规范化农技协5家。制定下发《2016年沙坡头区镇(乡)科协效能目标任务工作意见》,并按照镇(乡)秘书长年终绩效"442考核机制"进行考核。举办中卫市农技协理事长培训班,组织两县科协主席、沙坡头区镇(乡)部分科协秘书长及农技协理事长代表,共35人赴陕西省杨凌高新农业科技示范区考察学习,全面提升农技协工作水平。筹备成立中卫市老科技工作者协会,积极组织开展调研活动。2016年共上报建言献策3期,有两期分别得到自治区党委及中卫市委、政府领导的批示和转办。组织两县一区120余名科技辅导员赴吴忠参加为期两天的全区中小学科技教育骨干教师培训班,90余名科技辅导员赴银川参加2016年青少年机器人教练员培训班,不断提升科技辅导员水平。（丁　军）

【科技助力行动】　积极开展助力创新工程。制定《中卫市科协助力创新工程实施方案》,对沙坡头区、中宁县辖区5个工业园区20余家企业进行走访调研,征集助力创新课题30项,完成项目对接15项,签订合作协议2项。举办中卫市助力企业创新专家讲座暨项目对接培训班,培训全市助力创新骨干95人。新建企业科协3家、企业专家工作站4个。积极开展"科技助力脱贫攻坚行动"。邀请自治区农业推广研究员田玉平、宁夏农林科学院研究员王世荣等专家在海原县关庄乡政府、宋庄村分别就肉牛养殖、马铃薯、畜草种植技术进行讲座培训。积极推进"银会合作"项目。印发《关于优先扶持科协基层单位创业小额贷款的方案》,并安排20万元专项经费,通过"以奖代补"的方式,采取不同措施推进"银会合作"项目实施,促成协会贷款565万元,有效缓解农技协融资难的问题。积极搭建学术交流平台。指导市医学会举办首届"中卫市医学学术论坛"、市教育学会举办"青少年科学素质学术论坛"、市税务学会举办"从十年税收看中卫市域经济发展趋势"学术论坛,不断丰富学会活动,搭建交流平台,提升学会服务能力。（丁　军）

【青少年科技教育】　承办第31届宁夏青少年科技创新大赛暨第16届中国青少年机器人(宁夏赛区)竞赛,在青少年科技创新大赛中获得奖项66个,在青少年机器人竞赛中获各类奖项32个。组织开展市级青少年科技创新大赛和机器人竞赛;开展第二届中卫市中小学校科普剧竞赛展演活动,并推荐6部优秀剧目参加全区大赛,获一等奖1个,二等奖2个,三等奖1个的全区最好成绩;组织开展青少年科学影像节、高校科学营、流动科技馆展览、首届中卫市青少年科学节、第二届中卫市青少年科普知识竞赛等活动。申报中国科协科技馆免费开放补助项目,获补助资金106万元。（丁　军）

【科普信息化】　积极实施"互联网+科普"工作。对中卫科普网进行改版升级,开通中卫科协微信公众平台,同时与"天天网"合作,及时发布各类科普信息、科协工作动态,宣传优秀科技人才。加强与中卫电视台、《中卫日报》、中卫广播电台等新闻媒体的合作,在中卫电视台播放《健康教育专题片》《健康面对面》《科普大篷车》《田园风》等科普栏目260期,在《中卫日报》刊发《水城科普》110期,广泛普及科学知识。编印《中卫科普》期刊4期,20000册,《转型升级、创新发展——中卫市域经济发展论坛文集》600册,编发《反邪教警示教育与科普宣传》期刊4期20000册。编印科普宣传台历2000本。（丁　军）

【优秀科技人才培养举荐表彰】　2016年表彰市级科普工作先进集体24个,科普工作先进个人28个。对在全国、自治区各类青少年科技活动中获奖的76名青少年、22名科技辅导员、3所成绩突出的学校进行表彰奖励。联合推荐享受自治区政府津贴人选2人、宁夏青年科技奖人选1人、宁夏青年科技人才托举工程人选3人、中国科协第七届"全国优秀科技工作者"2人,大力弘扬社会主义核心价值观,营造崇尚科学、尊崇科技人才的良好社会氛围。(丁 军)

【自身建设】 认真履行"一岗双责"、全面落实"主体责任",切实做好党建、党风廉洁建设、精神文明等各项工作。扎实开展"两学一做"学习教育、中央八项规定精神"回头看"、"廉洁自律,廉洁从政"等工作,努力提升新常态下科协"四服务能力"。扎实开展机关干部联系帮扶贫困户、定点帮扶和结对共建活动。筹资5000元帮助迎水桥镇长流水村修筑引水槽,慰问贫困户、老党员20户,慰问款物折合现金12000余元。积极组织干部与帮扶的海原县关庄乡宋庄村36户贫困户联系,进村入户,建档立卡,献策出力,组织开展实用技术培训2期,发放科普资料500余份,慰问款物7000余元。组织市爱国拥军促进会、沙坡头区部分农技协、市义工联合会等6家单位70余人到驻卫部队外训分队驻地,开展"科技拥军"慰问活动。

(丁 军)

气 象

【概况】 2016年全市气象系统现有在职职工65人,其中副研级高级工程师6名,工程师39人;本科以上学历53人,占全局总人数的81.5%。

(徐江华)

【天气概况】 2016年中卫市气温偏高,降水偏多。从2015年12月份开始,先后经历冬春两季降水明显偏多、首场透雨出现时间早、灌区高温出现早、秋末冬初频繁出现大风寒潮灾害性天气、阶段性气象干旱严重等一系列异常气候事件,并出现大雪、大风、霜冻、暴雨、冰雹、高温、干旱等灾害性天气,对中卫市农业生产及人民生活造成严重损失和影响。气温:全市平均气温为11.2℃,较历年值偏高1.5℃,平均气温为1961年以来第四高值。其中,沙坡头区、中宁、海原年平均气温分别为11.6℃、12.6℃、9.5℃。除1月和5月外,其他月份全市平均气温均高于历史同期,3~4月偏高幅度最大,为2.6℃~2.8℃,汛期(6~8月)则偏高1.6℃~2.6℃。降水:全市累计平均降水量为312.2mm,较历年同期偏多74.2mm(31%)。其中,沙坡头区、中宁、海原累计降水量分别为259.0mm、209.6mm、468.1mm。沙坡头区、中宁、海原较历年同期分别偏多79.4mm、7.5mm、100.8mm。

(徐江华)

【单位组织机构】 中卫市气象局内设办公室、业务科技科、计划财务科、政策法规科4个职能科室,下设气象台、气象服务中心、大气探测技术保障中心和人工影响天气中心4个直属事业单位。下辖沙坡头区气象局、中宁县气象局、海原县气象局和兴仁气象站。

(徐江华)

【气象服务】 主要担负地面气象观测、酸雨观测、预报服务、雷达监测、生态与农业气象监测、人工影响天气、气象行政许可等工作。主要开展干旱、暴雨、霜冻、干热风、低温冷害等预报服务,对外发布《重要天气报告》《气象信息专报》《重要天气警报》《气象灾情快报》和《气象生态监测评估》等多类决策服务材料,全年共制作各种气象服务材料927期。市、县局均开通官方气象微博、微信。将微信新媒体移动互联技术与气象服务相融合,开发中卫市公众气象服务平台,2016年7月正式上线运行。

(徐江华)

【气象"十三五"规划】 智慧气象工程纳入《中卫市国民经济和社会发展第十三个五年规划纲要》基础设施重点项目中;"加强气象服务体系及防灾减灾能力建设"被纳入规划内容;"智慧气象"信息惠民工程被纳入《中卫市2016年农业农村工作要点》中;"完善气象为农服务监测网站、农业气象灾害防御和服务体系建设,实现气象环境动态监测和预报预警""抓好气象预警、防灾减灾,提高社会治理能力,促进社会事业全面进步"等内容均纳入到县(区)级政府"十三五"规划中。市、县(区)均编制气象事业发展"十三五"规划,并通过地方政府正式印发。

(徐江华)

【人工影响天气】 全市共建成固定火箭高炮增雨防雹作业点18个,人影移动作业点32个,布设人影火箭32部,配置人影炮弹保险柜22个,人影作业人员46人。

(徐江华)

【精神文明建设】 2016年,中卫市气象局被市委组织部评为全市先进基层党组织,1人在全区气象部门"迎五四"青年英语风采大赛活动中荣获三等奖,1人荣获全市"六五"普法先进个人,2人荣获中卫市直机关工委"党在我心中"演讲比赛三等奖。

(徐江华)

文化体育

综 述

【概况】 中卫市文化体育新闻出版广电局内设7个科(室),即:办公室、文化科、体育科、新闻出版科、广播影视科、市场法规科、计划财务科。核定行政编制9名,参公事业编制12名,工勤人员1名,实有人员19名。局直属事业单位5个,即:市文化市场综合执法队、市文化馆、市图书馆、市文物管理所、市体育中心,核定事业编制58名,实有人员55名。局党委下属6个党支部,有党员51名,其中女党员18名,男党员33名。2016年,文化体育新闻出版广电工作坚持"以文化人、以文惠民、以文兴市"的新理念,紧盯年度工作目标任务,抓重点、攻难点、创亮点,全面完成年初确定的目标任务。全市文体新广电基础设施明显改善,公共文化服务体系进一步完善,文体活动丰富多彩,文艺创作精品不断,非遗保护扎实有效,文化市场繁荣有序,广电惠民稳步推进。 （陈继强）

【文化惠民】 组织开展"文化下乡惠民工程"演出1072场次,演出节目5640多个。完成"美丽中卫·消夏文化节"广场文化演出186场次。开展送文艺进社区、进军营10场次。组织开展"激情广场大家乐""百姓大舞台"文艺下基层、送文化下乡等演出147场。开办"文化大讲堂"5期,开放免费服务项目10项,指导农村文化阵地开展各类文化活动20次,指导社区文艺团队开展文化活动15次。 （陈继强）

【群众文化】 举办中卫市春节军民联欢晚会、"正月正"大型社火展演、第二届舞龙大赛、首届"欢乐中卫"群众文艺会演、庆祝建党"唱红歌"大赛、第六届元宵花灯展、2016年文化部"春雨工程"陕宁两省书画展和"神州大舞台·走进魅力中卫"大型慈善晚会等系列文化活动。其中,社火展演参演人数达16000人,居历年参演人数之最;"元宵节"花灯展有花灯2000余盏,灯谜10000余条。"正月正"大型戏剧专场演出效果好、观众多、水平高,均创历届新高。选送13个群众文艺作品,参加全区"欢乐宁夏"群众文艺会演。其中,小品《到此一游》和《帮扶到底》分别获表演一、二等奖,广场舞《春到枣花香》、女生独唱《我爱你中国》、戏曲舞蹈《国色天香》获表演三等奖。 （陈继强）

【精品创作】 出台《中卫市获国家级和自治区级奖项文艺作品奖励办法(试行)》,激发民间创作热情,在市级以上报刊发表文艺作品300余件,在国家级、省部级展赛中入展、获奖100余件。《黄土地脊梁》荣获第八届优秀对农电视作品一等奖,《清水里的刀子》获得釜山电影节新浪潮大奖,电视剧本《枣园素事》荣获2016"夏衍杯"电影剧本征集"创意电影剧本奖"和北京电影学院文学系第13届金字奖"提名奖"。重新编排修改歌舞剧《回乡婚礼》,先后到陕西、广西、台湾进行演出。 （陈继强）

【公共图书】 2016年,市图书馆新购图书6万元3800余册,征订报刊4万元。历时2个多月,完成98000册馆藏图书条形码的升级、RFID标签转换工作。在长安社区、黄河花园社区、中山社区建成3个分馆,采购书架18个,图书6000余册,实现总馆分馆统借统还。成立中卫市作家著作馆,征集著作1000余册,涉及中卫籍作家60余人。社会各界力量向著作馆捐赠图书活动5次,捐赠图书9000余册,价值达30万元。建成数字图书馆,启动图书自助借还系统。完成全馆免费无线网络全覆盖工程及数据库的安装,图书馆网站访问量累计达141173次。 （陈继强）

【文化遗产保护与传承】 完成第三次文物普查,普查成果巩固扩大。加强对高庙、鼓楼、瓦窑遗址、瓷窑遗址及长城等重点地段的巡视检查。完成大柳树水利枢纽工程淹没区的文物调查工作和搬迁方案。在明长城沿线制作树立文物保护标志牌20多通、界桩150块。围绕"我们的节日"开展一系列传统文化和民俗文化教育普及活动,在春节、元宵节、清明节、中秋节等重点节日举办社火展演、舞龙大赛、龙舟赛、诗歌朗诵会等系列文化活动,使得一些优秀文化得到传承和宣扬。完成《中卫市非物质文化遗产名录》《中卫历史文物》《中宁民间文学》整理编辑和出版工作。举办形式多样的非遗宣传展览活动。

(陈继强)

全市非物质文化遗产代表性项目名录

一、国家级

传承基地(1个)

序号	基地	区(县)
1	花儿传承基地	海原县

传承项目(3项)

序号	项目	区(县)
1	回族山花儿	海原县
2	口弦	海原县
3	泥哇呜	海原县

二、自治区级

传承基地(2个)

序号	基地	区(县)
1	黄羊钱鞭传承基地(中宁三中)	中宁县
2	张庄舞狮传承基地(中宁八小)	中宁县

传承项目(26项)

沙坡头区(8项)

序号	项目	区(县)
1	祭河神	沙坡头区
2	香山水会	沙坡头区
3	舞龙	沙坡头区
4	羊皮筏子制作技艺	沙坡头区
5	剪纸	沙坡头区
6	手工地毯制作技艺	沙坡头区
7	中卫泥塑	沙坡头区
8	古建筑彩绘技艺	沙坡头区

中宁县(5项)

序号	项目	区(县)
9	中宁舞狮(张庄舞狮、刘庙舞狮)	中宁县
10	隋唐秧歌	中宁县
11	中宁蒿子面	中宁县
12	枸杞传统栽培技术	中宁县
13	黄羊钱鞭	中宁县

海原县(13项)

序号	项目	区(县)
14	回族山花儿	海原县
15	口弦	海原县

续表

序号	项目	区(县)
16	泥哇呜	海原县
17	回族传统婚礼	海原县
18	打梭	海原县
19	胡湾舞狮	海原县
20	剪纸	海原县
21	刺绣	海原县
22	皮影戏	海原县
23	擀毡	海原县
24	回族砖雕	海原县
25	二毛皮制作技艺	海原县
26	方棋	海原县

三、市级

传承基地(14个)

序号	基地	区(县)
1	手工地毯制作传承基地	沙坡头区
2	古建筑彩绘传承基地	沙坡头区
3	泥塑传承基地	沙坡头区
4	舞龙传承基地	沙坡头区
5	羊皮筏子制作传承基地	沙坡头区
6	祭河神传承基地	沙坡头区
7	剪纸传承基地	沙坡头区
8	香山水会传承基地	沙坡头区
9	雕塑传承基地	沙坡头区
10	剪纸刺绣非遗传承孵化基地	海原县
11	中宁蒿子面(振铃蒿子面传习所)	中宁县
12	黄羊钱鞭(余丁乡黄羊村)	中宁县
13	中宁枸杞传统栽培技术(舟塔乡)	中宁县
14	隋唐秧歌(恩和乡曹桥村)	中宁县

传承项目(57项)

沙坡头区(38项)

序号	项目	区(县)
1	中卫泥塑	沙坡头区
2	建筑彩画	沙坡头区
3	木雕	沙坡头区
4	石雕	沙坡头区
5	砖雕	沙坡头区
6	窑匠传统技艺	沙坡头区
7	水会音乐	沙坡头区
8	王哥子放羊	沙坡头区
9	十二歌月(冰冻)	沙坡头区
10	龙舞	沙坡头区
11	单鼓舞	沙坡头区

续表1

序号	项 目	区(县)
12	狮子舞	沙坡头区
13	中卫皮影戏	沙坡头区
14	水车制作技艺	沙坡头区
15	羊皮筏子制作技艺	沙坡头区
16	二毛皮鞴制工艺	沙坡头区
17	《塞上江南》白酒酿造技艺	沙坡头区
18	肖记水面	沙坡头区
19	祭河神	沙坡头区
20	打铁花	沙坡头区
21	放河灯习俗	沙坡头区
22	沙坡头的传说	沙坡头区
23	民间绘画	沙坡头区
24	古建营造技艺	沙坡头区
25	浮雕技艺	沙坡头区
26	黑陶烧制技艺	沙坡头区
27	纸 扎	沙坡头区
28	中卫道情	沙坡头区
29	中卫庙会	沙坡头区
30	中卫社火	沙坡头区
31	燎疳	沙坡头区
32	水陆画	沙坡头区
33	剪 纸	沙坡头区
34	刺 绣	沙坡头区
35	杜氏擀毡	沙坡头区
36	麦草方格固沙法	沙坡头区
37	高氏煎脏	沙坡头区
38	赵氏归元疗法	沙坡头区
中宁县(11项)		
39	枸杞传说	中宁县
40	中宁舞龙	中宁县
41	咪 咪	中宁县
42	蛋 雕	中宁县
43	剪 纸	中宁县
44	刺 绣	中宁县
45	舞狮制作	中宁县
46	碾馔子	中宁县
47	枸杞酒	中宁县
48	枸杞膏	中宁县
49	石空大佛寺庙会	中宁县
海原县(8项)		
50	回族砖雕	海原县
51	硒砂瓜栽植技术	海原县
52	箍 窑	海原县
53	高崖高跷	海原县

续表2

序号	项 目	区(县)
54	曹氏武术	海原县
55	训鹞鹰	海原县
56	木 雕	海原县
57	面包羊羔肉	海原县

【文化市场监管】 开展"两项清单"编制工作,共梳理出文化市场综合行政处罚类134项,行政强制类1项,行政检查类2项;在全市启用文化市场综合执法网络办公系统;开展文化市场日常巡查2370家次,专项行动8次,联合检查4次,立案查处16起,协助区执法局办理国家文物局督办案件1起,上报国家文物局和文化部参评案件各1件。被国家文物局评为2016年度全国文物行政处罚案卷评查十佳案卷。对市区500余家文化经营单位实行"一户一档"户籍化管理,切实筑牢安全工作基础。 (陈继强)

【文化体制改革】 在全区率先推行乡镇综合文化站"公建民营公助"管理运行模式。推进文化馆和歌舞团融合发展,采用PPP模式建成中卫市数字巨幕影厅。体育馆"管办分离"实施双轨式运行管理,进一步释放发展活力。实施政府购买文艺节目等文化服务项目和文化产品,在丰富文化惠民内容的同时,扶持全市各类艺术团队发展。 (陈继强)

【文化产业】 出台《中卫市重点文艺项目扶持办法(试行)》,获得150万元"民办公助"国家级公共文化示范项目一次性扶持资金,扶持发展专业团体4个,业余文艺团队86个。2016年文化产业增加值达7.2亿元,占GDP比重2.28%,位居全区第二。文化产业经营门类达15大类20多个行业,从事各类文化产业的经营机构达1200家,从业人员5.5万人。全市形成图书音像、出版印刷、剪纸刺绣、奇石古玩、仿古地毯、回族服饰、演艺娱乐等行业在内的综合性文化产业体系。 (陈继强)

【公共文化阵地建设】 投资365万元,在大河之舞黄河宫建成中卫市体育公园,总占地面积46562.6平方米,包括5人足球场2个、网球场2个、篮球场2个、羽毛球场2个,成为全区唯一旅游、休闲、运动为一体的综合性休闲健身公园;在中卫黄河大桥南岸建成中波试验台,总占地35亩,可转播发射5套中波广播;推进文化馆和歌舞团融合发展,采用PPP模式建成中卫市数字巨幕影厅;新建乡镇文化站3所,文化大院2个。建成大麦地文化产业园黄河奇石文化馆,沙坡头水镇海原非物质文化遗产展示馆。 (陈继强)

【公共文化服务体系建设】 认真落实免费开放政策,实现市、县图书馆、文化馆、乡镇文化站、村文化室、农家书屋、电影放映点全部对外免费开放和体育馆低收入开放。新安装体育健身器材61套638件。新建10个农村电影室内固定放映点和3个图书馆分馆。成功召开文化馆一届二次议事会和图书馆一届二次理事会。2016年,共有乡镇标准化综合文化站32个,村级文化室442个,社区文化室26个,专业体育场馆5个,数字农家书屋452个,各类文艺表演团队432个,专业文艺院团3个,业余文艺团队90个,艺术培训基地38个、文化中心户95个,各类社火表演队349个,各级体育协会60个。　　（陈继强）

新闻出版

【出版物市场】 全年共审批、办理(换发证件)印刷企业、音像制品经营许可证15家,内部资料出版物44个。对全市的37家印刷企业,出版物、音像制品经营企业进行年度核验;建立"扫黄打非"联席会议制度和网上"扫黄打非"联席会议制度。开展"扫黄打非"净网2016、护苗2016、固边2016等专项集中整治活动5次,销毁各类非法出版物2200余册(盘)。
　　　　　　　　　　　　　　　　　（陈继强）

【正版化软件】 在中卫电视台、中卫城市频道深入宣传软件正版化,在法制宣传日开展打击盗版,保护知识产权宣传。举办全市机关单位推进使用正版软件工作培训班。对全市66个机关单位中的37个机关单位的使用正版软件情况和长效机制建设情况进行检查,进一步督促各单位加强重视,提高认识,真正将正版软件推进工作提上日程。　　（陈继强）

体　育

【体育赛事】 成功举办第十五届环青海湖国际公路自行车赛中卫赛段个人计时赛、2016"沙坡头杯"第三届全国大漠健身运动大赛、"一带一路"国际女子沙滩排球精英赛、西部八省围棋赛等国际、国内知名赛事。其中,大漠健身运动大赛有来自全国25个代表团980名运动员参加,运动员数量居历届之最,本届大赛对于深入开发和推进全民健身新项目、拓展沙漠体育新领域、深化全民健身新内涵、提升中卫和沙坡头旅游景区的影响力和美誉度具有十分重要的意义,被国家体育总局社体中心评为全国地方品牌优秀赛事(全国仅有2个)。　　（陈继强）

【群众体育】 深入开展"虎虎体育杯"迎新春全市乒乓球、羽毛球比赛,中小学生篮球、足球比赛,市直机关乒乓球、篮球比赛以及全市健身季和健身节系列体育赛事活动。积极组队参加全区全民健身活动,并且荣获2016年宁夏迎新春全民健身季活动二等奖和柔力球大赛二等奖。　　（陈继强）

广播影视

【广播电视】 加强对中卫电视台和有线电视网络公司的业务指导与监督管理,组织参加全国宣传管理工作视频工作列会32次。开展打击境外电视网络接收设备专项治理行动。加强对两县一区电视台、网络公司安全播出的监督检查。深入开展"讲文明、树新风"公益广告宣传,依法查处低俗、违规广告,及时有效地制止违规播放广告的行为。组织全市专题会议,加强对"户户通"用户设备的延保服务,及时处理好管理中存在的问题,确保"户户通"用户都能收看到中央和地方电视台50套以上节目。　　（陈继强）

【农村数字电影放映】 新建农村数字固定放映点10个(中宁县3个,海原县3个,沙坡头区3个,海兴开发区1个),加强对两县两区电影放映工作的监督管理。超额完成电影放映任务7000场次,保证全市442个行政村每月1场电影。　　（陈继强）

广电网络

【概况】 宁夏广播电视网络有限公司中卫分公司于2007年3月正式成立,隶属宁夏广播电视网络有限公司,实行企业化管理、产业化运营模式。公司现有员工33名,下设综合办公室、网络运行维护部、工程建设部、营业部、市场部5个部室。主要负责中卫市沙坡头区有线电视网络的建设开发、经营管理和维护工作,负责有线数字电视节目传送、视频点播及网络信息服务等业务;负责公共服务直播卫星"户户通"的维护与管理等工作。　　（尚淑琴）

【网络规划建设】 公司共建设有线电视主、分前端各1座,网络延伸覆盖东至柔远镇刘台村,西至机场路,北至铁路以北城北地区,南至新区滨河大道,网络覆盖面积40多平方公里,是公司成立之初的3倍。伴随着信息技术的不断发展,公司集中人力、物力逐步对原有网络进行双向升级改造,2016年8月,正式启动中卫市沙坡头区宽带乡村及中小城市基础网络完善工程项目建设,实现全市宽带网络和广播电视服务的全覆盖。　　　　　　　　　　　　　　(尚淑琴)

【业务发展】　　有线电视已具备高清、宽带、点播、回看、时移、3D、互动游戏等更多、更丰富的内容和服务功能,共有150多套节目,其中高清频道50套,是集电视节目+信息+服务+娱乐为一体的综合性数字信息载体,真正实现老百姓"看电视—用电视—娱乐电视"的转变。2016年,为贯彻落实党中央、国务院《关于推动传统媒体和新兴媒体融合发展的指导意见》有关精神,由宁夏广电集团网络公司建设的一套融合报纸、书刊、广播、电视等传统媒体和网站、微博、微信、APP等新兴媒体于一体的综合性媒体服务平台——六盘云·智慧家庭云平台,通过云平台与信息化系统的联动,实现电视、手机、电脑和PAD等终端屏上互动、共享和展示功能,实现高清互动电视、视频通信、远程教育、远程医疗、电视商城等应用业务。
　　　　　　　　　　　　　　(尚淑琴)

【安全保障】　　广电网络的安全传输是一项政治任务,也是产业健康发展的"命脉"。公司始终坚持"安全第一,预防为主"的方针,严防死守、常抓不懈,并实行安全责任"一票否决制",一是建立完善的安全管理制度和流程,从源头上杜绝安全传输和安全生产中的隐患;二是逐级签订安全传输和安全生产责任书,层层抓落实,并将此工作列入年终考核,实行安全事故"一票否决制",严格奖罚;三是加大投入,强化培训,抓员工的安全防范意识和责任意识。(尚淑琴)

【社会公益】　　有线电视集舆论引导、文化娱乐和信息服务于一体,是宣传党的方针政策、传达政府政令的主要载体,具有政治属性和产业属性双重功能。多年来,本着服务于中卫经济发展、服从于广大民众的宗旨,中卫广电网络公司坚持及时跟进城市化建设步伐,以网路"无缝隙"覆盖服务功能、以高效便捷的优质服务标准、以诚实守信的经营管理理念,赢得中卫市委、政府及广大有线数字电视用户的支持和信赖。同时,为构建和谐社会积极承担社会责任,积极参与市委、政府倡导的扶贫帮困、助残捐资等社会公益活动。与所属社区——向阳社区对接,关注社区退休老干部、老党员的生活,送米、面、油等生活慰问品。
　　　　　　　　　　　　　　(尚淑琴)

文学艺术

【市文联一届十一次全委(扩大)会议召开】　3月9日,市文联一届十一次全委(扩大)会议召开,市文联全体委员、各文艺家协会秘书长以及受表彰的先进个人70余人参加会议。市委常委、宣传部部长陶雨芳出席会议并讲话。市文联党组副书记、副主席谈柱作题为《夯实基础,强化服务,努力开创文艺和文联工作新局面》的工作报告。会上,书面传达自治区文联七届九次全委会议和全市宣传思想文化工作会议精神,增补市文联一届委员会委员,对2015年度全市文艺工作先进集体和先进个人进行表彰奖励,签订2016年度协会工作目标管理责任书,中宁县文联、海原县文联、市作家协会、市音乐舞蹈戏剧家协会、市电影电视家协会分别作表态发言。　　　　　(李玉华)

【文艺志愿活动】　　春节前夕,市文联和市书法家协会、美术家协会、民间文艺家协会组织协会会员深入乡镇、社区、机关等地,开展"送春联送万福进万家"系列文艺志愿活动,义务为城乡群众书写、赠送春联,受到社会各界热烈欢迎和好评。1月25日,市书法家协会和中卫市义工联合会在宜居家园长安社区举办"送春联进社区"活动,为社区300多户居民免费义写义送春联。1月29日,市文联组织文艺志愿服务团参加全市"三下乡"活动,为当地群众送春联送"福"字。当日,市书法家协会组织书法家走进市城管局,为在冰雪天气中坚守一线的环卫工人们送春联,致以节日的问候和祝福。2月2日至3日,市文联、市直机关工委在市行政中心大楼组织"迎新春送春联"活动,为机关干部义写春联。共有60多名协会会员参与,义写春联6000余副。　　　　　　　　(李玉华)

【潘志骞书法作品应邀参展】　3月1日,韩国艺术殿堂书法博物馆重新修缮,韩国邀请我国100位书法家每人创作一幅表达和平美好祝愿的单字书法作品,以表达对韩方的祝贺之情,推动中韩书法交流。中卫市书法家潘志骞书法作品被邀其中。(李玉华)

【市民间文艺家协会采风活动】　3月26日,市民间文艺家协会组织会员走进海原,开展为期2天的定点创作采风。采风团一行参观海原地震博物馆、天都山石窟、菜园新石器时代文化遗址、西安州古城、成林文体大院和周国霞剪纸工作室,实地感受海原的发展和变化。　　　　　　　　　　　　(李玉华)

【领导调研】　5月14日,中共中央委员、中国作家协会主席铁凝一行来中卫,调研基层作协工作及中国作协沙坡头文学创作基地。市长万新恒,市委常委、宣传部部长陶雨芳,自治区党委宣传部副部长毛录,自治区文联党组书记、主席郑歌平等相关人员陪同调研。铁凝一行考察沙坡头"麦草方格"治沙工程,走进沙漠腹地亲身感受沙坡头独特的自然景观和人文景观,对中卫市"麦草方格"治沙和"五带一体"综合治沙工程体系给予高度评价。铁凝表示,中卫具有深厚的历史文化底蕴,民风淳朴,是一个古老而年轻、优雅而前卫的城市。铁凝希望广大文学工作者坚持以人民为中心的创作导向,深入基层,扎根人民,努力创作生产更多传播当代中国价值观念、体现中华文化精神、反映中国人审美追求,思想性、艺术性、观赏性有机统一的优秀作品;以充沛的激情、生动的笔触、优美的旋律、感人的形象创作生产出人民喜闻乐见的优秀作品,让人民精神文化生活不断迈上新台阶。当天,在中国作协沙坡头文学创作基地举行文学诗会,铁凝一行与区市文联、作协的部分作家、诗人及文学爱好者进行互动交流。　　(李玉华)

【马鱼"回归·故乡"画展】　　6月10日,当代独立艺术家马鱼2016年西部巡展第二站"回归·故乡"中卫展在宁夏阳光大麦地文化创意有限公司文化产业园艺术展厅开展。市人大常委会副主任刘林森、李树茂等领导和600余名书画爱好者参加开幕式并参观画展。本次画展为期10天,共展出《大喇嘛》系列、《雪山》系列、《嚎叫》系列80余幅作品。在中卫展出之后还将在西安、丽江巡回展出。　　(李玉华)

【陕宁两省书画联展】　　6月14日,由文化部文化司、陕西省文化厅、宁夏回族自治区文化厅主办,西安市文化广电新闻出版局、中卫市文化体育新闻出版广电局、西安市高陵文体广电旅游局、中卫市文联承办的2016年文化部"春雨工程"陕西文化志愿者宁夏行"塞上江南写丹青"陕宁两省书画联展在市文化馆开展,中卫市500余名书画爱好者参观展览。此次展览为期4天,共展出两省书画家300余件书画作品。期间,陕宁两省艺术家举办书画创作交流座谈会和笔会。　　(李玉华)

【毛体书法展】　　7月15日,由市文联主办,市文化馆、市书法家协会承办的"纪念中国共产党成立95周年暨中国工农红军长征胜利80周年"毛体书法作品六省巡回展在市文化馆开展。市委常委、宣传部部长陶雨芳,市人大常委会副主任李铁路,副市长霍健明出席开展仪式,300余名书画爱好者参观展览。展览为期3天,共展出书画作品120件。这些作品全部出自中国毛体书法家协会会员之手。　　(李玉华)

【全区扇面书画作品巡展】　　8月2日,由宁夏文史研究馆、自治区文联、中卫市委、中卫市政府联合主办的"纪念中国共产党成立95周年暨红军长征胜利80周年"全区扇面书画作品巡展在市文化馆开展。自治区文史馆副馆长曾玉强,自治区文联副主席刘伟,市委常委、宣传部部长陶雨芳出席开展仪式并参观展览。此次扇面书画作品展在中卫展出5天,汇聚宁夏30多位书画名家以描绘和展现宁夏人文风貌为主旨的书画作品百余件,包括书法、花鸟、山水、人物等。
　　(李玉华)

【"中卫新十景"系列采风写生活动】　　为进一步提升中卫市美术创作水平和旅游景区文化内涵,助力"中卫新十景"对外宣传推介,市美术家协会按照市文联关于组织文艺工作者深入生活扎根人民蹲点采风活动的安排,精心策划,组织两县一区10余位艺术家深入"中卫新十景"开展系列采风写生活动。采风写生团先后深入中卫香山、北长滩和高庙,海原南华山,中宁枸杞园、大河之舞主题公园、中卫寺口、金沙岛等景区采风写生,创作推出一批优秀旅游文化艺术作品,着力营造好浓厚的旅游文化氛围,有力促进中卫旅游产业发展。　　(李玉华)

【首届宁夏书画文化节】　　9月1日,由中国石油宁夏石化公司园林工程公司主办的"绿色宁化首届宁夏书画文化节"在宁夏石化公司中卫碳减排基地举行,来自银川、中卫两市的20余名书画名家参加活动。活动期间,两市书画家们挥毫泼墨,联袂创作以"生态中国,美丽宁夏,人文中卫,绿色宁化"为宗旨的书画精品力作上百件。　　(李玉华)

【中国曲协专题研讨班】　　9月4日至10日,由中国曲协、自治区文联主办,宁夏曲艺杂技家协会、中卫市文联承办的第九期深入学习贯彻习近平总书记文艺工作座谈会重要讲话精神专题研讨班在中卫举办。中国曲协副主席、一级编剧崔凯,中国曲协副主席、山东快书表演艺术家郭刚,市委常委、组织部部长刘成孝等领导出席开班仪式,全区各市、县艺术剧院、文化馆、基层曲艺业务骨干、曲艺爱好者130余人参加培训。　　(李玉华)

【曲艺专场惠民演出】　　9月6日晚,由自治区文联、中国文联曲艺艺术中心、市文联举办的"到人民中去"曲艺专场惠民演出在市文化广场举行。市委常委、宣传部部长陶雨芳观看演出,区内外40余名曲艺表演艺术家们同台献艺,为中卫市广大市民送来高水平

的艺术精品。　　　　　　　　　　　（李玉华）

【职工书画摄影联展】　9月20日至25日，由银川市、石嘴山市、吴忠市、固原市和中卫市总工会联合举办的"展职工风采，绘多彩宁夏"书画摄影巡展在市职工文化活动中心展出。本次联展集中展出自治区五市职工书法、绘画、摄影作品300件。这些作品或描写盛世百业，或泼绘宁夏大好山川，笔力遒劲，水墨氤氲，异彩纷呈，抒发全区广大职工勇于创新、爱岗敬业、拼搏进取、积极向上的工作状态和精神风貌。在本次联展中中卫市摄影家协会、美术家协会、书法家协会会员的60件作品入展。其中，赵炜摄影作品《绣娘》荣获摄影类一等奖；潘志骞书法作品，王峰、周芳国画作品分获书法、绘画类二等奖；彭松涛书法作品，赵闯国画作品，雷新民、李新忠、靳兴虎摄影作品分获书法、绘画和摄影类三等奖，16件作品分获优秀奖。
　　　　　　　　　　　　　　　　（李玉华）

【文学创作培训暨采风活动】　9月26日至27日，市作家协会举办文学创作培训暨采风活动，50多名作协会员参加培训。本次文学创作培训特邀自治区著名作家、宁夏作家协会副主席季栋梁，著名诗人、宁夏作家协会副主席、宁夏文学院院长杨梓，著名红枸杞文学创始人、自治区文联专业作家严光星作专题讲座。他们就诗歌、散文、小说的创作谈自己的经验和方法，讲解选材、故事角度、人称、细节、感情等在创作中的作用和重要性，并就如何解决创作中遇到的问题提出解决的思路和办法。9月27日下午，参加培训的学员走进九龙湾风景区开展创作采风。　（李玉华）

【书法培训】　9月29日，"深入生活　扎根人民"全区书法巡回培训班在中卫市开班，80多名市书法家协会会员和书法爱好者参加培训。中国书法家协会理事、宁夏书法家协会常务副主席李洪义，中国书法家协会会员、银川市书法家协会主席陈国鸿，中国书法家协会会员、宁夏书法家协会主席团成员关宁国为本次培训班作集中授课和现场点评。他们就学习书法如何临帖、选帖、入帖、出帖，从笔墨纸张的应用到书法作品的格调的品鉴、认识以及当代与古代纵横向的对比等方面，结合自身多年书法创作，为学员进行综合、立体的剖析与解读。　　　　（李玉华）

【全国书画大赛作品展】　11月18日，由中共中卫市委宣传部、自治区书法家协会、自治区美术家协会主办，市文联、宁夏华城实业集团有限公司协办的"华城杯""丝路明珠·中卫"全国书画大赛作品展在市文化馆开展。中卫市委常委、宣传部部长叶宪静出席开展仪式并讲话，数百名观众观展。本次书画大赛以"开放宁夏、富裕宁夏、和谐宁夏、美丽宁夏"为主题，在突出中卫山水风光的基础上，展现"一带一路"建设成就，凸显"不到长城非好汉"的宁夏精神。大赛共收到全国各地的参赛作品1200余件，经大赛评委会认真评审，评选出77件书法、绘画获奖作品。（李玉华）

【书画诗歌交流活动】　10月30日，市书法家协会、宁夏大学在宁夏大学中卫校区大学生活动中心举办"师生书画诗歌交流会"。宁夏大学本部书画诗歌方面的部分专家、教授和市书协部分书法家参加活动。书画交流活动现场气氛热烈，大家联袂创作饱含宁夏地域风貌、展示中卫人文精神以及宁大校规、校训的书画作品上百幅，为校园文化注入文化内涵和精神活力，得到师生们的一致好评。　　　（李玉华）

【精神文明建设】　12月7日，市委宣传部、市文联召开中卫文艺界学习贯彻习近平总书记在全国文代会、作代会上的重要讲话精神座谈会。市委常委、宣传部部长叶宪静出席座谈会并讲话。座谈会上，全国第十次文代会代表，市文联党组副书记、副主席谈柱传达学习习近平总书记在第十次全国文代会、第九次全国作代会开幕式上的重要讲话精神和第十次全国文代会主要精神。与会文艺家协会负责人、文艺家代表结合学习讲话精神和各自艺术创作经历，作交流发言。　　　　　　　　　　　　　（李玉华）

【参观中卫市重点产业发展】　12月12日，市文联组织中卫市各文艺家协会负责人、文艺家代表，深入宁夏誉成云创数据中心、中卫市沐沙奶牛养殖场和云天产业园观摩学习，贯彻落实市第四次党代会精神。活动中，文艺家们全面、深入了解中卫市推动大数据、脱贫、旅游、文化、农业等重点产业融合发展情况，亲身感受到中卫市大数据产业和文化创意的独特魅力。纷纷表示，要进一步解放思想，开阔视野，立足时代，积极创新，在中卫这片热土上汲取生活营养、找寻艺术创作灵感，用自己真实的笔触描述、讴歌中卫城市建设取得的巨大成就，为中卫市"转型追赶、弯道超车"，加快建设开放富裕和谐美丽中卫做出积极的贡献。　　　　　　　　　　　（李玉华）

【文艺人才】　经中国曲艺家协会审议批准，中卫市曲艺家张强被吸收为中国曲艺家协会会员；市书协主席李钰华荣获2016年全国书法进万家先进个人。
　　　　　　　　　　　　　　　　（李玉华）

【文艺成果】　文艺书籍出版。创作出版文艺书籍6

部；诗集有刘乐生的《风吹雨打的天堂》、朱敏的《青铜铸造》；散文集有王对生的《烟火人生》、魏秀云的《滴水悠悠》、李占彦的《寻苗枸杞香》；长篇小说有莫如江的《莫家楼传奇》。文艺作品获奖发表。女作家朱敏创作的电影剧本《枣园素事》荣获2016"夏衍杯"电影剧本征集"创意电影剧本奖"、北京电影学院文学系第13届金字奖"提名奖"，微电影剧本《徐开吉当村官》获得首届"国土杯"全国微电影文学剧本创作大赛三等奖；王春艳美术作品《甜蜜假期》入选"希望的田野·2016中国农民画作品展"；俞学军、王峰、潘志骞书画作品入选"典藏之韵"宁夏书画名家作品展；周国霞剪纸作品入选由中国老区建设促进会主办、中国扶贫开发总公司承办的"全国首届革命老区特色手工艺品和农特产品展览会"。

(李玉华)

新闻传媒

【概况】 中卫新闻传媒中心为市委直属正处级事业单位，内设15个部室，即办公室、党群工作部、人事财务部、总编室、记者部、出版部、播出部、广播部、技术保障部、专刊部、网络运营部、新媒体研发部、经营管理部、专题部、新闻部，核定事业编制90名，现有从业人员180余人。现主办媒介有《中卫日报》、中卫电视台综合频道、中卫综合广播、中卫交通音乐广播、中卫新闻网站、云端中卫、中卫日报新浪微博和中卫日报腾讯微博，中卫日报掌上中卫、中卫日报·中卫大城小事、中卫新闻网、清廉中卫等微信平台，中卫日报掌上中卫微信，形成集纸质媒体、视频媒体、音频媒体、网络媒体、自媒体为一体的"1端16媒"宣传架构。

(张海霞)

【媒体融合】 一是对《中卫日报》、中卫电视台、中卫广播电台、中卫新闻网进行深度融合，对原有栏目、专题等核心业务全新包装、全新改版，强化"内容为王"这一主旨，突出民生意识、服务意识，唱响主旋律，传递正能量，实现新闻宣传的有序提升，推动传媒事业的大发展。二是全面统筹新闻业务宣传工作，对报纸、电视、广播、网络等媒体平台宣传业务进行统一报道部署，统一策划主题，统一组织采访，统一编发稿件，全媒体运作，实现各媒体平台宣传业务的无缝对接。三是修改完善《中卫新闻传媒中心工作人员量化考核办法》等制度，健全完善报纸、电视、广播、网络等媒体平台业务质量考核评价机制，提高业务质量，提升宣传水平。四是优化整合网站资源，改版升级中卫新闻网，添加《人民日报》《宁夏日报》《中卫日报》等各级党报数字报，以及《中卫新闻联播》《中卫早间新闻》《中卫午间新闻》等电视新闻栏目和中卫综合广播及中卫交通音乐广播节目，丰富网站资讯内容，实现数字报、广播、视频新闻于一体的多媒体播放效果。五是强化微信平台建设，在"中卫日报掌上中卫""中卫日报·中卫大城小事"和"中卫新闻网""云端中卫"APP平台增加电视新闻和广播节目，丰富微信平台发布内容，实现传统媒体和新媒体的互动互联，推动新媒体建设。传媒中心已实现新闻采集、编辑、录播各环节的流程再造，建立统一指挥调度的多媒体采编平台，实现新闻信息一次采集、多种生成、多元传播，推动传统媒体和新兴媒体在内容、渠道、平台、经营、管理等方面的全面深度融合。

(张海霞)

【新闻宣传】 一是常规宣传声势强大。围绕市委政府工作大局和传媒中心2016年宣传工作要点，制定50多个宣传方案。《中卫日报》开设《水城新闻》《经济》《社会》《水城论坛》《水城休闲吧》《水城新农村》《民生》《观察》《杞乡新闻》《回乡新闻》《沙坡头区新闻》等新闻专版。2016年，共出版《中卫日报》205期，重点栏目30多个，落实宣传报道方案50余项，坚持每期本地新闻版不少于7个，全年刊发本地新闻9000余条。2016年12月28日，《中卫日报》改版扩期为对开8版，每周出版5期，发行1.3万份。对中卫电视台《中卫新闻联播》《中卫早间新闻》《中卫午间新闻》进行改版升级，增设大量专题栏目，原创节目由原来的15分钟增加到65分钟，新闻资讯增长300%，专题专栏增长400%，新闻节目和专题栏目播出数量和质量都有明显提升。与此同时，加强驻站记者力量的充实，将每站由2人扩充到3人，并配备摄像机等采访设备，加强与两县广播电视台的衔接。同时出台《中卫新闻传媒中心外宣工作奖惩办法》，确保在《中卫新闻联播》里县区新闻量增加，实现中卫市、县（区）新闻宣传全覆盖。配合宁夏广电总台拍摄《新闻话题》2期，与央视驻站记者配合，在中央电视台《新闻联播》节目中播发有关中卫经济社会发展方面的新闻2条，在宁夏广电总台各频道播出新闻53条。二是重点宣传主题突出。2016年，传媒中心紧紧围绕市委、政府中心工作，结合全市"五位一体"总体布局、"四个全面"战略布局、"五大发展理念""建设五大城市""决胜全面小康 打赢脱贫攻坚战"等重大主题，在《中卫日报》新开设《贯彻落实两会精神 加快中卫科学发展》《贯彻落实市委全委会精神 加快中卫全面发展》《群众评议机关作风》《贯彻落实中央八项规定精神"回头看"》《积极融入"一带一路"、加快建设开放中卫》《大交通、大物流》《生态中卫》《法治中卫》《美丽城市建设在行动》《践行社会主义核心价值观》《活力实力中卫》《清廉中卫》《建立容错机制 鼓励干事创业》《点赞基层党建负责人》等20多个阶段性栏目和《推进"两学一做"学习教育》《纪念建党95周年暨红军长征胜利80周年》《加强环境整治 建设美丽中卫》《全域旅游》等6个重点宣传栏目,有力地推动全市经济社会科学发展、创新发展、跨越发展,为建设开放富裕和谐美丽新中卫营造良好的舆论氛围,收到良好的宣传效果。三是广播宣传形式多样。2016年,传媒中心对"综合广播"和"交通音乐广播"分别进行大幅度的改版。综合广播开设《中卫新闻联播》《独家记忆》《夜空之城》《娱乐大咖秀》《新闻六十分》《健康有道》《主播关注》等11个栏目;中卫交通音乐广播开设《927资讯快车》《畅行927》《音乐伴你行》《音乐好时光》《青春正能量》《中卫文化沙龙》等11个栏目,以上22个栏目分别播出230期。其中:在"综合广播"播出本市新闻1241条,"交通音乐广播"播出新闻1230条,播出交通类新闻800多条,各类交通类信息400多条。在做好节目的同时,广播部第一次组织听友与广播主播的互动见面和大型户外踏青"蓝天计划"活动;中卫交通音乐广播与中卫爱心车队及雷锋车队共同组织实施"爱心送考"活动,并与宁夏交通广播联合开展给中卫交警和环卫工人送爱心粽子的"浓浓端午情"活动。在6月至9月份期间,中心交通广播和市纪委(监察局)、市委宣传部、市直机关工委开办《机关作风上线》,直播节目75期。 (张海霞)

【单位建设】 一是强化内部管理,积极推进中心管理制度化规范化。创新用人机制、薪酬机制、管理机制,打破用人上的身份界限,工资上的分配界限,深化干部人事制度改革,全面实现单位人员管理上的同工同酬,干部管理上的能上能下,工资管理上的能高能低。科学整合单位人才资源,建立有利于中心事业发展、充满活力的干部聘用机制、工资效能机制,让能干事、会干事、干成事的人得到重用。全面实行绩效考核,体现优劳优酬、多劳多得、凸显岗位、倾斜一线,最大限度营造职工干事创业的良好氛围。推行全面质量管理,继续对新闻产品进行产前、产中、产后全面跟踪管理,强化监督,提高编播质量,提升新闻宣传水平和业务管理水平。二是2月18日开通中卫公共频道,该频道主打一档由中卫纯方言播报的民生新闻专栏——《中卫有你》,已成为反映民情、畅通民意、关注民生的重要通道。另外,该频道还特设《戏曲专场》《沙坡头院线》《少年向前冲》《微剧场》《美食游乐汇》《车行天下》等15个版块栏目,丰富广大群众的生活。三是3月18日开通"云端中卫"客户端,实现中卫本土新媒体宣传的重大突破。客户端上线后,《中卫日报》、中卫电视台、中卫广播电台、中卫新闻网等媒体内容通过客户端向外实现及时传播,形成全方位、立体式、全视角宣传声势。实现新媒体宣传中卫的重大突破,日点击平均28000人次。全市重要新闻内容在30分钟内对外实时发布。截至2016年年底,客户端注册用户已达1.9万,开通平面、视频、广播、专题栏目28个,年发稿量超过32800条以上。四是拓展传媒业态,积极探索跨界经营新路子,开拓新的创收模式和渠道。与宁夏杞天印象影视文化传媒有限公司签订《媒体代理合作框架协议书》,授权"宁夏杞天印象影视文化传媒有限公司"为传媒中心影视作品拍摄及广告代理单位,负责指定的各类影视作品拍摄及广告代理,推动媒体经营转型;与社会单位合作,通过赞助方式开展摄影大赛、户外旅游、少儿培训、舞林争霸大赛等活动,拓宽创收渠道。五是争取到财政投资280万元,完成中卫电视台综合频道采编播高清数字化更新改造项目;投资500余万元完成电视多功能演艺大厅的装修工程并投入使用。 (张海霞)

【党的建设】 传媒中心党委不断完善党建工作机制,健全完善各项规章制度和工作责任体系,深入开展"两学一做"学习教育、八项规定"回头看"、"廉洁从政、廉洁自律"教育等工作以及习近平总书记来宁视察重要讲话等理论学习。深入推进传媒中心星级服务型党组织建设,开展"五有一好"党建服务品牌创建和结对帮扶工作,完成党建工作"3+7"重点任务。扎实开展"纪念建党95周年暨红军长征胜利80周年"主题征文活动、"党在我心中"演讲比赛和"好记者讲好故事"演讲比赛,严格落实"五谈二会一报告"具体要求,认真开展谈心谈话、提醒谈话、责任约谈。实行目标责任管理,中心党委与各支部签订党建责任书,形成党委书记总负责、党支部书记具体抓,党员干部齐参与和责任明确、组织有力、运转有序、保障到位、上下贯通的责任体系。同时,结合"两学一做"学习教育和脱贫攻坚精准扶贫工作,传媒中心组织领导班子成员及党员中层干部深入沙坡头区兴仁镇泰和村、海原县关桥乡罗山村开展"下基层"活动,为泰和村送去15000元慰问资金;63名在编干部职工,每人帮扶海原县关桥乡罗山村4户贫困户,共计252户。组织帮扶干部职工先后6次到罗山村开展建档立卡、信息核对调研帮扶等工作,2016年共为罗山村落实各类脱贫资金及物品价值19.52万元。　　　　　　　(张海霞)

【党风廉政建设】　传媒中心党委、纪委认真落实中央关于反腐倡廉建设的有关精神和市委、市纪委的工作部署,教育党员干部筑牢拒腐防变的思想道德防线,自觉遵守中央八项规定和廉洁自律的各项规定。认真抓好党风廉政建设责任制的落实,抓好惩治和预防腐败体系建设。建立健全教育、制度、监督并重的惩治和预防腐败体系。认真落实党委和纪委"两个责任",用法治思维和法治方式推进"清廉中卫"建设。严格落实党政主要领导"五个不直接分管"等制度。巩固和拓展教育实践活动成果,坚持不懈反对"四风",使作风建设常态化。积极贯彻落实《中国共产党廉洁自律准则》《中国共产党纪律处分条例》及其他相关规定,加强监督检查,提高党员干部执行准则的坚定性和自觉性。加强党性、党风、党纪教育,把党风廉政建设各项制度作为中心组学习和民主生活会、党员组织生活会的重要内容,筑牢党员干部的思想道德防线。
　　　　　　　　　　　　　　　　(张海霞)

档　案

【概况】　中卫市档案局馆合一,是参公管理的正处级事业单位,隶属市委办公室管理。内设档案管理科、执法监督指导科和办公室,核定干部编制9名,实有人员8名。馆舍总面积1218平方米。截至年底,馆藏档案194个全宗、58603卷、126132件,实物档案1655件,照片档案12697张;资料14617册。馆藏档案年代上限至1925年,下限至2015年;资料上限至明清时代,下限至当代。现存国家重要的档案资料主要有:民国时期国民党卫宁地方法院、中卫县党部、教育科、邮政局、计统局档案,民国时期历史文献《万有文库》、清《乾隆中卫县志》《道光中卫县志》、地情著述资料,国民党在宁夏的活动照片以及中华人民共和国成立后国家领导人来卫考察、视察照片。
　　　　　　　　　　　　　　　　(王杰林)

【服务中心】　加强农村土地确权登记档案的监督指导,与沙坡头区联合举办土地确权档案整理专题培训班,深入沙坡头区各乡(镇)跟踪指导确权登记档案的收集整理。沙坡头区已初步完成土地确权档案的收集整理,共整理档案8492盒,已经开始数字化加工处理。建立机关事业单位"文件材料归档范围、档案分类方案及保管期限表三合一"制度,指导4个单位重新修订归档范围和保管期限表;拍摄收集环青海湖自行车赛、全国第二届全域旅游现场会、市第四次党代会等重要会议及全国大漠运动会等重大活动照片资料1214张、视频资料7盘、重大活动档案10册,为全市重点工作、重大项目和重要活动提供档案服务。
　　　　　　　　　　　　　　　　(王杰林)

【依法治档】　组织对市辖区内44个机关、企事业单位的档案工作开展执法监督检查,针对一些单位存在的档案门类收集不齐全、文件材料长期积压不整理、归档不及时、整理不规范、保管条件差、不履行借阅手续等档案安全问题进行专项检查,向问题较严重的5个单位下发限期整改通知书,有效促进机关档案规范化管理工作水平。完善档案行政执法权责清单,对审核保留的7类12项职权事项编制行政职权运行流程,优化档案执法权力运行监督机制。围绕年初确定的目标任务和重点工作,与各科室签订责任书,将任务层层分解细化量化到人,在业务指导上实行包片负责制,在接档入馆上实行审核前移制,在安全管理上落实岗位责任制,为全年各项目标任务的完成奠定基础。
　　　　　　　　　　　　　　　　(王杰林)

【资源建设】　认真执行文书档案整理规则,严把进馆档案整理质量关,2016年接收机关事业单位文书档案21132件、专业档案392卷、原中卫县文书档案293卷、印章档案123枚,收集图书资料110册;收集孟长有等中卫籍革命英烈档案资料23件;接收市委、市政府及市直部门已公开现行文件388份,政府公报187册;组织录入机读目录4402条,同步接收机读目录21132条;纸质档案全文扫描1.6万页,实现35个全宗馆藏档案文件级目录的电子检索。(王杰林)

【利用服务】　全年接待查档人员580人次,提供档案利用1126卷(件),复制6084页,提供照片档案64张。为自治区巡视组、国家环保督查组、市纪委等单位开展的专项活动提供档案资料,协助沙坡头区工委办公室开展1958~2003年中共中卫县委规范性文件清理工作,协助沙坡头区委组织部开展区管干部人事档案专项审核资料补缺工作,协助市文体局、民政局完成改革开放实录撰写资料查阅工作。
　　　　　　　　　　　　　　　　(王杰林)

【安全管理】　加大档案安全人防、物防、技防综合管理力度,健全完善档案安全管理制度,修订《档案馆安全事故应急预案》并组织开展安全应急演练;认真执行档案利用工作流程,严格遵守未开放档案及涉密档案利用逐级审批制度,确保档案实体及档案信息的绝对安全;建立中卫档案网站上传信息审批制,规范档案信息系统运行管理和档案数字化加工中的安全保密工作,防止失泄密事件的发生;加大硬件设施投入,筹资购置档案密集架33组,光盘刻录机、照片打印机各1台,档案柜标示磁卡3000条,档案级专业光盘100张,有效改善档案馆管理环境。

(王杰林)

【宣传教育】 结合"6·9"国际档案日,紧扣"档案与民生"主题,采集社保、医保、房产、婚姻等档案利用流程及成果,设计制作民生档案利用指南专题展板,通过设立档案咨询点、悬挂宣传横幅、张贴挂图、发放宣传资料、手机短信、微信等多种宣传方式,开展"档案与民生"为主题的宣传活动。共制作宣传展板19块,向群众赠阅宣传资料5448份、悬挂横幅11条,刊播标语12条280次,发送手机彩信2000条,利用档案信息网站、微信、QQ群等新兴媒体刊播相关信息,大力宣传档案服务民生及档案法律法规,进一步提升全社会档案意识。

(王杰林)

党史研究

【概况】 中卫市委党史研究室是市委办公室管理的副处级全额预算参照公务员管理事业单位,核定参公事业编制3名,在编在岗人员3人。2016年,市委党史研究室在上级党史部门和市委办公室的关心指导下,认真学习党的十八届五中、六中全会精神,深入开展"两学一做"学习教育,切实贯彻落实上级党史部门和市委办各项工作部署,抓住重点,改进方法,努力推动中卫党史工作不断迈上新台阶。 (俞 娇)

【党史资料编撰】 立足存史,党史资料征集和党史基本著作撰写成效显著。按时征编2016年《中卫市委大事记》《中卫党史大事记》资料15万字;征集中卫市民政、科技、商贸、旅游、文化五大领域改革开放专题文字资料50余万字、图片资料50余幅;征集编撰《中卫党史丛书》资料5万余字、图片40余幅;编审出版《中卫市委大事记》(2015)、《中共中卫历史大事记(2009.01—2015.12)》和《中卫市纪念建党95周年暨红军长征胜利80周年理论征文选编》。(俞 娇)

【党史研究】 发挥"资政"职能,党史研究工作取得新成果。组织召开中卫市改革开放史专题资料征集和综述撰写推进培训会,对做好2016年中卫市改革开放史专题研究工作进行周密安排部署,通过强化培训、精心指导、严格督促落实,共查阅征集各种资料700余份(册),收集图片50余幅,征集采用各种数据2000多个,高质量完成中卫市民政、科技、商贸、旅游、文化五大专题资料征集和专题综述撰写工作;撰写《论中国共产党的奋斗历程及启示》《领导干部要树立法治思维》《习近平总书记全面从严治党的思想》《坚持协调发展理念,着力形成平衡发展新格局》等论文,纪念中国共产党成立95周年暨红军长征胜利80周年;室领导参加《中卫市容错免责实施办法》电视访谈节目,就容错免责机制进行解读,对贯彻执行好《中卫市容错免责实施办法》提出对策建议。

(俞 娇)

【党史宣传教育】 紧抓节点,党史宣教创造新亮点。开展纪念建党95周年暨红军长征胜利80周年征文活动;开展纪念建党95周年暨红军长征胜利80周年知识竞赛活动;开展"两学一做"学习教育、纪念建党95周年和红军长征胜利80周年、学习贯彻十八届六中全会精神等宣讲活动9场次;组织全市广大干部群众观看爱国影片《冲锋号》和文献纪录片《没有共产党就没有新中国》。通过开展系列党史宣传教育活动,进一步教育引导全市广大党员干部和青少年知史爱党、知史爱国,坚定加快"四个中卫"建设的信心和决心。

(俞 娇)

史志编纂

【概况】 中卫市地方志编纂委员会办公室为市人民政府办公室所属正科级事业单位,核定编制4名,实有在职人员4名,经费形式为全额预算,参照公务员法管理。截至年底,全市共出版志书、年鉴、史话25部,其他地情书59部,著述文字总量达2700万字。其中,市地方志办公室独立出版志书(年鉴)12部,承担或参与其他地情书出版27部,著述文字总量达1000余万字。2016年,市地方志办公室荣获"全区地方志工作先进集体",中卫市地方志编修工作经验在全国交流。

(马 娟)

【年鉴出版】 坚持把编辑出版年鉴作为地方志工作的常项和重点,加大督促检查工作力度,力促年鉴逐年编辑、连续出版。《中卫年鉴》《中宁年鉴》《海原年鉴》编辑出版成为常态。主攻弱点,补齐短板,首部《沙坡头区年鉴》出版,年鉴工作实现市、县(区)两级全覆盖。2016年版《中卫年鉴》《中宁年鉴》《海原年鉴》正

式出版。　　　　　　　　　　　　（马　娟）

【方志宣传】　5月中旬,在国务院《地方志工作条例》颁布实施10周年之际,市地方志办公室以"贯彻地方志规划纲要,推进依法治志"为主题,认真组织开展地方志的宣传活动。一是制订实施方案,编印地方志宣传手册。二是开展"读方志、知地情、爱家乡、做贡献""六进"活动。即进机关、进校园、进馆室、进村(居)、进宾馆、进景区,共赠送出地情书1000余册。三是开展媒体集中宣传。5月17日,在市中心鼓楼等人流集中的地方悬挂横幅,并在《中卫日报》刊登地方志宣传专版。四是开展街头宣传活动。5月18日,组织中宁县、海原县志办全体人员参加,并通过联合市博物馆共同在中卫市区人民广场设立宣传咨询台、悬挂横幅、摆放展板、发送宣传册等宣传方式进行宣传,活动中共展出宣传展板7块,发放地方志宣传手册500余册,赠送地情书260册,吸引数千名群众的热情关注。　　　　　　　　　　　（马　娟）

【《古今中卫大事录》出版发行】　10月,由中卫市地方志办公室编纂的《古今中卫大事录》出版发行。全书共计45万字,以原中卫县历史大事为基础,尽可能完整地补充中宁县、海原县的资料,通过查阅历史档案、报刊以及走访人物等方式收集到大量文字和口碑资料,汇编成书。《古今中卫大事录》上溯公元前2.5万年,下至2015年12月31日,主要记述中卫行政区域内自然、政治、经济、军事、文化、教育、卫生、人民生活等各领域发生的有重大影响的事件和重要人物的活动。　　　　　　　　　　　　　　（马　娟）

【《中卫史话连环画》成稿】　以多形式宣传展示中卫历史文化为目的,以《中卫史话》《中卫往事》为蓝本,编写5万多字的《中卫史话连环画》脚本,选聘中卫市绘画传承人王学义先生,历经近1年时间,完成《中卫史话连环画》545幅漫画绘制工作。

（马　娟）

【开展赠书活动】　1月25~26日,在中卫市"两会"召开之际,市地方志办公室开展向代表委员赠书活动。"两会"报到日当天,向每位代表、委员捐赠新出版的《中卫史话》和《中卫往事》两本书。这两本书面世以来,深受社会各界好评,《中卫史话》入选大众喜爱的100部宁版图书书目,《中卫往事》被确定为全国书博会参展书目。会议期间,两本通俗读物共赠送出1360册,引起与会人员的浓厚兴趣,提升方志工作的影响力。　　　　　　　　　　　（马　娟）

【地情信息服务】　依托市编办机构红页,建成中卫方志网,共设立一级板块6个、二级版块13个。创办《中卫方志信息》,2016年共向区市报送信息8期。在中卫新华书店读客书屋、市图书馆中卫作家书屋分别设立中卫地情书专柜,展示成果,方便读者查阅。《中卫年鉴》被中国知识资源总库全文收录。

（马　娟）

卫生和计划生育

综 述

【概况】 2016年，全市共有各级各类医疗卫生机构732个。其中：医院23个（国有8个：三级乙等医院1个，三级乙等中医医院1个，二级综合医院4个，二级中医医院2个；民营医院15个）；专业公共卫生机构10个（卫生监督机构3个，疾病预防控制机构3个，妇幼保健计划生育服务机构3个，中心血站1个）；基层医疗卫生机构698个（社区卫生服务站14个，乡镇卫生院41个，村卫生室540个，门诊部3个，诊所100个），社区卫生服务管理中心1个。沙坡头区各级各类医疗卫生机构208个。其中：医院10个（国有4个：三级乙等医院1个，三级乙等中医医院1个，二级综合医院2个；民营医院6个）；专业公共卫生机构4个（卫生监督机构1个，疾病预防控制机构1个，妇幼保健计划生育服务机构1个，中心血站1个）；基层医疗卫生机构193个（社区卫生服务站10个，乡镇卫生院9个，村卫生室137个，诊所37个），社区卫生服务管理中心1个。全市公立医疗卫生机构共有在编人员3090名。其中：卫生技术人员2734名，占在编人员总数的88.5%。卫生技术人员中，本科及以上学历1105名，专科学历1334名，中专学历453名；高级职称593名，中级职称731名，初级及员级职称1395名。全市各级医疗卫生机构共设置病床4325张，每千人口床位数3.75张；沙坡头区各级医疗卫生机构共设置病床2105张，沙坡头区每千人口床位数5.18张。全市出生人口15737人，人口出生率13.00‰；出生政策符合率95.35%，出生人口性别比106.52。各项指标均在自治区下达范围内。全市各级医疗机构完成门诊治疗581.22万人次，收治住院病人11.86万人次。法定传染病报告率100%，报告发病率447.97/10万。孕产妇系统管理率、住院分娩率、孕产妇死亡率、婴儿死亡率、出生缺陷发生率分别为97.05%、99.82%、11.17/10万、8.49‰、78.1/万。

（高敏贤　谢淑慧）

【民生实事落实】 1.完成市人民医院医技楼、市疾病预防控制中心业务楼主体工程。建成宣和中心卫生院门诊楼建设项目。完成海原县人民医院迁建。2.完成免费孕前优生健康检查9836对，普惠性健康体检40126人，分别完成任务的103.1%、100.3%。实施健康中卫行动等民生实事，受益194413人。3.医改工作稳步推进。出台《中卫市综合医改实施方案》《中卫市城市公立医院综合改革实施方案》，全市5家城市公立医院全部取消药品加成。严格落实创新支付和"先住院、后付费"制度。推进智慧"医疗云"建设，在全市42个乡镇安装眼健康管理系统。4.计生工作得到加强。实施全面两孩政策，开展星级乡镇创建、打击"两非"专项行动。出生政策符合率95.35%，其他人口指标全面完成。5.公共卫生继续巩固。全面落实12类52项基本公共卫生服务项目。全市无传染病暴发疫情与突发公共卫生事件发生。沙坡头区基本公共卫生服务项目在全区考核第1名。中卫市代表队在全区基层卫生岗位练兵和技能竞赛中荣获"团体一等奖"。6.爱国卫生持续推进。坚持每月一次全民参与"爱国卫生日"活动和城市"牛皮癣"清理工作。中卫市启动创建国家卫生城市工作。7.服务能力不断提升。加强与北京、上海等区外三甲医院帮扶合作及市级重点专科建设。评审通过8个市级重点专科。成功申报立项自治区级科研项目7项。无重大医疗安全事故发生。获得"全国基层中医药工作先进单位"等奖项10项。

（高敏贤）

【爱国卫生】 2016年，认真贯彻"政府组织、地方负责、部门协调、群众参与、社会监督、科学治理、分类指导"的爱国卫生工作方针，以创建国家卫生城市为重点，以"爱国卫生日"活动为抓手，以病媒生物防治、城乡环境卫生整治为突破口，大力开展群众性爱国卫生活动。市政府办印发《关于加强新时期爱国卫生工作的实施意见》《中卫市"美丽城市"建设行动实施方案》《中卫市创建国家卫生城市实施方案》。坚持每月一次全民参与"爱国卫生日"活动和城市"牛皮癣"清理工作。中卫市启动创建国家卫生城市工作。实施健康中卫行动。市人民医院等6家医疗卫生单位创建"全国健康促进医院"。建成香山公园健康步道1000米，在市场、公交站台、居民小区等设置健康教育宣传栏228块，完成"五馆一中心"健康主题公园的设置，制作健康核心宣传牌50个。创建健康示范单位5家，健康示范家庭320户，发放健康宣传干预物品2.2万份。

（高敏贤　田桂萍）

【疾病预防控制】 扎实做好免疫规划和重大疾病防控工作，顺利完成三价脊髓灰质炎减毒活疫苗清查转换工作，免疫规划接种率99.63%，无严重异常反应和预防接种事故发生。法定传染病报告率100%，报告发病率447.97/10万。实施艾滋病关怀救治工程，完成免费艾滋病咨询检测81500人次，其中重点人群监测18777人次，艾滋病病毒感染者/病人随访干预比例达100%。积极落实结核病防治服务新模式，新发结核病患者治愈率92.03%，涂阳肺结核密切接触者筛查率100%。严重精神障碍患者患者检出率3.44‰，管理3913人，管理率达到108.58%。巩固碘缺乏病成果。包虫病项目任务完成率100%。全面落实食品安全风险监测工作，完成食品污染物监测129份，食源性致病菌监测185份，分别完成任务的107.5%和100%。完成枯水期饮用水和农村饮用水安全工程水质检测任务，采集水样484份，任务完成率117.48%，覆盖率100%，合格率61.78%。开展食品、公共场所从业人员健康体检14551人次。有效落实职业卫生、放射卫生和环境卫生监测任务，开展有毒有害作业工人健康监护37家7347人次，检测率93.84%；完成个人放射计量监测865人次，监测覆盖率100%。开工建设市疾病预防控制中心业务楼，完成主体工程。

（高敏贤　刘月华　蔡怀明）

【妇幼保健】 全面落实妇幼卫生"七免一救助"政策，免费住院分娩补助14903人，补助率97.48%；免费婚检12493人，婚检率96.81%；免费新生儿先天性疾病筛查15702人，筛查率97.44%；免费新生儿听力筛查15376人，筛查率95.42%；免费增补叶酸20768人，普服率96.47%；乳腺癌筛查13667人，筛查率136.67%；宫颈癌筛查42758人，筛查率100.37%。在市妇幼保健计划生育服务中心建成产前筛查中心，结束孕妇到银川等区内外城市进行产前筛查的历史，填补中卫市产前筛查空白。

（高敏贤　刘月华　蔡怀明）

【"卫生云"免疫规划信息系统】 建成"卫生云"免疫规划信息系统，自2016年5月1日，市、县疾病预防控制中心、乡镇卫生院、出生接种医院、社区卫生服务站等预防接种单位与自治区实现互联互通及信息上传。全市共计安装预防接种管理平台客户端56家、医院产科客户端22家，其中沙坡头区预防接种平台20家、产科平台5家。全市安装定点(冷库)温湿度监测仪4套，动点3套(冷藏车)，全部设备运转正常，其中沙坡头区冷库2套、冷藏车1套，中宁、海原冷库、冷藏车各1套。全市安装使用疫苗出入库扫码枪56个，使得所有出入库均实现扫码。全市56家预防接种管理平台客户端7日内及时上传率94.64%，全市产科接种单位上传数据(新生儿个案)10319人，其中沙坡头区上传3651人，中宁2981人，海原3687人。为城乡孕妇实行定点分片购买孕期保健服务，实现孕产妇产前检查基本服务项目全免费，2016年沙坡头区无孕产妇死亡。在沙坡头区托幼机构统一使用儿童健康档案，进一步规范沙坡头区0~6岁儿童健康管理工作，将散居儿童转为集居儿童管理，儿童健康管理的连续性得到根本保障，5岁以下儿童死亡率由2015年的9.92‰下降到2016年的8.28‰。

（高敏贤　刘月华）

【药事管理与监管】 全面落实国家基本药物制度和自治区"三统一"政策，辖区公立医疗机构所有药品全部从宁夏药品集中采购网上采购。二级医疗机构基本药物目录销售金额占医院药品销售总金额的50%以上，自治区卫计委与人力资源和社会保障厅联合下发《宁夏回族自治区基层医疗卫生机构非基本药物目录》(2016年版)，将二、三级目录中150种慢病患者用药下沉到基层医疗卫生机构，方便患者需求。

（谢慧菊）

【中医药】 市中医医院与北京中医药大学东直门医院等区外三甲医院进行帮扶合作，建立"郭维琴名医传承工作站"。实施中医药服务提升工程，在全市34个乡镇卫生院建设标准化"中医馆"。社区卫生服务中心及100%乡镇卫生院能够提供中医药服务。在中宁县成功举办中国中药协会枸杞专业委员会成立大会暨枸杞论坛。开展中国"微笑行动"中卫行、"第四届北京中医药专家宁夏行——走进中卫"活动,受益1000人。中卫市被国家中医药管理局授予"全国基层中医药工作先进单位"。 (高敏贤)

【临床重点专科中医项目建设】 根据《中卫市市级临床重点专科管理规定》及《中卫市市级中医临床重点专科评审标准》,经专家组通过实地查看、资料审查等程序严格评审,市中医医院脾胃病、肛肠科2个中医专科达到市级临床重点专科标准,命名为市级中医临床重点专科。 (高敏贤)

社区(农村)卫生

【概况】 建成沙坡头区宣和镇、海原县西安镇、九彩乡3所卫生院门诊楼。有效落实12类52项基本公共卫生服务项目。全力推进乡村医生职业化,完成1484名离岗乡村医生生活补助审核工作,海原县预付200万元妥善解决522名离岗乡村医生生活补助。深入开展"建设群众满意的基层医疗卫生机构""基层卫生岗位练兵和技能竞赛"活动。永康镇、石空镇等4所中心乡镇卫生院通过国家级"群众满意的乡镇卫生院"验收,恩和、红羊等6所卫生院成功创建为自治区级"建设群众满意的乡镇卫生院"。完成自治区下达的2016年全市72所"群众满意的基层医疗卫生机构"创建、申报任务。累计完成50周岁及以上城乡居民普惠性健康体检132701人,体检覆盖率达93.96%。城乡居民电子健康档案规范化电子健康档案建档率96.26%。高血压患者健康管理率46.43%,糖尿病患者健康管理率30.34%。中卫市代表队在全区基层卫生岗位练兵和技能竞赛中荣获"团体一等奖"。
(高敏贤)

【社区卫生中心】 购买3所社区卫生服务站,其中中宁县2所,沙坡头区1所,进一步满足市民看病就医需求。

【市民健康教育】 在中卫电视台、《中卫日报》创办《卫生与健康》《医疗保健》《卫生与计生》栏目,宣传卫生健康知识及惠民政策。制作播放公益广告60次。发放公益短信20万人次。在公交站台开辟5个人口健康文化阵地,在市区5个线路的20辆公交车上悬挂艾滋病预防公益宣传广告牌1240块。举办"7·11""5·12"纪念日文艺专场演出2场次。沙坡头区人口文化长廊、计生微信平台宣传效果明显,中宁县穆斯林生殖健康宣教项目深受群众欢迎。 (高敏贤)

医疗服务与监管

【概况】 深入推进城市公立医院综合改革,5家城市公立医院取消药品加成。加大学科带头人、卫生计生人才培养力度,医务人员继续医学教育参培率100%。市人民医院成功申报立项自治区级科研项目3项。深入开展"进一步改善医疗服务行动""转变工作作风提高服务质量年"活动。制定市级《临床重点专科建设管理办法》及评审标准,评审通过沙坡头区人民医院眼科等8个市级临床重点专科。依法开展医疗机构年度检验工作。开展中国"微笑行动"中卫行活动,为全区100名唇腭裂儿童进行免费整形修复手术。实行血液集中化检测,采集血液11685个单位6030人次。加强医疗机构监管,无重大医疗安全事故发生。 (高敏贤)

【医疗管理】 落实区、市政府关于促进社会办医加快发展的政策,为社会办医提供便利,审批个体诊所10家、民营医院4家。严格医师、护士资格考试,完成628名医师、464名护士资格审查工作,155名执业护士通过考试。在中宁县人民医院等2家医院推行香港护理模式。 (高敏贤)

【医院管理】 在全市二级以上公立医院开展社会责任评价,逐步建立医院履行社会责任信誉制度。完善医疗纠纷第三方调解机制,全市投保医责险52家,投保26986万元,参保医务人员3054人,其中二级以上公立医疗机构投保率100%。 (高敏贤)

【卫生计生人员管理】 市委、市政府为市人民医院、中医医院、沙坡头区人民医院、市第三人民医院4所市级公立医院增加定额补助事业编制50名,解决公立医院编制紧缺问题。出台《中卫市特设专业技术岗位管理办法(试行)》,解决51名卫生技术高级职称人员聘任问题。为全市各公立医疗卫生单位招聘卫生人员71名,解决人才短缺问题。加大行业作风管理,对医务人员实行全员医德考评,无严重违纪违规行为发生。 (高敏贤)

【医疗改革发展】 中卫市被确定为全国第四批城市公立医院综合改革试点城市。市人民政府出台《中卫市城市公立医院综合改革实施方案》和《中卫市综合医改试点工作实施方案》,市人民医院、中医医院、妇幼保健和计划生育服务中心、第三人民医院及沙坡头区人民医院5家城市公立医院取消药品加成,破除以药补医机制。基层医疗卫生机构全面实施国家基本药物制度、先住院、后付费制度和创新支付制度、提高卫生效益改革项目。 （高敏贤）

卫生监督

【概况】 2016年,监督检查公共场所562家,监督覆盖率98.94%,生活饮用水单位14家,监督覆盖率100%,学校89家,监督覆盖率100%,传染病防治204家,监督覆盖率100%,放射诊疗机构12家,监督覆盖率100%,医疗机构203家,监督覆盖率达100%。全面完成自治区卫计委下达的6项卫生计生重点监督检查及3项专项整治工作任务,按时上报工作总结及相关报表。截至10月底共实施卫生行政处罚29起,其中简易程序案件11起,一般程序案件18起,累计罚款人民币44000.00元。 （高敏贤）

【公共场所卫生管理】 严把公共场所卫生许可证办证关口,年内共受理公共场所卫生许可424家,予以卫生许可380家。将388家茶座、酒吧、咖啡厅、饭馆4类公共场所的监督管理职能及时向市市场监督管理局进行移交。组织190余家公共场所,先后开展两次创建国家卫生城市公共场所卫生规范、相关法律法规知识的培训,发放培训手册236本。加强日常监督,重点查处无证经营、公共用品用具清洗消毒不合格等违法行为,实施行政处罚25户次,罚款3万余元。按照《宁夏2016年公共场所卫生重点监督检查工作实施方案》要求,开展辖区内游泳场所、住宿场所、沐浴场所、美容美发场所、集中空调通风系统、影剧院游艺厅、歌舞厅、音乐厅的卫生监督检查。重点监督检查游泳场所2家,采集游泳场所水质样品12份,检测项次数74次,合格68次,合格率91.9%;住宿业34家,监测公共用品用具237份,合格237份,合格率100%;沐浴场所8家,监测公共用品用具17份,合格17份,合格率100%;美容美发场所66家,监测公共用品用具165份,合格165份,合格率100%;空气质量监测61家,监测空气样品183份,合格183份,合格率100%;集中空调通风系统12家,共采集集中空调通风系统样品92份,合格92份,合格率100%。 （高敏贤 赵雪嫣）

【职业病防治】 组织卫生监督协管单位开展《职业病防治法》宣传周活动,对3家职业病诊断机构开展《职业健康检查机构资质证书》监督检查,完成23家放射诊疗单位的放射诊疗许可证、工作人员及患者的防护用品配备、放射工作人员职业健康监护、辐射警示标识设置、放射医疗机构自身管理等情况的监督检查,对社会举报的两起跨区域职业健康体检案件进行监督检查,排除非法职业健康体检嫌疑。
（赵雪嫣）

人口与计划生育

【概况】 自2016年1月1日,实施全面两孩政策,有效推进生育服务管理改革,实行生育服务登记制度,层层开展计划生育星级乡镇创建活动,创建计划生育五星级、四星级乡镇各6个。开展打击"两非"行为专项行动、独生子女保健费清理清查工作。全市出生人口15737人,其中全面两孩政策出生989人,人口出生率13.00‰;出生人口政策符合率95.35%,高于自治区下达指标4.35百分点;出生人口性别比106.52,低于自治区下达指标2.8个百分点。
（高敏贤）

【人口发展变化】 人口总量增速呈放缓态势。常住人口增速呈放缓态势,常住人口增量逐年减少。据预测,"十三五"时期,随着全面两孩政策的深入实施,年均出生人口在1.7万人左右,净增人口达8.7万人。人口生育水平下降到最低。人口自然增长速度放缓,人口生育水平下降,其成因主要是新婚育龄群体减少、婚育观念逐渐转变、利益导向政策实施。出生政策符合率稳步上升,2015年中卫市出生人口政策符合率为92.16%,主要受取消生育间隔政策、全面两孩政策实施影响。全面两孩政策依法有序实施。按照国家、自治区的部署要求,中卫市全面贯彻落实全面两孩政策,加强出生人口统计监测预警,深化医疗卫生机构改革,优化妇幼健康服务资源,满足群众生育服务需求。据预测,全面两孩政策的实施,"十三五"期间,年均新增出生人口540~1128人,2018年达到峰值,人口出生率提高0.45~0.95个千分点,比政策调整前多出生4200人左右。人口结构性矛盾依然突出。2015年平均家庭户规模为3.10人/户,家庭规模日益缩小。出生人口性别比为109.70,实现逐年波动下降但不稳定,仍偏离103~107的正常值范围。全市60岁以上老年人口比例达到11.40%,高于国际标准(10%)1.4个百分点,"未富先老"问题突出。出生缺陷发生率波动下降。 （王立明）

【计划生育】 市、县(区)党委政府将计划生育纳入经济社会总体发展规划,深入实施全面二孩政策,深化落实生育登记服务制度;切实落实计划生育目标管理责任制、出生人口实名信息月报制、"一票否决制"等工作制度,审核干部任用和评先评优1180个单位及个人计划生育情况,否决65人次;部门帮扶计划生育家庭1758户,落实帮扶资金及贴息贷款707.69万元;发展"少生快富"项目户478户,开展免费孕前优生健康检查9836对,完成检查任务103.1%;落实"三项制度"等奖扶对象31631人(户)、奖励资金2258.79万元,项目户政策符合率100%。

(王立明　蔡怀明)

社会民生

经济社会调查

【概况】 国家统计局中卫调查队是国家统计局的派出机构,实行垂直管理,内设科室6个,在编干部15名,其中处级干部5名,科级干部7名。2016年,中卫调查队在宁夏调查总队的领导下,在中卫市委、政府的关心支持下,认真学习贯彻落实党的十八届五中、六中全会精神,全国统计工作、全区调查队工作会议精神,深入开展"两学一做"专题教育,按照"抓好班子、带优队伍、推动工作"的总体要求,创新优化管理措施,提高统计服务理念,凝心聚力,锐意进取,圆满完成全年各项调查工作。 (张文瑾)

【整体调查工作】 1.完成农作物播种面积、粮食产量、居民收支、畜禽监测、居民消费价格、工业生产者价格、规模以下工业、劳动力调查、服务业小微企业等调查任务,认真采集原始数据,加强数据审核评估,按时完成调查项目报表报送任务。2.完成第三次全国农业普查遥感测量工作、精准扶贫工作成效第三方评估调查、宁夏县区第三方测评效能建设满意度调查,受中卫市委、市政府委托,组织开展完成2016年度中卫市绩效考评第三方测评满意度调查。

(张文瑾)

【统计调查队伍建设】 1.安排1名干部到海原队挂职锻炼,选拔农村住户科科长1名,9名干部参加国家统计局举办的培训班。2.修订完善扁平化管理实施方案,进一步整合科室资源,各科室在工作上既有分工,又有协作,建立AB岗责任制。修订完善年度考核办法和科室考核办法,分管队长与分管科室负责人分别签订岗位目标责任书,做到责任清楚、任务明确、公开透明。分管领导按分工分头把关,实行人员统一管理、工作统一安排,对急、重等工作要共同协作完成。科长充分发挥"传帮带"作用,通过合作互助,实现人尽其才,才尽其用,凝聚合力提高工作效能。

(张文瑾)

【统计调查服务】 制定全年目标任务,将信息分析任务分解到人,并将完成情况作为年底考核评优的依据,每季度对完成情况进行通报,不断调动全队人员撰写信息的积极性。2016年,全队撰写调查信息294篇,调查分析79篇,专题调研30篇,工作动态115篇,总量是2015年的2倍。4篇分析、4篇动态被国家统计内网采用,3篇稿件被《中国信息报》采用,6篇信息被自治区党委办公厅采用,在市委办信息采用情况通报中,数量质量一直稳居区属单位第一名,在宁夏调查总队2016年信息工作考核结果通报中名列前茅。9篇分析信息获自治区、市委、人大、政府领导批示。自治区党委书记李建华同志在《中卫市城乡居民"人情支出"五年来首次出现负增长》信息上做出重要批示:"传智同志:中卫市城乡居民'人情支出'五年首次出现负增长,且是国家统计局调查数据,可靠可信,这是八项规定成果显示,更是减轻农民负担标志,建议中卫队充实一下内容发一期简报报中纪委。"此批示受到中卫市委、政府的高度重视,市委书记张柱,市委常委、宣传部部长陶雨芳,市委常委、纪委书记刘明生,市委常委、组织部部长刘成孝分别做出批示指示,对信息编辑单位中卫调查队主动服务地方经济社会发展的做法给予充分肯定。 (张文瑾)

【统计调查环境】 1.大力宣传营造氛围,围绕"中国统计开放日"活动主题,制作宣传横幅在单位门口悬挂,节日当天对基层辅调员、统计员和调查户进行手机短信群发,宣传活动内容并感谢他们对调查工作的关心与支持。2.开展各业务基础工作"回头看",

各专业对调查数据进行自查,对12家企业开展集中统计执法检查,针对检查中出现的问题,提出相应的整改措施,进一步增强统计执法的震慑力和调查对象的配合程度。　　　　　　　　　　（张文瑾）

【城镇居民可支配收入】　2016年中卫市城镇居民人均可支配收入达到23276.7元,同比增加1672.5元,增长7.7%,增速较上年同期减缓0.7个百分点,增速在全区五市中排第三位。四大类收入呈现三增一平态势,其中工资性收入占比最高,超过七成,其次为转移净收入、经营净收入和财产净收入。1.工资性收入增速最快,增收作用明显。2016年中卫市城镇居民人均工资性收入达到17372.1元,同比增加1514.2元,增长9.6%。工资性收入对可支配收入增长的贡献率为90.5%,占比较上年上升1.2个百分点,成为拉动可支配收入增长的主力。2.经营净收入平稳运行,内部分化明显。2016年中卫市城镇居民人均来自家庭经营净收入为1954.3元,与上年持平。分产业来看,居民来自农业和非农产业经营净收入增减不一,农业净收入有所下降,非农产业经营净收入小幅增长。数据显示:2016年居民来自二、三产业净收入2035.5元,同比增加70.2元,增长3.6%,对可支配收入增长的贡献率为4.2%。非农产业净收入中,第二产业净收入占比较小,人均仅为155.9元,第三产业人均1879.6元。2016年中卫市城镇居民人均财产净收入为1151.2元,增加88.5元,增长8.3%,对可支配收入增长的贡献率为5.3%。3.转移净收入稳中有增,剪刀差效应明显。2016年中卫市城镇居民人均转移净收入达到2799.2元,同比增加70.5元,增长2.3%,对可支配收入增长的贡献率为4.2%。转移性收支分开来看,全年转移性收入人均达到4670.4元,增加712.3元,增长18.0%。全年人均转移性支出为1871.2元,同比增加641.7元,增长52.2%。　　（张　玲）

【农村居民可支配收入】　2016年,中卫市农村居民人均可支配收入达到8626.4元,同比增加624.2元,增长7.8%,增速较上年同期减缓0.3个百分点。分一区两县来看,沙坡头区为10375.3元,增长7.3%;中宁县为10356.4元,增长8.1%;海原县6872.3元,增长9.8%。1.工资性收入持续增长,增量最大。2016年,中卫市农民人均工资性收入达到3738.3元,同比增加356.1元,增长10.5%。对可支配收入的贡献率为57.0%,成为拉动可支配收入的中坚力量。2.经营净收入稳中有增,增速减缓。2016年,中卫市农民人均来自家庭经营净收入为3423.6元,较上年增加91.8元,增长2.8%,对可支配收入的贡献率达14.7%。农民人均来自农业净收入为2024.1元,增加10.2元,增长0.5%。受主要农产品粮食、蔬菜、枸杞、瓜果等价格走低影响,农民来自种植业方面的净收入基本呈原地徘徊态势。3.财产净收入增长最快。2016年中卫市农民人均财产净收入为168.8元,增加29.0元,增长20.7%,对可支配收入的贡献率达4.6%。4.转移净收入增长较快。2016年中卫市农民人均转移净收入达到1295.8元,同比增加147.4元,增长12.8%,对可支配收入的贡献率为23.6%,仅次于工资性收入。主要得益于养老金及离退休金标准的上调和政府的各项政策性补贴发放标准提高,拉动农民转移性收入较快增长。　　　　　（张　玲）

【粮食面积产量】　2016年中卫市粮食生产总体呈现面积、产量双减的趋势,其中播种面积215.8万亩,同比下降0.6%;粮食综合单产269.9公斤,同比下降2.9%;总产58.3万吨,同比下降3.5%。按照"压玉米、增小麦、稳水稻、扩杂粮"的总体要求,2016年,全市夏粮种植面积30.1万亩,同比增长3.2%,其中小麦21.9万亩,同比增长4.4%;秋粮种植面积185.7万亩,同比下降1.2%,其中水稻8.8万亩,同比下降9.5%,玉米79.9万亩,同比下降1.0%。粮食综合单产269.9公斤/亩,同比下降2.9%,其中夏粮单产142.4公斤/亩,同比下降12.6%,秋粮单产290.6公斤/亩,同比下降1.8%。　　　　　　　　　（雍　正）

【主要畜禽监测】　2016年,随着市场需求的不断拓宽,畜产品价格随市场的变化而不断在反复升降中发生波动,生猪养殖效益可观,牛养殖效益基本稳定,家禽养殖效益波动加大,羊养殖效益出现回暖,畜牧业养殖结构有所改善,中卫市畜牧业生产总体运行稳中向好,猪、牛、羊、禽存出栏呈现全面增长的良好势头。1.生猪存栏快速增长,出栏稳步增加,养殖效益可观。年末生猪存栏71280头,同比增长15.7%;累计出栏23100头,同比增长4.2%;猪肉产量7595吨,同比增长2.5%。2.牛存出栏稳定增长,奶产量有所增加。年末牛存栏33400头,同比增长5.7%,其中,奶牛存栏22480头,增长7.5%;累计出栏17376头,增长3.6%;牛肉产量2660吨,下降0.2%;奶产量72836吨,增长5.8%。3.羊存出栏明显增长,肉产量进一步增加。年末羊存栏240742只,同比增长8.3%;累计出栏214946只,同比增长11.3%;肉产量3754吨,同比增长6.9%。4.家禽存出栏大幅增长,肉蛋产量稳定增加。年末家禽存栏2241500只,同比增长15.3%;累计出栏1581463只,同比增长6.5%;肉产量2818吨,增长6.9%;蛋产量27305吨,增长4.4%。

(雍 正)

【居民消费价格】 中卫市2016年CPI上涨1.7%,比2015年下降0.1个百分点,涨幅基本和2015年保持同一水平。1.八大类价格呈"六涨二降"的运行趋势。上涨的类别为:教育文化和娱乐类价格上涨6.3%、食品烟酒类价格上涨2.4%、其他用品和服务类价格上涨1.8%、衣着类价格上涨1.7%、医疗保健类价格上涨1.5%、生活用品及服务类价格上涨0.6%;价格下降的类别为:居住类价格下降0.3%、交通和通信类价格下降1.5%。2.蔬菜价格引领各月涨幅呈"W"走势。受春节前后主要食品价格尤其是蔬菜价格高位影响(2016年菜价格上涨10.2%),2、3月份CPI同比分别上涨2.2%、3.0%;4、5、6月份随着气温回升,有利于设施蔬菜生产,市场供应量增加,价格逐步回落,4~6月CPI分别上涨2.1%、1.6%、1.1%;三季度露地蔬菜集中上市,蔬菜价格进一步走低,7、8、9月CPI分别上涨1.3%、1.4%、1.1%;四季度随着气温逐步下降,居民消费蔬菜以设施蔬菜为主,而中卫市蔬菜供应60%需要从外地调入,由于生产成本、运输成本、气候因素的影响,同时蔬菜消费又是居民生活的刚性需求,从而拉动蔬菜价格节节攀升。10、11、12月CPI分别上涨1.6%、1.2%、1.4%。3.全区五市排名并列第二。2016年中卫市与全国、全区以及五市相比,上涨幅度比全国低0.3个百分点,比全区高0.2个百分点,全区五市居并列第二位。其中全国上涨2.0%、全区上涨1.5%、银川市上涨1.7%、石嘴山市上涨1.4%、吴忠市上涨1.0%、固原市上涨2.0%、中卫市上涨1.7%。

(尹秀华)

【工业生产者价格】 受国家宏观经济政策调整及供给侧结构性改革推进的影响,加之国际市场原油等大宗商品价格大幅波动,中卫市工业经济运行出现积极变化,生产趋稳向好、企业效益有所回升。同时,部分行业因产能过剩、产品结构不合理、有效需求不足等因素深化改革效果逐步显现。整体来看,2016年工业生产者出厂(PPI)和购进价格(IPI)降幅收窄,逐步进入上行区间。(一)PPI变动情况。1.从同比看,2016年PPI下降1.7%,降幅较前三季度缩小3.4个百分点,较上年同期缩小1.9个百分点。其中1~9月份分别下降9.4%、9.1%、7.6%、4.8%、3.5%、4.5%、3.9%、2.3%、0.4%,10~12月份分别上涨5.5%、9.7%、12.3%,呈逐月走高态势。2.从环比看,2016年中卫市PPI持续上涨,一路"高歌",除过6月份下跌,7、8月份持平外,其余各月涨幅分别为0.2%、0.2%、0.5%、3.3%、0.2%、0.5%、4.4%、2.4%、1.6%。其中10月份涨幅最大,主要是受螺纹钢、铁合金、电石、水泥价格大幅上扬影响。(二)IPI变动情况。总体来看,购进价格与出厂价格运行趋势基本保持一致。2016年IPI同比下降4.4%,高于出厂价格2.7个百分点。其中1~9月份分别下降11.1%、11.0%、10.6%、10.2%、7.2%、5.9%、5.1%、5.4%、4.4%,10月份与上年同期持平,11月、12月受煤炭价格暴涨及公路运输查超限载影响分别上涨7.3%、14.5%。分类看,2016年被调查的八大类原材料价格同比呈现"一涨七降"的格局。其中价格上涨的是木材及纸浆类2.6%;价格下降的是燃料动力类6.0%,黑色金属材料类4.0%,有色金属材料及电线类3.3%,化工原料类下降7.6%,建筑材料及非金属类3.4%,其他工业原材料及半成品类5.8%,农副产品类2.2%。

(尹秀华)

人力资源和社会保障

【就业创业】 1.紧盯重点"助"就业。采取实名登记、公益性岗位安置、求职推荐等措施,助推高校毕业生就业创业,高校毕业生登记就业率达92.43%。2.优化服务"促"就业。开展以"送岗位信息、送优惠政策、送技能培训、送技能鉴定"为内容的"四送"服务活动4次,提供就业岗位428个,受理创业担保贷款申请130笔550万元。举办专项招聘会12场次,组织901家企业提供就业岗位21888个,对高校毕业生、"零就业"家庭、复退军人、残疾人、戒毒康复"双劳"回归人员发放就业贷款4503万元。3.创新创业"带"就业。举办"创业梦·中卫行"活动,命名青年(大学生)电子商务创业孵化中心等创业示范园区4个。开展"互联网+"大讲堂13期1400人次,孵化电商创业企业53家,入孵电商创业者112人,带动就业416人,宣传报道网络创业典型26个。4.贴息贷款"扶"就业。在全区率先开展"创业担保贷款+商业贷款"捆绑一站式发放模式,满足创业者融资需求,简化融资手续。新增创业担保贷款基金1560万元,以"创业担保贷款+商业贷款"模式办理贷款77笔4420万元,为微利创业项目发放贴息资金651人648万元。5.政策兜底"稳"就业。对696名就业困难人员实行公益性岗位托底安置,为2841名"4050"人员发放社保补贴651.39万元,为18179人发放失业保险金1643.42万元,为

176家企业发放援企稳岗补贴277万元。6. 精准培训"引"就业。研究出台《中卫市2016年脱贫"精准培训"暨"春潮行动"实施方案》，按照"培训一个、合格一个、就业一个"的目标，在全市152个贫困村(移民村)实施脱贫"精准培训"计划。巩固扩大5个劳务基地和4个劳务品牌的基础上，建立千人以上劳务基地4个，百人以上劳务基地13个，培养劳务经纪人2241名。2016年输出建档立卡贫困户3.39万人，占贫困人口的29%。　　　　　　　　　　　　　　　（王晓燕）

【社会保险】　1. 推进社会保险参保扩面。坚持"广覆盖、保基本、多层次、可持续"工作方针，实施全民参保登记，加快社会保障由"制度全覆盖"到"人群全覆盖"转变，全市基本养老、医疗保险参保人数分别达到55.73万人和107.05万人。2. 完善社会保险制度。推进机关事业单位养老保险制度改革，建成市本级及沙坡头区机关事业单位14480名在职人员参保信息数据库和退休人员养老待遇信息数据库，并对3130名退休人员养老金实行社会化发放。建立市本级事业单位工作人员医疗补助制度，全面启动事业单位工作人员医疗补助政策，将市本级10969名事业单位在职职工和退休人员纳入医疗补助范围。实施被征地农民参加养老保险政策，将建市以来的所有被征地农民均纳入保障范围，全市已参保登记47708人，沙坡头区、中宁县、海原县分别达到29919人、13168人和4621人。完善城乡居民大病保险政策，扩大药品报销目录范围。3. 加强社保经办能力建设。积极推进"五险合一"经办管理体制改革，"五险合一"经办管理和机构整合工作稳步推进。4. 加快推进异地就医联网结算。与区内75家医疗机构和91家药品零售药店实现医保费用联网即时结算，在自治区人社厅的大力支持下，与比邻省市医疗机构建立住院医疗费用联网结算机制，切实解决参保群众跑腿报销烦、垫资负担重的问题。　　　　　　　　　　　　　　（王晓燕）

【人力资源服务】　1. 健全完善人才工作措施。出台《关于深化人才发展体制机制改革促进人才与经济社会协调发展的若干意见》，从改革完善人才引进聚集、培养开发、评价激励、流动配置机制和人才管理体制等方面入手，提出24条改革举措和突破性政策，充分激发人才创新创业活力。出台《"中卫英才"奖评选奖励办法(试行)》和《中卫市享受政府特殊津贴人员选拔管理办法》，开展首批"中卫英才"奖、享受中卫市政府特殊津贴的申报选拔工作。强化非公经济专业技术人才培养措施。建立非公企业专业技术人才培养预备案制度，对157名非公企业专业技术岗位人员有针对性地开展职称申报指导服务。2. 多措并举招才引智。联合西部云基地公司组织网上丝绸之路云计算和大数据论坛。邀请13名博士后到中卫市开展第25批中国博士后科技服务团(宁夏中卫行)活动，组织25名区、市高级专业技术人才实施百名专家基层服务行计划，为中卫市旅游、智慧城市建设、特色农业发展问诊把脉。通过赴外招聘，占编引进研究生以上学历高层次人才25名，开辟刚柔并济的引才新途径。开展"中卫市特聘专家"推选工作，市直各部门、县区推荐的国家级、自治区级47名专家将被聘为中卫市特聘专家。3. 积极争取人才培养项目。累计争取人才项目资金108.9万元，开展农业高效栽培技术等3个急需紧缺和国家级名中医郭维琴思想传承岗位人才培训项目，共培训专业技术人才940名。组织3批次共90名优秀农村实用人才赴外培训，对贫困地区乡镇基层农牧、教育、卫生等485名专业技术人员开展精准扶贫专项人才培训。4. 规范实施人事管理。新招录公务员108名、事业单位人员403名。分批次对中卫市233名公务员进行专题培训，对512名科级以下公务员进行网络培训。组织各类纸笔考试11场次26272人次，组织各类面试4场次1145人。对全市7628名公务员及事业单位人员进行年度考核。及时准确做好机关事业单位工作人员定级任职工资套改工作。牵头开展机关事业单位吃空饷问题集中治理工作。5. 落实职称评审向基层一线倾斜政策。调整全市中小学(幼儿园)及乡镇卫生院岗位结构比例。审核推荐12个系列高中级专业技术职务任职资格人员2462名。其中推荐707名在乡下连续工作25年的教师为高级教师，评审360名乡下连续工作15年的教师为一级教师。6. 加强人才工作载体建设。组织海原县中医医院、万齐集团等10家企事业单位开展专家服务基地创建工作。同时继续抓好现有5个人才载体的建设和人才培养工作。　　　　　　　　　　（王晓燕）

【劳动维权】　1. 健全劳动保障制度。报请市政府出台《中卫市农民工工资管理办法》，强化农民工工资支付管理的顶层设计，建立部门联席会议制度，明确各部门监管职责。举办保障职工(农民工)工资支付突出问题专项整治工作专题培训班3期368人次，大力宣传《劳动法》《劳动合同法》《中卫市农民工工资管理办法》等劳动保障政策法规。全市新办理劳动合同签订备案11620份。2. 加大劳动监察执法力度。实施农民工工资清欠、建筑业参加工伤保险、清理拖欠职工

(农民工)工资突出问题、用人单位遵守劳动法律法规及缴纳社会保险等专项督查5次,检查用人单位178家,下发整改通知书32份,审查出具无拖欠工资证明937份,约谈施工单位一把手12人次,化解欠薪案件242起2819人次2686万元,收缴农民工工资保证金1.046亿元。3.加强劳动争议调解仲裁工作。建立裁审衔接制度。制定预先调解制度。建立健全企业劳动争议调解登记、督促履行等制度,完善调解员管理考评制度。建立便捷的调解协议仲裁审查确认机制,对企业调解委员会调解成功的案件,经仲裁机构审查确认出具调解书。中卫市125家规模以上企业成立企业劳动争议调解委员会112个,劳动争议调解委员会组建率达90%。立案处理劳动人事争议仲裁案件476件,全部在法定时效内结案。

(王晓燕)

【自身建设】 1.加强党性党风党纪教育。坚持每月一次党组中心组学习和每周一次干部理论学习,把党纪党风学习教育列入局党组中心组及各支部党员学习计划,以"两学一做"学习教育、"清廉机关创建"等活动,组织干部深入学习党章、《中国共产党纪律处分条例》和《中国共产党廉洁自律准则》,学习习近平总书记系列讲话精神,及时传达学习有关违反党纪党风及廉政规定的通报,组织干部巩固学习中央八项规定,教育党员干部不断增强理想信念、纪律意识和服务意识。2.落实依法行政。研究制定《中卫市人力资源和社会保障局关于全面推进依法行政的实施方案》,制定并实施局党组中心组学法计划和"法治人社"大讲堂活动计划,促使全体干部职工加强学法、坚持原则、遵循程序、严格执法,着力提升人社干部的依法行政能力。完成权力清单、责任清单、公共服务清单、中介审批服务事项清单的制定和上报工作,简政放权工作稳步推进。3.开展效能建设。2016年年初制定年度目标任务和重点工作"五定"方案,与县(区)及局属各单位、科室逐级签订目标责任书,层层分解任务。实行周领导班子碰头会、月局务会、季度反思会、半年总结会、年终考评会等制度,定期听取年度目标任务和重点工作推进情况汇报,督促狠抓工作落实。开展人社系统"效能提升行动",以"四抓四训四亮四比四评四创"为手段,及时纠正和处理"门难进、脸难看、事难办"等问题,倡导树立"严、细、深、实、快"的作风,切实把干部作风"抓常、抓细、抓长"的要求落实到各部门具体工作实践。

(王晓燕)

【获得荣誉】 2016年,中卫市人力资源和社会保障局先后取得"中国银行业微型创业最佳社会绩效管理提名奖""2014—2016年度全国优质服务窗口"、首批国家级社会保障卡综合应用示范基地、全区农民工工作先进集体、宁夏首届网络创业大赛优秀组织奖、自治区失业动态监测工作先进集体、全区就业信息监测先进集体、全区创业工作先进集体、全区社会保险会计统计报表先进单位、全区社会保险经办工作先进单位、全市民族团结进步创建活动模范集体、卫生计生工作先进单位、市三届人大三次会议代表建议办理工作先进集体、全市依法治理示范单位、中卫市实施《全民科学素质行动计划纲要》"十二五"工作先进集体等荣誉。

(王晓燕)

民 政

【养老服务体系建设】 1.建成中卫市关爱护理院、中卫市老年活动中心、沙坡头区第三中心敬老院、海原县第三敬老院、海原县第四敬老院、海原县老年活动中心、中宁县第四敬老院及中宁县老年活动中心,新增养老床位1380张,全市机构养老服务能力进一步提高。2.在中山社区开展"居家养老、视频通话"试点,为716户老人免费安装服务终端,提供视屏通话呼叫服务;实施防丢手环项目,为沙坡头区2660名失智老人发放防走失手环,并提供3年免费服务。

(雍学恒)

【精准扶贫】 制订《中卫市"十三五"精准扶贫社会保障兜底脱贫行动计划》,指导县(区)及时将符合条件的群众纳入低保范围,2016年纳入困难群众16688人;从2016年4月1日起将城市低保标准由每人每月380元提高到440元,农村低保标准由每人每年2400元提高到3150元,实现低保标准和扶贫标准"两线合一"。

(雍学恒)

【社会救助】 组织开展第八个减灾周和"5·12"减灾日大型宣传活动,全市62万名干部群众参加演练;创建国家级综合减灾示范社区3个;核报灾情13次,向3.1万户、9.2万名受灾群众发放救灾资金3571.4万元。全市减灾救灾能力进一步提高。指导县(区)积极开展救助对象家庭经济状况核对,共核对8417人,符合条件纳入保障5945人,清退不符合条件人员4730人,为104140名低保对象,发放最低生活保障金2.45亿元;资助9.8万名困难群众参加医疗保险,资助资金550.54万元,住院医疗救助2.1万人,救助资金3374万元;临时救助4.08万人,发放救助金6067万元,救助生活无着人员590人。社会救助体系建立健全,困难群众基本生活得到保障。

(雍学恒)

【社会化服务】 1.开展社区减负,促进和谐社区创建。编制《社区服务管理事项指导清单》,取消、合并市直部门在社区的权力事项1407项,新进入事项严格实行"准入制",创建五星级社区5个;举办村监会、村代会成员培训班174场次,培训13103人,建成农村社区服务站29个。2.培育发展社会组织63家,总数达到685家;年检社会组织227家,统一社会组织信用代码登记,发放"三证合一"新证书,深化社会组织"红顶中介"和"防范和打击非法集资"专项整治活动;加强社会组织党建工作,党建覆盖率达到81.4%以上。参与社会治理作用进一步发挥。3.根据自治区民政厅统一部署,组织开展第二次全国地名普查工作,2016年共采录预普查词条18820条,整理内业词条18320条、外业词条14370条,搜集中卫市地名素材,编纂宁夏地名中卫卷;根据市委、政府要求,对市区街道门牌进行统一设置安装。服务地方城市发展的作用逐步显现。4.以开展"殡葬服务提升年"活动为契机,积极落实殡葬规划用地,为县区调剂殡葬储备用地3534亩;深化"文明祭祀、生态安葬"宣传,引导干部群众移风易俗,公墓入葬率达77.4%。殡葬改革力度进一步加大。5.依法办理结婚登记10920对,离婚登记1870对,婚检率90%以上。6.协调组织妇联、教育及公安等部门排查出农村留守儿童1608名,印发《关于加强中卫市农村留守儿童关爱保护工作的实施意见》,争取资金15.81万元,在沙坡头区开展关爱试点工作;向1705名孤儿发放养育津贴1052.4万元,49名孤儿在市儿童福利院幸福生活,开工建设海原县儿童福利院,全市儿童福利关爱体系逐步健全。

(雍学恒)

【双拥优抚】 向2971名重点优抚对象发放生活、医疗等各类补助1689万元,接收安置退役士兵288人,筹资71.85万元,在春节、八一等重要节日,慰问重点优抚对象和驻卫部队;协调相关部门解决驻卫部队困难13项;驻卫部队出动兵力200余人,车辆8台,积极参与地方经济建设。中卫市获评"全国双拥模范城"荣誉称号。

(雍学恒)

扶贫开发

【概况】 中卫市扶贫开发办公室为中卫市人民政府正处级直属单位,核定编制19名(含后勤服务事业编制1名)。设综合科、项目管理科、社会扶贫科、资金与工程监督科、规划建设科、监测评估科6个内设机构。在编在职干部职工17人,其中研究生1人,本科9人,大专7人;技术职务:高级1人,中级4人,助理级7人。2016年获自治区民委"2016年度民族团结进步创建活动示范单位",项目科科长马其龙同志荣获全国扶贫系统先进工作者。

(柳 鹏)

【贫困人口现状】 中卫市贫困人口主要集中在海原县、沙坡头区兴仁、香山及中宁县大战场、喊叫水等28个乡镇277个行政村,建档立卡贫困人口30877户12.6万人。其中海原县为国家贫困县,共有贫困村96个、贫困人口23572户88706人。

(柳 鹏)

【脱贫销号】 2016年共整合资金5.14亿元,加强贫困村基础设施建设和产业扶持,2016年实现36个贫困村脱贫销号,3.53万人脱贫,完成年度减贫任务。

(柳 鹏)

【"有土"脱贫】 中卫市通过草畜、马铃薯、瓜菜、中药材"四大特色产业",围绕销号村脱贫攻坚,带动贫困户产业增收。海原县完成基础母牛补栏9048头,基础母羊补栏23852只,新建棚圈4805座,实施"见犊补母"2060头,种植马铃薯8.17万亩,种植饲草、红葱、中药材等特色作物38144亩。"华润基础母牛银行"工作机制进一步推行。中宁县在贫困地区示范种植拱棚甜瓜200座,建成硒砂瓜品质品牌保护核心展示区2万亩、优新品种试验示范区3个500亩,发展优势特色种植1.25万亩。新增基础母牛和肉牛7100余头。沙坡头区新增枸杞种植2500亩,采取企业化运作模式,流转兴海移民村土地3185亩种植矮化、乔化苹果。香山乡米粮川移民村500亩压砂地进行改造发展枸杞产业,新建3000亩硒砂瓜示范基地,110户移民群众硒砂瓜收入达到420万元。

(柳 鹏)

【"离土"脱贫】 发展劳务输出、交通运输、剪纸刺绣、清真餐饮"四大特色品牌",全市共培训各类务工人员7864人,实现4.1万建档立卡贫困劳动力务工就业,有效增加贫困人口收入。实行贫困家庭学前2年免费教育,每年补助1000元。对贫困家庭高中生,实行学费、课本费、住宿费免除。对贫困家庭中高职在校生,除享受国家职业教育资助政策外,通过实施"雨露计划"等项目,每生给予3000元扶贫助学补助。对贫困家庭在校大学生,全面落实贫困大学生助学贷款政策,对考入或在读本科以上贫困家庭大学生每年给予5000元就学资助,帮助其完成学业。组织动员海原县42户业主到中卫市区经营清真餐饮,通过每户补

贴创业资金2万元和免除3年房屋租费，起到带动"离土"扶贫的示范引领作用。　　　　　　(柳　鹏)

【社会帮扶】　　安排33名厅级干部联系帮扶贫困乡镇，152名县处级干部联系帮扶贫困村，抽调9176名干部联系帮扶贫困户，各帮扶单位投入帮扶资金500多万元，促进帮扶村基层党建、基础设施、特色产业的发展；鼓励动员企业参与扶贫工作，开展"民营企业中卫行""村企共建扶贫工程"等活动，华润集团定点帮扶进一步深化，赊销基础母牛5717头，惠及农户1969户，其中建档立卡贫困户1425户。争取闽宁协作基金1000万元，已实施9个项目，有力地促进贫困地区经济社会的发展。　　　　　　　(柳　鹏)

【金融扶贫】　　出台《中卫市金融扶贫工作方案》，3年筹措资金1.54亿元设立产业扶贫担保基金，撬动合作银行按1:10比例发放产业扶贫贷款，对建档立卡贫困户及移民户给予3万~5万元贷款。2016年，各合作银行向建档立卡贫困户发放产业扶贫贷款3.74亿元。　　　　　　　　　　　　　(柳　鹏)

【易地搬迁】　　全面启动"十三五"易地搬迁安置工作，全市计划建设安置点39个，搬迁安置建档立卡贫困户4097户15347人。其中，海原县集中统建安置区7个，安置移民649户2437人；群众联建安置区5个，安置移民432户1699人，县内建设就近安置区11个；中宁县安置贫困人口619户2002人；沙坡头区安置贫困人口338户1432人。　　(柳　鹏)

【培训宣传】　　1. 以市级举办县、乡、村基层干部和驻村第一书记、创业带头人精准扶贫精准脱贫培训班4期，对基层干部进行扶贫政策的系统培训，共培训450人次，提升基层干部脱贫工作能力。2. 在中卫电视台、中卫广播电台、《中卫日报》开设《脱贫攻坚进行时》《聚焦脱贫攻坚战》等专栏，大力宣传脱贫攻坚政策，及时报道脱贫攻坚工作的先进经验和先进典型。3. 印制《中卫市机关干部帮扶贫困户工作手册》《脱贫攻坚政策宣传手册》，免费向市民发放。4. 在10月17日"全国扶贫日"期间，举办"坚定信念跟党走、脱贫致富奔小康"专场文艺演出，在中卫电视台当天播放扶贫系统"脱贫攻坚、共筑梦想"文艺晚会录像；发行"治贫先治愚、扶贫先扶志"纪念邮票，组织市直机关干部开展爱心捐赠公益活动，共筹募爱心捐款20万元，向全市手机用户发送扶贫公益短信4万条、易信4700条，营造关心扶贫、支持扶贫、参与扶贫的社会氛围。　　　　　　　　　　　　　　(柳　鹏)

残疾人事业

【概况】　　市残联是政府全额拨款事业单位。内设办公室和业务科2个科室。全市共有持证残疾人50061人(其中沙坡头区14425人，占28.8%；中宁县11630人，占23.2%；海原县24006人，占47.9%)。各类残疾人中，一级残疾5767人，占11.5%；二级残疾15819人，占31.6%；三级残疾13766人，占27.5%；四级残疾14709人，占29.3%。视力残疾6054人，占12.1%；听力残疾5254人，占10.5%；言语残疾988人，占1.97%；肢体残疾29788人，占59.5%；智力残疾4275人，占8.5%；精神残疾1740人，占3.5%；多重残疾1962人，占3.9%。　　　　　　　　(徐玉忠)

【社会保障】　　残疾人"两项补贴"政策按期落实。全市审核发放困难残疾人生活补贴19233人，重度残疾人护理补贴18225人，"两项补贴"按季度通过"一卡通"方式全部发放到位。　　　　　(徐玉忠)

【康复】　　残疾人康复工作持续推进。1. 坚持开展精神残疾人救助工作。2. 积极开展贫困残疾儿童康复救助工作，全市共建立儿童康复训练机构4家(沙坡头区3家、海原县1家)。3. 继续开展辅助器具供应服务工作。组织实施澳大利亚"魏基成天籁列车"驶入中卫公益活动，为全市130名听障残疾人免费配发助听器(成人助听器100个、儿童助听器30个)、为中卫市特教学校捐赠教学机2台。4. 开展0~14岁残疾儿童筛查工作。按照自治区残联的安排，组织两县一区对全市0~14岁残疾儿童进行调查摸底，筛查各类残疾儿童394名，调查了解残疾儿童康复需求状况，建立健全残疾儿童康复需求档案，为实现残疾儿童更好地享受康复项目救助打下坚实基础。5. 加强社区康复站和文化进社区工作。强化对社区康复建设和社区残疾人文化工作的具体指导，文化进社区工作爱心书屋通过筛选上报6家，其中沙坡头区3家，中宁县2家，海原县1家。6. 组织筛查上报骨关节置换救助困难残疾人18人。7. 组织开展"杏林春雨"行动计划，配合农工党中央、吴阶平医学基金会小儿脑瘫救助专项基金等组织开展1~18周岁小儿脑瘫患者筛查义诊活动，为300多名患儿进行义诊，并对13名符合手术治疗条件的困难家庭患儿免费进行救助。

(徐玉忠)

【"助残日"活动】　　1. 广泛开展多种形式的助残活动。5月13日在红太阳广场举行以"关爱孤残儿童，让爱洒满人间"为主题的助残日系列活动启动仪式。2. 设立残疾人咨询服务点11个,发放相关资料5000余份。市县(区)入户慰问特困残疾儿童家庭9户。市爱心志愿者协会和义工联合会组织30名志愿者为残疾人提供多种形式的服务。3. 争取资金,为3个标准化社区康复站发放建设资金15万元;为3家残疾人托养、康复机构发放扶持资金20万元;为3家残疾人就业创业示范基地发放扶持资金17.5万元;发放轮椅等残疾人辅助器具43件。4. 利用残疾人数据动态更新走村入户调查的良机,积极向社会各界宣传政策、科普知识、扶助措施等,进一步营造扶残助残良好氛围。5. 举办残联系统业务培训班1期,培训全市残疾人工作者60名;举办社区康复员培训班3期,培训人员99人;举办盲人定向行走培训班3期,培训人员180人。　　　　　　　　　　　（徐玉忠）

【教育就业】　不断加强残疾人教育、就业和扶贫工作。1. 强化创业培训。按照区残联下达的培训任务,利用中卫市残疾人职业技能培训基地,对有劳动能力并有培训需求的143名残疾人进行创业培训,组织计算机应用技术培训43人,组织"云客服"培训38人。建立残疾人创业就业孵化基地,引导残疾人开展电商、微商等,推动残疾人利用网络平台创业和就业。对残疾人创业就业人员发放创业就业补助资金。2. 加强扶残助学工作。对沙坡头区5名新录取的残疾大学生和3名考入大中专院校的困难残疾人家庭子女进行救助。依据残疾人基本服务状况和需求专项调查的情况,配合特殊教育学校,对全市未入校适龄残疾儿童进行入户走访,通过摸底,沙坡头区现有义务教育期的适龄儿童286名,其中随班就读147名,特殊教育学校就读92名,因身体条件限制的重度残疾儿童47名,配合教育部门做好送教上门工作,切实保障他们享受教育的权利。3. 切实解决残疾人生活困难问题。"两节"期间,积极争取资金,多形式开展慰问贫困残疾人活动,发放价值107万元的现金及物品。4. 建立并发展托养社会机构3家,托养残疾人135名。
　　　　　　　　　　　　　　　　（徐玉忠）

【残疾人维权工作】　1. 组织落实残疾人无障碍改造任务。组织对常乐镇4个村重度困难残疾人家庭进行实地走访,筛选符合条件的困难残疾人家庭44户,组织相关专业人员入户为残疾人家庭量体裁衣,编制改造方案,组织施工,并会同有关部门进行项目验收。2. 落实燃油补贴惠残政策。认真做好残疾人机动轮椅车燃油补贴申报、审核和发放工作,全市审核发放燃油补贴1806人,其中沙坡头区600人。
　　　　　　　　　　　　　　　　（徐玉忠）

【扶贫攻坚】　全面谋划残疾人扶贫攻坚工作。1. 将残疾人扶贫纳入全市扶贫攻坚行动总体规划,在政策、项目、资金等方面全面覆盖残疾人,保证残疾人公平分享国家扶贫资源。2. 建立残疾人扶贫开发与社会保障紧密衔接的制度安排。大力推动出台落实低保、医保、大病救助、养老保险等方面的特惠政策,切实提高残疾人的社会保障水平。3. 加大实施市委、政府民生计划项目,优先解决贫困残疾人的困难问题。4. 加大残疾人专项扶贫力度,增强扶贫实效。坚持扶持残疾人扶贫基地和残疾人种养殖业大户。5. 拓宽农村残疾人增收致富渠道,为148名农村残疾人种植、养殖户发放扶持资金,促进家庭稳定增收。6. 切实开展"阳光助残小康计划"。按照自治区残联的安排,安排两县一区对贫困残疾人建档立卡户进行摸底核实,全市贫困残疾人建档立卡户20233户,22240人;其中:中宁县756户,804人,海原县18422户,20312人,沙坡头区1055户,1124人。协助扶贫部门落实扶持政策和措施。　　　　　　　　（徐玉忠）

【创新工作】　1. 建立残疾人创业就业孵化基地。对有劳动能力并有培训需求的143名残疾人进行创业培训,组织"云客服"培训38人,积极引导残疾人开展电商、微商等,推动残疾人利用网络平台创业和就业。2. 印发出台《中卫市加快推进残疾人小康进程实施意见》。对提高全市残疾人社会保障水平、促进残疾人及其家庭增收、提升残疾人公共服务水平、加大残疾人社会救助力度提出具体的意见和措施。3. 培育建立中卫卫尔康托养中心并取得明显社会效益,共收治门诊者800多人次,住院300多人次,临床痊愈或好转已出院200多人次,2016年在托精神残疾人190名。4. 开工建设中卫市残疾人康复中心建设项目。5. 在中卫市启动残疾人淘宝"云客服"公益项目。全市91名残疾人参加淘宝"云客服"培训,有37名符合条件的残疾人成为淘宝"云客服"。（徐玉忠）

人 物

政界领导

【袁诗鸣】 男,回族,1971年1月出生,四川西昌人。1991年6月加入中国共产党,1995年7月参加工作,西南政法大学法律系法学专业毕业,北京大学法学院法律专业法学硕士。

1991年9月至1995年7月,在西南政法大学法律系学习;1995年7月至2002年8月,历任司法部政治部干部(其间:1995年8月至1998年8月,西藏自治区司法厅援藏锻炼,担任科员、副科长)、司法部政治部副主任科员、司法部政治部机关人事处主任科员、国务院法制办政府法制协调司主任科员、国务院法制办政府法制协调司五处副处长;2002年8月至2005年8月,历任新疆生产建设兵团农八师石河子市政法委副书记,新疆生产建设兵团农八师石河子市政法委副书记(正处级)(其间:2001年3月至2003年1月在北京大学法学院法律专业学习);2005年8月至2016年4月,历任国务院法制办政府法制协调司五处副处长(正处级)、国务院法制办政府法制协调司四处处长、国务院法制办政府法制协调司副司长、国务院法制办政府法制协调司副司长、中卫市委常委、副市长人选(挂职);2016年4月任国务院法制办政府法制协调司副司长,中卫市委常委、副市长。

【徐海宁】 男,汉族,1976年11月出生,1997年7月参加工作,2000年3月入党,研究生学历。

1993年7月至1997年7月,在宁夏煤炭工业学校采矿工程专业学习;1997年7月至2001年12月,分别在陶乐县劳动就业服务局、陶乐县人事劳动局工作;2001年12月至2004年2月,历任陶乐县东沙乡副乡长,陶乐县县直机关党委副书记、纪委书记;2004年2月至2005年4月,在中卫市直机关工委工作(其间:2000年9月至2005年1月,在清华大学继续教育学院经济学专业学习);2005年4月至2012年6月,历任中卫市委宣传部办公室副主任,中卫市委宣传部办公室主任(正科级),中卫香山机场筹建处副主任(正科级),市委宣传部办公室主任,中卫市民航机场管理办公室副主任,中卫香山机场管理局副局长,中卫市财政局副局长、党组成员;2012年6月至2016年8月,历任海原县委副书记、副县长、代县长,海原县委副书记、县长,海原县委书记,海原县委书记、海兴开发区党工委书记;2016年8月任中卫市委常委、海原县委书记、海兴开发区党工委书记。

【杨文生】 男,回族,1966年9月生,宁夏同心人。1996年1月加入中国共产党,1990年7月参加工作,

中央民族学院经济系经济学专业,研究生学历,经济学硕士。

1983年9月至1990年7月,先后在中央民族学院经济系政治经济学专业、中央民族学院经济系经济学专业学习;1990年7月至2016年9月,历任自治区工商行政管理局科员,自治区工商行政管理局副主任科员,自治区工商行政管理局主任科员,自治区工商行政管理局办公室副主任,自治区工商行政管理局人事教育处副处长,自治区工商行政管理局人事教育处处长,自治区招标局(政府采购中心)副局长、党组成员,自治区招标管理服务局副局长、党组成员,自治区公共资源交易管理局副局长、党组成员;2016年9月至2016年10月,担任中卫市委委员、常委;2016年10月任中卫市委常委、统战部部长。

【叶宪静】 女,汉族,1964年1月出生,辽宁辽阳人。1990年8月加入中国共产党,1986年7月参加工作,中央党校函授经济管理专业毕业,研究生学历。

1984年9月至1986年7月,在宁夏司法学校司法专业学习;1986年7月至1998年5月,历任石嘴山市石炭井区司法局办事员(其间:1988年9月至1991年7月,在中国政法大学函授经济法专业学习),石嘴山市石炭井区司法局副局长,石嘴山市石炭井区委宣传部副部长,石嘴山市石炭井区委宣传部部长(其间:1994年8月至1996年12月,在中央党校函授学院经济管理专业学习;1996年3月至1997年5月,挂职任平罗县崇岗乡党委副书记);1998年5月至2010年4月,历任石嘴山市大武口区委常委、宣传部部长,石嘴山市大武口区委副书记(其间:2003年9月至2003年11月,借调石嘴山市委办公室工作),石嘴山市委宣传部副部长,石嘴山市人口与计划生育局局长、党组书记,石嘴山市妇女联合会主席、党组书记;2010年4月至2016年10月,历任自治区妇女联合会党组成员、副主席提名人选,自治区妇女联合会副主席、党组成员;2016年10月至2016年11月,任中卫市委常委;2016年11月任中卫市委常委、宣传部部长。

【邹玉忠】 男,汉族,1962年2月出生,宁夏中卫人。1986年7月参加工作,1985年12月加入中国共产党,西北农业大学农业经济系农业经济管理专业毕业,大学学历,农学学士,经济师。

1982年9月至1986年7月,在西北农业大学农业经济系农业经济管理专业学习;1986年7月至2016年10月,历任自治区党委农村工作部科员,自治区党委政策研究室科员(其间:1989年10月至1991年10月在中卫县镇罗镇挂职锻炼),自治区党委政策研究室副主任科员,自治区党委政策研究室主任科员,自治区党委政策研究室信息处副处长、正处级研究员,自治区党委政策研究室农村研究处正处级研究员、负责人,自治区党委政策研究室农村研究处处长、副主任,自治区扶贫开发办公室(自治区移民局)副主任(副局长)、党组副书记;2016年10~12月,任中卫市人大常委会党组副书记、副主任(正厅级)候选人,2016年12月担任中卫市人大常委会党组副书记、副主任(正厅级)。

【李树茂】 男,汉族,1964年10月生,宁夏中卫人。1990年8月加入中国共产党,1985年7月参加工作,宁夏大学汉语言文学专业毕业,大学学历,教育学(中文)学士,政工师。

1981年9月至1985年7月,在宁夏大学中文系汉语言文学专业学习;1985年7月至2004年9月,历任中卫县东园中学教师、中卫县教师进修学校教

师,在中共中卫县委统战部工作,中卫县政府办公室副科级秘书,中卫县政府办公室副主任,中卫县特审办主任,中卫县迎水桥镇党委副书记、镇长,中卫县迎水桥镇党委书记,中卫县委组织部"四制"考核办主任,中卫县委组织部副部长(其间:2002年11月至2004年5月在天津财经大学财政学研究生班学习);2004年9月至2016年1月,历任中共中卫市委副秘书长、督查室主任,中卫市旅游和商务局党委书记、局长,市腾格里湿地旅游有限公司董事长,中卫市安全生产监督管理局党组书记、局长,中卫市人大常委会副秘书长,中卫市人大常委会党组成员、秘书长,提名为副主任候选人,2016年1月任中卫市人大常委会党组成员、副主任。

【郭亮】 男,汉族,1964年2月出生,山西运城人。1983年9月参加工作,1985年10月加入中国共产党,河南信阳陆军学院步兵指挥专业毕业,大学学历,军事学学士。

1983年9月至1987年7月,在河南信阳陆军学院步兵指挥专业学习;1987年7月至1993年9月,任兰州军区舟桥团警卫排长、副连长、参谋、指导员;1993年9月至2004年3月,历任二十一集团军工兵团二营六连、二连政治指导员,二十一集团军工兵团一营副营长、营长,二十一集团军工兵团副团长;2005年1月至2016年12月,历任中卫市人大常委会副秘书长,中卫市人大常委会人选工委主任,中卫市机构编制委员会办公室主任,中卫市委组织部副部长,中卫市人力资源和社会保障局党组书记、局长,中卫市委副秘书长、办公室主任、秘书长,中卫市人大常委会副主任,市委秘书长、办公室主任;2016年12月任中卫市人大常委会党组成员、副主任,市委秘书长、办公室主任。

【黄华】 女,汉族,1964年2月出生,浙江余姚人。1983年7月参加工作,民进会员,中央党校函授学院经济管理专业毕业,中央党校大学学历。

1981年9月至1983年7月,在宁夏财校财政预算专业学习;1983年7月至2002年7月,先后在中卫县计划委员会、中卫县计经局(委)、中卫县计划统计局、中卫县计划与发展委员会工作;2002年7月至2004年2月,任中卫县旅游局副局长;2004年2月至2016年12月,历任中卫市旅游和商务局科员(其间:2001年8月至2004年6月在中央党校函授学院经济管理专业学习),中卫市红十字会秘书长(副处级),中卫市卫生局副局长,中宁县副县长,中卫市政协副秘书长、提案委员会主任,民进中卫市委会主委,中卫市旅游局局长、市旅游开发试验区管委会副主任,中卫市旅游发展委员会主任;2016年12月担任中卫市人大常委会副主任,市旅游发展委员会主任、市旅游开发试验区管委会副主任,民进中卫市委会主委。

【何晓勇】 男,回族,1967年6月出生,宁夏灵武人。1989年8月参加工作,民建会员,宁夏大学建筑工程专业毕业,在职大学学历,高级工程师。

1986年9月至1989年8月,在宁夏工学院建工系工业与民用建筑专业学习;1989年8月至1998年8月,历任宁夏第五建

筑公司干部，宁夏城乡建设材料设备公司副科长、副经理；1998年8月至2016年8月，历任自治区建设厅机关服务中心副主任，自治区建设工程质量监督总站副站长、站长，自治区建设厅建筑管理处处长，自治区住房和城乡建设厅建筑管理处处长、副厅长，民建宁夏区委会副主委（不驻会）；2016年10月担任中卫市副市长，市工商业联合会主席，民建宁夏区委会副主委（不驻会）。

【张隽华】 男，回族，1965年1月出生，山东烟台人。1987年7月参加工作，1992年7月加入中国共产党，中国地质大学水文工程地质专业毕业，大学学历。

1983年9月至1987年7月，在中国地质大学水文工程地质专业学习；1987年7月至2008年5月，在自治区地矿局矿调所，自治区党委宣传部宣传处、外宣处工作，历任自治区党委宣传部外宣处副处长、处长，新闻出版处处长；2008年5月至2011年5月，担任彭阳县县长；2011年5月至2016年12月，历任中卫市沙坡头区党工委书记、管委会主任，人武部党委第一书记，中卫市政府党组成员，中卫工业园区党工委书记、管委会主任（副厅级）；2016年12月担任中卫市政府党组成员、副市长，中卫工业园区党工委书记、管委会主任。

【朱凶凶】 男，汉族，1979年6月出生，浙江浦江人。2003年8月参加工作，2000年5月加入中国共产党，毕业于哈尔滨工业大学固体力学专业，工学博士。

1996年9月至2003年6月，先后在武汉水利电力大学水利水电工程建筑专业学习，获工学学士，武汉大学工程力学专业学习，获工学硕士；2003年8月至2010年8月，在中国航天科技集团公司第五研究院工作，历任总转与环境工程部力学室团支部书记、院机关团总支副书记、研究发展部高分室副主任（副处级）、遥感卫星工程中心副主任（正处级）；2010年8

月至2013年12月，挂职国防科工局重大专项工程中心宇航工程部副部长（主持工作）、综合管理处副处长兼党办主任、地面系统部副部长（主持工作）(2008年3月至2012年6月在哈尔滨工业大学固体力学专业学习，获工学博士)；2013年12月至2015年12月，任国防科工局重大专项工程中心科技发展部部长（正处级）；2015年12月至2016年12月，挂职任中卫市政府党组成员、市长助理；2016年12月，挂职中卫市政府党组成员、副市长。

【王学军】 男，汉族，1968年1月出生，宁夏中宁人。1990年9月参加工作，1992年7月加入中国共产党，宁夏党校政治学专业毕业，宁夏党校研究生学历，助理畜牧师。

1986年9月至1990年7月，在西北农业大学畜牧专业学习；1990年9月至1997年3月，先后在中宁县畜牧局、中宁县政府办公室工作；1997年3月至2006年9月，历任中宁县宁安乡党委副书记，中宁县鸣沙镇党委书记、镇长，中宁县副县长；2006年9月至2010年7月，历任海原县委常委、纪委书记、副县长，海原新区管委会主任；2010年7月至2016年12月，历任中卫市文化体育广播电视局党委委员、党委书记、局长，中卫市发展和改革委员会党组书记、主任，中卫市沙坡头区党工委书记、管委会主任，人武部党委第一书记、区委书记；2016年12月，担任中卫市副市长、沙坡头区委书记、人武部党委第一书记。

【吕玉兰】 女,汉族,1965年6月出生,宁夏中卫人。1987年7月参加工作,农工党党员,宁夏党校在职研究生班经济管理专业毕业,宁夏党校研究生学历,副主任医师。

1984年9月至1987年7月,在宁夏卫生学校妇幼医士专业学习;1987年7月至1999年8月,先后在中卫县柔远卫生院、中卫县中医医院工作;1999年8月至2004年2月,任中卫县中医医院副院长(1999年12月宁夏医学院中医自考大专毕业);2004年2月至2007年7月,在中卫市中医医院工作(2004年6月宁夏医学院中医自考本科毕业),历任中卫市中医医院副院长(副科级),中卫市妇儿医院院长(正科级),中卫市第三人民医院院长(正科级);2007年7月至2016年12月,历任中卫市卫生局副局长,中宁县副县长,中卫市监察局副局长(正处级),农工党中卫市总支主委(其间:2010年9月至2013年7月,在宁夏党校在职研究生班经济管理专业学习);2016年12月任中卫市政协副主席,市监察局副局长,农工党中卫市总支主委。

【王谦】 男,汉族,1963年8月出生,宁夏中宁人。1983年8月参加工作,1986年5月加入中国共产党,宁夏农学院农学系农学专业毕业,农学学士,农艺师,政工师。

1979年9月至1983年7月,在宁夏农学院农学系农学专业学习;1983年8月至1985年1月,在盐池县种子公司工作;1985年1月至2006年1月,历任中宁县政府办公室副科级秘书,中宁县农业局副局长,中宁县石空镇党委副书记、书记、镇长,中宁县财政局局长,中宁县副县长;2006年1~12月,历任中卫市审计局副局长、党组成员,中卫市人大常委会财经工作委员会主任,中卫市财政局党组书记、局长;2016年12月任中卫市政协副主席,市财政局党组书记、局长。

【张国顺】 男,汉族,1962年3月出生,宁夏中宁人。1983年8月参加工作,1990年11月加入中国共产党,宁夏党校政治学专业毕业,宁夏党校研究生学历,兽医师,政工师,高级采购师。

1979年9月至1983年7月,在宁夏农学院兽医专业学习;1983年8月至1993年9月,先后在中宁县畜牧局、中宁县委农工部工作;1993年9月至2008年10月,历任中宁县委农工部副主任科员,中宁县委组织部科员,中宁县新堡乡党委副书记、乡长,中宁县新堡镇党委书记,中宁县委办公室主任、督查室主任,中宁县政协副主席;2008年10月至2011年2月,历任中宁县副县长(2006年9月至2009年7月在宁夏党校政治学专业学习)、中卫市住房和城乡建设局党委委员;2011年2月至2016年12月,历任中卫市住房和城乡建设局党委委员、副局长,中卫市公共资源交易中心主任、党组书记,中卫市住房和城乡建设局党委书记、局长,中卫市政府副秘书长,市规划管理局党组书记、局长;2016年12月任中卫市政协副主席,市规划管理局党组书记、局长。

新闻人物

【勤劳简朴一家人——王泽功家庭】 王泽功,汉族,1962年生,家住中宁县石空镇新桥村一组。这是一个幸福而温暖的五口之家,始终传承着"百善孝为先"的优良传统。夫妻二人共同携手走过三十多个春夏秋冬,相敬如宾。王泽功妻子心存孝心,对85岁高龄的老人敬如亲父,让老人享受着晚年的快乐生活,并将"孝"的含义诠释在生活中的点点滴滴,为孩子们树立了良好榜样。其一双儿女也双双考入大

学。毕业之后,其子现在是成都市的一名优秀教师,其女研究生毕业后在中科院武汉力学研究所工作。被全国妇联授予全国2016年度"五好文明家庭"称号。

【对梦的追求永不言弃——李成元家庭】 李成元,回族,1965年生,家住海原县郑旗乡吴湾行政村。李成元家住海原县的一个偏僻小乡里,一家五口人,夫妻二人均是小学没有毕业、地地道道的农民,供养了3个大学生:长子在读清华大学经济学博士研究生;

长女大学毕业,现是一名特岗教师;次子在读北京工业大学。这个普通的家庭蕴含着浓郁的传统文化和积极向上的乐观精神。日常生活中夫妻二人力所能及地帮助别人;在对子女的教育中,夫妻二人言传身教,以最朴实的方式教会了孩子们勤奋好学、宽厚仁爱。被全国妇联授予全国2016年度"五好文明家庭"称号。

【履行个人责任,促进家庭和谐,展示人生风采——魏啸吟家庭】 魏啸吟,汉族,1977年生,家住沙坡头区滨河镇鼓楼南街,现任中国邮政储蓄银行中卫市沙坡头区支行支行长。魏啸吟的家庭是书香门第,一家人相亲相爱、相扶相携。魏啸吟身患严重糖尿病,但工作敬业,成绩突出,多次被评为优秀共产党员、先进个

人。其妻在中卫市医院手术室工作,也是爱岗敬业、无私奉献的行业标兵。多年来,夫妻二人共同照顾长期瘫痪在床的父亲、患有严重糖尿病的母亲、无儿无女的84岁未婚大伯及照顾从小患小脑萎缩的妹妹到26岁逝世。被全国妇联授予全国2016年度"五好文明家庭"称号。

【浇筑"民族团结之花"——邓金义家庭】 邓金义,回族,1966年生;妻子黑红,回族。邓金义先前任中宁县新堡镇刘营清真寺阿訇,现任刘营清真寺寺管会副主任。其妻虽是一个农村妇女,只有小学文化,但是却深明大义,孝顺婆婆,教育子女,无怨无悔地支持丈夫的工作。邓金义虽然不是党员,但是担任刘营清真寺阿訇以来,认真履行职责,充分发挥教职人员作

用,弘扬优秀积极教义,团结周围党员群众,为人民办好事、办实事,自觉把民族团结作为自己的责任,多年来为刘营村民族团结进步贡献了自己的全部力量,促进了民族团结工作蓬勃发展。

【率先垂范,带头致富——吴汉东家庭】 吴汉东,1963年生,先后担任村干部长达11年之久,在全乡压砂地工作中带头压砂,率先将自家旱地压砂,为全乡压砂工作打响了第一炮,发挥了一名模范村干部的作用,获得县委、政府的表彰。为打开计划生育工作局

人物 ·285·

面，夫妇俩带头实施二胎结扎手术，以实际行动履行着一名村干部的职责。夫妻二人率先垂范，带头致富，理清全村经济发展思路，带头调整产业结构，促进枸杞、西瓜套油菜、小麦、玉米等经济生态效益共同发展。于2008年被评为海原县民族团结进步先进个人，2010年被评为全市先进村级组织主要负责人，2011年被评为全市优秀共产党员，2012年被评为自治区"岗位建功"先进个人。被全国妇联授予全国2016年度"最美家庭"称号。

【自强不息，创业致富——崔希先家庭】 崔希先，汉族，1962年生，妻子雍学玲，50岁，家住沙坡头区东园镇郑口村三组。曾经这是一个幸福美满的家庭，但崔希先在接二连三的事故中失去了双腿与双眼，其妻雍学玲变成了家里的顶梁柱，不但要照顾伤残的丈夫，还要担负起赚钱养家的重任。

为了克服困难，他们开始养殖，从10只羊起家，在市妇联及镇村干部的大力扶持与帮助下，其在原有的基础上，扩建了养殖场。现在存栏200多只，已见成效。被全国妇联授予全国2016年度"最美家庭"称号。

【田彦花】 女，回族，1956年生，海原县关桥乡农民。因母亲早逝，50多年来，她悉心照顾瘫痪在床的两个弟弟和一个行动不便的妹妹，不离不弃。如今，她还要照顾80多岁的老父亲，竭心尽孝。面对生活的种种磨难，她始终微笑面对。在日复一日的操劳中，田彦花用自己的爱心、孝心、责任心构筑了一个温暖的家庭，展示了孝老爱亲、无私奉献、积极乐观的高尚品德。2016年7月获得"感动宁夏2015年度人物"称号。

【刘在环】 男，汉族，1953年出生，中卫市沙坡头区常乐中学退休乡村教师。2013年，刘在环用自己的退休金在常乐镇开办了"爱心饭馆"，为附近的孤寡老人免费提供餐饭。2015年，他又在永康镇和文昌镇黄河花园社区各开办了一家"爱心饭馆"。3年来，刘在环累计投入近6万元经营"爱心饭馆"，为50多名孤寡老人免费提供餐饭。在他的事迹感召下，许多社会爱心人士主动购买粮油，帮助"爱心饭馆"正常运转。2016年7月获得"感动宁夏2015年度人物"称号。

【李文军】 回族，1979年出生，中宁县大战场乡农民。2013年，他自费创办"爱心小院"，把村里的20多名留守儿童召集到自己家中，免费为他们补习功课、提供午餐、购买学习用品。李文军每年将种植枸杞的两万元收入用在这些孩子身上，无怨无悔。2016年7月获得"感动宁夏2015年度人物"提名奖。

【蒋建明】 男，汉族，47岁，中共党员，大学本科学历，正研级高级工程师，中卫市应理城乡市政产业（集团）公司总经理。倡导"学校式学习力"，不仅自己取得正高级工程师、国家注册监理师的资格，还带出一支精干的职工队伍。他推行"军队式执行力"，冲锋在前，带领团队完成指令性工程近百项，概算总投资过百亿元，被誉为"中卫第一速度"；带头勘测50平方公里300多公里的供排水主管线及配套设施，绘制中卫第一张总体分布图；营造"家庭式亲和力"，常常与员工谈心交心，激发每位员工的工作热情；扶危济困，温暖他人，3个行政村和45户特困户结对精准帮扶，3年来组织捐款和各类帮扶资金超过百万元，赢得社会各界高度赞誉。先后荣获全市优秀共产党员、污染减排先进个人以及宁夏住建系统先进个人、宁夏"孝德之星"等荣誉。2016年4月荣获自治区"五一"劳动奖章。

【杨国兰】 女，回族，27岁，海原县树台乡韩庄行政村韩庄自然村村民。自2007年嫁到韩庄以来，尽心尽力照顾家人。由于家境贫寒，公婆又多病，为了维持生计，她在与丈夫商量之后到工地务工。她一个瘦弱的女人同男人一样干起了刮泥子、粉刷墙的活。每次灰尘落满了全身，只有两个眼睛打转，她也不气馁。勤劳努力的她在近一年的时间里已经成了大匠人。随后她在不满足给别人打工的情况下与丈夫携手开始自己接活自己干，家庭情况也因此好转。家里以前的土坯房也变成了大瓦房,屋里也收拾得漂漂亮亮。村上其他妇女在她的带领下也开始学手艺,并组成了临时工作队。由于女人干活认真仔细,赢得当地人的一致好评,生意也越来越好。2016年4月荣获自治区"五一"劳动奖章。

【田方】 女,汉族,50岁,中共党员,大专学历,中卫市正通农牧科技有限公司技术员。在经历了两次下岗后,不顾家人反对,依然投身于离家20多公里以外的大山深处的农牧养殖公司一干就是18年。多年来,她以敢于吃苦、敢为人先的精神和毅力,任劳任怨的奉献精神,数十年如一日根植公司一线,服务于公司和周边养殖户发展的始终,并以高超的技术和卓越的管理能力、宽厚为人的精神风范,带领和指导周边2000多户养殖户发家致富,成为公司有口皆碑的技术人才和企业发展的顶梁柱。多年来田方为公司发展提出科技发展合理化建议40多条,实现科技创新成果12项,创造经济价值1600多万元。2013年以来,先后被评为"宁夏巾帼创业之星""巾帼科技特派员"、全国"五一"巾帼标兵。2016年4月荣获自治区"五一"劳动奖章。

【张翠红】 女,汉族,44岁,中共党员,本科学历,高级林业工程师。自1994年参加工作以来,在林业生产第一线,为推进中卫市苹果产业建设做出了积极贡献。她推广实施的县域特色产业苹果提质增效项目,惠民资金达1889万元,受益农户达到4324户,受益面积达到5.3万亩,为改变中卫南山台扬灌区果园粗放管理、促进农民增收奠定了坚实的基础。她在永康镇彩达村建立的苹果优质丰产高效示范园,被评为自治区级特色经济林示范园。她指导建立SOD精品示范园,果园亩均收入达到10000元以上,经济效益较为显著,首次将南山台果品推向了高端果品市场,为苹果走向精品化管理发挥了积极作用。2016年4月荣获自治区"五一"劳动奖章。

【郭红卫】 女,汉族,50岁,中共党员,中宁县民政局五保办公室主任。郭红卫自1997年10月调入中宁县民政局后,先后从事婚姻登记、救灾救助、党建、老龄、五保等工作。在五保供养工作中,她始终为五保对象着想,帮助他们解决各种困难,3年来先后将310名符合条件的困难群众纳入五保供养范围,得到了应有救助。同时组织全局党员干部与27户困难群众、9名退休老党员建立了帮扶对子,送去1.56万元帮扶资金;为徐套乡贫困小学生送去1000元节日慰问金;组织全局党员干部为青海玉树困难群众捐款6400元。起草制定《敬老院管理办法》《敬老院管理制度》《敬老院工作考核细则》等规章制度,完善基础工作,并组织对县城中心敬老院、第二中心敬老院、第三(回民)敬老院电路、漏雨等安全问题进行整改,同时积极开展"文化养老、快乐养老、健康养老"和"六讲"活动,丰富了五保老人文化生活。2015年,她动员社会爱心人士走进敬老院慰问五保老人和困难群众42次,折价42.503万元,为第二中心敬老院争取到20万元红十字会项目。同时,县城中心敬老院、第二中心敬老院被自治区民政厅评为"三星级"敬老院。2016年4月荣获自治区"五一"劳动奖章。

【王军】 男,汉族,46岁,现任宁夏天元锰业有限公司金属锰二厂总经理。作为一名高层管理人员,自2006年进入宁夏天元锰业有限公司以来,王军以独特的钻研精神、坚忍不拔的工作态度,十年孜孜以求的进取精神,十年的风雨磨炼,作为一名管理人员,他以厂为家,亲身实践,勤下现场,从小处入手,由大事抓起,求真务实的创业精神,开拓进取的行为理念,终于换来了丰硕的成果。2016年4月荣获自治区"五一"劳动奖章。

先进名录

市级先进

【2016年度全市效能目标管理考核先进单位】

1. 效能目标管理考核一等奖

中宁县　中宁工业园区　市委组织部　市委办　市纪委（监察局）　市委宣传部　市政协机关　市妇联　市总工会　市委统战部（民族宗教局）　市财政局　市政府办　市发展和改革委员会（物价局）　市林业生态建设局　市工业和信息化局　市规划管理局(地震局)　市人大机关　市检察院　市中级法院　市审计局　市科学技术局（科协）　市教育局　市统计局　市民政局

2. 效能目标管理考核二等奖

海原县　沙坡头区　中卫工业园区　市编办　市委政研室　中卫新闻传媒中心　市委党校　市文联　团市委　市网络安全与信息化办公室　市工商联　市交通运输局　市水务局　市扶贫办　市住房和城乡建设局（人防办）　市农牧局　市司法局　市公安局　市安全生产监督管理局　市国土资源局　市委政法委　市文化体育新闻出版广电局　市卫生和计划生育局　市人力资源和社会保障局　市接待办(机关事务局)　市住房公积金管理中心

3. 效能目标管理考核三等奖

市委老干部局　市直机关工委　市残联　市红十字会　市商务和经济技术合作局　沙坡头旅游经济开发试验区（市旅发委）　市市场监督管理局　市城市管理局　市环境保护局　市政务服务中心　市公共资源交易中心

【先进基层党组织】

市纪委(监察局)党支部
市委办公室党支部
中卫新闻传媒中心第二党支部
市人民政府办公室党支部
市中级人民法院第一党支部
市工业和信息化局机关党支部
市第三中学党支部
市第三小学党支部
市公安局强制隔离戒毒所党支部
市司法局机关党支部
市财政局党总支
市水务局党委
市农业技术推广与培训中心党支部
市中心血站党支部
市国家税务局机关党委
市地方税务局机关党委
市气象局党支部
市烟草专卖局(公司)党总支
沙坡头区镇罗镇党委
沙坡头区香山乡党委
沙坡头区文昌镇民族巷社区党支部
沙坡头区迎水桥镇牛滩村党支部
沙坡头区宣和镇宣和村党支部
沙坡头区永康镇彩达村党支部
沙坡头区常乐镇大路街村党支部
中宁县宁安镇党委
中宁县教育体育局党委
中宁县人民检察院党支部
中宁县财政局党总支
中宁县鸣沙镇黄营村党支部
中宁县新堡镇安定社区党支部
中宁县公安局交警大队党支部

海原县交通运输局党委
海原县海城镇党委
海原县第二中学党支部
海原县中医医院党支部
海原县史店乡徐坪村党支部
海原县海城街道北坪社区党支部
海原县西安镇园河村党支部
海原县红羊乡安堡村党支部
海兴开发区三河镇黑城村党支部
自治区人民医院宁南医院党总支
中国电信股份有限公司海原分公司党支部
宁夏正旺农牧科技有限公司党支部
中卫市清源供排水有限公司党总支
港中旅(宁夏)沙坡头旅游景区有限责任公司党总支
中冶美利纸业股份有限公司八抄车间党支部
宁夏钢铁(集团)有限责任公司机关党支部
宁夏香山酒业(集团)有限公司枸杞公司党支部
宁夏华泰鑫水泥集团有限公司机关党支部
中卫市明珠商厦有限责任公司党支部

【优秀共产党员】

李长海(回)	市政协办公室秘书科科长
祁　洋	市委组织部干部一科科长
徐元才	市委统战部党派科科长
刘凤勇	市委政法委队建室主任
闪明强(回)	中卫新闻传媒中心广播部主任
赵文忠	市发改委第三产业服务中心副主任
岳秀娟(女)	市第二中学教师
焦秀芳(女)	市特殊教育学校副校长
王子湄(女)	市军队离退休干部休养所党支部书记、所长
吴金铭	市不动产登记事务中心副主任
曾菊香(女)	市环境监测站职工
王　辉	市公路管路段副段长
张　府	市畜牧技术推广服务中心主任
谷文博	市中医医院内三科主任
常延波	市统计局统计普查中心主任科员
杨利年	市林业技术推广服务中心党支部书记、主任
马其龙	市扶贫开发办公室项目管理科科长
倪红生	市城市建设监察支队监察员
尚小平	市工商联办公室主任、秘书长
钱永祥	市粮食局军粮供应站职工
李金凯	沙坡头区财政局局长
张睿华(女)	沙坡头区委办公室副主任、主任科员
武建国	沙坡头区迎水桥镇党委书记
王育杰	沙坡头区文昌镇民生服务中心主任
常玉华	沙坡头区东园镇党委委员、人大主席候选人
杨　波(回)	沙坡头区柔远镇渡口村党支部书记、村委会主任
常存智	沙坡头区镇罗镇党委委员、镇罗镇惠农蔬菜合作社党支部书记
张茂林	沙坡头区宣和镇农工商联合公司经理
张　义	沙坡头区常乐镇政府公司办主任
田　升(回)	沙坡头区香山乡米粮川村村委会主任
杜学明	沙坡头区兴仁镇党委委员、人大主席
徐　洁(女)	中宁县委办公室副主任、保密办主任
孙发安	中宁县中医医院针推科主任
蒋永东	中宁县市场监督管理局企业信用与标准计量监管科科长
史学军	中宁县城乡规划建设管理站站长
林　桦(女)	宁夏杞芽食品科技有限公司生产事业中心经理
王兴忠	中宁县宁安镇古城村党支部书记、村委会主任
沈韶华(女)	中宁县宁安镇振兴社区党支部书记、居委会主任
白桂兰(女)	中宁县恩和镇刘桥村党支部书记、村委会主任
苏建军	中宁县大战场镇党委委员
周进雄(回)	中宁县喊叫水乡党委组织干事
马　强	自治区人防办派驻海原县海城镇山门村第一书记
单学平(回)	海原县医保中心派驻郑旗乡撒堡村第一书记
姚治军	海原县树台乡党委委员、副乡长
马进成(回)	海原县李旺镇红圈村党支部书记
邹德强	海原县农机中心干部、县农银驾校党建指导员
李建伟	海原县公安局缉毒大队大队长
海　君(回)	海原县人民法院政工科干部
王秉威	海原县人民检察院党组成员、副检察长
卢俊福(回)	海原县海城街道党工委书记
束红岩	海原县扶贫办党支部书记
吴　凤(女)	海兴开发区国家税务局干部
罗成军(回)	海兴开发区三河镇丘陵村党支部书记

王永华	中国电信中卫分公司副总经理	李宝玉	沙坡头区柔远镇党委委员、人大主席候选人
高学祥	市泰和热力有限公司党支部书记	康占军	沙坡头区永康镇丰台村党支部书记、村委会主任
雍发源	中卫腾格里金沙岛旅游度假区有限公司副总经理	吴全旺	沙坡头区纪委常委
常兴红	中冶美利纸业股份有限公司十三抄车间党支部书记、主任	李华锋	中宁县纪委副书记
胡锦峰	宁夏中卫市银河冶炼有限公司销售经理	令 薇(女)	中宁县余丁乡党委书记
陆建国	宁夏钢铁(集团)有限责任公司电气工程师	万富春	中宁县委组织部部务委员
朱惠珍(女)	宁夏中卫大河机床有限责任公司组织干事、行政主管	魏金伟(女)	中宁县宁安镇党委组织干事
薛建平	中卫市义工联合会党支部副书记	马绪顺	中宁县舟塔乡舟塔村党支部书记、村委会主任

【优秀党务工作者】

杨金保	市人大常委会办公室行政科科长	赵常胜	中宁县宁安中心学校党总支书记
康晓伟	市委组织部组织二科科长兼市党代表联络办公室主任	屈文彬	海原县市场监督管理局党委书记、食品药品稽查专员
张 华(女)	市委宣传部办公室主任	张渊鹏(回)	海原县纪委科员
张巧荣	市委党校办公室主任	马维国(回)	海原县委组织部主任科员、县非公经济组织党工委专职副书记、组织科科长
杨正宏	中卫中学党委委员、理科党支部书记、教务处主任	李宏伟	海原县水务局机关党支部书记
李维刚	市第五中学党支部宣传委员	马运选(回)	海原县李俊乡党委副书记
李军林	市公安局政治部副主任	曹国材	海原县贾塘乡党委副书记
张宏斌	市就业创业和人才服务局办公室主任	马 斌(回)	海原县职业中学教师兼党务工作者
杨志雄	市交通运输局机关党支部书记、办公室主任	朱鸿燕(女)	宁夏钢铁(集团)有限责任公司党委党务工作者
杨 成	市水务局党委组织干事	吴 晏(女)	宁夏香山酒业(集团)公司党委办公室主任、企管部经理兼中卫管理中心行政部经理
黄文军	市农牧局党委组织干事		
王勇宏	市文化体育新闻出版广电局机关党支部书记、办公室主任	魏 鹏	中卫市美利源水务有限公司办公室主任

【民族团结进步创建活动模范集体】

杨文兰(女)	沙坡头区人民医院党办主任
张永莉(女)	中卫市大河医院党支部组织委员、副院长
韩春梅(女)	市市场监督管理局柔远分局党支部书记、局长
万 玲(女)	市城市公用事业管理所党支部书记、副所长
李全胜	市总工会市直机关系统工会主席
李春玲(女)	中卫市人民商场党支部书记、总经理
太红辉(女)	中国邮政集团公司中卫市分公司人力资源部正科级纪检监察员
俞正国	沙坡头区东园镇党委书记
宋 扬(女,回)	沙坡头区滨河镇党委组织干事
孙自荣	沙坡头区东园镇红武村党支部书记、村委会主任

沙坡头区宣和镇
沙坡头区永康镇沙滩村
沙坡头区文昌镇民族巷社区
中卫市公安局沙坡头区分局兴仁派出所
沙坡头区宣和镇东台学校
中宁县宁安镇
中宁县民族宗教事务局
中宁县宁安镇洼路村
中宁县渠口九年制学校
中宁县新堡镇新堡社区
海原县西安镇
海原县史店乡徐坪村
海原县海城街道办西湖社区
海原县交通运输局
海原县回民中学

海兴开发区兴海中学
海兴开发区三河镇丘陵村
中卫市人力资源和社会保障局
中卫市教育局
中卫市卫生和计划生育局

【民族团结进步创建活动模范个人】
韩进军　沙坡头区永康镇党委书记、镇长
张积达　沙坡头区党群工作部统战民族宗教干事
马金明　沙坡头区兴仁镇兴仁清真寺寺管会主任
金正礼　沙坡头区兴仁镇团结村群众
马耀林　沙坡头区永康镇永新村南清真寺阿訇
李国华　市公安局沙坡头区分局宣和派出所指导员
王月芳　沙坡头区滨河镇东方红社区主任
雷发明　沙坡头区永康镇彩达村党支部书记
武建国　沙坡头旅游经济开发试验区党工委委员、沙坡头区迎水桥镇党委书记
韩阿乙草　海原县布哈拉民族服饰有限公司董事长
马学礼　海原县树台学区校长
罗　贵　海原县九彩乡人武部部长
周　仓　海原县民族宗教事务局主任科员
田兴忠　海原县李旺镇红圈村海家湾清真寺阿訇
刘　拯　海原县城隍庙寺管会主任
马自良　海原县林业局农业技术推广中心技术员
刘红霞　海原县人民医院护士长
姜海钢　海原县农牧局农业技术推广中心农艺师
李成鹏　海原县公安局西安镇派出所所长
雷　军　海兴开发区三河镇宗教干事
刘宁远　中宁县教育体育局副局长
马　力　中宁县宁安清真寺阿訇
马建辉　中宁县舟塔乡党委书记、乡长
金学忠　中宁县徐套乡纪委书记
周　旭　中宁县公安局国保大队教导员
马正昌　中宁县大战场镇东盛村支书
王亚楠　中宁县新堡镇宗教干事
周启俊　中宁县喊叫水乡宗教干事
王立伟　市扶贫办综合科副科长
张　虎　中卫市沙坡头区兴仁镇中心卫生院副院长
刘天峰　中卫市水务局黄河与沟道管理所主任
马永福　中卫新闻传媒中心采编室副主任

杨　颖　中卫市职业技术学校教师

【教育工作先进集体】
中卫市职业技术学校
中卫市幼儿园
中卫市第四中学
中卫市第二小学
中卫市第五小学
中卫市第九小学
中卫市兴仁中学
中卫市沙坡头区观音学校
中卫市沙坡头区宣和小学
中卫市沙坡头区景台小学
中宁县职业教育培训中心
中宁县第六中学
中宁县徐套乡九年制学校
中宁县第一小学
中宁县第五小学
中宁县大战场镇长山头完全小学
中宁县大战场镇中心小学
中宁县渠口太阳梁第一小学
海原县回民中学
海原县第二中学
海原县郑旗中学
海原县关桥中学
海原县三河中学
海原县第一小学
海原县第二小学
海原县特殊教育学校
海原县关桥乡中心小学
海原县甘城乡九年一贯制学校
海原县史店乡中心小学
海原县九彩乡九年一贯制学校

【高考工作先进集体】
宁夏中卫中学
中卫市第一中学
中宁县中宁中学
海原县第一中学

【教育工作先进个人】

沙坡头区

郭荣华	中卫中学	董桂莲	观音学校	焦兰芳	中卫六中
汪国斌	中卫中学	岳建明	东月学校	陈 林	中卫一小
白和福	中卫一中	李 萍	福堂小学	雍韶霞	中卫五小
吕华春	中卫一中	杨彩萍	旧营小学	李珍霞	中卫九小
李 波	中卫职业技术学校	王永华	乐台小学	王凯伟	郭营小学
李 斌	中卫职业技术学校	张建飞	永新小学	张仲文	滨河学区
莫如华	中卫二中	白文明	康乐燕宝学校	焦少华	姚滩学校
许世标	中卫三中	张仁忠	兴仁小学	鲁胜齐	郭滩学校
汪秀珍	中卫四中	刘妍奇	红圈子小学	拓淑芬	柔远幼儿园
宋 芳	中卫五中	马天忠	市教研室	马 敬	镇罗中学
刘 兰	中卫六中	杨晓娟	中卫中学	景志达	凯歌学校
刘艳华	市幼儿园	耿 欣	中卫中学	陶建宁	张洪学校
刘月琴	中卫三小	雍雪莲	中卫一中	戎明华	宣和小学
何素香	中卫六小	俞清华	中卫一中	王习中	东月学校
于 普	中卫七小	刘 宏	中卫职业技术学校	钱学姣	永康中学
赵淑梅	中卫二小	徐红军	中卫二中	邵国振	常乐小学
赵 娟	中卫八小	孙艳霞	中卫二中	冯国林	兴仁小学
张振红	西园中学	席 方	中卫三中	杨永成	郝集小学
谢咏斟	黑山小学	顾文恒	中卫四中	秦文学	交通安全教育学校
沈新生	柔远小学	田梅玲	中卫五中	俞建忠	市教研室

中宁县

王占龙	中宁中学	潘红波	中宁十小	程 敏	鸣沙中学
刘 杼	中宁中学	张冬燕	恩和完小	王丽荣	宽口井中石油希望学校
万小东	中宁中学	王 涛	黄营完小	霍云莉	中宁一小
李 莉	中宁一中	杨小静	白马乡白路完小	曾振红	中宁一小
李彦海	中宁一中	张学超	舟塔完小	王瑞华	中宁三小
孟 萍	中宁职教中心	康增权	长山头完小	王丽媛	中宁十小
何彦春	中宁二中	贺菊兰	喊叫水下庄子学校	唐学峰	中宁五小
刘永霞	中宁二中	田彦礼	徐套完小	王 珊	中宁五小
祝永祥	中宁四中	孙彦顺	中宁中学	宋佳薇	中宁四小
王 辉	中宁四中	张玉宝	中宁中学	李志强	石空镇立新完小
冯 超	舟塔九年制学校	董 玉	中宁一中	王永宽	渠口太阳梁一小
靳万宁	东华九年制学校	邢文刚	中宁一中	张宏岐	余丁乡时庄完小
田 乾	大战场初级中学	王雁冰	中宁一中	马丽荣	北滩小学

续 表

中宁县					
张显达	渠口九年制学校	马建中	中宁职教中心	杨卫贵	下流水中心学校
王燕萍	中宁三小	柳秀峰	中宁五中	马宁芳	中宁县幼儿园
刘雅洁	中宁九小	马俊祥	中宁六中	邵俊宁	中宁县特殊教育学校
郭淑红	中宁九小	李志祥	中宁六中		

海原县					
苏 燕	海原一中	李成海	史店学区	马彦军	贾塘中学
马俊福	海原回中	李向宝	红羊学区	穆凤桐	李俊中学
吴宁宁	职业中学	杨永明	曹洼学区	余 鼎	李俊中学
马星海	海原二中	杨照玺	九彩学区	张一中	西安中学
马 琴	海原二中	陶丽娜	海原一小	马玉杰	树台学区
史志强	海原三中	马生义	海原三小	谢建刚	郑旗学区
张奋军	海原四中	摆彦兰	海原五小	郑 玲	三河学区
金媛媛	李旺中学	马海燕	海兴小学	车建云	甘城学区
杨 英	关桥中学	夏春梅	海原一幼	王银明	高崖学区
胡生永	三河中学	马凤强	师培中心	程 文	西安学区
马凳付	七营中学	母 燕	海原回中	张 华	李俊学区
马 敏	贾塘中学	冯绪萍	兴海中学	田维雄	曹洼学区
姬秀花	李俊中学	田颜英	海原二中	陆秀莲	七营学区
曹雄忠	西安中学	卢海琦	海原二中	杨志海	李旺学区
安进鹏	树台学区	张旭琴	海原三中	王安梅	海原二小
李小欢	关桥学区	赵 盛	海原三中	罗金霞	海原四小
马培林	甘盐池学区	张 红	郑旗中学	杨生兰	海原回小
王新杰	关庄学区	余贵霞	李旺中学	孙地给	特教学校
李进梅	海城学区	吕鹏东	关桥中学	王 凡	海原二幼
罗艳芝	贾塘学区	穆怀刚	三河中学	太红晨	师培中心

【优秀班主任】

沙坡头区					
焦成云	中卫中学	刘福和	赵滩学校	丁 娟	中卫三小
赵国胜	中卫一中	高红霞	宣和中学	崔明菊	中卫六小
陶美丽	中卫职业技术学校	杨晓娟	西台中学	罗文玲	黑林学校
刘艳春	中卫二中	刘正利	东滩小学	麦树荣	冯庄小学
张志宏	中卫四中	韩学军	福和希望小学	朱海英	观音学校

续　表

		沙坡头区			
张路宁	中卫六中	张国强	中卫中学	李彦芳	东台学校
黄桂英	中卫五小	闫保臻	中卫一中	詹艳琴	丰台小学
张　辉	中卫四小	施建华	中卫职业技术学校	刘　军	常乐中学
岳红梅	中卫十小	沈　燕	中卫三中	张晓敏	三眼井小学
秦军岐	镇罗中学	段学英	中卫五中	马春花	新世纪幼儿园
		中宁县			
蔡志芳	中宁中学	李凤萍	中宁十小	黄克斌	鸣沙中学
郭全成	中宁中学	黄淑萍	新堡镇宋营完小	张媛媛	长山头九年制学校
黄　力	中宁一中	刘桂君	中宁县白马乡朱路完小	高帆玉	宽口井中石油希望学校
陈　喜	中宁职教中心	刘兰芬	石空镇新桥完小	马玉靖	中宁一小
冯瑞芳	中宁四中	祁汉章	马家梁小学	温对香	中宁九小
龚立宁	中宁六中	陆　斌	中宁中学	陈　霞	中宁二小
侯克武	大战场中学	马文华	中宁一中	耿万林	鸣沙完小
周方方	渠口九年制学校	贾丽琴	中宁一中	张自升	铁渠完小
杨　旸	徐套九年制学校	沈　燕	中宁二中	王学林	渠口太阳梁第二小学
王　坤	中宁三小	齐建军	中宁五中	周忠英	喊叫水周段头学校
		海原县			
马明龙	海原一中	王德荣	史店学区	赵小强	贾塘中学
李智军	兴海中学	马廷智	九彩学区	马晓艳	树台学区
王秀森	海原二中	刘玉玲	海原一小	李德才	郑旗学区
马国鹏	海原四中	马　睿	海原三小	海　荣	高崖学区
冯兴刚	李旺中学	余文琴	海原五小	张鸿新	西安学区
常万里	三河中学	杨秀芬	海原回中	司应霞	七营学区
黎剑飞	贾塘中学	马志虎	职业中学	马雪钰	李旺学区
白文学	关桥学区	田进选	海原三中	马惠莲	海原二小
马耀梅	三河学区	马生勇	郑旗中学	虎梅莉	海原四小
田惠林	贾塘学区	李海军	关桥中学	武招娣	海原回小

【高考成绩先进个人】

1. 沙坡头区

张贵萍　刘志军　李旭晨　田建军
陈　立　冯玉霞　胡　莉　冯银寿
张　宁　秦发学　王晓梅　周润玲
戴晓燕　陆冬梅　杨　明　何春华
闫丽琴　万银刚　侯晓明　何志芳
杨天宁　张豫秦　张凤智　李艳君
狄玉虹　郑自福　卢　敏　杨　剑
姚耀东　高　霞　张吉有　张丽莉
赵玉秀　李新华　陈怀荣

2. 中宁县

叶　波　刘　艳　王亚宁　张　虹
张　璐　王振环　陈竹霞　万永生

陈晓波	刘向文	马向梅	段成莉
何文娟	张建琴	莫建军	

3. 海原县

高天星	田 丰	张信盛	李应德
丁生清	马德宝	马小军	虎小梅
肖 荃	李彦贵	陈忠恒	王志玮
陆永清	李 敏	马小军	

【记个人二等功】
林绍栋　　林志城

【"六五"普法先进集体】

1. 先进县(区)
沙坡头区　中宁县

2. 先进普法办
海原县普法工作领导小组办公室

3. 先进单位
中卫市人大法制工作委员会
中卫市政府法制办公室
中卫新闻传媒中心
中卫市人民检察院
中卫三中
宁夏三元中泰冶金有限公司
沙坡头区司法局
沙坡头区文昌镇政府
沙坡头区柔远镇冯庄村
沙坡头区宣和镇宣和村
沙坡头区永康镇刘湾村
沙坡头区兴仁镇拓寨村
沙坡头区文昌镇民族巷社区
沙坡头区滨河镇中山社区
沙坡头区宣和镇司法所
中宁县安全生产监督管理局
中宁县民族宗教事务局
中宁县鸣沙镇政府
中宁县道路运输管理所
中宁县卫生监督所
宁夏中宁赛马水泥有限公司
中宁县大战场中学
中宁县恩和镇司法所
中宁县余丁乡黄羊村
中宁县石空镇丰安社区
海原县政府办公室
海原县人民检察院
海原县公安局

海原县人力资源和社会保障局
海原县广播电视台
海原县海城镇政府
海原县贾塘乡政府
海原县关桥乡中心小学
海原县史店乡徐坪村
海原县九彩乡九彩坪拱北
海兴开发区三河镇六窑村
海兴开发区三河学区

【"六五"普法先进个人】

1. 模范个人
高明文　市委党校副校长
王振华　宁夏辅德律师事务所中卫分所主任
李　娜　沙坡头区公安分局法制大队宣传员
王月琴　中宁县人大常委会副主任
王　华　海原县司法局宣教股股长
倪世昌　宁夏大原祥清真食品有限公司总经理

2. 先进工作者
房英杰　市政协综合三科科长
常安忠　市民族宗教事务局综合科科长
张红梅　沙坡头区滨河镇综治干部
黄彩霞　中宁县司法局副局长
杨爱军　海原县委办公室科员
赵成信　海兴开发区三河镇司法所所长

3. 先进个人
王　蕊　中卫市中级人民法院政治处科员
赵　霞　中卫市公安局禁毒支队政委
李占恒　中卫市司法局办公室主任
芮雪君　中卫市文化体育新闻出版广电局市场法规
　　　　　科科长
尚小平　中卫市工商联办公室主任
黄建科　中卫市第四小学副校长
高敏贤　中卫市人民医院公共卫生副主任医师
张媛媛　中国人民银行中卫市中心支行科员
郭建兴　中卫市气象局法规科科长
周东辉　中卫市应理城乡市政(产业)集团办公室
　　　　　副主任
马海轮　沙坡头区政法委副书记
万　玲　沙坡头区人民法院政工科负责人
莫吉海　沙坡头区人民检察院政工科科长
赵春凤　沙坡头区信访督办局副局长
崔新民　沙坡头区永康镇司法所所长
葛丽萍　沙坡头区镇罗镇政府综治办干部

侯健全	沙坡头区东园镇政府综治办主任	李晓东	中宁县金森生活超市职工
张登泽	沙坡头区常乐镇政府综治维稳中心主任	柳治祥	中宁县友谊出租车租赁公司出租车司机
刘晓翠	沙坡头区迎水桥镇司法所司法助理员	马彩虹	中宁县广播电视台干部
刘全生	沙坡头区香山乡司法所所长	张 谦	中宁县大战场中学校长
张俊涛	中宁县农牧局副局长	周晓尧	中宁县第一小学学生
叶维海	宁夏储备物资管理局一七七处处长	平自强	中宁县宁安镇人民调解员
刁荣辉	中宁县春天仁爱义工协会会长	孟凡举	中宁县大战场中心卫生院护士
王福太	中宁县第一小学副校长	石成兵	中宁县白马乡朱路村党支部书记
张文娟	中宁县中医医院党办主任	王 琦	海原县回民小学教师
李青梅	中宁县余丁乡司法所所长	马小龙	海原县郑旗中学八年级学生
马 娟	中宁县司法局宣教股股长	马澎杰	中国太平洋保险股份有限公司海原支公司副经理
康凤玲	中宁县新堡镇安定社区党支部书记	田进英	海原县住建局环卫工人
王兴忠	中宁县宁安镇古城村党支部书记	宁增彦	海原县广播电视台记者
杨宝玉	中宁县青少年法治宣传员	徐 平	宁夏震柳律师事务所主任
王 华	海原县纪委宣教室副主任	王正祥	海原县关桥乡王湾村党支部书记
田贵川	海原县政协办公室副主任科员	李玉福	海原县海城镇卫生院医生
田银花	海原县人民法院科员	田兴忠	海原县李旺镇红圈村清真大寺阿訇
杨 虎	海原县财政局办公室主任	马 军	海兴开发区三河镇六窑村党支部书记
李 贵	海原县三河中学校长		
赵前鹏	海原县住建局办公室副主任		

【依法治理示范单位】

马天祥　海原县卫计局综治办主任
杨俊乾　中国电信海原分公司总经理
苗克龙　海原县郑旗乡调委会调解员
马辉真　海原县海城街道办北坪社区党支部书记
褚忠诚　海兴开发区三河镇派出所所长
陈 进　海兴开发区社会事务局科员

【守法好公民】

张海霞　中卫新闻传媒中心记者
杨金川　中卫市香山林场干部
张开水　中卫市妇幼保健计划生育服务中心医生
马永兴　宁夏钢铁(集团)有限责任公司副总经理
陈卫军　中卫工业园区管委会会计
范振国　腾格里金沙岛旅游度假区有限公司总经理助理
薛 辉　沙坡头区宣和镇东台学校教师
赵思怡　中卫职业技术学校学生
刘自峰　中卫市疾病预防控制中心放射科副主任医师
刘文香　宁夏君元律师事务所律师
杨文秀　沙坡头区滨河镇槐树北巷社区人民调解员
张明海　宁夏胜金水泥有限公司职工
赵建全　沙坡头区宣和镇宣和村党支部书记
陈飞蕊　沙坡头区宣和镇东台学校学生
张 翔　中宁县鸣沙镇五道渠村村民

中卫市委政法委
中卫市公安局交通警察局
中卫市人力资源和社会保障局
中卫市安全生产监督管理局
中卫市市场监督管理局
中卫市第二中学
中卫市应理城乡市政(产业)集团
中卫市卫生监督所
中卫市疾病预防控制中心
宁夏钢铁(集团)有限责任公司
宁夏紫光天化蛋氨酸有限责任公司
沙坡头区国税局
中宁县县第一小学
中宁县大战场初级中学
中宁县新堡镇政府
中宁县国土资源局
中宁县国税局
中宁县道路运输管理所
海原县市场监督管理局
海原县卫生和计划生育局
海原县南华山管理处
海原县树台乡政府
海原县县第二中学

中国电信海原分公司
海原县城隍庙
海兴开发区国税局

沙坡头区文昌镇华西社区
沙坡头区滨河镇光明社区
中宁县宁安镇古城村
中宁县石空镇丰安社区
海原县海城街道办北坪社区

【民主法治示范村(社区)】
沙坡头区文昌镇黄湾村
沙坡头区滨河镇官桥村
沙坡头区镇罗镇凯歌村
沙坡头区常乐镇大路街村

区级以上先进

【中卫市2016年度获得自治区(厅)局级以上先进集体】

获奖单位	表彰名称	表彰部门
中卫市	"以克论净深度清洁"项目获2016年中国人居环境奖范例奖	住房和城乡建设部
中卫市妇女联合会 中宁县公安局城关中心派出所	全国维护妇女儿童权益先进集体	全国妇联
海原县	全区基层党建先进县	自治区党委
中卫市人民检察院党总支 海原县西安镇党委 沙坡头区文昌镇黄湾村党支部 中宁县中医医院党支部 中卫市市场监督管理局滨河分局党支部	全区先进基层党组织	自治区党委
中卫市政府	安全生产先进集体	自治区安全生产委员会
沙坡头区:迎水桥镇、迎水桥镇沙坡头村 中宁县:余丁乡金沙村、黄羊村	全国美丽宜居小镇 村庄示范	住房和城乡建设部
中宁县 中卫市司法局	全国"六五"普法中期先进单位	中共中央宣传部 司法部
中卫市司法局宣和司法所	五星级司法所	自治区司法厅
国网中卫供电公司	国家电网公司先进单位	国家电网公司
	国网宁夏电力公司政工工作先进集体	国网宁夏电力公司思想政治工作部
	国网宁夏电力公司"六五"普法先进单位	国网宁夏电力公司
	国网宁夏电网调度控制工作先进集体	宁夏电力调度控制中心
国网中卫供电公司办公室	国网宁夏电力公司办公室工作先进集体	国网宁夏电力公司
国网中卫供电公司运检部(检修公司)变电运维室	变电专业管理先进集体	宁夏电力公司运维检修部
国网中卫供电公司运检部(检修公司)输配运检室	输电专业管理先进集体	宁夏电力公司运维检修部
国网中卫供电公司调度控制中心	宁夏电力公司调控专业劳动竞赛一等奖	国网宁夏电力公司工会委员会
中卫市网信办	全区舆情信息工作先进单位 全区网络宣传工作先进单位	自治区党委宣传部、网信办
民革中卫市委会	组织先进工作集体	民革宁夏区委会
	宣传思想理论工作先进集体	
	民革全区专题调研工作三等奖	
	民革全区提案工作三等奖	
	民革全区社情民意工作三等奖	

续表1

获奖单位	表彰名称	表彰部门
中卫市总工会	全区工会劳动争议调解员技能大赛三等奖	自治区总工会
	宁夏职工"劳动者之歌"合唱大赛优秀组织奖、表演奖	自治区总工会 自治区文化厅 宁夏广播电视台 宁夏广电传媒集团公司
	驻村帮扶工作先进单位	自治区扶贫开发领导小组
中卫市科学技术协会	第31届宁夏青少年科技创新大赛优秀组织单位	自治区科协 教育厅 自治区科技厅 自治区环保厅 自治区团委
中卫市科学技术协会	获第31届全国青少年科技创新大赛基层赛事优秀组织单位	中国科协 教育部 科技部 环境保护部 体育总局
	第三届全区中小学校科普剧竞赛优秀组织单位	自治区科协 自治区文明委 自治区教育厅 宁夏广播电视台
	全国科普日特色活动优秀单位	中国科协办公厅
	全区市县科协工作考核一等奖	自治区科协
中国农业银行中卫支行	精神文明建设先进单位	中国农业银行总行
	宁夏农村青年创业金融服务站	宁夏金融团工会 自治区团委工农青年部
中卫市纪委	全区纪检监察创新工作二等奖	自治区纪委
	全区五市互查互评中名列第三	
中卫市烟草专卖局(公司)	自治区文明单位(2016~2019年)	自治区精神文明建设指导委员会
	全区"六五"普法先进单位	自治区依法治区协调小组
	全区卷烟打假工作成绩突出集体	自治区烟草专卖局 自治区公安厅
中卫市人力资源和社会保障局	全区"社保卡 伴我行"征文及社保卡宣传优秀作品二等奖	自治区人社厅
	最佳社会绩效管理提名奖	中国银行业协会
	全国人力资源社会保障系统2014~2016年度优质服务窗口	人力资源和社会保障部
	全区农民工工作先进集体	自治区农民工工作领导小组办公室
	宁夏首届网络创业大赛优秀组织奖	自治区就业与创业服务局
	自治区失业动态监测工作先进集体	
	全区就业信息监测先进集体	
	全区创业工作先进集体	
	全区社会保险会计统计报表先进单位	自治区社会保险事业管理局
	全区社会保险经办工作先进单位	
中卫市司法局	全区"六五"普法先进集体	自治区普法依法治理领导小组办公室
	全区青年文明号	自治区团委
中国电信公司中卫分公司	中国电信"双领先本地网"称号	中国电信集团
	星级"模范职工之家"	
	全国文明单位	中央精神文明建设指导委员会
中卫市邮政管理局	2016年度"扫黄打非"工作先进集体	宁夏回族自治区扫黄打非办公室
宁夏银行中卫分行	全区文明单位	自治区精神文明建设指导委员会
中卫市	全国基层中医药工作先进单位	国家中医药管理局

续表2

获奖单位	表彰名称	表彰部门
中卫市卫生和计划生育局	2015年度卫生计生工作综合目标管理先进集体	自治区人民政府
	2015年度全区基本公共卫生服务项目绩效考核第一名	自治区卫计委 自治区财政厅
	"竞技练兵 展我风采"全区基层卫生岗位练兵和技能竞赛团体一等奖	自治区卫计委 自治区总工会 共青团自治区委员会
	全区"六五"普法先进单位	全区依法治区协调小组

【中卫市2016年度获得自治区(厅)局级以上先进个人】

获奖者	表彰名称	表彰部门
李文丰	6月"中国好人榜"	中央文明办
李博	国网宁夏电力公司劳动模范	国网宁夏电力公司
安小平 宋萍	办公室工作先进个人	国网宁夏电力公司办公室
满君 吴永浩 郭霞 熊英 吕建荣	度营销工作先进个人	国网宁夏电力公司销售部
孙立华 张少斌	输电线路专业先进个人	宁夏电力公司运维检修部
康宝英 刘军福	变电检修专业先进个人	宁夏电力公司运维检修部
刁震 林川	变电运行专业先进个人	宁夏电力公司运维检修部
包志敏 顾泽玉 万兴俊	配电专业先进个人	宁夏电力公司运维检修部
孙云	运维部生产项目管理先进个人	宁夏电力公司运维检修部
邹志勇 马耀东	宁夏电力公司调控专业劳动竞赛先进个人	国网宁夏电力公司工会委员会
邹志勇	宁夏电力公司调控专业劳动竞赛监控专业二等奖	
马耀东	宁夏电力公司调控专业劳动竞赛调度专业三等奖	
田建华	全区"普法"先进个人	自治区依法治区协调小组办公室
刘宏伟	驻村帮扶工作先进个人	自治区扶贫开发领导小组
	2012~2016年全区机关干部"下基层"活动先进个人	自治区党的建设领导小组
赵凤兰	全区优秀集体协商指导员	自治区总工会
马洋	全区工会会员信息平台录入先进操作员	自治区总工会
刘晓宏	民革全区专题调研工作三等奖	民革宁夏区委会
庞立忠	民革全区提案工作三等奖	
马丽 吴春晖 丁建春	民革全区社情民意工作三等奖	
顾晓波	全国卷烟打假成绩突出个人	国家烟草专卖局
高明锴 李志猛 杨万荣	全区卷烟打假工作成绩突出个人	自治区烟草专卖局 自治区公安厅
刘乙龙	国家网络安全宣传周活动先进个人	中央网信办
杨波	全区舆情信息工作先进个人	自治区党委宣传部、网信办
	全区宣传思想文化工作先进个人	
马戎	全区宣传思想文化工作先进工作者	自治区党委宣传部
	全区网络安全宣传周活动先进个人	自治区党委网信办
曹凤宁	全国优秀会员	民建中央委员会
刘会琴	全国社会服务先进个人	
冯克国	社会服务工作先进个人	民盟中央
段永军	先进工作者	自治区教育厅
刘晓军	优秀科技教师	自治区教育厅 自治区科协

重要文献

重要文存

中共中卫市委关于加快推进开放中卫建设的实施意见

（2016年1月8日中国共产党中卫市第三届委员会第六次全体会议通过）

卫党发〔2016〕4号

改革开放是加快发展的不竭动力，扩大开放是中卫创新发展、转型追赶、富民强市，与全区全国同步建成全面小康社会的必由之路。为认真贯彻落实中共中央、国务院《关于构建开放型经济新体制的若干意见》和自治区党委《关于融入"一带一路"加快开放宁夏建设的意见》（宁党发〔2015〕22号），加快推进开放中卫建设，提出本实施意见。

一、建设开放中卫的总体要求

1. 指导思想。全面贯彻党的十八大和十八届三中、四中、五中全会精神，牢固树立"创新、协调、绿色、开放、共享"的发展理念，按照自治区党委十一届六次、七次全会的统一部署，积极主动融入国家"一带一路"战略，依托宁夏内陆开放型经济试验区和中阿博览会平台，坚持全方位、多层次、宽领域开放，加快建设宁夏副中心城市，全力打造丝绸之路经济带交通物流枢纽城市。

2. 总体要求。全面贯彻落实宁夏空间发展战略规划、沿黄经济区城市带发展规划和清水河城镇产业带规划，先行先试国家和自治区深化改革、扩大开放和宁夏内陆开放型经济试验区政策，着力提升开放型经济产业支撑能力、基础设施互联互通能力、开放平台辐射带动能力和人文经贸互融互动能力，进一步优化对外开放政策、市场、金融和政务服务环境，不断推动开放中卫建设取得新突破。

3. 目标任务。"十三五"期间，全市招商引资到位资金1400亿元，引进外资项目8个，到位资金超过300亿元；到2020年，全市进出口总额由1.8亿美元增加到3.8亿美元，实现翻一番目标，把中卫打造成辐射中西部、面向全国、融入全球的丝绸之路经济带重要节点城市。

二、以思想大解放引领大开放

4. 进一步深化对市情的新认识。近年来，我市依托宁夏内陆开放型经济试验区和中阿博览会平台，积极扩大对外开放，开放型经济取得一定成绩，全市外贸企业达230家，初步形成了以银阳新能源、杞乡生物食品等为龙头的一批出口创汇企业。但与全区及周边地市相比，对外开放程度较低、开放的视野不阔、开放的通道不畅、开放平台建设滞后、开放的步伐缓慢。面对经济新常态下的新形势，要按照宁夏副中心城市定位，重新审视市情，跳出宁夏看中卫，立足全国看中卫，放眼世界看中卫，积极主动融入国家"一带一路"战略和全球一体化发展格局。

5. 把握新常态下开放的新趋势。从全国看，我国经济发展进入速度变化、结构优化、动力转换的新常态，随着国家"一带一路"、大数据、"互联网+""中国制造2025"等一系列战略和行动计划的实施，国家必将继续加快推进西部大开发，加大对民族地区、贫困地区和革命老区的支持力度，有利于我市加大结构性改革力度，加快转变发展方式，提高发展的质量和效益。从全区看，随着《宁夏空间发展战略规划》全面实施，《自治区关于融入"一带一路"加快开放宁夏建设的意见》全面推进，宁夏内陆开放型经济试验区建设逐步深入，有利于我市加快产业转型升级，提高开放水平，开拓发展的新空间。从全市看，随着"十三五"重大交通、生态、水利、电力等基础设施的逐步建设和云计算、信息、金融、物流等新兴产业的快速发展，中卫对外开放的通道将更加畅通，产业更加聚集，平台更加宽广，环境更加宽松。

6. 抢抓新一轮对外开放的新机遇。当前我市正处在新一轮对外开放的战略机遇期和建成全面小康社会的关键时期，机遇与挑战并存，发展与困难相伴，全市各级党组织和党员干部必须进一步解放思想，坚决摒弃因循守旧、故步自封的思想，牢固树立强烈的开放意识，抢抓国家"一带一路"、西部大开发重大战略机遇，用足用活宁夏内陆开放型经济试验区、陕甘宁革命老区振兴规划以及国家赋予民族地区的一系列优惠政策，坚持以开放促改革、以改革促发展，大力推进与阿盟、白银等周边地区务实合作，切实加强与陕甘蒙等毗邻地区和沿海沿边地区以及阿拉伯国家的合作交流，闯出一条内陆开放的新路子。

三、加快推进开放中卫建设步伐

（一）加快构建开放产业体系

7. 大力培育外向型产业。实施外向型产业培育工程，重点培育三大外向型产业：以云计算为主的信息产业。引进亚马逊AWS、美国ZT、微软、奇虎360、阿里巴巴等国内外知名云计算龙头企业，着力构筑云制造、云应用、云服务产业链，力争到2020年，建成10个数据中心，服务器规模达到100万台，年服务收入300亿元。以枸杞为主的特色农业。建设中宁枸杞科技园、枸杞密码馆和电子商务孵化园，开通淘宝网特色中宁馆，发展枸杞跨境电子商务。建成国家级枸杞质量检测中心，推动枸杞产品质量与国际接轨，促进中宁枸杞走向全球。加快发展以供港蔬菜、苹果、清真牛羊肉等为主的外销农业，实现精品农业的规模化、市场化、国际化发展。到2020年，枸杞出口量达到8000吨，出口额超过1亿美元。积极拓展境外旅游市场。以创建国家全域旅游示范区为目标，深化与港中旅等境外龙头企业的合作，引入先进管理理念和营销手段，实施"互联网+旅游"行动计划，利用港中旅芒果网、国内外旅行社网络系统资源，促进旅游产业向境外市场拓展，吸引境外游客，到2020年，全市接待游客达到1100万人次，旅游总收入达到120亿元。

8. 实施走出去、引进来战略。干部要率先走出去，制定详细的干部外出学习培训计划，分期分批选派党政干部、专业技术干部和企业管理人员到发达地区学习培训、挂职锻炼，到境外国外考察，主动走出去开阔眼界，主动借鉴先进经验，主动融入国家"一带一路"战略和全球经济一体化发展。企业要主动走出去，大力扶持宁夏红、杞乡生物、夏华清真牛羊肉、顺元堂中药材等企业拓展国际市场，扩大出口；积极支持云计算及制造、新材料、新能源等企业发展对外贸易，让更多商品通过网上丝绸之路宁夏枢纽走向中东和国际市场，到2020年，争取进出口总额突破3.8亿美元。要加快引进外资企业，依托西部云基地，以亚马逊AWS等龙头企业带动产业链招商。引进美国ZT、微软等云计算及装备制造外资企业。支持天元锰业与香港百灵达公司务实合作，上市融资177亿元。加快实施香港协鑫集团投资100亿元的10WG"N型单晶"项目。到2020年，引进外资（合资）企业10家以上，投资超过百亿元企业3家。

9. 创新开放产业引导方式。积极争取国家丝路基金及自治区中阿合作基金支持，用于建设开放通道等基础设施，扶持开放产业发展。建立稳定的财政资金保障机制，健全完善中卫市"四主一化"产业转型专项资金管理办法，设立中卫市对外开放产业引导基金，利用市场化机制吸引社会资本参与，扶持外向型产业，支持企业走出去。县（区）要建立本级对外开放产业引导基金和政府扶持外向型企业的助保贷资金，扶持引导开放型产业和外向型经济大发展。

（二）加快打通对外开放通道

10. 打造网上丝绸之路。实施"互联网+"行动计划，抢抓"一带一路"战略机遇，积极对接国家"信息丝路"计划，鼓励和引导企业开展以互联网为纽带，基于云计算、面向丝路沿线国家和阿拉伯国家的电子商务、技术合作、信息共享和文化交流服务，构建信息流、资金流有效互通的对外开放格局。大力推进北京、宁夏两地政府以"前店后厂"创新模式，共同建设宁夏中关村科技产业园新一代云计算产业基地。加快推进中国联通4×100G光纤骨干网络升级项目建设，积极推进中国电信光纤网络升级工程，争取设立国家网络通道直联点。依托宁夏中关村科技产业园和西部云基地，吸引境内外知名电子商务企业建设区域物流节点，推广"线上线下"经营模式，引入跨境电商建设"海外仓"和展示中心，打造区域性电子商务物流枢纽、"网上丝绸之路宁夏枢纽工程战略支点"及"中阿信息港"。

11. 拓展陆上丝绸之路。实施基础设施互联互通工程，依托自治区向西开放通道和陆海联运通道，向西建设干武铁路二线、中卫至武威客运专线，对接新亚欧大陆桥通道中线；向南建设宝中铁路二线、包兰铁路扩能改造、中卫至兰州客专,对接中亚、西亚及南亚;向东建设太中银铁路中卫至定边二线,连接山东、江苏沿海港口;向北建设京呼银兰客运专线、中卫至乌力吉铁路,对接新亚欧大陆桥通道北线和中蒙俄通道西线。加快建设乌玛高速、海原至白银等高速公路,打通中卫与毗邻地市县的省道断头路,到2020年,建成"五横两纵"高速路网,通车里程达到1.5万公里,公路密度达到53公里/百平方公里。

12. 搭建空中丝绸之路。推进"空中丝绸之路"战略,围绕国家"一带一路"战略和宁夏内陆开放型经济试验区建设,将沙坡头机场打造成我国西部重要的支线机场、银川河东国际机场的备降机场和国家低空开放的试验机场。在加密现有中卫至北京、上海、西安航线的同时,积极拓展新航线,开通中卫至成都、广州等国内大中城市的航班,扩大中卫与外界连通能力,到2020年,力争运输起降突破3300架次,旅客达20万人次。加快发展通航产业和临空经济,支持沙坡头机场发挥航空物流优势,新建航空货运物流仓库设施,采取政府补贴方式,促进枸杞等优势农副产品外销。

(三)加快构筑对外开放平台

13. 借力中阿博览会向西开放。借助中阿博览会平台,办好3个高峰论坛、3个重要节会:办好中阿博览会网上丝绸之路论坛新一代云计算分论坛,开拓互联网经贸活动,促进云计算、云服务等互联网技术交流;办好中阿博览会中国枸杞论坛,弘扬枸杞文化,助力中宁枸杞走出国门,走向世界;办好中卫国际沙产业论坛,通过沙漠观光、治沙演示、沙产业及沙产品探讨开发等活动,扩大中卫知名度。办好丝绸之路·宁夏大漠黄河文化旅游节、丝绸之路·中国越野拉力赛、环青海湖国际公路自行车赛,加强与丝绸之路重要节点国家和地区的交流,深化经贸、文化、旅游等领域的合作。

14. 依托陆路口岸扩大开放。依托中宁陆路口岸和迎水桥编组站,打造面向新亚欧大陆桥经济走廊和中国—中亚—西亚经济走廊的重要铁路物流枢纽,开通"中阿号"国际货运班列,打通中卫通向中亚的快车道。加快中宁陆路口岸报检大厅信息化建设,尽快实现封关运营,推动与天津、青岛、连云港等沿海港口的贸易衔接,并纳入银川综合保税区的配套区。争取设立迎水桥铁路编组站海关特殊监管仓库,与银川保税区联动,新建铁路物流中心保税仓库,提高货物通关效率,到2020年,全社会物流总额突破1000亿元。

15. 打造外资平台支撑开放。实施外资项目引进行动计划,重点打造3个外资项目承接平台:西部云基地信息产业平台。依托西部云基地,加快推进与亚马逊AWS务实合作,引进美国ZT、微软等云计算及装备制造等外资企业,建立区域性云计算设备制造基地,逐步形成集硬件制造、软件服务等为一体的云计算产业链。中宁特色农产品加工业平台。充分发挥中宁枸杞原产地、核心产区、核心品牌优势,启动枸杞千年栽培系统申报全球农业文化遗产工作,建设中宁枸杞科技园、枸杞密码馆和电子商务孵化园,开通淘宝网特色中宁馆,推动线上线下融合发展。借助中阿博览会中国枸杞论坛,支持企业参与国际性、区域性特色农产品博览会,依托宁夏红、杞乡生物、顺元堂等知名企业,吸引更多的外资企业落户中宁,发展枸杞精深加工、枸杞健康养生等系列产业。海原回乡文化产业平台。充分挖掘海原浓郁的回乡文化,开工建设海原非物质文化传承基地,大力发展海原剪纸、刺绣、回族服饰等民间文化艺术产品,发挥穆斯林擅长经商的传统优势,加强与阿拉伯国家和地区的经贸文化交流与合作。

(四)加快形成对外开放格局

16. 深化科技人才交流合作。实施创新驱动战略,推动宁夏红、锦宁铝镁等企业创建国家级技术创新中心和工程技术研发中心。依托自治区中阿技术转移中心,争取在中卫建设分中心。推动产学研创合作,打造以宁夏大学中卫校区和宁夏中关村科技产业园·中卫云中心为主的人才、科技创新"洼地"。建成兰州大学中卫高新技术研究院,推进宁夏非公有制企业人才发展服务试验区建设。坚持人才优先发展战略,加快引进一批适应"四主一化"产业升级、熟悉外经外贸、精通国际规则的开放型人才。建成中卫市青年大学生创业孵化中心,构建以众创空间为载体,适应大众创新需求的创业创新平台。

17. 深化教育卫生交流合作。支持宁夏大学中卫校区与"一带一路"沿线国家和地区开展交流合作,办好宁夏大学亚马逊云计算学院,推动宁夏大学中卫校区与中国人民大学、兰州大学、暨南大学、西北师范大学的合作。继续拓展中小学校与墨西哥、日本、台湾等国家和地区学校的交流合作,积极组织中小学与境外学校开展双向夏令营活动。支持医疗机构开展医疗卫生、健康养生、回医回药等领域的对外交流合作,加快"卫生云"建设,建设数字健康管理系统。

18. 深化文化旅游交流合作。积极参与"一带一路"国际文化交流合作,鼓励民间友好往来,加强与丝路沿线国家和阿拉伯国家广电网络、文化出版等领域的合作。举办丝绸之路·中国宁夏大漠黄河文化旅游节,展示中卫悠久深厚的文化底蕴。积极参与中美旅游领导高峰会议,加强与丝路沿线国家和地区文化旅游景点捆绑式开发,打造具有丝绸之路特色的国际精品旅游线路和旅游产品,鼓励旅行社开展入境游服务,积极促进旅游业向境外拓展。

四、进一步优化对外开放环境

19. 打造宽松优惠的政策环境。用足用活党中央国务院关于构建开放型经济新体制的若干意见、宁夏内陆开放型经济试验区规划、关于融入"一带一路"加快开放宁夏建设的意见等国家和自治区扩大开放的一系列政策措施,吃透基本政策,把握基本规律,找准政策衔接口,有效破解制约我市外向型经济发展的障碍和瓶颈。按照"人无我有,人有我优"的要求,出台招商引资、财政税收、交通物流、产业发展、人才引进等扶持外向型经济发展的一揽子优惠政策,降低市场准入门槛,加速聚集人流、物流、资金流、信息流等生产要素,着力提升中卫对外开放的层次和水平。

20. 打造公平公正的市场环境。着力培育枸杞、苹果、供港蔬菜、清真食品、新能源、新材料、精密机械及穆斯林用品等出口产品基地,开辟特殊进出口货物"绿色通道"或"窗口",简化通关手续,优化办事流程。大力培育外贸市场主体,支持社会资本进入现代物流、商贸服务、电子商务等领域。充分应用商标品牌战略,打造"中宁枸杞""夏华清真牛羊肉"等品牌,提高出口产品附加值。优化股权出质、商标质押、动产抵押登记服务工作,拓宽企业融资渠道。加快社会信用体系建设,统一社会信用代码,建立信用信息共建共享平台,努力营造统一开放、公平竞争、诚实守信、有效监管的法治化市场环境。

21. 打造宽松便捷的金融环境。实施"引银入卫"工程,积极吸纳全国性股份制商业银行、证券公司、保险公司在卫设立分支机构;支持鼓励符合条件的民营企业发起设立民营银行,鼓励民间资本参与农村中小金融机构股权改造。探索发展行业性担保组织和商业性担保机构,健全多层次的担保组织体系。大力扶持符合条件的企业到主板、中小板、创业板和"新三板"等资本市场上市融资,到2020年,在创业板和"新三板"上市中小企业达到20家。

22. 打造高效快捷的政务环境。实施"互联网+政务服务"行动计划,组建市级行政审批局,围绕行政审批、政务服务"5131"目标,梳理完成并公示权力、责任、公共服务、中介服务、收费"5张清单",制作1张权力运行流程图,搭建投资项目网上在线审批监管、部门信息互联互通共享、便民服务呼叫"3个网络服务平台",力争实现网上审批、网上注册、网上办事"1张网"全覆盖,全力打造西部最优、比东部更优的政务服务环境。

23. 加强对外开放工作的组织领导。成立开放中卫建设领导小组,统一领导全市对外开放工作,统筹制定对外开放的政策措施,形成有序、高效的对外开放体制。切实加大外向型干部的培训力度,培养一支懂国际时事、宏观经济、国际金融和涉外谈判的"内外兼修型"干部队伍。加强对外开放工作的考核,把开放中卫建设工作纳入到年度效能目标考核,作为领导班子考评的重要内容,奖优罚劣。县(区)、部门要制订对外开放的详细工作计划,把开放中卫建设落实到具体的工作中。要切实加大宣传力度,大力营造支持开放、参与开放、投身开放的浓厚氛围,不断开创开放中卫建设的新局面。

中卫市委"三重一大"事项集体决策实施细则(试行)
卫党发〔2016〕9号

为进一步规范市委重大问题决策事项、重要干部任免事项、重大项目安排事项、大额资金使用事项(以下简称为"三重一大"事项)的决策,提高科学决策、民主决策和依法决策的水平,根据自治区《市县(区)党委重大事项集体决策制度(试行)》,结合我市实际,制定本实施细则。

一、决策内容

(一)重大问题决策事项主要包括:

1. 研究贯彻落实党的路线方针政策、党内重要法规和国家重要法律法规,以及中央和自治区重大决策部署的工作举措;

2. 重大体制机制改革,包括行政体制、经济体制、社会体制、生态文明体制、文化体制和党的建设制度等重要领域、重要工作的改革方案和改革举措的制定及调整,处置重大历史遗留问题的原则及措施;

3. 全市经济社会发展中长期规划编制、年度计划制定,年度财政预算的编制、调整和决算及重要工作安排;

4. 土地利用总体规划、城乡总体规划、控制性详细规划及重要专项规划的编制和调整,重大土地征用和出让、划拨事项;

5. 重大基础设施及公共服务设施建设项目的设计方案、投资概算和投融资方式的审定与调整等；

6. 涉及群众切身利益的政策规定出台或变动；

7. 涉及全局工作的规范性文件的制定、修改和废止；

8. 超过500万元的国有资产的转让、租赁、托管、重组、产权变更等方面的重大事项，国有资本投资或参与投资组建公司、国有企业改组改制；

9. 影响全市政治稳定、社会安定的重大事件(事故)处理、重大突发事件应急处置、重大群体性上访事件或信访矛盾化解处置；

10. 机构及领导职数设置和调整；

11. 动用超收收入的事项；

12. 政府发行债券总规模及债务年度计划的确定；

13. 党的建设重大事项，党风廉政建设和反腐败工作中的重大问题，基层党组织提出的重大问题；

14. 其他在经济建设、政治建设、文化建设、社会建设、生态文明建设和党的建设等方面的重大事项。

(二)重要干部任免事项主要包括：

1. 市委管理干部的录用、任免、交流、调动、奖惩等事项；

2. 领导班子换届选举方案和换届人事安排方案；

3. 市以上党代表、人大代表、政协委员候选人的推荐；

4. 向上级党委(党组)推荐提任干部人选、后备干部人选；

5. 干部人事制度改革方案的制订实施。

(三)重大项目安排事项主要包括：

1. 财政性资金投资1000万元以上或融资额度5000万元以上的政府投资建设项目或群众关注、社会关切的建设项目；

2. 给予资源配置、财政补贴、税收减免、资金扶持、基础设施配套等特殊优惠政策的在卫重大投资、开发项目；

3. 100亩以上(含100亩)商住项目和200亩以上(含200亩)工业项目的土地出让事项；

4. 涉及规划调整、较大面积的征地拆迁事项，重要地段集中连片旧城改造拆迁事项和可能破坏生态环境、影响社会稳定的重大建设项目；

5. 重大活动项目安排，包括承办国家和自治区的重大活动、重要会议，涉及全市全局的经贸、文化、旅游、体育等重大活动；

6. 涉及群众切身利益的民生社会事业项目，包括住房保障、促进就业、扶贫济困、社会保障等重大项目，教育、卫生、文化等社会事业重要基础设施建设等；

7. 谋划争取的涉及全市经济社会发展的重大项目。

(四)大额资金使用事项主要包括：

1. 预算外安排市本级财政超过500万元以上的资金；

2. 单项使用市本级财政资金超过500万元的大宗国有资产采购；

3. 由市本级财政资金投资的重大项目超概算需追加投资，且追加金额占项目概算10%以上的资金安排；

4. 其他需要集体研究的大额资金使用事项。

二、决策程序

(一)确定议题

市委"三重一大"事项集体决策的议题，可由市委班子成员、人大常委会党组、政府党组、政协党组以及市委工作部门、直属党组(党委)、市委议事协调机构及其办公室提出，市委办公室负责收集汇总议题，报市委书记审定。无特殊情况，会上不得临时动议"三重一大"事项决策议题。

(二)决策准备

市委确定集体决策的议题，实行"谁提请、谁准备"工作责任制，由议题提请单位(提请人)负责决策前的调查研究、拟订方案、论证评估、征求意见、民主协商等准备工作。议题提请单位(提请人)应明确决策前准备工作责任单位，做好相关具体工作。

1. 调查研究。责任单位要组建专题调研组，围绕拟提请的决策议题，深入开展调查研究，全面了解和掌握有关情况，充分听取有关方面意见，形成书面汇报材料或调研报告。

2. 提出方案。在调查研究、科学分析的基础上，责任单位提出具体方案，一般应提出两种以上的比较方案。对专业性、技术性较强的事项，要进行专家论证、技术咨询；对涉及多个部门或对方案存在分歧意见的，要及时会商，形成一致意见。

3. 论证评估。对"三重一大"事项，责任单位要进行合法合规性评估、综合效益评估和风险评估。合法合规性评估重点论证决策是否符合国家法律法规、符合党的路线方针政策，符合中央和上级党委、政府规定要求；综合效益评估重点论证决策的合理性、可行性、可控性和经济效益、社会效益；风险评估重点论证决策事项可能产生的社会稳定风险、公共财政风险、生态环境风险。

4. 征求意见。"三重一大"事项决策前,责任单位要根据决策事项内容,视情采取调研座谈、专家咨询、社会公示、个别谈话、设立信箱等形式,在一定范围内征求意见建议。对涉及面广、与群众利益密切相关的重大事项,应扩大征求意见范围,通过新闻媒体、网络或社会听证、社会公示等方式,征求"两代表一委员"、基层组织、群众代表的意见建议。

征求意见要实事求是,不能以通报情况代替征求意见、以个别征求意见代替应当以组织形式进行的征求意见。征求意见情况应形成书面报告,提交市委决策参考。

5. 民主协商。"三重一大"事项决策前,根据决策事项内容,需要进入民主协商程序的,责任单位要按照市委、政府《关于深入推进协商民主制度化建设的实施意见》有关规定进行民主协商后,形成书面报告提交市委决策参考。

6. 会前酝酿。议题提请单位(提请人)应将议题涉及的专家论证、技术咨询、合法合规性评估、综合效益评估和风险评估的书面意见随附方案一并上报市委,供市委决策参考。除需要保密的事项外,一般在会议召开前2天通知市委班子成员,并送达相关书面材料。市委班子成员可通过适当形式对议题进行前期酝酿,但不得代替集体决策。

(三)集体决策

凡属市委集体决策范围的"三重一大"事项,除遇重大突发事件和紧急情况外,应由市委常委会议集体研究决定,不得以传阅、会签、个别征求意见、现场办公会等形式代替集体决策。

"三重一大"事项集体决策要严格执行民主集中制,充分发扬党内民主,按照市委常委会议事决策规则,坚持"四不决策"(即没有经过深入调查研究的不决策,没有开展论证评估的不决策,需要进行听证而没有听证的不决策,重要干部任免事项没有经过充分酝酿的不决策),认真讨论、研究和决定。

1. "三重一大"事项集体决策必须有三分之二以上的市委班子成员到会,会议由市委书记主持。因故未能参加会议的市委班子成员意见,可以书面形式由会议主持人在会上代为表达,但不计入表决票数。

2. 会议一般由决策议题提请单位(提请人)或决策前准备工作责任单位负责人先进行简要说明,与会人员充分发表意见,主持人最后发表意见。

3. 会议表决按照少数服从多数的原则,采取口头、举手、无记名投票方式进行,特别重大决策事项应采取无记名投票方式进行表决,以市委班子应到会成员三分之二以上同意后方可形成决定。根据会议表决结果,由主持人宣布正式决定或形成决议。会议决定多个事项时,应逐个研究表决;研究干部事宜时,应逐人表决。

4. 市委班子成员对决策事项应当发表同意、不同意或缓议的明确意见,并说明理由。对少数人的不同意见,应当认真考虑。如对重要问题产生不同意见,双方人数接近,应暂缓做出决定,待进一步调查研究或交换意见后再作决定。在特殊情况下,也可将会议情况向自治区党委报告,请求决定。

5. 根据议题内容,视情邀请市人大、政府、政协组成人员,人大、政协专门委员会,政府职能部门负责人,"两代表一委员",党员、群众代表,以及监督部门人员列席会议。列席人员对讨论的议题可发表意见建议,但没有表决权。

6. 紧急情况下由市委班子个别或少数成员临时决定且需市委集体决策的"三重一大"事项,要在事后及时向市委报告。临时决定人对决定事项负责,市委应在事后按程序予以确认,未完成事项如需市委重新做出决策的,经集体决策后,按新的决策执行。

7. 重要干部任免事项按照《党政领导干部选拔任用工作条例》规定进行。

8. 市委常委会研究决定的"三重一大"事项,按规定需要由市委全委会决定的,提请市委全委会审议;需要提请市人大审议通过的,按规定程序提请人大审议;需要自治区党委或有关单位审批的,按规定上报审批;需要告知通报有关单位或个人的,应及时告知通报。

9. 凡县(区)负责的涉及全市性的重大事项、重大活动、重点工作等,县(区)在研究决策后要及时向市委报告;应由市委研究决策的,要报市委研究决策。

(四)决策公示

建立"三重一大"决策公示制度。"三重一大"事项决策除依法应当保密的外,应通过召开发布会、下发文件、通报情况、社会公示等形式在一定范围内及时公开。对群众普遍关心的重大事项,市委决策正式实施前应将决策过程、方案、结果和群众反馈意见渠道等向社会公示,公示时间不少于7个工作日。

"三重一大"决策公示后应及时、全面、客观收集整理反馈的意见建议,对重大或复杂问题,根据公开后的反馈意见进一步完善决策方案,视情再次向社会公开公示。

三、组织实施

（一）对会议表决通过的"三重一大"决策事项，市委书记对组织实施工作负总责，市委班子成员按照分工和职责组织实施，明确具体落实责任单位。对涉及多名市委班子成员联系的工作，按照"谁主管、谁负责"的原则，安排任务、协调工作、加强监督、落实责任。

（二）市委常委会应加强对"三重一大"事项决策的落实和监督，及时研究解决决策落实中的问题。落实决策责任单位要按照决策的目标和要求，制定具体办法和措施，及时向市委报告落实情况，确保决策落实到位。"三重一大"事项决策在贯彻执行中的政策界限、落实有关事项、办理干部管理相关手续、大额资金调拨使用一律以会议纪要为根本依据。超出会议纪要内容的，视为无效。

（三）建立决策考核评价和评估制度，健全决策失误纠偏纠错机制，发现决策有偏差或者执行中存在问题的，要及时调整、补充、修正和完善决策方案。对群众反映强烈、造成重大损失的错误决策，要立即停止执行，并采取补救措施最大限度地减少损失。对决策进行重大调整或变更，由市委决定，任何个人或少数人无权改变。

四、责任追究

（一）按照"谁决策谁负责"原则，严格落实决策责任。有下列情形之一，追究市委书记责任：

1. 决策不符合中央精神和自治区党委、政府相关规定、意见，不符合国家法律法规的；

2. 应由市委集体决策的"三重一大"事项，但未履行集体决策制度和程序的；

3. 超越法定职权或授权范围实施决策的；

4. 未按"四不决策"要求而进行决策的，造成决策事项失误或错误，并产生严重后果的；

5. 违反市委议事决策规则进行会议表决做出决策的；

6. 因决策失误或错误而损害群众利益、影响社会稳定、破坏生态环境、造成国有资产流失或其他重大损失的；

7. 擅自改变集体决策的；

8. 其他违反本细则造成重大损失或严重后果的。

（二）有下列情形之一，追究有关责任人或市委分管领导责任：

1. 应提请市委集体决策但未提请的；

2. 议题提请单位或提请人未向市委提供真实情况而造成决策失误或错误的；

3. 不执行、延误执行、擅自改变市委集体决策的；

4. 未严格按照会议纪要执行"三重一大"决策事项的；

5. 执行市委集体决策后，发现可能造成损失或影响，能够挽回损失或影响而不采取积极措施的；

6. 化整为零使用大额资金或拆解资金额度规避集体决策的；

7. 其他违反本细则造成重大损失或严重后果的。

（三）违反本细则，情节轻微，经过批评教育后改正的，可以免于责任追究；情节较重的，依据《关于实行党政领导干部问责的暂行规定》《宁夏回族自治区实行党政领导干部问责办法（试行）》《中卫市党政机关及其工作人员问责问廉问效办法（试行）》等有关规定进行问责；情节严重的，依据《中国共产党纪律处分条例》《行政机关公务员处分条例》等有关规定，给予党纪、政纪处分；涉嫌违法犯罪的，移送司法机关依法追究刑事责任。责任追究按照干部管理权限进行。

对县（区）党（工）委不符合规定的决策或错误决策，市委责令做出决策部门自行纠正或撤销。市纪委对县（区）党（工）委集体决策进行经常性检查，对违反集体决策制度的行为，根据事实、性质、情节和影响，依法依纪追究责任。

保持市委依法依规决策与市人大、政府、政协依法依规行使权力高度一致，各司其职，市委注重把握方向，优化流程，提高效率，及时对"三重一大"事项依法依规做出决策。对市委做出的"三重一大"事项决策，市人大、政府、政协要明确责任，细化方案，认真组织实施，确保决策落实到位。

本实施细则由市委办公室、市纪委负责解释，自印发之日起施行。2014年9月23日印发的《中共中卫市委关于印发〈中卫市委"三重一大"事项集体决策实施细则（试行）〉的通知》（卫党发〔2014〕31号）同时废止。

中共中卫市委　市人民政府
关于创建全域旅游示范市的实施意见

卫党发〔2016〕15号

为深入贯彻落实《国务院办公厅关于进一步促进旅游投资和消费的若干意见》（国办发〔2015〕62号）、《国家旅游局关于开展"国家全域旅游示范区"创建工作的通知》（旅发〔2015〕182号）精神和自治区政府关于"将中卫市打造为全域旅游示范市"的要求,加快实施"旅游优先发展"战略,充分发挥旅游业作为我市优势产业在转方式、调结构、惠民生中的带动作用,实现旅游业与其他产业的深度融合,结合我市实际,制定本实施意见。

一、指导思想

深入贯彻落实党的十八大和十八届三中、四中、五中全会精神,牢固树立"创新、协调、绿色、开放、共享"五大发展理念,积极适应经济发展新常态,以旅游业转型升级、提质增效为主线,紧紧围绕建设"国际性全域旅游目的地城市、国家级国际化沙漠旅游目的地城市和中国西部独具特色的旅游休闲度假城市"的目标,把"全域旅游"作为实现中卫旅游业跨越发展的战略途径,促进旅游业发展方式转变,加快旅游业与其他产业的融合发展,增强旅游业的驱动力、创新力和竞争力,努力把旅游业培育成为我市的特色支柱产业、绿色产业和富民产业。

二、发展思路、目标和布局

依据全市旅游资源优势和产业基础,坚持"自然为本、特色为根、文化为魂、市场为源"的原则,按照"全景、全业、全时、全民"的模式,以"全域化空间布局、全体验产品体系、全链条产业集聚、全域交通网络畅达、全覆盖公共服务体系及全媒体营销网络"为建设体系,将旅游业融入城市建设和产业发展中,打破传统以景区为核心的空间局限,全面推进城乡资源和产业的旅游化发展,优化旅游产业布局,丰富旅游产品体系,创新旅游业态,延长旅游产业链,完善旅游公共服务体系,推动中卫全域旅游快速发展。

紧盯一个目标:到2018年,全市接待游客达到800万人次,旅游收入达到75亿元,沙坡头区率先建成国家全域旅游示范区,带动中宁县、海原县、海兴开发区旅游产业快速发展。到2020年,全市接待游客达到1100万人次,旅游收入达到120亿元,实现旅游产业全域覆盖、旅游景区全域联动、旅游产品全域优化、旅游线路全域统筹、旅游品牌全域整合、旅游市场全域营销,中卫市建成国家全域旅游示范市。

构建一个布局:构建"一核、两翼、三带、四区、六线、多节点"的空间布局。"一核"即以沙坡头区为核心;"两翼"即打造中宁、海原(含海兴开发区)两个发展侧翼;"三带"即分别建设连接沙坡头黄河大峡谷至中宁牛首山的黄河观光休闲发展带、中宁至海原的多元文化体验发展带和沙坡头区香山至海原的生态发展带;"四区"即构建沙漠湿地休闲度假区、沙坡头产城旅融合区、中宁枸杞文化体验区和海原回乡风情展示区;"六线"即打造风格迥异的大漠探险游、黄河漂流游、民俗文化游、丝路寻踪休闲游、工业科考研学游、农业观光体验游六条特色线路;"多节点"即建设沙坡头沙陀国、腾格里沙漠湿地金沙岛、旅游新镇、沙坡头水镇、寺口子、光伏科技生态园、石空大佛寺、洪岗子拱北、中宁枸杞产业园、天都山、九彩坪拱北等多个全域旅游发展节点。

推动两个转变:通过沙坡头区做片、中宁县做线、海原县做点,统筹推进全域旅游。利用3年时间,推动沙坡头区由"景区时代"向"全域时代"转变,中宁县、海原县由"无景区时代"向"景区时代"转变,实现全域旅游示范市创建目标。沙坡头区按照"全域、全景、全业、全时、全民、全通"的总体布局,统筹打造沙漠旅游、黄河旅游、城市旅游、乡村旅游、休闲农业五大特色板块,在全市率先通过创建验收,为全市创建工作起到带动示范作用。中宁县围绕特色产业和历史文化资源,打造"一文两景":"一文"即弘扬枸杞文化,建设中国枸杞博览中心、枸杞小镇、枸杞文化街等项目,开展观枸杞景、看枸杞戏、唱枸杞歌、跳枸杞舞、喝枸杞茶、品枸杞宴、听枸杞故事、买枸杞产品、体验枸杞养生等活动,让游客体验塞上风情和枸杞特色文化,打造沿黄经济带和清水河城市产业带相交汇的特色生态文化体验区;"两景"即结合丝路旅游将石空大佛寺科学规划、有序挖掘、完善设施,提升知名度,开发天湖生态休闲度假区,满足休闲度假市场的需求。海原县围绕回乡风情,打造"一区一文多景":"一区"即建设海原回乡文化民俗街区;"一文"即通过集中展示回乡婚礼、回族民俗等生活场景和花儿对唱、阿文书法、剪纸、刺绣、口弦等文化遗产,打造回乡风情文化;"多景"即培育打造海原非遗传承基地、海原大地震遗址、菜园文化遗址、天都山、南华山、九彩坪等景点,逐步建成集回乡风情、人文旅游为一体的景区。

三、发展路径

围绕全域旅游空间布局,紧扣"沙漠水城"定位,突显"生态阳光"特质,重点实施八大工程:

(一)城市综合提质工程。着力打造三大文化板块、一个高铁商圈、五个旅游夜市。三大文化板块:以高庙、鼓楼为核心的历史文化板块,以沙坡头水镇为核心的休闲文化板块,以黄河宫、福星寺为核心的滨河文化板块。一个高铁商圈:以城际铁路车站为核心,规划建设集交通、商贸、餐饮、信息、物流为一体的综合性商圈。五个旅游"夜市"：规划建设高庙文化街区夜市、沙坡头水镇美食购物夜市、十里水街休闲夜市、中宁枸杞文化夜市、海原回乡民俗文化夜市。

（二）景区扩容提质工程。重点做好"四篇文章"：一是做好沙坡头景区提质扩容文章，启动东扩、西延、南跨、北跃计划，重点实施旅游新镇、沙漠玫瑰酒店、南岸半岛文化创意园、盛装大道等项目建设；二是做好腾格里湿地金沙岛提质增效文章，在"五园"基础上，建设百合园和郁金香园，丰富水上项目，增加春季板块；三是做好景区升格晋级文章，推动沙坡头和腾格里湿地跻身国家级度假区行列，寺口子、高庙进入4A级景区行列，大漠风情园等进入3A级景区行列；四是做好景点挖潜开发文章，开发建设石空大佛寺、天都山、南华山等旅游资源，完善中宁县、海原县旅游吸引物系统。

（三）产业融合发展工程。重点做好"四个融合"：一是与工业融合，建设"云端中卫"体验中心、工业发展博览馆、沙漠光伏观赏园等一批工业旅游项目；二是与农业融合，发展特色养生食疗、农业生态观光体验游，打造以滨河大道为主线，连接中宁县、沙坡头区相向发展的生态农业观光带；三是与体育产业融合，开发沙漠穿越、沙漠探险、户外拓展、徒步健身等旅游项目；四是与养生产业融合，建设养老养生产业园，发展理疗养生新业态。

（四）基础设施完善工程。推进城市旅游形象建设，对城市导向标识、文化景观雕塑、城市小品、特定建筑物、公共设施进行统一包装，融入旅游元素和民族文化元素。推进交通体系建设，力促打通中卫通往西安、太原、兰州、郑州的大通道，加快城际铁路建设；提升改造沙坡头机场，开辟新航线，加密现有航班；优化通往景区的主干道路，提升202省道和孟家湾至北长滩、海原至九彩坪、海原至天都山旅游公路等级，实施黄河疏浚工程，构建全域旅游交通环线。推进咨询服务和导识系统建设，在高速公路出口、火车站、汽车站等重要节点建立游客咨询服务中心，完善旅游咨询、旅游预订、旅游集散功能。推进酒店业态多样化发展，规划建设火车主题酒店和野奢酒店，发展特色旅馆和家庭旅馆。推进旅游厕所提升，高标准建设和改造旅游厕所，旅游景区、旅游线路沿线厕所全部达到三星级标准。

（五）乡村旅游培育工程。聚焦打造农家特色型、回族家访型、文化探秘型、观光体验型、传统手工型5种类型的乡村旅游产品，建设童家园子、桂王花园、中宁功夫驴等一批新型休闲绿色庄园以及18个乡村旅游示范点，形成以滨河大道、黄河两岸为主的乡村旅游环线和聚集区观光带。同时，打响城乡环境"以克论净"深度保洁品牌，逐步实施"垃圾不落地"工程。

（六）品牌战略营销工程。创新宣传营销机制，整合宣传营销资源，壮大宣传营销队伍，积极包装推出旅游知名品牌，大力实施网络营销，积极开展微信、论坛等互动宣传。加强与区内市、县（区）的旅游联动发展，利用"陕甘宁蒙毗邻地区"互助平台，实现"资源共享、游客互通"的合作营销。借助"一带一路"和中阿论坛，做好"论坛"营销。做优做强"大漠黄河国际旅游节""沙漠音乐节"等节庆活动，实施节庆营销，不断提升中卫旅游品牌在国内外的知名度和美誉度。

（七）服务质量提升工程。建设智慧"旅游云"平台，打造智慧景区、智慧旅行社、智慧旅游酒店、智慧旅游乡村4大智慧旅游体系。开展旅游服务质量提升工程。推动景区、城市、乡村旅游标准化建设。实施城市居民素质提升工程，开展文明礼仪、全民导游、旅游服务志愿者"三项行动"。设立旅游警察，优化旅游环境。

（八）文化旅游融合工程。出版一套文化旅游丛书，编排一台精品剧目，建设一批专业演艺队伍，开展一系列文化旅游活动，研发一批文化旅游产品，布局一批城市形象雕塑，开发一批文化旅游景点，打造一个影视基地，建设一处大型文化演艺场所。

四、保障措施

（一）注重顶层设计，强化规划引领

委托中国旅游研究院高起点编制中卫市全域旅游发展行动规划，统筹推进全域旅游发展。充分考虑相关旅游项目、设施的空间布局和建设用地要求，修编土地利用总体规划和各旅游项目规划。结合旅游产业发展需要，规划和建设交通、通信、供水、供电、环保等基础设施和公共服务设施。充分发挥旅游规划在产业发展、城镇建设、生态文明建设等领域中的引领作用和刚性约束，构建"产业围绕旅游转、产品围绕旅游造、结构围绕旅游调、功能围绕旅游配、民生围绕旅游兴"的全域旅游发展格局。

（二）创新体制机制，增强发展活力

进一步破除体制、机制、要素、政策等瓶颈，强化旅游行政管理部门在"旅游优先发展"战略中的引领作用，每年召开一次全市全域旅游创建工作会议，树立全社会重视旅游、支持旅游的浓厚氛围。结合自治区旅游服务质量提升"十百千万"工程，每年评选一批优秀导游、酒店工作者和旅游从业者,同时对在旅游品牌培育、乡村旅游提升、旅游营销促进、招商引资推进等方面做出突出贡献的集体和个人,进行表彰奖励(具体奖励标准见附件)。鼓励国有企业、知名旅游企业、社会资本参与中卫全域旅游项目建设,促进投资主体多元化。探索联合经营、授权经营、职业经理人经营等方式,促进旅游经营多元化。

(三)强化财税保障,加大资金投入

按照政府主导、企业参与、市场运营的方式,市财政将全域旅游产业发展纳入中卫市"四主一化"产业引导基金支持范围,引导扶持旅游餐饮、旅游商品、旅游酒店发育成长,公共财政支持旅游产业发展的资金每年按10%递增。争取国家旅游建设专项资金和自治区全域旅游示范市支持资金,用于全域旅游重点项目规划、配套设施建设、纪念品研发、市场营销宣传等方面。积极落实符合西部大开发鼓励类产业目录、国家高新技术企业标准、新办小微企业等现行税收优惠政策,鼓励企业投资发展旅游业,支持私营企业、社会资本采取和政府合作的PPP模式投资、建设、营运旅游项目。

(四)制定扶持政策,开辟绿色通道

充分考虑旅游设施的空间布局和项目建设用地要求,适度增加年度旅游发展用地指标,保证旅游重大项目用地需要。争取自治区对旅游重点项目的点供开发建设用地,优先列入年度用地计划安排。协调金融机构允许旅游企业以项目特许权、运营权为质押贷款,拓宽旅游企业的融资渠道。组建旅游贷款担保中心,协调推进有条件的旅游企业发行债券和上市。研究制定鼓励性政策措施,推动旅游产业与"大众创业、万众创新"的深度融合。允许旅行社参与政府采购和服务外包业务,受委托的旅行社出具的发票可以作为公务活动的报销凭证。

(五)加强部门联动,形成工作合力

成立全域旅游创建工作领导小组,进一步加强在旅游项目建设、土地规划、财政激励、产业融合、行业监管等方面的统筹协调功能,建立"全域旅游"重点项目联席会议审批制度,推进重大旅游项目建设。由市旅游局牵头,会同市直有关部门(单位)分解细化全域旅游目标任务,明确各县(区)、各部门(单位)的具体工作任务,建立全域旅游产业发展考核体系,将全域旅游工作任务纳入全市效能目标管理考核体系,确保全域旅游工作顺利推进、取得实效。

"中卫英才"奖评选奖励办法(试行)

卫党发〔2016〕17号

第一章 总 则

第一条 为大力推进人才强市战略,不断优化人才发展环境,完善人才激励机制,根据自治区党委、人民政府《关于创新体制机制促进人才与经济社会协调发展的若干意见》(宁党发〔2014〕53号)和市委办公室《关于进一步加强党管人才工作的实施意见》(卫党办发〔2013〕53号)精神,结合中卫实际,制定本办法。

第二条 "中卫英才"奖是中卫市人才工作的最高奖项,授予为中卫经济社会发展做出突出贡献的各类优秀人才。

第三条 "中卫英才"奖的评选以品德、能力和业绩为导向,坚持德才兼备、社会贡献的原则,坚持业绩突出、社会公认的原则,坚持公开、公平、择优的原则,坚持向基层和科研生产一线、关键岗位、优秀中青年创新型人才倾斜的原则。

第四条 "中卫英才"奖每2年评选一次,每次评选一般不超过10人。获得"中卫英才"奖的个人,原则上不能重复参加评选,如无符合条件者可空缺。

第二章 评选对象和条件

第五条 评选对象。为本市经济社会发展做出突出贡献的专业技术人才、经营管理人才、高技能人才和农村实用人才等各类人才中的优秀人才,参加评选人员不受单位、行业、身份、学历、职称、年龄、户籍等限制。

第六条 基本条件。拥护中国共产党的领导,热爱祖国,遵纪守法;品行良好,有较强的事业心和责任感;刻苦钻研技术,专业基础扎实,自主创新能力强,有高尚的学术道德、严谨求实的作风和团结协作的精神。

第七条 业绩成果条件。评选对象近5年内的业绩应符合下列条件之一:

(一)全国杰出专业技术人才、全国有突出贡献的中青年专家、享受国务院特殊津贴专家、国家"百千万人才工程"人选、国家"千人计划"人选、全国宣传文化系统"四个一批"人才、中华技能大奖获得者、全国技术能手、自治区科学技术杰出贡献奖获得者、享受自治区政府特殊津贴专家、自治区有突出贡献的专业技术人才、自治区人才高地首席专家、自治区科技创新团队带头人、自治区金牌工人和首席技师、"新世纪313人才工程"人选。

（二）主持完成工业、农业等领域科学研究、技术开发、技术推广应用、科技成果转化，且对行业和产业发展起到重要促进作用，科研成果获得国家级或省（部）级奖项的。

（三）在教育教学工作中社会公认度高、师德高尚、教学成果突出，获得国家级或省（部）级表彰奖励的。

（四）在医疗卫生岗位上，有良好的医德医技，医疗技术、重大疾病防治和临床实践效果达到国内外、区内外先进水平，特别在诊断治疗疑难病症方面做出重大贡献，有独到的医术见解，获得国家级或省（部）级奖项的。

（五）在文化艺术、体育、新闻出版领域成绩显著，创造出有重大影响的艺术成果，享有盛名，是某一重点学科或艺术门类的带头人（或主创人），获得国家级或省（部）级奖项的。

（六）在社会科学或其他专业技术工作中主持过国家级或自治区级课题研究工作，有一定成果并产生了一定社会效益，在某一学科领域有独到的学术见解，获得国家级或省（部）级奖项的。

（七）在企业经营管理中，创新经营管理方式，建立科学的经营管理制度，使所在企业连续多年取得巨大的经济效益和社会效益，综合竞争力在区内外同行业中处于领先地位的。

（八）长期扎根基层和科研生产一线，在能源化工、特色优势产业、生态环境保护、文化旅游等重大工程项目中发挥引领作用，并取得显著经济效益和社会效益的优秀人才。

（九）在非公有制经济或其他领域做出突出贡献，其成果实施、技术应用或工作业绩对全市经济社会发展产生重大效益或重要影响的。

（十）在其他领域工作中，取得优异成绩，对促进我市经济社会发展做出突出贡献的。

第三章 评选程序

第八条 评选工作在市委、政府的领导下进行，具体由市人才工作领导小组负责组织实施。

第九条 组建"中卫英才"奖评审委员会。评审委员会由相关市领导、专家和市人才工作领导小组成员单位主要负责人组成。评审委员会的专家根据当年度参评人选涉及的专业范围，由市人才工作领导小组办公室从自治区高级专家人才中选择。

第十条 评选工作按照下列程序进行：

（一）申报推荐。由各县（区）、市直各部门（单位）、各企事业单位、同行业专家或本人按照本办法第六条、第七条规定向市人才工作领导小组推荐（自荐）。推荐（自荐）时须提供相关事迹、奖励证书和证明等材料。推荐材料的真实性由推荐单位（个人）负责。市人才工作领导小组办公室会同有关部门对被推荐对象的申报材料进行初审，确定参评人选。

（二）集中评审。召开评审委员会会议，对参评人选进行专业评审。评审采取集中审阅材料、听取申报人员答辩等方式进行。经过评审委员会投票，依得票多少，按照拟表彰人数1:1.3的比例确定初步人选。

（三）组织考察。市人才工作领导小组办公室联合相关部门（单位）对初步人选政治表现、遵纪守法、成果业绩、职业道德等方面的情况进行综合考察，并征求纪检、综治、卫计、信访等部门意见。

（四）会议审定。评审委员会综合申报推荐、集中评审、组织考察等方面情况，按照1:1的比例提出拟表彰人选建议名单，经市人才工作领导小组研究通过后，提交市委、政府审定。

（五）公示。经市委、政府审定后，对拟表彰人选的工作业绩、技术成果等情况，在媒体以及本人所在单位进行5个工作日的公示。

（六）表彰奖励。经公示未发现影响表彰奖励问题的，确定为"中卫英才"奖获奖人选，由市委、政府颁发荣誉证书，并一次性奖励10万元，奖金由市财政列支。

第四章 评选纪律

第十一条 评审委员会成员及其他工作人员应当对评选情况严格保密。

第十二条 实行回避制度。评审委员会成员与被推荐对象有近亲属或其他利害关系的，应当回避。

第十三条 凡发现有剽窃、侵夺他人成果或以其他不正当手段骗取奖励的，经核实，由市人才工作领导小组办公室报请市委、政府批准后撤销奖励，收回荣誉证书和奖金，并对相关责任人依法依纪予以处理。

第十四条 评审委员会成员及其他工作人员，在评选过程中有下列情形之一的，应当终止其参与评选工作，并根据情节轻重给予党纪政纪处分，构成犯罪的，依法追究刑事责任：

（一）受贿的；

（二）泄露工作秘密的；

（三）弄虚作假、徇私舞弊的；

（四）其他违反评选纪律和规定，影响公正评选的情形。

第五章 附则

第十五条 本办法由市人才工作领导小组办公

室负责解释。

第十六条 本办法自发布之日起实施。

中共中卫市委关于落实绿色发展理念加快美丽中卫建设的实施意见

（2016年8月21日中国共产党中卫市第三届委员会第七次全体会议通过）

卫党发〔2016〕29号

为认真贯彻落实习近平总书记来宁视察重要讲话精神，按照党中央、国务院关于加快推进生态文明建设的重大决策部署和自治区党委十一届八次全会要求，现就落实绿色发展理念、加快美丽中卫建设，提出以下实施意见。

一、指导思想、基本原则及主要目标

（一）指导思想。全面贯彻党的十八大和十八届三中、四中、五中全会精神，落实"五位一体"总体布局、"四个全面"战略布局和"五大发展理念"，把生态文明建设融入经济社会发展全过程，大力实施"开放引领、创新驱动、富民共享、生态优先"战略，协同推进新型工业化、信息化、城镇化、农业现代化和绿色化，以健全生态文明制度体系为重点，优化国土空间开发格局，全面促进资源节约利用，加大生态建设和环境保护力度，大力推进绿色发展、循环发展、低碳发展、可持续发展，弘扬生态文化，倡导绿色生活，加快建设美丽中卫，使蓝天常在、青山常存、绿水长流，把我市打造成为西部地区重要的生态屏障，绘就塞上江南"中卫画卷"。

（二）基本原则。坚持经济发展与生态保护相统一。始终把加快发展作为第一要务，坚持把绿色发展、循环发展、低碳发展、可持续发展作为基本路径，把经济社会发展建立在资源高效循环利用、生态环境得到严格保护的基础上，做到经济发展与资源消耗、环境容量、生态承载能力相协调、相平衡。在发展中保护，在保护中发展，实现发展与保护的内在统一、相互促进，给子孙后代留下永续发展的美好家园。

坚持以人为本与尊重自然相统一。把促进人的全面发展、增进人民福祉作为出发点和落脚点，将生态文明纳入社会主义核心价值体系，树立尊重自然、顺应自然、保护自然的生态文明理念，科学开发利用自然资源，倡导节约集约、绿色低碳、文明健康的生产生活方式，实现可持续发展，促进人与自然和谐相处，休戚与共。

坚持重点突破与整体推进相统一。加快美丽中卫建设，是一项复杂、艰巨、长期的系统工程。既要立足当前，着力解决对经济社会可持续发展制约性突出、群众反映强烈的环境问题；又要着眼长远，把生态环境保护建设作为一项长期任务，实施创新驱动战略，加强制度建设，完善体制机制，持之以恒全面推进生态文明建设。

坚持政府引导与市场机制相统一。深化生态文明体制改革，健全市场机制，更好地发挥政府引导和监管作用，发挥企业的主体责任和自我约束作用，鼓励社会组织和公众积极参与，形成全社会共建美丽中卫的良好格局。

（三）主要目标。按照自治区加快推进美丽宁夏建设"5413"的总体部署，到2020年，我市资源节约型和环境友好型社会建设取得重大进展，经济发展质量和效益显著提高，城乡结构和空间布局明显优化，生态美、城乡美、和谐美与产业强、百姓富、保障好的目标协调一致，生态文明建设水平与全面建成小康社会内在要求高度契合。

主要指标是：主要污染物排放总量完成下达的目标任务，环境空气质量持续改善，空气质量优良天数比例达到80%以上，基本消除重污染天气。黄河中卫段入境断面和出境断面水质达标率100%，城市饮用水源地水质达标率100%，城市生活污水集中处理率达到97%以上，主要水功能区水质达标率80%以上，重点湖泊达到Ⅳ类水质，全面消除城市建成区黑臭水体。城镇生活垃圾无害化处理率达到97%，工业固体废物安全处置率达到100%。全市林地面积达到838万亩，森林覆盖率提高到14%。

再经过一段时间的努力，生态文明建设取得突破性进展，产业转型基本完成，碳排放总量到达峰值拐点并开始逐步下降，自然生态系统实现良性循环，建成自然生态美、城乡环境美、产业形态美、人文和谐美的美丽中卫。

二、强化规划定位引领，着力优化空间开发格局

按照全区主体功能区定位，强化规划约束管理，健全空间规划体系，合理布局生产、生活、生态空间。

（四）落实空间发展规划。编制全域空间规划，以《宁夏空间发展战略规划》为统领，以规划编制、行政审批、综合执法改革为重点，放权规委办，赋权审批局，扩权城管局，开展"多规合一"改革试点。探索"三权多规融合"改革模式，整合经济社会发展、城乡建设、土地利用、生态环境保护和重大基础设施建设等规划,确定生态、基本农田、建设用地规模、建设用地增长边界、产业区块、基础设施空间廊道"六条控制线",推动市规委会职能向空间规划管理转变。落实主体功能定位,推动市、县(区)按照主体功能定位发展,推动沙坡头、中宁县相向发展,实施沙坡头中宁生态连城、产业连城、水系连城、交通连城工程,加快海原县、海兴开发区县区融合发展,加强沙坡头区、中宁县对海原县的带动作用,以川济山、山川共济,实现全市一体化发展。建立生态红线制度,对重点生态功能区、生态敏感区和脆弱区等重要区域实行严格的红线管控,划定基本农田、饮用水源地、森林、基本草原、湿地保护"五条红线",明确保护区域和范围,确保面积不减少、性质不改变、功能不降低。构建城市管理综合执法体系,推动市城市管理局相对集中、统一行使行政执法权;组建县区综合执法局,推动执法事项属地化管理。打造规划信息平台,建设横向覆盖各部门、纵向连接各县(区)的规划管理信息系统,实现全市空间规划"一张图"管理。深化行政审批制度改革,将所有审批事项全部纳入行政审批服务局,探索"六个试行"改革,优化行政审批程序。

(五)推进绿色城镇建设。统筹城乡发展,协调推进"一核三轴四区"城镇发展布局,实施蓝天、绿水、净土行动计划,全力打造宜居宜业宜游城市。深入实施"城市化带动"战略,凸显"沙漠水城、花儿杞乡、休闲中卫"的城市风貌,坚持"以绿为美、以水为源、以净为荣、以适为宜、以人为本"的城市建管理念。实施城市环境保洁、交通秩序整治、绿化亮化提升、市容市貌治理、棚户区改造"五大工程"。2018年完成国家全域旅游示范市、国家卫生城市创建和全国文明城市提名。依托重要的交通廊道和节点、大宗农产品主产区,建设旅游新镇、大战场镇、树台乡、三河镇等14个重点城镇,带动周边农村就地城镇化。完善城市综合交通体系,优先发展公共交通,提高公共交通出行分担比例,合理布局建设公交站、停车场,推行静态交通体系,加强交通环境整治,有效防治交通拥堵和停车难。建设智慧城市,推进智慧交通、智慧教育、智慧卫生、智慧旅游、智慧农业、智慧气象、地下管廊智能基础设施、物联网、云基地、"互联网+"、"四化一满意"服务群众工作平台等领域的信息共享应用,全面提升城市治理水平。

(六)加快美丽乡村建设。以生产发展、环境优美、农民富裕、乡风文明、村容整洁为目标,整合农村危房改造、人畜饮水、"一事一议"、环境整治、"三改"、电网改造、污水处理、阳光沐浴、农民体育健身广场等涉农项目,实施规划引领、农房改造、收入倍增、基础配套、环境整治、生态建设、服务提升、文明创建"八大工程"。大力推进美丽城镇、美丽村庄建设,以迎水桥镇姚滩村、宁安镇南桥村、七营镇马堡村等100个美丽村庄建设为先导,构建布局合理、功能完善、质量提升的美丽乡村发展体系。将贫困村纳入"美丽村庄"规划,结合整村推进项目逐年实施。示范推广"以克论净"深度保洁模式,逐步在已建成的美丽城镇、美丽村庄全面推广。到2020年,所有乡(镇)、行政村建成田园美、村庄美、生活美、风尚美的美丽乡村。

三、强化生态修复保护,着力建设生态安全屏障

结合中卫地理地貌和自然生态特征,统筹实施生态建设、湿地保护、生态修复、河库塘坝安全运行四大任务,打造全区乃至西北地区重要的生态安全屏障。

(七)筑牢生态安全基石。紧紧围绕中卫地处"西风口"的市情,大力推进退耕还林、防沙治沙、兴林富民、绿化美化"四大工程",坚持封山育林、人工造林并举,"封飞造"、乔灌草结合,围绕南部水源涵养林区、中部生态经济林区、防沙治沙综合示范林区、美丽乡村带、美丽城市带、滨河景观生态带建设"三区三带"发展布局,大力实施精准造林战略,加强西风口速生林的保护,重点加强沿黄湿地、农田生态、灌区林网等生态系统建设和保护,抓好市民休闲森林公园、中卫工业园区、中宁工业园区生态绿化建设以及腾格里沙漠生态修复等工程,绿化美化村庄,构建环城、环镇、环村、环路、环水、环田、环园区林网,为建设西部生态安全屏障打牢基础。到2020年全市规划新增林地面积120万亩,其中生态防护林77万亩,枸杞、苹果、红枣经果林21万亩,封山育林22万亩。深化国有林场和集体林权制度改革,做好林地林木确权颁证工作。

(八)加强湿地湖泊治理保护。实施湿地恢复保护工程,进一步加大湿地建设、恢复与保护力度,规划实施卫宁黄河流域湿地保护恢复工程,尽快制定完善黄河滩涂地管理机制,扩大黄河湿地面积,逐步恢复、提高黄河湿地系统生态功能。加强沙漠湿地建设,丰富湿地生态多样性。实施中宁县亲河湖、雁鸣湖水系连通工程,沙坡头区美利渠、莫楼湿地湖、跃进渠水系连通工程,海原县南坪水库生态修复工程,对各排水、泄洪沟进行疏浚、岸坡砌护,对湿地湖泊、水系等进行综合治理。

(九)实施重点生态修复工程。实施水土流失治理工程,推进小流域综合治理、坡改梯坡耕地整治等水保重点项目,实施卫宁灌区盐渍化土地改良工程,大力建设高标准基本农田、小型水保工程,"十三五"期间,新增梯田18.5万亩,治理水土流失面积1025平方公里。针对压砂地土壤老化和多年重茬种植硒砂瓜病害严重问题,试点发展生态经济林。严格落实禁牧休牧和草畜平衡制度,加快推进基本草原划定和保护工作,保护和培育草原植被,切实改善草原生态环境。

(十)保障河库塘坝安全运行。治理黄河干流,实施黄河宁夏段二期防洪(中卫段)工程建设,实施黄河卫宁城市段综合治理工程。强化中小河流治理和山洪灾害防治,加快推进"导、拦、滞、泄、排"工程体系建设,加强山洪灾害监测预警、指挥调度、群测群防、防御预案编制和组织宣传体系等非工程措施建设。实施沙坡头区沙沟水库,中宁县石峡、小湾、凉风崖、沙套子水库,海原县园河、苋麻河等流域水库塘坝除险加固工程,确保安全使用,发挥最大效益。

四、强化资源节约利用,着力推动发展方式转变

加快经济转型发展,全力打造新兴产业,不断加强技术创新,推进资源利用集约化、生产方式绿色化、产业发展循环化,有效降低发展中的资源环境代价。

(十一)加快产业转型升级。着力推动新型工业化。全面实施《中国制造2025》行动计划,推进传统产业绿色化改造,鼓励企业开展技术创新,引进先进生产技术和节能环保技术,改造提升铁合金、化工、电解铝、电石等传统产业,提高产业集中度、产品附加值和行业竞争力。培育发展、加快推进以金属锰、铝基复合材料等为代表的新兴产业,形成循环产业链,实现资源综合利用。抢抓"大云"西移、"一带一路"战略机遇,发展壮大以大数据、云计算等为主的信息产业,推进国家高分辨率对地观测系统宁夏数据与应用中心等军民融合项目,加快云基地产业发展。大力发展生态农业。全面实施农业提质增效工程,紧盯粮食、枸杞、蔬菜苹果、硒砂瓜、草畜、马铃薯"1+5"优势特色产业,着力构建"四区七带"产业布局,打造生态农业示范园区,加快一、二、三产业融合发展,推进规模化、标准化生产,创建绿色农产品品牌。到2020年,全市种植业集约化水平达到70%以上,畜牧业产值比重达到农业总产值的38%,农产品加工转化率达到75%,沙坡头区和中宁县建设成为国家级现代农业示范区。加快发展现代物流业。全力推进吴忠至中卫城际铁路、中卫至兰州客运专线、中卫高铁站跨黄河公路桥、乌玛高速中卫段、同海高速、海原至平川高速、中国物流中卫物流园、中宁星火国际物流园、镇罗铁路物流中心等项目建设,推动中宁陆路口岸封关运营,稳定开行中卫—中亚"中阿号"国际班列,加快迎水桥中国物流保税监管仓库申报,设立迎水桥铁路口岸,将口岸打造为国际化商贸中心,将镇罗铁路物流中心打造为宁夏综保区"飞地"。创新"物流+旅游""物流+商贸""物流+金融"模式,培育壮大沙坡头水镇、中宁国际枸杞交易中心、万齐集团电子商务孵化园、大麦地农村电子商务创业基地。优先发展旅游业。充分发挥中卫独特的旅游资源优势,着力落实城市综合提质、景区提质扩容、产业融合发展、基础设施完善、乡村旅游培育、品牌战略营销、服务质量提升、文化旅游融合"八大工程",初步构建"一核、两翼、三带、四区、六线、多节点"的全域旅游空间格局,推动沙坡头区由"景区时代"向"全域时代"转变,中宁、海原两县由"无景区时代"向"景区时代"转变,促进旅游与城市、文化、农业等产业高度融合。力争2020年度,全市接待游客1100万人次,旅游总收入超过120亿元,在全区率先创建全域旅游示范市。

(十二)推动循环经济发展。以资源高效利用、相互利用和再造利用为出发点,全面推行再生资源回收利用和清洁生产,提高煤矸石、粉煤灰、各种矿渣、废水、余气、余热、余压的综合利用率,把中卫工业园区和中宁工业园区建成国家级循环经济示范园。以总量控制、阶梯水价、污水治理、中水回用为重点,建立符合市场导向、鼓励企业节水、提高用水效率的水资源综合利用机制。以实施农村能源建设、农业种植养殖废弃物再利用、废旧农膜回收利用为抓手,着力推进种植业、畜牧业和工农业复合型循环体系建设。以加快完善再生资源和垃圾分类回收体系为目标,推动再生资源利用产业化,推进餐厨废弃物资源化利用,最终形成"上下游密切关联、资源能源互供互享"的循环经济产业体系。

(十三)努力淘汰落后产能。加快高耗能产业链条延伸,促使高耗能产业逐步由初加工向深加工发展。完善重点用能企业第三方节能评估机制,实施差异化的节能管理政策。推行合同能源管理,大力支持电解铝、金属锰、钢铁、铁合金、特种合金、电石等行业企业节能技改。2016年关闭退出煤矿6家,煤炭去产能32万吨。至2020年,淘汰电解铝产能5万吨、铁合金产能2万吨、合成氨产能5万吨、碳化硅产能5万吨、瓷质砖产能850万平方米,消减能源消费量51万吨标准煤。加强建筑节能监督管理工作,严格落实建筑节能强制性标准,推行可再生能源和新型墙体材料在建筑工程中的广泛应用。

（十四）促进资源节约利用。落实最严格的水资源管理制度，坚守取水总量、用水效率、水功能区限制纳污"三条红线"，推进水利产权制度改革，实施用水定额管理、水资源有偿使用和阶梯式水价等改革，加快完成水资源使用确权，探索建立水权交易市场。完成中卫工业园区水资源论证和水土保持方案的编制审批，抓好中宁县、沙坡头区节水型社会示范县(区)及沙坡头区水生态文明试点县(区)建设。到2020年年底，全市用水量控制在13.26亿立方米以内，万元工业增加值用水量比2015年下降25%，万元GDP用水量降至130立方米以内，农业灌溉水利用系数提高到0.53。加强土地节约集约利用，严格控制占用耕地发展工业项目，切实保护耕地和基本农田。认真执行土地利用总体规划和年度土地利用计划，从严从紧调控土地供应。加强矿产资源节约集约利用，有效保护资源环境。

五、强化环境污染防治，着力提升立体环境质量

以解决人民群众最关心的环境问题为切入点，坚持治、管、防多措并举，重点治理大气污染、水污染、土壤污染、固废污染，持续提升环境质量，切实增强环境综合承载能力。

（十五）加强大气污染防治。加快城市建成区燃煤锅炉淘汰，2017年市区供暖和工业用热气实现集中供应，2017年前沙坡头区、中宁县淘汰20蒸吨以下供暖和工业燃煤锅炉，20蒸吨(含)以上锅炉进行除尘、脱硫、脱硝改造。严管严控燃煤污染，积极推广煤炭清洁利用，严防、严查、严控高硫分、高灰分煤炭。综合整治扬尘污染，加强裸露地面和堆场扬尘控制，加大渣土运输车辆管控力度，强化建筑工地扬尘全过程监管。防治工业企业大气污染，整治火电、钢铁、水泥、化工、冶炼等重点行业企业生产过程中烟气无组织排放等问题。加强机动车污染治理，加快淘汰高污染车辆、黄标车以及老旧车辆，2017年起供应第五阶段排放标准车用柴油、汽油，开展重点行业挥发性有机物治理。禁止焚烧秸秆，推广普及综合利用技术，提高秸秆综合利用率。加强气候变化监测评估和气象灾害预报预警，建立区域联动机制，有效预防重污染天气。

（十六）加强水污染防治。加强工业企业水体污染防治，全面推行涉水企业排污许可，监督企业污水处理设施稳定运行，实现废水达标排放，2016年年底坚决依法取缔不符合国家产业政策的涉水企业和涉水生产项目。依法淘汰高耗水落后产能，所有工业园区污水处理厂，安装自动在线监控装置，并达到国家规定的排放标准，到2020年全市重点工业园区实现污水集中处理，园区内污水处理厂中水回用项目全面建成。加强城市水体污染防治，到2020年全市所有县(区)和重点镇具备污水收集处理能力，市、县污水处理率分别达到95%、85%，城市建成区污水基本实现全收集、全处理。加强饮用水源地保护，开展饮用水水源环境保护规范化建设，依法取缔饮用水源地违法建设项目和排污口，2020年年底前完成备用水源或应急水源建设。加强重点流域污染防治，2018年年底前完成沙坡头区第四排水沟、中宁县南河子综合整治，全市重点入黄排水沟达到Ⅳ类水质，2020年年底全面消除城市建成区黑臭水体。

（十七）加强土壤污染防治。加大农业面源污染治理。制定实施全市农业面源污染综合防治方案。大力推广农作物病虫害物理防治和生物防治。实行测土配方施肥，推广精准施肥技术和机具。新建高标准农田要达到相关环保要求。到2020年测土配方施肥技术推广覆盖率达到90%以上，化肥利用率提高到40%以上，农作物病虫害统防统治覆盖率达到40%以上。防治畜禽养殖污染。新建畜禽养殖场选址严格执行相关法律法规规定，2017年年底前依法关闭或搬迁禁养区内的畜禽养殖场(小区)和养殖专业户；规模化养殖场(小区)畜禽粪便集中处理能力进一步提升。

（十八）加强固废污染防治。以电厂渣、电解锰、电解铝、铁合金、钢铁、化工、造纸等行业为重点，依法依规处理工业固体废弃物。对生产工艺简单、设备落后的涉铅、涉铬、涉镍冶炼企业坚决淘汰关停。严格控制环境激素类化学品污染。进一步完善医疗废物分类存放、集中收集、统一处置、备案登记制度。乡镇以上医疗卫生机构医疗废物无害化处理率达到100%，安全处置实现全覆盖。加强城乡生活垃圾的转运处理，健全完善城乡生活垃圾处理工作网络，加快城乡共享的可再生资源回收体系、垃圾分类收运体系和垃圾综合处理体系建设，提高城乡生活垃圾收集率、清运率和处理率。

六、强化制度机制建设，着力构建法治保障体系

从生态文明制度机制建设入手，强化法治理念，建立健全科学长效的制度体系，为加快美丽中卫建设保驾护航。

（十九）完善生态环境保护机制。充分发挥环境影响评价制度在环境与发展决策中的作用，进一步规范建设项目事前事中事后监管工作，建立建设项目审批、"三同时"监管、环境保护竣工验收、排污许可链接机制。重大项目环评审批必须符合空间规划要求。建设项目污染物排放必须符合国家规定的标准和主要污染物排放总量控制指标,造成的环境影响必须符合建设项目所在地环境功能区划质量要求。严格执行自然资源保护区域、生态环境涵养区域、历史文化保护区域等禁止开发区域的自然资源、生态环境、文化遗迹的保护工作。建立环境执法联席会议制度,加强环境执法能力和环保执法队伍建设,完善环境执法联动协作机制,切实形成执法工作合力,加强环保执法监督力度。

(二十)建立环境资源市场化配置机制。积极引导企业履行生态环境保护的主体责任,调结构、转方式,实行清洁生产,走低碳、绿色、循环、可持续发展之路。加强建筑、交通、公共机构等领域节能减排工作。在中宁县开展水权交易试点的基础上,逐步推行农业节水与工业用水间交易机制。严格环境准入,严格执行污染物排放控制标准,推行环境服务政府购买和环境污染第三方治理。有效发挥智能IC卡排污监控锁闭管理系统作用,健全完善国控省(自治区)控重点企业污染源自动在线监测和污染物排放全过程监控体系。

(二十一)推行生态保护责任追究制度。建立美丽中卫建设考核指标体系和考核办法,纳入中卫市效能目标考核并增加权重,重点考核空气质量、水环境、生态环境安全等可量化、约束性指标。实行差异化考核,逐步取消生态功能区和生态脆弱县(区)GDP考核。把考核结果作为干部选拔任用的重要依据和监督管理干部的重要参考,对不重视生态文明建设、发生重大生态环境破坏事故的,实行严格问责,在评优评先、干部选拔使用等方面予以一票否决。建立领导干部资源环境责任审计和生态环境损害责任追究制度。

七、强化物质条件支撑,着力培育绿色生活风尚

将人民群众的现实需求和保护环境的长远利益结合好,以改善生活水平为基础,让广大人民群众安居乐业,进而营造绿色健康的社会生活风尚。

(二十二)改善城乡居民生产生活条件。扎实推进精准扶贫精准脱贫,以海原县为主战场,以建档立卡贫困人口为主攻对象,大力培育特色产业,增加经营性收入,加快"有土"脱贫步伐;落实中卫市贫困群众"离土"脱贫扶持政策,着力提高工资性收入,取得"离土"脱贫实效。完善城乡一体的就业服务体系,着力稳定和扩大就业,鼓励群众创业创新,千方百计增加城乡居民收入。深化商事制度和行政审批制度改革,降低准入门槛,加大政策扶持,营造便捷高效、充满活力的创业环境。全面推进各项社会事业发展,逐步提高财政人均公共服务支出,统筹做好就业、教育、文化、医疗、住房、养老、食品安全、安全生产等各项民生工作,加快完善贫困地区基础设施,不断提升公共服务均等化水平,让全市人民享有更好的教育、更稳定的工作、更满意的收入、更可靠的社会保障、更高水平的生活品质。

(二十三)鼓励全民参与生态文明建设。将生态文明作为社会主义核心价值观的重要内容,加强教育培训,开展主题宣传,积极培育生态文化,弘扬生态道德,引导全社会树立生态文明意识。把生态文明教育作为素质教育的重要内容,纳入国民教育体系和干部教育培训体系,创建一批生态文明教育基地。以组织好世界地球日、世界环境日、世界水日等主题宣传活动为重点,充分发挥广播电视、报刊网络、微信、微博等媒体作用,普及生态文明法律法规、科普知识,提高公众节约意识、环保意识、生态意识,形成崇尚生态文明的良好社会风尚。

(二十四)培育形成绿色生活方式。广泛开展绿色生活行动,推动全民在衣、食、住、行、游等方面加快向勤俭节约、绿色低碳、文明健康的方式转变,逐步形成勤俭节约的消费观。积极引导消费者购买节能与新能源汽车、高能效家电、节水型器具等节能环保低碳产品,减少一次性用品的使用,限制过度包装。大力推广绿色低碳出行,倡导绿色生活和休闲模式,严格限制发展高耗能、高耗水服务业。党政机关、企事业单位带头厉行勤俭节约,加快推进节约型社会建设。

八、保障措施

(二十五)加强组织领导。成立美丽中卫建设领导小组,统筹推进美丽中卫建设,协调解决重大问题。各县(区)、市直各部门要按照职责分工,落实任务清单,密切协调配合,形成强力推进美丽中卫建设的工作格局。各级党委政府要加强领导,建立科学决策机制、工作协调机制,加强督查考核和责任追究;市人大要加强生态环保方面的地方立法工作,制定和完善促进环境保护、绿色发展、资源节约专项法规;各级政协要围绕美丽中卫建设积极献计出力,充分发挥工会、共青团、妇联和社会组织的作用,形成推进美丽中卫建设的强大合力。

(二十六)加大政策支持。加大政府购买环境服务力度,政府投资项目优先采购节能环保和再生资源产品。落实国家及自治区资源能源节约、生态环保等税收优惠政策。探索建立环境损害赔偿及环境污染强制责任保险制度。加大财政投入,建立生态环境保护建设资金稳定增长机制。统筹有关资金,设立美丽中卫建设基金,重点支持生态建设、污染防治、节能减排、循环经济、环保产业发展等领域,提高资金使用效益。采取特许经营、PPP等模式,建立民间资本和社会力量参与美丽中卫建设的多元化投入机制。发展绿色金融,引导金融机构开发绿色信贷、保险、证券、担保、基金等产品和服务,支持具备条件的企业项目在资本市场融资。

(二十七)强化科技人才支撑。引进培养生态环保科技领军人才、创新团队和技能人才,大力推动大众创业、万众创新。积极引进吸收国内外、区内外关键共性技术,特别是加大资源高效利用、节能减排、污染治理、生态修复等领域技术引进和攻关。支持建立生态环保工作载体,培育科技中介服务机构,推进科技成果产业化应用,优先支持生态环保成果转化项目。

(二十八)充分发挥监督作用。充分发挥人大依法监督、政府行政执法监督和司法监督、政协民主监督的作用,自觉接受舆论和社会监督,完善公众参与制度,及时准确发布各类环境信息,扩大公开范围,提高透明程度,更好落实广大人民群众的知情权、监督权。

各县(区)、各部门要按照本实施意见要求,抓紧提出实施方案,研究制定配套政策,明确目标任务、责任分工和时间节点,全力以赴推动工作落实,并将贯彻落实情况及时向市委、市政府报告。市委、市政府将就贯彻落实情况适时组织开展专项监督检查,确保美丽中卫建设各项任务落到实处、取得实效。

中共中卫市委 市人民政府
关于深化人才发展体制机制改革
促进人才与经济社会协调发展的若干意见

卫党发〔2016〕39号

为深入贯彻党的十八大和十八届三中、四中、五中全会精神,大力实施人才强市战略,推进人才发展体制机制改革和政策创新,最大限度激发人才创新创造创业活力,促进人才与经济社会协调发展,为建设开放、富裕、和谐、美丽中卫提供有力的人才保障和智力支持,根据《中共中央印发〈关于深化人才发展体制机制改革的意见〉的通知》(中发〔2016〕9号)及自治区党委、人民政府《关于创新体制机制促进人才与经济社会协调发展的若干意见》(宁党发〔2014〕53号)精神,结合我市实际,现提出如下意见。

一、加大重点产业人才开发力度

1. 大力开发旅游产业人才。围绕实施全域旅游发展规划,依托沙坡头景区、银阳光伏科技生态园、中宁中国枸杞文化产业园、海原天都山石窟等旅游资源,加大对中国国际旅行社、中国青年旅行社等国内外知名旅行社的引入力度,深化与港中旅、陕旅集团的合作,借助其平台引入高端专业人才,培养本地旅游经营管理人才和基层从业人员。力争到2020年,建设1个以上旅游产业人才培养基地、2个以上旅游产业人才实践基地,引进培养10名左右产业领军人才及急需紧缺高层次人才,每年培训旅游产业经营管理人才50人次以上、基层从业人员500人次以上,为中卫打造国际性全域旅游目的地、国际化沙漠旅游目的地城市和国家全域旅游示范城市提供人才支持。

2. 大力开发信息产业人才。抢抓国家"信息丝路"计划实施和建设网上丝绸之路宁夏枢纽机遇,依托宁夏中关村科技产业园西部云基地、中卫云中心、宁夏大学亚马逊云计算学院,实施信息壮大工程,加大"互联网+"产业人才引进培养力度。力争到2020年,建设2个以上信息产业人才培养基地、3个以上信息产业人才创新创业实践基地,引进培养20名以上产业领军人才及急需紧缺高层次人才,每年培训信息产业运营管理人才50人次以上、基层从业人员400人次以上,以云计算产业为基础,构建云设施、云应用、云服务核心产业链,助力中卫打造中阿信息港和网上丝绸之路宁夏枢纽、国家战略数据安全灾备基地、国际云端城市。

3. 大力开发现代农业人才。围绕"1+5"(粮食+枸杞、果蔬、硒砂瓜、草畜、马铃薯)现代农业优势产业发展,实施农业提质工程,依托我市优质枸杞基地、硒砂瓜品质品牌保护区、蔬果生产基地,沙坡头区北部沙漠边缘、香山北麓草畜产业带等资源集聚区及中卫国家农业科技园区和国家现代农业示范园区建设,大力引进培养"一特三高"现代农业专业技术人才,提高农业质量效益和竞争力。力争到2020年,建设5个以上国家或自治区级重点实验室、工程实验室(研究中心)、工程技术(研究)中心、企业技术中心等技术载体,建设1个以上现代农业人才培养基地、2个以上现代农业人才创新创业实践基地,引进培养10名左右农业产业领军人才及科研专家,每年培训农技推广和科技特派员骨干人才、农业经营型人才、农村实用人才带头人500人次以上,为中卫推进农业规模化、现代化、产业化发展,打造特色产业城市提供人才保证。

4. 大力开发现代物流产业人才。依托中国物流中卫物流园、中宁星火国际物流园、镇罗公铁物流中心等物流园区建设,大力引进培养"物流+旅游""物流+商贸""物流+金融"等现代物流产业人才。力争到2020年,建设1个以上现代物流产业人才培养基地、2个以上现代物流产业人才创新创业实践基地,引进培养10名以上急需紧缺高层次人才,每年培训现代物流产业经营管理人才50人次以上、基层从业人员300人次以上,为中卫打造中国重要的云物流信息港和丝绸之路经济带重要交通物流枢纽城市提供智力支撑。

5. 大力开发新型工业化人才。依托中卫及各县(区)工业园区、中宁新材料循环经济示范区、中宁民营经济改革创新试验区,实施工业强基工程,大力引进培养新型工业化科技创新人才。力争到2020年,围绕新能源、新材料、精细化工、生物制药、冶金建材、清真食品及穆斯林用品等工业主导产业发展需要,建设20个以上自治区级重点实验室、工程实验室(研究中心)、工程技术(研究)中心、企业技术中心等技术载体,建设1个以上新型工业化人才培养基地、3个以上新型工业化人才创新创业实践基地,培育10个左右科技创新团队,引进培养40名以上领军人才及急需紧缺人才,培育100名左右科技创新型人才、1000名以上高技能人才,建设数量充足、门类齐全、结构合理、素质优良的产业人才队伍。

二、实施重大人才工程

6. 实施"中卫智库"建设工程。完善专家决策咨询制度,广泛吸纳区内外高层次人才,统筹推进党政部门、党校行政学院、高校、科研院所和企业、社会智库建设,形成定位明晰、特色鲜明、规模适度、布局合理的新型市、县(区)"专家智库"。充分发挥智库咨政建言、舆论引导、社会服务、人才培养、对外交流等重要功能,为党委、政府重大决策和项目论证提供咨询服务。积极搭建咨询平台,畅通建言渠道,通过召开专家恳谈会、专家基层行等活动,为各县(区)、各部门(单位)改革发展提供咨询论证和智力服务。

7. 实施急需紧缺人才引育工程。突出"高精尖缺"导向,坚持全职引才与柔性引才并举,"走出去、请进来"并施,每年从区内外引进10名以上高层次优秀人才,市财政每年安排100万~200万元资金用于急需紧缺高层次人才引进。围绕主导产业发展,定期发布急需紧缺人才目录,加强对各领域人才发展的统筹规划和分类指导。每年选拔2名以上领军人才,按照"领军人才+团队+项目"的模式重点培养,以带动高层次创新创业人才队伍建设,培养期5年。在5年培养期内,市财政按每人5万元标准给予所在企业或单位专项经费资助。

8. 实施青年拔尖人才培养工程。从我市重点产业、重点行业、骨干企业选拔1名以上国家级、3名左右自治区级学术技术带头人后备人选,5名左右自治区优秀青年后备骨干人选进行重点培养,培养期5年。在5年培养期内,由市财政按国家级人选每人10万元、自治区级人选每人5万元、自治区优秀青年后备骨干人选每人3万元标准给予所在企业或单位专项经费资助。

9. 实施行业精英人才培养工程。积极对接联系,用足用好中央、自治区层面人才培养平台,利用外派挂职、进修深造、培训锻炼等途径,采取创新载体、项目扶持、资金支持、跟踪培养等方式,开展中卫名师、名医、文化名家、经济名人、农业专家、技能大师、创业明星等系列人才培养活动。每年遴选一批教学和科研水平居全区前列的优秀教师、一批医术水平居全区前列的优秀医生、一批传承地方文化的各类优秀文化人才、一批具有发展潜力的企业家、一批献身农林水牧科技研究、推广、服务的专家、一批技术精湛的技能人才、一批优秀青年创新创业人才进行重点培养,力争到2020年,培养造就50名以上自治区级、100名以上市级名师、名医、文化名家、经济名人、农业专家、技能大师、创新创业之星。

10. 实施宁夏非公有制企业人才发展服务试验区建设工程。深入推进宁夏非公有制企业人才发展服务试验区建设,市财政每年安排800万元专项资金,围绕全市主导产业发展,以促进产业与人才、科技与人才、企业转型发展与人才优先发展"三个融合"为着力点,在创新人才培养、引进、评价、保障等方面先行先试,大胆探索。建立非公企业人才服务中心、重点产业人才培养基地和创新创业实践基地,积极搭建科技创新平台,深化与高等院校、科研院所的产学研用合作,引进培养各类急需紧缺人才,为壮大优势产业、服务经济发展提供人才支撑。

11. 实施优势产业人才"小高地"建设工程。根据战略性新型产业培育发展、传统主导产业改造提升、优势特色产业壮大做强需求,在全市建设旅游、信息、现代农业等3个左右的优势产业人才"小高地",并力争将其建设成为自治区优势产业人才高地,推动产业转型升级,增强产业发展的源动力。对助推产业发展成效显著的人才"小高地",由市财政给予每年20万~50万元专项经费资助,连续支持5年。

12. 实施脱贫攻坚智力帮扶工程。积极对接中央、自治区帮扶艰苦边远地区人才支持计划,统筹利用各类人才资源,为打赢脱贫攻坚战提供重点人才支持。市财政每年安排100万元资金,保证50名左右的专家及专业技术骨干到基层一线开展对口支援服务;每年从市、县两级的企事业单位选派100名左右科技人才,通过联县区、联乡村、联企业、联产业、联项目或挂任科技副职、担任科技特派员等方式,重点到贫困县开展科技帮扶,推广先进技术,培养实用人才,提升"造血"机能,助推富民产业发展。

13. 实施农村实用人才"十百千"工程。围绕我市特色优势产业发展需要,以提高科技素质、职业技能和经营能力为核心,每年培训不少于100名县(区)级、200名乡(镇)级、500名村级实用人才,每年培养10名左右高级农村实用人才。到2020年,每个村培养数十名实用人才,每个乡(镇)培养数百名实用人才,每个县(区)培养数千名实用人才。

14. 实施大众创业促进工程。鼓励高校毕业生到基层、企业就业创业。市财政每年投入100万元资金,按照"政府引导、市县(区)联动、校企联合、市场运作"的方式,完善创业孵化基地,依托宁夏中关村科技产业园中卫云中心、沙坡头水镇、旅游新镇、万齐现代农业核心示范区等功能区,打造自治区级电子商务创业示范区、大学生创业孵化园等一批创业载体。实施《中卫市中小微企业"313"培育发展行动计划》《中卫市非公有制企业技能人才培育行动计划》,力争到2020年,创建"创客空间"10个,打造自治区级创业示范孵化基地6个,打造返乡农民工创业孵化基地3个,开展创业培训8800人,培育创新人才和技能人才2000人,培养小老板4800个。

三、创新人才发展体制机制

15. 建立适应需求的人才引进机制

创新方式引才。坚持"不求所有、但求所用、来去自由、合同管理"原则,采取兼职挂职、定期服务、技术开发、项目合作、科技咨询等多种方式,柔性引进人才和智力。广泛与国内外有关高等院校、科研机构、金融机构建立战略合作关系,积极从国家有关部门、金融机构、科研机构、高等院校引进科技、金融人才来我市挂职服务,给予一定生活补贴。

实施特殊政策引才。突出经济社会发展需求导向,围绕全市旅游、信息、现代物流等重点产业发展需要,探索面向国内外引进相关领域居国内领先水平的高端急需紧缺人才,经市人才工作领导小组批准,引进方式和待遇可采取"一人一策"的方式解决。

设置专业特聘职位引才。探索在专业性较强的国有企业、事业单位建立特设专业技术岗位管理制度,实施聘期管理和协议工资,通过灵活方式吸引岗位急需的高层次专业人才。对引进的全日制硕士、博士毕业生到急需高层次专业技术人才的国有企业、事业单位工作,并签订5年以上合同的,用人单位按照分别不低于2万元、5万元的标准给予一次性补助,市、县(区)财政给予用人单位一定的补贴支持。

支持在卫企业引才。支持企业按照"人才+项目"的模式拓展引才引智渠道,对企业引进的高层次经营管理、专业技术和高技能人才,经相关部门认定后按照企业所付年薪10%~20%给予企业人才引进经费补助。对引进带项目、带技术创新型人才的企业,项目投产达效后,按项目经济效益10%的比例给予一次性奖励。

鼓励中介机构引才。设立"引才伯乐奖",对各类有合法资质的社团组织、人力资源公司、引才工作站等中介机构,为我市推荐引进两院院士、"千人计划""万人计划"等高层次人才来卫创新创业的,给予1万~5万元奖励;对企业、个人为我市引进高层次人才并取得良好效果的,可给予相应奖励。

16. 建立合理高效的人才培养机制

突出重点培养人才。围绕中卫城市定位,统筹产业发展和人才培养开发规划,加强产业人才需求预测,加快培育旅游、信息、物流、新能源等重点行业、重要领域、战略性新兴产业人才。注重人才创新意识和创新能力培养,探索建立以创新创业为导向的人才培养机制,完善产学研用结合的协同育人模式。

实施"双元制"职业教育。加强教育实训基地建设,加快构建技术技能人才教育培训模式,促进企业和职业院校成为技术技能人才培养的"双主体",推进企业新型学徒制,校企联合大力培养适应中卫主导产业发展的技术技能人才和实用人才。选择20家左右企业开展校企联合培养试点,按一定标准给予企业培训补贴。

加强人才培养载体建设。围绕中卫重点领域发展需求,依托宁夏大学中卫校区,与国内外高水平大学、科研机构合作建设特色学院。深入推进宁夏枸杞保鲜加工职业技能公共实训中心、宁夏大学亚马逊云计算学院、青年创新创业孵化中心、农技学校等人才培养载体建设。加快建设中卫军民融合产业园（云天产业园），大力推进军民两用技术双向转移。依托旅游、云计算、枸杞等产业发展，吸引和支持高水平学术会议、专业论坛在中卫举办或永久落地。

大力弘扬"工匠精神"。每两年组织开展一次市级职业技能大赛，对每个工种第一名授予"中卫市XXX（工种）首席技师"称号并给予8000元奖励，第二名给予5000元奖励，第三名给予3000元奖励；每两年评选一次"中卫工匠"和"技术能手"，并给予相应奖励；鼓励企业探索建立"首席技能大师""首席技师""首席操作师"等高技能人才带头人制度，开展高技能人才培养培训，对取得技师、高级技师职业资格的培养企业，分别按每人3000元、5000元的标准给予一次性补助。鼓励支持各企事业单位选派优秀技术技能人才参加自治区级、国家级技能大赛。对我市行业协会、企业和院校等举办的职业技能竞赛，符合条件的给予相应资助。

加快"众创空间"建设。引导和鼓励各县（区）培育发展若干低成本、便利化、全要素、开放式的众创空间，与科技企业孵化器、创业园区等共同组成创业孵化链条。鼓励行业领军人才、创业投资机构、社会组织等社会力量参与众创空间建设，调整财政投入方式，加强对众创空间基础设施建设、项目和企业的资助，进一步优化政府服务，放宽新注册企业场所登记条件限制，吸引创业人才、创投基金等创新要素向我市集聚，营造大众创业、万众创新的良好环境。

17. 建立科学公正的人才评价机制

创新人才评价考核方式。发挥政府、市场、专业组织、用人单位等多元评价主体作用，加快建立科学化、社会化、市场化的人才评价制度。鼓励发展专业化的人才评价机构，建立引入第三方参与人才评价机制，探索实施"互联网+人才服务"计划，依托人才开发大数据和服务云，委托第三方机构运用大数据技术进行人才评价。完善评价结果公示制度，加强对评价过程的监督管理，确保评价公平公正。

深化职称制度改革。分类推进职称改革，落实体现不同行业、不同层次的专业技术人员职称评审机制。畅通非公有制经济组织和社会组织人才申报参加职称评审渠道，放宽急需紧缺人才职业资格准入限制。探索高层次、急需紧缺人才职称直聘办法，对我市教育、卫计、农牧等系统因单位专业技术岗位数量限制未聘用到相应岗位的专业技术人才，根据工作需要可先聘任，再进行岗位设置方案调整或自然消化。

深化人才举荐制度改革。建立优秀人才举荐制度，组建中卫市高层次人才举荐委员会，遴选具有相关领域成功经验和识人用人能力的举荐委员，以举荐方式发现和推荐有潜质的优秀人才，提高人才评价的社会化程度。被举荐人才可按相应层次直接享受我市相应人才待遇。

创新政策评定实用人才。鼓励各县（区）研究出台"地方标准"评定实用人才，对本地涌现出来的"能工巧匠""民间艺人""土专家""田秀才"等各类实用人才，根据实际技能水平和社会影响力，经人社部门、行业主管部门和用人主体评审后给予具有行业特色、有别于国家职称系列的专门称号，颁发相应证书，并给予一次性5000元补贴。

18. 建立合理顺畅的人才流动机制

畅通人才流动渠道。破除人才流动障碍，落实中央吸引非公有制经济组织和社会组织优秀人才进入党政机关、国有企事业单位的政策措施，注重人选思想品德、职业素养、从业经验和专业技能综合考核。加快人事档案管理服务信息化建设，完善社会保险关系转移接续办法，为人才跨地区、跨行业、跨体制流动提供便利条件。

支持事业单位专业技术人员创业。我市事业单位正式在岗专业技术人员（基础教育阶段教师除外），经本人申请、原单位同意、主管部门批准，可以在职创业、离岗创业。对离岗创业的，3年内保留其人事关系，与原单位其他在岗人员同等享有参加职称评聘、岗位等级晋升和社会保险等方面的权利。

建立专家科技服务平台。鼓励支持我市相关科研机构、产业园区、各类企业设立科研工作站、技术创新中心，与院士工作站、博士后科研流动站（工作站）、大学生创业园建设结合起来，吸引区内外高层次人才进站服务，指导开展技术研发，促进特色优势产业发展。鼓励国家级和自治区级专家到我市基层一线设立专家服务基地、科研工作站，经市人才工作领导小组评估认定后，由市财政给予每年10万元的专项经费资助，连续支持3年。

促进人才向基层和艰苦岗位流动。鼓励和支持我市优秀人才到基层一线和艰苦偏远地区创新创业、提供专业服务。重大人才项目适当向艰苦偏远地区倾斜。对县（区）以上具有中级以上职称的专业技术人员、具有执业医师资格的卫生技术人员，到偏远乡

(镇)连续工作满2年的,从到乡(镇)工作之年起,给予每人每年1万元工作岗位补贴。完善选调生接收、分配、管理、培养和使用工作,定向选调急需紧缺人才到基层工作。深入实施"三支一扶"计划,选聘高校毕业生到村任职,促进人才向基层流动。

19. 健全活力迸发的人才激励机制

鼓励科技自主创新。落实《中卫市专利资助管理暂行办法》,设立专利资助专项资金,对在市内企事业单位、科研院所、社会团体发明专利和实用新型专利第一权利人,根据其申请专利层次给予相应专利申请资助,对企业获批的发明专利成功产业化后,取得良好经济效果的,可给予最高不超过30万元的专利转化资助。

加大创新人才激励力度。完善科研人员收入分配政策,依法赋予创新领军人才更大人财物支配权、技术路线决定权,实行以增加知识价值为导向的激励机制。鼓励企业对在科技成果转化过程中做出突出贡献的引进人才实施股权和分红激励,高校、科研机构和企业以转让或许可职务科技成果等方式获得收益的,可提取净收益的30%~80%,用于一次性奖励有关科技人员或团队。

加大优秀人才评选表彰力度。每2年开展一次"中卫英才"奖和"享受市政府特殊津贴人员"评选表彰活动,对评选出的"中卫英才"奖获得者和享受市政府特殊津贴人员分别给予一次性10万元和1万元的奖励,充分激发优秀人才的积极性和创造性。市财政每年安排200万元资金专项用于各类优秀人才的评选表彰。鼓励各县(区)各部门开展优秀人才典型选树活动,对做出突出贡献的人才给予重奖和发放生活补贴。

20. 构建科学规范的人才管理体制

转变政府人才管理职能。根据政社分开、政事分开和管办分离要求,强化政府人才宏观管理、政策法规制定、公共服务、监督保障等职能。推动人才管理部门简政放权,消除对用人主体的过度干预,建立政府人才管理服务权力清单和责任清单,清理和规范人才招聘、评价、流动等环节中的行政审批和收费事项。

保障和落实用人主体自主权。充分发挥用人主体在人才培养、吸引和使用中的主导作用,全面落实企事业单位和社会组织的用人自主权,鼓励支持用人单位设立引才项目,突出用人主体在职称评审中的主导作用。改进事业单位岗位管理模式,建立动态调整机制。探索高层次人才协议工资制等分配办法。

健全人才管理服务体系。构建统一开放的人才市场体系,完善人才供求、价格和竞争机制。放宽我市人才服务业准入限制,深化人才公共服务机构改革。加大政府购买人才公共服务力度,大力发展专业性、行业性人才市场,鼓励社会力量发展人力资源服务社会中介机构进入我市开展人才服务。建立人才信息数据库,整合各级人才服务信息网络资源,构建面向国内外、覆盖全区、统一开放的网上人才市场。

21. 建立优先发展的人才服务保障体系

坚持对人才的团结教育引导服务。加强政治引领和政治吸纳,充分发挥党的组织凝聚人才作用。落实党政领导干部联系优秀人才制度,建立健全专家、科技人才带薪休假疗养、体检制度,探索为在我市的国家级、自治区级专家,"中卫英才"等优秀人才发放"中卫人才服务卡"一卡通,提供免费乘坐市内公交、免收市内旅游景区门票及市内公立医院优先就诊等方面的优质服务。

完善人才公共服务平台建设。构建全市统一的人才综合服务平台,整合相关职能部门人才认定、项目申报、配套待遇落实、创业扶持服务等职能,优化中卫市人才交流服务中心、非公企业人才服务中心职能,设立"一站式"人才服务窗口,进一步简化优化人才服务流程,提升服务效率。利用中卫人才网、人才服务中心等综合服务平台开展人才信息搜集,发布人才供需信息和人才政策,为用人主体和人才提供高效便捷的服务。

优化人才服务保障。通过建设专家公寓、租赁公租房和货币补贴相结合的形式,多渠道、多层次地满足各类人才的住房需求。对各类人才按不同层次给予最高20万元的购房补贴、最高2500元/月的租房补贴或建筑面积不超过150平方米的人才租赁住房安居保障;充分发挥中卫旅游资源优势,打造宁夏中部专家疗养基地,为各类人才提供健康疗养服务;教育、卫生、人社、住建、民政、公安等部门要积极为各类人才在人事关系管理、职称评定、子女入学、户籍转接等方面提供优惠服务,优化人才生活保障。

建立人才工作多元投入机制。加大人才开发投入力度,重点发挥人才发展专项资金、科技创新资金、全民创业发展资金、中小企业发展基金等政府投入的引导和撬动作用,充分调动企业、金融机构、社会组织人才工作投入的积极性,构建政府、企业、社会人才开发多元化投入机制。自2016年起,市本级人才工作专项资金增加为1500万元,根据项目实施情况具体核算、动态管理,保障本《意见》确定的各项人才工作有效开展。各县(区)要将人才发展资金纳入财政年度预算,保持稳定增长。完善人才发展资金使用管理办法,实行人才资金项目化管理。鼓励金融机构创新产品和服务,加大对人才创新创业的资金扶持力度。落实有利于人才发展的税收支持政策。

四、凝聚人才工作强大合力

22. 加强对人才工作的领导。各级党委、政府要牢固树立"人才是第一资源"理念,把人才工作摆上重要议事日程,纳入经济社会发展全局,谋划好人才工作全局,编制好人才工作规划,制定好人才发展政策,处理好人才工作重大关系,总结运用好人才工作经验,配齐配强人才工作力量,为人才发展提供政策支持、政治动力和组织保证。县(区)党政主要领导要带头抓好人才工作,党委常委和政府副职要按照分工抓好分管领域或系统的人才工作。组织部门要切实担负起牵头抓总责任,加强对人才工作的组织协调,为人才建功立业创造平台,着力在分析人才形势、研究人才政策、服务人才需求、加强人才思想教育、营造人才发展环境方面下功夫。人社部门要在制定人才政策、构建人才服务体系、培育和发展人才资源市场等方面积极发挥作用。党委、政府其他部门要明确职责、各司其职,认真抓好本行业领域人才队伍建设。

23. 实行人才工作目标责任考核。建立各级党政领导班子和领导干部人才工作目标责任制,细化考核指标,加大考核力度,将考核结果作为班子评优、干部评价的重要依据。将人才工作列为落实党建工作责任制情况述职的重要内容,实行人才工作领导小组成员单位工作报告制度,每半年汇报一次人才工作任务落实情况。各级人才工作领导小组每半年组织开展一次专项督查活动。

24. 营造人才发展良好氛围。各级党委、政府和用人单位要努力优化人才发展软环境,坚持以灵活政策引才、以事业平台聚才、以良好环境留才,使各类人才创业有机会、干事有舞台、发展有空间。要加大优秀人才选树表彰力度,大力宣传优秀人才事迹和人才工作先进经验,营造尊重人才、见贤思齐的社会环境,鼓励创新、宽容失败的工作环境,待遇适当、无后顾之忧的生活环境,公开平等、竞争择优的制度环境。

各级党委、政府要切实增强责任感、使命感,统一思想、加强领导、部门协同、上下联动,推动各项改革任务落实。加强指导监督,研究解决人才发展体制机制改革中遇到的新情况新问题。鼓励支持各县(区)、各部门(单位)因地制宜,开展差别化改革探索。各县(区)要结合实际,研究制定具体办法和措施,切实加强人才工作。

中卫市委巡察工作办法(试行)

卫党发〔2016〕41号

第一章 总 则

第一条 为落实全面从严治党要求,加强党内监督,规范巡察工作,切实推动"两个责任"落实,根据《中国共产党章程》《中国共产党巡视工作条例》和《中共宁夏回族自治区委员会巡视工作办法(试行)》以及自治区纪委关于建立市、县(区)党委巡察制度的要求,结合我市实际,制定本办法。

第二条 巡察工作以马克思列宁主义、毛泽东思想、邓小平理论、"三个代表"重要思想、科学发展观为指导,深入贯彻落实习近平总书记系列重要讲话精神,坚持从严治党、依规治党,确保中央、自治区党委和市委重大决策部署贯彻执行,聚焦党风廉政建设和反腐败斗争,着力发现问题,形成震慑,推动全市党的先进性和纯洁性建设,为全面实现"四个中卫"提供坚强保证。

第三条 巡察工作坚持市委统一领导、巡察工作领导小组具体负责;坚持实事求是、依法依规;坚持群众路线、发扬民主。

第四条 市委定期听取巡察工作情况汇报,研究解决巡察工作中的重大事项和问题。

第二章 组织领导和机构设置

第五条 市委成立巡察工作领导小组,负责领导和组织实施巡察工作,并向市委报告工作。

巡察工作领导小组组长由市委常委、市纪委书记担任,副组长由市委常委、组织部部长担任。巡察工作领导小组组长为组织实施巡察工作的主要责任人。

第六条 巡察工作领导小组的职责是:

(一)贯彻落实中央、自治区党委和市委的有关决议、决定、指示;

(二)研究提出巡察工作年度和阶段计划、方案;

(三)听取巡察工作汇报,研究巡察成果运用,提出相关意见、建议;

(四)向市委报告巡察工作情况;

(五)对巡察组进行管理和监督;

（六）研究处理有关巡察工作中的其他重要事项。

第七条 巡察工作领导小组下设巡察工作办公室（以下简称"巡察办"），办公室设在市纪委。巡察办的职责是：

（一）负责日常巡察工作，向巡察工作领导小组报告工作情况，传达贯彻巡察工作领导小组的决策和部署，统筹、协调、指导巡察组开展工作；

（二）承担政策研究、制度建设、后勤保障等工作；

（三）配合市纪委和市委组织部对巡察工作人员进行培训、考核、监督和管理；及时解决巡察中的人员调配、力量整合等问题；

（四）对巡察工作领导小组决定的事项，以及巡察发现的问题和意见建议的整改落实工作进行督办；

（五）办理巡察工作领导小组交办的其他事项。

第八条 巡察工作领导小组根据需要组建巡察组，承担具体巡察任务，向巡察工作领导小组负责并报告工作。每个巡察组设组长、副组长各1名，巡察组工作人员从纪检、组织、财政、审计等有关部门抽调。

巡察组实行组长负责制，一次一授权。组长、副组长由政治坚定、公道正派、熟悉党务和财务审计业务、具有较强组织领导能力的处级领导干部担任。每次巡察工作开展之前，由巡察工作领导小组根据巡察任务提名巡察组组长、副组长人选，报请市委主要领导审定。

第九条 巡察工作人员应当具备下列条件：

（一）理想信念坚定，在思想上政治上行动上同中央、自治区党委和市委保持高度一致；

（二）坚持原则，敢于担当，依法办事，公道正派，清正廉洁；

（三）遵守党的纪律，严守党的秘密；

（四）熟悉党务工作和相关政策法规，具有较强的发现问题、沟通协调、文字综合等能力；

（五）身体健康，能胜任工作要求。

第十条 选配巡察工作人员应当严格标准条件，对不适合从事巡察工作的人员，应当及时予以调整。巡察工作人员实行任职回避、地域回避、公务回避。

第十一条 巡察工作所需经费纳入市财政预算，单独列支，保证巡察工作需要。

第三章 巡察范围和内容

第十二条 巡察对象和范围：

（一）县（区）党委和人大常委会、政府、政协党组领导班子及其成员；县（区）人民法院、检察院党组主要负责人。

（二）市委工作部门领导班子及其成员，政府部门、人民团体党委（党组）领导班子及其成员。

（三）市属国有企业、事业单位党委（党组）领导班子及其成员。

（四）市委要求巡察的其他单位党组织领导班子及其成员。

第十三条 巡察组对巡察对象执行《中国共产党章程》和其他党内法规、遵守党的纪律、落实党风廉政建设主体责任和监督责任等情况进行监督，着力发现以下问题：

（一）违反政治纪律和政治规矩，存在违背党的路线方针政策的言行，有令不行、有禁不止，阳奉阴违，拉帮结派等问题；

（二）违反组织纪律，违规用人、拉票贿选、买官卖官，以及独断专行、软弱涣散、严重不团结等问题；

（三）违反廉洁纪律，以权谋私、贪污贿赂、腐化堕落等问题；

（四）违反群众纪律、工作纪律、生活纪律，搞形式主义、官僚主义、享乐主义和奢靡之风等问题；

（五）市委要求了解的其他问题。

第四章 工作方式和权限

第十四条 巡察采取全面巡察和专项巡察相结合的方式开展工作。巡察组可以根据工作需要，针对所辖地方、部门、企事业单位的重点人、重点事、重点问题或者巡察整改情况，开展机动灵活的专项巡察。巡察组采取以下方法开展工作：

（一）听取被巡察单位党组织的工作汇报和有关部门的专题汇报；

（二）与被巡察单位党组织领导班子及其成员和其他干部群众进行个别谈话；

（三）受理反映被巡察单位党组织领导班子及其成员和下一级党组织领导班子主要负责人问题的来信、来电、来访等；

（四）抽查核实领导干部报告个人有关事项的情况；

（五）向有关知情人询问情况；

（六）调阅、复制有关文件、档案、会议记录等资料；

（七）召开座谈会；

（八）列席被巡察地方和部门（单位）的有关会议；

（九）进行民主测评、问卷调查；

（十）以适当方式到被巡察地方和部门（单位）的下属单位了解情况；

（十一）开展专项检查；

（十二）提请有关单位予以协助；

（十三）市委或巡察工作领导小组批准的其他方式。

第十五条 巡察组依靠被巡察单位党组织开展工作，不干预被巡察地方和部门（单位）的正常工作，不履行执纪审查的职责。

第十六条 巡察组应当严格执行请示报告制度，对巡察工作中的重要情况和重大问题及时向巡察工作领导小组请示报告。

第五章 工作程序

第十七条 巡察组开展巡察前，应当向同级纪检监察、政法机关和组织、审计、信访等部门（单位）了解被巡察单位党组织领导班子及其成员的有关情况。

第十八条 巡察组进驻被巡察地方和部门（单位）后，应当向被巡察单位党组织通报巡察任务，按照规定的工作方式和权限，开展巡察工作。

巡察组对反映被巡察单位党组织领导班子及其成员的重要问题和线索，可以进行深入了解。

第十九条 巡察工作结束后，巡察组应认真梳理分析，形成巡察报告，向巡察工作领导小组如实报告了解的重要情况和问题，并提出处理建议。

巡察报告既要反映共性问题，又要反映个性问题；既要注意问题表象，又要分析问题深层次原因。对党风廉政建设等方面存在的普遍性、倾向性问题和其他重大问题，应当形成专题报告，分析原因，提出建议。

第二十条 巡察工作领导小组应当及时听取巡察组的巡察情况汇报，研究提出处理意见，报市委研究决定。

第二十一条 经巡察工作领导小组同意后，巡察组应当及时向被巡察单位党组织领导班子及其主要负责人反馈相关巡察情况，指出存在问题，有针对性地提出整改意见和建议。

经巡察工作领导小组同意，巡察组可以将巡察的有关情况通报市委、政府有关领导，以及有关职能部门。

第二十二条 被巡察单位党组织收到巡察组反馈意见后，应当认真整改落实，并于2个月内将整改情况报告和主要负责人组织落实情况报告，报送巡察办。

被巡察单位党组织主要负责人为落实整改工作的第一责任人。

第二十三条 巡察进驻、反馈、整改等情况，应当以适当方式公开，接受党员、干部和人民群众的监督。

第六章 巡察成果运用

第二十四条 对巡察发现的涉及党员干部违规违纪问题和线索，由巡察办根据巡察工作领导小组的要求，依据干部管理权限和职责分工，按照以下途径进行移交：

（一）对领导干部涉嫌违纪的线索和作风方面的突出问题，移交有关纪律检查机关；

（二）对执行民主集中制、干部选拔任用等方面存在的问题，移交有关组织部门；

（三）其他问题移交相关主管单位。

第二十五条 有关纪律检查机关、组织部门收到巡察移交的问题或者线索后，应当及时研究提出谈话函询、初核、立案或者组织处理等意见，并于3个月内将办理情况反馈巡察办。

第二十六条 有关纪律检查机关、组织部门应当把巡察结果和巡察整改情况作为干部考核评价、选拔任用、奖励惩处和对干部进行调整、免职、降职等组织处理的重要依据。

第二十七条 巡察办要加强对巡察整改情况的监督检查，及时了解反馈意见和移交事项的办理情况。同时，会同巡察组对被巡察地方和部门（单位）的整改落实情况进行了解和督办，并向巡察工作领导小组报告。

根据需要，巡察工作领导小组可以适时听取被巡察单位党组织有关整改情况的汇报。

第七章 纪律与责任

第二十八条 巡察工作领导小组要加强对巡察工作的领导，纪检监察机关、政法机关和组织、审计、信访等部门及其他有关单位，应当支持配合巡察工作。对领导巡察工作不力，发生严重问题或违反规定不支持配合巡察工作，造成严重后果的，依据有关规定追究相关责任人员的责任。

第二十九条 巡察工作人员应当严格遵守巡察工作纪律。巡察工作人员有下列情形之一的，视情节轻重，给予批评教育、组织处理或者纪律处分；涉嫌犯罪的，移送司法机关依法处理：

（一）对应当发现的重要问题没有发现的；

（二）不如实报告巡察情况，隐瞒、歪曲、捏造事实的；

（三）泄露巡察工作秘密的；

（四）工作中超越权限，造成不良后果的；

（五）利用巡察工作的便利谋取私利或者为他人谋取不正当利益的；

（六）有违反巡察工作纪律的其他行为的。

第三十条 被巡察单位党组织领导班子及其成员应当自觉接受巡察监督,积极配合巡察组开展工作。

党员有义务向巡察组如实反映情况。

第三十一条 被巡察地方和部门(单位)及其工作人员有下列情形之一的,视情节轻重,对该地方和部门(单位)领导班子主要负责人或者其他有关责任人员,给予批评教育、组织处理或者纪律处分;涉嫌犯罪的,移送司法机关依法处理:

(一)隐瞒不报或者故意向巡察组提供虚假情况的;

(二)拒绝或者不按照要求向巡察组提供相关文件材料的;

(三)暗示、指使、强令有关单位或者人员干扰、阻挠巡察工作,或者诬告、陷害他人的;

(四)无正当理由拒不纠正存在的问题或者不按照要求整改的;

(五)对反映问题的干部群众进行打击、报复、陷害的;

(六)其他干扰巡察工作的情形。

第三十二条 被巡察地方和部门(单位)的干部群众发现巡察工作人员有本办法第二十九条所列行为的,可以向巡察工作领导小组或者巡察办反映,也可以依照规定直接向有关部门、组织反映。

第八章 附 则

第三十三条 本办法由市纪委会同市委组织部负责解释,自印发之日起施行。

中卫市法治政府建设实施方案(2016—2020年)

卫党发〔2016〕56号

为全面贯彻党的十八大和十八届二中、三中、四中、五中、六中全会精神,认真贯彻落实《中共中央、国务院关于印发〈法治政府建设实施纲要(2015—2020年)〉的通知》(中发〔2015〕36号,以下简称《纲要》)、《自治区党委、人民政府关于印发〈宁夏回族自治区法治政府建设实施方案(2016—2020年)〉的通知》(宁党发〔2016〕21号,以下简称《实施方案》),确保如期完成法治政府建设的各项任务,结合我市实际,制订本实施方案。

一、工作目标和基本要求

(一)工作目标

到2017年年底,法治政府建设的制度机制基本健全,重点领域和关键环节取得重大进展;到2018年年底,基本完成《纲要》和《实施方案》确定的各项目标任务;2019年,进一步拓展、完善和巩固,确保到2020年基本建成职能科学、权责法定、执法严明、公开公正、廉洁高效、守法诚信的法治政府。

(二)基本要求

1. 坚持基本原则。建设法治政府必须坚持中国共产党的领导,坚持人民主体地位,坚持法律面前人人平等,坚持依法治国和以德治国相结合,坚持从实际出发,坚持依宪施政、依法行政、简政放权,把政府工作全面纳入法治轨道,实行法治政府建设与创新政府、廉洁政府、服务型政府建设相结合。

2. 结合中卫实际。按照"四个全面"战略布局,围绕市委、政府工作部署,以五大发展理念统领开放富裕和谐美丽中卫建设,发挥法治对经济社会发展的引导、推动、促进和保障作用,善于运用法治思维和法治方式解决在深化改革、转型升级、县区协同发展、生态环境保护、脱贫攻坚等工作中遇到的问题,提高依法治理经济、依法协调和处理各种利益关系的能力。

3. 坚持问题导向。针对我市法治政府建设存在的问题,明确任务、提出措施,增强法治政府建设的针对性和实效性。坚持从基层和群众反映最强烈的问题入手,从制约经济社会发展的障碍抓起,着力解决本地本部门本单位的突出问题。

4. 强化公众参与。以促进社会公平正义、增进人民福祉为出发点和落脚点,围绕基本建成法治政府目标,不断丰富公众参与形式,规范参与程序,使公众有序参与行政决策、政府立法、行政执法、行政监督、纠纷化解等各种行政活动,充分表达意见、陈述主张、申辩理由、反映问题,形成与行政机关交流、沟通和互动的良好局面,使法治政府建设成效看得见、感受得到。

5. 建立长效机制。全面推进《纲要》和《实施方案》规定的各项制度建设、平台建设、机制建设,推动政府各项工作实现标准化、规范化、法治化。抓好制度机制的落实,坚持制度面前人人平等、执行制度没有例外,用严明的制度、严格的执行、严密的监督,推进法治政府建设不断取得新成效。

二、主要任务和具体措施

(一)依法全面履行政府职能

1. 深化行政审批制度改革。

(1)全面清理行政审批事项。做好取消和已下放行政审批事项的落实和衔接工作,直接面向基层、量大面广、由基层实施更方便有效的行政审批事项,一律下放基层管理。2016年12月底前,完成对全市现有行政审批事项的再清理,并公布清理结果。2017年6月底前,完成对增加企业和公民负担证照的清理,并公布清理结果〔市机构编制委员会办公室牵头,各有关部门(单位)、各县(区)政府(管委会)负责〕。

(2)杜绝新设行政许可。严格行政许可设定标准,规范行政许可设定审查程序,地方性法规、市政府规章及其他规范性文件一律不得设定行政许可〔市人大常委会法制工作委员会、市政府法制办公室牵头,各有关部门(单位)、各县(区)政府(管委会)负责〕。

(3)简化行政审批程序。2016年12月底前,落实和完善行政审批一个窗口办理、并联办理、限时办理、规范办理、透明办理,建立健全首问首办负责、公开公示、追究问责等相关制度。积极探索试行告知承诺制,进一步提高行政审批效率〔市政务服务中心牵头,各有关部门(单位)、各县(区)政府(管委会)负责〕。

(4)规范行政审批行为。对保留的行政审批事项全部实行目录化、编码化管理,2017年12月底前,完成对行政审批事项统一编码,建立目录,并实行动态化管理,及时更新调整〔市机构编制委员会办公室牵头,各有关部门(单位)、各县(区)政府(管委会)负责〕。

(5)创新行政审批方式。加快建设投资项目在线审批监管平台,推行投资项目网上并联审批,2016年12月底前,实现各部门间的横向联通和对自治区及县(区)的纵向贯通,实施在线监测并全部向社会公开〔市发展和改革委员会牵头,各有关部门(单位)、各县(区)政府(管委会)负责〕。

(6)组建市行政审批服务局。按照试点要求,组建中卫市行政审批服务局,推进市本级相对集中行政许可权工作〔市机构编制委员会办公室牵头,各有关部门(单位)负责〕。

(7)全面清理规范行政审批中介服务。坚决整治"红顶中介",严禁指定中介机构,审批部门所属事业单位不得开展与本部门审批事项相关的中介服务,行业协会商会类机构一律与审批部门脱钩。禁止政府工作人员在中介机构兼职任职,切断行政机关与中介服务机构之间的利益链,实现中介服务行业公平竞争。2016年12月底前,对保留的行政审批中介服务实行清单管理并向社会公布〔市民政局、市市场监督管理局牵头,市机构编制委员会办公室等有关部门(单位)、各县(区)政府(管委会)负责〕。

2. 推行权力清单、责任清单及负面清单制度。

(1)健全权责清单制度。将市、县(区)两级政府工作部门、依法承担行政职能的事业单位的职能、法律依据、实施主体、职责权限、管理流程、监督方式等事项以权力清单的形式向社会公开,逐一厘清与行政权力相对应的责任事项、责任主体、责任方式等。2016年12月底前,实现市、县(区)两级权力清单、责任清单落实到位,动态管理机制建立健全〔市机构编制委员会办公室、市政府法制办公室牵头,各有关部门(单位)、各县(区)政府(管委会)负责〕。

(2)落实市场准入负面清单制度。按照自治区统一安排部署,结合我市实际,2018年10月底前,提出调整市场准入负面清单的建议,报上级部门批准后实施〔市发展和改革委员会牵头,各有关部门(单位)、各县(区)政府(管委会)负责〕。

(3)建立行政事业性收费和政府性基金清单制度。全面清理行政事业性收费和政府性基金项目,2016年12月底前编制行政事业性收费和政府性基金目录清单,并向社会公布。对擅自提高征收标准、扩大征收范围的,一律停止执行;取消不合法、不合规、不合理的收费基金项目、行政事业性收费及行政审批中介服务项目及收费〔市财政局牵头,市发展和改革委员会等有关部门(单位)、各县(区)政府(管委会)负责〕。

3. 优化政府组织结构。

(1)深化行政体制改革。积极稳妥推进大部门制改革,优化政府机构设置、职能配置、工作流程,理顺部门职责关系〔市机构编制委员会办公室牵头,各有关部门(单位)、各县(区)政府负责〕。

(2)推进各级政府事权规范化、法律化。完善不同层级政府事权法律制度,推进机构、权限、程序、责任法定化。在自治区政府对区域内基本公共服务均等化的统筹推进下,强化市、县(区)政府执行职责〔市机构编制委员会办公室、市政府法制办公室牵头,各有关部门(单位)、各县(区)政府(管委会)负责〕。

(3)创新行政管理方式,完善政府绩效管理。2016年12月底前,完善政府绩效评估指标体系,对政府及其部门履行法定职责情况、完成重要工作任务情况、工作效率情况、提供公共服务情况、依法行政情况、廉洁从政情况、财政资金使用绩效情况等进行绩效管理〔市政府办公室牵头,各有关部门(单位)、各县(区)政府(管委会)负责〕。

4. 落实宏观调控政策。

(1)转变政府投资管理职能。根据国家最新调整、发布的《政府核准的投资项目目录》,认真贯彻落实自治区发布的企业投资项目核准目录,实现政企分开,落实企业投资自主权,充分发挥市场在资源配置中的决定性作用〔市发展和改革委员会牵头,各有关部门(单位)、各县(区)政府(管委会)负责〕。

(2)落实主要由市场决定价格的机制。大幅缩减政府定价种类和项目,制定并公布政府定价目录。2017年12月底前,竞争性领域和环节价格基本放开,价格调控机制基本健全〔市发展和改革委员会牵头,各有关部门(单位)、各县(区)政府(管委会)负责〕。

5. 加强市场监管。

(1)清理废除妨碍市场统一和公平竞争的各种规定和做法。2016年12月底前,完成对现行规范性文件及其他规定的清理工作,并向社会公布,破除部门保护、地区封锁和行业垄断〔市人大常委会法制工作委员会、市政府法制办公室牵头,各有关部门(单位)、各县(区)政府(管委会)负责〕。

(2)深化商事制度改革。深入落实"先照后证"改革要求,继续清理工商登记前置审批,加快工商登记后置审批改革。进一步推进工商注册登记制度便利化,在全面推行"五证合一""一照一码"的基础上,积极探索"多证合一"。实施网上登记注册,推行电子营业执照,实行"一址多照"和"一照多址"。加强事中事后监管,实行综合监管,推广随机抽查,探索"智能"监管〔市市场监督管理局牵头,市商务和经济技术合作局、市国家税务局、市地方税务局等有关部门(单位)负责〕。

(3)加强社会信用体系建设。2017年12月底前,建立健全统一的社会信用代码制度和信用信息共享交换平台,推进企业信用信息公示"一张网"建设,依法保护企业和个人信息安全,努力打造诚信中卫〔市发展和改革委员会牵头,市中级人民法院、市商务和经济技术合作局、市工业和信息化局、市人力资源和社会保障局、市市场监督管理局、市地方税务局、中卫银监分局、人民银行中卫市中心支行等有关部门(单位)负责〕。

(4)落实外资管理政策,支持企业对外投资。健全对外投资促进制度和服务体系,支持企业扩大对外投资,推动装备、技术、标准、服务走出去〔市商务和经济技术合作局牵头,市发展和改革委员会、市工业和信息化局、市市场监督管理局、市地方税务局等有关部门(单位)、各县(区)政府(管委会)负责〕。

6. 创新社会治理。

(1)完善社会组织登记管理制度。适合由社会组织提供的公共服务和解决的事项,依法交由社会组织承担。支持和发展社会工作服务机构和志愿服务组织。规范和引导网络社团社群健康发展,加强监督管理。依法规范各类社会组织活动,推进社会组织自律与诚信建设,开展社会组织评估,2018年12月底前,建立社会组织诚信档案。健全社会组织管理机制,加大社会组织承接政府购买服务支持力度〔市民政局、各县(区)政府(管委会)牵头,各有关部门(单位)负责〕。

(2)深入推进社会治安综合治理。深入推进平安中卫创建活动,加强社会治理体制机制、能力、人才队伍和信息化建设,依托民生服务、便民服务中心,搭建综合治理工作平台,提高社会治理科学化和法治化水平。2016年12月底前完善社会治安综合治理领导责任制,构建职责明确、奖惩分明、衔接配套、务实管用的领导责任体系。完善立体化社会治安防控体系。加强重点领域治理。科学编制应急预案,提高公共突发事件防范处置和防灾救灾减灾能力,全方位强化安全生产,全过程保障食品药品安全〔市社会治安综合治理委员会办公室牵头,市公安局、市市场监督管理局、市安全生产监督管理局、市政府应急管理办公室等有关部门(单位)、各县(区)政府(管委会)负责〕。

(3)积极推进社会自治。发挥市民公约、乡规民约、行业规章、团体章程等社会规范在社会治理中的积极作用,指导城市社区和行政村修订、完善居民公约和村规民约,实现居民公约和村规民约全覆盖,并引导城乡居民普遍认同和遵守。加大行业协会、商会章程规章执行监管力度,科学设置行业协会、商会组织机构,完善运行管理机制,规范行业协会、商会法人治理行为,注重发挥基金会、社会服务机构服务社会的作用,推进行业自律体系和社会信用体系建设,促进社会组织健康发展〔市民政局牵头,各有关部门(单位)、各县(区)政府(管委会)负责〕。

7. 优化公共服务。

(1)加强服务型政府建设。推进基本公共服务标准化、均等化、法定化,促进教育、卫生、文化等事业健康发展,强化政府促进就业、调节收入分配和完善社会保障职能,加快形成政府主导、覆盖城乡、可持续的基本公共服务体系〔市发展和改革委员会牵头,市财政局、市民政局、市教育局、市卫生和计划生育局、市文化体育新闻出版广电局、市人力资源和社会保障局、市住房和城乡建设局、市政务服务中心等有关部门(单位)、各县(区)政府(管委会)负责〕。

(2)推进公共服务提供主体和提供方式多元化。建立健全政府购买公共服务制度,公开政府购买公共服务目录,加强政府购买公共服务质量监管。推进公共服务提供主体和提供方式多元化,有序引导行业协会,科技类、公益类、商会类社会组织参与服务供给。完善政府与社会资本合作模式,在公共服务领域,鼓励采用政府和社会资本合作模式,形成改善公共服务的合力〔市财政局牵头,各有关部门(单位)、各县(区)政府(管委会)负责〕。

8. 强化生态环境保护。

(1)完善生态环境保护制度。加快制定和完善促进绿色发展、循环发展、低碳发展的地方性法规、政府规章及配套制度。2016年12月底前,完善并严格实行环境信息公开、环境影响评价和污染物排放总量控制制度〔市环境保护局牵头,各有关部门(单位)、各县(区)政府(管委会)负责〕。

(2)完善资源有偿使用和生态补偿制度。深化电力、天然气、供水等资源型产品价格和税费改革,完善居民阶梯价格制度,推进能源价格市场化改革,建立完善促进转型升级和节能环保的价格政策体系〔市发展和改革委员会牵头,各有关部门(单位)、各县(区)政府(管委会)负责〕。

(3)严格落实生态环境损害责任追究制度。认真执行中共中央办公厅、国务院办公厅《党政领导干部生态环境损害责任追究办法(试行)》和自治区有关规定,2018年12月底前,健全生态环境保护责任追究制度和生态环境损害赔偿制度,在水资源、土地资源、矿山生态环境、大气污染防治等领域,对领导干部实行自然资源资产离任审计〔市环境保护局牵头,市委组织部、市监察局、市审计局等有关部门(单位)、各县(区)政府(管委会)负责〕。

(二)完善依法行政制度体系

9. 完善政府立法工作机制。

(1)完善政府立法程序。2016年12月底前,制定《中卫市规章制定程序规定》,明确政府立法工作流程、立法审查要点,进一步健全政府立法立项、起草、论证、协调、审议工作机制,推进政府立法科学化、规范化〔市政府法制办公室牵头,各有关部门(单位)负责〕。

(2)完善政府立法立项制度。制定政府立法规划和年度立法计划,向社会公开征集立法项目。健全立法项目论证制度,保证立法项目适应现实需要〔市政府法制办公室牵头,各有关部门(单位)负责〕。

(3)完善政府立法起草机制。综合性强、涉及多部门职责等重要政府规章由政府法制机构直接组织起草,防止部门利益法制化。积极探索委托第三方起草政府规章草案〔市政府法制办公室牵头,各有关部门(单位)负责〕。

(4)完善政府立法协调机制。加大政府立法协调力度,对部门间争议较大的重要立法事项,由决策机关引入第三方评估,充分听取各方面意见,依法协调解决,提高立法效能〔市政府法制办公室牵头,各有关部门(单位)负责〕。

(5)建立政府立法评估制度。推进立法前评估、审查过程中评估和立法后评估,提高政府立法的科学性〔市政府法制办公室牵头,各有关部门(单位)负责〕。

(6)加强政府规章解释工作。健全政府规章解释程序,及时明确政府规章有关规定的含义和适用依据〔市政府法制办公室牵头,各有关部门(单位)负责〕。

10. 加强重点领域政府立法。按照立法法规定,围绕市委、政府重大决策部署和深化改革的重点任务,加快推进城乡建设与管理、环境保护、历史文化保护等重点领域立法。坚持在法治下推进改革、在改革中完善法治,实现立法和改革决策相统一、相衔接〔市人大常委会法制工作委员会、市政府法制办公室牵头,各有关部门(单位)负责〕。

11. 提高政府立法公众参与度。

(1)完善政府立法征求意见机制。建立起草政府规章征求人大代表、政协委员意见建议制度,认真回复人大代表、政协委员关于政府立法工作的建议、提案,主动接受人大常委会、人民政协、媒体对政府立法工作的监督。建立政府立法协商制度,充分发挥政协委员、人民团体和社会组织在政府立法工作中的作用〔市政府法制办公室牵头,各有关部门(单位)负责〕。

(2)建立政府立法咨询论证机制。对政府立法中涉及的重大利益调整问题,组织行政机关、社会团体、专家学者等开展论证咨询。建立政府立法听证制度〔市政府法制办公室牵头,各有关部门(单位)负责〕。

(3)完善政府立法听取公众意见制度。在政府立法中对涉及群众切身利益或各方面有较大意见分歧的,要采取座谈会、论证会、听证会、问卷调查等形式广泛听取社会公众意见。完善政府规章草案通过媒体向社会公开征求意见制度,除依法需要保密的外,都要公开征求意见,公开期限不少于30日。加强与社会公众的沟通,健全公众意见采纳情况反馈机制〔市政府法制办公室牵头,各有关部门(单位)负责〕。

12. 加强规范性文件监督管理。

(1)完善规范性文件制定程序。严格执行自治区关于规范性文件制定和备案的规定,2017年12月底前,实行制定机关对规范性文件统一登记、统一编号、统一印发制度〔市政府法制办公室牵头,各有关部门(单位)、各县(区)政府(管委会)负责〕。

(2)落实规范性文件公开制度。涉及重大或者关系人民群众切身利益的规范性文件应当采取召开座谈会、专家论证会或组织听证、向社会公布草案等方式公开听取社会公众意见。涉及公民、法人和其他组织权利义务的规范性文件,必须按照法定要求和程序予以公布,未经公布的不得作为行政管理的依据〔市政府法制办公室牵头,各有关部门(单位)、各县(区)政府(管委会)负责〕。

(3)落实规范性文件合法性审查和集体讨论制度。政府规范性文件提交政府会议审议前必须先经本级政府法制机构进行合法性审查,部门规范性文件提交部门会议审议前必须先经本部门法制机构(或法律顾问)进行合法性审查,并经政府或者部门会议集体讨论决定〔市政府法制办公室牵头,各有关部门(单位)、各县(区)政府(管委会)负责〕。

(4)落实规范性文件备案审查制度。加强备案审查制度和能力建设,把所有规范性文件纳入备案审查范围,健全公民、法人和其他组织对规范性文件的建议审查制度,做到有件必备、有错必纠〔市政府法制办公室牵头,各有关部门(单位)、各县(区)政府负责〕。

13. 建立政府规章和规范性文件清理长效机制。根据全面深化改革、经济社会发展需要以及上位法制定、修改、废止情况,及时清理有关政府规章、规范性文件。实行政府规章、规范性文件目录和文本动态化、信息化管理,并根据立、改、废情况及时做出调整并向社会公布。2017年12月底前,市、县(区)政府及其部门完成对现行政府规章、规范性文件清理,并将清理结果向社会公布〔市政府法制办公室牵头,各有关部门(单位)、各县(区)政府(管委会)负责〕。

(三)实现行政决策科学化、民主化、法治化

14. 健全依法决策机制。落实《宁夏回族自治区重大行政决策规则》《中卫市重大行政决策规则》,2016年12月底前,市、县(区)政府及其工作部门要制定本级政府、本部门重大行政决策目录,明确决策主体、事项范围、决策程序、法律责任,按照公众参与、专家论证、风险评估、合法性审查和集体讨论决定的法定程序做出重大行政决策,强化决策法定程序的刚性约束〔市政府法制办公室牵头,各有关部门(单位)、各县(区)政府(管委会)负责〕。

15. 增强公众参与实效。

(1)完善公开征求意见制度。事关经济社会发展全局和涉及群众切身利益的重大行政决策事项,应当广泛听取意见,与利害关系人进行充分沟通,并注重听取人大代表、政协委员和人民团体、基层组织、社会组织的意见〔市政府办公室牵头,各有关部门(单位)、各县(区)政府(管委会)负责〕。

(2)建立行政决策公众参与平台。2016年12月底前,各级政府及其部门依托政府网站建立行政决策公众参与平台,对社会关注度高、涉及群众切身利益的决策事项,及时公开信息、解释说明,征求公众意见,并及时反馈意见采纳情况和理由〔市政府办公室牵头,各有关部门(单位)、各县(区)政府(管委会)负责〕。

(3)建立民意调查制度。对文化教育、医疗卫生、资源开发、环境保护、公共事业等重大民生决策事项,要进行民意调查,充分听取公众意见〔市政府办公室牵头,各有关部门(单位)、各县(区)政府(管委会)负责〕。

(4)建立重大行政决策听证制度。2016年12月底前,制定、公布本级政府或者本部门重大行政决策事项听证范围,建立听证代表遴选机制,按照法定程序组织听证〔市政府办公室牵头,各有关部门(单位)、各县(区)政府(管委会)负责〕。

16. 提高专家论证和风险评估质量。

(1)完善重大行政决策专家咨询制度。2016年12月底前,建立本级政府、本部门行政决策咨询论证专家库,对专业性、技术性较强的决策事项,组织专家、学者、科研院所、专业机构进行论证,支持专家独立开展工作,逐步实行专家信息和论证意见公开〔市政府办公室牵头,各有关部门(单位)、各县(区)政府(管委会)负责〕。

(2)建立健全重大决策风险评估机制。完善相关制度,对重大行政决策事项的主要风险源、风险点进行排查,经排查认为存在社会稳定、生态、经济等方面风险的,要进行风险评估,评估结果作为重大行政决策的重要依据,从源头上防范和化解不稳定因素。应当进行而未进行风险评估或者经评估不合格的重大行政决策事项,不得提交决策机关讨论〔市政府办公室牵头,各有关部门(单位)、各县(区)政府(管委会)

负责〕。

17. 加强合法性审查。

(1) 完善合法性审查机制。2016年12月底前，市、县(区)政府及其部门全面建立行政机关内部重大决策合法性审查机制，未经合法性审查或经审查不合法的，不得提交讨论。完善政府法制机构负责人列席政府常务会议制度〔市政府法制办公室牵头，各有关部门(单位)、各县(区)政府(管委会)负责〕。

(2) 全面落实政府法律顾问制度。建立以政府法制机构人员为主体、专家和律师参加的法律顾问队伍。本着精简高效、节约费用的原则，推广完善法律顾问室制度。市、县(区)政府要争取设立公职律师办公室，充分发挥法律顾问在推进法治政府建设工作中的积极作用。落实政府向社会力量购买服务的要求，将购买法律服务费用纳入财政预算〔市政府法制办公室牵头，各有关部门(单位)、各县(区)政府(管委会)负责〕。

18. 坚持集体讨论决定。坚持重大行政决策必须经政府常务会议或者全体会议、部门领导班子会议讨论，由行政首长在集体讨论基础上做出决定。行政首长拟做出的决策与会议组成人员多数人意见不一致的，应当在会上说明理由。建立重大行政决策档案管理制度，如实记录重大行政决策集体讨论情况和决定，并完整存档〔市政府办公室牵头，各有关部门(单位)、各县(区)政府(管委会)负责〕。

19. 严格决策责任追究。

(1) 建立重大行政决策后评估制度。通过舆情跟踪、抽样调查、会商分析等方式，跟踪决策执行情况和实施效果，根据实际需要进行重大决策后评估，并根据评估情况适时调整和完善有关决策〔市政府办公室牵头，各有关部门(单位)、各县(区)政府(管委会)负责〕。

(2) 建立并严格实施重大行政决策终身责任追究制度及责任倒查机制。加强监督检查，对决策严重失误或者依法应当及时做出决策但久拖不决造成重大损失、恶劣影响的，严格追究行政首长、负有责任的其他领导人员和相关责任人员的党纪政纪和法律责任。完善容错免责机制，营造敢于担当、积极履职、鼓励创新、宽容失误的社会氛围〔市监察局牵头，市委组织部等有关部门(单位)、各县(区)政府(管委会)负责〕。

(四)坚持严格规范公正文明执法

20. 改革行政执法体制。

(1) 推进综合行政执法。继续开展综合行政执法体制改革试点，积极探索在城市管理、市场监管、旅游执法等领域实行跨部门综合执法，合理推进区域综合执法，大幅减少基层行政执法队伍种类〔市机构编制委员会办公室牵头，市城市管理局、市场监督管理局、旅游发展委员会等有关部门(单位)、各县(区)政府(管委会)负责〕。

(2) 推进"多规合一"改革试点。按照自治区空间规划("多规合一")改革试点领导小组办公室的总体部署及进度安排，科学编制中卫市空间规划，理顺空间规划编制管理体制，强化空间规划监督管理，搭建规划管理信息平台，建立建设项目审批系统，全面推进市"多规合一"各项工作落实到位〔市空间规划("多规合一")改革试点工作领导小组办公室牵头，各成员单位负责〕。

(3) 理顺行政强制执行体制。按照国家统一部署和有关要求，科学配置行政强制执行权，提高行政强制执行效率〔市机构编制委员会办公室，各有关部门(单位)、各县(区)政府(管委会)负责〕。

(4) 健全行政执法与刑事司法衔接机制。落实《宁夏回族自治区行政执法工作与检察监督工作相衔接的若干规定》和《关于进一步加强行政执法与刑事司法衔接工作的实施意见》，完善案件移送标准和程序，2016年12月底前，建立健全行政执法机关和司法机关信息共享、案情通报、案件移送制度。2017年12月底前，在主要执法领域分级建立"两法衔接"的信息服务平台，确保涉刑行政执法案件得到及时移送〔市人民检察院牵头，市政府法制办公室、市中级人民法院、市公安局等有关部门(单位)，各县(区)政府(管委会)负责〕。

21. 完善行政执法程序。

(1) 规范行政裁量权。严格落实行政裁量权基准制度，细化量化行政裁量标准，规范裁量范围、种类、幅度。2016年12月底前，各行政执法部门要完成行政处罚裁量基准制度的修订完善，并建立定期更新和公布制度〔市政府法制办公室牵头，各有关部门(单位)负责〕。

(2) 落实行政执法程序规范。严格落实《宁夏回族自治区行政程序规定》，重点规范行政许可、行政处罚、行政强制、行政征收、行政收费、行政检查等执法行为。全面落实行政执法全过程记录制度，2017年6月底前，各行政执法部门要编制完成行政执法操作流程规范文本，确保行政执法全过程记录制度落到实处〔市政府法制办公室牵头，各有关部门(单位)负责〕。

(3)健全行政执法相关制度。完善重大行政执法决定法制审核制度,行政执法机关应当明确本部门重大行政执法决定法制审核的范围和标准。凡审核范围内的重大行政执法决定,在拟做出前,应当由本部门的法制机构进行审核,未经法制审核或者审核未通过的,不得做出决定。建立健全行政执法权限协调机制,2017年12月底前,制定我市行政执法争议协调处理规定,建立异地行政执法协助制度。按照国务院法制办《推行行政执法公示 执法全过程记录 重大执法决定法制审核三项制度试点工作方案》要求,积极申请作为试点单位开展试点工作〔市政府法制办公室牵头,各有关部门(单位)负责〕。

22. 创新执法方式。

(1)全面推行"双随机、一公开"。创新监管方式,制定随机抽查事项清单和市场主体名录库、执法检查人员名录库,明确抽查依据、抽查主体、抽查内容、抽查方式等。建立随机抽取检查对象、随机选派执法检查人员的"双随机"抽查机制,合理确定随机抽查的比例和频次,抽查情况及查处结果要及时向社会公开。推广运用电子化手段,对"双随机"抽查做到全程留痕,实现责任可追溯〔市政府法制办公室牵头,市市场监督管理局等有关部门(单位)、各县(区)政府(管委会)负责〕。

(2)推行行政执法公示制度。建立本级政府、本部门、本单位行政执法公示制度,并实行动态管理。行政执法机关对职责范围、执法流程以及监督途径、举报电话等,通过广播、电视、报刊、网络等形式向社会公示〔市政府法制办公室牵头,各有关部门(单位)、各县(区)政府(管委会)负责〕。

(3)加强行政执法信息化建设。加强行政执法信息化建设和信息共享,2016年12月底前有条件的县(区)和部门(单位)要建立行政执法信息平台,2017年12月底前建立全市统一的行政执法信息平台,完善网上执法办案及信息查询系统〔市网络安全与信息化办公室牵头,各有关部门(单位)、各县(区)政府(管委会)负责〕。

(4)推进文明执法。在行政执法中推广说服教育、劝导示范、行政指导、行政奖励等非强制性执法手段,规范行政执法言行,切实解决粗暴执法等问题〔市政府法制办公室牵头,各有关部门(单位)、各县(区)政府(管委会)负责〕。

(5)建立守法信用记录制度。2017年12月底前,建立完善企业守法信用记录制度,把企业守法信用信息采集融入注册登记、资质审核、日常监管各环节,实现企业守法信用信息公开查询。建立公民守法信用记录制度,加强重点人群职业信用建设,建立企业法定代表人和各类执业人员信用档案。完善法人或者其他组织和自然人守法褒奖、违法失信惩戒机制。支持和鼓励对违法失信行为的举报,建立举报奖励制度,保护举报人合法权益〔市发展和改革委员会牵头,各有关部门(单位)、各县(区)政府(管委会)负责〕。

23. 全面落实行政执法责任制。

(1)完善行政执法责任制。进一步梳理完善执法依据,分解执法职权,严格依法明确不同部门及内设机构、执法岗位、执法人员的执法责任,建立健全常态化责任追究机制。2017年12月底前,各行政执法部门要对本部门行政执法责任制进行一次清理规范,并向社会重新公布〔市政府法制办公室牵头,各有关部门(单位)、各县(区)政府(管委会)负责〕。

(2)加强行政执法监督。2019年12月底前,市、县(区)政府及其法制机构要建立统一的行政执法监督网络平台,完善投诉举报、情况通报等制度。严格执行重大行政处罚备案、执法统计、执法检查、执法案卷评查等制度,加强对行政执法的日常监督工作〔市政府法制办公室牵头,市网络安全与信息化办公室、各有关部门(单位)、各县(区)政府(管委会)负责〕。

24. 健全行政执法人员管理制度。

(1)完善行政执法人员资格管理制度。严格执行行政执法人员持证上岗制度,未经执法资格考试合格,不得授予执法资格,不得颁发行政执法证。全面清理不在岗不合格执法人员,2016年12月底前完成清理工作〔市政府法制办公室牵头,各有关部门(单位)、各县(区)政府(管委会)负责〕。

(2)加强行政执法人员考核。健全纪律约束机制,加强职业道德教育和法律知识培训,全面提高执法人员素质。建立行政执法人员平时考核制度,科学合理设计考核指标体系,考核结果作为执法人员职务级别调整、交流轮岗、教育培训、奖励惩戒的重要依据〔市人力资源和社会保障局牵头,市委组织部、市监察局等有关部门(单位)、各县(区)政府(管委会)负责〕。

(3)规范行政执法辅助人员管理。2017年12月底前,建立执法辅助人员管理制度,明确其适用岗位、身份性质、职责权限、权利义务、聘用条件和程序等,加强职业保障〔市政府法制办公室牵头,各有关部门(单位)、各县(区)政府(管委会)负责〕。

(4)严格执法人员履职尽责管理和问责力度。要明确岗位职责,确保行政执法人员履行执法职权清晰、责任明确。建立严格的执法人员履职尽责管理和考核机制,督促执法人员立足岗位、履职尽责,依法行使行政职权,不越位、缺位、错位,坚决杜绝行政乱作为。建立政府与部门,部门与执法机构,执法机构与执法人员签订行政执法责任书的制度,形成一级抓一级、层层抓落实的行政执法责任制。细化责任追究办法,综合运用纪律处分、组织处理等手段,加大对失职行为的追究力度〔市监察局牵头,各有关部门(单位)、各县(区)政府(管委会)负责〕。

25. 加强行政执法保障。

(1)推动形成全社会支持行政执法机关依法履职的氛围。各级党政机关和领导干部要大力支持行政执法机关依法公正行使职权,不得让行政执法人员做不符合法律规定的事情。建立领导干部违法干预行政执法记录制度和责任追究机制,对妨碍行政机关正常工作秩序、阻碍行政执法人员依法履责的要进行记录,坚决依法处理〔市监察局、市公安局牵头,各有关部门(单位)、各县(区)政府(管委会)负责〕。

(2)保障行政执法经费。行政机关履行执法职责所需经费,由市、县(区)政府纳入本级政府预算,保证执法经费足额拨付。改善执法条件,合理安排执法装备配备、科技建设方面的投入。严格执行罚缴分离和收支两条线管理制度,严禁下达或者变相下达罚没指标,严禁将行政事业性收费、罚没收入同部门利益直接或者变相挂钩〔市财政局牵头,各有关部门(单位)、各县(区)政府(管委会)负责〕。

(五)强化对行政权力的制约和监督

26. 健全行政权力运行制约和监督体系。

(1)完善行政权力监督制度。坚持用制度管权管事管人,坚持决策权、执行权、监督权既相互制约又相互协调。充分发挥各方面监督作用,使权力在法治的轨道上公开透明运行〔市监察局牵头,各有关部门(单位)、各县(区)政府(管委会)负责〕。

(2)健全行政权力运行制约制度。起草政府规章草案和规范性文件,要有效落实公开行政权力运行流程、惩治和预防腐败、防控廉政风险、防止利益冲突等要求。加强行政程序制度建设,严格规范做出各类行政行为的主体、权限、方式、步骤和时限〔市政府法制办公室牵头,各有关部门(单位)、各县(区)政府(管委会)负责〕。

(3)加强政府诚信建设。建立政府守信践诺制度,约束政府失信行为。完善政府服务承诺制和行政问责制,加强对政府履行承诺的监督考核,切实兑现政府对群众的承诺,提高政府公信力〔市政府办公室牵头,各有关部门(单位)、各县(区)政府(管委会)负责〕。

(4)加强公务员诚信管理。2017年12月底前,建立公务员诚信档案,依法依规将公务员个人有关事项报告、廉政记录、年度考核结果、违法违纪违约行为等信息纳入档案,将公务员诚信记录作为干部考核、任用和奖惩的重要依据。编制公务员诚信手册,增强公务员法律和诚信意识〔市委组织部、市人力资源和社会保障局牵头,各有关部门(单位)、各县(区)政府(管委会)负责〕。

27. 自觉接受党内监督、人大监督、民主监督、司法监督。

(1)自觉接受党内监督。在党委对党风廉政建设和反腐败工作的统一领导下,市、县(区)政府及其部门党组(党委)要切实履行主体责任,主要负责人要强化第一责任人意识,对本级政府本部门党风廉政建设负总责〔市政府办公室牵头,各有关部门(单位)、各县(区)政府(管委会)负责〕。

(2)自觉接受人大监督。各级政府要自觉接受同级人大及其常委会对贯彻执行法治政府建设决策部署和相关法律法规实施情况的监督,认真听取人大代表的意见,及时研究办理人大代表建议。落实政府向本级人大及其常委会报告工作制度,按时报备政府规章、规范性文件〔市政府办公室牵头,各有关部门(单位)、各县(区)政府(管委会)负责〕。

(3)自觉接受民主监督。健全知情明政机制,政府相关部门要向政协定期通报有关情况,为政协委员履职提供便利、创造条件,及时研究办理政协委员提案〔市政府办公室牵头,各有关部门(单位)、各县(区)政府(管委会)负责〕。

(4)自觉接受司法监督。认真落实《中华人民共和国行政诉讼法》和《中卫市行政应诉规定》,政府及其部门领导要带头落实行政机关负责人依法出庭应诉制度,认真办理并及时反馈司法机关对完善和加强行政管理,促进依法行政方面的司法建议。完善行政机关协查职务犯罪工作机制,积极配合检察机关开展监督工作〔市政府办公室牵头,各有关部门(单位)、各县(区)政府(管委会)负责〕。

28. 加强行政监督和审计监督。

(1)完善政府内部层级监督。改进上级行政机关对下级行政机关的监督,建立健全常态化监督和通报机制,及时发现和纠正违法不当行政行为〔市政府办公室、市政府法制办公室牵头,各有关部门(单位)、各县(区)政府(管委会)负责〕。

(2)健全政府内部权力制约机制。对财政资金分配使用、国有资产监管、政府投资、政府采购、公共资源转让、公共工程建设等权力集中的部门和岗位实行分事行权、分岗设权、分级授权,定期轮岗,强化内部流程控制,防止权力滥用。健全完善行政监察制度,各级监察机关要切实履行监督责任,确保廉政建设各项任务落实〔市监察局牵头,各有关部门(单位)、各县(区)政府(管委会)负责〕。

(3)加强审计监督。健全有利于依法独立行使审计监督权的工作机制,强化上级审计机关对下级审计机关的领导。建立符合审计职业特点的审计人员管理制度,完善审计监督机制。对公共资金、国有资产、国有资源和领导干部履行经济责任情况实行审计全覆盖〔市审计局牵头,各有关部门(单位)、各县(区)政府(管委会)负责〕。

29. 完善社会监督和舆论监督机制。

(1)强化社会监督。2016年12月底前,建立违法行政投诉举报登记制度,市、县(区)政府及各部门都要畅通举报箱、电子信箱、热线电话等监督渠道,方便群众投诉举报、反映问题,依法及时调查处理违法行政行为〔市政府办公室牵头,各有关部门(单位)、各县(区)政府(管委会)负责〕。

(2)完善舆论监督。发挥报刊、广播、电视等传统媒体监督作用,重视运用和规范网络监督。2017年6月底前,建立健全网络舆情监测、收集、研判、处置机制,推动网络监督规范化、法治化。行政机关要自觉接受舆论监督,及时核实、回应各种舆论监督问题〔市委宣传部牵头,各有关部门(单位)、各县(区)政府(管委会)负责〕。

30. 全面推进政务公开。

(1)完善政务公开制度。进一步拓宽政府信息公开渠道,积极推进决策、执行、管理、服务和结果"五公开"。2016年12月底前,完善政府新闻发言人、突发事件信息发布等制度,做好对热点敏感问题的舆论引导,及时回应人民群众关切〔市政府办公室牵头,各有关部门(单位)、各县(区)政府(管委会)负责〕。

(2)推进重点领域政府信息公开。加大财政预算、公共资源配置、重大建设项目批准和实施、社会公益事业建设等领域的政府信息公开力度,自觉接受公众监督〔市政府办公室牵头,各有关部门(单位)、各县(区)政府(管委会)负责〕。

(3)创新政务公开方式。加强互联网政务信息数据服务平台和便民服务平台建设,2017年12月底前,建成互联网政务信息数据服务平台和便民服务平台,充分发挥大数据在政府信息公开中的作用,提高政务公开信息化、集中化水平〔市网络安全与信息化办公室牵头,各有关部门(单位)、各县(区)政府(管委会)负责〕。

31. 完善纠错问责机制。

(1)完善行政问责制度。2016年12月底前,完善行政问责制度,增强行政问责的针对性和时效性。加大问责力度,坚决纠正行政不作为、乱作为,坚决克服懒政、庸政、怠政,坚决惩处失职、渎职行为〔市监察局牵头,市委组织部、市人力资源和社会保障局、市审计局等有关部门(单位)负责〕。

(2)严格落实党风廉政建设责任制。坚持有错必纠、有责必问,对"四风"问题突出、发生顶风违纪问题或者出现区域性、系统性腐败案件的地方、部门和单位,既要追究主体责任、监督责任,又要严肃追究领导责任〔市监察局牵头,市委组织部、市人力资源和社会保障局、市审计局等有关部门(单位)负责〕。

(六)依法有效化解社会矛盾纠纷

32. 健全依法化解纠纷机制。

(1)构建维护群众利益制度体系。落实《宁夏回族自治区矛盾纠纷排查化解办法(试行)》,建立健全社会矛盾预警、利益表达、协商沟通、救济救助机制。及时收集分析热点、敏感、复杂矛盾纠纷信息,加强群体性、突发性事件预警监测〔市社会治安综合治理委员会办公室牵头,各有关部门(单位)、各县(区)政府(管委会)负责〕。

(2)加强重点领域社会治理。依法加强对影响或危害食品药品安全、安全生产、生态环境、网络安全、社会安全等方面重点问题的治理〔市社会治安综合治理委员会办公室牵头,市公安局、市市场监督管理局、市安全生产监督管理局、市环境保护局、市司法局等有关部门(单位)、各县(区)政府(管委会)负责〕。

(3)深入开展法治宣传教育。制定落实好市"七五"普法规划,大力宣传宪法和法律法规,引导和支持公民、法人和其他组织依法表达诉求和维护利益,促进社会矛盾化解〔市司法局牵头,各有关部门(单位)、各县(区)政府(管委会)负责〕。

33. 加强行政复议工作。

(1)深入推进行政复议体制改革。根据实际情况,完善行政复议委员会和相对集中行政复议权试点,发挥市行政复议委员会化解矛盾解决纠纷的职能。各县(区)结合本地实际,主动开展行政复议工作〔市政府法制办公室牵头,各有关部门(单位)负责〕。

(2)完善行政复议案件审理机制。完善行政复议证据规则,加大实地调查力度,重大复杂案件举行听证会,让当事人充分质证,在查明事实的基础上,依法做出复议决定。对重大疑难案件,可以通过咨询、论证等形式征求专家意见。提高行政复议办案质量,增强行政复议的专业性、透明度和公信力〔市政府法制办公室牵头,各有关部门(单位)负责〕。

(3)加强行政复议能力建设。市、县(区)政府要重视和加强行政复议机构建设,使机构设置、人员配备与所承担的工作任务相适应。加强行政复议保障能力建设,根据办案需要落实办案场所和有关装备保障,行政复议经费列入本级政府预算。根据国家法律职业资格的要求,配齐配强专职行政复议人员,加强在职行政复议人员培训,切实提高行政复议人员素质〔市政府法制办公室牵头,市机构编制委员会办公室、市财政局等有关部门(单位),各县(区)政府(管委会)负责〕。

34. 完善行政调解、行政裁决、仲裁制度。

(1)完善行政调解制度。明确行政调解范围,完善行政调解机制,规范行政调解程序〔市政府法制办公室牵头,各有关部门(单位)、各县(区)政府(管委会)负责〕。

(2)完善行政裁决制度。各级行政机关要依法履行行政裁决职责,完善行政裁决程序,强化行政机关解决同行政管理活动密切相关的民事纠纷功能,及时有效化解矛盾纠纷〔市政府法制办公室牵头,各有关部门(单位)、各县(区)政府(管委会)负责〕。

(3)完善仲裁制度。组建中卫仲裁委员会,发展仲裁事业,提升仲裁公信力,充分发挥仲裁解决经济纠纷、化解社会矛盾、促进社会和谐的作用〔市政府法制办公室牵头,市司法局、市财政局、市市场监督管理局等有关部门(单位)负责〕。

35. 加强人民调解工作。健全人民调解组织网络,2017年12月底前,实现村委会、居委会人民调解组织全覆盖,加强人民调解员队伍建设,推进企事业单位、乡镇街道、社会团体、行业组织中人民调解组织建设。重点抓好劳动争议、医疗卫生、学校意外伤害、房屋征收等方面的调解工作。完善人民调解、行政调解、司法调解联动工作体系,完善多元化纠纷解决机制〔市司法局牵头,市社会治安综合治理委员会办公室、市中级人民法院、市政府法制办公室负责〕。

36. 改革信访工作制度。把信访纳入法治化轨道,保障合理合法诉求依照法律规定和程序就能得到合理合法的结果,坚决杜绝"花钱买平安"的做法,依法处理信访中的违法行为。规范信访工作程序,完善信访听证、案件评审评议、信访群众依法引导、案件依法终结备案等制度和办法,优化传统信访途径,实行网上受理信访制度,健全及时就地解决群众合理诉求机制。严格实行诉访分离,推进通过法定途径分类处理信访投诉请求〔市信访督办局牵头,市委政法委等有关部门(单位)、各县(区)政府(管委会)负责〕。

(七)全面提高法治思维和依法行政能力

37. 树立重视法治素养和法治能力的用人导向。抓好"关键少数",把严守党纪、恪守国法的干部用起来,把法治观念强不强、法治素养好不好作为衡量干部德才的重要标准,把能不能遵守法律、依法办事作为考察干部的重要内容。在相同条件下,优先提拔使用法治素养好、依法办事能力强的干部。对特权思想严重、法治观念淡薄的干部要批评教育、督促整改,问题严重或违法违纪的,要依法依纪严肃处理〔市委组织部牵头,市人力资源和社会保障局、市监察局负责〕。

38. 加强对政府工作人员的法治教育培训。

(1)严格落实领导干部学法制度。市、县(区)政府(管委会)及其部门(单位)每年要制定领导干部学法计划,明确学法方式和主要内容,通过常务会(班子会)学法、讲座等方式坚持学法,不断提高领导干部法治素养和法治能力。市、县(区)政府每年至少举办一期领导干部法治专题培训班,至少举办两期法治专题讲座〔市委组织部牵头,市人力资源和社会保障局等有关部门(单位)、各县(区)政府(管委会)、各级党校负责〕。

(2)加强行政机关工作人员法律知识培训。市县党校要把宪法、法律列为干部教育的必修课。加大对公务员初任培训、任职培训中法律知识的培训力度〔市委组织部牵头,市人力资源和社会保障局负责〕。

(3)健全行政执法人员岗位培训制度。市、县(区)政府及其部门每年要组织开展行政执法人员通用法律知识、专门法律知识、新法律法规等专题培训,对培训考试不合格的,暂停或取消执法资格〔市政府法制办公室牵头,各有关部门(单位)、各县(区)政府(管委会)负责〕。

39. 完善政府工作人员法治能力考查测试制度。

(1)建立对政府领导干部任职前法律知识考查和

法治能力测试制度。2017年12月底前,市、县(区)要制定出台相关制度,对提拔干部要进行法律知识考查和依法行政能力测试,考查和测试结果作为领导干部任职的重要参考〔市委组织部牵头,市人力资源和社会保障局等有关部门(单位)、各县(区)政府(管委会)负责〕。

(2)加强对公务员依法行政能力考核测试。行政机关加强对工作人员的法律知识培训。各级党校将法律知识培训纳入必修课程。完善公务员依法行政考核制度,将依法行政考核情况作为公务员晋升的重要依据,有违法情况的暂缓晋升。优化公务员录用考查测试内容,增加公务员录用考试中法治知识的比重。定期组织行政执法工作人员进行专门的法律知识培训,对集中学法知识培训考试不合格的行政机关工作人员,年度考核不得评为优秀等次〔市委组织部牵头,市委党校、市人力资源和社会保障局等有关部门(单位)、各县(区)政府(管委会)负责〕。

40. 注重通过法治实践提高政府工作人员法治思维和依法行政能力。

(1)提高政府工作人员的法治思维能力。政府工作人员特别是领导干部想问题、作决策、办事情必须守法律、重程序、受监督,牢记职权法定,切实保护人民权益。要自觉运用法治思维和法治方式深化改革、推动发展、化解矛盾、维护稳定,依法治理经济,依法协调和处理各种利益问题,避免埋钉子、留尾巴,努力营造办事依法、遇事找法、解决问题用法、化解矛盾靠法的良好法治环境〔市委组织部牵头,市人力资源和社会保障局、各有关部门(单位)、各县(区)政府(管委会)负责〕。

(2)提高行政执法人员依法行政能力。落实"谁执法谁普法"的责任,建立行政执法机关"以案释法"制度,促进行政机关工作人员法治思维和依法行政能力的提升〔市司法局牵头,各有关部门(单位)、各县(区)政府(管委会)负责〕。

三、组织保障和落实机制

党的领导是全面推进依法治国、加快建设法治政府最根本的保证,必须坚持党总揽全局、协调各方,发挥各级党委领导核心作用,把党的领导贯彻到法治政府建设各方面。

(一)加强党对法治政府建设的领导

41. 坚持党对法治政府建设的领导。各级政府要在党委统一领导下谋划和落实好法治政府建设的各项任务,主动向党委报告关于法治政府建设的重大问题,及时解决制约法治政府建设的体制机制障碍〔市委办公室、市政府办公室牵头,各有关部门(单位)、各县(区)政府(管委会)负责〕。

42. 建立法治政府建设年度重点工作部署推进制度。市、县(区)政府及其部门每年第一季度要安排部署法治政府建设年度重点工作,制定任务分解方案,明确工作进度和责任单位,并切实抓好落实〔市政府法制办公室牵头,各有关部门(单位)、各县(区)政府(管委会)负责〕。

43. 加强政府法制力量建设。按照正规化、专业化、职业化要求,进一步加强政府及其部门法制力量建设,确保法制机构、人员与工作任务相适应,市、县(区)政府有条件的要逐步实现政府法制机构单设,政府各部门要争取设置法制机构。配齐配强政府法制工作人员,提高准入条件。各级政府法制机构要加强对法治政府建设工作的督促检查,确保法治政府建设各项任务落实到位。法治政府建设工作经费要列入年度财政预算,由同级财政予以保障。严格落实政府法制机构干部培养、教育、使用和交流制度,提高干部政治业务素质、工作能力〔市政府办公室牵头,市机构编制委员会办公室、市财政局、市人力资源和社会保障局等有关部门(单位)、各县(区)政府(管委会)负责〕。

(二)强化第一责任人责任

44. 落实第一责任人责任。党政主要负责人要履行推进法治政府建设第一责任人职责,将建设法治政府摆在工作全局的重要位置。2016年12月底前,各级政府要建立由党政主要负责人负责的推进法治政府建设工作领导协调机制。对不认真履行第一责任人职责,贯彻落实《纲要》和《实施方案》不力,本地区本部门一年内发生多起重大违法行政案件、造成严重社会后果的,依法追究主要负责人责任〔市委办公室牵头,各有关部门(单位)、各县(区)政府(管委会)负责〕。

45. 建立法治政府建设情况定期报告制度。市、县(区)政府每年第一季度要向同级党委、人大常委会和上一级政府报告上一年度法治政府建设情况;政府部门每年第一季度要向本级政府和上一级政府有关部门报告上一年度法治政府建设情况,报告要通过报刊、政府网站等媒介向社会公开〔市政府办公室牵头,各有关部门(单位)、各县(区)政府(管委会)负责〕。

(三)强化考核评价和督促检查

46. 强化考核评价。各级党委要把法治政府建设成效作为衡量各级领导班子和领导干部工作实绩的重要内容,纳入政绩考核指标体系和效能目标考核体系,充分发挥考核评价对法治政府建设的重要推动作用,依法行政、法治政府建设考核分值在年度效能目标管理考核总分值中所占比重不低于10%〔市机关效能建设及目标管理考核工作领导小组办公室,各有关部门(单位)、各县(区)政府配合〕。

47.加强督促检查。各级政府及其部门的党组织要领导和监督本单位模范遵守宪法、法律,坚决查处执法犯法、违法用权等行为。市政府要加强对下级政府及其工作部门法治政府建设进展情况的督促检查。市、县(区)政府法制机构要结合法治政府建设年度重点工作,开展定期不定期检查、专项督查和考核,对工作不力、问题较多的,要及时约谈、责令整改、通报批评。对法治政府建设考核不合格的单位,不得评为效能目标考核优秀等次〔市委组织部、市政府法制办公室牵头,各有关部门(单位)、各县(区)政府(管委会)负责〕。

(四)加强典型示范、理论研究和宣传引导

48.加强典型示范。开展建设法治政府示范创建活动,大力培育法治政府建设先进典型,推出一批创新做法和典型经验,通过召开现场会、经验交流会等形式及时进行交流和推广,充分发挥先进典型的示范带动作用。通过网站、报刊等媒体定期通报和公布违法行政典型案例,分析原因、吸取教训、改进工作〔市政府法制办公室牵头,各有关部门(单位)、各县(区)政府(管委会)负责〕。

49.加强宣传引导。充分运用传统媒体和新媒体等多种形式,广泛宣传法治政府建设目标、工作部署、先进经验、典型做法,正确引导舆论,凝聚社会共识,营造全社会关心、支持和参与法治政府建设的良好社会氛围〔市委宣传部牵头,各有关部门(单位)、各县(区)政府(管委会)负责〕。

50.提高认识,加强领导。各地各部门要高度重视,深刻认识推进法治政府建设的重大意义,准确把握任务要求,将落实实施方案作为当前和今后一个时期的重要工作,主要领导亲自负责,精心组织,周密安排。加强新闻宣传和舆论引导,以更大力度、在更广范围、更深层次上加快推进法治政府建设,确保取得实质性进展。

51.明确责任,合力推进。各地各部门要按照任务分工,制定工作方案,倒排时间表,分解任务,责任到人,确保按要求完成任务。涉及多个部门的,牵头部门要负总责,切实做好综合协调和推进工作,督促责任单位抓好落实,负责部门和责任部门要主动作为,认真研究实施。需要增加参与部门的,由牵头部门提出并商有关部门确定。

52.加强督查,务求实效。市委办公室、市政府办公室、市政府法制办要加强对实施方案落实工作的统筹协调,及时提出工作意见、建议。市委督查室、市政府督查室及政府法制办要按季度对各地各部门落实年度重点任务情况开展专项督查,跟踪了解整体工作落实效果。市政府法制办要牵头做好督促检查,不定期进行抽查,对工作中发现的问题进行通报并纳入年度效能考核。各地各部门要解放思想、大胆实践、开拓进取,以更加奋发有为的精神状态、更加有力有效的工作措施,推动法治政府建设不断取得新成效,确保2020年如期实现基本建成法治政府的奋斗目标。

规范性文件

中卫市一般工业固体废物管理办法
卫政发〔2016〕13号

第一条 为加强中卫市一般工业固体废物污染环境的防治及其监督管理,合理利用资源,保障人体健康,维护生态安全,促进经济社会可持续发展,根据《中华人民共和国固体废物污染环境防治法》、《一般工业固废储存处置场污染控制标准》(GB 18599—2001)、《一般工业固体废物申报登记名录》等有关法律、法规规定,结合实际,制定本办法。

第二条 本办法适用于在中卫市行政区域范围内产生、收集、贮存、利用、转移、处置一般工业固体废物的单位和个人。法律、法规、规章另有规定的,从其规定。

本办法所称一般工业固体废物,是指被列入《一般工业固体废物申报登记名录》的一般工业固体废物,以及其他未被列入《国家危险废物名录》或者根据国家规定的GB5085鉴别标准和GB5086及GB/T15555鉴别方法判定不具有危险特性的工业固体废物。

第三条 一般工业固体废物污染环境的防治,实行减少固体废物的产生量和危害性、充分合理利用固体废物和无害化处置固体废物的原则,促进清洁生产和循环经济发展。

第四条 市环保局应当建立和完善环境保护目标责任制,将一般工业固体废物污染环境防治工作纳入环境保护年度目标管理,并作为主要负责人政绩考核的重要内容。

第五条 一般工业固体废物处置实行集中处置。沙坡头区设置统一的一般工业固体废物填埋场(以下简称"工业固废填埋场"),负责集中处置沙坡头区单位和个人产生但无能力自行处置的一般工业固体废物。中宁县、海原县参照沙坡头区处置模式并结合当地实际,按照《一般工业固废储存处置场污染控制标准》(GB 18599—2001)开展一般工业固体废物处置工作。

第六条 市环保局对一般工业固体废物污染环境的防治工作实施统一监督管理。中卫工业园区管委会负责所辖行政区域内一般工业固体废物污染环境防治监督管理的具体工作。中宁县、海原县人民政府负责所辖行政区域内一般工业固体废物污染环境防治监督管理的具体工作。

应理集团根据市人民政府的委托负责中卫工业园区工业固废填埋场的运行管理工作。

市公安、城管等有关部门在各自的职责范围内负责工业固体废物污染环境防治的监督管理工作。

第七条 市环保部门和其他固体废物污染环境防治工作的监督管理部门,有权依据各自的职责对管辖范围内与固体废物污染环境防治有关的单位进行现场检查。被检查单位应当如实反映情况,提供必要的资料。检查单位应当为被检查单位保守技术秘密和业务秘密。

第八条 环境保护监测机构应当按照《一般工业固废储存处置场污染控制标准》(GB 18599—2001)技术规范,加强对一般工业危险废物的环境监测。

第九条 产生一般工业固体废物的单位和个人应当建立健全污染环境防治责任制度,采取防治工业固体废物污染环境的措施。一般工业固体废物需经市环保局或有资质的检查机构,出具相关证明或检测报告后,方可转运处置,严禁将危险废物与一般工业固体废物混合处置。

第十条 产生一般工业固体废物的单位和个人,应当建立一般工业固体废物种类、产生量、流向、贮存、处置等资料档案,按年度向市环保局申报登记。申报登记内容发生重大改变的,应当在发生改变之日起10日内向原登记机关申报。

第十一条 单位和个人应当对其产生的可以利用的工业固体废物加以利用。对暂时不利用的,应当按照国家规定建设贮存设施,安全分类存放;对不能利用的,应当按照环境保护的有关规定和技术规范自行处置;无能力自行处置或未建设贮存设施不能安全分类存放的,应当委托一般工业固废处置单位进行处置,并支付处置费用;无能力自行处置又不依法委托处置的,市环保局可以指定一般工业固废处置单位代为处置,处置费用由产生工业固体废物的单位和个人承担。

处置费用的标准,由市物价局会同市环保局等有关部门制定。

法律、法规对处置费用标准另有规定的,从其规定。

第十二条 工业固体废物贮存、处置设施,应当符合国家有关规定和技术标准。

新建、扩建、改建工程的单位和个人自行贮存、处置工业固体废物的,其污染防治设施应当与主体工程同时设计,同时施工,同时投入使用;委托一般工业固废处置单位处置的,应当按照国家规范进行临时贮存并及时清运,贮存期内确保无污染事故发生,不得超期贮存、违规贮存,因贮存不当导致环境污染,一切责任由产生工业固体废物的单位和个人承担。

建设一般工业固体废物贮存、处置的设施、场所,必须符合《一般工业固废储存处置场污染控制标准》(GB 18599—2001)技术规范。

第十三条 禁止擅自关闭、闲置或者拆除工业固体废物污染环境防治设施、场所;确有必要关闭、闲置或者拆除的,必须经市环保局核准,并采取措施,防止污染环境。

第十四条 产生工业固体废物的单位和个人需要终止产生的,应当事先对工业固体废物的贮存、处置的设施、场所采取污染防治措施,并对未处置的工业固体废物做出妥善处置,防止污染环境。

产生工业固体废物的单位和个人发生变更的,变更后的单位和个人应当按照国家有关环境保护的规定对未处置的工业固体废物及其贮存、处置的设施、场所进行安全处置或者采取措施保证该设施、场所安全运行。变更前当事人对工业固体废物及其贮存、处置的设施、场所的污染防治责任另有约定的,从其约定;但不得免除当事人的污染防治义务。

第十五条 产生、收集、贮存、运输、利用、处置一般工业固体废物的单位和个人,必须采取防扬散、防流失、防渗漏以及其他防止污染环境的措施;不得擅自倾倒、堆放、丢弃、遗撒工业固体废物。

第十六条 对收集、贮存、运输、处置工业固体废物的设施、设备和场所,应当加强管理和维护,保证其正常运行和使用。

第十七条 禁止任何单位和个人非法侵占、毁损工业固体废物的贮存、处置场所和设施。

第十八条 一般工业固体废物处置单位需向产生工业固体废物的单位和个人提供《一般工业固体废物处置申报表》。一般工业固体废物从产生地运至处置地点，产生工业固体废物的单位和个人必须按照《一般工业固体废物申报登记名录》真实填写《一般工业固体废物处置申报表》并随车携带。

第十九条 一般工业固废废物处置单位在接收一般工业固体废物时，若发现一般工业固体废物的名称、数量、特性、形态、包装方式与《一般工业固体废物处置申报表》填写的内容不符，有权拒绝接收废物，并及时向市环保局报告。

未在《一般工业固体废物申报登记名录》中列出的一般工业固体废物，产生工业固体废物的单位和个人需委托有资质的检测机构按照GB5085鉴别标准和GB5086及GB/T15555鉴别方法判定其产生的废物是不具有危险特性的一般工业固体废物，并持检测报告与一般工业固废废物处置单位签订处置服务协议。

产生工业固体废物的单位和个人委托处置的一般工业固体废物需分类运输，不得混合运输，不得将生活垃圾、危险废物、餐厨垃圾等非一般工业固体废物混入一般工业固体废物一同运输处置。

将危险废物混入一般工业固体废物的行为一经发现，由市环保局参照国家《危险废物管理条例》等相关法律法规进行处理，造成严重后果者，产生工业固体废物的单位和个人承担法律责任。

将生活垃圾、餐厨垃圾等非一般工业固体废物混入一般工业固体废物的行为一经发现，产生工业固体废物的单位和个人需偿付分拣、收集、转运、干化、填埋等应急处置过程中产生的一切费用，造成严重后果者，产生工业固体废物的单位和个人承担法律责任。

产生、运输和接收一般工业固体废物的单位需建立一般工业固体废物管理台账，台账资料保存5年。

市环保局对某些台账提出延长保存年限的，产生、运输和接收一般工业固体废物的单位应当按照要求延期保存。

第二十条 运输一般工业固体废物，必须采取防止污染环境的措施，并遵守国家有关固体废物运输管理的规定。

禁止将一般工业固体废物与旅客在同一运输工具上载运。

第二十一条 一般工业固体废物处置单位在接收一般工业固体废物过程中，应当遵守以下规定：

（一）与产生工业固体废物的单位和个人签订协议，并报市环境保护局备案；

（二）在接收过程中，对不符合技术规范要求的废物拒绝接收；

（三）没有填写《一般工业固体废物处置申报表》的废物拒绝接收；

（四）《一般工业固体废物处置申报表》填写与实际不符的废物拒绝接收；

（五）按规定要求做好接收记录。

第二十二条 对违反本办法规定的，由环保部门按照有关法律、法规、规章进行处罚。构成犯罪的，依法追究刑事责任。

第二十三条 环保部门及其工作人员滥用职权、玩忽职守、徇私舞弊的，依法给予行政处分；构成犯罪的，依法追究刑事责任。

第二十四条 本办法自印发之日起施行。

中卫市公共资源交易管理办法(试行)

卫政发〔2016〕67号

第一条 为进一步规范我市各类公共资源交易活动，加快建立并完善与市场经济相适应的交易机制，保护国家利益、社会利益和当事人的合法权益，从源头上预防和治理各种违法行为和不正当竞争，减少公共资源交易的干扰因素，遏制恶意拖欠农民工工资的不良行为，根据《中华人民共和国招标投标法》《中华人民共和国政府采购法》和《宁夏回族自治区招标投标管理办法》等法律、法规，结合本市实际，制定本办法。

第二条 在中卫市行政区域内的公共资源交易活动，适用本办法。

本办法所称公共资源交易活动是指中卫市行政区域范围内全部或部分使用市(县、区)政府投资(融资)的工程建设招投标、政府采购、中介服务等机构的确定行为。

第三条 发展改革部门统一指导、协调、监督本行政区域的招标投标工作，财政部门负责统一指导、协调、监督本行政区域的政府采购工作。

建设、财政、交通、水利、卫生、商务等行政主管部门，负责政府采购等相关项目招标投标活动的监督工作。

审计机关依法对招标投标相关活动实施监督。

市公共资源交易中心负责进场交易活动的规范、管理和服务。

第四条 凡没有资金来源、未经立项的项目不得进入招标程序。

凡进入招标程序的项目,招标公告由招标人按程序审定后直接上传发布。建设行政主管部门不再审核。公共资源交易中心按招标人公告要求开标时间及时安排开标。

行政监督部门要依法行政,重点做好事中、事后监督,依法查处招投标活动中的违法违规行为。

除发改、财政等法定部门应严格按照法律规定对政府投资项目、政府采购项目进行审批、备案外,其他任何单位不得设置或变相设置法律规定之外的各类审批和备案。

第五条 市(县、区)发改部门分别牵头按照标准建立评标专家库,与市公共资源交易中心共同负责对评标专家进行培训、考核,实行动态管理。

评委由招标人、代理机构、监督部门和公共资源交易中心通过计算机随机抽取专家语音自动通知系统在评标专家库中随机抽取。

评标委员会成员应当依法履行职责。如在评标现场一经发现评标委员会成员有违法违纪或失职的,一律取消其评标委员的资格,并在专家库中随机补选评标委员替代。如在评标结束后,发现因其违法违纪或严重失职影响评标结果的,应重新组织招标。是招标人评标委员的,对其单位和本人进行问责,是专家评标委员的,将其从专家库中清退。

第六条 市(县、区)发改、财政、国土、审计等主管部门,每年12月31日前,按照采集信息,对当年在交易市场登记的招标代理机构、工程造价咨询机构、政府采购代理机构、矿产资源评估机构、资产评估机构和勘测定界机构、审计决算咨询机构等集中进行一次更新,更新后的中介代理机构名录分类统一在市公共资源交易中心登记。

凡政府财政投资项目中介服务机构的选用,全部采用公开摇号方式由招标人从对应的中介机构名录中随机抽取确定。

第七条 建立企业信用后评估制度。各行政监督部门按照职责加强对进场交易投标企业(供应商)、中介机构和评委的监督、管理。各行政监督部门、公共资源交易中心、各招标人共同建立交易主体和从业人员共享信用数据库,对交易活动进行事后评估。对失信、违法违纪、恶意讨薪、群体上访等行为的交易主体和从业人员实行"黑名单"制,禁止其一定期限内在中卫从事公共资源交易活动。

第八条 凡市(县、区)政府投资(融资)项目及市(县、区)国有企业投资(融资)项目达到下列标准的必须进场进行招标:

(一)施工单项合同估算价在100万元人民币以上的;

(二)重要设备、材料等货物的采购,单项合同估算在50万元人民币以上的;

(三)勘察、设计、监理等服务单位的选用,单项合同估算在20万元人民币以上的;

(四)单项合同估算价低于本条第一、二、三项规定标准,但项目总投资额在500万元人民币以上的。

不在上述限额的项目,建设单位可以自行确定符合规定的发包方式。

第九条 中卫市行政区域内使用市(县、区)财政资金,没有专有技术、专有行业要求,按照规定必须进行招标的项目,实行评标定标分离。

评标:由招标人从专家库中抽取的专家评委对所有投标企业资格和招标承诺文件进行符合性评审。

定标:经评审通过的投标企业作为有效投标人进入随机抽取中标人程序,采用合理造价区间随机抽取方法确定中标人。

合理造价区间随机抽取中标人的发包价房屋建筑以低于控制价2—4个百分点、市政工程及其他项目以低于控制价3—7个百分点发包。

采用合理造价区间随机抽取中标人办法,自招标文件发出之日起到开标截止,不得少于10日。

第十条 经招标人提出,下列政府投资(融资)项目,可以不采取合理造价区间随机抽取中标人办法确定中标人:

(一)区、市重大政府投(融)资项目,前期有技术要求的可行性研究报告、环境影响评价、概念性设计、方案设计等;

(二)工艺复杂或有特殊技术要求的国家、自治区和市级重大投(融)资项目,经招标人申请原项目行政部门批准同意的;

(三)采取PPP、EPC、BT、BOT等特殊要求的投资项目;

(四)政府采购的大宗设备(含医疗设备)、工程货物等。

第十一条 政府采购项目单项或批量采购预算金额超过50万元的货物、工程和服务类项目，不论是否属于集中采购目录内还是集中目录外，应当实行公开招标；单项或批量采购预算金额低于10万元的货物、服务类及20万元以下的政府采购工程项目由采购单位自行采购；单项或批量采购年度预算金额超过10万元以上的货物或服务类项目及20万元以上的政府采购工程项目纳入政府集中采购。市财政部门根据以上限额标准制定《中卫市本级政府采购目录及标准》，具体实施。

政府采购项目按照《政府采购法》及《政府采购货物和服务招投标管理办法》（财政部第18号令）规定的评标办法评标。

第十二条 凡公开招标的政府投资项目，招标人有要求的，协商投标企业自愿以企业基本账户现金转账等方式提供工程控制价10%~30%的信用承诺保证金（包括农民工工资保证金、履约保证金、投标保证金等）。

第十三条 中标单位缴纳的信用承诺保证金，按有关规定或约定部分转为农民工工资保证金、履约保证金，剩余部分退还。未中标单位缴纳的信用承诺保证金，一次予以无息退还。

第十四条 招标人应严格按照招标文件规定与中标单位签订合同，在签订合同前应当对合同进行合法性审查。

第十五条 本试行办法涉及内容，《中华人民共和国招标投标法》《中华人民共和国政府采购法》等国家法律、法规另有规定的从其规定。

第十六条 本办法自印发之日起实行。

中卫市招商引资扶持激励政策

卫政发〔2016〕85号

第一章 总 则

第一条 为进一步加强我市对外经济技术合作，吸引市内外和境外投资者在我市投资创业，推动我市经济社会跨越发展，根据国家、自治区有关法律、法规、规章和政策规定，结合我市实际，制定本政策。

第二条 本政策适用于在中卫市行政区域内进行投资建设的市内外和境外投资者。

国家禁止和限制的行业以及排放废水、废气、废渣，且不治理或者进行治理但未达标的企业，不适用本政策。

第三条 本政策由各级人民政府及有关部门负责实施。

第四条 本政策每年进行修订完善，国家及自治区废止的扶持政策，本政策相应条款同时废止。

第二章 税收扶持政策

第五条 对在我市工业领域投资的企业，可享受以下税收政策：

（一）自2011年1月1日至2020年12月31日，对设在我市的鼓励类产业企业，减按15%的税率征收企业所得税。（以《西部地区鼓励类产业目录》中规定的产业项目为主营业务，且其当年度主营业务收入占企业收入总额70%以上的企业。）

（二）符合西部大开发税收优惠政策的企业，除减按15%的税率征收企业所得税外，从其取得第一笔生产经营收入所属纳税年度起，第1年至第3年免征企业所得税地方分享部分，第4年至第6年减半征收企业所得税地方分享部分。

（三）自2015年8月1日起，对在我市投资新办且从事国家不限制或鼓励发展的企业，企业自用土地的城镇土地使用税和自用房产的房产税实行"三免三减半"优惠。

（四）在我市的国家重点扶持的高新技术企业，减按15%的税率征收企业所得税。

（五）在我市销售自产的利用风力生产的电力、部分新型墙体材料产品，享受增值税即征即退50%政策。

（六）在我市从事环境保护、节能节水、资源综合利用的生产企业，享受以下税收政策：

1. 从事符合条件的环境保护、节能节水项目（包括公共污水处理、公共垃圾处理、沼气综合开发利用、节能减排技术改造等）的所得，自项目取得第一笔生产经营收入所属纳税年度起，第1年至第3年免征企业所得税，第4年至第6年减半征收企业所得税。对企业购置符合条件的用于环保、节能节水、安全生产等专用设备的投资额，按10%的比例实行税额抵免。

2. 对于企业生产销售符合条件的资源综合利用产品按照有关规定享受增值税免征、即征即退政策。

（七）自2015年10月1日起至2017年12月31日，对年应纳税所得额在20万元到30万元（含30万元）之间的小型微利企业，其所得减按50%计入应纳税所得额，按20%的税率缴纳企业所得税（指符合《中华人民共和国企业所得税法》及其实施条例规定的小型微利企业）。

（八）凡进入中卫厚德慈善园区的企业享受以下税收政策：

1. 自企业取得第一笔收入起免征企业所得税地方留成部分5年，第6~10年减半征收企业所得税地方留成部分。

2. 自入园之日起，免征城镇土地使用税、房产税5年。

第六条 对在我市农业领域投资的企业，可享受以下税收政策：

（一）符合西部大开发税收优惠政策的企业，除减按15%税率征收企业所得税外，从其取得第一笔生产经营收入所属纳税年度起，第1年至第3年免征企业所得税地方分享部分，第4年至第6年减半征收企业所得税地方分享部分。

（二）农产品加工企业从事种植、养殖和农产品初加工项目所得按规定免征或减免企业所得税。

（三）对从事税法规定的技术转让、技术开发业务和与之相关的技术咨询、技术服务业务取得的收入，免征增值税。

（四）符合《国家支持发展的重大技术装备和产品目录》的进口自用设备，按照规定报批后，免征关税和进口环节增值税。

（五）企业开发新产品、新技术、新工艺所发生的研发费用，在缴纳企业所得税前按相关规定可以加计扣除。

（六）生产销售氮肥、磷肥、钾肥以及以免税化肥为主要原料的复混肥免征增值税。

（七）对农膜、有机肥、饲料、滴灌带和滴灌管产品免征增值税。

（八）批发和零售的种子、种苗、化肥、农药、农机免征增值税。

第七条 对在我市旅游领域投资的企业，可享受以下税收政策：

凡来中卫投资、合资、合作兴办旅游产业（不包括旅行社和流通产业），6年内免征企业所得税地方分享部分。

第八条 对在我市投资建设的信息化企业，可享受以下税收政策：

（一）投资1000万元及以上的云计算企业，从投产运营之日起，免交企业所得税地方分享部分5年。

（二）2020年10月26日前，对云计算企业员工，在我市工作时间超过一年、年缴纳个人所得税在3万元及以上的，参照其个人所得税地方分成部分，给予90%的奖励。

（三）2020年10月26日前，对在我市工作的云计算企业急需的专业人才（高管、专家等），经认定后，参照其缴纳的个人所得税地方分成部分，全额奖励给个人。

第九条 对在我市现代服务业领域投资的企业，可享受以下税收政策：

（一）在我市新办的现代服务业企业，从其取得第一笔收入纳税年度起，免征企业所得税地方分享部分5年。

（二）在中卫境内注册的物流企业，可享受以下税收政策：

1. 自2015年8月1日起，对在宁投资新办且从事国家不限制或鼓励发展的产业，企业自用土地的城镇土地使用税和自用房产的房产税实行"三免三减半"优惠。

2. 优先支持重点物流园区的物流企业申请列入国家重点物流企业名单，被国家发改委和国家税务总局联合确认纳入试点名单的物流企业，将承担的运输、仓储等业务分包给其他企业并由其统一收取价款的，按照国家税务总局的有关规定，以其取得的全部收入减去支付给其他企业的费用后余额为营业额分别计算征收增值税。

3. 从事口岸、保税区建设和经营的物流企业，属于国家重点扶持的《基础设施项目企业所得税优惠目录》规定的公共基础设施项目的经营所得，自项目取得第一笔生产经营收入所属纳税年度起，第1年至第3年免征企业所得税地方分享部分，第4年至第6年减半征收企业所得税地方分享部分。

4. 物流企业为开发新技术、新产品、新工艺发生的研发开发费用，在计算应纳税所得额时，未形成无形资产计入当期损益的，在按照规定据实扣除的基础上，按照研究开发费用的50%加计扣除；形成无形资产的，按照无形资产成本的150%摊销。

5. 对于符合国家产业政策和进出口税收政策的物流企业进口的设备、仪器以及按照合同随设备进口的技术（含软件）及配套配件、备件，可按国家有关规定免征进口设备关税。对符合国家级企业（集团）技术中心税收优惠政策条件的企业，进口技术研究所需的科研设备仪器，免征进口环节关税。

（三）我市电子商务企业享受以下税收政策：

1. 对符合国家规定的电子商务出口货物，适用增值税、消费税退（免）税政策。

2. 从事电子商务活动的企业，经认定为高新技术企业的或符合西部大开发税收优惠政策条件的，依法享受15%企业所得税优惠税率。

第十条 对在我市其他领域投资的企业，可享受以下税收政策：

（一）我市企业从事技术转让、开发、咨询、服务享受以下税收政策：

1. 对从事税法规定的技术转让、技术开发业务和与之相关的技术咨询、技术服务业务取得的收入，免征增值税。

2. 一个纳税年度内，居民企业技术转让所得不超过500万元的部分，免征企业所得税；超过500万元的部分，减半征收企业所得税。

（二）海外留学人员及国内高等院校、科研院所科技人员、高校毕业生来园区领办和创办软件企业，自获利年度起5年内，企业所得税地方留成部分由分享市县财政通过预算列支的方式，用于支持企业发展。企业人员薪酬和新招聘员工的培训费可按实际发生额在企业所得税税前列支。

（三）对自治区人民政府根据其发挥作用颁发的科学、教育、技术、文化、卫生、体育、环境保护等方面的奖金，按照《中华人民共和国个人所得税法》规定予以免征个人所得税。

第三章 金融扶持政策

第十一条 鼓励和引导金融机构加大对我市云计算企业的信贷支持力度，优先为符合条件的云计算企业给予结算、信贷支持和金融服务，一律给予基准利率，减免评估费、抵押登记费等相关贷款费用。

第十二条 对在我市新设立的银行、证券、保险、信托、期货、财务、金融租赁、融资租赁、消费金融、资产管理、第三方支付、小额贷款、融资性担保以及股权投资类企业等现代金融服务企业，从取得第一笔收入纳税年度起，免征企业所得税地方分享部分5年。

第十三条 我市合伙制股权投资企业享受以下税收政策：

（一）合伙制股权投资企业的投资收益，依法可采取"先分后税"方式，由合伙人分别依法缴纳个人所得税或企业所得税。

（二）合伙制股权投资企业的合伙人为自然人的，合伙人的投资收益，按照"利息、股息、红利所得"或者"财产转让所得"项目征收个人所得税，税率为20%。合伙人是法人或者其他组织的，其投资收益按有关规定缴纳企业所得税。

（三）对符合《西部地区鼓励类产业目录》中产业项目为主营业务且主营业务收入占企业收入总额70%以上的公司制股权投资类企业，依法享受国家西部大开发各类优惠政策，执行15%的所得税率。

（四）对中卫市产业转型升级做出重大贡献的股权投资类创业企业，依法享受中卫市人民政府招商引资各项优惠政策，同时纳入中卫市"四主一化"产业转型专项资金支持范围，采取"一事一议"方式予以支持。

第十四条 鼓励市内外有识之士深度发掘我市历史文化、风景名胜等旅游资源，用新的理念去开发经营文化旅游项目，承认其无形资产，经有关部门认定后批准立项，允许其以知识产权作价入股，参与收益分配。分配的比例由知识产权所有人与投资方自行商定。

第四章 财政扶持政策

第十五条 租用宁夏中关村科技产业园西部云基地内办公或生产用房的，按实际租房合同和发票为准，从签订租赁合同起的第一、二、三年分别给予100%、70%、30%租金补贴。

第十六条 对符合规定的电子商务企业给予注册资金1%的奖励，最高不超过100万元。

第十七条 我市企业生产和推广软件产品（2010年起）享受以下奖励政策：

（一）对获得国家部委认可并在一个行业系统内推广的优秀软件产品，给予企业不超过10万元的一次性奖励。

（二）对获得"中国优秀软件产品"称号的企业，给予20万元的一次性奖励。

（三）获得自治区经济和信息化委员会、财政厅组织评选的"优秀系统集成企业""优秀软件企业"和"优秀软件产品"荣誉的企业，给予适当奖励。

第十八条 我市企业2016—2018年在主板、中小板、创业板上市或在"新三板"挂牌成功的，除享受自治区奖励外，由企业纳税地财政分别给予一次性奖励200万元、100万元。

第十九条 鼓励社会各界积极招商引资。对成功引进招商项目（指从中卫市境外引进并落户在中卫市境内，且符合国家及自治区产业政策的投资实体项目。各级政府投资项目和资金、扶贫资金、专项资金及风力发电、太阳能光伏发电项目不在奖励范围之内）的个人、中介机构、社会组织等，经有关部门认定后，按照实际到位资金的万分之一予以奖励。对引进项目的奖励,按照"谁受益,谁支付"的原则,由市、县两级财政分别承担。

第五章 科技扶持政策

第二十条 凡我市企业被认定为国家级企业技术中心给予一次性奖励100万元;被认定为自治区级企业技术中心给予一次性奖励50万元。奖励资金专项用于企业技术中心改造实验室、购置和更新研发仪器设备及软件,并对已投入使用的仪器设备进行日常维护,提高创新能力。

第二十一条 实施专利资助政策,鼓励我市企业进行专利申请和专利转化。

(一)专利申请资助

1. 国内发明专利每件资助1万元。被国家知识产权局受理并已缴纳相关费用后资助0.3万元,被国家知识产权局授权并已缴纳相关费用后资助0.7万元。

2. 国内实用新型专利,被国家知识产权局授权并已缴纳相关费用后每件资助0.2万元。

3. 国外发明专利,被所在国专利管理机构授权后每件予以适当资助。

(二)专利转化资助

对于企业获批的发明专利成功产业化后,在申报的基础上,进行实地调研、筛选,组织专家评审后给予资助,资助资金最高不超过30万元。

第二十二条 实施科技创新后补助政策,鼓励我市企业进行科技创新。

(一)企业科技创新申报的后补助资金由自治区和市、县(区)财政各按50%比例承担,列入各级财政年度预算和自治区科技计划管理。

(二)企业自主立项开展的新产品开发、新工艺应用、新技术研发、创新平台建设等科技创新活动,在项目完成后按项目实际研发投入给予20%的补助。

(三)企业牵头建立产学研用联盟实施成功的研发项目,在项目完成后按项目实际研发投入给予20%的补助。

(四)企业承接科研院所、高校重大科技成果并成功转化的项目,在项目完成后按照技术合同的交易额给予20%的补助。

(五)企业主持或参与制定国家、行业标准的,在项目完成后按标准制定、认证过程中的实际投入给予20%的补助。

(六)企业获批的973计划、863计划、科技支撑计划、创新能力建设专项等国家级重大科技创新项目在项目验收后,按项目批复的国拨资金额度给予20%补助。

(七)如以上第二至第六条科技创新活动由高新技术企业或科技型中小企业实施,则补助标准提高到30%;对创新贡献大、示范带动强的科技型中小企业,按上述相关类别,补助标准提高到40%。

(八)以上各类补助标准最高额度不超过500万元,超过500万元的,按500万元标准进行补助。

第二十三条 实施研究开发费用加计扣除政策,鼓励企业增加研发投入。

(一)允许企业按当年实际发生的技术开发费用的150%抵扣当年应纳税所得额。实际发生的技术开发费用当年抵扣不足部分,可按税法规定在5年内结转。

(二)未形成无形资产计入当期损益的,在按照规定据实扣除的基础上,按照研究开发费用的50%加计扣除;形成无形资产的,按照无形资产成本的150%摊销。

第二十四条 实施科技金融政策,帮助我市企业化解资金难题。

(一)科技贷款利息补助。科技贷款利息补助是指对科技型中小企业所获得银行专项科技贷款后的利息补助。利息补助不超过项目承担单位申请项目贷款年基准利率的50%确定贴息额度,同一企业的补助累计三年不超过人民币100万元;订单、应收账款等质押贷款,按不超过贷款额年基准利率的70%确定补助额度,同一企业的补助累计三年不超过150万元。已获其他贴息补助的项目,不得重复申报科技贷款利息补助。

(二)科技担保补助。科技担保补助是指对科技型中小企业担保贷款的担保费补助。对科技型中小企业获得银行科技贷款所发生的担保费,担保费补助额以下不超过实际支付总担保费用的80%为限,同一企业的费用补助连续三年累计不超过人民币50万元。

(三)知识产权质押贷款补助。知识产权质押贷款补助是指科技型中小企业利用专利等无形资产质押贷款的中介费用补贴。补贴额度以不超过知识产权质押贷款实际支付的90%为限,同一企业的补助连续三年累计不超过150万元。

(四)"宁科贷"。"宁科贷"是指科技型中小微企业风险补偿专项资金贷款项目。我市作为全区首批科技型中小微企业风险补偿专项资金试点单位,市政府安排300万元风险补偿专项资金与科技厅1:1配套,合作金融机构按10倍进行放大贷款授信，支持我市科技型中小微企业在科技成果转化和产业化过程中融资难题。

（五）对面向我市主导产业、优势产业、特色产业生产配套的科技型中小企业或项目以及纳入金融部门和科技部门共同组织的银企对接活动的企业或项目，并能获得银行贷款支持的，优先给予专项资金支持。

第六章 人才扶持政策

第二十五条 对自治区人民政府根据其发挥作用颁发的科学、教育、技术文化、卫生、体育、环境保护等方面的奖金，按照《中华人民共和国个人所得税法》规定予以免征个人所得税。

第二十六条 我市引进的急需紧缺高层次人才，享受以下待遇：

（一）基本薪酬。

1. 国家级有突出贡献的中青年专家、享受国务院特殊津贴人员，国家级重点学科、重点实验室的学术技术带头人或与此类人才相当的人员，月薪8000~12000元。

2. 省（自治区、直辖市）部级有突出贡献的中青年专家、享受省（自治区、直辖市）级政府特殊津贴人员，省（自治区、直辖市）级重点学科、重点实验室的学术技术带头人或与此类人才相当的人员，月薪6000~8000元。

3. 取得博士学位、具有高级专业技术职务任职资格或与此类人才相当的人员，月薪4000~6000元。

（二）绩效薪酬。每年对引进人才进行考核，根据贡献大小，发放绩效薪酬，标准为5万~50万元。

（三）住房。免费提供100~150平方米左右住房，供引进人才使用。

（四）安家补助费。

1. 国家级有突出贡献的中青年专家、享受国务院特殊津贴人员，国家级重点学科、重点实验室的学术技术带头人或与此类人才相当的人员，发放安家补助费20万元。

2. 省（自治区、直辖市）部级有突出贡献的中青年专家、享受省（自治区、直辖市）级政府特殊津贴人员，省（自治区、直辖市）级重点学科、重点实验室的学术技术带头人或与此类人才相当的人员，发放安家补助费15万元。

3. 取得博士学位、具有高级专业技术职务任职资格或与此类人才相当的人员，发放安家补助费10万元。安家补助费分5年平均、逐年发放。

第二十七条 我市短期引进的急需紧缺高层次人才，根据服务时间、项目规模等具体情况，协议确定薪酬。

第二十八条 我市柔性引进的急需紧缺高层次人才，按以下标准支付报酬：

（一）服务次数薪酬标准。

1. 国家级有突出贡献的中青年专家、享受国务院特殊津贴人员，国家级重点学科、重点实验室的学术技术带头人或与此类人才相当的人员，服务1次5000~10000元。

2. 省（自治区、直辖市）部级有突出贡献的中青年专家、享受省（自治区、直辖市）级政府特殊津贴人员，省（自治区、直辖市）级重点学科、重点实验室的学术技术带头人或与此类人才相当的人员，服务1次3000~5000元。

3. 取得博士学位、具有高级专业技术职务任职资格或与此类人才相当的人员，服务1次1000~3000元，并报销住宿差旅费。

（二）兼职咨询服务薪酬标准。每年2万~10万元。

第二十九条 为中卫经济发展做出突出贡献的引进人才，经市人才工作领导小组认定，授予"中卫市特聘专家"荣誉称号。

第三十条 凡荣获自治区"塞上英才"人选，以自治区党委、政府名义颁发荣誉证书，并给予每人50万元奖励（其中改善生活条件部分不低于三分之二，免征个人所得税）。被确定为"中卫英才"人选，由市委、政府颁发荣誉证书，并一次性奖励10万元。

第三十一条 我市人才引进。

（一）市、县财政设立引进急需紧缺高层次人才专项资金。

（二）机关、事业单位引进急需紧缺高层次人才的薪酬等待遇由市、县财政负担；企业引进急需紧缺高层次人才的薪酬等待遇由企业承担，市人才工作领导小组根据企业引才情况给予奖励。

（三）引进人才到机关、事业单位工作，需要占编的，由编办办理入编或增编手续。

（四）引进人才工龄计算及养老、医疗、工伤等社会保险，按相关规定执行。

（五）引进人才配偶、子女一同来中卫居住的，有正式工作的，可随调随迁；其子女在中小学学习的，可在我市选校就读；其配偶、子女养老、医疗、工伤等社会保险，按相关规定执行。

第三十二条 支持我市企业创建"技能大师工作室"。
(一)对获评国家级、自治区级"技能大师工作室"的给予10万元专项补贴。
(二)支持企业开展高技能人才培养培训,对取得技师、高级技师职业资格的培养企业,分别按每人3000元、5000元的标准给予一次性补助。

第三十三条 支持我市企业在人才引进、智力开发、研发及研发中心等享受以下政策:
(一)允许企业以智力支出作为技术开发费投入。
(二)对引进创新性人才的住房补贴、安家费、科研启动经费等费用可依法列入生产成本核算。
(三)对引进带项目、带技术创新型人才的企业,项目投产达效后,按项目经济效益10%的比例给予一次性奖励。
(四)对引进的创新型人才可分别给予5万~15万元的生活补助和10万~50万元的购房补助。
(五)鼓励支持企业设立院士工作站、博士后科研工作站(流动站)、专业工作室、科研基地、可按示范园等,吸引人才开展科技咨询、技术攻关、实验示范,成果显著的每个给予50—100万元专项经费资助。

第七章 土地扶持政策

第三十四条 土地供给优惠政策。
(一)用足用活国家低丘缓坡土地综合开发利用试点政策,对符合产业政策、科技含量高的项目,优先报批供地,凡入驻我市工业园区企业,享受国家、自治区工业用地最低出让价政策,免收入园企业基础设施配套建设使用费。
(二)凡投资5亿元以上或年产值8亿元以上的项目,由园区为企业平整土地。
(三)投资20亿元以上的重大项目,除享受上述优惠政策外,其他优惠政策由市、县工业园区管委会报请市、县政府审定。
(四)中卫市农业招商引资项目用地政策。
1. 采取"点供"方式保障用地需求。
2. 农业生产设施用地、直接用于或者服务于农业生产的附属设施和配套设施用地,按农用地管理,不需要办理农用地转用审批手续。
3. 使用未确定使用权的国有、农村集体所有的荒地、荒山、荒滩从事农业招商引资项目开发的,对不需要转用为建设用地的,可采用承包方式使用土地。
4. 对需要转为建设用地的工业项目,按照规定采取招拍挂方式取得土地使用权,土地出让金可执行自治区工业用地出让最低价标准。

第八章 其他扶持政策

第三十五条 取消所有市本级行政审批收费项目,实行行政审批零收费制。上级国家机关收取的收费项目,属于工业项目由市财政代缴,非工业项目按政策规定缴纳。需要给予政策扶持的项目,由市人民政府研究决定,予以代缴。

第三十六条 加强宁夏中关村西部云基地配套基础设施建设,支持云计算企业通过电力直接交易等方式降低运营成本。为云计算企业免费提供办公场所3年。

第三十七条 对世界500强企业、国内500强企业、民营100强及行业200强等大企业大集团和行业协会组织到我市设立总部、地区总部、职能运营中心、研发中心、采购中心、营销中心、结算中心,或者将上述机构注册在我区的,根据其对地方税收贡献大小在土地、财税、行政收费等方面给予相应优惠政策,具体优惠幅度视项目情况一事一议。

第三十八条 中卫市行政区域外的政府或企业,在中卫市行政区域内设立工业园,统称为"飞地工业园"。享受宁夏回族自治区"飞地工业园"发展优惠政策及招商引资优惠政策。

第三十九条 为引入我市的招商引资企业配套解决公租房。

第四十条 对我市引入的重大项目,可采用"一企一策""一事一议"方式,加大支持力度。

第四十一条 对我市企业纳入《鲜活农产品种目录》的鲜活农产品运输车辆,免收车辆通行费。

中卫市本级行政事业单位国有资产使用管理暂行办法

卫政办发〔2016〕93号

第一章 总 则

第一条 为规范和加强行政事业单位国有资产使用管理,维护国有资产安全,提高国有资产使用效益,根据《宁夏回族自治区行政单位国有资产管理暂行办法》、《宁夏回族自治区事业单位国有资产管理暂行办法》(宁政办发〔2015〕5号)和《宁夏回族自治区行政事业单位国有资产使用管理暂行办法》(宁财(资)发〔2015〕738号)等相关规定,制定本办法。

第二条 本办法适用于市本级党的机关、人大机关、政府机关、政协机关、审判机关、检察机关、各民主党派机关、人民团体和各类事业单位(以下简称"行政事业单位")。

第三条 行政事业单位国有资产使用包括国有资产自用和有偿使用。国有资产有偿使用是指行政事业单位在确保本单位职能正常履行和事业发展的前提下，按照有关规定，将其占有的国有资产进行出租、出借及事业单位对外投资和担保等行为。

第四条 行政事业单位国有资产使用应当严格遵循权属清晰、安全完整、合理使用、风险控制、注重绩效的原则。

第五条 行政事业单位国有资产有偿使用要严格履行审批手续。财政部门、行政事业单位主管部门（以下简称"主管部门"）按照规定权限对国有资产有偿使用事项进行审批或备案。行政事业单位负责本单位国有资产使用的具体管理。

财政部门对行政事业单位国有资产使用事项的批准文件，是行政事业单位签订资产出租、出借，事业单位对外投资、担保合同（协议）和账务处理的重要依据。

第六条 行政事业单位拟有偿使用的国有资产，权属应当清晰。权属关系不明确或者存在权属纠纷的资产不得出租、出借，事业单位不得对外投资及担保，具体为：

（一）已被依法查封、冻结的；
（二）权属不清或产权有争议的；
（三）未取得其他共有人同意的；
（四）其他违反法律、行政法规规定的。

第七条 行政事业单位应对有偿使用国有资产使用事项建立专门台账，实行专项管理，并在单位财务会计报告和每年上报国有资产信息统计报告中对相关信息进行披露。

第八条 行政事业单位国有资产的使用应按照资产信息化管理要求，及时将资产使用情况及变动信息录入资产管理信息系统，对本单位国有资产实行动态管理，并按要求定期向主管部门和财政部门报送资产统计报告。

第九条 行政事业单位应当建立健全各项资产使用管理制度，规范资产使用行为，加强资产日常管理，防止因资产使用不当或管理不善造成的损失和浪费，充分发挥国有资产的使用效益。

第二章 资产自用

第十条 行政事业单位自用资产管理应坚持实物量和价值量并重的原则。建立健全自用资产的购置、验收入库、保管、领用交回、资产清查盘点、资产管理责任追究、资产共享共用等内部管理制度，加强审计监督。

第十一条 资产验收入库。行政事业单位对通过购置、接受捐赠、无偿转让等方式获得的资产，单位资产管理部门应及时办理入库手续；自建资产应及时办理工程竣工验收、竣工财务决算编报和审计确认，依据审计确认的决算数和相关资料办理资产移交和产权登记；单位财务部门根据资产的相关凭证、文件等资料及时进行账务处理。资产管理部门及时建立固定资产卡片。

第十二条 资产领用交回。行政事业单位应建立资产领用交回制度。资产领用必须经主管领导批准，及时登记并办理领用手续。办公用资产应落实到人，使用人员离职时，所用资产必须按规定交回后，方可办理离职手续。保管人员应定期检查资产领用交回情况。

在资产使用明细账中，全面反映本单位资产的领用、交回、占用情况。资产出库应及时进行资产账务处理。

第十三条 资产清查盘点。行政事业单位应当建立资产使用定期清查制度，对占有、使用的资产进行清查盘点（每年至少一次），单位资产管理部门要与财务部门定期进行账务核对，做到账账、账卡、账实相符，确保资产、财务信息的真实、准确与完整。盘盈资产按规定及时入账；盘亏和报废资产，按照资产处置有关规定办理报批手续。

第十四条 资产管理责任追究。行政事业单位应建立资产使用管理责任制，将资产管理责任落实到资产使用部门和使用人，资产使用部门和使用人对所用资产负有保管、维护、确保资产安全完整的责任。单位对资产丢失、毁损等情况实行责任追究制。

第十五条 资产共享共用。财政部门、主管部门鼓励和提倡行政事业单位实行国有资产共享共用，在资产购置和使用分配上本着厉行节约、共享共用、保障工作的原则，合理分配，强化管理，提高国有资产使用效益。

第十六条 无形资产管理。行政单位应对著作权和土地使用权等无形资产进行可靠、有效的分类、登记、评估和管理；事业单位应加强对专利权、商标权、著作权、土地使用权、非专利技术、商誉等无形资产的管理，依法保护，合理利用，并结合国家知识产权战略的实施，促进科技成果转化，提高无形资产的使用效益。

第三章 出租、出借

第十七条 行政事业单位的国有资产不得以无偿方式出借给公民个人、行政事业单位之外的法人或其他组织使用。行政事业单位之间因工作需要确需无偿占用对方资产的,应按规定程序和权限报批。

行政事业单位的货币资金不得用于出借。法律、法规另有规定的除外。

行政事业单位不得出租出借公务用车。

行政单位严禁出租、出借办公用房。

第十八条 市本级行政事业单位国有资产出租、出借审批权限。

土地房屋资产出租出借,原则上一律报财政部门审批。

其他资产出租、出借,单位价值或批量价值(账面原值,下同)在50万元(含50万元)以上的,经主管部门审核后报财政部门审批。单位价值或批量价值在50万元以下的,由主管部门按照规定进行审批(无主管部门的行政事业单位直接报财政部门审批),并于15个工作日内将审批结果(一式三份)报财政部门备案。

3个月以内的资产出租出借事项,由主管部门按照规定进行审批,并于7个工作日内将审批结果(一式三份)报财政部门备案。

重大事项,主管部门报财政部门审核后,由财政部门报市人民政府审批。

行政事业单位国有资产出租、出借经批准后,与对方签订的出租、出借合同以及公开招租资料应经主管部门审核后报财政部门确认或备查。

第十九条 行政事业单位出租、出借公有住房、宾馆、餐饮中心、培训中心、商铺等房屋、设备和其他国有资产的,应当在严格进行评估论证基础上提出申请,附相关材料按照规定程序报主管部门审核后,按规定权限报财政部门审批或者备案。

第二十条 行政事业单位申请出租、出借国有资产,需提供以下资料,并对材料的真实性、有效性、准确性负责:

(一)书面申请;

(二)拟出租、出借资产的价值凭证及权属证明,如购货发票或收据、工程决算副本、国有土地使用权证、房屋所有权证、股权证等凭证的复印件(加盖单位公章);

(三)拟出租、出借事项的可行性分析报告;

(四)行政事业单位同意利用国有资产出租、出借的内部决定或会议纪要复印件(加盖单位公章);

(五)行政事业单位法人证书复印件、其他产权共有人同意出租出借的书面证明,采用非公开方式招租的承租方法人证书复印件或企业法人营业执照复印件、自然人个人身份证复印件;

(六)其他有关资料。

第二十一条 行政事业单位国有资产出租应按照公开、公平、公正的原则,实行公开招租。必要时可采取评审或资产评估的办法确定价格。因特殊情况无法公开招租的,须在申请文件中详细说明理由,经主管部门或财政部门审批同意后方可以其他方式出租。

第二十二条 行政事业单位土地房屋资产出租、出借的,期限一般不得超过2年,特殊情况不得超过5年;其他资产出租、出借期限不得超过1年。

第二十三条 行政事业单位资产出租、出借期间,不得随意变更合同进行转租、转借;确需变更的,经主管部门审核后,报财政部门审批。

第四章 对外投资和对外担保

第二十四条 行政单位不得以任何形式用占有、使用的国有资产对外投资举办经济实体。已经举办的,必须脱钩。脱钩之前,行政单位和财政部门应当按照国家有关规定对经济实体的经济效益、收益分配及资产使用情况进行严格监管,防止国有资产流失。行政单位脱钩后的经济实体交由政府确定的国有资产管理部门进行管理。

第二十五条 事业单位对外投资的方式包括:

(一)投资设立具有法人资格的经济实体;

(二)与其他出资人共同设立具有独立法人资格的经济实体;

(三)对所出资企业追加投资;

(四)法律、法规、规章规定的其他方式。

第二十六条 事业单位应当严格控制对外投资。在保证单位正常运转和事业发展前提下,按照国家有关规定对外投资的,应当进行必要的可行性论证,科学、谨慎、公开决策,向主管部门提出申请。主管部门对单位申报材料的完整性、决策过程的合规性、拟投资项目资金来源的合理性进行审核后,报财政部门审批。

重大事项,主管部门报财政部门审核后,由财政部门报市人民政府审批。

第二十七条 事业单位应严格控制货币性资金对外投资,不得利用财政拨款及其结余进行对外投资,不得以临时机构占有、使用的国有资产进行对外投资。应严格控制非主业对外投资和资产负债率过高的事业单位的对外投资。加强对无形资产对外投资的管理,防止国有资产流失。

第二十八条 事业单位利用实物资产、无形资产等非货币性国有资产对外投资的或在原股份上增资扩股的,应聘请具有相应资质的中介机构进行资产评估,合理确定资产价值。资产评估结果按照国有资产管理相关规定经主管部门审核后报财政部门审核备案。

第二十九条 事业单位利用国有资产对外投资或在原股份上增资扩股的,需提交以下资料,并对资料的真实性、有效性、准确性负责:

(一)书面申请;

(二)对外投资的可行性分析报告;

(三)拟对外投资资产的价值凭证及权属证明,如购货发票或收据、工程决算副本、记账凭证、固定资产卡片、国有土地使用权证、房屋所有权证、股权证、专利权证等凭证的复印件(加盖单位公章);

(四)事业单位拟同意对外投资的会议决议或会议纪要复印件(加盖单位公章);

(五)拟开办经济实体章程和市场监督管理部门下发的企业名称预先核准通知书;

(六)与合作方签订的投资意向书、协议或合同草案;

(七)事业单位近期的会计报表以及拟对外投资资产使用情况说明;经中介机构审计的拟合作方上年年末会计报表及近期会计报表;

(八)控股或参股公司增资扩股董事会决议;

(九)具有相关资质的社会中介机构出具的拟投资资产的评估报告;

(十)事业单位法人证书复印件,其他拟出资人法人证书或营业执照、个人身份证复印件;

(十一)其他需要提交的材料(包括其他产权共有人同意对外投资的证明)。

第三十条 事业单位不得从事以下对外投资事项:

(一)买卖期货、股票,国家另有规定的除外;

(二)购买各种企业债券、各类投资基金和其他形式的金融衍生产品或进行任何形式的金融风险投资,国家另有规定的除外;

(三)利用国外贷款的事业单位,在贷款债务尚未清偿前利用该贷款形成的资产对外投资;

(四)其他违反法律、行政法规规定的对外投资事项。

第三十一条 事业单位利用国有资产进行境外投资的,应遵循国家境外投资项目核准和外汇管理等相关规定,按照隶属关系履行报批手续。

第三十二条 事业单位对外投资,享有对外投资收益分配权,并承担对投入资产的安全完整和保值增值的监督责任。

事业单位对外投资效益情况是财政部门、主管部门审核审批新增对外投资事项的重要参考依据。财政部门、主管部门、事业单位要加强对外投资的风险控制,对经营和收益分配进行严格考核和监督检查,确保国有资产的安全完整,实现国有资产保值增值。

第三十三条 事业单位对外投资终止后应向主管部门和财政部门备案,并按法律程序进行投资清算。

第三十四条 行政事业单位原则上不得用占有、使用的国有资产对外担保。事业单位确需对外担保的,应按照《中华人民共和国担保法》的规定,在严格论证的基础上向主管部门提出申请。主管部门对单位申报材料的完整性、决策过程的合规性等进行审查后,报财政部门审批。

重大事项,主管部门报财政部门审核后,由财政部门报市人民政府审批。

第三十五条 事业单位申请办理对外担保的,应提交如下材料,并对材料的真实性、有效性、准确性负责:

(一)事业单位对外担保事项的书面申请;

(二)拟对外担保资产的价值凭证及权属证明,如购货发票或收据、工程决算副本、记账凭证、固定资产卡片、国有土地使用权证、房屋所有权证、股权证、专利权证等凭据的复印件(加盖单位公章);

(三)具有相关资质的社会中介机构出具的拟担保资产评估报告;

(四)事业单位拟同意对外担保的会议决议或会议纪要复印件(加盖单位公章);

(五)拟担保对象法人证书或企业法人营业执照复印件等;

(六)其他需要提交的材料(包括其他产权共有人同意担保的证明)。

第五章 资产有偿使用收益管理

第三十六条 行政事业单位国有资产有偿使用收益包括出租、出借收入,事业单位国有资产对外投资和担保收益。

第三十七条 国有资产有偿使用收益,扣除应缴纳的税款和所发生的各相关费用(资产评估费、交易手续费等)后,按照政府非税收入管理有关规定,实行"收支两条线"管理。

第六章 监督管理

第三十八条 财政部门、主管部门应加强对行政事业单位国有资产使用行为及其收入上缴、使用情况的日常和专项检查。行政事业单位要认真执行国有资产使用的各项规定,切实履行国有资产管理职责。

第三十九条 主管部门、行政事业单位在资产使用过程中不得有下列行为:

(一)未按规定权限申报,擅自对规定限额以上国有资产进行出租、出借、对外投资和担保;

(二)对不符合规定的出租、出借和对外投资及担保事项予以审批;

(三)串通作弊,暗箱操作,违规利用国有资产进行出租、出借、对外投资和担保;

(四)未按规定缴纳国有资产收益的;

(五)其他违反国家有关规定造成单位资产损失的行为。

第四十条 财政部门、主管部门、行政事业单位及其工作人员违反本办法规定的,依照《财政违法行为处罚处分条例》的规定处理;涉嫌犯罪的,移送司法机关处理。

第四十一条 事业单位应依照《中华人民共和国企业国有资产法》《中华人民共和国公司法》《企业财务通则》《企业国有产权转让管理暂行办法》等企业国有资产监管的有关规定,加强所投资全资企业和控股企业的监管。

第四十二条 行政事业单位应于会计年度终了后,按照财政部门规定的部门决算报表格式、内容和要求,对其国有资产使用情况做出报告,报主管部门后,由主管部门汇总报财政部门。

第七章 附则

第四十三条 执行《民间非营利组织会计制度》的社会团体,以及民办非企业单位的国有资产使用管理,参照本办法执行。

实行企业化管理并执行企业财务和会计制度的事业单位,其国有资产使用按照企业国有资产监督管理的有关规定实施监督管理。

第四十四条 对涉及国家安全的行政事业单位国有资产使用管理活动,应按照国家有关保密制度的规定,做好保密工作,防止失密和泄密。

第四十五条 本办法自2016年5月1日起施行。

第四十六条 本办法由市财政局负责解释。

中卫市本级行政事业单位国有资产处置管理暂行办法

卫政办发〔2016〕93号

第一章 总则

第一条 为进一步加强国有资产管理,规范国有资产依法处置,保障国家所有者权益,根据《宁夏回族自治区行政单位国有资产管理暂行办法》和《宁夏回族自治区事业单位国有资产管理暂行办法》(宁政办发〔2015〕5号)、《宁夏回族自治区行政事业单位国有资产处置管理暂行办法》(宁财(资)发〔2015〕738号)等相关规定,制定本办法。

第二条 本办法适用于市本级党的机关、人大机关、政府机关、政协机关、审判机关、检察机关、各民主党派机关、工商联、人民团体和各类事业单位(以下简称"行政事业单位")。

第三条 行政事业单位国有资产处置是指行政事业单位对其占有、使用的国有资产,进行产权转移或核销的行为。处置方式包括无偿转让、对外捐赠、有偿转让、置换、报废、报损以及货币性资产损失核销等。

第四条 财政部门是资产处置工作的职能部门,承担制度建设、处置审批及监督检查等管理工作。

财政部门可以根据工作需要,将资产处置工作交由有关单位完成,有关单位完成资产处置后,应向财政部门报告资产处置情况并将有关资料报财政部门备案。

第五条 行政事业单位国有资产处置严格实行审批制度,未经批准不得擅自处置。财政部门、主管部门按照规定权限和程序对行政事业单位国有资产处置事项进行审批(审核)或备案。

财政部门、主管部门对行政事业单位国有资产处置事项的批复文件以及行政单位按规定处置国有资产报主管部门和财政部门备案的文件是财政部门安排行政事业单位资产配置预算项目的参考依据,是行政事业单位办理产权变动和进行账务调整的依据。

第六条 行政事业单位拟处置的国有资产权属应当清晰。权属关系不明确或者存在权属纠纷的资产,须待权属界定明确后予以处置;被设置为担保物和涉及法律诉讼的国有资产,担保和法律诉讼期间不得申请处置,国家法律法规另有规定的,从其规定。

第二章 处置范围和处置方式

第七条 行政事业单位资产处置的范围包括:闲

置资产,报废、淘汰的资产,产权或者占有、使用权转移的资产,盘亏、呆账及非正常损失的资产,依照国家有关规定需要进行处置的其他资产。

第八条 行政事业单位国有资产处置方式包括无偿转让、有偿转让、置换、对外捐赠、报废、报损以及货币性资产损失核销等。

(一)无偿转让:是指不改变国有资产性质的前提下,以无偿调拨(划拨)的方式变更国有资产占有、使用权的处置行为。

(二)有偿转让是指行政事业单位变更资产产权并取得相应收益的处置行为。

(三)置换:是指行政事业单位与其他单位或企业、自然人以非货币性资产为主进行国有资产产权交换的行为,该交换不涉及或者只涉及少量的货币性资产(即差价)。

(四)对外捐赠:是指行政事业单位依照《中华人民共和国公益事业捐赠法》,以支持公益事业或扶持贫困地区发展为目的,自愿无偿将其有权处分的合法财产赠予合法的受赠人的行为,包括实物资产捐赠、无形资产捐赠和货币性资产捐赠等。

(五)报废:是指行政事业单位固定资产已达到规定使用年限而出现老化、损坏、市场型号淘汰、维护使用成本过高等,经有关部门、专家科学鉴定或已不能继续使用,进行产权注销的处置行为。

国家或行业对资产报废有技术要求的,应当由具备相应资质的专业机构进行技术鉴定。

(六)报损:是指行政事业单位由于发生盘亏、呆账、非正常损失的资产进行产权注销的处置行为。

(七)货币性资产损失核销:是指行政事业单位按现行财务与会计制度,对确认形成损失的货币性资产(包括现金、银行存款、应收账款、应收票据等)进行核销的行为。

(八)国家法律、法规规定的其他方式。

第九条 行政单位原则上不得向下级政府有关单位配发或调拨资产,确因工作需要配发或调拨的,应当同时符合以下条件:

(一)资产购置经费渠道合法合规,无下级财政配套资金的要求;

(二)下级单位接收资产符合配备标准和相关编制要求;

(三)经同级财政部门审批同意。

向下级政府有关单位配发或调拨资产,应同时告知接收单位财政部门。

第十条 资产有偿转让或置换,应当经具备相应资质的中介机构评估。涉及房屋征收的资产置换,应当确保单位工作正常开展,征收补偿应当达到国家或市人民政府规定的补偿标准。

第十一条 有偿转让原则上应当通过产权交易机构、证券交易系统、协议方式以及国家法律、行政法规规定的其他方式公开拍卖、公开招标。不适合公开拍卖、公开招标或经公开征集只有一个意向受让方的,经批准,可以以协议转让等方式进行处置。

采取公开拍卖和公开招标方式有偿转让资产的,应当将资产处置公告刊登在公开媒介,披露有关信息。

第十二条 行政事业单位国有资产有偿转让,以按规定权限由财政部门、主管部门备案或核准的资产评估报告确认的评估价值作为市场竞价的参考依据,意向交易价格低于评估结果90%的,应按照规定权限报财政部门或主管部门重新确认后交易。

第十三条 达到国家和地方更新标准,但仍可以继续使用的资产,不得报废。车辆、电器电子产品、危险品报废处理应当符合国家有关规定。

第三章 处置程序和审批权限

第十四条 行政事业单位处置国有资产,应当按以下程序办理:

(一)单位申报:行政事业单位资产使用部门提出意见,资产管理部门会同财务部门、技术部门审核鉴定,经单位负责人签字同意后,以正式文件向主管部门提交资产处置申请,并提供有关材料。

(二)主管部门审核审批:主管部门对所属行政事业单位申报的国有资产处置事项的真实性、合理性进行审核后,对规定权限内的资产处置事项进行审批,并将批复文件报财政部门备案;对规定权限外的资产处置事项报财政部门审批。

(三)财政部门审核审批:财政部门对行政事业单位及主管部门申报的国有资产处置事项,进行现场勘验、审核,按规定权限进行审批;对重大资产处置事项需报市人民政府批准。

(四)资产评估:行政事业单位根据财政部门或主管部门的批复,对需要进行资产评估的,按照要求委托具有资产评估资质的评估机构对申报处置的国有资产进行评估,评估结果报财政部门或主管部门履行核准或备案手续;财政部门或主管部门直接委托中介机构进行资产评估的,应将评估结果告知行政事业单位。

(五)公开处置：行政事业单位应按照财政部门、主管部门的批复对申报处置的国有资产进行公开处置。

对出售、出让、转让的资产，应进行公开交易；经批准报废、仍有残余价值的，或由单位自行征集受让方进行公开处置，或进行公开交易；涉密资产处置应当符合安全保密的有关规定。

进入产权交易机构公开交易的资产，交易价低于评估价90%时应暂停交易，报经财政部门批准后方可继续进行。

(六)收入上缴：行政事业单位资产处置收入按照政府非税收入管理规定，及时上缴财政部门。

(七)备案及调账：行政事业单位将资产处置结果报财政部门备案后，及时进行资产和会计账务调整。

第十五条 市本级行政事业单位国有资产处置的审批权限。

(一)特定资产处置审批权限

市本级行政事业单位房屋、土地、车辆、无形资产的处置和货币性资产损失的核销(无论价值大小)，必须经主管部门审核后报财政部门审批。原值在100万元以上的房屋建筑物及土地，经财政部门审核后报市人民政府批准。

(二)非特定资产处置审批权限

行政单位：

1. 单位价值(账面原值，下同)在5万元以下、批量价值在30万元以下的资产处置由主管部门审批，报财政部门备案。无主管部门的行政单位资产处置事项直接报财政部门审批。

2. 单位价值在5万元以上(含5万元)、批量价值在30万元以上(含30万元)的资产处置由主管部门前置审核后报市财政部门审批。

事业单位：

1. 单位价值在10万元以下、批量价值在50万元以下的资产处置由主管部门审批，报财政部门备案。无主管部门的事业单位资产处置事项直接报财政部门审批。

2. 单位价值在10万元以上(含10万元)、批量价值在50万元以上(含50万元)的资产处置由主管部门前置审核后报财政部门审批。

第十六条 行政事业单位分立、撤销、合并、改制、隶属关系改变的，应当对其占有、使用的国有资产进行全面清查登记、编制清册，提出资产处置意见，经主管部门审核后，报财政部门审批。

第十七条 召开重大会议、举办大型活动以及开展临时性工作需要购置资产的，主办单位在会议、活动结束后，应及时进行资产清理，并提出资产处置意见，经主管部门审核后，报财政部门审批。

第十八条 拟处置资产属于党政机关办公用房的，由办公用房归口管理单位提出处置意见，报财政部门审批。

第十九条 重大资产处置事项，经财政部门审核后报市人民政府审批。

第二十条 法律、法规另有规定的，依照其规定。

第四章 资产处置需提交的材料

第二十一条 行政事业单位无偿转让资产，须提交以下材料：

(一)无偿转让申请文件；

(二)拟无偿转让资产的名称、编号、数量、规格、单价等清单；

(三)无偿转让资产价值凭证及产权证明，如购货发票或收据、工程决算副本、记账凭证、固定资产卡片及土地证、房产证、股权证等凭据的复印件(加盖单位公章)；

(四)接收单位同意无偿转让的意见；

(五)因单位撤销、合并、分立、改制、隶属关系改变而移交的资产，需提供资产清查表以及单位撤销、合并、分立等情况的批文；以及由具备相应资质的中介机构出具的资产清查等相关报告；

(六)其他相关材料。

第二十二条 行政事业单位资产对外捐赠，须提交以下材料：

(一)对外捐赠申请文件；

(二)拟捐赠资产的名称、编号、数量、规格、单价等清单；

(三)主管部门、行政事业单位决定捐赠事项的有关文件；

(四)捐赠单位出具的捐赠事项对本单位财务状况和业务活动影响的分析报告；使用货币资金对外捐赠的，应提供货币资金来源说明等；

(五)捐赠资产价值凭证及产权证明，如购货发票或收据、工程决算副本、记账凭证、固定资产卡片及土地证、房产证、股权证等凭据的复印件(加盖单位公章)；

(六)受赠方的基本情况和草拟的捐赠协议；

(七)其他相关材料。

第二十三条 行政事业单位资产有偿转让，须提交以下材料：

（一）有偿转让申请文件；

（二）有偿转让方案，包括资产的基本情况，处置原因、方式等；

（三）资产价值凭证及产权证明，如购货发票或收据、工程决算副本、记账凭证、固定资产卡片及土地证、房产证、股权证等凭据的复印件（加盖单位公章）；

（四）主管部门、行政事业单位决定有偿转让事项的会议纪要或有关文件；

（五）中介机构出具的资产评估报告；

（六）拟采用协议转让方式处置的，应提供转让意向书；

（七）有偿转让合同草案，属于股权转让的，还应提交股权转让可行性报告；

（八）其他相关材料。

第二十四条 行政事业单位资产置换，须提交以下材料：

置换申请文件；

置换资产价值凭证及产权证明，如购货发票或收据、工程决算副本、记账凭证、固定资产卡片及土地证、房产证、股权证等凭据的复印件（加盖单位公章）；

拟采用置换方式处置的，应提供政府或有关部门的决定（会议纪要）、草签的置换协议以及对方单位基本情况、法人证书、营业执照复印件（加盖单位公章）和置换资产基本情况（包括是否存在产权纠纷、是否被设置为担保物等情况说明）；

其他相关材料。

第二十五条 行政事业单位资产报废、报损，须提交以下材料：

报废、报损申请文件；

报废、报损资产的名称、编号数量、规格、单价等清单；

能够证明报废、盘亏、毁损以及非正常损失资产价值的有效凭证。如购货发票或收据、工程决算副本、记账凭证、固定资产卡片及土地证、房产证、股权证等凭据的复印件（加盖单位公章）；

非正常损失责任事故的鉴定文件及对责任者的处理文件；涉及索赔的，应有理赔情况说明和相应的赔偿收入收缴凭证复印件；

因房屋拆除等原因需办理资产核销手续的，提交相关职能部门的房屋拆除批复文件、建设项目拆建立项文件、双方签订的房屋拆迁补偿协议；

其他相关材料。

第二十六条 行政事业单位货币性资产损失核销，须提交以下材料：

货币性资产损失核销申请文件；

债务人已被依法宣告破产、撤销、关闭，用债务人清算财产清偿后仍不能弥补损失的，提供宣告破产的民事裁定书以及财产清算报告、注销工商登记或吊销营业执照的证明、政府有关部门决定关闭的文件；

债务人死亡或者依法被宣告失踪、死亡的，提供其财产或遗产不足清偿的法律文件；

涉及诉讼的，提供判决裁定申报单位败诉的人民法院生效判决书或裁定书，或虽胜诉但因无法执行被裁定终止执行的法律文件。

其他相关材料。

第二十七条 事业单位国有资产对外投资、担保（抵押）发生损失申请损失处置的，须提交以下材料：

对外投资、担保（抵押）损失处置申请文件；

被投资单位的清算审计报告及注销文件；

债权或股权凭证、形成呆坏账的情况说明、具有法定依据的证明材料以及对相关责任人的责任认定意见；

涉及仲裁或诉讼的，提供裁定书或判决书；

其他相关材料。

第五章 资产处置收入管理

第二十八条 资产处置收入是指行政事业单位在有偿转让、置换、报废、报损等处置国有资产过程中获得的收入，包括：出售实物资产和无形资产的收入、置换差价收入、报废报损残值变价收入、拆迁补偿收入或赔偿收入、保险理赔收入、转让股权和土地使用权收益等。

第二十九条 行政事业单位国有资产处置收入，在扣除相关税金、评估费、拍卖佣金等费用后，按照政府非税收入管理和财政国库收缴管理的规定上缴国库，实行"收支两条线"管理。

第三十条 事业单位利用国有资产对外投资形成的股权（权益）有偿转让收入，按以下规定办理：

（一）利用资金对外投资形成的股权（权益）的有偿转让，属于事业单位收回对外投资，股权（权益）有偿转让收入纳入单位预算，统一核算，统一管理。

（二）利用实物资产、无形资产对外投资形成的股权（权益）的有偿转让收入，按以下情形分别处理：

1. 收入形式为资金的，扣除投资收益，以及税金、评估费等相关费用后，上缴国库，实行"收支两

条线"管理;投资收益纳入单位预算,统一核算,统一管理;

2. 收入形式为资产和资金的,资金部分扣除投资收益,以及税金、评估费等相关费用后,上缴国库,实行"收支两条线"管理。

(三)利用资金、实物资产、无形资产混合对外投资形成的股权(权益)的有偿转让收入,按照本条第(一)、(二)项的有关规定分别管理。

第六章 监督管理和法律责任

第三十一条 财政部门对主管部门在授权范围内审批的行政事业单位国有资产处置情况进行监督,可定期或不定期对行政事业单位国有资产处置情况开展专项检查。

第三十二条 主管部门应对审核或审批国有资产处置材料的真实性、合理性、完整性负责,并建立事后检查制度和处置结果上报制度,定期或不定期对所属单位资产情况进行监督检查。

第三十三条 除涉及国家安全和秘密外,行政事业单位应当实行资产处置内部公示制度。

第三十四条 财政部门、主管部门、行政事业单位及其工作人员在资产处置过程中,有下列情形之一的,依照《财政违法行为处罚处分条例》的规定处理;涉嫌犯罪的,移送司法机关处理。

(一)单位或个人不履行相应的处置程序、批准程序或者超越权限,擅自处置国有资产的;

(二)对不符合规定的申报处置材料予以审批的;

(三)单位或个人故意隐匿应当纳入评估、鉴证范围的资产,或者向中介机构提供虚假会计资料,导致审计、评估结果失真,以及未经审计、评估,造成国有资产流失的;

(四)串通作弊、暗箱操作,压价处置国有资产的;

(五)单位或个人在申报材料中弄虚作假,造成国有资产流失的;

(六)国有资产处置收入未按国家非税收入有关规定,缴入国库或财政专户的;

(七)其他违法、违规的资产处置行为。

第七章 附则

第三十五条 社会团体和民办非企业单位涉及国有资产处置的,参照本办法执行。市人民政府驻外地办事机构,依照本办法执行。

第三十六条 实行企业化管理并执行企业财务会计制度的事业单位,以及事业单位创办的具有法人资格的企业,由财政部门按照企业国有资产监督管理的有关规定实施监督管理。

第三十七条 行政事业单位在建工程、罚没资产处置按照国家有关规定办理。

第三十八条 本办法自2016年5月1日起施行,有效期至2019年5月1日。

第三十九条 本办法由市财政局负责解释。

中卫市属国有资本收益收取管理暂行办法

卫政发〔2016〕104号

第一章 总 则

第一条 为进一步完善国有资本经营预算制度,规范国家与企业的分配关系,加强企业国有资本收益管理,确保企业国有资本收益及时足额上交,根据《中华人民共和国公司法》《中华人民共和国预算法》和《宁夏回族自治区人民政府关于实行国有资本经营预算的意见》(宁政发〔2010〕166号)及《宁夏回族自治区属国有资本收益收取暂行管理办法》(宁政发〔2014〕52号),结合实际,制定本办法。

第二条 本办法的适用范围为市本级所属国有及国有控股和参股企业。

第三条 本办法所称国有资本收益,是指国家以所有者身份依法从国家出资企业取得国有资本收益。具体包括:

(一)应交利润,即国有独资企业按规定计算应当上交国家的利润。

(二)国有股股利、股息,即国有控股、参股企业国有股权(股份)获得的股利、股息收入。

(三)国有产权转让收入,即国有独资企业产权转让收益和国有控股、参股企业国有产权、股权(股份)转让收入。

(四)企业清算收入,即国有独资企业清算收入(扣除清算费用),国有控股、参股企业国有股权(股份)分享的公司清算收入(扣除清算费用)。

(五)其他国有资本收益。

第四条 市属国有资本经营支出预算依据国家和自治区宏观经济政策以及中卫市国有经济发展重点,主要用于优化市属国有企业布局,保障和改善民生,促进地方经济结构调整以及不同时期国有企业改革和发展任务,统筹安排确定。

第五条 市财政局为市属国有资本经营预算的主管部门,负责编制市属国有资本经营预算收支预算草案;履行出资人职责的机构(以下简称"国资监管机构")为市属国有资本经营预算单位,负责编制所监管(属)企业国有资本经营预算建议草案。

国资监管机构是指代表市人民政府履行出资人职责对所属国有企业进行监管的部门、单位机构。

第六条 企业国有资本经营预算建议草案编制以企业上一年度经中介机构审计后出具的审计报告审定的财务决算数据为依据核定。

第七条 市属企业国有资本收益直接上缴市本级财政,纳入市属国有资本经营预算收入管理。

第八条 企业国有资本收益由市财政局负责收取;国资监管机构负责组织所监管(属)企业上交国有资本收益。

第二章 企业国有资本收益的申报与核定

第九条 市属企业上交国有资本收益实行申报制度,由企业填列收益申报表连同相关资料报国资监管机构审核后报市财政局备案,具体申报时间及要求如下:

(一)应交利润,在年度终了后5个月内由国有独资企业一次申报,并附经会计师事务所审计的年度财务会计报告和审计报告。

(二)国有股股利、股息,由国有控股、参股企业股东会或股东大会(没有设立股东会或股东大会的为董事会,下同)表决日后30日内据实申报,并附股东会、股东大会的相关决议文件。

(三)国有产权(股权)转让收入,由企业签订产权(股权)转让合同后30日内据实申报,并附产权(股权)转让批准文件、转让合同和转让资产的评估报告等相关资料。

(四)企业清算收入,由企业清算组或管理人在清算组或管理人编制剩余财产分配方案后30日内据实申报,并附企业清算报告和会计师事务所出具的审计报告等相关资料。

(五)其他国有资本收益,由企业在收益确定后30日内申报,并附有关经济事项发生和金额确认的相关资料。

第十条 国有独资企业拥有全资子公司或者控股子公司、子企业的,无论盈利还是亏损,一律单独编报国有资本经营预算。

企业计算应交利润的年度净利润,可以抵扣以前年度未弥补的经营性亏损,并按《企业财务通则》规定提取10%法定公积金后,按规定比例计算应上交利润。

第十一条 国有独资企业上交年度净利润的比例,根据不同企业的情况,分四类执行:

第一类15%,主要包括地方金融、房地产开发、垄断行业以及政府限制性行业的企业。

第二类10%,主要包括投资、交通运输、电子、贸易、旅游服务、施工等一般竞争性企业。

第三类8%,主要包括社会公益等领域的企业。

第四类暂缓缴纳,主要为政策性企业,包括民政福利等特殊行业以及经市国资委核准的其他企业(主要含符合小微型企业规定标准、应交利润不足5万元的小型微利国有独资企业)。

市本级国有独资企业年度上缴利润的比例,根据我市实际情况和企业经营范围、市场化程度以及承担政府职能的状况适时进行调整。

第十二条 国有控股、参股企业应付的股利、股息,按照股东会或股东大会决议通过的利润分配方案执行。

国有控股、参股企业应当依法分配年度净利润。国有参股企业当年不予分配的,应当说明暂不分配的理由和依据,并出具股东会或股东大会的决议。

第十三条 市属国有企业清算收入,以清算财产变价总收入依次扣减清算费用、公益债务、拖欠职工的劳动债权、欠缴税款并清偿普通债务后的清算净收入为基础申报。国有控股、参股企业国有股权(股份)分享的公司清算收入,按照国有股权(股份)所占比例据实申报。

第十四条 市属国有企业上交国有资本收益的核定:

(一)应交利润,根据会计师事务所审核的国有独资企业年度财务报表反映的所有者的净利润和规定的上交比例计算核定。

(二)国有股股利、股息,根据国有控股、参股企业股东会或股东大会通过的关于利润分配的决议核定。

(三)国有产权转让收入,根据企业产权转让批准文件、转让合同和资产评估报告等资料核定。

(四)国有企业清算收入,根据清算组或管理人提交的企业清算报告等资料核定。

(五)其他国有资本收益,根据有关经济行为的财务会计资料等核定。

第十五条 国有企业、国有独资公司由于国家政策进行重大调整,或者由于遭受重大自然灾害等不可抗力因素造成巨大损失,需要减免应交利润的,应当向市财政局、国资监管机构提出书面申请,由市财政局商国资监管机构报市人民政府批准后,将减免的应交利润直接转增国家资本或者国有资本公积。

第三章　企业国有资本收益的收缴

第十六条　市属企业国有资本收益上交,使用《政府收支分类科目》中"国有资本经营预算收入"科目。

第十七条　市属企业国有资本收益收缴的具体工作由市财政局负责,按照以下程序执行。

(一)国资监管机构在收到所监管(属)企业上报的国有资本收益申报表及相关材料后,15个工作日内提出审核意见,送市财政局复核。

(二)市财政局对市属企业上报的国有资本收益申报表及相关资料复核后,将复核结果于10个工作日内通知国资监管机构。

(三)国资监管机构根据市财政局同意的复核结果向所监管(属)企业下达国有资本收益收取通知。

(四)市属企业根据国有资本收益收取通知和"缴款书"办理国有资本收益交库手续。

第十八条　市属企业当年应交利润在本年会计年度终了后5个月内办理申报,在申报日后4个月内交清应交利润。市属企业因特殊原因确实不能按期一次完成本年度上缴利润的,应申报国资监管机构,由国资监管机构向市财政局提出申请,经市财政局批准后,可在一定期限内分次完成全部交款事宜。其中:应交利润在100万元以下(含100万元)的,需一次交清;应交利润在100万元以上、500万元以下(含500万元)的,可分2次交清;应交利润在500万元以上的,可分3次交清。

市属企业股利、股息收入,产权转让收入,清算收入和其他国有资本经营收入,应在申报日后3个月内一次交清。

第十九条　对市属企业无特殊原因未按期上交或欠交国有资本收益的情况,市财政局、国资监管机构应当查明原因,采取措施予以催交。无正当理由欠缴国有资本收益的国有企业,责令改正,限期补缴,并按照《财政违法行为处罚处分条例》有关规定处理。

第四章　国有资本收益的监督检查

第二十条　对市属企业国有资本收益的上交、使用情况,由市财政局组织或委托审计及中介机构进行监督检查,有关市属企业应当予以配合。

第二十一条　市属企业国有资本收益上交、使用情况,作为对企业负责人经营业绩考核和奖惩的依据。

第二十二条　市属企业违反本办法规定的,按照《中华人民共和国公司法》和《财政违法行为处罚处分条例》(国务院令第427号)有关规定处理。

第二十三条　市财政局和国资监管机构的工作人员,在企业国有资本收益管理工作中滥用职权、弄虚作假或泄露企业商业秘密,由有关部门依法处理。

第五章　附　则

第二十四条　本办法自2016年9月24日执行,有效期为5年。

中卫市政府投资项目审计分类管理暂行办法(试行)

卫政发〔2016〕105号

第一条　为加强政府投资项目的审计监督,规范和推进政府投资项目审计全覆盖,根据《中华人民共和国审计法》《中华人民共和国审计法实施条例》《宁夏回族自治区政府投资审计办法》和《市人民政府办公室关于进一步规范政府投资项目管理的通知》等规定,结合我市实际,对政府投资项目审计实施分类管理,特制定本办法。

第二条　在市本级行政区域内开展的政府投资项目审计分类管理活动,适用本办法。

第三条　本办法所称政府投资项目是指政府投资和以政府投资为主的建设项目,包括:

(一)全部使用政府性投资的;

(二)未全部使用政府性投资,政府性投资占项目总投资的比例超过50%,或者占项目总投资的比例在50%以下,但政府拥有项目建设、运营实际控制权的。

第四条　市本级政府投资项目的建设单位应当在施工合同中明确,以市审计局审定的工程价款为最终结算依据。

第五条　建设单位对负责实施的政府投资项目按照"一项一审"的原则向市政府申请审计。申请文件中需说明建设项目批复的主要内容、施工的基本情况,工程取得环境保护、消防、质量等专项验收情况及联系人信息等,市审计局依据《中卫市人民政府委托审计书》按计划列入审计。

第六条　审计分类管理是指在政府投资项目单项工程结算审计工作中,对送审工程按工程造价、工程管理方式、工程重要性实行分类管理。具体办法为:

(一)施工单项送审金额在100万元以下(不含)的工程结算审计实行备案制,由建设单位在市公共资源交易中心随机摇号委托中卫市工程决算审计机构库中介机构(以下简称"机构库中介")进行结算审核,审计前应当书面告知市审计局,市审计局提出意见或建议。审核结果报市审计局备案,办理审计备案手续。市审计局每年根据备案情况组织抽查复核。

(二)施工单项送审金额100万元以上(含)500万元以下(不含)的工程,市审计局依据《中卫市人民政府委托审计书》对政府投资项目进行审前调查,符合审计条件的由市审计局委托机构库中介进行结算审核,市审计局按工程实施情况对审核结果进行复核,出具审计报告(含结果报告,下同)。

(三)施工单项送审金额500万元以上(含)及市本级重点工程,市审计局依据《中卫市人民政府委托审计书》对政府投资项目进行审前调查,符合审计条件的由市审计局委托机构库中介进行审核,实行重点审计监督和现场复核,出具审计报告。

(四)涉及重大的投资项目、重大的民生工程、重大的生态环境建设及扶贫项目等,投资概算在5000万元以上的,市审计局依据政府工作安排,按计划实施全过程跟踪审计。从建设项目的设计、监理、招投标、施工和竣工结算等各个环节分时段分内容地进行动态审计,出具审计报告。

(五)时效性较强的工程,审计现场的工程量复核工作可提前实施。建设单位提供施工结算资料,应当提前10个工作日,书面告知市审计局参加竣工验收。市审计局派员或委托机构库中介进行审计现场复核,与竣工验收同步进行,待正式审计委托下达后,按规程完成审计,出具审计报告。

第七条 建设单位违反本规定第六条(一)项,自行委托机构库以外的社会中介机构进行结算审核的,市审计局不予认可。

第八条 委托机构库中介的审计费以招标确定的收费标准和中标审计费率为上限,由建设单位与受托中介协商收取,原则上由建设单位支付。未取得中介机构的审核报告,市审计局不予出具审计报告。

第九条 项目建设单位应当在建设项目竣工初步验收结束后6个月内向政府提出审计申请,经批准后向审计局报送工程决算的有关资料或委托机构库中介进行结算审核。

第十条 对政府投资项目(不包括抽查复审的项目),建设单位在项目竣工初步验收结束后6个月内未按要求报送审计局审核的,或对项目进行肢解等形式规避送审的,以及审计结果未报审计局备案的,审计局通报有关情况,并对违规行为提交相关部门依照法律、法规对有关单位和有关责任人给予相应的处理。

第十一条 市审计局在政府投资项目审计中,发现有下列行为之一的,依据职责或者建议具有执法权的监管部门依法进行处理:

(一)不执行政府投资项目基本建设程序,超越审批权限办理审核、审批及其他相关手续的;

(二)违反工程建设招标投标管理规定,未依法进行招标或者隐瞒、肢解工程以规避招标的;

(三)不执行工程造价有关规定,未经法定程序批准,擅自决定超规模、超标准、超概算进行工程建设的;

(四)违反政府投资项目代建制度规定,应当代建而不实施代建,或者与代建、勘察、设计、施工、监理、造价咨询、招标代理、设备采购等单位串通,损害国家利益或者社会公共利益的;

(五)监管单位不履行监管职责,串通施工、监理、造价等单位,虚报工程造价,损害国家利益、造成经济损失的;

(六)社会中介机构违反法律、法规或者执业准则的;

(七)未有效实施工程质量管理,形成工程质量隐患或者发生严重质量事故的;

(八)其他违法违规行为。

对审计中发现的需要依法追究有关人员责任的违法违纪案件线索,应当及时移送司法机关或者纪检监察等机关处理。

第十二条 违反本办法规定,被审计单位拒绝、拖延提供与审计事项有关的资料,或者提供的资料不真实、不完整,或者拒绝、阻碍检查的,由审计机关责令改正,可以通报批评,给予警告;拒不改正的,对被审计单位可以处五万元以下的罚款,对直接负责的主管人员和其他直接责任人员,可以处二万元以下的罚款,审计机关认为应当给予处分的,向有关主管机关、单位提出给予处分的建议;构成犯罪的,依法追究刑事责任。

第十三条 审计人员有下列行为之一,审计局应当依照有关规定给予处分;构成犯罪的,依法追究刑事责任:

(一)接受可能影响公正执行职务的不当利益的;
(二)隐瞒被审计单位违反财经法纪行为的;
(三)泄露国家秘密或者被审计单位商业秘密的;
(四)对聘请专业人员工作未尽督导和复核责任,造成严重后果的;

(五)与聘请的专业人员串通舞弊的；

(六)造成审计结果重大错误,并产生严重后果的；

(七)有违反法律、法规的其他行为的。

第十四条 市审计局应加强对中介机构开展政府投资项目审计活动的监督检查,不定期对建设单位自行委托审核的工程造价审计结果进行抽查,复核结果误差在3%以上(不含)或单项金额误差大于5万元以上(不含)的,审计局应责成建设单位按复核结果调整工程结算。并对受托中介机构负责审核的项目工程扩大抽审数,若下一个抽审工程核减误差率大于等于3%或单项金额误差大于5万元以上的按相关法规和规定,提交相关职能部门依法做出处理,并将复核结果以适当形式向社会公告,从机构库中予以清除。

市审计局聘请的外部人员在政府投资项目审计中违反有关法律法规规定的,应当停止其承担的工作,追究违约责任,移送有关部门处理;构成犯罪的,依法追究刑事责任。

第十五条 本办法自公布之日起30日后施行,有效期为2年。

中卫市航空货运补贴管理办法
卫政发〔2016〕144号

第一条 为进一步扶持中卫航空物流产业的发展,鼓励地方企业和个体工商户积极拓展货运业务,促进中卫沙坡头机场(以下简称"中卫机场")枢纽建设和中卫市经济发展,制定本办法。

第二条 本办法适用于对在中卫机场发运货物的企业和个体工商户(乘客除外)。

第三条 市交通运输局、财政局负责货运补贴资金的监管,西部机场集团宁夏机场有限公司中卫分公司负责航空货运资格的审核发放。

第四条 补贴范围:中卫市生产的特色农副产品,主要包括马铃薯、果蔬、草畜、清真牛羊肉、硒砂瓜、枸杞、特殊品种农作物种子、小杂粮、其他高附加值货物等适合航空运输的产品。

第五条 符合条件的企业和个体工商户均可按照1元/公斤的标准申领航空货运补贴。

第六条 企业和个体工商户有下列情形之一的,不能申请货运补贴资金:

(一)企业和个体工商户有违法犯罪活动,被相关部门列入失信名单中；

(二)所运输货物不符合国家相关法律法规规定,运输途中造成不良后果；

(三)货物运输过程中,不按照民航相关规定进行包装分类,不服从机场相关货物运输管理；

(四)有其他违反法律法规及行业规章事项。

第七条 发放程序:航空货运补贴按年度发放,在次年的第一季度前兑现,具体程序如下:

(一)货主填写补贴申领表。申领表应包含以下内容:货主的基本信息、企业资质证明(个人身份证明),通过中卫机场发送货物的数量、类别。

(二)中卫机场具体负责对货主申领信息进行初步审核。初审内容主要包括:企业或个人是否满足申请补贴条件,货物运送总量、补贴金额是否真实,货单是否健全。

(三)市交通运输局对中卫机场上报拟予以补贴的对象和数额进行复核。

(四)经审核无误后,由市交通运输局向市财政局申请拨付航空货运补贴资金,市财政局根据相关规定办理货运补贴资金拨付手续。

第八条 对违反补贴资金领取、使用和管理规定的国家机关及其工作人员、企事业单位及其工作人员,社会团体、其他社会组织及其工作人员,个人,依照《财政违法行为处罚处分条例》等有关规定追究责任。

第九条 本办法自2017年1月1日起施行。

中卫工业园区排水管理办法
卫政办发〔2016〕26号

第一章 总 则

第一条 为加强中卫工业园区(以下简称"园区")排水管理,保证园区排水设施安全、有效运行,保护工业园区水环境,根据《城镇排水与污水处理条例》《城镇污水排入排水管网许可管理办法》《宁夏回族自治区污染物排放管理条例》,结合中卫工业园区的实际,制定本办法。

第二条 工业园区范围内的排水设施的规划、建设和管理以及直接或间接向园区排水设施排水的单位和个人,应当遵守本办法。

本办法所称的排水,是指对工业园区生活污水、工业废水(以下简称"污水"),降水等的接纳、输送、处理、利用及处置的行为。所称园区排水设施,是指排放污水、降水的管道、沟(渠)、泵站及其相关设施。

第三条 中卫市住房和城乡建设局是园区排水管理行政主管部门(以下简称"园区排水主管部门"),负责园区排水许可证书的颁发和监督管理。园区排水主管部门可以委托专门排水管理机构承担日常排水管理工作。

中卫工业园区管委会、规划、发改、国土、环保、交通、质量技术监督、物价等部门按照各自职责,协同做好中卫工业园区排水管理。

第四条 园区排水实行统一规划、配套建设、集中管理的原则,坚持建设、管理、维护并重,支持污水、中水以及降水等的综合利用。

第二章 规划和建设

第五条 园区排水设施的建设,应当符合园区排水规划,遵守有关建设规范和技术标准,并办理规划建设手续。园区排水设施建设项目的设计、施工,应当按有关规定公开选择有相应资质的单位承担。

第六条 园区排水主管部门应当按照园区的排水规划,分期提出园区公共排水设施的建设计划,并监督建设单位组织实施。

第七条 园区排水户内部的排水管道由产权单位自行建设,自行建设的排水管网需符合国家的相关标准,产权以排水主管网和排水户排水分支管网的接点为界。

第八条 凡在园区范围内新建、扩建、改建的建设项目,在排水管道施工建设时,建设单位必须将该项目的排水设计方案报园区排水主管部门审查,经园区排水主管部门审查通过后,方可按照园区的排水规划方案在指定的位置修建排水阀门井。排水设施建设完工后,由市规划部门、园区排水主管部门对该排水设施进行验收。对不符合规划要求或者国家有关规定的排水设施,不得交付使用。

建设项目附属排水设施应当与该项目同时设计、同时施工、同时投入使用,由建设单位按照批准的规划设计投资建设。

第九条 在影响排水主管网、暗渠、排水泵站等排水设施安全的区域内建造建筑物、打桩、堆放超过地面限载的重物、进行深度超过管顶的开挖施工和井点法降低地下水位的施工等行为以及在排水设施周边进行爆破的,应当制定确保园区排水设施安全的可行性措施,报经园区排水主管部门批准后,有排水管理机构人员现场监护的情况下方可施工作业。

第十条 敷设地下管线需穿越、改建或迁移原有排水设施的,须经园区排水主管部门的同意。

第三章 排水许可

第十一条 在园区排水管网及其附属设施覆盖范围内,排水户应当按照园区排水规划的要求,将污水排入园区排水管网及其附属设施。排水户应当按有关规定缴纳污水处理费。

第十二条 从事制造、建筑、电力和燃气生产、科研、卫生、住宿餐饮、娱乐经营、居民服务和其他服务等活动向园区排水管网及其附属设施排放污水的单位和个体经营者,应当向园区排水主管部门申请领取污水排入排水管网许可证(以下简称"排水许可证")。其他排水户(居民个人除外)应当到排水主管部门办理备案排水手续。

第十三条 申领排水许可证的排水户应当向排水管理机构提出申请,排水管理机构审查后报园区排水主管部门;园区排水主管部门应在规定的期限内做出决定,符合许可条件的,予以发放园区排水许可证;不符合许可条件的,应当告知排水户整改。

在本办法实施前,已向园区排水设施排放污水的排水户,应当依前款规定申请办理排水许可证。

第十四条 园区排水许可证书的有效期为5年,排水户在许可证有效期届满需要继续排水的,应当在有效期届满30日前,向园区排水主管部门提出申请。园区排水主管部门应当根据申请,在有效期届满前作出是否准予延续的决定。准予延续的,有效期延续5年。

排水户在排水许可证有效期内,严格按照许可内容排放污水,且未发生违反本办法规定行为的,有效期届满30日前,排水户可提出延期申请,经原许可机关同意,可不再进行审查,排水许可证有效期延期5年。

因建设施工等临时排放污水的,园区排水许可证书的有效期由园区排水主管部门根据工程情况确定,一般不超过两年。

第十五条 在排水许可证的有效期内,排水口数量和位置、排水量、污染物项目或者浓度等排水许可内容变更的,排水户应当按照本办法规定,重新申请领取排水许可证。

排水户名称、法定代表人等其他事项变更的,排水户应当在工商登记变更后30日内向园区排水主管部门申请办理变更。

第十六条 排水户应当按照许可证确定的排水类别、总量、时限、排放口位置和数量、排放的污染项目和浓度等要求排放污水,水质应符合《污水排入城市下水道水质标准》CJ343—2010 中的 A 等级标准。

第十七条 重点排水户应当按规定建设相应的污水处理设施;排放污水易对园区排水管网及其附属设施正常运行造成危害的重点排水户,应在排放口安装能够对水量、pH、COD_{cr}(或 TOC)进行检测的在线检测装置,并对特征污染物进行检测;其他重点排水户,具备对水量、pH、COD_{cr}、SS 和氨氮等进行检测的能力和相应的水量、水质检测制度。

重点排污工业企业和重点排水户名单,由园区排水主管部门会同环境保护主管部门依法确定并向社会公布。

第十八条 园区污水处理厂进水水质超过处理能力的,排水管理机构应对重点排污工业企业和重点排水户排水水质进行检测,发现排放污水的水质不符合排水许可要求的,园区排水主管部门应当责令其限期改正;逾期仍不符合排水许可要求的,撤销园区排水许可证书,禁止其向园区排水管网及其附属设施排放污水,并将有关情况及处理结果告知同级环保部门。

第四章 养护与管理

第十九条 园区排水管网及其附属设施养护、维修责任按下列规定划分:

(一)园区公共排水设施由园区排水管理机构负责;

(二)排水户自建排水设施和其连通公共排水设施的支管、检查井、化粪池等由产权单位负责。

第二十条 园区排水设施发生冒溢、管道破裂和井盖毁损等事故,园区排水管理机构在接到报告或发现情况后应及时赶到现场进行维修、疏通。修复、疏通管道时,公安、交通、供电、通信等有关部门应当积极配合。

第二十一条 园区排水主管网在施工或抢修故障时,园区排水管理机构应及时向沿线排水户通告暂停排水时间。对生产、生活环境可能造成严重影响的大范围暂停排水,应当报经园区排水主管部门批准,发布通告,并提前 24 小时通知排水户。沿线排水户和个人应当按照通告的要求予以配合。

第二十二条 在防汛期间或发生其他特殊情况时,园区排水管理机构应当采取控制排水水量和调整排水时间的调整措施。排水户必须服从调度,不得强行排水。

第二十三条 排水户因特殊情况向园区排水设施增压排水的,须经园区排水主管部门同意,并提前通知园区排水管理机构。

第二十四条 排水户因发生事故或者其他突发事件,意外将有毒、有害或易燃、易爆物质排入园区排水设施的,责任人、责任单位应立即向园区排水主管部门、园区排水管理机构、环境保护、公安等部门报告,影响排水设施安全正常运行或由此可能引发事故的,责任单位、责任人和园区排水管理机构必须立即采取应急处理措施,妥善进行处置。

第二十五条 排水户在领取排水许可证后,应到园区排水管理机构提出排水入网申请,并提供室内外排水施工图纸及相关资料,经排水管理机构审核后,签订《排水入网合同》《污费收缴合同》。

第二十六条 园区各排水户须按市物价部门规定的污水处理费的价格标准,按时到园区排水管理机构指定的地点交纳污水处理费。

第二十七条 园区污水处理厂应定期对污水处理设施进行维护,确保污水处理设施的正常运行。处理后的水质应当符合(GB 18918—2002)《城镇污水处理厂污染物排放标准》中的一级 A 标准,不得排放不达标污水。

园区排水管理机构应当按照国家有关规定检测污水处理厂进出水水质,并向园区排水主管部门、环境保护部门报送污水处理水质和水量、主要污染物消减量等信息。

第二十八条 园区污水处理厂应当安全处理处置污泥,保证处理处置后的污泥符合国家有关标准,对产生的污泥以及处理处置后的污泥去向、用途、用量等进行跟踪、记录,并向园区排水主管部门、排水管理机构、环境保护主管部门报告。

第二十九条 园区污水处理厂不得擅自停止污水的处理,因设备故障等原因需要停运或者部分停运污水处理设施的,须提前向园区排水主管部门和环保部门报告。因不可抗力导致停运的,应立即组织抢修,同时报园区排水主管部门、环保部门备案。

第五章 监督检查

第三十条 园区排水主管部门应组织排水管理机构加大执法检查力度,对排水户遵守国家有关法律、法规和本办法的情况以及排水设施管理责任单位履行职责的情况进行监督检查。在实施监督检查时,有权采取以下措施:

(一)进入现场开展检查、监测;

(二)要求被监督检查的排水户出示排水许可证;

(三)查阅、复制有关文件和材料;

(四)要求被监督检查的单位和个人就有关问题

做出说明；

（五）依法采取禁止排水户和园区排水设施排放污水等措施，纠正违反有关法律、法规和本办法规定的行为；

（六）对拒不缴纳污水处理费的，依法采取相应的限制措施。

被监督检查的单位和个人应当予以配合，不得妨碍和阻挠依法进行的监督检查活动。

第三十一条 园区排水管理机构可以依排水主管部门委托，开展排水日常管理及排水行为监督指导等工作。

第三十二条 排水管理机构应委托具有相应资质的排水监测机构按规定对排水户排放污水的水质、水量进行检测，并建立排水监测档案，定期向社会公开检测结果。排水户应当接受排水监测机构的监测和检查，如实反映情况，提供必要资料。

列入重点排污单位名单的排水户，应当依法安装并保证水污染物排放自动监测设备正常运行。同时，应当与环境保护主管部门的监控设备联网。环境保护主管部门应当将监测数据与园区排水主管部门、排水管理机构实时共享。

第三十三条 园区排水主管部门有下列情况之一的，由其上级行政主管部门或者监察机关责令改正，对直接责任人和其他责任人员依法给予处分；构成犯罪的，依法追究刑事责任。

（一）对不符合本规定条件的申请人准予排水许可的；

（二）对符合本规定条件的申请人不予核发排水许可证或者不在法定期限内做出准予许可决定的；

（三）对符合法定条件的申请不予受理的；

（四）利用职务上的便利，收受他人财物或者其他好处的；

（五）泄露被监督检查单位和个人的技术或者商业秘密的；

（六）不依法履行监督管理责任或者监督不力，造成严重后果的。

第三十四条 园区排水管理机构有下列情况之一的，由园区排水主管部门责令改正，给予警告；构成犯罪的，依法追究刑事责任：

（一）未按规定履行日常巡查、维修和养护责任，保障设施安全运行的；

（二）未及时采取防护措施、组织事故抢修的；

（三）因巡查、维护不到位，导致窨井盖丢失、损毁，造成人员伤亡和财产损失的；

（四）擅自倾倒、堆放、丢弃、遗撒污泥的。

第三十五条 排水户有下列行为之一的，由园区排水主管部门责令改正，给予警告；构成犯罪的，依法追究刑事责任。

（一）未取得排水许可证，向园区排水管网及其附属设施排放污水；

（二）超过排水许可证有效期限向园区排水管网及其附属设施排放污水；

（三）违反排水许可证规定的内容，向园区排水管网及其附属设施排放污水；

（四）未按照规定超标排放污水的，造成园区污水处理系统损坏的；

（五）向园区排水管网及其附属设施排放剧毒物质、易燃易爆物质和有害气体等；

（六）擅自倾倒、堆放、丢弃、遗撒污泥的；

（七）堵塞园区排水管网或者向园区排水管网及其附属设施内倾倒垃圾、渣土、施工泥浆等易堵塞物；

（八）擅自占压、拆卸、移动和穿凿园区排水管网及其附属设施；

（九）擅自向园区排水管网及其附属设施加压排放污水；

（十）其他损害园区排水管网及其附属设施正常运行的行为。

第三十六条 园区任何单位和个人都有合理利用和保护园区排水设施的权利和义务，并有权对违反本办法的行为进行制止、检举和控告。

第六章 附 则

第三十七条 本办法自印发之日起施行。

中卫市城市管理相对集中行政处罚权工作实施方案

卫政办发〔2016〕43号

为加强城市管理，切实提高城市管理行政执法效能，根据《中华人民共和国行政处罚法》、自治区人民政府《关于中卫市开展相对集中行政处罚权工作的批复》（宁政函〔2015〕204号）等有关规定，结合本市实际，制定本方案。

一、指导思想

以十八届三中、四中、五中全会精神为指导，坚持"精简、统一、效能"的原则，深化城市管理执法体制改革，进一步调整和完善城市管理体制，解决城市管理中多头执法、职责交叉、重复处罚、行政效能低下等问题,建立一支廉洁高效、公正、文明的城市管理执法队伍。

二、实施目标

中卫市城市管理局在沙坡头区特定区域内实施中卫市城市管理相对集中行政处罚权,统一行使分属规划、住建、环保、水务、公安、市场监督管理等行政执法部门涉及城市管理方面法律、法规和规章规定的行政处罚权。通过实施城市管理相对集中行政处罚权,提高中卫市城市管理行政执法效能,提升城市文明程度,促进中卫经济和社会协调发展。

三、机构设置和管理体制

(一)成立中卫市城市管理相对集中行政处罚权工作领导小组

为落实领导责任,加强城市管理行政执法工作的组织协调工作,成立由中卫市政府分管领导任组长,市政府机构编制委员会办公室、市政府法制办公室、市城市管理局负责人为副组长,市直有关部门负责人为成员(具体名单附后)的中卫市城市管理相对集中行政处罚权工作领导小组,主要负责实施城市管理相对集中行政处罚权工作的组织、协调和督查,协调解决机构和人员编制、经费保障、重大行政执法案件和突发事件等工作方面遇到的重点、难点问题。领导小组下设办公室,办公室设在市城市管理局,办公室主任由城市管理局主要负责人兼任,具体负责组织和实施各项工作。

(二)成立中卫市城市管理相对集中行政处罚权工作执法实施机构

根据市委办公室《关于印发〈中卫市城市管理局主要职责内设机构和人员编制规定〉的通知》(卫党办发〔2014〕114号)要求,中卫市城市管理局在履行本单位职责的同时,将城市规划、环境保护、水务管理、市场监督管理等方面涉及的城市管理职责,经自治区人民政府批准在城市管理领域相对集中行使行政处罚权,指导全市城市管理行政执法制度建设,监督城市管理行政执法工作。

(三)机构管理制度

中卫市城市管理局为中卫市人民政府职能部门,设办公室、法制监督科、市政管理科3个内设科(室),将中卫市城市建设监察支队、中卫市公用事业管理所隶属关系由市住房和城乡建设局调整到市城市管理局。将市政监察、城市环卫、市政设施管理等职责划入市城市管理局。

市城市管理局与规划、住建、环保、水务、公安、市场监督管理等部门建立完善《中卫市城市管理工作联席会议制度》《城市管理违法行为督查制度》《城市管理违法行为移送制度》《城市管理违法行为抄告制度》等制度,建立由市城市管理局总负责、相关部门协作执法的联合执法协作机制,已划转相对集中行政处罚权的部门不再行使该职权,并核减相应机构或编制。

四、开展相对集中处罚权的工作范围

中卫市城市管理局在沙坡头区,东至宁钢大道、西至机场大道、南至黄河北岸、北至包兰(宝中)铁路,建设区面积约32平方公里的地域范围内实施城市管理相对集中处罚权。

五、工作职责

(一)中卫市城市管理局职责

1. 贯彻执行有关城市管理工作的法律、法规、方针、政策;负责研究制定城市管理中长期规划、年度目标,并组织实施;负责拟订有关城市管理地方性规定,并组织实施。

2. 负责对城市公共秩序、市容市貌、环境卫生、市区规划、环境保护、工商活动等方面的城市管理进行行政执法工作,对违反城市管理规定的各类行为进行查处,涉嫌犯罪的移送司法部门处理。

3. 负责市容环境卫生和环卫行业管理;负责对环境卫生公共设施、城市设施建设项目或相关规划方案进行审查,并对实施活动监督管理。

4. 负责审核管理城市户外广告的设置、画廊、招牌、橱窗报亭、话亭、营业摊点、商品展销、书画展览、杂耍卖艺等活动。

5. 负责统一规划和适时调控流动经营或特定时段占道经营活动;负责城区景观水域安全监管工作,查处违规嬉水、垂钓、游泳、水上运动、取水、洗车等影响水域安全的行为。

6. 负责市区噪音监督管理,配合相关部门依法查处违法行为。

7. 负责对不符合市容市貌要求和市容环境卫生标准的建(构)筑物实施清理和查处。

8. 联合相关部门对擅自开挖道路,侵占市区机动、非机动车道,人行道、通行桥梁、涵道以及公共广场等违反城市管理规定的行为实施监督管控。

9. 负责对城市生活垃圾收集、清运等活动进行监管;负责特种垃圾、建筑垃圾(渣土)和道路运输车辆"渗、撒、漏"行为的监管。

10. 负责市区道路、路灯、景观照明、广场、公园、公厕等公用设施的管理,参与市政公用设施竣工验收和移交工作。

11. 会同有关部门对洗车、修车商户乱停、乱放、乱倒垃圾、乱倒污水等行为依法进行查处。

12. 深化行政审批制度改革,加强事中事后监管。

13. 承办市人民政府交办的其他事项。

(二)中卫市城市管理局行使集中处罚权职责

划分6部门行政执法权限,实施相对集中行政处罚权,行政处罚权相对集中后,原有的行政执法机关不得再行使已由中卫市城市管理局集中行使的行政处罚权,有关部门如果仍行使已被调整出的行政处罚权,所做出的行政处罚决定一律无效,并依法追究该部门直接负责的主管人员和其他直接责任人员的法律责任。

1. 从住建部门划分出:市区建设工程环境卫生、工地出入口、施工围墙、城市公用设施等方面的监管工作,依据城市建设方面的法律法规,对违法行为依法进行处罚。

2. 从规划部门划分出:对违法占用城市道路、绿地、公共用地进行建设的监管工作,依据城市规划方面的法律法规,对违法建设行为依法进行处罚。

3. 从水务部门划分出:市区景观水道范围乱搭乱建、倾倒垃圾等方面的监管工作,依据水务方面的法律法规,对违法行为依法进行处罚。

4. 从环境保护部门划分出:市区人口集中地区焚烧行为的监督管理,依据环境法律法规对违法行为依法进行查处。

5. 从公安部门划分出:市区噪声敏感建筑物集中区域内使用高音广播喇叭和公共场所使用音响器材干扰周围生活环境的过大音量的,依据相关法律法规进行查处。

6. 从市场监督管理部门划分出:市区占道经营摊点(区)、流动经营的统一规划和管理,临街店铺的市容市貌监管工作;会同交通、市场监督管理部门对市区内洗车、修车行业管理,研究提出洗车、修车行业的审批意见,依据市场监督管理方面的法律法规,对违法行为依法进行处罚。

六、执法队伍和工作机制

按照"精简、统一、效能、公开"和"既保证执法人员素质,又尽量减轻财政负担,妥善安置原有人员"的原则,新录用的城市管理行政执法人员按照公务员招考程序,从有关部门和社会符合条件的人员中择优录用。新组建的队伍实行试用制度,动态管理,优胜劣汰。

(一)执法队伍

1. 队伍组建。中卫市城市管理局集中行使相对集中处罚权,根据《中卫市城市管理局主要职责内设机构和人员编制规定》,核定行政编制9名、后勤服务事业编制1名;核定处级领导职数3名(1正2副)、正科级领导职数4名,其中:办公室主任1名、科长2名、系统工会主席1名。

2. 执法人员录用。对现有行政执法人员严格按照政治合格、业务能力过硬、品德兼优的条件审核选用,人员不足部分从相关机关单位内部择优选调或面向社会公开招考。

3. 原有人员安置。对原城市建设监察支队未能过渡录用的人员,按照有关规定和隶属关系进行分流安置。

(二)执法主体

按照《国务院关于进一步推进相对集中行政处罚权工作的决定》,城市管理局取得相应的执法主体资格,依法开展工作。其他有关行政执法部门执法检查发现相对集中处罚权案件线索,及时移交市城市管理局查办,并协助开展案件调查工作。

(三)执法程序

市城市管理局严格依照《中华人民共和国行政处罚法》和有关法律、法规规定的程序实施行政处罚。在行使行政处罚时,使用统一规范的法律文书。

(四)复议管辖

在行政执法过程中,管理相对人对中卫市城市管理局做出的行政处罚等具体行政行为不服而申请行政复议的,由中卫市人民政府行政复议委员会依法受理。

七、经费供给和设施设备

(一)经费供给

严格实行"收支两条线"和"罚缴分离"制度。中卫市城市管理局所需经费列入本级财政预算,由市政府财政全额拨款,不得以收费、罚没收入作为经费来源;罚款、没收违法所得或者没收非法财物拍卖的款项,必须按照行政处罚法的有关规定全额上缴国库。

(二)服装、设施配备

城市管理行政执法人员统一着装,持证上岗,服装应严格区别于公安制服。办公地点及用房设施和通信、交通工具,根据相关规定依法配备。

八、工作要求

(一)加强领导,搞好协调。为了相对集中行政处罚工作的顺利推进,执法要坚持"统一领导,集中为主,部门配合,社会监督,依法治城"的工作方针,增强执法权威。相对集中行政处罚权工作领导小组要切实加强领导,做好相对集中行政处罚权工作的组织实施、权责界定,及时协调处理工作中的问题。

(二)严格考核,强化管理。要严格内部管理,对执法人员要进行岗前教育和业务培训,做到培训考试合格后持证上岗。对不合格者取消执法资格,直至予以辞退。切实保证并不断提高执法人员的政治素质和业务素质,促进严格执法、秉公执法、文明执法,努力提高城市管理执法水平。

(三)加强沟通,保障执法畅通。中卫市城市管理局定期组织召开执法工作联席会议,通报执法情况,研究、协调、解决城市管理行政执法工作中的有关问题。抄告案件查处情况,对不属于职责范围内的案件线索及时移交,分析解决相对集中行政处罚过程中出现的新问题,努力开创城市管理执法工作新局面。

附件:1.中卫市城市管理相对集中行政处罚权工作领导小组人员名单(略)

2.《中卫市城市管理相对集中行政处罚权划分表》(略)

中卫市应急粮油供应管理办法

卫政办发〔2016〕46号

第一章 总 则

第一条 为切实做好应急状态下的粮油供应管理工作,保障应急状态下粮油有序供给,保持社会稳定,根据新修订的《中卫市粮食应急预案》(卫政办发〔2016〕44号),结合我市实际,特制定本办法。

第二条 本办法在中卫市应急委员会启动市级粮食应急预案后实施。

第二章 职 责

第三条 各级政府及粮食应急工作领导小组成员单位,在市粮食应急工作领导小组的统一领导下,按照工作职责,分工负责、共同协作,组织实施粮油应急供应工作。

第四条 粮油应急供应工作实行分级负责。

各县(区)政府按照市粮食应急工作领导小组的指令要求,负责实施本辖区应急粮油供应。

各镇(乡)、社区负责核定并定期提供本辖区居民人口数。在应急供应时,按照上级政府的指令核实辖区人口数,提供应急粮油供应花名册,负责组织辖区居民应急供应票证核发,维持现场秩序,确保在应急状态下,粮食安全、有序供应到每一户居民手中。

应急状态下,各粮食应急供应网点服从粮食应急工作领导小组的指令,做好应急粮油的接收、供应工作,并与镇(乡)、社区做好协调、配合工作。

市本级各粮食应急成员单位职责:

市发改委(物价局)做好应急粮油价格监督检查,依法查处价格违法行为。

市教育局负责提供市区内高校、职业中专学校、寄宿制中学生在校学生人数、供应标准等信息,协助做好学校粮食应急供应组织工作。

市公安局负责维护粮油加工、调运、供应场所的治安管理,确保粮油供应安全。

市民政局负责提供城乡特困救助对象的信息,协助做好救济粮油发放工作。

市财政局负责做好应急工作经费的审核拨付。

市交通运输局根据粮食应急工作的需要,负责做好运力调度,保证优先调运应急粮油的需要。

市商务和经济技术合作局配合市粮食局做好粮食应急供应网点的确定,并做好应急粮油供应的监督工作。

市文化体育新闻出版广电局负责指导、协调广播电台、电视台等新闻媒体做好宣传和报道工作。

市市场监督管理局负责对粮油市场的监管,依法取缔违法经营,严格查处掺杂使假、合同欺诈、囤积居奇、欺行霸市等各种违法违规行为,维护市场秩序;负责对粮油加工环节进行监管,严肃查处以假充真、以次充好、掺杂使假等违法行为。组织有关部门监测成品粮质量,防止有毒有害粮油产品趁机流入市场。

市粮食局负责粮油应急工作的综合协调、组织、指导、检查和监督。在应急前,做好粮食应急供应网点的确定,网点供应范围的划分,网点与镇(乡)、社区的对接;做好粮食应急供应网点的日常管理、监督检查、指导服务,建立粮食应急供应网点的网络管理信息平台,与镇(乡)、社区进行信息共享;在应急状态下,加强粮油价格预警监测工作,负责组织实施应急粮油的采购、加工、调运,对粮油应急供应做出安排,并对粮食应急供应网点的供应情况进行监督。

第三章 供应内容

第五条 供应对象包括集中供应对象和社会供应对象两部分。集中供应对象为部队、幼儿园、学校等社会团体机构,除集中供应对象外,其余为社会供应对象。

第六条 供应标准,粮食(大米或面粉)每人每

10天供应5公斤;食用油每人每10天供应0.5公斤。(此标准为参考标准,具体供应量由粮食应急工作领导小组根据应急状态决定)

第七条 应急粮油供应按照居民居住地,划片定点定量供应,并在应急供应网点和集中供应单位进行挂牌供应。

第八条 供应价格由粮食应急工作领导小组充分考虑应急预案启动前的粮油市场价格和广大市民承受能力来确定。

第四章 粮油供应

第九条 应急粮油供应人口核定。各镇(乡)、社区以自身核定的人口数为准,并向核定居民核发应急粮油供应票证,票证盖所在镇(乡)、社区印章。居民凭票证在指定的粮食应急供应网点购买粮油。

第十条 粮油供应。按照应急工作领导小组指令,市粮食局向粮食应急供应网点下达供应计划,调配粮油。各镇(乡)、社区组织居民到指定的应急供应网点购买粮油。应急供应网点根据镇(乡)、社区核发的票证向居民供应粮油。供应粮油时,应急供应网点保留票证,并要求居民在镇(乡)或社区提供的花名册上签字或按手印。城乡低保户和残疾人由所在镇(乡)、社区按照市、县(区)民政局提供的人数,专人负责组织供应。

部队、学校、幼儿园等社会团体机构集中供应,由市粮食局负责安排,市军粮供应站负责供应。

第五章 调运和加工

第十一条 粮油调运。市粮食局按照应急工作领导小组的指令,下达调拨计划,动用应急成品粮油,由相关部门配合组织运输车辆,按要求把应急粮油调运到指定的应急供应网点,交接时双方填写《应急粮食调拨交割单》。应急成品粮不够时,动用市级储备原粮。

第十二条 应急加工。市粮食局按照粮食应急工作领导小组的指令,市粮食局下达加工计划并组织运输车辆。应急定点加工企业按照计划,在规定时间和地点完成原粮接收,并按要求完成加工任务。

第十三条 在粮油加工环节及粮油出库前,由市粮食局、市市场监督管理局联合对应急粮油进行检验,确保粮油质量安全。

第六章 附则

第十四条 粮源调拨、运输、供应费用以及结算方式等按《中卫市粮食应急预案》等有关规定执行。

第十五条 各县(区)可参照本办法制定县(区)级应急粮油供应管理办法。

第十六条 本办法由市粮食应急工作领导小组办公室组织实施,实行动态管理。

第十七条 当市应急委员会宣布应急状态结束时,本办法停止执行。

中卫市粮食安全省长责任制考核办法
卫政办发〔2016〕47号

第一章 总则

第一条 为了深入贯彻新形势下的国家粮食安全战略,全面落实粮食安全省长责任制,实施好市人民政府统一领导下的县(区)长负责制和部门分工负责制,根据《自治区人民政府办公厅关于印发宁夏回族自治区粮食安全省长责任制考核办法的通知》(宁政办发〔2015〕182号)和《中卫市人民政府关于贯彻落实粮食安全省长责任制的实施意见》(卫政发〔2016〕43号)精神,结合我市实际,制定本办法。

第二条 本办法适用于各县(区)人民政府全面落实粮食安全省长责任制情况进行考核,县(区)长为本地区粮食安全第一责任人。

第二章 考核组织

第三条 市政府建立粮食安全责任制考核联系会议制度,联系会议由政府分管副秘书长召集。成立中卫市粮食安全省长责任制考核工作组,由市粮食局、编办、发改委、财政局、国土资源局、环境保护局、水务局、农牧局、统计局、市场监督管理局、国家统计局中卫调查队、农发行中卫支行等单位组成考核工作组。考核工作组办公室设在市粮食局,负责日常工作,承担考核的组织、协调等职责,并向市人民政府报告。

第四条 根据市委、市政府重大决策部署和粮食安全发展变化情况,调整完善考核内容和评分办法,各有关部门根据职责分工,结合日常工作对各县(区)人民政府粮食安全省长责任制落实情况进行监督检查。每年年初根据本办法明确的考核内容和责任分工,由考核牵头部门会同配合部门,结合年度重点工作任务,拟定具体考核目标、指标和评分细则。

第五条 考核周期为每年1月1日至12月31日,考核时间原则上安排在次年第一季度。

第三章 考核内容

第六条 考核内容包括以下几个方面:

(一)增强粮食可持续生产能力。坚决守住耕地和基本农田红线,严格实行"占一补一""先补后占""占优补优";大力开展秸秆还田、深松耕、有机肥施入,稳步提高耕地质量;全面落实领导干部耕地离任审计制度;加快农田基础设施建设,稳定粮食核心产区产能;加大粮食高产万亩示范片建设力度,发展特色、绿色、效益、品牌农业。

(二)切实保护种粮积极性。落实粮食扶持政策,扶持发展适度规模粮食生产,积极培育种粮大户、家庭农场、农民合作社、粮食龙头企业等新型粮食经营主体,提升为农服务能力,抓好粮食收购工作,提高种粮比较效益,稳定粮食生产者收益。

(三)增强地方粮食储备能力。建立并完善县(区)应急成品粮油储备规模定期核定制度,每3年核定一次粮食储备规模和品种结构;建立应急成品粮油管理动态调整机制,落实储备费用和利息补贴资金。

(四)加强粮食流通能力建设。建立国有粮食仓储设施保护制度;加强粮食仓储物流设施建设,实施"粮安工程",支持粮食仓储设施维修改造升级;抢抓国家"一带一路"战略机遇,拓展粮食产销协作,构建粮食大流通通道;落实粮食统计制度,加强粮情监测,及时发布粮食市场信息;加大对粮油精深加工企业扶持力度,开发新型健康粮食产品。

(五)保障粮食市场供应和确保粮食质量安全。完善粮食应急预案,加强粮油应急供应网络建设,各县(区)选择符合条件的粮食加工或经营企业建设1个粮食应急储备供应保障中心,每个乡镇、街道应当设立1个应急供应网点,市区人口集中的社区确保每3万人至少有1个应急供应网点。对承担应急供应的企业和网点给予必要的支持和补偿。维护粮食市场秩序,开展各级储备粮库存检查,及时有效处置突发事件。强化粮食质量安全管理,加强农资市场监管,严格防控区域性粮食质量安全风险;加强对耕地污染的源头防治与土壤监测,加强对农药残留、重金属、真菌毒素超标粮食管控,禁止不符合食品安全标准的粮食流入口粮市场。

(六)落实保障措施。各县(区)成立本地区粮食安全考核工作小组,建立健全考核机制,足额安排粮食安全保障工作有关费用。

第四章 考核方式

第七条 考核工作坚持重点考核与全面监督相结合、定量评价与定性评估相结合、统一协调与分工负责相结合的原则。

第八条 考核采取部门评审与考核工作组实地检查相结合的方式进行。

第九条 考核工作组采取听取汇报、查阅资料、实地检查等方式逐项评分,根据职责分工,结合日常工作,对各项内容落实情况进行考核,考核结果作为年度考核的重要依据,纳入年终考核评价体系。

第十条 考核实施:

(一)自查评分。各县(区)人民政府认真进行自评,于每年1月底前将上年度粮食安全工作总结、自评结果等资料报送考核工作组办公室。

(二)部门评审。各牵头考核部门会同配合部门针对被考核单位自评情况进行考核评审,并形成书面考核意见送交考核工作组办公室。

(三)组织抽查。考核工作组对两县一区进行实地抽查考核,对粮食安全责任制落实情况进行评价打分。

(四)综合评价。考核工作组办公室对考核结果进行汇总,并做出综合评价,确定考核等次。

第五章 考核等次评定

第十一条 年度考核采用评分制,满分100分。考核结果分为优秀、良好、合格、不合格四个等次。考核得分90分以上为优秀,75分以上90分以下为良好,60分以上75分以下为合格,60分以下为不合格("以上"包括本数,"以下"不包括本数)。

第十二条 采取量化打分的方式进行考核,涉及的有关数据以统计部门公布的数据为准,没有统计数据的,以有关部门认定的数据为准。

第十三条 对年度考核有下列情形之一的,考核予以加分:

(一)年度财政预算中优先保障粮食生产、流通资金的支出。

(二)粮食安全工作(主要包括农田水利基础设施建设,粮食生产、加工、流通、科技、质量监管等方面)受到国家级和省部级(国家部委,自治区党委、人民政府)及自治区级业务主管部门通报表彰的。

(三)辖区内粮食生产经营企业获得"国家级农业产业化龙头企业"称号或获得"宁夏名牌产品商标""中国驰名商标"的。

具体加分项目和加分分值依据当年制定的考核细则确定。

第十四条 对年度考核有下列情形之一的,考核予以扣分:

(一)耕地保护目标责任制落实不到位,出现耕地"非农化"和比较严重"非粮化"或大面积弃耕情况的。

(二)耕地质量出现严重问题,造成耕地严重污染或污染明显加重的。

（三）将用于粮食安全工作的各种专项资金（如农田水利建设资金、产粮油大县奖励资金、农业支持保护补贴等）挪作他用的。

（四）辖区内出现粮食价格异常波动或农民出现较严重"卖粮难"现象，处置不及时的。

（五）辖区内出现较大级别以上粮食质量安全事故且处置不力造成较大影响的。

具体扣分项目和扣分分值依据当年制定的考核细则确定。

第六章 考核结果运用

第十五条 考核结果经市人民政府审定后，作为对县（区）人民政府主要负责人和领导班子考核评价的重要参考，并纳入（县、区）对农业农村工作的综合评价体系。对考核等次为优秀的，市人民政府给予表扬，有关部门在相关项目资金安排和粮食专项扶持政策上优先予以考虑。

第十六条 考核等次为不合格的县（区）人民政府，要向市人民政府提交书面报告，并在考核结果通报一个月内提出整改措施和时限；逾期整改不到位的，由市粮食局会同市发展改革委、农牧局进行函询或约谈；对因不履行职责造成严重影响的，依法依纪追究有关责任人的责任。

第七章 附 则

第十七条 考核工作要公平公正、实事求是。对在考核工作中存在弄虚作假、瞒报虚报情况的，予以通报批评，并依法依纪追究有关责任人的责任。

第十八条 市粮食安全责任制考核联席会议根据年度粮食安全工作实际需要，可以对考核指标进行修订，报市人民政府同意后施行。

第十九条 县（区）人民政府可参照本办法，对所辖各镇（乡）进行考核。

第二十条 本办法自印发之日起施行，由市粮食安全责任制考核工作组负责解释。

附件：中卫市粮食安全省长责任制考核表（略）

沙坡头区困难残疾人生活补贴实施办法
卫政办发〔2016〕62号

第一条 为了保障困难残疾人的基本生活，根据自治区人民政府办公厅《关于印发〈宁夏回族自治区困难残疾人生活补贴办法〉和〈宁夏回族自治区重度残疾人护理补贴办法〉的通知》（宁政办发〔2015〕180号），结合沙坡头区实际，制定本实施办法。

第二条 本办法所称困难残疾人，是指具有中卫市沙坡头区户籍、持有第二代中华人民共和国残疾人证（以下简称"第二代残疾人证"），月固定收入低于沙坡头区最低工资标准（1390元/人·月），残疾等级为一级、二级的生活困难残疾人。

第三条 困难残疾人生活补贴发放，应当坚持公开、公平、公正的原则，切实保障困难残疾人的基本生活需求。

第四条 困难残疾人生活补贴发放对象及标准：

对符合条件的城乡困难残疾人每人每月给予100元的生活补贴。困难残疾人生活补贴标准根据经济社会发展水平和残疾人生活保障需求适时调整。

享受孤儿基本生活保障政策的残疾儿童不享受困难残疾人生活补贴；领取工伤保险生活护理费、纳入特困人员供养保障、受到刑事处罚的残疾人不享受困难残疾人生活补贴。

坚持"政策不变，待遇不减"的原则，原已享受重度残疾人生活津贴的散居五保重度残疾人和重度残疾孤儿继续享受相关待遇。

困难残疾人生活补贴不计入城乡最低生活保障家庭的收入。

第五条 困难残疾人生活补贴资金由自治区和市财政共同分担，并列入财政预算。其中市财政分担50%，自治区分担50%。

第六条 困难残疾人申请生活补贴，应当由本人或者近亲属、监护人持其户口簿原件、第二代残疾人证原件和复印件，向户籍所在地镇（乡）人民政府提交书面申请，并填写《宁夏困难残疾人生活补贴申请审批表》。

残疾人的法定监护人，法定赡养、抚养、扶养义务人，所在村民（居民）委员会或其他受委托人，可以代为办理申请事宜。

第七条 镇（乡）人民政府依托社会救助、社会服务"一门受理、协同办理"机制，受理残疾人困难补贴申请，并在10个工作日内完成初审，将初审结果公示5个工作日。公示无异议后，在《宁夏困难残疾人生活补贴申请审批表》上签署意见，连同申请人的申请书、户口簿、第二代残疾人证复印件和填写盖章的《宁夏困难残疾人生活补贴登记表》报市残联审批。

第八条 市残联应当在10个工作日内完成审批工作。经审查不符合享受补贴条件的，交由镇（乡）人民政府书面说明理由并通知申请人。对符合享受补贴条件的，转由沙坡头区财政局自递交申请当月计发补贴资金。

第九条 市残联每月将审定的《宁夏困难残疾人生活补贴登记表》转沙坡头区财政局，由沙坡头区财政局通过"一卡通"的方式按月将补贴资金发放给补贴对象。

第十条 市残联应按照预算编制要求，根据困难残疾人生活补贴对象人数、补贴标准、补助水平和滚存结余等有关数据，于每年的8月31日前提出下一年度补贴资金预算计划，报市财政部门。市财政部门审核后，列入预算草案报市人民代表大会批准。

在年度预算执行过程中，如需调整困难残疾人生活补贴资金预算，应由市残联根据实际情况向市财政部门提出申请，经市财政部门审核并按规定程序报批后实施。

第十一条 困难残疾人生活补贴资金年终如有结余，可结转下年度继续使用，年终滚存结余不得超过当年支出额的10%。

第十二条 困难残疾人生活补贴发放实行实名制管理。补贴对象死亡的，从下月起停发其生活补贴。补贴对象户籍迁移到外县(市、区)的，市残联自迁出下月起停发其生活补贴，由迁入县(市、区)残联根据市残联出具的书面证明，将其纳入当地生活补贴发放对象，并从迁入下月起计发。

第十三条 镇(乡)人民政府建立困难残疾人生活补贴对象档案，做到一人一档。市残联建立补贴对象基础信息数据库，并负责补贴对象基础信息数据库日常维护工作。

第十四条 采取残疾人主动申报和市残联、财政、民政部门联合定期抽查相结合的方式，复核申请人资格条件是否发生变化、补贴是否及时足额发放到位等，做到应补尽补、应退则退。

第十五条 困难残疾人生活补贴资金要专款专用，主动接受监察、审计部门的监督检查，严禁挤占、挪用。市残联、财政、民政部门要加强困难残疾人生活补贴的预算执行和监督管理工作，确保补贴及时准确发放到位。

第十六条 市残联会同民政、财政等相关部门，适时对困难残疾人生活补贴发放工作进行自查，并接受上级部门的督促检查。

第十七条 负责困难残疾人生活补贴的工作人员，存在玩忽职守、徇私舞弊或挤占、挪用、扣压补贴资金行为的，依法依纪追究相关责任。

第十八条 镇(乡)人民政府发现弄虚作假骗取困难残疾人生活补贴的，应及时提请市残联、财政停发，并追回已领取的补贴资金。

第十九条 本实施办法自2016年1月1日起施行。原《中卫市重度残疾人生活保障暂行办法》及相关配套文件同时废止。

附件：1. 宁夏困难残疾人生活补贴申请审批表(略)
2. 宁夏困难残疾人生活补贴登记表(略)
3. 宁夏困难残疾人生活补贴上年度发放情况统计表(略)

中卫市民生事项公示办法(暂行)

卫政办发〔2016〕86号

第一条 为接受人民群众监督，保障人民群众的知情权、参与权、表达权和监督权，推进行政权力公开透明运行，促进政府决策科学化和民主化，结合本市实际，制定本办法。

第二条 在中卫市行政区域内，凡涉及社会面广、与群众利益密切相关以及有关国计民生的事项在决策前应当向社会公示。

第三条 公示应遵循依法行政、全面真实、程序规范、及时便民的原则。

第四条 拟实施民生事项的行政机关或者其授权(委托)具体实施的机关是公示机关。

第五条 公示机关应当科学编制公示方案，严格审定公示文件，公示机关负责人审批后方可公示，未经审批不得公示。

第六条 实施下列事关经济社会发展和人民群众切身利益的民生事项前，应当向社会公示：

(一)价格调整、收费等政策措施；
(二)社会救济、弱势群体扶助及各类补贴等政策措施；
(三)安全生产、环境保护、食品药品等安全措施；
(四)教育、医疗、住房、养老、失业等民生保障机制；
(五)学校、医院及其他重大公益设施、重点基础设施建设项目等；
(六)国家、省、市重点建设项目，享受特殊优惠政策、需要政府投资及贷款贴息的建设项目；
(七)土地的征收及补偿标准、费用减免和资金扶持等政策措施；
(八)地区、行业改革和发展的重大部署、实施计划等；
(九)地方经济和社会发展规划、专项规划、区域规划及相关政策等；

（十）城乡建设、土地利用、自然资源保护利用等规划的制定与调整；

（十一）国家行政机关及其公务员、国家行政机关任命的其他工作人员招考、任免录用、职称评定、考核评比、表彰奖励等；

（十二）法律、法规、规章规定应当公示的其他事项。

第七条 各级行政机关根据实际情况，可以通过以下途径进行公示：

（一）政府网站和市政务服务中心网站；

（二）电视、广播、报刊、公众微信等媒体；

（三）其他便于公众及时知晓的途径、方式、载体或者场所。

第八条 公示事项应当包含以下内容：

（一）基本情况；

（二）公示的起止日期；

（三）发布单位及发布时间；

（四）意见反馈及联系方式；

（五）其他需要公示的资料。

第九条 公示机关应当根据公示事项的具体情况和相关规定确定公示期，对没有明确规定期限的公示期不得少于7个工作日。

第十条 公示机关应当认真归纳和分析群众提出的意见和建议，充分采纳合理建议，及时形成公示报告。

公示报告应当包括以下内容：

（一）公示的基本情况；

（二）收集的主要意见、建议及理由；

（三）对主要意见、建议的处理意见。

第十一条 公示报告应当作为决策机关决策的重要依据。

第十二条 对应当公示而没有公示的重要民生事项，不得提交决策机关讨论。

第十三条 经公示决策的民生事项，应当按照《中华人民共和国政府信息公开条例》及自治区有关规定予以公开。

第十四条 各级行政机关要自觉接受监察、法制等部门的监督检查，并将掌握的有关民生事项公示工作情况定期通报。

第十五条 公民、法人或者其他组织认为公示机关不依法履行民生事项公示义务的，可以向上级行政机关、监察机关举报，收到举报的机关经查证属实，依法追究责任。

第十六条 本办法自2016年6月20日起施行，有效期二年。

中卫市乡村教师支持计划（2015—2020年）实施细则

卫政办发〔2016〕87号

为全面贯彻落实国务院《乡村教师支持计划（2015—2020年）》和《宁夏回族自治区乡村教师支持计划（2015年—2020年）实施办法》（宁政办发〔2015〕183号）精神，进一步加强农村中小学教师队伍建设，全面提升农村学校教育教学质量，结合我市教育实际，制定本实施细则。

一、总体目标

到2017年，力争全市乡村学校优质教师多渠道补充，乡村教师资源配置明显改善，教育教学能力稳步提升，合理待遇依法保障，职业吸引力明显增强，形成"下得去、留得住、教得好"的良好局面。到2020年，努力培育一支师德高尚、素质优良、数量充足、结构合理、甘于奉献、扎根乡村的教师队伍，为实现城乡教育优质均衡发展提供强力保障。

二、基本原则

坚持师德为先。始终把师德师风建设放在教师队伍建设的首位，建设一支热爱乡村教育事业的乡村教师队伍。把增强乡村教师教书育人的责任感与荣誉感结合起来，使广大乡村教师自觉成为爱岗敬业的楷模。

坚持量质并重。建立乡村教师补充长效机制，优化城乡教师配置机制，建设一支数量充足、充满活力的乡村教师队伍。把培养补充新教师与提高在岗乡村教师素质能力统筹起来，为乡村教师专业发展提供有力支持。

坚持均衡发展。整体推进乡村教师队伍建设体制机制改革，从编制配备、条件改善、培养培训、待遇保障、科学管理等方面形成政策合力。大力改善乡村教师工作生活条件，努力提高乡村教师待遇，建立越往基层，倾斜和支持力度越大的资源配置机制。充分发挥优质学校、优质师资带动作用，以城带乡促进乡村教师队伍水平整体提升，缩小城乡差距，做到均衡发展。

三、主要措施

（一）加强乡村教师思想政治和师德教育

1. 健全乡村教师政治理论学习制度。坚持用中国特色社会主义理论体系武装乡村教师头脑，按照习近平总书记提出的做"有理想信念、有道德情操、有扎实学识、有仁爱之心"的"四有"好教师要求,进一步加强乡村教师思想政治和师德教育工作,不断提高教师的理论素养和思想政治素质。

2. 加强乡村学校党建工作。发挥基层党组织政治核心作用,将优秀乡村教师优先发展为党员,进一步增强对中国特色社会主义的理论认同、政治认同、情感认同,巩固拓展党的群众路线教育实践活动和"三严三实"专题教育成果,实现"三严三实"专题教育的常态化、长效化。

3. 开展形式多样的师德教育。健全学习制度,进一步完善师德监督管理机制,建立师德问题报告制度、师德状况定期调查分析制度、师德年度评议考核制度、师德舆情快速反应处理制度,把职业理想、职业道德、法治教育、心理健康教育等融入乡村教师培养管理的全过程,每年开展不少于10学时师德教育全员培训。通过报告会、座谈会、研讨会、培训班、读书班等行之有效的方式,建设信息化学习平台,完善教育、宣传、考核、监督、奖惩、校本六位一体的师德师风建设长效机制,完善教师师德档案,记录教师师德成长的全过程,不断激励广大教师自觉加强师德修养。

(二)拓宽乡村教师的补充渠道

4. 切实拓宽乡村教师补充渠道。积极争取自治区编办、教育厅、人力资源和社会保障厅、财政厅等部门支持,实施国家和地方农村义务教育阶段教师特岗计划,通过特岗教师招聘、事业编制教师招聘、免费师范生招聘和高层次人才招聘,在空编范围内积极补充乡村教师。加大音乐、体育、美术等师资紧缺学科的教师招聘数量,确保将90%以上新招聘教师分配到乡村学校任教,逐步解决乡村教师数量不足、学科不配套的问题。

5. 做好高校毕业生国家助学贷款代偿工作。认真贯彻落实《自治区人民政府办公厅关于印发〈宁夏回族自治区高等学校毕业生国家助学贷款代偿暂行办法〉的通知》(宁政办发〔2015〕98号)精神,对符合条件且招聘到各县(区)农村中小学校任教满3年(含3年)的区内高校毕业生,申报享受自治区代为偿还其在高校就读期间的国家助学贷款本金政策。

6. 积极鼓励退休教师支教。对自愿到乡村学校支教,且身体条件允许的退休特级教师、高级教师,经本人申请,市、县教育、人社、财政部门审核、公示无异议后,安排到乡村学校支教,支教期间,由市、县财政按照每人每年20000元标准予以补助。

(三)提高乡村教师生活待遇

7. 依法依规落实乡村教师工资待遇政策。严格按照《自治区人力资源社会保障厅财政厅教育厅关于印发〈宁夏回族自治区义务教育阶段农村学校教师补贴实施意见〉的通知》(宁人社发〔2013〕164号)的基础上,将义务教育阶段农村学校教师补贴标准人均每月提高到山区500元、川区300元,并由市(县)人社、财政部门按时足额予以发放。今后遇自治区进行进一步调整时,市、县政府及时配套调整。按照《教育部财政部人事部中央编办关于实施农村义务教育阶段学校特设岗位计划的通知》(教师〔2006〕2号),按时足额发放农村特岗教师工资、补贴并保障其各项待遇落实到位。

8. 积极实施乡村教师帮扶计划。县(区)民政部门对因遭遇突发事故或突患重大疾病,造成家庭生活特别困难的乡村教师积极进行救助帮扶。市、县(区)政府鼓励企业和社会力量积极为学校捐助资金,用于对乡村贫困教师和患重病教师进行帮扶。

9. 实施乡村骨干教师支持计划。市、县教育行政部门按辖区内乡村教师总量的10%评选认定乡村骨干教师,并给予奖励补助。

10. 切实做好乡村教师定期体检工作。市、县工会组织负责指导基层学校开展教师体检工作。市、县卫生部门及医疗机构要加强与教育部门合作,积极制定适合乡村教师需求的体检细则,加强对体检教师的跟踪指导,保证体检质量。

11. 积极解决乡村教师生活难题。对夫妻双方均在同一县域内乡村学校工作的教师,在本人提出申请的情况下,市、县教育行政部门可考虑将一方调到离家较近的农村学校工作。

12. 切实解决好乡村教师住宿和住房问题。市、县教育、财政部门积极争取实施好农村学校教师周转房建设项目,到2020年,为所有乡村学校建设可满足教师住宿的周转房。市、县住建部门将符合条件的乡村教师住房纳入当地住房保障范围统筹解决,同等条件下优先轮候、优先分配。

(四)加强中小学教职工编制动态管理

13. 市、县编制部门按照自治区机构编制委员会相关规定,每年及时会同教育行政部门依据各学校班额、生源变化等情况,在核定的中小学教职工编制总量内,对辖区中小学教职工编制及时进行合理动态调整,确保教师资源发挥最大效益。

14. 市、县编制部门认真落实城乡统一的教职工编制核定标准。结合实际,对乡村小学、教学点编制按照生师比和班师比相结合的方式核定。通过编制倾斜、加强人员配备等方式加大对生源稀少的教学点、村小学的支持力度,确保乡村学校开齐开足规定课程,教育教学工作正常开展。

15. 市、县编制、人社、教育部门要加强教师管理,严禁任何部门和单位占用或变相占用乡村中小学教职工编制或借用教师。做到空编即补,逐步解决乡村学校使用临聘代课人员问题。

16. 逐步推进中小学校后勤服务社会化改革。对适合社会力量提供的工勤和教学辅助等服务,积极探索采取由政府购买服务方式,纳入市、县政府购买公共服务指导目录妥善解决。

（五）做好乡村教师职称（职务）评聘工作

17. 做好乡村学校岗位设置和晋级工作,市、县人社部门在岗位设置时对乡村学校适当放宽比例。对乡村学校因教师退休等因素出现空岗的,人社、教育部门及时按照程序通过考核进行递补晋级。

18. 完善乡村教师职称（职务）评聘办法,市、县人社部门要严格执行《自治区人力资源和社会保障厅关于调整全区中小学校及乡镇卫生院专业技术岗位结构比例的通知》（宁人社发〔2016〕38号）文件精神,调整中小学校专业技术岗位结构比例,同时,乡村教师在评聘职称（职务）时不作外语成绩（外语教师除外）、发表论文的刚性要求,重点考察师德素养、工作业绩和一线实践经历。

19. 对长期在农村中小学校、幼儿园工作的教师且现仍在农村教学岗位上,连续工作15年晋升中级职称、连续工作25年晋升副高级及以上职称,且历年年度考核合格以上,经所在单位研究同意,教育主管部门审核,公示无异议,可不受专业技术岗位结构比例限制,直接参加专业技术资格评审。

20. 市区、县城中小学教师晋升中高级教师职称（职务）,原则上应有在乡村学校或薄弱学校交流任教至少1年的经历。

（六）有序推动城乡教师合理流动

21. 市、县编制、教育、人社部门建立灵活的教师管理体制,鼓励城镇教师到乡村学校任教,及时为从城镇调动到乡村学校任教的教师落实相关政策待遇,引导城镇优秀教师向乡村"回流"。

22. 深入落实《关于推进县（区）域内义务教育学校校长教师交流轮岗的实施办法》（宁教人〔2015〕233号）精神,市、县教育行政部门每年安排辖区内不低于10%的专任教师进行城乡交流任教。市、县财政将城镇交流至乡村学校任教的教师纳入乡镇工作人员工作补贴范围,按照卫人社发〔2016〕94号文件,发放乡镇工作人员工作补贴,同时将城镇交流至乡村学校任教的教师纳入农村学校教师补贴范围,按照人均每月山区500元、川区300元的标准核发农村学校教师补贴。

23. 市、县教育部门积极探索定期交流、跨校竞聘、学区一体化管理、学校联盟、对口支援、乡镇中心学校教师走教等多种途径和方式,引导优秀校长和骨干教师到乡村学校支教。乡（镇）范围内重点推动中心学校教师到村小学、教学点交流轮岗任教,切实形成余缺互补、资源共享的教师管理使用机制。

（七）全面提升乡村教师能力素质

24. 建立区、市、县（区）、校四级联动培训网络。市、县财政按照每名教师平均每年不低于1000元的标准安排专项经费用于中小学教师、校长的培养、培训,并列入财政预算予以保障。各中小学严格按照规定,将农村中小学年度公用经费预算总额的5%用于教师培训。

25. 市、县教育部门根据教师发展需求做好短期、中期、长期教师培训规划,保证中小学教师五年一周期360学时的全员培训和中小学校（园）长任职资格、提高、高级研修、专家型校长等培训全部落实到位。

26. 全面实施中小学教师资格定期注册制度,并将教师参加培训情况作为考核注册的重要内容。

27. 市、县教育部门加强教师发展中心建设,整合教师培训、教育科研等机构,建立教师培训培养专门机构。从2016年起,"国培计划"集中支持乡村教师和校长培训,到2017年,对教学点教师和乡村学校校长全部轮训一遍,到2020年前,对乡村教师、校长每人进行360学时的培训。

28. 加强全科教师培养培训。市、县教育部门对音乐、体育、美术、英语、科学、综合实践等薄弱学科教师开展能力素质提升专门培训。对其他学科教师中具有音乐、美术、体育等特长的教师进行拓展培训,促使乡村教师由胜任单一学科教学向一专多能转变,切实解决乡村学校部分学科教师短缺的问题。

29. 提升乡村教师信息技术应用能力。市、县切实加强乡村学校信息化建设投入力度,到2018年,"校校通、班班通、人人通"实现率达到100%。积极利用远程教学、数字化课程等信息技术手段,实现教师培训全覆盖。从2016年起,利用3年时间使中小学一线教师全部实现熟练运用信息化教学手段开展教育教学,促进信息技术与教育教学的深度融合。

30. 充分发挥名师和骨干教师的带动作用。全市各县(区)各建设"乡村名师"工作室10个,市、县财政对每个"乡村名师"工作室每年给予10000元工作经费补助,确保活动正常开展。

31. 实施乡村教师学历提高支持计划。积极鼓励教师进行在职学历提升,有条件的学校对通过进修取得高一级学历的乡村教师给予学费补助。提高新招聘教师的学历层次,除村小教师和紧缺学科教师外,乡村学校新补充教师原则上需要达到本科学历。到2020年,乡村义务教育学校教师学历达标率达到100%。

(八)建立健全乡村教师荣誉制度

32. 加大乡村教师奖励力度。对在乡村学校从教20年、15年、10年以上的教师,由市、县政府颁发荣誉证书。每年教师节期间,市、县政府对教师进行表彰、奖励和慰问,重点向乡村教师倾斜。

33. 市、县教育部门积极配合自治区相关部门做好乡村突出贡献教师和优秀教师的选拔推荐工作,让更多的乡村教师享受自治区乡村教师疗养待遇。

34. 市、县教育部门在评选"塞上名师"、特级教师、各级骨干教师等荣誉时,名额向乡村教师倾斜,并适当放宽评选条件。在评选表彰教育系统先进集体和先进个人时,乡村学校、乡村教师所占比例不低于表彰名额总数的30%。

四、保障措施

(一)强化组织领导。市、县政府及相关部门要切实把加强乡村教师队伍建设列入重要议事日程,纳入工作考核指标体系,实行一把手负责制,细化任务分工,明确工作责任,扎实有效推进。教育行政部门要加强对乡村教师队伍建设的统筹管理、规划和指导。编制、发改、人社、财政等部门要按照职能职责主动履职,统筹推进实施细则的贯彻落实。

(二)加强经费保障。市、县政府要积极调整财政支出结构,加大投入力度,大力支持乡村教师队伍建设。要把细则实施所需资金列入财政预算予以保障。要加强资金使用的监管,确保将资金投入到乡村教师队伍建设最薄弱、最迫切需要的领域,切实用好每一笔经费,坚决杜绝截留、克扣、虚报、冒领等违法违规行为。提高资金使用效益。

(三)开展督导检查。市、县(区)人民政府教育督导机构要会同有关部门,每年对实施细则落实情况进行专项督导检查,及时通报督导检查情况并予以公布。对实施不到位、成效不明显的,要追究相关负责人的领导责任。

(四)突出宣传教育。各有关部门要加强宣传引导,采取多种形式,广泛宣传广大乡村教师为人师表、爱岗敬业、无私奉献的先进事迹,在全社会营造关心支持乡村教师和乡村教育的浓厚氛围,形成尊师重教的良好风尚。

中卫市加快发展农业特色优势产业贷款担保基金管理办法(试行)

卫政办发〔2016〕106号

第一条 根据自治区人民政府《关于创新财政支农方式加快发展农业特色优势产业的实施意见》(宁政发〔2016〕27号)(以下简称《意见》)和自治区财政厅、金融工作局、人民银行银川中心支行关于印发《加快发展农业特色优势产业贷款担保基金管理办法》的通知(宁财(农)发〔2016〕233号),为鼓励融资担保公司、银行等金融机构加大对农业特色优势产业的支持,规范加快发展农业特色优势产业贷款担保基金(以下简称"担保基金")管理工作,特制定本办法。

第二条 本办法使用范围为中宁县、海原县、沙坡头区、海兴开发区。

第三条 担保基金是指财政部门统筹整合安排用于优质粮食含马铃薯、果蔬、草畜、枸杞、硒砂瓜、酿酒葡萄"1+5"农业特色优势产业采取贷款担保扶持方式所需的资金。

第四条 贷款担保基金用于面向抵押物不足的农业企业,融资担保机构为其技术攻关、产品研发、成果转化、市场开拓等银行贷款的担保。

第五条 担保基金由自治区财政和县(区)财政按照1:1(海原县7:3)的比例共同出资设立。

第六条 中卫市众和顺担保有限公司(以下简称"担保公司")为担保基金的融资担保机构。

第七条 县、区财政部门负责贷款担保基金的预算安排和资金拨付。行业主管部门负责贷款担保的审核,是主要责任主体。县、区财政、农牧、林业、扶贫等管理部门应充分发挥各自职能作用,分工配合、各负其责,共同做好贷款担保资金管理工作。

第八条 担保基金全部直接注入担保公司,担保基金实行专户管理、封闭运行。担保公司应设立"专项应付款—担保基金"明细科目。

第九条 产业主管部门推荐的农业生产经营主体和项目必须符合贷款担保扶持的条件。担保公司对产业主管部门推荐的农业生产经营主体和项目进行审查。担保公司审核通过的项目,及时向经办银行出具担保意向书。符合放贷条件的,经办银行及时发放贷款。

第十条 担保公司协调合作银行须以不低于担保金7倍的比例为农业企业进行贷款担保。财政部门会同产业主管部门要了解掌握担保公司及银行现有担保及贷款存量,担保基金重点用于保证贷款增量。

第十一条 经办银行要加强与担保公司的合作,强化风险共担意识,创新信贷产品,简化审批程序,提高工作效率。贷款利率上浮比例不得超过同期同档次贷款基准利率的30%。

第十二条 单个企业累计贷款担保不超过1000万元,且每笔贷款期限不超过两年。对出现明确代偿或造成损失的农业企业,三年内不得享受政策性贷款担保。

第十三条 担保贷款发生逾期的,担保公司会同承办银行采取多种方式或通过法律程序追偿欠款本息。在3个月后明确无法偿还的贷款损失,由担保基金和担保公司、合作银行按照3:7的比例分担,担保公司、合作银行间分担比例自行协商。在实施代偿后,担保公司会同经办银行执行债务追偿,追索回的资金或恢复还款收回的资金在扣除相关追偿费用后,剩余资金按照损失分担比例原渠道返回。

第十四条 担保公司要加大融资担保扶持力度,主动创新担保方式,做到政策覆盖面广、抵押物范围宽、担保费率低、操作程序简便。担保费率不得超过1.5%。

第十五条 担保公司必须规范运作,完善内控制度,按规定提取准备金,加强对担保项目的审查和跟踪,健全事前评估、事中监控、事后追偿与处置机制。

第十六条 担保公司应当严格按照本办法规定使用担保基金,并自觉接受审计、监察、财政等部门的监督检查。

第十七条 担保基金不得作为担保公司营业性收入,不得挤占、截留、挪用。财政部门和行业主管部门应当加强对担保基金的管理和监督,对弄虚作假、骗取、套取资金的担保机构,依法收回担保基金,并停止资格,涉嫌犯罪的,移交司法机关。

第十八条 本办法由市财政局(金融工作局)、人民银行中卫市中心支行负责解释。

第十九条 本办法自印发之日起施行。

中卫市加快发展农业特色优势产业贷款风险补偿基金管理办法(试行)

卫政办发〔2016〕106号

第一条 根据自治区人民政府《关于创新财政支农方式加快发展农业特色优势产业的实施意见》(宁政发〔2016〕27号)(以下简称《意见》)和自治区财政厅、金融工作局、中国人民银行银川中心支行关于印发《加快发展农业特色优势产业贷款风险补偿基金管理办法(试行)》的通知(宁财(农)发〔2016〕233号),为鼓励商业银行加大对农业特色优势产业发展信贷支持,规范贷款风险补偿基金(以下简称"补偿基金")管理工作,特制定本办法。

第二条 本办法使用范围为中宁县、海原县、沙坡头区、海兴开发区。

第三条 补偿基金是财政部门统筹整合安排用于优质粮食含马铃薯、果蔬、草畜、枸杞、硒砂瓜、酿酒葡萄"1+5"农业特色优势产业采取贷款风险补偿方式所需的资金。

第四条 补偿基金由自治区财政和县(区)财政按照1:1(海原县7:3)的比例共同出资设立。

第五条 贷款风险补偿范围为从事"1+5"农业特色优势产业生产经营,经行业主管部门推荐,合作银行不通过融资担保机构担保直接给农业生产经营主体提供的用于基础设施、设备购置、市场营销等方面的贷款逾期后,经按法定程序清偿仍不能追偿所形成的贷款损失,由财政按照和合作银行约定的比例给予银行相应的补偿。

第六条 合作银行由财政部门会同产业主管部门公开招标确定。合作银行须以不低于风险补偿基金10倍的比例对符合条件的农业经营主体发放贷款。贷款利率上浮比例不得超过同期同档次贷款基准利率的30%。不得以保证金、咨询费、评估费等任何形式提高或变相提高贷款成本。

第七条 贷款周期不超过2年,单户贷款金额不超过300万元。

第八条 贷款发放到位后,财政部门将风险补偿基金按照贷款实际发放金额的10%存入合作商业银行,并与合作商业银行签署存款协议。

第九条 合作银行不得自行从风险补偿基金账户中划转代偿。贷款损失由财政部门、产业部门和合作银行共同认定,认定结果须向社会进行公示。对经确定为损失类的贷款本息,由补偿基金和合作银行按照3:7的比例分担。单个银行的单户贷款风险补偿基金只补偿一次。

第十条 下列情形不得给予风险补偿:
(一)未经过产业部门审核推荐的贷款;
(二)贷款实际使用用途不符合扶持环节。

第十一条 风险补偿基金已承担并拨付风险损失补偿的贷款,经催收归还的,应按风险分担比例及时返还财政部门。

第十二条 财政风险补偿基金按照分担比例实际支出超过50%时,财政部门、行业主管部门和合作银行协商一致共同签署终止协议,即经办银行停止办理新的授信业务,直至债权债务清偿结束,终止协议的履行,剩余风险补偿金按原渠道退还各方。

第十三条 财政部门负责风险补偿基金的预算安排和资金拨付。行业主管部门负责风险补偿对象的审核,是主要责任主体。财政部门和农牧、林业、扶贫等管理部门应充分发挥各自职能作用,分工配合、各负其责,共同做好贷款风险补偿基金管理工作。财政部门牵头组织对贷款风险补偿基金的使用进行绩效评价。

第十四条 审计、监察部门牵头组织对补偿基金使用情况进行专项审计或专项检查。

第十五条 财政部门和行业主管部门要加强对补偿基金管理。对挤占、挪用、套取财政资金和违规操作的单位和个人将依据《财政违法行为处罚处分条例》有关规定严肃查处。违法行为涉嫌犯罪的,移交司法机关处理。

第十六条 本办法由市财政局(金融工作局)、人民银行中卫市中心支行负责解释。

第十七条 本办法自印发之日起施行。

中卫市加快发展农业特色优势产业贷款贴息资金管理办法(试行)

卫政办发〔2016〕106号

第一条 根据自治区人民政府《关于创新财政支农方式加快发展农业特色优势产业的实施意见》(宁政发〔2016〕27号)(以下简称《意见》)和自治区财政厅、金融工作局、人民银行银川中心支行关于印发《加快发展农业特色优势产业贷款贴息资金管理办法》的通知(宁财(农)发〔2016〕233号),为规范加快发展农业特色优势产业贷款贴息资金(以下简称"贴息资金")管理工作,特制定本办法。

第二条 本办法使用范围为中宁县、海原县、沙坡头区、海兴开发区。

第三条 贴息资金是指财政部门统筹整合安排用于优质粮食含马铃薯、果蔬、草畜、枸杞、硒砂瓜、酿酒葡萄"1+5"农业特色优势产业采取贷款贴息扶持方式所需的资金。

第四条 贴息资金由自治区财政和县(区)财政按照1:1(海原县7:3)的比例共同出资设立。

第五条 贴息资金管理使用原则:
(一)封闭运行,专户管理,专款专用;
(二)统筹安排,保障重点,集中使用;
(三)公开透明,规范简便,据实结算。

第六条 贴息资金支持对象:农业经营主体用于产品研发、成果转化、品牌保护等环节,政策及实施办法确定的其他需贴息扶持的贷款。

第七条 贴息标准:对农业企业的贴息标准为同期同档次贷款基准利率的60%;对农民合作社、家庭农场和专业大户的贴息标准为同期同档次贷款基准利率的70%。

第八条 单个农业生产经营主体年度贴息总额不得超过100万元;自治区重点培育的农业高新技术企业年度贴息总额不得超过150万元。

第九条 有以下行为的,不予以贴息:
(一)借款人未如期足额偿还贷款;
(二)借款人不按照规定用途使用贷款;
(三)本笔贷款已享受其他财政贴息政策。

第十条 借款人必须如实申报同一笔贷款是否已享受其他财政贴息政策。如已享受此次贴息政策,不得再申报其他贴息资金。否则,按套取财政补贴资金行为处理。

第十一条 贴息资金实行申报审核制:农业经营主体向县、区农牧、林业等主管部门进行申报,由主管部门依据政策扶持条件及标准审核签字盖章后报同级财政部门。同级财政部门将主管部门报送的审核信息向社会进行公示7个工作日,经公示无异议后按规程拨付贴息资金。

第十二条 申报贴息资金须提供以下材料:
(一)填报《贷款贴息申报表》;
(二)贷款合同、担保合同(有担保的提供)、借款凭证、银行结息凭证;
(三)其他相关资料。

第十三条 贴息资金由财政部门采取"一卡(账)通"方式直接拨付至农业生产经营主体或农户账户。

第十四条 贴息资金按年结算。自2017年起，县、区政府相关部门每年1月31日前将上一年度审核后的贴息资金情况汇总申请贴息资金。

第十五条 财政部门负责贴息资金的预算安排和资金拨付。县、区政府农牧、林业、扶贫等主管部门负责贴息资金的审核，是贴息审核的主要责任主体。

第十六条 县、区政府财政、农牧、林业、扶贫等部门应充分发挥各自职能作用，各负其责，密切配合，共同做好贷款贴息资金管理工作。

第十七条 审计、监察部门牵头组织对贷款贴息资金使用情况进行专项审计或专项检查。

第十八条 财政部门和各主管部门要规范操作，加强监督管理。对挤占、挪用、套取贴息资金和违规操作的单位和个人将依据《财政违法行为处罚处分条例》有关规定严肃查处。涉嫌犯罪的，移交司法机关处理。

第十九条 本办法由市财政局(金融工作局)、人民银行中卫市中心支行负责解释。

第二十条 本办法自印发之日起施行。

中卫市农民工工资管理办法

卫政办发〔2016〕112号

第一章 总 则

第一条 为切实加强农民工工资支付工作的管理，从源头上预防拖欠农民工工资事件发生，根据自治区人民政府《关于全面治理拖欠农民工工资问题的意见》和《宁夏回族自治区农民工工资保障办法》等有关规定，结合我市实际，制定本办法。

第二条 本市行政区域内招用农民工的企业、个体经济组织、民办非企业单位等组织和其他负有支付农民工工资义务的单位、个人，适用本办法。

第三条 严格落实"属地管理、分级负责、谁主管谁负责、谁建设谁负责"的工作责任。

第四条 市、县(区)人民政府负责本辖区农民工工资保障工作，市级人民政府对下级人民政府承担的农民工工资保障工作进行监督、考核。

第五条 市、县(区)农民工工资清欠领导小组定期召开联席会议，研究通报农民工工资支付清欠工作，协调处理农民工工资重大疑难案件等。

第六条 人力资源和社会保障部门(农民工工资清欠领导小组办公室)负责农民工工资保障工作的组织协调和监督检查。

发展改革部门在工程项目审批时，应明确行业或项目管理部门监管职责、建设或投资主体责任及分年度投资计划、建设工期等。严格审查项目资金来源和筹措方式，将工程项目资金筹备情况作为是否立项的前置条件，落实不到位的不予立项。

住建、教育、卫生、交通、水利等行业或项目管理部门，应对本行业、本部门建设项目的招投标、建设合同执行、工程进度款拨付、工资支付等重点环节进行监督管理，牵头处理本行业、本部门源头性欠薪事件。

第七条 保障农民工工资支付工作，建设单位负监督管理责任，施工总承包企业对所承担工程项目的农民工工资支付负总责，分包企业负直接责任。

建设单位或施工总承包企业未按合同约定及时划拨工程款，致使分包企业拖欠农民工工资的，由建设单位或施工总承包企业以未结清的工程款为限，先行垫付农民工工资。

建设单位或施工总承包企业将工程违法发包、转包挂靠、违法分包致使拖欠农民工工资的，由建设单位或施工总承包企业依法承担清偿责任。

分包企业不得以工程款未到位等理由克扣或拖欠农民工工资，不得将合同应收工程款等经营风险转嫁给农民工，拖欠农民工工资的，由其依法承担农民工工资支付主体责任，违法分包造成拖欠农民工工资的由其先行垫付。

第八条 建设单位与施工总承包企业因工程结算不及时或存有争议造成拖欠农民工工资的，由双方各按拖欠农民工工资总额50%的比率先行垫付。

施工总承包企业与分包企业因工程结算不及时或存有争议造成拖欠农民工工资的，由双方各按拖欠农民工工资总额50%的比率先行支付。

分包企业未将工资直接支付给农民工本人，引发工资支付争议的，由其暂行支付。

第二章 保障措施

第九条 在建筑、市政、交通、水利等工程建设领域全面实行农民工工资保证金制度，由行业或项目管理部门负责农民工工资保证金制度的落实。

第十条 所有建设工程项目的建设单位和施工总承包企业应分别按照工程中标价的2%向农民工工资保证金专户缴存农民工工资保证金。

(一)政府性项目，由行业或项目管理部门按工程中标价的2%核算农民工工资保证金金额，财政部门将建设单位应缴纳的农民工工资保证金划拨至农民工工资保证金专户；施工总承包企业按照中标价的2%缴纳至农民工工资保证金专户，或从信用承诺金中划转；经人力资源社会保障部门核实后，由相关部门出具中标通知书、办理施工许可等手续。

（二）非政府性项目，建设单位和施工总承包企业分别按照中标价的2%缴纳至农民工工资保证金专户，经人力资源社会保障部门核实后，由相关部门进行施工合同备案、办理施工许可等手续。

施工总承包企业中标或签订施工合同后，到人力资源社会保障部门领取《中卫市缴存农民工工资保证金审核表》（附件2）。

对申请减免保证金的企业，遵照《宁夏回族自治区农民工工资保证金管理办法》的相关规定执行。

第十一条 所有建设工程项目实行农民工工资与工程款分账管理。建设单位与施工总承包企业签订总承包合同时，应当明确人工费在工程款中所占比例或具体数额，施工总承包企业在银行开设农民工工资"一卡通"专用账户，行业或项目管理部门负责对农民工工资与工程款分账管理情况监督落实。

（一）政府性项目，由行业或项目管理部门按10%~22%的占比估算农民工工资款，财政部门每次在划拨资金时，将工资款直接打入农民工工资"一卡通"专用账户。

（二）非政府性项目，建设单位在划拨工程款时，将划拨资金的22%直接打入农民工工资"一卡通"专用账户。

开户银行负责农民工工资"一卡通"专用账户日常监管，在相关单位或企业申请动用农民工工资"一卡通"专用账户资金时，应征得行业或项目管理部门同意；如发现账户资金不足或被挪用等情形的，应及时向行业或项目管理部门反映，由行业或项目管理部门责令建设单位与施工总承包企业及时补拨。

第十二条 在建设工程领域全面实行农民工实名登记管理。施工总承包企业要加强对分包企业劳动用工和工资发放的监督管理，建立施工人员进出场登记制度和考勤计量、工资支付等管理台账，在工程项目配备劳资专管员，具体负责核实记录施工现场农民工身份登记、劳动考勤、工资结算等信息，实时掌握施工现场用工人数及工资支付情况。

施工总承包企业要为招用农民工在银行申请办理农民工工资"一卡通"个人账户及工资卡等。工资卡由农民工自持，若因农民工私自将工资卡转借他人造成损失的由农民工个人承担。

第十三条 施工总承包企业负责监督各分包企业按月支付农民工工资。各分包企业要按月考核农民工工作量并编制工资发放表，经农民工本人签字确认并交施工总承包企业审核后，通过"一卡通"专户支付农民工工资。

行业或项目管理部门每月要对施工现场进行检查，监督建设单位、工程监理方、施工总承包企业、农民工代表成立工地现场农民工工作办公室，督促施工总承包企业依法与农民工签订劳动合同、建立用工花名册、实行"一卡通"工资支付、配备劳资专管员、办理社会保险、按月足额支付农民工工资等。

第十四条 对各建设工程项目农民工工资支付情况实行月通报。行业或项目管理部门应于每月底前，向市农民工工资清欠领导小组办公室报送《中卫市农民工工资支付情况统计表》（附件3）。

市农民工工资清欠领导小组办公室每月对各建设项目农民工工资支付情况进行汇总通报，同时报送市人民政府督查室。

行业或项目管理部门借助"一卡通"信息管理平台，根据企业用工和工资支付记录及劳务用工人员从业表现，对企业和劳务从业人员进行诚信评价，并分别建立企业和个人信用从业档案，由各行业或项目管理部门每半年对外公布一次。

第十五条 所有建设工程项目应在施工现场进行维权信息公示。行业或项目管理部门要及时督促施工总承包企业在项目施工现场醒目位置设立维权信息告示牌，明示下列信息：

（一）建设单位、施工总承包企业、分包企业及行业或项目管理部门等基本信息。

（二）劳动用工相关法律法规、用工花名册、工程款拨付情况及工资支付日期等信息。

（三）行业或项目管理部门举报电话和劳动保障监察投诉举报电话等信息。

对未及时明示有关信息或公示信息不实的，由行业或项目管理部门责令改正，拒不改正的由行业或项目管理部门依法予以处理。

第十六条 行业或项目管理部门对施工现场进行检查时，发现建设单位、施工总承包企业或分包企业存在拖欠行为的，按下列情形予以处理：

（一）拖欠1个月工资的给予黄色预警：警告并限期支付拖欠工资。

（二）拖欠2个月工资的给予橙色预警：除限期支

付拖欠工资,对责任企业实施重点监控,逾期仍不解决的,直接划扣农民工工资保证金支付拖欠工资,并限期补交。

(三)拖欠3个月工资的给予红色警告:除采取上述处置方法外,建设单位和施工总承包企业、劳务分包企业列入失信"黑名单"。

人力资源和社会保障部门受理拖欠农民工工资投诉时,经查证发现建设单位或施工总承包企业存在拖欠行为的,按下列情形予以处理:

(一)受理1起5人以上投诉的,对建设单位或施工总承包企业予以警告,并责令限期支付拖欠工资。

(二)受理2起5人以上投诉的,对建设单位或施工总承包企业进行通报,并责令限期支付拖欠工资,向行业或项目管理部门送达《劳动保障监察建议书》。

(三)受理3起5人以上投诉,或有1次恶意拖欠工资的,将建设单位或施工总承包企业列入失信"黑名单"。

列入"黑名单"的企业,市人民政府及有关部门将在政府资金支持、政府采购、招投标、生产许可、履约担保、资质审核、融资贷款、市场准入、评优评先等方面依法依规予以限制,上报自治区将查处的企业拖欠工资行政处罚信息纳入人民银行企业征信系统、市场监管部门企业信用信息公示系统、住房城乡建设等行业主管部门诚信信息平台或政府公共信用信息服务平台,定期向社会公开有关信息。

第十七条 行业或项目管理部门应加强对项目建设资金不到位、违法发包分包、低价中标等违法违规行为的监督检查力度。各部门应相互配合,依法依规处理好因拖欠农民工工资而引发的群体性事件。

公安机关对涉嫌拒不支付劳动报酬犯罪案件,应及早介入,对符合立案条件的,迅速开展侦查工作,及时控制犯罪嫌疑人、查封企业账户,有效防范欠薪逃匿和转移财产等行为;对以讨要工资名义、虚报冒领等手段扰乱社会治安违法行为,违反《中华人民共和国治安管理处罚法》的予以治安处罚,构成犯罪的依法追究刑事责任。

检察院应及时做好涉嫌拒不支付劳动报酬犯罪案件批捕、起诉、立案监督等工作。

人民法院应及时受理拒不支付劳动报酬犯罪案件和拖欠农民工工资民事案件,并强制执行。

各地依法立案查处拖欠农民工工资案件中,因用人单位欠薪逃匿或暂时无法支付拖欠工资,对与其具有明确劳动关系的农民工造成吃、住、行困难的,经农民工工资清欠领导小组研究决定可以使用农民工工资应急周转金,以保障被欠薪农民工的基本生活,缓解矛盾纠纷,保持社会稳定。

第十八条 在保障农民工工资支付工作中存在领导不力、监管不力、配合不力、处置不力和工作人员推诿扯皮等不作为行为,监察机关要及时介入,严肃追究有关人员责任。

第十九条 各县(区)结合本地实际参照执行。

第二十条 本办法自发布之日起施行。

附件:1. 中卫市农民工工资支付流程图(略)
2. 中卫市缴存农民工工资保证金审核表(略)
3. 中卫市农民工工资支付情况统计表(略)

中卫市事业单位特设专业技术岗位管理办法(试行)

卫政办发〔2016〕135号

第一章 总 则

第一条 为吸引和集聚高层次急需专业技术人才,进一步优化我市专业技术人才队伍结构,稳定专业技术人才队伍,根据《宁夏回族自治区事业单位岗位设置管理暂行办法》(宁人发〔2007〕142号)、《自治区党委组织部、自治区人力资源和社会保障厅关于加强和规范事业单位岗位设置及聘用管理工作的通知》(宁人力资源和社会保障发〔2013〕117号)及《中卫市事业单位岗位设置管理实施意见》(卫政发〔2008〕185号)文件精神,特制定本办法。

第二条 本办法适用于我市实施了事业单位岗位设置管理中的专业技术岗位。

第三条 特设专业技术岗位不受本单位岗位总量、最高等级和结构比例限制,设置级别根据岗位需要和拟聘用人选的任职资格等确定,须在市人力资源和社会保障局核准后聘用。

第二章 申报条件

第四条 特设专业技术岗位的任职条件,原则上不应低于聘用人员在本单位同类同等级别岗位的要求,在本单位未设置相应等级岗位的,应不低于本系统同类同等级岗位的要求。

第五条 符合以下条件之一的,可以申报特设专业技术岗位。

(一)承担国家或自治区研究项目或课题,本单位人员无法满足工作需要,确需引进高层次专业技术人才的。

(二)获自治区"塞上英才"人员、"中卫英才"人员,享受国务院、自治区、市政府特殊津贴人员,自治区青年拔尖人才培养工程人选(自治区313人才工程人选)等专业技术人才。

(三)市、县(区)事业单位取得国家承认的正、副高级专业技术职务5年及以上、仍在相应专业技术岗位工作、能很好履行岗位职责,年度考核等次均为合格及以上或已取得国家承认的正、副高级专业技术职务3年及以上且被用人单位、主管部门认定为技术骨干的专业技术人员。

(四)乡镇(社区)事业单位取得国家承认的副高级及以上专业技术职务3年及以上仍在相应专业技术岗位工作、能很好履行岗位职责,年度考核等次均为合格及以上或已取得国家承认的副高级及以上专业技术职务且被用人单位、主管部门认定为技术骨干的专业技术人员。

(五)取得高一级专业技术职务后,因受岗位职数限制,未聘用,在退休前3年内年度连续考核合格以上等次的,在退休当年可不受岗位职数限制聘用到高一职务等级的最低档次。

第三章 申报程序

第六条 事业单位需设置使用特设专业技术岗位,以正式文件提出申请,重点写明设置理由,并填写《中卫市事业单位特设专业技术岗位设置备案表》及《中卫市事业单位特设专业技术岗位人员备案名册》(见附表)。

第七条 各县(区)属事业单位需使用设置特设专业技术岗位的,由各县(区)主管部门对单位申报人选进行严格审查公示,报各县(区)人力资源和社会保障局核准,报市人力资源和社会保障局备案。市属事业单位需使用设置特设专业技术岗位的,由市直各主管部门对各单位申报人选进行严格审查公示,报市人力资源和社会保障局核准。

第八条 特设专业技术一级岗位按照国家人力资源和社会保障部有关规定核准,特设专业技术二级岗位需报自治区人力资源和社会保障厅核准,特设专业技术三、四、五、六、七级岗位(注:专业技术三、四级属正高级,专业技术五、六、七级属副高级)要报市人力资源和社会保障局核准。

第四章 聘用、考核和监督管理

第九条 市、县(区)各级人力资源和社会保障部门要制定和完善相关政策措施,加强对事业单位特设专业技术岗位设置的指导、监督和管理,定期检查,确保特设专业技术岗位设置工作有序进行。

第十条 经核准聘用的特设岗位人选,根据按岗聘用、合同管理的原则,由事业单位与之签订聘用合同,以确定岗位职责。

第十一条 聘用在特设专业技术岗位上的人员的工资待遇,比照单位同类人员确定,特设岗位核销后,工资待遇随之取消,按新聘用岗位确定工资待遇。聘期内达到退休年龄的工资待遇不变。

第十二条 特设专业技术岗位是事业单位岗位设置中的非常设岗位,除承担国家或自治区重大研究项目或课题外,聘期一般不超过3年,在工作任务完成、聘用期满或聘期内解聘、辞聘后,按照管理权限予以核销,根据所在单位岗位空缺重新聘用。

第十三条 事业单位中与特设专业技术岗位相同等级的岗位出现空缺后,特设专业技术岗位聘用人员即转入空缺岗位,原特设专业技术岗位自动核销,在工作任务完成后不继续聘用的,包括解聘辞职后,特设专业技术岗位予以核销。

第十四条 聘用在特设专业技术岗位上的人员,在特设专业技术岗位按管理权限核销后,在本单位核准的岗位数内竞聘上岗,三年内竞聘在与原特设专业技术岗位相同等级岗位上的,原特设专业技术岗位聘用期限可以合并计算。

第十五条 用人单位要建立完善对事业单位特设专业技术岗位的考核管理制度,加强对特设专业技术岗位人员的考核管理,对不能履行岗位职责和违反《事业单位人事管理条例》有关规定以及其他违纪违法情况的,应及时取消聘用资格。

第十六条 对连续在同一专业技术职务层次上聘用满10年或距法定退休年龄不满3年的专业技术人员,一般不再续聘,原聘岗位待遇不变。

第十七条 建立特设专业技术岗位设置管理责任追究制度。对不按规定进行特设专业技术岗位设置和岗位聘用的事业单位,有关部门不予确认岗位等级、不予兑现工资、不予核拨经费;情节严重的,对相关领导和责任人予以通报批评,并按照干部人事管理权限给予相应的纪律处分。

第五章 附则

第十八条 本办法所称的特设专业技术岗位只适应中卫市辖区,在聘用期内,若本人调离中卫市,岗位核销,工资按新聘用岗位等级确定。

第十九条 本办法由市人力资源和社会保障局负责解释。

第二十条　本办法自印发之日起实施。

中卫市扶贫产业贷款担保基金管理办法（试行）

卫政办发〔2016〕160号

第一章　总　则

第一条　根据自治区党委、政府《关于力争提前两年实现"两个确保"脱贫目标的意见》（宁党发〔2016〕9号）和市委、政府《中卫市三年打赢脱贫攻坚战实施方案》（卫党发〔2016〕11号）精神，按照自治区人民政府《关于创新财政支农方式加快发展农业特色优势产业的实施意见》（宁政发〔2016〕27号）和自治区财政厅相关文件要求，为进一步高效规范运行扶贫产业贷款担保基金（以下简称"担保基金"），特制定本办法。

第二条　本办法使用范围为中卫市行政区域。

第三条　担保基金是指通过征信保证等方式为各类扶贫产业经营主体发展生产提供融资担保服务的政策性资金。

第四条　担保基金由自治区财政专项补助资金和市、辖县（区）配套资金按照1:0.2比例共同出资设立。

第五条　担保基金使用坚持政府主导与市场运作相结合、精准扶贫与普惠金融相结合、优化服务与防控风险相结合、加强监督与推进创新相结合的原则。

第二章　服务对象

第六条　担保基金主要为致富带头人、扶贫产业化龙头企业、扶贫产业合作社等发展产业贷款而提供贷款担保。主要用于发展特色种养业、农产品加工和乡村旅游等能增加贫困农民收入的生产经营性项目。

第七条　服务对象通过扶贫贷款担保获得的贷款资金要专项用于扶贫产业经营发展，不得用于股票、期货、房地产、证券等与扶贫工作无关的投资事项以及国家法律法规禁止从事的业务。

第八条　服务对象要自觉接受市、县（区）财政、扶贫等部门的业务指导和监督，自觉接受运行平台和合作银行的信贷结算监督。

第九条　服务对象贷款利息可享受国家、自治区和市、县（区）政府出台的贷款贴息优惠政策。

第三章　管理职责

第十条　担保基金管理实行"统筹使用、分级管理、各负其责"的原则，各县（区）政府是扶贫担保资金运行管理的直接责任主体。

第十一条　市财政、扶贫等部门和各县（区）政府严格规范各自管理权限。

（一）市财政局。负责担保基金的筹集、拨付，制定担保基金管理办法，审核担保基金实施方案及担保基金坏账核销和代偿损失弥补方案，会同市扶贫办、农牧局等部门对担保基金使用情况开展绩效评价等。

（二）市扶贫办。负责制定担保基金实施方案，核定各县（区）扶贫担保资金使用计划，督查通报各县（区）担保贷款发放情况，审定扶贫担保贷款代偿损失，提交代偿责任方案，参与对担保基金使用情况开展绩效评价等。

（三）各县（区）政府。筹措安排配套资金，审核服务对象基本信息，督导担保基金项目实施，配合合作银行清欠不良贷款，参与担保基金项目绩效评价。

第四章　运行平台

第十二条　中卫市众和顺担保公司（以下简称"担保公司"）为扶贫产业担保基金的运行平台机构。

第十三条　担保公司主要职责：

（一）组织开展扶贫贷款担保日常业务；

（二）不得向扶贫对象收取任何担保费；

（三）落实担保基金年度工作计划和阶段性工作任务；

（四）提出坏账核销和代偿损失弥补方案；

（五）建立健全扶贫产业贷款担保业务档案；

（六）建立扶贫产业贷款担保信用评价与授信体系；

（七）建立担保基金使用对象、贷款金额等统计报告内容；

（八）组织开展扶贫贷款担保业务培训、宣传工作。

第五章　合作银行

第十四条　合作银行是指与担保公司合作共同开展扶贫担保贷款业务服务的金融机构。合作银行由担保公司与各县（区）共同商定。

第十五条　合作银行条件：

（一）在扶贫任务各县（区）基本实现乡镇金融服务全覆盖；

（二）积极开发适合当地扶贫特点的信贷担保产品和服务，信贷流程简化；

（三）积极落实扶贫信贷优惠政策，扶贫担保贷款年利率最高不超过5.75%；

（四）对已到期限但未及时还款的，应及时向借款人发出逾期贷款催收通知书，并积极履行追索责任。

第十六条　代偿损失核定后，由担保基金与合作银行按照7:3的比例分担。

第十七条 代偿后追索回的贷款资金按照代偿比例原渠道归还。

第六章 运行规程

第十八条 自治区下达的担保基金由市财政局划拨中卫市建设投资有限公司后,再拨付到担保公司实行专户管理、专账核算,封闭运行。

第十九条 担保公司按照各县(区)扶贫产业贷款计划分别注入合作银行予以放大贷款。

第二十条 各县(区)农牧、林业等产业主管部门推荐需要扶持的服务对象和发展项目,当地扶贫部门审查后由担保公司、合作银行进行复核和信贷调查,符合担保贷款条件的,由合作银行及时办理贷款手续。

第二十一条 由中卫市建设投资有限公司与担保公司签订《担保基金合作协议》,随后再由担保公司分别与县(区)政府、合作银行签订相关协议。

第二十二条 在风险可控的前提下,担保公司协调签约合作银行须以1:10比例提供扶贫产业贷款服务。各县(区)适当筹措安排风险补偿资金,及时化解扶贫担保贷款风险。

第二十三条 为控制担保风险,对单笔贷款担保额度设置上限控制。对贫困地区农业专业合作社、家庭农场等担保贷款额度不超过80万元;对发展扶贫产业的涉农龙头企业(市级以上)担保贷款额度不超过200万元。

第二十四条 扶贫担保贷款期限为1~3年,实际使用期限不得超过5年,期满后符合条件的可再次申请担保贷款。

第二十五条 担保贷款基本程序:

(一)担保贷款申请人或企业据实填写《中卫市扶贫产业担保贷款申请表》(附后),并提交相关申报资料。

(二)各县(区)扶贫、农牧、林业等主管部门7个工作日内对是否属于产业扶贫经济主体的扶贫带动能力进行审核认定,并按照《中卫市扶贫产业担保贷款申请表》要求签字盖章。

(三)担保公司在3个工作日内组织独立的担保尽职调查,确定担保额度。

(四)合作银行对担保公司承诺担保的项目,5个工作日内审核并发放贷款。

第七章 监督检查

第二十六条 担保公司每个会计年度结束后3个月内提交经第三方独立审计的《担保基金年度会计报告》《担保基金年度运行情况报告》,自觉接受有关方面的监督。

第二十七条 市扶贫、财政等相关部门加强对担保基金运营的风险管控和业务指导,针对扶贫担保特点,推行和落实信贷尽职免责制度。

第二十八条 担保公司应依法并按照本办法的规定开展小额贷款扶贫担保业务。未按规定开展业务造成的损失由担保公司自行承担,相关部门相应减少或取消对其的风险补助政策。

第二十九条 担保基金接受审计、监察等部门的监督检查。对违法违纪和违反本办法规定的行为,依法追究相应的民事、行政责任,构成犯罪的,移交司法部门依法追究刑事责任。

第八章 附则

第三十条 本办法由市财政局负责解释。

第三十一条 本办法自下发之日起执行

中卫市网上商事登记办法(试行)

卫政办发〔2016〕194号

第一条 为了提高商事登记效率,规范网上商事登记程序,根据《中华人民共和国电子签名法》(以下简称《电子签名法》)、《中华人民共和国公司登记管理条例》《电子政务电子认证服务管理办法》等有关法律、法规、规章规定,制定本办法。

第二条 本办法适用于中卫市网上商事登记活动。

第三条 中卫市各级市场监督管理机关是中卫市网上商事登记的登记机关。

第四条 本办法所称网上商事登记,是指申请人办理商事主体名称预先核准、设立登记、变更(备案)登记、注销登记等登记时,通过互联网提交电子申请材料,商事登记机关实行网上受理、审查,颁发电子营业执照或电子登记通知书,保存电子档案的全流程电子化登记模式。

第五条 申请人办理网上商事登记时,应当对其提交的电子申请材料的合法性、真实性负责。商事登记机关对申请人提交的申请材料实行形式审查。

第六条 网上商事登记办理流程分为:申请人注册、实名认证、申请、商事登记机关受理、审核、审批和归档等环节。

第七条 申请人首次办理网上商事登记时应当登录中卫市网上商事登记系统进行用户注册,填写真实、准确的基本身份信息,进行真实身份确认。(网址:http://123.57.9.115:8087/wsss/login/toLogin)

第八条 申请人完成用户注册并登录后,选择拟办理的业务类型,填写登记事项,上传由所有需要签名的人进行电子签名后的申请表格、章程、股东会决议、任免文件、场地证明等电子申请资料。

第九条 申请人应当使用电子政务电子认证服务机构发放的数字证书进行电子签名,也可使用符合《电子签名法》第十三条规定的由银行及其他机构发放的数字证书进行电子签名。

第十条 在中卫市登记的商事主体,经有权签字人授权,该商事主体的法定代表人(或负责人)可按照本办法第九条的规定进行电子签名。

第十一条 申请人一经电子签名,即视为其提交了真实可靠的电子申请材料和有效的身份证明文件,并认可了电子申请材料中的内容。电子签名人对依法签名的电子文档的真实性、合法性负责。电子化登记涉及的电子签名与手写签名具有同等的法律效力。

第十二条 商事登记机关收到申请人提交的申请后,应当根据下列情况在有关规定时限内做出是否受理的决定:

(一)申请材料齐全、符合法定形式的,应当决定予以受理;

(二)申请材料齐全并符合法定形式,但申请材料需要核实的,应当决定予以受理,同时告知申请人需要核实的事项、理由及时限;

(三)申请材料存在可以更正的错误的以及申请材料不齐全或者不符合法定形式的,应当将申请材料退回申请人,并决定不予受理,同时告知申请人需要更正或补正的全部内容,更正或补正后可再次提交,经确认申请材料齐全,符合法定形式的,应当决定予以受理;

(四)不属于商事登记范畴或者不属于商事登记机关登记管辖范围的事项的,应当决定不予受理,并告知申请人向有关行政机关申请。

第十三条 商事登记机关对决定受理的申请材料,应当在有关规定时限内做出是否准予登记的决定。

做出准予登记决定的,应当颁发电子营业执照或出具电子登记通知书。

做出不予登记决定的,应当出具电子登记驳回通知书,注明不予登记的理由,并告知申请人依法享有申请行政复议或者提起行政诉讼的权利。

第十四条 电子营业执照、电子登记通知书和电子登记驳回通知书等经过商事登记机关加具电子签名的电子文件、电子档案与纸质形式材料具有同等法律效力。

第十五条 商事登记机关颁发的电子营业执照应当保存在其门户网站上,申请人可登录该网站免费查询其电子营业执照及相关信息,并可下载使用。商事登记机关也可将电子营业执照载入电子政务电子认证服务机构发放的电子公共服务数字证书,可供已开通电子政务相关功能的政府部门在办理业务时使用,由申请人自愿申领。

第十六条 商事登记机关可依申请人申请颁发纸质营业执照或纸质登记通知书。

申请人办理变更登记涉及营业执照记载事项的,以及办理注销登记的,如果已领有纸质营业执照的,应当缴回商事登记机关;未缴回的纸质营业执照,由申请人在报纸上公告作废,并将报纸公告交商事登记机关。

第十七条 商事登记机关应当按照档案管理制度的规定妥善保存商事登记电子档案。

加具电子签名的电子文件、电子档案与纸质形式材料具有同等法律效力。

第十八条 商事登记机关应当保证申请人持有的数字证书的信息安全,未经申请人同意,不得泄露或用作除身份认证功能以外的其他用途。

第十九条 电子签名人应当妥善保管已经电子签名的电子资料。

电子签名人知悉已经电子签名的电子资料已经失密或者可能已经失密时,应当及时告知有关各方,并终止使用该电子签名。

第二十条 商事登记系统包含一证通系统,将生成企业电子身份信息,可作为其他系统的身份认证信息。

第二十一条 有下列情形之一的,暂不实行网上商事登记:

(一)申请人无法实现电子签名的;

(二)申请人不能网上提交申请材料的;

(三)申请人办理迁入迁出登记业务的;

(四)暂不具备网上商事登记条件的其他情形。

第二十二条 本办法有效期2年,自公布之日起30日后施行。

文献名录

【2016年中共中卫市委发文名录】

序号	文　件	发文号
1	关于中卫市"十三五"时期发展思路和2016年重点工作的报告	卫党发〔2016〕1号
2	关于印发《中共中卫市委2016年工作要点》的通知	卫党发〔2016〕2号
3	关于制定中卫市国民经济和社会发展第十三个五年规划的建议	卫党发〔2016〕3号
4	关于加快推进开放中卫建设的实施意见	卫党发〔2016〕4号
5	关于表彰2015年度全市效能目标管理考核先进单位的决定	卫党发〔2016〕5号
6	关于表彰2015年度支持地方经济发展先进单位的决定	卫党发〔2016〕6号
7	关于市委领导班子"三严三实"专题民主生活会召开情况的报告	卫党发〔2016〕7号
8	关于表彰全市民族团结进步创建活动模范集体和模范个人的决定	卫党发〔2016〕8号
9	关于印发《中卫市委"三重一大"事项集体决策实施细则（试行）》的通知	卫党发〔2016〕9号
10	关于巡视整改情况的通报	卫党发〔2016〕10号
11	关于印发《中卫市三年打赢脱贫攻坚战实施方案》的通知	卫党发〔2016〕11号
12	关于印发《中卫市贫困群众"离土"脱贫扶持政策（试行）》的通知	卫党发〔2016〕12号
13	关于印发《中卫市落实党风廉政建设党委主体责任和纪委监督责任清单》的通知	卫党发〔2016〕13号
14	关于进一步加强农村基层党建工作的实施意见	卫党发〔2016〕14号
15	关于创建全域旅游示范市的实施意见	卫党发〔2016〕15号
16	关于印发《"中卫英才"奖评选奖励办法（试行）》的通知	卫党发〔2016〕17号
17	关于给张文等7名同志记三等功的决定	卫党发〔2016〕18号
18	关于表彰全市先进基层党组织优秀共产党员和优秀党务工作者的决定	卫党发〔2016〕19号
19	关于调整中卫市深化改革领导小组成员的通知	卫党发〔2016〕20号
20	中卫市环境保护工作情况报告	卫党发〔2016〕21号
21	关于中央第八环境保护督察组交办群众举报环境污染问题问责情况的报告	卫党发〔2016〕22号
22	关于中央第八环境保护督察组交办群众举报环境污染问题问责情况的报告	卫党发〔2016〕23号
23	关于调整基层党组织隶属关系的通知	卫党发〔2016〕24号
24	关于中央第八环境保护督察组交办群众举报环境污染问题问责情况的报告	卫党发〔2016〕25号
25	关于呈报《中共中卫市委领导班子2016年上半年履行党风廉政建设主体责任情况的报告》的报告	卫党发〔2016〕26号
26	关于召开中国共产党中卫市第四次代表大会的请示	卫党发〔2016〕28号
27	关于落实绿色发展理念加快美丽中卫建设的实施意见	卫党发〔2016〕29号
28	关于请咸辉代主席向第三届全国大漠健身运动大赛致贺信的请示	卫党发〔2016〕30号
29	关于中国共产党中卫市第四次代表大会代表选举工作的通知	卫党发〔2016〕31号
30	关于表彰全市教育工作先进集体和先进个人的决定	卫党发〔2016〕32号
31	关于变更中共中卫市旅游局党组的通知	卫党发〔2016〕34号
32	关于贯彻落实习近平总书记来宁视察重要讲话精神和自治区党委十一届八次全会精神情况的报告	卫党发〔2016〕35号
33	关于贯彻落实自治区党政代表团赴贵州等省考察学习精神情况的报告	卫党发〔2016〕36号
34	关于民营企业助推宁夏创新发展大会签约项目准备情况的报告	卫党发〔2016〕37号
35	关于枸杞产业发展及营销情况的报告	卫党发〔2016〕38号
36	关于深化人才发展体制机制改革促进人才与经济社会协调发展的若干意见	卫党发〔2016〕39号
37	关于批转《中卫市人大常委会党组关于做好市第四届人民代表大会代表换届选举有关工作的意见》的通知	卫党发〔2016〕40号
38	关于印发《中卫市委巡察工作办法（试行）》的通知	卫党发〔2016〕41号
39	关于终止刘仲虎自治区第十一次党代表大会代表资格和停止执行左新波自治区第十一次党代表大会代表职务的请示	卫党发〔2016〕42号

续 表

序号	文 件	发文号
40	关于终止刘仲虎等5人市第三次党代表大会代表资格和停止执行左新波等2人市第三次党代表大会代表职务的决定	卫党发〔2016〕43号
41	关于给林绍栋和林志城同志分别记个人二等功的决定	卫党发〔2016〕44号
42	关于中卫市军民融合产业发展情况的报告	卫党发〔2016〕45号
43	关于认真学习《胡锦涛文选》的通知	卫党发〔2016〕46号
44	关于呈报《中卫市五年工作总结》《中卫市2016年工作总结》的报告	卫党发〔2016〕47号
45	关于表彰全市"六五"普法先进集体和先进个人的决定	卫党发〔2016〕48号
46	关于帮助解决中卫经济社会发展中七个方面问题的请示	卫党发〔2016〕49号
47	关于第十四届中国国际农产品交易会及中宁枸杞专场推介会情况的报告	卫党发〔2016〕50号
48	关于在全市公民中开展第七个五年法治宣传教育深入推进依法治市进程的实施意见	卫党发〔2016〕51号
49	关于选派指导组指导中卫市第四次党代会的请示	卫党发〔2016〕52号
50	关于推选出席中国共产党宁夏回族自治区第十二次代表大会代表候选人预备人选情况的报告	卫党发〔2016〕53号
51	关于中卫市选举产生出席中国共产党宁夏回族自治区第十二次代表大会代表情况的报告	卫党发〔2016〕54号
52	关于加强和改进全市党校工作的实施意见	卫党发〔2016〕55号
53	关于印发《中卫市法治政府建设实施方案(2016—2020年)》的通知	卫党发〔2016〕56号
54	关于印发《中卫市关于深化市供销合作社综合改革实施方案》的通知	卫党发〔2016〕57号

【2016年中共中卫市委办公室发文名录】

序号	文 件	发文号
1	关于召开中共中卫市委三届六次全体会议的通知	卫党办发〔2016〕1号
2	关于在全市集中开展矛盾问题排查化解专项工作的紧急通知	卫党办发〔2016〕2号
3	关于2015年"转作风、抓发展"工作及"从严从实抓落实 大干实干100天"活动推进情况的督查通报	卫党办发〔2016〕3号
4	关于印发《中共中卫市委领导班子"三严三实"专题民主生活会梳理意见建议整改清单》的通知	卫党办发〔2016〕4号
5	关于市委书记、副书记和常委工作分工的通知	卫党办发〔2016〕5号
6	关于召开全市脱贫攻坚誓师大会的通知	卫党办发〔2016〕6号
7	关于认真做好机关干部职工联系帮扶贫困乡镇村户工作的通知	卫党办发〔2016〕7号
8	关于全市2015年度效能目标管理考核结果的通报	卫党办发〔2016〕8号
9	关于召开中卫市纪委三届六次全体会议的通知	卫党办发〔2016〕9号
10	关于印发《全市党委系统信息报送工作通报制度》的通知	卫党办发〔2016〕10号
11	关于印发《中共中卫市委2016年工作要点责任分工方案》的通知	卫党办发〔2016〕11号
12	印发《关于推行"四化一满意"服务群众工作机制的实施方案》的通知	卫党办发〔2016〕12号
13	关于印发《中卫市政协2016年度协商计划》的通知	卫党办发〔2016〕13号
14	印发《关于加强政党协商促进民主建设的实施意见》的通知	卫党办发〔2016〕14号
15	印发《关于开展惠农政策及涉农工程和农村"三资"管理大排查活动工作方案》的通知	卫党办发〔2016〕15号
16	关于转发《中卫市处理信访突出问题及群体性事件联席会议办公室关于完善中卫市领导干部接访工作方法的意见》的通知	卫党办发〔2016〕16号
17	关于加强敏感信息报送工作的通知	卫党办发〔2016〕17号

续表1

序号	文件	发文号
18	关于印发《中卫市2016年机关干部下农村送政策促发展活动实施方案》的通知	卫党办发〔2016〕18号
19	关于印发《中卫市沙坡头区机构设置和人员编制方案》的通知	卫党办发〔2016〕19号
20	关于印发《中卫市民族团结进步创建"一争三创五推进"三年(2016—2018年)行动计划》的通知	卫党办发〔2016〕20号
21	关于召开全市统战民族工作会议的通知	卫党办发〔2016〕21号
22	关于印发《2016年中卫市党的建设工作要点》的通知	卫党办发〔2016〕22号
23	印发《关于开展"提案工作质量提高年"活动实施方案》的通知	卫党办发〔2016〕24号
24	关于印发《中卫市重点文艺项目活动扶持办法(试行)》《中卫市获国家级和自治区级奖项文艺作品奖励办法(试行)》的通知	卫党办发〔2016〕25号
25	关于印发《2016年全市重点项目、重点工作和重点改革任务》的通知	卫党办发〔2016〕26号
26	关于印发《2016年"民营企业中卫行"活动方案》的通知	卫党办发〔2016〕27号
27	关于印发《2016年中卫市党风廉政建设和反腐败暨"清廉中卫"建设主要任务分工》的通知	卫党办发〔2016〕28号
28	关于《贯彻实施自治区党委十一届七次全会〈建议〉重点任务重要举措的分工方案》任务分工的通知	卫党办发〔2016〕29号
29	关于印发《2015年度自治区党风廉政建设责任制落实情况检查组反馈问题整改方案》的通知	卫党办发〔2016〕30号
30	关于印发《中卫市推进领导干部能上能下实施办法(试行)》的通知	卫党办发〔2016〕31号
31	关于召开全市"两学一做"学习教育座谈会和全市市县乡领导班子换届工作会议的通知	卫党办发〔2016〕33号
32	关于印发《中卫市2016年度政党协商计划》的通知	卫党办发〔2016〕34号
33	关于印发《中卫市公务用车制度改革总体方案》及相关文件的通知	卫党办发〔2016〕35号
34	印发《关于在全体党员中开展"学党章党规、学系列讲话,做合格党员"学习教育实施方案》的通知	卫党办发〔2016〕36号
35	关于印发《中卫市2016年度效能目标管理考核实施方案》的通知	卫党办发〔2016〕37号
36	关于袁诗鸣同志工作分工的通知	卫党办发〔2016〕38号
37	关于印发《中卫市市级党员领导同志开展"两学一做"学习教育实施方案》的通知	卫党办发〔2016〕39号
38	关于认真做好矛盾问题排查化解等七项重点工作的通知	卫党办发〔2016〕40号
39	关于做好2016年度自治区考核中卫市效能目标管理任务相关工作的通知	卫党办发〔2016〕41号
40	关于印发《中卫市精准脱贫工作问责办法(试行)》的通知	卫党办发〔2016〕42号
41	关于印发《中卫市党员干部改革创新干事创业容错免责实施办法(试行)》的通知	卫党办发〔2016〕43号
42	关于印发2016年度市直部门(单位)效能目标管理任务及评分标准的通知	卫党办发〔2016〕44号
43	关于进一步加强信息调研工作的通知	卫党办发〔2016〕45号
44	关于印发《中卫市2016年群众评议机关作风活动实施方案》的通知	卫党办发〔2016〕46号
45	关于组织开展中国共产党成立95周年纪念活动的通知	卫党办发〔2016〕48号
46	关于印发《党委(党组)意识形态工作责任制实施细则(试行)》的通知	卫党办发〔2016〕49号
47	关于督办市政协三届四次会议重点提案的通知	卫党办发〔2016〕50号
48	关于印发《落实〈中卫市贫困群众"离土"脱贫扶持政策(试行)〉责任分工》的通知	卫党办发〔2016〕51号
49	关于召开全市庆祝中国共产党成立95周年大会的通知	卫党办发〔2016〕52号
50	关于加强声像和实物档案管理工作的通知	卫党办发〔2016〕53号

续表2

序号	文件	发文号
51	印发《关于贯彻落实李建华书记来卫调研重要讲话精神责任分工方案》的通知	卫党办发〔2016〕54号
52	关于在全市开展贯彻落实中央八项规定精神"回头看"的通知	卫党办发〔2016〕55号
53	关于做好中央第八环境保护督察组督察相关准备工作的紧急通知	卫党办发〔2016〕57号
54	关于印发《中卫市空间规划("多规合一")改革试点工作实施方案》的通知	卫党办发〔2016〕58号
55	关于对党委(党组)工作规则进行清理规范的通知	卫党办发〔2016〕59号
56	关于成立中卫市中央第八环境保护督察组转办事项查处整改工作领导小组的通知	卫党办发〔2016〕60号
57	关于调整中卫市中央第八环境保护督察组转办事项查处整改工作领导小组的通知	卫党办发〔2016〕61号
58	关于召开2016年"民营企业中卫行"活动主体会议的通知	卫党办发〔2016〕62号
59	关于调整中卫市云计算产业发展领导小组办公室组成人员的通知	卫党办发〔2016〕63号
60	印发《关于贯彻落实习近平总书记在安徽小岗村农村改革座谈会上重要讲话精神的意见》的通知	卫党办发〔2016〕64号
61	关于印发《中卫市创建全国文明城市工作方案》的通知	卫党办发〔2016〕66号
62	关于印发《市直部门(单位)联系帮扶贫困村驻村联络员制度》的通知	卫党办发〔2016〕67号
63	关于印发《中央第八环保督察组转办信访件整改措施及长效机制》的通知	卫党办发〔2016〕68号
64	关于开展中央环境保护督察组转办事项办结销号工作的通知	卫党办发〔2016〕69号
65	关于召开2016年全市产业发展和重点工作现场交流会的通知	卫党办发〔2016〕70号
66	关于开展"廉洁自律 廉洁从政"自查自纠工作的通知	卫党办发〔2016〕71号
67	关于重申严格贯彻落实中央八项规定精神的通知	卫党办发〔2016〕72号
68	关于召开中共中卫市委三届七次全体会议的通知	卫党办发〔2016〕73号
69	关于印发《中央第八环保督察组转办信访件整改措施及长效机制(补充)》的通知	卫党办发〔2016〕74号
70	关于对全市上半年贯彻执行中央八项规定情况进行督查的通知	卫党办发〔2016〕75号
71	关于认真学习贯彻《中国共产党问责条例》的通知	卫党办发〔2016〕76号
72	关于王伟、徐海宁同志工作分工的通知	卫党办发〔2016〕77号
73	印发《〈关于落实绿色发展理念 加快美丽中卫建设的实施意见〉主要任务分工方案》的通知	卫党办发〔2016〕79号
74	关于印发《中卫市市级领导牵头推进重大项目工作方案》的通知	卫党办发〔2016〕80号
75	印发《关于进一步加强招商引资工作实施方案》的通知	卫党办发〔2016〕81号
76	印发《关于贯彻落实张柱同志在市委三届七次全体会议上的讲话精神的分工方案》的通知	卫党办发〔2016〕82号
77	关于印发《中卫市党风廉政建设廉情抄告和回告办法(试行)》的通知	卫党办发〔2016〕83号
78	关于深入学习宣传贯彻市委三届七次全体会议精神的通知	卫党办发〔2016〕84号
79	关于报送争取项目资金、推进重大项目及招商引资计划相关情况的通报	卫党办发〔2016〕85号
80	关于召开全市"六五"普法总结表彰暨"七五"普法动员大会的通知	卫党办发〔2016〕86号
81	关于规范公务接待有关事项的补充通知	卫党办发〔2016〕87号
82	关于进一步加强今冬明春项目建设工作的通知	卫党办发〔2016〕88号
83	印发《〈关于进一步加强招商引资工作实施方案〉通知》的补充通知	卫党办发〔2016〕89号

续表3

序号	文 件	发文号
84	关于认真学习宣传贯彻党的十八届六中全会精神的通知	卫党办发〔2016〕90号
85	关于印发《争取自治区人民政府帮助解决我市经济社会发展中七个方面问题跟进对接分工方案》的通知	卫党办发〔2016〕91号
86	关于印发《咸辉主席来卫调研讲话精神贯彻落实分工方案》的通知	卫党办发〔2016〕92号
87	关于在"两学一做"学习教育中集中整治涉农资金使用管理突出问题的通知	卫党办发〔2016〕93号
88	关于调整成立恢复撤销中卫市部分议事协调机构及组成人员的通知	卫党办发〔2016〕94号
89	关于做好2017年度党报党刊发行工作进一步规范报刊发行秩序的通知	卫党办发〔2016〕95号
90	关于召开中国共产党中卫市第三届委员会第八次全体会议的通知	卫党办发〔2016〕96号
91	关于召开中国共产党中卫市第四次代表大会的通知	卫党办发〔2016〕97号
92	印发《关于完善国资监管体制及政府投融资机制的实施方案》的通知	卫党办发〔2016〕98号
93	关于深入学习宣传贯彻市第四次党代会精神的通知	卫党办发〔2016〕100号
94	关于领导干部带头宣讲党的十八届六中全会和市第四次党代会精神的通知	卫党办发〔2016〕101号
95	关于调整中卫市安全生产委员会的通知	卫党办发〔2016〕102号
96	关于印发中卫市司法局主要职责内设机构和人员编制规定的通知	卫党办发〔2016〕103号
97	关于印发《贯彻落实〈关于加强和改进全市党校工作的实施意见〉责任分工》的通知	卫党办发〔2016〕104号
98	关于转发《市委组织部 编办 财政局 人力资源和社会保障局关于贯彻落实自治区党委组织部 编办 财政厅 人力资源和社会保障厅〈关于加强乡镇建设的若干意见〉的意见》的通知	卫党办发〔2016〕105号
99	印发《关于开展2016年度"三述三评三公开"活动的工作方案》的通知	卫党办发〔2016〕106号
100	关于做好全市村党组织和第十届村民委员会换届选举工作的通知	卫党办发〔2016〕107号
101	关于切实做好当前安全生产工作的通知	卫党办发〔2016〕109号
102	关于做好2017年元旦春节期间有关工作的通知	卫党办发〔2016〕110号
103	关于印发《中卫市贯彻落实中央第八环境保护督察组督察反馈意见整改方案》的通知	卫党办发〔2016〕111号

【2016年中卫市人民政府发文名录】

序号	文 件	发文号
1	关于印发2016年工作要点的通知	卫政发〔2016〕1号
2	关于吴忠至中卫城际铁路建设项目先行用地的请示	卫政发〔2016〕3号
3	关于落实中国电信集团公司建设升级全部云基地骨干网络项目资金的请示	卫政发〔2016〕4号
4	关于中冶美利纸业公司办理光伏项目用地的请示	卫政发〔2016〕5号
5	关于中卫市2015年节能工作进展情况和目标任务完成情况的自查报告	卫政发〔2016〕6号
6	关于新建吴忠至中卫铁路项目建设用地的请示	卫政发〔2016〕7号
7	关于中卫市沙坡头区2016年第一批次保障性住房项目建设用地的请示	卫政发〔2016〕8号
8	关于国道109线桃山口至郝家集(宁甘界)段公路改扩道项目建设用地的通知	卫政发〔2016〕9号
9	关于印发2016年市本级财政收支预算的通知	卫政发〔2016〕10号
10	关于审定中卫市公务用车制度改革总体方案及配套文件的请示	卫政发〔2016〕11号

续表1

序号	文件	发文号
11	关于邀请自治区领导出席宁夏(中卫)—中亚"中阿号"国际混编班列首发仪式的请示	卫政发〔2016〕12号
12	关于印发《中卫市一般工业固体废物管理办法的通知》	卫政发〔2016〕13号
13	关于对中卫市国家税务局的嘉奖令	卫政发〔2016〕14号
14	关于对中卫市地税局的嘉奖令	卫政发〔2016〕15号
15	关于解决中卫市沙坡头区运行经费的通知	卫政发〔2016〕16号
16	关于农民工工资消欠工作的报告	卫政发〔2016〕17号
17	关于2015年度消防工作自查自评情况的报告	卫政发〔2016〕18号
18	关于银星能源中卫东园镇光伏电站项目建设用地的请示	卫政发〔2016〕19号
19	关于中卫市沙坡头区2016年第一批次工业项目建设用地的请示	卫政发〔2016〕20号
20	关于聘请安全生产社会监督员的决定	卫政发〔2016〕21号
21	关于宁夏久泰和升中卫光伏电站、二期光伏电站项目建设用地的请示	卫政发〔2016〕22号
22	关于上海航天机电中卫二期20MWP光伏电站项目建设用地的请示	卫政发〔2016〕23号
23	关于宁夏索宝中卫二期光伏电站项目建设用地的请示	卫政发〔2016〕24号
24	关于银星能源中卫镇罗镇山区光伏电站项目建设用地的请示	卫政发〔2016〕25号
25	关于宁夏银阳光伏农业发电项目建设用地的请示	卫政发〔2016〕26号
26	关于宁夏金信光伏农业发电项目建设用地的请示	卫政发〔2016〕27号
27	关于宁夏汉南光伏电力有限公司20MWP分布式光伏发电项目建设用地的请示	卫政发〔2016〕28号
28	关于盛宇电力中卫光伏电站项目建设用地的请示	卫政发〔2016〕29号
29	关于宁夏远途光伏农业发电项目建设用地的请示	卫政发〔2016〕30号
30	关于宁夏金礼光伏农业发电项目建设用地的请示	卫政发〔2016〕31号
31	关于恒基伟业中卫二期光伏电站项目建设用地的请示	卫政发〔2016〕32号
32	关于解决宁钢集团暂时性生产性经营困难的请示	卫政发〔2016〕33号
33	关于恒阳新能源中卫光伏电站项目建设用地的请示	卫政发〔2016〕34号
34	关于表彰2015年度全市安全生产先进单位和先进个人的决定	卫政发〔2016〕35号
35	关于申办第三届全国大漠健身运动大赛的请示	卫政发〔2016〕36号
36	关于宁夏矿业公司中宁红土井等四家煤矿核准事宜的请示	卫政发〔2016〕37号
37	关于对中卫—中亚"中阿号"国际班列给予货运补贴的请示	卫政发〔2016〕39号
38	关于同意申报中卫市水污染防治2016—2018年度总体实施方案的批复	卫政发〔2016〕40号
39	关于兑现2015年度卫生计生工作综合目标管理责任书暨表彰先进单位和先进工作者的决定	卫政发〔2016〕41号
40	关于中卫市沙坡头区2016年第一批次城镇建设用地的请示	卫政发〔2016〕42号
41	关于贯彻落实粮食安全省长责任制的实施意见	卫政发〔2016〕43号
42	关于申请拨付宁夏大学中卫校区项目建设补助资金的请示	卫政发〔2016〕44号
43	关于在沙坡头区增设家禽定点屠宰场的请示	卫政发〔2016〕45号

续表2

序号	文件	发文号
44	关于确定中卫市光伏产业园区投资主体的请示	卫政发〔2016〕46号
45	关于表彰2015年度政策性农业保险县级集体和先进个人的决定	卫政发〔2016〕47号
46	关于银星能源中卫镇罗山区光伏电站项目建设用地的请示	卫政发〔2016〕48号
47	关于宁夏久泰和升中卫光伏电站项目建设用地的请示	卫政发〔2016〕49号
48	关于新建吴忠至中卫铁路用地的请示	卫政发〔2016〕50号
49	关于银星能源中卫东园镇山区光伏电站项目建设用地的请示	卫政发〔2016〕51号
50	关于宁夏久泰和升中卫二期光伏电站项目建设用地的请示	卫政发〔2016〕52号
51	中卫市沙坡头区第二批次城镇建设用地的请示	卫政发〔2016〕53号
52	关于恳请给予宁夏钢铁集团公司智能制造产品政策支持的请示	卫政发〔2016〕54号
53	关于恳请自治区领导会见亚马逊AWS全球副总裁的请示	卫政发〔2016〕55号
54	关于沙坡头区750千伏输变电工程项目建设用地的请示	卫政发〔2016〕56号
55	关于印发中卫市沙坡头区财政管理体制方案的通知	卫政发〔2016〕57号
56	关于印发中卫市国民经济和社会发展第十三个五年规划纲要的通知	卫政发〔2016〕58号
57	关于中卫市沙坡头区2016年第三批次工业项目建设用地的请示	卫政发〔2016〕59号
58	关于宁夏西部云基地用电价格有关问题的请示	卫政发〔2016〕60号
59	关于协调解决中卫市西部云基地项目两线高速公路管理租用问题的请示	卫政发〔2016〕61号
60	关于审计署土地出让收支和种地保护审计市本级指出问题整改情况的报告	卫政发〔2016〕62号
61	关于中卫市沙坡头区2016年第四批次工业项目建设用地的请示	卫政发〔2016〕63号
62	关于中卫市沙坡头区2016年第二批次工业项目建设用地的请示	卫政发〔2016〕64号
63	关于中卫市梁水园煤矿采矿权价款有关问题的请示	卫政发〔2016〕65号
64	关于申请解决青岛昌盛太阳能科技股份有限公司光伏扶贫项目建设指标的请示	卫政发〔2016〕66号
65	关于印发《中卫市公共资源交易管理办法(试行)》的通知	卫政发〔2016〕67号
66	关于市直部门(单位)责任清单的公告	卫政发〔2016〕68号
67	关于中卫市沙坡头区2016年第四批次城镇建设用地的请示	卫政发〔2016〕69号
68	关于免征中卫机场城镇土地使用税和房产税的请示	卫政发〔2016〕70号
69	关于中卫市沙坡头区2016年第六批次城镇建设用地的请示	卫政发〔2016〕71号
70	关于促进工业经济平稳增长的实施意见	卫政发〔2016〕72号
71	关于审查中卫市沙坡头区城市饮用水水源地保护区调整方案的请示	卫政发〔2016〕73号
72	关于给中冶美利浆纸有限公司闲置土地整改配置75MWP光伏指标的请示	卫政发〔2016〕74号
73	关于修编中卫市城乡总体规划的请示	卫政发〔2016〕75号
74	关于收回中卫市银房置业开发有限公司国有土地使用权的决定	卫政发〔2016〕76号
75	关于与浪潮集团有限公司签订框架协议的请示	卫政发〔2016〕77号
76	关于中卫市沙坡头区2016年第五批次城镇建设用地的请示	卫政发〔2016〕78号

续表3

序号	文 件	发文号
77	关于中卫市沙坡头区2016年第三批次城镇建设用地的请示	卫政发〔2016〕79号
78	关于华润中卫海原西华山风电场300MW项目(沙坡头)建设用地的请示	卫政发〔2016〕80号
79	关于上报《第七届丝绸之路·宁夏(沙坡头)大漠黄河旅游节活动方案》的报告	卫政发〔2016〕81号
80	关于成立西部云基地建设领导小组加快中卫西部云基地建设的请示	卫政发〔2016〕82号
81	关于协调青岛昌盛日电董事长李坚之拜访张超超副主席的请示	卫政发〔2016〕83号
82	关于撤销宁夏华润景集团房地产开发有限公司缓交土地出让价款的决定	卫政发〔2016〕84号
83	关于印发中卫市招商引资扶持激励政策的通知	卫政发〔2016〕85号
84	关于启用"中卫市沙坡头区人民政府"印章的请示	卫政发〔2016〕86号
85	关于调整海兴开发区财政补助资金拨付渠道的请示	卫政发〔2016〕87号
86	关于中卫市沙坡头区2016年第八批次城镇建设用地的请示	卫政发〔2016〕88号
87	关于中卫市沙坡头区2016年第九批次城镇建设用地的请示	卫政发〔2016〕89号
88	关于中卫市沙坡头区2016年第十批次城镇建设用地的请示	卫政发〔2016〕90号
89	关于2016年度上半年耕地保护责任目标履行情况的报告	卫政发〔2016〕91号
90	关于中卫市沙坡头区2016年第七批次城镇建设用地的请示	卫政发〔2016〕92号
91	关于中卫市沙坡头区2016年第三批次城镇建设项目兴仁花园项目的请示	卫政发〔2016〕93号
92	关于中卫市沙坡头区2016年第五批次工业项目建设用地的请示	卫政发〔2016〕94号
93	关于申请补助建设升级西部云基地骨干网络项目贴息资金的请示	卫政发〔2016〕95号
94	关于申请补助西部云基地建设资金的请示	卫政发〔2016〕96号
95	关于2016年征兵命令	卫政发〔2016〕97号
96	关于申请将自治区确定的2016年重点项目协鑫公司单晶二期项目替换为都阳公司单晶方棒项目的请示	卫政发〔2016〕98号
97	关于印发《中卫市人民政府2016年推进简政放权放管结合优化服务改革工作要点》的通知	卫政发〔2016〕99号
98	关于申请为沙坡头区政府调拨应急公务用车的请示	卫政发〔2016〕100号
99	关于申请将协鑫集团中卫单晶硅项目作为协鑫惠农区简泉农场光伏电站项目配套项目的请示	卫政发〔2016〕101号
100	关于西部云基地数据中心项目缓缴高可靠性供电费用的请示	卫政发〔2016〕102号
101	关于西部云基地用电价格有关问题的请示	卫政发〔2016〕103号
102	关于印发《中卫市属国有资本收益收取管理暂行办法》的通知	卫政发〔2016〕104号
103	关于印发《中卫市政府投资项目审计分类管理暂行办法(试行)》的通知	卫政发〔2016〕105号
104	关于2015年度农村环境综合整治先进单位表彰奖励的决定	卫政发〔2016〕106号
105	关于注销土地登记撤销土地抵押的决定	卫政发〔2016〕107号
106	关于中卫市中部干旱带移民区遗留问题给予资金支持的请示	卫政发〔2016〕108号
107	关于变更宁夏金银岛大宗商品交易所名称及股权结构的请示	卫政发〔2016〕109号
108	关于成立中卫市仲裁委员会的通知	卫政发〔2016〕110号

续表 4

序号	文　件	发文号
109	恳请自治区领导会见 IBM 大中华区董事长陈黎明的方案	卫政发〔2016〕111 号
110	关于中卫市沙坡头区 2016 年第十二批次城镇建设用地的请示	卫政发〔2016〕112 号
111	关于中卫市沙坡头区 2016 年第十一批次城镇建设用地的请示	卫政发〔2016〕113 号
112	关于恳请解决中宁县太阳梁移民安置区耕地有关问题的请示	卫政发〔2016〕114 号
113	关于申请成立宁夏枸杞电子交易中心的请示	卫政发〔2016〕115 号
114	关于 2016 年度耕地保护责任目标履行情况的报告	卫政发〔2016〕116 号
115	关于黄河沙坡头区常乐段标准化堤防道路拓宽项目建设用地的请示	卫政发〔2016〕117 号
116	关于中卫市沙坡头区柔石路延伸石墩水至工业园区道路项目建设用地的请示	卫政发〔2016〕118 号
117	关于规范中卫沙坡头区机场周边通用航空及无人机飞行管理的通告	卫政发〔2016〕119 号
118	关于中冶美利纸业公司采矿权价款整改有关问题的报告	卫政发〔2016〕120 号
119	关于中卫市沙坡头区 2016 年第七批次工业项目建设用地的请示	卫政发〔2016〕121 号
120	关于中卫市沙坡头区 2016 年第六批次工业项目建设用地的请示	卫政发〔2016〕122 号
121	关于中卫市沙坡头区 2016 年第十五批次城镇建设用地的请示	卫政发〔2016〕123 号
122	关于中卫市沙坡头区第十四批次城镇建设用地的请示	卫政发〔2016〕124 号
123	中卫市人民政府关于设立宁夏沙坡头区文化旅游产业示范区管理委员会的请示	卫政发〔2016〕125 号
124	关于划定森林防火区规定森林防火期的通告	卫政发〔2016〕126 号
125	关于将中卫工业园区认定为自治区级高新技术产业开发区的请示	卫政发〔2016〕127 号
126	关于审查中卫市沙坡头区城市备用饮用水水源地保护区划分方案的请示	卫政发〔2016〕128 号
127	关于优化调整吴忠至中卫城际铁路杨滩村跨定武高速立交特大桥设计方案的请示	卫政发〔2016〕129 号
128	关于设立中宁县太阳梁乡行政建制和管理机构的请示	卫政发〔2016〕130 号
129	关于申请海兴开发区调拨应急公务用车的请示	卫政发〔2016〕131 号
130	关于审批中卫市辖区土地利用总体规划（2016 调整完善版）成果的请示	卫政发〔2016〕132 号
131	关于呈报中卫市直国有林场改革实施方案的报告	卫政发〔2016〕133 号
132	关于恳请对海原义务教育均衡发展工作进行评估验收的请示	卫政发〔2016〕134 号
133	关于深化市供销合作社综合改革实施方案的报告	卫政发〔2016〕135 号
134	关于中卫市沙坡头区 2016 年第十六批次城镇建设用地的请示	卫政发〔2016〕136 号
135	关于中卫市沙坡头区 2016 年第十七批次城镇建设用地的请示	卫政发〔2016〕137 号
136	关于中卫市沙坡头区 2016 年第十八批次城镇建设用地的请示	卫政发〔2016〕138 号
137	关于中卫市沙坡头区 2016 年第十九批次城镇建设用地的请示	卫政发〔2016〕139 号
138	关于城乡居民各项补贴落实情况的报告	卫政发〔2016〕140 号
139	关于主要领导 2016 年度安全生产履职情况的报告	卫政发〔2016〕141 号
140	关于中卫市沙坡头区 2016 年第八批次工业项目建设用地的请示	卫政发〔2016〕142 号
141	关于恳请将宁夏大学中卫校区附属设施资金列入补助范围的请示	卫政发〔2016〕143 号

续表5

序号	文件	发文号
142	关于印发《中卫市航空货运补贴管理办法》的通知	卫政发〔2016〕144号
143	关于建设全区一体化视频大数据中心的请示	卫政发〔2016〕145号
144	关于邀请自治区领导出席"中卫网络景观游戏启航盛典"等活动的请示	卫政发〔2016〕146号
145	关于命名第十批农业产业重点龙头企业的决定	卫政发〔2016〕147号

【2016年中卫市人民政府办公室发文名录】

序号	文件	发文号
1	关于做好2016年全市固定资产投资及一季度开工项目准备工作的通知	卫政办发〔2016〕1号
2	关于印发黄河卫宁右岸沙坡头区常乐段标准化堤防工程建设项目房屋征收与补偿安置方案的通知	卫政办发〔2016〕2号
3	关于印发中卫市消欠拖欠农民工工资问题"五定"方案的通知	卫政办发〔2016〕3号
4	关于印发中卫市2015年度土地矿产卫片执法检查工作方案的通知	卫政办发〔2016〕4号
5	关于调整市长副市长市长助理和秘书长工作分工的通知	卫政办发〔2016〕5号
6	关于在行政管理事项中使用信用记录和信用报告的实施意见	卫政办发〔2016〕6号
7	关于印发中卫市旅游新镇建设项目企业搬迁和房屋征收及补偿安置实施方案的通知	卫政办发〔2016〕7号
8	关于开展无纸化会议办公平台和移动办公系统建设实施方案的请示	卫政办发〔2016〕8号
9	关于印发《贯彻落实〈国家丝绸之路经济带和21世纪海上丝绸之路建设战略规划〉重要政策举措分工实施方案》的通知	卫政办发〔2016〕9号
10	关于印发中卫市2016年第一季度固定资产投资推进计划的通知	卫政办发〔2016〕10号
11	关于印发《中卫市政府领导班子"三严三实"专题民主生活会梳理意见建设整改清单》的通知	卫政办发〔2016〕11号
12	关于印发市政府领导落实市委领导班子"三严三实"专题民主生活会梳理意见建议整改任务分工方案的通知	卫政办发〔2016〕12号
13	关于对2015年度消防工作考核情况的通报	卫政办发〔2016〕13号
14	关于批转市审计局2016年度审计项目计划的通知	卫政办发〔2016〕14号
15	关于印发《中卫市2016年度大气污染防治行动计划工作方案》的通知	卫政办发〔2016〕15号
16	关于印发《中卫市2016年度环境保护行动计划工作方案》的通知	卫政办发〔2016〕16号
17	关于下达2016年度环境保护目标任务的通知	卫政办发〔2016〕17号
18	关于印发《中卫市2016年度主要污染物总量暨安排计划的通知》	卫政办发〔2016〕18号
19	关于成立宁夏中卫国家农业科技园区建设管委会的通知	卫政办发〔2016〕19号
20	关于印发《中卫市水资源确权登记工作实施方案》的通知	卫政办发〔2016〕20号
21	关于印发2016年自治区为民办30件实事及中卫市15件民生实事任务分工方案的通知	卫政办发〔2016〕21号
22	关于印发2016年区、市政府工作报告及60个重点项目任务方案的通知	卫政办发〔2016〕22号
23	关于印发教育局南侧改造项目(二期)房屋征收与补偿安置方案的通知	卫政办发〔2016〕23号
24	关于印发中卫市加强新时期爱国卫生工作实施意见的通知	卫政办发〔2016〕24号
25	关于开展2016年"3·15"国际消费者权益日宣传咨询活动的通知	卫政办发〔2016〕25号

续表 1

序号	文件	发文号
26	关于印发中卫工业园区排水管理办法的通知	卫政办发〔2016〕26号
27	关于印发《中卫市水污染防治工作方案》的通知	卫政办发〔2016〕27号
28	关于做好2016年应急预案演练工作的通知	卫政办发〔2016〕28号
29	关于调整中卫市法律顾问室组成人员的通知	卫政办发〔2016〕29号
30	关于加快全民创业城二期项目房屋征收与补偿安置工作的通知	卫政办发〔2016〕30号
31	关于印发中卫市"美丽城市"建设行动实施方案的通知	卫政办发〔2016〕31号
32	关于深入贯彻落实2016年全市安全生产工作会议精神"五定"方案的通知	卫政办发〔2016〕32号
33	关于印发2016年中卫市旅游节事活动策划方案的通知	卫政办发〔2016〕33号
34	关于认真做好自治区十一届人大五次会议代表建议和自治区政协十届四次会议提案办理工作的通知	卫政办发〔2016〕34号
35	关于认真做好市三届人大五次会议建议和市政协三届四次会议提案办理工作的通知	卫政办发〔2016〕35号
36	关于印发中卫市2016年美丽乡村建设方案的通知	卫政办发〔2016〕36号
37	关于印发吴忠至中卫城际铁路建设项目土地和房屋征收补偿安置工作领导小组的通知	卫政办发〔2016〕37号
38	关于印发沙坡头区五星村棚户区改造项目房屋征收与补偿安置方案的通知	卫政办发〔2016〕38号
39	关于印发中卫市宏伟建筑安装工程有限公司办公楼房屋征收与补偿安置方案的通知	卫政办发〔2016〕39号
40	关于印发中卫市重点入黄排水沟污染2016—2018年综合整治实施方案的通知	卫政办发〔2016〕40号
41	关于印发中卫市2016年度地震应急演练工作方案的通知	卫政办发〔2016〕41号
42	关于印发中卫市2016年防震减灾宣传工作方案的通知	卫政办发〔2016〕42号
43	关于印发中卫市城市管理相对集中行政处罚权工作实施方案的通知	卫政办发〔2016〕43号
44	关于印发《中卫市粮食应急预案》的通知	卫政办发〔2016〕44号
45	关于印发2016年持续深化行政审批制度改革工作方案的通知	卫政办发〔2016〕45号
46	关于印发中卫市应急粮油管理办法的通知	卫政办发〔2016〕46号
47	关于印发中卫市粮食安全省长责任制考核办法的通知	卫政办发〔2016〕47号
48	关于印发中卫市落实自治区重大项目"6+4"工作机制"五定"方案的通知	卫政办发〔2016〕48号
49	关于启用"中卫市沙坡头区人民政府筹备领导小组"和废止"中卫市沙坡头区管委会"与印章的通知	卫政办发〔2016〕49号
50	关于印发2016年"民营企业中卫行"活动招商引资工作方案的通知	卫政办发〔2016〕50号
51	关于印发中卫市创建沙坡头旅游公寓示范点工作方案的通知	卫政办发〔2016〕51号
52	关于印发中卫市2016年农业保险工作实施方案的通知	卫政办发〔2016〕52号
53	关于印发中卫市贯彻落实《关于深化改革保障水安全的意见》的实施方案	卫政办发〔2016〕53号
54	关于印发中卫市本级城乡居民医疗保险费用总额包干实施的通知	卫政办发〔2016〕54号
55	关于土地出让收支专项审计市本级问题整改的紧急通知	卫政办发〔2016〕55号
56	关于印发土地例行督查暨永久基本农田划定专项督查工作方案的通知	卫政办发〔2016〕56号
57	关于开展深化安全生产责任落实年活动的通知	卫政办发〔2016〕57号
58	关于印发中卫市创建全域旅游示范工作推进方案的通知	卫政办发〔2016〕58号

续表2

序号	文件	发文号
59	关于印发沙坡头区大板村(一期)棚户区改造项目房屋征收与补偿安置方案的通知	卫政办发〔2016〕59号
60	关于印发沙坡头区牛滩村(一期)棚户区改造项目房屋征收与补偿安置方案的通知	卫政办发〔2016〕60号
61	关于启用"中卫市第三次全国农业普查领导小组"和"中卫市第三次全国农业普查领导小组办公室"印章的通知	卫政办发〔2016〕61号
62	关于印发《沙坡头区困难残疾人生活补贴实施办法》和《沙坡头区重度残疾人护理补贴实施办法》的通知	卫政办发〔2016〕62号
63	关于印发中卫市加快推进残疾人小康进程实施意见的通知	卫政办发〔2016〕63号
64	关于印发云计算(军民融合)项目近期重点工作"五定"方案的通知	卫政办发〔2016〕64号
65	关于印发沙坡头区高庙公园(一期)西侧棚户区改造项目房屋征收与补偿安置方案的通知	卫政办发〔2016〕65号
66	关于成立中卫市"两权"抵押贷款试点工作领导小组的通知	卫政办发〔2016〕66号
67	关于印发中卫市土地管理领域突出问题专项整治实施方案的通知	卫政办发〔2016〕67号
68	关于加快推进重点招商引资项目落实的通知	卫政办发〔2016〕68号
69	关于印发中卫市2016年第二季度固定资产投资推进计划的通知	卫政办发〔2016〕69号
70	关于调整市长、副市长、市长助理和秘书长工作分工的通知	卫政办发〔2016〕70号
71	市人民政府办公室关于印发市长信箱热线办理工作细则的通知	卫政办发〔2016〕71号
72	关于印发中卫市享受政府特殊津贴人员选拔管理办法的通知	卫政办发〔2016〕72号
73	关于调整秘书长、副秘书长和办公室主任工作分工的通知和市政府秘书长副秘书长和办公室主任工作分工的通知	卫政办发〔2016〕73号
74	关于印发中卫市食品安全突发事件应急预案的通知	卫政办发〔2016〕74号
75	关于印发2016年全市农村食品安全市场专项整治工作方案的通知	卫政办发〔2016〕75号
76	关于印发中卫市"互联网+政务服务"行动计划实施方案的通知	卫政办发〔2016〕76号
77	关于印发中卫市推进建设社区"微型消防站"和安装独立式感烟报警器建设方案的通知	卫政办发〔2016〕77号
78	关于印发中卫市防范和打击非法集资专项排查整治年行动方案的通知	卫政办发〔2016〕78号
79	关于成立防范和处置非法集资工作领导小组的通知	卫政办发〔2016〕79号
80	关于印发中卫市城镇公共消防设施建设维护管理办法的通知	卫政办发〔2016〕80号
81	关于印发中卫市创建国家卫生城市实施方案的通知	卫政办发〔2016〕81号
82	关于印发中卫市2016年度大气污染防治工作"五定"方案的通知	卫政办发〔2016〕82号
83	关于印发中卫市农村垃圾治理实施方案的通知	卫政办发〔2016〕83号
84	关于启用"宁夏中卫国家农业科技园区建设管理委员会"和"宁夏中卫国家农业科技园区建设管理委员会办公室"印章的通知	卫政办发〔2016〕84号
85	关于印发中卫市2016年度夏季消防工作检查实施方案的通知	卫政办发〔2016〕85号
86	关于印发《中卫市民生事项公示办法(暂行)》的通知	卫政办发〔2016〕86号
87	关于印发中卫市乡村教师支持计划(2015年—2020年)实施细则的通知	卫政办发〔2016〕87号
88	关于印发中卫市金融扶贫工作方案的通知	卫政办发〔2016〕88号
89	关于印发中卫市草原生态环境专项整治检查工作实施方案的通知	卫政办发〔2016〕89号

续表3

序号	文 件	发文号
90	关于进一步加快专题招商活动的通知	卫政办发〔2016〕90号
91	关于加强预防溺水事故安全管理工作的紧急通知	卫政办发〔2016〕91号
92	关于印发《中卫市沙坡头区公交车运营联合方案》的通知	卫政办发〔2016〕92号
93	关于印发中卫市本级行政事业单位国有资产使用管理暂行办法和中卫市本级行政事业单位国有资产处置管理暂行办法的通知	卫政办发〔2016〕93号
94	关于启用"中卫市不动产登记局"印章的通知	卫政办发〔2016〕94号
95	关于转发《宁夏回族自治区政府投资项目咨询论证办法》和《宁夏回族自治区政府投资项目公示办法》的通知	卫政办发〔2016〕95号
96	市人民政府办公室关于印发中卫市招投标市场专项整治工作实施方案的通知	卫政办发〔2016〕96号
97	关于实施民生110紧急报警与社会求助分流处理的通知	卫政办发〔2016〕97号
98	关于推广应用建筑用成型钢筋加工配送技术的通知	卫政办发〔2016〕98号
99	关于印发城区露天烧烤摊点整治工作实施方案的通知	卫政办发〔2016〕99号
100	关于印发吴忠至中卫城际铁路建设项目沿线宣和段房屋征收与补偿安置方案的通知	卫政办发〔2016〕100号
101	关于印发沙坡头区倪滩村棚户区改造项目房屋征收与补偿安置方案的通知	卫政办发〔2016〕101号
102	关于印发沙坡头区旅游新镇原农牧厂家属楼征收与补偿安置方案的通知	卫政办发〔2016〕102号
103	关于印发宁夏香山印刷有限公司房屋征收与补偿安置方案的通知	卫政办发〔2016〕103号
104	关于印发《中卫市草原生态保护红线划定工作实施方案》的通知	卫政办发〔2016〕104号
105	关于印发《中卫市新能源汽车推广应用实施方案》的通知	卫政办发〔2016〕105号
106	关于印发《中卫市加快发展农业特色优势产业贷款担保基金管理办法(试行)》《中卫市加快发展农业特色优势产业贷款风险补偿基金管理办法(试行)》和《中卫市加快发展农业特色优势产业贷款贴息资金管理办法(试行)》的通知	卫政办发〔2016〕106号
107	关于印发中卫市2016年第三季度固定资产投资推进计划的通知	卫政办发〔2016〕107号
108	关于印发《中卫市2016年度大气污染防治项目清单》的通知	卫政办发〔2016〕108号
109	关于印发全市安全生产百日专项整治行动实施方案的通知	卫政办发〔2016〕109号
110	关于转发自治区发展改革委等部门关于进一步规范全区光伏电站建设管理意见的通知	卫政办发〔2016〕110号
111	关于印发中卫市2016年硒砂瓜市场营销安排意见的通知	卫政办发〔2016〕111号
112	关于印发中卫市农民工工资管理办法的通知	卫政办发〔2016〕112号
113	关于加强雷电灾害防御工作的通知	卫政办发〔2016〕113号
114	关于成立中卫市电信普遍服务试点项目建设领导小组的通知	卫政办发〔2016〕114号
115	关于印发2016中国宁夏(沙坡头)第七届丝绸之路大漠黄河国际旅游节活动方案的通知	卫政办发〔2016〕115号
116	关于印发关于贯彻落实自治区人民政府办公厅全面提升旅游服务质量实施"十百千万"工程的若干意见的实施方案的通知	卫政办发〔2016〕116号
117	关于启用"第三届全国大漠健身运动大赛组织委员会"章的通知	卫政办发〔2016〕117号
118	关于印发第十五届环青海湖国际自行车赛(宁夏中卫)赛段工作实施方案的通知	卫政办发〔2016〕118号
119	关于收集环境保护相关资料的紧急通知	卫政办发〔2016〕119号
120	关于印发第四排水沟农田排水灌溉和排污水分离工程实施工作方案的通知	卫政办发〔2016〕120号

续表 4

序号	文　件	发文号
121	关于上半年环境保护国际化任务进展情况的督查报告	卫政办发〔2016〕121 号
122	关于在中卫工业园区实行行政告知承诺的通知	卫政办发〔2016〕122 号
123	关于开展公路环境大整治及治超酒工作实施方案的通知	卫政办发〔2016〕123 号
124	关于印发 2016 年政务公开工作要点的通知	卫政办发〔2016〕124 号
125	关于调整政府秘书长、副秘书长和办公室主任、副主任等工作的分工情况	卫政办发〔2016〕125 号
126	关于印发中卫市"两未"工程专项整治方案的通知	卫政办发〔2016〕126 号
127	关于进一步加强固定资产投资的通知	卫政办发〔2016〕127 号
128	关于印发中卫市行政机关公文处理制度的通知	卫政办发〔2016〕128 号
129	关于调整市长党组副书记副市长市长助理秘书长工作分工的通知	卫政办发〔2016〕129 号
130	关于印发中卫市煤矿关闭推出工作实施方案的通知	卫政办发〔2016〕130 号
131	关于进一步完善法律援助制度实施意见的通知	卫政办发〔2016〕131 号
132	关于开展清理整顿瓶装液化气经营市场专项整治的通知	卫政办发〔2016〕132 号
133	关于印发"沙坡头杯·第三届全国大漠健身运动大赛""五定"工作方案的通知	卫政办发〔2016〕133 号
134	关于印发 2016 年国际女子沙滩排球精英赛工作方案的通知	卫政办发〔2016〕134 号
135	关于印发中卫市特设专业技术岗位管理办法(试行)的通知	卫政办发〔2016〕135 号
136	关于印发全国全域旅游交流推进会创建标准研讨会环境整治方案的通知	卫政办发〔2016〕136 号
137	关于印发《中卫市人民政府 2016—2017 年城市停车场建设工作实施方案的通知》	卫政办发〔2016〕137 号
138	关于印发中卫市落实 2016 年重点工作任务国务院督查工作自查整改和自治区督查中卫市重点工作任务整改方案的通知	卫政办发〔2016〕138 号
139	关于印发第三届全国大漠健身运动大赛裁判员、工作人员经费开支管理办法的通知	卫政办发〔2016〕139 号
140	关于印发中卫市沙坡头区公共租赁住房出售实施方案的通知	卫政办发〔2016〕140 号
141	关于认真做好政策项目资金争取工作的通知	卫政办发〔2016〕141 号
142	关于印发《2015 年度市本级财政预算执行及其他财政收支审计发现问题整改方案》的通知	卫政办发〔2016〕142 号
143	关于印发中卫市大气污染防治工作整改方案的通知	卫政办发〔2016〕143 号
144	关于印发中卫市化学品专业应急救援大队建设方案的通知	卫政办发〔2016〕144 号
145	关于印发加强全市安全生产应急救援体系建设实施方案的通知	卫政办发〔2016〕145 号
146	关于印发中卫市较大以上生产安全事故应急救援预案的通知	卫政办发〔2016〕146 号
147	关于做好推荐全市农民工工资支付保障工作先进集体和先进个人的通知	卫政办发〔2016〕147 号
148	关于切实做好秸秆焚烧工作的紧急通知	卫政办发〔2016〕148 号
149	关于印发组建中卫仲裁委员会实施方案的通知	卫政办发〔2016〕149 号
150	关于开展秋季农田水利建设义务劳动的通知	卫政办发〔2016〕150 号
151	关于印发《中卫市"先照后证"改革后加强事中事后监管实施方案》的通知	卫政办发〔2016〕151 号
152	关于印发中卫市人力资源开发利用十年规划 2016 年度重点工作推进计划的通知	卫政办发〔2016〕152 号
153	关于印发《中卫市深化行政审批制度改革加强事中事后监管的意见》的通知	卫政办发〔2016〕153 号

续表5

序号	文件	发文号
154	关于印发中卫市本级闲置土地整改处置"五定"责任方案的通知	卫政办发〔2016〕154号
155	关于印发中卫市沙坡头区国有建设用地履约保证金制度实施方案的通知	卫政办发〔2016〕155号
156	关于印发高庙公园(二期)西侧棚户区改造项目房屋征收与补偿安置方案的通知	卫政办发〔2016〕156号
157	关于印发启用"中卫市旅游发展委员会"印章的通知	卫政办发〔2016〕157号
158	关于加强治理农民工工资拖欠治理有关事宜的通知	卫政办发〔2016〕158号
159	关于印发农民工工作领导小组督查发现突出问题整改方案的通知	卫政办发〔2016〕159号
160	关于印发中卫市扶贫产业贷款担保基金管理办法(试行)的通知	卫政办发〔2016〕160号
161	关于进一步加强"双随机·一公开"工作的通知	卫政办发〔2016〕161号
162	关于印发中卫市扶贫产业担保运行管理实施方案的通知	卫政办发〔2016〕162号
163	关于印发中卫市农村电子商务筑梦计划实施方案的通知	卫政办发〔2016〕163号
164	关于印发中卫市加快推动电子商务发展的实施方案的通知	卫政办发〔2016〕164号
165	关于环保违法违规建设项目清理整顿情况的通知	卫政办发〔2016〕165号
166	关于印发中卫市放心粮油工程实施意见的通知	卫政办发〔2016〕166号
167	关于建立突发事件应急处置工作联络员报告制度的通知	卫政办发〔2016〕167号
168	关于印发中卫市城市公立医院综合改革实施方案的通知	卫政办发〔2016〕168号
169	关于中卫市综合医改工作实施方案的通知	卫政办发〔2016〕169号
170	关于成立中卫市国有企业职工家属区"三供一业"分离移交工作小组的通知	卫政办发〔2016〕170号
171	关于拨付交流干部生活基地及0810项目工程款的请示	卫政办发〔2016〕171号
172	关于印发公共安全保障五年计划方案(2016—2020)的通知	卫政办发〔2016〕172号
173	关于印发国家土地督查西安局例行督察反馈市本级问题整改工作方案的通知	卫政办发〔2016〕173号
174	关于成立中卫至海原和海原至平川一级公路项目建设协调领导小组的通知	卫政办发〔2016〕174号
175	关于印发中卫市宽带乡村及中小城市(县)基础网络完善工程实施方案的通知	卫政办发〔2016〕175号
176	关于印发中卫市安全生产领域突出问题整改"五定"方案的通知	卫政办发〔2016〕176号
177	关于印发2016年污染防治重点工作安排任务进展情况的通报	卫政办发〔2016〕177号
178	关于印发《中卫市贯彻实施质量发展纲要2016年行动计划》的通知	卫政办发〔2016〕178号
179	关于核拨中卫仲裁委员会开办经费的请示	卫政办发〔2016〕179号
180	关于印发《自治区审改办转发国务院审改办国家标准委关于推进行政许可标准化的通知》的通知	卫政办发〔2016〕180号
181	关于预发中卫市直机关事业单位职工住房补贴的通知	卫政办发〔2016〕181号
182	关于成立实施住房补贴制度工作领导小组的通知	卫政办发〔2016〕182号
183	市人民政府办公室关于印发中卫市2016—2017年冬季大气污染防治工作方案的通知	卫政办发〔2016〕183号
184	关于印发中卫市加强城市建成区煤质管控实施方案的通知	卫政办发〔2016〕184号
185	市人民政府办公室关于印发中卫市高污染燃料禁燃区划定方案的通知	卫政办发〔2016〕185号
186	关于成立综合治税领导小组的通知	卫政办发〔2016〕186号

续表6

序号	文　件	发文号
187	关于印发《中卫市行政审批中介服务事项目录清单》的通知	卫政办发〔2016〕187号
188	关于印发中卫市清理拖欠农民工工资"五定"方案的通知	卫政办发〔2016〕188号
189	关于进一步做好政府网站内容保障工作的通知	卫政办发〔2016〕189号
190	关于印发中卫市安全生产"十三五"规划的通知	卫政办发〔2016〕190号
191	关于盘亏固定资产进行处置下账的请示	卫政办发〔2016〕191号
192	关于印发中卫市"十三五"气象事业发展规划的通知	卫政办发〔2016〕192号
193	关于印发中卫市全民健身实施计划(2016—2020年)的通知	卫政办发〔2016〕193号
194	关于印发《中卫市网上商事登记办法(试行)》的通知	卫政办发〔2016〕194号
195	关于印发中卫市棚户区改造货币化安置方案(试行)的通知	卫政办发〔2016〕195号
196	关于2017年部分节假日安排的通知	卫政办发〔2016〕196号